CONTRATOS BANCÁRIOS
Execuções especiais

(SFH – SFI – Alienação fiduciária – Crédito rural e industrial)

L. A. BECKER

CONTRATOS BANCÁRIOS
Execuções especiais

(SFH – SFI – Alienação fiduciária – Crédito rural e industrial)

MALHEIROS
EDITORES

CONTRATOS BANCÁRIOS
Execuções especiais
(SFH – SFI – Alienação fiduciária – Crédito rural e industrial)
© L. A. BECKER

ISBN: 85-7420-200-2

Direitos reservados desta edição por
MALHEIROS EDITORES LTDA.
*Rua Paes de Araújo, 29, conjunto 171
CEP 04531-940 — São Paulo — SP
Tel.: (0xx11) 3078-7205
Fax: (0xx11) 3168-5495
URL: www.malheiroseditores.com.br
e-mail: malheiroseditores@zaz.com.br*

Composição
Acqua Estúdio Gráfico Ltda.

Capa
Criação: Vânia Lúcia Amato
Arte: PC Editorial Ltda.

Impresso no Brasil
Printed in Brazil
1.2002

Quem, entre os espertos, não passa seu tempo empilhando seu saque para um ladrão maior que ele próprio?

Chuang-Tzu, séc. IV a.C

À minha mãe e minhas tias.
À memória de meu avô e de meu tio.

Agradeço à sacrossanta paciência das seguintes pessoas:
meu orientador, Prof. LUIZ GUILHERME MARINONI, e membros da banca, Professores CARLOS ALBERTO e MANOEL CAETANO;
meus Professores JOSÉ ANTÔNIO PERES GEDIEL, MARIA FRANCISCA CARNEIRO E NEWTON ÁLVARO DA LUZ (meu primeiro Professor de Processo); meus amigos ANTONIO CARLOS ANTUNES SANTOS, EDSON LUIZ DA SILVA DOS SANTOS, MAXIMILIANO GARCEZ, MÁRCIA FRAZÃO DA SILVA, RENATO CESAR DIAS BITTENCOURT, RODRIGO OTAVIO MAZUR CASAGRANDE, RODRIGO XAVIER LEONARDO E SIRLEI FERRAZ DA ANUNCIAÇÃO.
Agradeço também à amizade de ROGER MENDES MODCOVSKI, pela revisão dos originais, e REGIS TOCACH pelo auxílio na pequisa de jurisprudência.

SUMÁRIO

1. INTRODUÇÃO
1.1 Objeto 17
1.2 Motivos para a sua escolha 19
1.3 Objetivos 24
1.4 Material de pesquisa 28
1.5 Objetividade 35
1.6 Justificativa
    1.6.1 Dados estatísticos 42
    1.6.2 Moradias paranaenses: propriedade e precariedade 43
    1.6.3 Concentração fundiária e de renda 48
    1.6.4 Conclusão sobre os dados estatísticos 60
1.7 Roteiro 61

2. CONTEXTUALIZAÇÃO HISTÓRICA DOS PROCEDIMENTOS ESPECIALÍSSIMOS
2.1 Evolução política do Processo Civil Brasileiro
    2.1.1 Premissas teóricas 63
    2.1.2 Estado Novo e processo 67
    2.1.3 Formalismo 72
    2.1.4 Duelo 76
    2.1.5 Processo autoritário 79
2.2 A instauração de um regime 90
2.3 Congresso fechado e cédula hipotecária 103
    2.3.1 A ideologia do SFH 104
    2.3.2 Planejamento habitacional e participação popular 120
    2.3.3 A Constituição de papel 122
2.4 A retórica desenvolvimentista do crédito rural 125
    2.4.1 Objetivos 131

2.4.2 Resultados 135
2.4.3 Resultado dos resultados 140
2.5 AI-5 e crédito industrial
2.5.1 A Constituição dos porões 141
2.5.2 Desenvolvimento com segurança 144
2.5.3 Industrialização 154
2.5.4 Um golpe no golpe 160
2.6 O "milagre" da alienação fiduciária 160
2.7 Os fundamentos tecnocráticos do CPC/73
2.7.1 Um Legislativo castrado 166
2.7.2 As codificações do arbítrio 179
2.7.3 Cientificismo e tecnocracia 185
2.8 Distensão teórica e contenção prática 196
2.9 O neoliberalismo do SFI 198
2.10 Para concluir 203

3. AS UTOPIAS DA UNIDADE E DA PLURALIDADE PROCEDIMENTAIS

3.1 Terminologia e preconceito 206
3.2 Técnicas de especialização do procedimento 210
3.3 Autotutela e legitimidade do Judiciário 213
3.4 Classificações dos Procedimentos Especiais 223
3.5 A necessidade de tutelas diferenciadas 226
3.6 A utopia do procedimento único ordinário 230
3.7 Motivos para criar uma tutela diferenciada 242
3.7.1 Razões de contingência 246
3.7.2 A ideologia do legislador 248
3.8 Requisitos para criar uma tutela diferenciada 254
3.8.1 O requisito da constitucionalidade 260
3.8.2 Respeito à isonomia 266
3.8.3 Respeito ao contraditório 269
3.9 Para concluir 275

4. EXECUÇÕES JUDICIAIS ESPECIAIS

4.1 Execução de cédula de crédito rural – Decreto-lei 167/67 280
4.1.1 Configuração do título extrajudicial 281
4.1.2 O § 1º do art. 41 do Decreto-lei 167/67 não foi revogado 283

SUMÁRIO   13

4.1.3 O § 1º do art. 41 do Decreto-lei 167/67 foi revogado 287
4.1.4 Possibilidades residuais de venda antecipada 289
4.1.5 A dispensa da caução 293
4.2 *Execução de Cédula de Crédito Industrial –
    Decreto-lei 413/69*
  4.2.1 O art. 41 do Decreto-lei 413/69 não foi derrogado 294
  4.2.2 O art. 41 do Decreto-lei 413/69 foi derrogado 301
4.3 *Execução hipotecária judicial – Lei 5.741/71*
  4.3.1 Ab-rogação e derrogações 303
  4.3.2 Suspensividade dos embargos 307
4.4 *Execução de Cédula de Produto Rural – Lei 8.929/94* 309

**5. LEILÕES EXTRAJUDICIAIS – DECRETO-LEI 21/66,
DECRETO-LEI 70/66 e LEI 9.514/97**
5.1 Paralelo dos leilões extrajudiciais 312
5.2 Leilões extrajudiciais e princípios gerais do processo 318
5.3 O discurso do SFH estampado na jurisprudência 324

6. BUSCA E APREENSÃO NA ALIENAÇÃO FIDUCIÁRIA
6.1 *Natureza da ação* 331
6.2 *Inconstitucionalidade total do Decreto-lei 911/69* 333
6.3 *Busca e apreensão*
  6.3.1 A busca e apreensão é constitucional 335
  6.3.2 A busca e apreensão é inconstitucional 340
6.4 *Concessão obrigatória da liminar*
  6.4.1 A concessão obrigatória da liminar é
        constitucional 343
  6.4.2 A concessão obrigatória da liminar é
        inconstitucional 346
6.5 *Limitação à contestação*
  6.5.1 A limitação à contestação é constitucional 351
  6.5.2 A limitação à contestação é inconstitucional 352
6.6 *Efeito suspensivo do recurso* 356
6.7 *Venda extrajudicial do bem* 358

**7. EFICIÊNCIA E DEMOCRACIA NA REFORMA DO ESTADO
E DO PROCESSO**
7.1 *Eficiência, tecnocracia e o taylorismo hoje*

  7.1.1 Raízes do taylorismo 361
  7.1.2 A eficiência como categoria taylorista para o
     capitalismo 364
  7.1.3 O taylorismo de hoje: TQC e adjacências 365
 7.2 Sociedade dromocrática e antidemocrática
  7.2.1 Teoria da sociedade pós-industrial 373
  7.2.2 O culto à velocidade 375
  7.2.3 O tempo na globalização 377
 7.3 A reforma tecnocrática do aparelho do Estado
  7.3.1 A eficiência na tecnocracia 378
  7.3.2 A eficiência no programa tecnocrático de reforma
     do Estado 389
 7.4 Democracia x Mercado = Crise
  7.4.1 A convivência entre democracia e mercado 392
  7.4.2 A ofensiva neoliberal 394
  7.4.3 Orientação da reforma tecnocrática do Estado: mercado
     ou democracia? 398
  7.4.4 O direito como fruto da racionalidade política e
     econômica 403
 7.5 Direito Processual Civil e tempo 404
 7.6 Para finalizar
  7.6.1 Democracia e participação 421
  7.6.2 Democratização do gerenciamento 421
  7.6.3 Participação na administração pública 422
  7.6.4 Consumo da jurisdição e participação 423
  7.6.5 Participação no processo: o contraditório 425
  7.6.6 Participação na administração da justiça 426
  7.6.7 Pela democratização do processo civil 431

8. CONSIDERAÇÕES FINAIS 433

Índice Alfabético 437
Índice Onomástico 453
Índice de Normas 468

Referências bibliográficas 477

PREFÁCIO

L. A. BECKER foi meu aluno nos Cursos de Graduação e Pós-Graduação em Direito da Universidade Federal do Paraná, tendo sempre revelado grande sensibilidade para o estudo crítico do Direito Processual Civil.

Com a sua tese, de extraordinário conteúdo, conquistou o título de Mestre na Universidade Federal do Paraná, tendo obtido a nota dez dos membros da banca examinadora.

Além de Mestre em Direito Processual Civil pela Universidade Federal do Paraná, é membro do Conselho Diretor da *Genesis – Revista de Direito Processual Civil*, da qual é assíduo colaborador, pesquisador do Instituto de Pesquisas Jurídicas Bonijuris e Avogado.

LUIZ GUILHERME MARINONI
Titular de Direito Processual Civil
na Universidade Federal do Paraná

1
INTRODUÇÃO

1.1 Objeto. 1.2 Motivos para a sua escolha. 1.3 Objetivos. 1.4 Material de pesquisa. 1.5 Objetividade. 1.6 Justificativa: 1.6.1 Dados estatísticos; 1.6.2 Moradias paranaenses: propriedade e precariedade; 1.6.3 Concentração fundiária e de renda; 1.6.4 Conclusão sobre os dados estatísticos. 1.7 Roteiro.

1.1 Objeto

Na tensão entre objeto e método, este fica prejudicado pela extensão/complexidade daquele. Se um objeto extenso/complexo dá ao menos alguns indícios de ousadia na pesquisa,[1] um objeto restrito/simples revela uma certa limitação acadêmica que leva à mediocridade. Exemplo dessa mediocridade consentida e até incentivada está num excelente conto de Machado de Assis chamado "Teoria do Medalhão", em que um zeloso pai dá alguns conselhos ao filho que pretende entrar para a carreira de político. Vejamos alguns desses conselhos:[2]

"Uma vez entrado na carreira, deves pôr todo o cuidado nas idéias que houveres de nutrir para uso alheio e próprio. O melhor será não as ter absolutamente..." (p. 23).

"Com este regime, durante oito, dez, dezoito meses – suponhamos dois anos –, reduzes o intelecto, por mais pródigo que seja, à sobriedade, à disciplina, ao equilíbrio comum" (p. 24).

---

1. E um pouco de ousadia é sempre bem-vinda à pesquisa acadêmica, como podemos deduzir a partir de Freud (Renato Mezan, *Freud, pensador da cultura*, p. 8).
2. Machado de Assis, "Teoria do medalhão", in *Os melhores contos de Machado de Assis*, pp. 21-29.

"Os negócios miúdos, força é confessá-lo, não desdizem daquela chateza de bom-tom, própria de um medalhão acabado. (...) Um discurso de metafísica política apaixona naturalmente os partidos e o público, chama os apartes e as respostas. E depois não obriga a pensar e a descobrir. Nesse ramo dos conhecimentos humanos tudo está achado, formulado, rotulado, encaixotado; é só prover os alforjes da memória" (pp. 28-29).

"(...) proíbo-te que chegue a conclusões que não sejam as já achadas por outros. Foge a tudo que possa cheirar a reflexão, originalidade, etc., etc." (p. 29).

Desnecessário observar que este zeloso pai tem muitos filhos espalhados no meio acadêmico brasileiro.

Se não é admissível tal sorte de objetivo, não pode o pesquisador simplesmente simular o extremo oposto, tornando-se um mero "novidadeiro".[3]

Pois bem. O objeto deste livro é, em última análise, aquilo que convencionamos chamar de *procedimentos especialíssimos*.[4] Essa expressão estará sendo utilizada no sentido dado por Carlos Alberto Alvaro de Oliveira, de ritos que tutelam as "contendas mais sensíveis, que ponham em jogo os valores de maior interesse para as classes dominantes, essas escapam ao rito demorado e ineficiente, prolongado e desastroso".[5] Registre-se que esse assunto – procedimentos espe-

3. "Novidadeiros" são os pesquisadores pouco preocupados com a originalidade (qual seja, aquilo que lida com as origens, e não aquilo que é mais recente), mas sempre prontos para adotar as novidades da área (mesmo que repetitivas, nem um pouco originais), seja quais forem suas enunciações e conseqüências (Roberto Gomes, *Crítica da razão tupiniquim*, p. 71). Segundo Bachelard, enquanto a filosofia contemporânea apresenta uma verdadeira *embriaguez de originalidade*, "na atividade científica não se é original por tão baixo preço" (Gaston Bachelard, *A epistemologia*, p. 22).
4. De fato, é um tema pequeno. Mas, como diria Adorno, "grandes temas não dizem nada sobre a grandeza do conhecimento" (Theodor W. Adorno, *Prismas*, pp. 54-55).
5. Carlos Alberto Alvaro de Oliveira, "Procedimento e ideologia no direito brasileiro atual", *Ajuris* 33/81. Trata-se de procedimentos que "conferem privilégios a determinadas classes de pessoas, sem qualquer consonância com os valores constitucionais", e que com isso "visam atender interesses de grupos economicamente mais fortes" (Luiz Guilherme Marinoni, *Novas linhas do processo civil*, pp. 171-172). A expressão também é utilizada por Alberto dos Reis, mas em outro contexto, em contraposição a procedimentos "especiais-gerais" (Alberto dos Reis, *Processos especiais*, v. 1, pp. 3 e ss.).

cialíssimos – ainda não teve um tratamento mais amplo e global na doutrina nacional, sendo normalmente os estudos nessa área direcionados a um ou outro desses procedimentos.[6]

1.2 Motivos para a sua escolha

O objeto da presente pesquisa é, sem dúvida, polêmico (basta ver as disputas jurisprudenciais e doutrinárias), talvez porque ele precisamente atende a uma questão *jurídica* na qual a tomada de posição é acima de tudo uma decisão *política*.[7]

A pesquisa científica tradicional se julga "apolítica", segundo Wilhelm Reich, porque faz a separação entre o ser e o dever-ser, vendo aí "uma limitação que tem por finalidade permitir aplicarmo-nos calmamente à pesquisa acadêmica sem sermos obrigados a tirar daí as conseqüências [políticas] que qualquer descoberta científica séria implica".[8] É o que costuma ocorrer na pesquisa jurídica em geral, e no processo civil em particular.

Como diria Barbosa Moreira, "o processualista não está dispensado de dedicar atenção a um problema pela simples circunstância de que a respectiva solução depende também – ou mesmo principalmente – de fatores estranhos ao universo da sua disciplina, ou, quem sabe,

---

6. Salvo a honrosa exceção de Carlos Alberto Alvaro de Oliveira, "Procedimento e ideologia no direito brasileiro atual", *Ajuris* 33/79-85. O Prof. Marinoni já havia percebido a necessidade de uma "análise das várias hipóteses de procedimentos que estariam em contradição" com os valores consagrados na Constituição, com as seguintes palavras: "Desejamos, apenas, revelar uma nova e rica fonte de controle constitucional da legitimidade dos procedimentos" (Luiz Guilherme Marinoni, *Novas linhas* ..., cit., p. 172). Explorar essa senda é o objetivo da presente dissertação. Para outras análises dos procedimentos especiais em geral, numa perspectiva crítica, ver Andrea Proto Pisani, *Appunti sulla giustizia civile*, pp. 11 e ss.; Flávio Luís de Oliveira, "As tutelas diferenciadas e o sistema de produção capitalista", *Revista da Faculdade de Direito* 29/175-188; Rodrigo Xavier Leonardo, "O paradigma da efetividade do processo e os procedimentos especiais: uma abordagem crítica", *Revista Jurídica Themis* 10/67-83.

7. "(...) os oprimidos exigem aos trabalhadores científicos que dirijam as pesquisas para as questões atuais. (...) Mas o sábio que pensa salvar a existência sendo prudente e 'apolítico' e que, vendo mesmo os mais prudentes expulsos e presos, não soube extrair a lição desses fatos, esse sábio já não pode ter a pretensão de ser tomado a sério e participar mais tarde na reconstrução efetiva da sociedade" (Wilhelm Reich, *Psicologia de massa do fascismo*, p. 7).

8. Idem, ibidem, p. 149.

em termos mais genéricos, ao mundo do direito".[9] O processualista, como o jurista em geral, deve estar ciente de sua responsabilidade social pelas opiniões que emite,[10] pois por mais técnicas que pareçam,

9. José Carlos Barbosa Moreira, "Notas sobre o problema da 'efetividade' do processo", in *Temas de direito processual civil*, 3ª série, pp. 30 e 31.
10. Giuseppe Chiovenda, "Las reformas procesales y las corrientes del pensamiento moderno", in *Ensayos de derecho procesal civil*, 1949, v. 2, p. 171. José Carlos Barbosa Moreira, "A função social do processo civil moderno e o papel do juiz e das partes na direção e na instrução do processo", in *Temas ...*, cit., 3ª série, pp. 43-44. Luiz Guilherme Marinoni, *A antecipação da tutela*, p. 22. Mauro Cappelletti, "Algunas reflexiones sobre el rol de los estudios procesales en la actualidad", *Revista de Processo* 64/148-149; "Aspectos sociales y políticos del procedimiento civil", in *Proceso, ideologías, sociedad*, 1974, p. 89, e, ainda, "Problemas de reforma do processo civil nas sociedades contemporâneas", in *O processo civil contemporâneo*, pp. 26-28, 30. José Roberto dos Santos Bedaque, *Direito e processo*, pp. 18, 42-43, 46 e 55. Piero Calamandrei, "Processo e giustizia", in *Atti del Congresso internazionale di Diritto Processuale Civile*, 1953, p. 21. Celso Fernandes Campilongo, "O Judiciário e a democracia no Brasil", *Revista USP* 21/118. Patrícia Azevedo da Silveira, "Processo civil contemporâneo: elementos para um novo paradigma processual", in *Elementos para uma nova teoria geral do processo*, pp. 15-19, 21 e ss. Sobre a responsabilidade do Judiciário, ver as obras: José Eduardo Faria (org.), *Direito e justiça: a função social do Judiciário*; José Ernanne Pinheiro *et alii* (orgs.), *Ética, justiça e direito*; José de Albuquerque Rocha, *Estudos sobre o Poder Judiciário*, pp. 72 e ss. Sobre a responsabilidade de advogados, ver: Roberto A. R. Aguiar, *A crise da advocacia no Brasil*; José Geraldo de Souza Jr., "Função social do advogado", in *O Direito achado na rua*, pp. 131-134; Tarso Genro, *Introdução crítica ao direito*, pp. 54 e ss. Sobre a responsabilidade de juízes e promotores diante dos conflitos fundiários: Álvaro Pessoa, "O uso do solo em conflito – A visão institucional", in *Conflitos de direito de propriedade*, pp. 210-216; Cláudio Souto, "Magistratura brasileira e ideologia formalista", *Seqüência* 19/29 e ss.; Fábio Konder Comparato, "Impropriedades judiciárias", *Folha de S.Paulo*, 7.11.1995, p. 1.3; Marcos Bittencourt Fowler, "O Ministério Público e os conflitos fundiários", in *Revoluções no campo jurídico*, p. 222; Marcelo Pontes, "A devassa que não foi feita", *Jornal do Brasil*, 28.11.1993, p. 2. Tal responsabilidade parece completamente ausente, p.ex., nos despachos de fls. 150, 162 e 163 dos autos 10.197/90, da 18ª Vara Cível de Curitiba. "A responsabilidade do operador jurídico também passa pela publicação de artigos em periódicos, em defesa dos grupos desassistidos" (Marcos Bittencourt Fowler, Comunicação apresentada no VIII Encontro da Rede Autônoma de Advogados Populares do Paraná, Ponta Grossa, 18.4.1997). Todavia: "Não será jamais a atitude corajosa do magistrado, comprometido com um projeto emancipador, nem a do advogado ou do membro do Ministério Público, em iguais circunstâncias, que mudará o estado das coisas. Queiramos ou não, operamos com um instrumento do poder, com a cara que ele efetivamente tiver. (...) Nós juristas, portanto, queiramos ou não, se nos proclamamos comprometidos com um projeto emancipador do homem, não poderemos resgatar

tendem a apresentar repercussões sociais às quais o doutrinador está vinculado.[11] Nas palavras de Guimarães Rosa, "uma coisa é pôr idéias arranjadas, outra é lidar com país de pessoas, de carne e sangue, de mil-e-tantas misérias...".[12]

Sobre essa responsabilidade social, é ilustrativo o seguinte trecho de Adorno: "O intelectual [leia-se: o jurista de modo geral, e o processualista em particular] (...) está separado da práxis material [*que não se confunde com a praxe forense*] (...). Mas a práxis material não é apenas o pressuposto de sua própria existência, ela se encontra na base do mundo, cuja crítica coincide com o seu trabalho. Se nada sabe dessa base, ele está mirando o vazio. Ele está diante da alternativa de se informar ou dar as costas ao que detesta".[13]

No caso do objeto desta obra, não é admissível que o processualista e o legislador continuem dando as costas ao direito material e à própria realidade social, no momento de se posicionarem frente aos procedimentos especialíssimos. O processualista que assim faz – que ignora o direito material e a realidade social – se enquadra exatamente naquilo que Adorno chama de "personalidade autoritária do tipo manipulativo", caracterizada pela estereotipia extrema: percepção do mundo por intermédio de categorias mecânicas (p. ex.: categorias jurídicas, como o fato jurídico, e processuais, como a figura abstrata do autor e do réu etc.), o que lhes garante a ausência quase absoluta de sentimentos; hiper-realismo ("que trata a todo o existente como objeto que está ali para ser apoderado, manejado, utilizado", isto é: *instrumentalização do existente*) e fé cega na técnica (processual, é claro).[14] Resumindo: há uma supervalorização do estereótipo, que, como sabemos, constitui o tijolo da "ciência processual" (basta lem-

---

esse nosso compromisso como profissionais apenas, mas precisamos levar esse compromisso efetiva e prioritariamente para o campo da luta política" (José Joaquim Calmon de Passos, "Dimensão política do processo: direito, poder e justiça", in *Livro de estudos jurídicos*, v. 5, p. 332).

11. Aliás, não é à toa que Habermas afirmara, com muita propriedade, o caráter ideológico da técnica e da ciência (cf. Jürgen Habermas, *Técnica e ciência como "ideologia"*). Sobre o perfil político da atividade aparentemente técnica do jurista, ver Giovanni Tarello, *Storia della cultura giuridica moderna*, pp. 15 e ss.

12. João Guimarães Rosa, *Grande sertão: veredas*, p. 14.

13. Theodor W. Adorno, *Minima moralia*, pp. 115-116.

14. Theodor W. Adorno, "Estudio cualitativo de las ideologías", in *La personalidad autoritaria*, pp. 715 e ss. Consultar também José Leon Crochík, *Preconceito, indivíduo e cultura*, p. 133.

brar que os estereótipos "autor" e "réu" são fundamentais para o próprio conceito de ação). Senão, vejamos.

Segundo José Eduardo Faria, a raiz do problema da imparcialidade do juiz está no saber "tecnológico", que empresta a categorias vazias de conteúdo (como os estereótipos de que fala Warat[15]) uma aparência de sistematicidade, do que resulta a apriorização da linguagem jurídica, a neutralização do discurso jurídico e a universalização das normas.[16] Assim, obtêm-se categorias dogmáticas, gerais e abstratas como o "fato jurídico", que na verdade serve para a "des-realização" do "fato social".[17] No processo civil, o império do idealismo normativista faz com que toda a realidade processual se circunscreva ao plano jurídico lógico-formal e se explique por meio de uma "pirâmide de idéias jurídicas abstratas", i.e., "os pretendentes são meros sujeitos jurídicos desencarnados nas suas vestes de autor e réu; as pretensões de interesses meros direitos de ação ou de impugnação enquanto versão atuante e concreta dos direitos ou normas violadas; a composição mero *juris dictum* de bens de tutela substantiva; os conflitos mero contraditório de razões de fato e de direito".[18]

Esse movimento de des-realização do fato social, dentro do processo civil, na verdade está inserido num movimento maior, de camuflagem ideológica dos problemas decorrentes dos desníveis sociais característicos da sociedade industrial. É nesse sentido que Soveral Martins entende que o processo civil do sistema liberal-burguês foi ideologicamente concebido para "ocultar a própria conflituosidade social, através de processamentos técnicos de valorações imparciais onde a luta de classes freqüentemente se transmuda em mero contraditório de partes que, pelo toque mágico da sua transmu-

---

15. Luis Alberto Warat, *O direito e sua linguagem*, pp. 70-71.
16. José Eduardo Faria, *Justiça e conflito*, pp. 54-55. A descrição dos processos de apriorização, neutralização e universalização feita pelo ilustre professor da USP curiosamente repete as mesmas palavras de Bourdieu, vertidas dois anos antes para o português (quem quiser certificar-se, basta procurar em Pierre Bourdieu, "A força do direito: elementos para uma sociologia do campo jurídico", in *O poder simbólico*, p. 215, e comparar com a p. 55 da obra do prof. Faria). Ressalte-se que a própria linguagem judicial, que, segundo Bakutin, "intrinsecamente assume uma discrepância nítida entre o subjetivismo verbal das partes num processo e a objetividade do julgamento" (Mikhail Bakutin, *Marxismo e filosofia da linguagem*, p. 153), prova, por essa mesma discrepância, a impossibilidade do julgamento neutro.
17. José Eduardo Faria, *Justiça e conflito*, pp. 55-56.
18. Soveral Martins, *Processo e direito processual*, v. 1, p. 26.

tação em sujeitos jurídicos, tal como gatas borralheiras, se tornam iguais, pelo menos enquanto não soarem as badaladas da meia-noite desmistificadora".[19]

Pressburger vai além, relacionando a cristalização do controvertido conceito de sujeito de direito com a criação de uma "instância julgadora 'neutra' que acolhe as partes, individualizadas e representadas por profissionais do direito", e a elevação das fórmulas ritualísticas e cerimoniais à categoria de Direito – o Direito Processual: "E é no direito processual, sob o apelido de 'partes' que vem explicitado mais um direito: o direito de ser sujeito de direito. (...) Tendo o positivismo jurídico elevado o processo à categoria de direito, mistificou e confundiu o próprio significado do termo. (...) Dito de outra forma, mais ao nível da consciência corrente, tanto é direito a justa retribuição pelo trabalho, por exemplo, quanto demandar uma retribuição que não foi paga na venda da força de trabalho".[20]

Diante de tantas mistificações, este trabalho tem em conta que hoje ninguém pode sustentar, com seriedade, que o processo civil não passa de um instrumento técnico neutro, asséptico e formal, ideologicamente insensível aos valores constitucionais e indiferente à natureza dos interesses em conflito.[21] Esse é um pressuposto que deve acompanhar toda a reflexão crítica sobre a dogmática processual.

19. Soveral Martins, ob. e v. cits., p. 32. Sobre o papel da categoria "sujeito de direito" na ocultação das desigualdades materiais, ver Eugeny Bronislanovich Pasukanis, "La teoria generale del diritto e il marxismo", in *Teorie sovietiche del diritto*, pp. 155 e ss.; Bernard Edelman, *O direito captado pela fotografia*, pp. 25 e ss., 94 e ss.; Henrique da Silva Seixas Meireles, *Marx e o direito civil*, pp. 359 e ss., 449 e ss.; Juan Ramón Capella, *Los ciudadanos siervos*, pp. 135 e ss.; Michel Miaille, *Introdução crítica ao direito*, pp. 114 e ss.; Maria Francisca Carneiro, Potiguara Acácio Pereira, "Considerações sobre o sujeito de direito", *Revista da Faculdade de Direito* 30/235-56; Petr Ivanovich Stucka, *Direito e luta de classes*, pp. 139 e ss.
20. T. Miguel Pressburger, *Direitos e demandas coletivas*, pp. 6-7, 8-9.
21. Franco Cipriani, *Ideologie e modelli del processo civile*, p. 126. Andrea Proto Pisani, *Appunti sulla giustizia civile*, pp. 11 e 15, e *Lezioni di diritto processuale civile*, pp. 6 e 9. Jônatas Luiz Moreira de Paula, *Uma crítica à jurisdição civil brasileira*, pp. 37 e ss., 46 e ss. Em importante artigo, Luigi Mengoni se coloca frontalmente contra a ideologização e sujeição da dogmática a instâncias axiológicas de controle, eis que isso, a seu ver, configuraria uma verdadeira "tirania dos valores", a ditadura de um partido político, classe social ou casta burocrática, enquanto a dogmática tem objetivos igualitários universais (Luigi Mengoni, "Ancora sul metodo giuridico", *Rivista Trimestrale di Diritto e Procedura Civile*, v. 38, n. 2, pp. 338-341). Com todo o respeito que se deve a esse tipo de posicionamento, de perfil niti-

1.3 Objetivos

Não temos a ilusão de que o processo civil seja o único – ou o maior – responsável pela concentração de propriedade no Brasil.[22] Mas também não podemos acreditar que seja um grande agente distribuidor de riquezas.[23] Aliás, não pode o processualista "incidir na ingenuidade de pensar que lhe é possível desatar todos os nós com os meros instrumentos próprios do seu ofício".[24] Bem disse Carlos

damente positivista, pode-se responder que a dogmática que se pretende "desideologizada" também é conduzida por valores – ideologicamente encobertos, é claro – como o do próprio igualitarismo formal e universalizante, típico da totalidade/totalitária consagrada pela chamada "modernidade", a mesma que nega o direito à diferença e desconsidera as minorias não econômicas.

22. Como bem alertou Ricardo Fonseca, não se deve sobrevalorizar o papel das instituições jurídicas na história relativa a outros setores do saber (Ricardo Marcelo Fonseca, "Notas sobre a construção de um discurso historiográfico jurídico", *Revista da Faculdade de Direito* 28/254).

23. Nesse sentido, *data venia*, discordamos do otimismo de Jônatas Luiz Moreira de Paula, *Uma crítica à jurisdição...*, cit., pp. 57 e 74. Acreditamos também que o art. 3º do Código de Ética da OAB, de 13.2.1995, ao dizer que "o advogado deve ter consciência de que o Direito é um meio de mitigar as desigualdades para o encontro de soluções justas e que a lei é um instrumento para garantir a igualdade de todos", agride frontalmente a liberdade de consciência garantida pelo art. 5º, VI, da CF. Pode ser que, enquanto advogado, eu finja acreditar nisso, sob pena de inviabilizar minha própria atividade profissional. Mas na condição de alguém que se obriga a pensar o direito, não posso fugir à constatação de que o direito é "um ato de manifestação imediata da violência" (Walter Benjamin, "Crítica da violência – crítica do poder", in *Documentos de cultura, documentos de barbárie*, p. 172; Theodor W. Adorno, "Los tabús sexuales y el Derecho hoy", in *Intervenciones: nueve modelos de crítica*, p. 107; Herbert Marcuse, *O fim da utopia*, p. 59). Não posso, em sã consciência, crer que o direito veio para mitigar desigualdades, diante de um diagnóstico tão preciso quanto o de Adorno: "El derecho es el fenómeno arquetípico de una racionalidad irracional. El es el que hace del principio formal de equivalencia la norma, camuflaje de la desigualdad de lo igual para que no se vean las diferencias, existencia póstuma del mito en una humanidad sólo aparentemente desmitologizada" (Theodor W. Adorno, *Dialéctica negativa*, pp. 306-307).

24. José Carlos Barbosa Moreira, "Notas sobre o problema da 'efetividade' do processo", in *Temas ...*, cit., 3ª série, p. 30. P.ex.: "É certo que os fatores determinantes da ineficiência, inadequação e morosidade de nossa Justiça não decorrem unicamente, e nem primordialmente, das eventuais imperfeições de nossos institutos de Direito Processual. E nem se poderá ter, por certo, a ilusão ingênua de que as mudanças porventura feitas nas estruturas de nossos procedimentos sejam capazes, por si sós, de eliminar as enormes carências de que padece o Poder Judiciário" (Ovídio Baptista da Silva, "Processo de conhecimento e procedimentos especiais", *Ajuris*, n. 57, mar./1993, p. 6). O fato de que grandes problemas do processo não dependem

Alberto Alvaro de Oliveira que "a mais grave miopia de que pode padecer o processualista é ver o processo como medida de todas as coisas".[25] Mas o processualista comprometido com a luta por uma menor desigualdade de tratamento "dos membros da comunidade em razão de diversidades de riqueza", não pode se exonerar da responsabilidade que tem de desenvolver essa luta em seu meio técnico, por menor que possa ser o resultado dela na estrutura social.[26]

A concepção do processo civil enquanto instrumento, não necessariamente de concentração, mas de defesa da propriedade (capital), não escapou sequer aos processualistas mais antigos. João Monteiro, p.ex., já dizia que "por sua função específica, isto é, garantir a estabilidade das relações de direito, o poder judiciário concorre poderosa e eficientemente para a segurança profissional, para a firmidão da propriedade (...). A estabilidade que as decisões judiciárias imprimem à propriedade tem dupla vantagem econômica particularmente apreciável: melhora a propriedade particular, impedindo que se prolongue a inércia do possuidor injusto ou precário, e promove a respectiva circulação e distribuição, fonte fecunda da riqueza social".[27]

Faltou ao ilustre processualista – o que é plenamente justificável, à luz das circunstâncias histórico-sociais em que escreveu – perceber que a circulação da propriedade/capital, em parte promovida pelo processo civil, não foi no sentido distributivo, mas sim centrípeto.

Os fatores *determinantes* da concentração da propriedade são outros, que não os processuais, e não cabe a nós discuti-los nesse momento em que nos propomos a focalizar a questão processual. Mas o que tentaremos demonstrar é que há uma evidente vinculação entre os procedimentos especialíssimos e a defesa/concentração do capital: onde está uma, normalmente está a outra. E isso não pode ser encara-

---

apenas do direito processual não escaparam a Allorio, que assim já se pronunciou a propósito da reforma do CPC: "Il codice processuale non é ancora il nuovo processo civile perchè, come in genere si nota, nessuna riforma, veramente profonda ed efficiente, dell'ordine giuridico, avviene con semplice formulazione astratta d'un testo legislativo, senza la serie degli atti concreti che debbono tradurre i nuovi intenti in realtà" (Enrico Allorio, "Verso il nuovo processo civile", in *Problemi di diritto,* v. 2, p. 398).

25. Carlos Alberto Alvaro de Oliveira, *Do formalismo no processo civil*, p. 61.
26. José Carlos Barbosa Moreira, "A função social do processo civil moderno e o papel do juiz e das partes na direção e na instrução do processo", in *Temas* ..., cit., 3ª série, 1984, pp. 43-44.
27. João Monteiro, *Programa do curso de processo civil*, v. 1, p. 63.

do como uma fatalidade ou mera coincidência. Ademais, se não se pode dizer que em nível macroscópico os procedimentos especialíssimos são diretamente responsáveis pela concentração do capital, não há como negar que na demanda individualmente considerada o resultado "concentração do capital" – e não sua distribuição – é evidente.

Ao tratarmos desse tema não temos a pretensão de mudar a opinião de ninguém, visto que isso é praticamente impossível tratando-se de tema relativo ao capital – em última análise, à *propriedade*. Afinal, as concepções de cada um a respeito do assunto já devem estar devidamente sedimentadas, nessa altura da vida moderna, de modo que nós não nos sentimos obrigados a participar de uma pantomima, simulando que estamos doutrinando profissionais que com certeza não se encontram mais na humilhante posição de "pessoas doutrináveis". Justamente por isso, por confiarmos na capacidade intelectiva de cada um dos leitores, não nos sentimos na posição de alguém que lhes traz uma "cartilha". Muito menos uma verdadeira panacéia aos problemas sociais do país, partindo prosaicamente do direito processual civil – aparentemente tão inofensivo...

Por outro lado, não esperamos que *todos* concordem com as idéias aqui expostas, pois se a intenção fosse agradar a *todos*, abriríamos mão da discussão e passaríamos a escrever panegíricos.[28] Se uma obra deve expor as razões que fundamentam uma posição teórica jurídica – que também é política – não esperamos uma adesão em massa às idéias aqui expostas, mas sim que tão-somente a crítica, por menos democrática que seja, respeite a tomada de posição aqui realizada.

Até agora dissemos quais *não são* os nossos objetivos. Agora cumpre dizer quais são eles:

1) ***objetivo de ordem teórica***: proporcionar, aos operadores do direito que estão preocupados com a defesa processual dos hipossu-

---

28. "Escritor novo não pode aparecer de chapéu na mão chamando ninguém de mestre. Literatura [inclusive jurídica] é combate contra os que já estão" (Marques Rebelo, *O Trapicheiro*, p. 321). Marques Rebelo faz analogia entre a literatura e um baile com casaca obrigatória. "Um cavalheiro de terno branco pode forçar a porta e entrar. E pode dançar, se divertir muito, e ser até citado pelos cronistas elegantes, todavia estará sempre sujeito a ser posto para fora do salão" (idem, ibidem, pp. 267-268). A concordância de todos só poderia significar que, em vez de conservarmos a intenção de crítica, estivemos presos ao "senso comum teórico dos juristas" – na feliz expressão de Warat (*Mitos e teorias na interpretação da lei*, pp. 17 e ss.). É preferível ficar exposto ao risco de ser expulso do salão do que repetir a ladainha jurídica de plantão.

ficientes, um momento de discussão teórica daquele que é provavelmente o fundamento ideológico mais importante do processo civil brasileiro: a defesa da propriedade (capital);[29]

2) *objetivo de ordem prática*: disponibilizar, aos operadores do direito que militam nas áreas abrangidas por este trabalho, um instrumental que não fique restrito aos muros da academia, mas seja acompanhado de argumentação dogmática passível de utilização em juízo. Não queremos fazer um daqueles trabalhos exclusivamente teóricos, em que, ao final da leitura, "inútilmente se preguntará el lector cuál es la aportación que pueda resultar de semejantes trabajos a la jurisprudencia practica y al mejoramiento de la legislación positiva: el esfuerzo de virtuosismo teórico contenido en ellos es admirable; ¡pero no creo que ayuden a la justicia a ser menos injusta de lo que es!"[30]

Esta separação entre os objetivos de ordem teórica e prática não significa que endossamos o isolamento entre teoria e práxis.[31] A lição de Chiovenda é atualíssima: "El puro teórico en el procedimiento es algo que carece de sentido; pero el puro práctico es una desdicha".[32] Como já disse brilhantemente Barbosa Moreira, é impossível "cuidar bem de questões práticas sem sólida preparação teórica. Desconfiemos de quem menospreza a teoria e pretende dar

---

29. "La tarea directa de la ciencia consiste en distinguir tras de cada fórmula teórica su real contenido social y jurídico: el movimiento efectivo de las relaciones jurídicas entre los órganos estatales, organizaciones y ciudadanos, así como los intereses económicos, políticos y espirituales y los motivos que constituyen su base" (Vladimir Kudriavtsev, "La ciencia jurídica soviética hoy", in *El derecho en el socialismo desarrollado*, pp. 18-19).

30. Piero Calamandrei, "El proceso como situación jurídica", in *Estudios sobre el proceso civil*, p. 224. E no entanto, "la enseñanza universitaria del procedimiento no puede ser más que teórica; precisamente porque en estas aulas no se agita la materia prima de una enseñanza práctica, la litis" (Giuseppe Chiovenda, "Del sistema en los estudios del proceso civil", in *Ensayos de derecho procesal civil*, v. 1, p. 376).

31. "O pensar o direito, no entanto, tornou-se um pensar pelo próprio pensar. Um pensar distante da causa que levou ao cogito do direito. Ora, toda a teoria que nega a sua causa, distancia-se dos seus verdadeiros fins, isto é, dos fins relacionados com a sua causa. Foi o que aconteceu com o direito processual" (Luiz Guilherme Marinoni, *Novas linhas ...*, cit.,, p. 12). Sobre o binômio teoria-práxis e as contingências práticas do estudo teórico, ver Theodor W. Adorno, *Palavras e sinais*, pp. 137 e ss., 202 e ss., e "La sociología y la investigación empírica", in *Sociológica*, pp. 273-294; Wilhelm Reich, *Psicologia de massa do fascismo*, p. 149.

32. Giuseppe Chiovenda, "Del sistema en los estudios del proceso civil", in *Ensayos de derecho procesal civil*, v. 1, p. 376.

solução a quaisquer problemas da Justiça com base exclusiva numa suposta experiência decorrente de visitas amiudadas ao foro e da familiaridade com contra-fés e cartas de sentença".[33] Mesmo porque, segundo Giovanni Tarello, os juristas práticos têm uma estranha propensão ao formalismo ritualístico e ao conservadorismo dos hábitos profissionais.[34]

Por outro lado, a investigação teórica tem na prática processual "uma rica fonte para a problematização de situações que o jurista dificilmente imaginaria".[35] Não pode o jurista teórico viver manipulando inconseqüentemente seus fantoches, como diria Carnelutti.[36] Segundo Bachelard, o verdadeiro "espírito científico" exige que se formule problemas, pois, para ele "todo o conhecimento é uma resposta a uma questão. Se não houver questão, não pode haver conhecimento científico".[37] No âmbito processual, Calamandrei já disse que os estudos doutrinários são feitos "non per servire al gusto architettonico delle astratte costruzioni sistematiche, ma per servire in concreto alla giustizia".[38]

Por isso, neste livro tentou-se, de todas as formas, aliar o conhecimento teórico (jurídico ou não) a uma questão prática, que é a utilização de procedimentos especialíssimos.

1.4 Material de pesquisa

Recusamo-nos terminantemente a preencher páginas com mera compilação de manuais, só para aumentar a extensão do trabalho.[39] Não acreditamos que alguém possa medir o grau de profundidade de

---

33. José Carlos Barbosa Moreira, "Prefácio" ao livro *Competência cível da Justiça Federal*, de Aluisio Gonçalves de Castro Mendes, p. XI.
34. Giovanni Tarello, *Storia della cultura giuridica moderna*, pp. 33-34.
35. Luiz Guilherme Marinoni, *Tutela inibitória*, pp. 136-137. Daí a necessidade de o ensino teórico do processo ser acompanhado da técnica e da prática (Mario Aguirre Godoy, "La Teoría General del Proceso y la enseñanza del Derecho Procesal", *Revista Iberoamericana de Derecho Procesal* 1/103-105).
36. "(...) il giudice opera sul vivo mentre il teorico ha tra le mani un fantoccio" (Francesco Carnelutti, *Diritto e processo*, p. 148).
37. Gaston Bachelard, *A epistemologia*, p. 166.
38. *Apud* Luiz Guilherme Marinoni, *Tutela inibitória*, p. 391.
39. "O que se puder escrever em duas linhas, nunca escrever em três" (Marques Rebelo, *O Trapicheiro*, p. 267).

uma pesquisa pelo número de páginas.[40] A citação de manuais será evitada, só ocorrendo quando for necessário demonstrar um exemplo do tratamento que a doutrina vem dando a determinado assunto. Ao se citar exaustivamente manuais, além de proceder de forma inútil (eis que o acesso a eles é fácil), corre-se o risco de se tornar repetitivo, e pior: de estar transformando a obra num gigantesco lugar-comum.

Pelo mesmo motivo não queremos simplesmente fazer uma recopilação de tudo o que todos os autores falaram sobre determinado assunto, embora em alguns pontos talvez uma tal intenção se mostre aparente. Quando fizemos um trabalho sobre a fundamentação dos recursos (*O dogma do duplo grau de jurisdição*), tentamos algo semelhante. Garimpamos em inúmeros manuais e tratados, principalmente na doutrina nacional, procurando opiniões diferentes a propósito do tema. E qual não foi nossa surpresa quando verificamos que a grande maioria não conseguia ir além das vetustas lições de João Monteiro!

Não temos a pretensão de esgotar completamente o tema. Aliás, como diria Guimarães Rosa, "o livro pode valer pelo muito que nele não deveu caber".[41] A pretensão de esgotamento completo de um tema (teorias e bibliografia) se prende ao positivismo. Além de ser análoga à pretensão de completude do próprio ordenamento, tal pesquisa bibliográfica na verdade apresenta uma insustentável pretensão à própria totalidade, e como tal, é de certa forma "totalitária" (Adorno). Detalhe: evidentemente a realidade é inesgotável, e impossível de ser completamente apreensível, quer por toda uma biblioteca, quer pelo pesquisador que sai à cata de todos os livros. Afinal, todo o processo de reflexão teórica é redutor e deformador da realidade.[42]

Por isso seria mais sensato tentar ao menos abrir uma porta para pesquisas ulteriores, e não fechá-la, ou obstruí-la com uma barricada de livros.

---

40. Afinal, é preciso evitar o "pensamento profissionalmente deformado dos Juristas", tendente ao verbalismo e à logomaquia (Caio Prado Jr., *Dialética do conhecimento*, t. 2, p. 586).
41. João Guimarães Rosa, *Tutaméia*, p. 17.
42. "A compreensão científica dos acontecimentos, mesmo os mais melindrosos, procura eliminar na medida do possível as fontes de erro infinitamente múltiplas que podem penetrar na visão das coisas; é por isso que ela opera com lentidão e só de muito longe pode acompanhar os acontecimentos" (Wilhelm Reich, *Psicologia de massa* ..., cit., p. 7).

Temos de admitir, no entanto, que a pesquisa (pre)tendente à totalidade apresenta dois "méritos":

1) ameaça o pesquisador com um tal volume de material que ele se sentirá obrigado a restringir ao máximo o seu objeto de pesquisa, para aliviar a quantidade de informações que "obrigatoriamente" teria de ler; assim é reforçado o mito do especialista, que como diria Chesterton, lerá tanto sobre tão pouco que acabará sabendo tudo sobre nada;

2) mesmo restringindo o objeto de estudo, o pesquisador é soterrado por tantas informações a serem devidamente analisadas e sistematizadas que pouco espaço restará em seu plano de pesquisa para o desenvolvimento de temas inéditos. A criatividade (instinto estético) é sufocada pela busca da verdade (instinto do conhecimento).[43] É uma repetição, em nível diverso, do que ocorre no próprio Judiciário tecnoburocrático (v. § 7.3.1). Sufocar a criatividade não é sinônimo de "ciência",[44] mas no máximo, de tecnocracia.[45] Resumindo, a pesquisa não pode comprometer o estudo a ponto de impedir qualquer expressão da subjetividade do autor.

Pelo mesmo motivo, não vamos ficar elencando *toda* a jurisprudência encontrada sobre, p. ex., a constitucionalidade da execução extrajudicial. Seria um procedimento ocioso, pois os argumentos – salvo raras exceções – se repetem com incrível freqüência. Por isso citaremos apenas alguns exemplos, nesse ou naquele sentido, mais para demonstrar como o tema tem sido debatido no Judiciário.

A utilização freqüente de citações de não-juristas – como cientistas, filósofos, sociólogos e economistas – se explica facilmente pelo esforço interdisciplinar. É claro que nesse esforço interdisciplinar

---

43. Roberto Machado, *Nietzsche e a verdade*, p. 45.
44. "La ciencia debe ser creadora. No se puede referir al número de obras auténticamente científicas los escritos que no añaden nada a las representaciones ya formadas" (Vladimir Kudriavtsev, "La ciencia jurídica soviética hoy", in *El derecho en el socialismo desarrollado*, p. 18).
45. A ideologia tecnocrática "necessita negar que o produto do conhecimento seja o resultado de uma tensão criadora entre sujeito e objeto, pois lhe está vedado admitir que o sujeito reage à presença do objeto e participa ativamente do processo de conhecer com todo o seu estoque biográfico de preconceitos, intuições, desejos, repulsas, angústias, antecipações, lembranças, fantasias, compromissos e tudo o mais que constitui como organismo individual, vivo e pensante" (Carlos Estevam Martins, *Tecnocracia e capitalismo*, p. 105).

corre-se riscos, mas a possibilidade de enriquecimento da abordagem é, sem dúvida, estimulante.⁴⁶

Por outro lado, não acreditamos que qualquer autor ou obra possa ser considerado "citação obrigatória", qual uma "chancela real" ou mesmo um "pedágio" que se pague para fazer pesquisa jurídica. Logo, não nos sentimos obrigados a fazer referências – que nesse caso se confundem com subservientes *reverências*⁴⁷ – a determinado autor ou obra que seja, mesmo porque isso equivaleria a fetichizá-los e deixar-se vergar ao peso do argumento de autoridade (*argumentum ad verecundiam*).⁴⁸

Em termos de jurisprudência, não há muito material nas revistas jurídicas, o que aliás levantaria a seguinte questão: qual é o grau de isenção (se é que há alguma) na escolha de julgados para publicação nessas revistas? Não é crível que elas apenas os "sorteiem", jogando acórdãos para o alto e vendo quais deles caem dentro ou fora de um círculo de giz. Nossa própria experiência no ramo editorial jurídico mostra que há critérios, sim, para a escolha de material jurisprudencial a ser divulgado. E esses critérios nem sempre se prendem à atualidade do tema, tamanho do acórdão ou à importância do mesmo para a jurisprudência nacional (se é que é possível, friamente, avaliar tal coisa). Muitas vezes o critério principal é o perfil do assinante do periódico. Outras vezes a própria pré-seleção

---

46. Exemplo de riscos que se corre no estudo interdisciplinar é o do sociologismo jurídico, que pode levar a uma apreensão *naïf* do direito (Michele Taruffo, "Introduzione all'edizione italiana", in *I volti della giustizia e del potere*, p. 16). Outro exemplo é o risco de "veicular certas representações, oriundas de concepções acríticas dos fenômenos sociais, de maneira dogmática"; enfim, de se abeberar do que há de mais atrasado nas outras áreas do saber, apresentando esse material no direito como uma verdade que para o outro cientista seria única e indiscutível, e portanto, de apropriação mandatória pelo jurista (Roberto Kant de Lima, "Por uma antropologia do direito, no Brasil", in *Pesquisa científica e direito*, pp. 102-103). Esse atraso crônico do direito faz parecer, segundo Menger, a adoção, em algumas cidades, de modas ultrapassadas nas metrópoles (Anton Menger, *El derecho civil y los pobres*, p. 64). Outro risco que se corre é o de ser chamado de "impostor" pelos neopositivistas de esquerda, como Alan Sokal, Jean Bricmont, *Imposturas intelectuais*.
47. Ver Jean Baudrillard, *A arte da desaparição*, p. 150.
48. Ainda sobre o peso do argumento de autoridade no discurso jurídico, vide Antônio Augusto Mariante Furtado, *Direito, fraude e respeito mútuo*, p. 17. Chaïm Perelman, Lucie Oldebrechts-Tyteca, *Tratado da argumentação*, pp. 347-353. Luiz Sérgio Fernandes Souza, *O papel da ideologia no preenchimento das lacunas no direito*, pp. 142-143. Luis Alberto Warat, *Introdução geral ao direito*, v. 1, pp. 163-164.

de material para publicação em revistas, feita primeiramente pelos próprios Relatores e num segundo momento pelos departamentos de jurisprudência dos Tribunais, já se encarrega de deixar – de boa-fé – inúmeros julgados no ostracismo do caso concreto que lhes deu origem. Sempre haverá esses julgados, conhecidos apenas das partes conflitantes e dos escritórios de advocacia que atuaram na causa, simplesmente porque é inimaginável o aproveitamento de 100% de todos os acórdãos de todos os Tribunais do país. Não só inimaginável, mas também inútil, eis que muitos deles são repetições literais de casos idênticos, principalmente no âmbito da Justiça Federal (em primeiro e segundo graus). Ademais, para quem tivesse à sua disposição essa quantidade de jurisprudência, uma vida só não bastaria para fazer a primeira pesquisa. Assim, não só a realidade, mas também a jurisprudência é inesgotável.

Apesar de não haver muita jurisprudência disponível à pesquisa, especificamente sobre os procedimentos especialíssimos, procuramos citar os julgados que foi possível coletar nesses anos de pesquisa. Não apenas por motivos de ordem prática – disponibilização de material para as atividades forenses – mas também porque nos casos aqui estudados – procedimentos especialíssimos –, em que se questiona o regime (econômico e jurídico) de concentração do capital, verificamos como cai a máscara de neutralidade/imparcialidade do Judiciário. E não há nisso nenhuma novidade.[49]

Carnelutti já havia notado o caráter paradoxal da exigência de imparcialidade de alguém que, pela própria condição humana, é parcial.[50] Sob o pretexto da imparcialidade, exige-se uma neutralidade política que é mais aparente que real,[51] e o juiz imparcial – "assépti-

---

49. De fato, segundo Renato Treves, não só existe uma ideologia profissional dos magistrados, mas também uma ideologia político-social da jurisprudência (Renato Treves, "L'amministrazione della giustizia in Italia: bilancio di una indagine", *Rivista di Diritto Processuale*, v. 27, n. 1, pp. 87 e ss., 91 e ss.).

50. "Pretendere la imparzialità del giudice è pertanto qualcosa come cercare la quadratura del circolo" (Francesco Carnelutti, *Diritto e processo*, p. 74).

51. Piero Calamandrei, "Processo e giustizia", in *Atti del Congresso internazionale di Diritto Processuale Civile*, p. 21. Piero Calamandrei, *Eles, os juízes, vistos por um advogado*, p. 245. "Nenhum cientista político, com um mínimo de seriedade, ousaria afirmar que os membros do Poder Judiciário são apolíticos. Isto soaria tão absurdo quanto a ciência afirmar que os religiosos, aos quais se impõe o dever de castidade, são assexuados" (Márcio Oliveira Puggina, "Deontologia, magistratura e alienação", *Ajuris* 59/176).

co"– acaba sendo marginalizado pela sociedade, um "eunuco político, econômico e social".[52]

Se a imparcialidade já é, por si só, um mito,[53] que dizer da atuação do Judiciário diante dos conflitos que dizem respeito diretamente à propriedade (capital). A delicada questão foi enfrentada com coragem por Calamandrei, que perguntava como pode sentir-se imparcial o juiz diante de questões que envolvem a ordem, *a propriedade*, a vida e o pensamento.[54] Segundo o mestre italiano, "*é difícil, sobretudo, o juiz conseguir livrar-se da presença, silenciosa mas implacável, da sua condição patrimonial*", e para demonstrar isso, lembra a opinião de um Presidente de Tribunal a propósito de um determinado juiz que era proprietário de terras, por força de herança paterna: "– Raras vezes encontrei um magistrado da sua seriedade e do seu equilíbrio. Convém apenas evitar confiar-lhe a decisão de controvérsias agrárias, porque esta matéria o faz perder o brilho dos olhos e o torna feroz contra os camponeses".[55] Assim é que a "pseudoneutralidade da justiça tem atuado no sentido de, dentro da esfera cível, garantir o direito de propriedade dos latifundiários e, na esfera criminal, a absoluta impunidade dos pistoleiros contratados para executar desocupações à força bruta".[56] No nosso caso, trata-se da garantia do direito das instituições financeiras ao retorno lucrativo de seu capital.

52. Eugenio Raúl Zaffaroni, *Poder Judiciário*, p. 91. O juiz neutro torna-se, "por um cruel paradoxo, o servidor fiel – embora freqüentemente inconsciente disso – dos interesses dos donos do poder econômico e do poder político," pois na verdade "não se pode pretender do juiz – ou de quem quer que seja – uma neutralidade ideológica absoluta, pois isso seria, paradoxalmente, ideológico" (Cláudio Souto, "Magistratura brasileira e ideologia formalista", *Seqüência*, n. 19, dez. 1989, pp. 11 e 13). No mesmo sentido: "(...) a imparcialidade enquanto discurso de garantia da justiça, neutra e não ideológica, aparece, ela própria, como ideológica" (Aluízio von Zuben, "O mito da imparcialidade", *Revista do TRT da 9ª Região*, v. 21, n. 1, p. 104). O dever da imparcialidade não pode significar indiferença axiológica ou insensibilidade social (Cândido Rangel Dinamarco, *A instrumentalidade do processo*, p. 36).
53. "O mito de imparcialidade é uma das faces do mito da Racionalidade Iluminista, que também se mostra como mito da neutralidade e mito da pureza do saber científico" (Aluízio von Zuben, "O mito da imparcialidade", *Revista do TRT da 9ª Região*, v. 21, n. 1, p. 101).
54. Piero Calamandrei, "Processo e giustizia", in *Atti del Congresso* ..., cit., p. 21.
55. Piero Calamandrei, *Eles, os juízes* ..., cit., pp. 245-246.
56. Marcos Bittencourt Fowler, "Questão fundiária e Ministério Público", *Revista de Direito Processual Civil Genesis* 3/781.

Aqui e ali transparecerá nossa preocupação com o discurso do poder,[57] seja ele proferido por um Presidente da República, um Ministro de Estado, um General, um tecnocrata, um Tribunal, um jurista ou seja ele o discurso da norma jurídica (Atos Institucionais etc.).[58] Em todos os casos, encaramos esses discursos como verdadeiros documentos da cultura e, conseqüentemente, da barbárie – que muitas vezes é a palavra mais adequada, principalmente em se tratando de Ato Institucional.[59] Ao darmos atenção ao discurso jurídico, não queremos, todavia, cometer o erro fundamental neopositivista de "absolutizar os métodos lógico-lingüísticos no estudo do Direito", para com isso evitar uma análise preocupada com as questões sociais, políticas e econômicas subjacentes ao discurso.[60]

57. "(...) o poder (a *libido dominandi*) aí está, emboscado em todo e qualquer discurso, mesmo quando este parte de um lugar fora do poder. (...) chamo de discurso de poder todo discurso que engendra o erro e, por conseguinte, a culpabilidade daquele que o recebe" (Roland Barthes, *Aula*, pp. 10-11).
58. Sobre a importância do discurso/linguagem/comunicação para o direito, ver: Maria Francisca Carneiro, *Avaliação do dano moral e discurso jurídico*; "Considerações sobre direito e linguagem", *Boletim informativo Bonijuris*, n. 328, 10.1.1998, pp. 4.007-4.010; Maria Francisca Carneiro *et alii*, *Teoria e prática da argumentação jurídica*; Genaro R. Carrió, *Notas sobre derecho y lenguaje*; Costas Douzinas, Ronnie Warrington, Shaun McVeigh, *Postmodern jurisprudence*; Tércio Sampaio Ferraz Jr., *Direito, retórica e comunicação*, 2ª ed.; Vittorio Frosini, "La parola del diritto e le sue trasformazione linguistiche", *Rivista Trimestrale di Diritto e Procedura Civile*, v. 47, n. 2, pp. 423-438; Gladston Mamede, *Semiologia e direito: tópicos para um debate referenciado pela animalidade e pela cultura*; Gizlene Neder, *Discurso jurídico e ordem burguesa no Brasil*; Mario Ricciardi, "Sulla rilevanza della teoria degli atti linguistici per i giuristi", *Rivista Trimestrale di Diritto e Procedura Civile*, v. 51, n. 1, pp. 227-36; Bruno Romano, *Discorso e diritto*; Boaventura de Sousa Santos, *O discurso e o poder*; Henrique da Silva Seixas Meireles, *Marx e o direito civil*, pp. 492 e ss.; Paolo Semama, *Linguagem e poder*; Alcides Telles Jr., *Discurso, linguagem e justiça*; Luis Alberto Warat, *O direito e sua linguagem*, e "O lugar da fala: digna voz da majestade", in *Pesquisa científica e direito*, pp. 77-88. Mais especificamente no que tange ao processo, ver Roland Barthes, *A aventura semiológica*, pp. 72 e ss.; Paulo Butti de Lima, *L'inchiesta e la prova: immagine storiografica, pratica giurídica e retorica nella Grecia Classica*; Gladston Mamede, "Gramática translingüística do processo", *Revista de informação Legislativa*, n. 113, jan./mar. 1992, pp. 447-460; Johan Huizinga, *Homo Ludens*; Maria José Coracini, *Um fazer persuasivo: o discurso subjetivo da ciência*, pp. 47-57.
59. "Não há nenhum documento da cultura que não seja também documento de barbárie. E é a mesma barbárie que os impregna, que impregna também os processos da sua transmissão" (Walter Benjamin, *Sobre arte, técnica, linguagem e política*, p. 161).
60. Esse erro fundamental é muito apropriadamente apontado e denunciado por Vladímir Tumánov, *O pensamento jurídico burguês contemporâneo*, p. 179. Vide, p.

Poderá parecer que dedicamo-nos excessivamente a estabelecer premissas metodológicas, com bibliografia desnecessária, e que tal dedicação é um desvio, pois deveria ter sido concentrado no eixo central da dissertação. Entretanto, faz parte de uma argumentação sensata o esclarecimento dos pontos de compreensão mais difícil. Como esta obra não se destina precipuamente à leitura de filósofos ou sociólogos, mas sim a juristas (mais especificamente, processualistas), é preferível que se esclareça desde logo as premissas de nosso posicionamento metodológico (e aí está a bibliografia) do que deixar dúvidas quanto à falta de embasamento teórico para o mesmo.

1.5 Objetividade

Uma abordagem minimamente lúcida e sincera da vida acadêmica mostra que um trabalho que se restringe à revisão bibliográfica não adquire, por conta dessa restrição, uma aura de neutralidade científica.[61] Será no máximo um discurso enfadonho, mas não deixará de ser *discurso*.[62] E bem disse Barthes: "o que para mim é fundamentalmente

ex., o positivismo lógico argumentativo de Perelman, como criticado em Albert Brimo, *Les grands courants de la philosophie du droit*, pp. 283-285. Jacques Bouveresse, em entrevista recente, ironizou a crítica de Altusser (semelhante à de Tumánov, no sentido de que a substiuição dos problemas econômicos, filosóficos, sociológicos e mesmo jurídicos por problemas de análise lingüística não passa de uma expressão da tecnocracia que beneficia o capitalismo), afirmando que "boa parte dos filósofos do positivismo lógico de Viena eram socialistas radicais e mesmo marxistas" (Jacques Bouveresse, "Um mundo de preconceitos filosóficos", entrevista a Vladimir Safatle, *Folha de S.Paulo*, 16.1.2000, Caderno "Mais!", p. 30). Grande vantagem, ser um socialista positivista...

61. Certa vez Florestan Fernandes negou ser um sociólogo em busca de uma "neutralidade ética", eis que "não há neutralidade ética que possa resistir à corrupção e à destruição da ciência pelo capitalismo monopolista" (Florestan Fernandes, *A ditadura em questão*, p. 2).

62. Segundo Ferdinando Mazzarella, o direito não se reduz à linguagem ("Proposte alternative per un discorso sulla scienza del diritto e del processo", *Rivista di Diritto Processuale*, v. 32, n. 4, 1977, pp. 635-636). Nessa linha também vai o raciocínio do prof. Calmon de Passos, para quem "nada é mais pernicioso socialmente que se substituir o esforço em prol da racionalidade e cientificidade do Direito pelo *discurso jurídico*, um amontoado de palavras despidas do mínimo de coerência exigível de qualquer discurso com pretensões de validade" (José Joaquim Calmon de Passos, "Função social do processo", *Revista de Direito Processual Civil Gênesis* 7/43-44, grifo do original). Apesar disso, registre-se que, em outra oportunidade, ele mesmo admitiu que "o Direito é sempre e necessariamente um *discurso do poder*"

inaceitável é o cientificismo, isto é, o discurso científico que se pensa enquanto ciência, mas que censura de se pensar enquanto discurso".[63] Então, que o discurso ao menos seja coerente – apesar de que, segundo Nelson Rodrigues, toda a coerência é, no mínimo, suspeita.

Segundo Antônio Augusto Mariante Furtado, os "cânones acadêmicos" exigem que o "pseudodiscurso científico" camufle "o ego que deveria assumir um risco imediato pelo que enunciou". Surge assim a "falácia da objetividade", que tenta esconder a subjetividade inerente a todo o texto escrito, distanciando o autor de sua obra mediante artifícios sintáticos (p. ex., o sujeito oculto ou indeterminado) da metodologia científica, com a pretensão de "eliminar a enxurrada de confissões que nada mais fazem do que permitir uma certeza periclitante de que o conflito dum sujeito pode também ser o conflito de muitos outros, produzindo o delicioso companheirismo da empatia direta".[64] A falácia da objetividade, contra a qual também se rebela Barthes em inúmeros escritos,[65] é uma prática notadamente tecnocrá-

---

(José Joaquim Calmon de Passos, *Direito, poder, justiça e processo*, p. 4). Com todo o respeito que devemos às sempre brilhantes considerações do mestre baiano, não podemos concordar com a esperança iluminista de que a racionalidade ou a cientificidade sejam uma defesa eficaz contra as coisas "socialmente perniciosas". E para isso não é preciso aderir às teses delirantes e paranóides de *Unabomber*, Theodor Kaczynski, *Manifesto do Unabomber: o futuro da sociedade industrial*. Guardadas as devidas proporções, mas utilizando aqui um raciocínio tipicamente adorniano, o que produziu Auschwitz e a bomba atômica – *i.e.*, o que produziu a barbárie – foi um setor da ciência guiado pela racionalidade instrumental elevada à enésima potência, mais que qualquer discurso de Hitler ou do piloto do *Enola Gay* (ver Claude Lévi-Strauss, Didier Eribon, *De perto e de longe*, p. 152). Isso levou Ricardo Piglia a especular que *Mein Kampf* e o *Discurso do Método* "eram um só livro escrito com a distância de tempo necessária entre um e outro para que o desenvolvimento histórico tornasse possível que suas idéias se complementassem" (*Respiração artificial*, pp. 174-175). A tese é interessante e exagerada, mas, como diria Adorno, às vezes nada é verdadeiro a não ser os exageros (Theodor W. Adorno, *Minima moralia*, p. 41).

63. Roland Barthes, *O grão da voz*, pp. 94, 147, 182-183, 236-237 e 356, e *O rumor da língua*, pp. 23 e ss., e, ainda, *Crítica e verdade*, pp. 216 e ss.

64. Antônio Augusto Mariante Furtado, *Direito, fraude e respeito mútuo*, pp. 16-17.

65. Roland Barthes, *Mitologias*, p. 8; idem, *O grão da voz*, p. 183 e *Crítica e verdade*, pp. 192 e ss. A posição de Lucien Goldmann é mais moderada: "A objetividade – não a de um objeto sem sujeito, mas a da validade para todos os homens – deve ser a meta de que todas as ciências procurem aproximar-se tanto quanto possível, embora sabendo que nunca a alcançarão realmente" (Lucien Goldmann, "Estru-

tica – e isso não é um elogio.[66] Uma ciência (inclusive jurídica) é objetiva quando "dá conta das coisas previamente talhadas e formalizadas para lhe obedecer".[67]

Como admite Margaret Norgaard, "a redação técnica é necessariamente objetiva quanto ao ponto de vista, mas uma objetividade completamente desapaixonada torna o trabalho de leitura penoso e enfadonho por levar o autor a apresentar os fatos em linguagem descolorida, sem a marca da sua personalidade. Opiniões pessoais, experiência pessoal, crenças, filosofia de vida e deduções são necessariamente subjetivas, não obstante constituam parte integrante de qualquer redação técnica meritória".[68]

Por mais enfadonho que seja, é discutível que o discurso jurídico atinja um grau de cientificidade a ponto de ser considerado "científico", haja vista que a própria noção de "ciência" jurídica é discutível.[69] Aliás, que aval especial dá o adjetivo "científico" a um discurso ou a um saber? O de ser, nas palavras de Reich, o "inimigo mortal da reação política"?[70]

---

tura: realidade humana e conceito metodológico", in Richard Macksey, Eugenio Donato (orgs.), *A controvérsia estruturalista*, p. 131). Ainda sobre a relação sujeito-objeto do conhecimento, ver Theodor W. Adorno, *Palavras e sinais*, pp. 181-201; Claude Lévi-Strauss, Didier Eribon, *De perto e de longe*, p. 199.

66. "Submetendo-o às regras formais da razão técnico-científica, a ideologia supõe um tecnólogo desprovido de subjetividade como se fosse possível existir o processo do conhecimento sem o sujeito do conhecimento. (...) A supressão do 'eu' do tecnólogo é assim a condição que garante a infalibilidade tecnocrática e, portanto, o título que legitima sua pretensão ao poder soberano" (Carlos Estevam Martins, *Tecnocracia e capitalismo*, p. 105).

67. Jean Baudrillard, *A troca simbólica e a morte*, p. 79.

68. Margaret Norgaard, *Technical Writer's Handbook*, apud Othon M. Garcia, *Comunicação em prosa moderna*, p. 386. "(...) a subjetividade negada pela ideologia é absolutamente indispensável não apenas à produção como também à realização prática do conhecimento" (Carlos Estevam Martins, *Tecnocracia e capitalismo*, p. 105).

69. Julius Hermann von Kirchmann, "El carácter a-científico de la llamada ciencia del derecho", in Friedrich K. von Savigny *et alii*, *La Ciencia del Derecho*, pp. 247-286. Georges Ripert, *Aspectos jurídicos do capitalismo moderno*, p. 11. Eros Roberto Grau, *Direito, conceitos e normas jurídicas*, pp. 20-24. Aloísio Surgik, *Temas críticos de direito à luz das fontes*, p. 172. Maria Francisca Carneiro *et alii*, *Teoria e prática da argumentação jurídica*, pp. 79-81, 103-109.

70. Wilhelm Reich, *Psicologia de massa* ..., cit., p. 7. Daí a importância de sociólogos como Florestan Fernandes, que conclamava os discursos com pretensões

Tanto a fetichização do caráter científico do processo civil quanto a hipertrofia de sua face "técnica" atendem, obviamente, a determinados interesses e ideologias. Segundo Adorno e Horkheimer, "o fato de que em toda carreira, mas sobretudo nas profissões liberais os conhecimentos especializados estão, via de regra, ligados a uma mentalidade de conformismo às normas enseja facilmente a ilusão de que os conhecimentos especializados são os únicos que contam".[71] É exatamente o que ocorre no processo civil, em que não só os profissionais liberais, mas também outros operadores jurídicos revelam, não raro, essa obsessão pela técnica e o conseqüente conformismo com o estabelecido,[72] reforçando a ideologia de que o importante é dominar as filigranas do Código, nada mais.

científicas a enfrentarem o "tribunal dos fatos" (Cláudio Vouga, "O tribunal dos fatos", *Jornal de Resenhas*, 12.9.1998. p. 2). "O direito adquiriu insidiosamente o *status* de ciência, de acordo com a ideologia, obedecendo ao modelo das ciências naturais: porque ciência não indagaria o que não fosse científico, tudo o que estivesse além dos limites da lei. O Estado de Direito seria, portanto, um Estado da Lei, sem que entrasse em debate a legitimidade de fazer a lei" (Raymundo Faoro, "A injustiça nos tribunais", *Humanidades*, n. 13, Brasília, 1987, p. 14). "Acredito na necessidade do trabalho científico no sentido clássico; acredito na necessidade de tudo o que está sendo feito e até mesmo daquilo que o senhor está fazendo, mas não vejo por que eu, ou qualquer outro, devesse renunciar ao radicalismo de um trabalho crítico sob o pretexto de que há risco de esterilização da ciência, da humanidade, do progresso, da origem do significado etc. Creio que o risco de esterilidade e de esterilização é e sempre foi o preço da lucidez" (Jacques Derrida, "Estrutura, signo e jogo no discurso das ciências humanas", in Richard Macksey, Eugenio Donato (orgs.), *A controvérsia estruturalista*, p. 283).

71. Theodor W. Adorno, Max Horkheimer, *Dialética do Esclarecimento*, p. 140.

72. Bem percebeu Chiovenda que "las clases forenses en cuanto al tecnicismo procesal, son eminentemente conservadoras", como, aliás, "todas las clases que se educan con una larga preparación *técnica*" (*Principios de derecho procesal civil*, t. 1, p. 168; t. 2, p. 124). "El tecnicismo es por excelencia conservador; el arte forense se trasmite como todo arte, y modifica con gran dificultad sus instrumentos. Así nosotros, clase forense, no sólo somos los custodios necesarios de esta tradición formal, sino que figuramos a los ojos de los terceros como la sustancia aislante que sustrae el organismo procesal a las corrientes del pensamiento y de la vida" (Chiovenda, "Las reformas procesales y las corrientes del pensamiento moderno", in *Ensayos de derecho procesal civil*, v. 2, p. 169). Fairén Guillén também fala no "pertinaz tradicionalismo de los juristas teóricos" ("Una perspectiva histórica del proceso: la 'litis contestatio' y sus consecuencias", in *Estudios de derecho procesal*, p. 27). Ver também Giovanni Tarello, *Storia della cultura giuridica moderna*, pp. 33-34; Adolfo Gelsi Bidart, "Proceso y época de cambio",

Por isso não pretendemos nos prostrar com subserviência diante da lei (Kafka), nem nos entrincheirar atrás dos Códigos,[73] nem fazer o papel de arauto (feito o mandarim que, na abertura de *Turandot*, de Puccini, brada simplesmente "popolo di Pekino, la legge è questa...") de normas cuja constitucionalidade é, no mínimo, duvidosa.[74] O processualismo algemado às normas positivadas deve ser definitivamente sepultado.[75]

Revista Iberoamericana de Derecho Procesal, n. 2, 1968, p. 263; Juan Ramón Capella, *Sobre a extinção do direito e a supressão dos juristas*; José Eduardo Faria, *Direito e economia na democratização brasileira, passim*; Eros Roberto Grau, *Elementos de direito econômico*, p. 9.

73. Jacques Lacan, *Escritos*, p. 141.

74. "Il diritto, in quanto fenomeno sociale oggettivo, non può esaurirsi nella norma o regola, sia essa scritta o non scritta" (Eugeny Bronislanovich Pasukanis, "La teoria generale del diritto e il marxismo", in *Teorie sovietiche del diritto*, p. 129). "O erro mais escandaloso do positivismo é imaginar que disse tudo, quando falou em direito positivo, reservando para a ciência jurídica as normas formalizadas e instrumentalizadas, sejam elas as estatais, como as leis, sejam elas o seu tanto mais amplas, porém *igualmente* ligadas ao Estado ou àquilo que o formou, isto é, a estrutura mesma, como as cristalizações consuetudinárias da cultura (*rectius*: a cultura da elite do poder)" (Roberto Lyra Filho, *Para um direito sem dogmas*, p. 30, grifos do original). Ver também: Karl Marx, Friedrich Engels, *A ideologia alemã: Feuerbach*, pp. 98 e 134; Roberto Lyra Filho, "A nova filosofia jurídica", *Humanidades*, n. 11, pp. 40 *et passim*; Petr Ivanovich Stucka, *Direito e luta de classes*, pp. 117 e ss. O erro do normativismo positivista não é apanágio de "juristas burgueses", como podemos perceber no discurso do chamado "legalismo socialista", pelo qual "el Derecho es también inconcebible sin Estado y fuera del Estado" (O. Zhidkov, V. Chirkin, Yu Yudin, *Fundamentos de la teoría socialista del Estado y el derecho*, pp. 236 *et passim*). Ver também: Andrei Vishinski, "Problemi del diritto e dello Stato in Marx", in *Teorie sovietiche del diritto*, pp. 239-296; S. N. Bratous, *As idéias de Lenin acerca do direito soviético e da legalidade socialista*, pp. 37 e ss.; V. K. Poutchinski, "Princípios de processo civil da URSS e das Repúblicas federadas", in *Princípios de processo civil da URSS e das Repúblicas federadas*, pp. 25 e ss. Na Seção de Obras Raras da Biblioteca Nacional há um anteprojeto de "código civil e criminal" – que contempla também disposições processuais – em cujas "preposições" do autor lê-se: "1ª – Gente alguma pode viver feliz sem boas Leis" (Epaminondas Americano, *Projetos do novo código civil e criminal do Império do Brasil, oferecido ao Senhor D. Pedro I*, p. 7). Talvez por isso "la scienza del diritto processuale si è posta da qualche tempo sotto il segno della tristezza" (Salvatore Satta, "La tutela del diritto nel processo", in *Atti del Congresso* ..., cit., p. 89).

75. Ver, nesse sentido, a excelente obra de Sergio Chiarloni, *Introduzione allo studio del diritto processuale civile*, pp. 5 e ss. Também Giuseppe Tarzia, "Crisi e riforma del processo civile", *Rivista di Diritto Processuale*, v. 46, n. 3, p. 634.

Por outro lado, se a lei processual é insuficiente para o estudo do direito processual, não podemos simplesmente ignorá-la.[76] Por isso, não pretendemos utilizar o processo civil como mero trampolim para considerações de ordem estritamente filosófico-sociológica. Afinal, trampolim dá uma idéia de abandono: o mergulhador o abandona após o salto. Não queremos discutir os dados estatísticos nem os temas que são objeto de debate em outras áreas do conhecimento, como a geografia, a economia, a sociologia, a ciência política ou a filosofia.[77] Não que esta seja uma questão de competência científica (mesmo porque não iremos nos vincular ao mito do discurso competente, de que fala Marilena Chauí[78]), mas porque a delimitação do

---

76. Como bem observou Proto Pisani, a técnica normativa, a lei e o Código não são os únicos responsáveis por todos os problemas do processo civil, mas não é por isso que devem ser menosprezados pela doutrina (Andrea Proto Pisani, *Appunti sulla giustizia civile*, p. 422).

77. "Demás está decir que una mayor 'apertura' a la posible contribución de las ciencias sociales en general y de la sociología en particular no significa, ni debe significar, para el procesalista, renuncia a la especialidad de su tarea propia, ni estímulo a diletantismos peligrosos en territorios para cuya exploración no le suministra instrumentos adecuados su formación cultural. No se trata de convertir el procesalista en un sociólogo amador. Una cosa es la colaboración, otra muy distinta es la confusión. Pero las razones científicas que tenemos para evitar la confusión no son más numerosas ni mejores que las que tenemos para fomentar la colaboración" (José Carlos Barbosa Moreira, "Dimensiones sociales del proceso civil", *Revista de Processo* 45/139). Uma discussão de juristas que se perdem na ciência política, p.ex., equivale a trocar o erro do juridicismo por outro erro, do politicismo (Domenico Corradini, "Crítica del politicismo y del juridicismo", *Crítica Jurídica*, n. 4, pp. 7 e ss).

78. "O discurso competente é aquele que pode ser proferido, ouvido e aceito como verdadeiro ou autorizado (...) porque perdeu os laços com o lugar e o tempo de sua origem. (...) É no contexto de hipervalorização do conhecimento dito científico e de simultânea repressão ao trabalho científico que podemos melhor apanhar o significado daquilo que aqui designamos como discurso competente. (...) O discurso competente é o discurso instituído. É aquele no qual a linguagem sofre uma restrição que poderia ser assim resumida: *não é qualquer um que pode dizer a qualquer outro qualquer coisa em qualquer lugar e em qualquer circunstância*" (Marilena Chauí, *Cultura e Democracia*, p. 7) "(...) por toda parte, vozes 'autorizadas', que se autorizam a fazer ouvir o discurso de todo poder: o discurso da arrogância" (Roland Barthes, *Aula*, p. 11). "(...) a separação das ciências é um expediente que visa a ocultar a redução arbitrária do direito mesmo" (Roberto Lyra Filho, *Para um direito sem dogmas*, p. 35). "Los procesalistas mantenemos casi siempre una distancia sospechosa frente a las propuestas sociológicas. Quizás tememos que un aporte extrajurídico ponga en jaque la pureza técnica de nuestra labor dogmática. El resultado es el empobrecimiento de nuestra propia ciencia" (José Carlos Barbosa Moreira, "Dimensiones sociales del proceso civil", *Revista de Processo* 45/138) Todavia a abertura para as outras áreas do

objeto da dissertação às fronteiras do processo civil é necessária para a própria delimitação do número de páginas. Caso contrário, poderíamos preencher tomos e tomos com discussões estéreis (porque sem nenhum novo argumento, apenas reproduzindo inabilmente a argumentação já levada a cabo pelos cientistas de cada área). Queremos, sim, é partir de um ponto *dogmático* do processo civil (no caso, os procedimentos especialíssimos) para buscar respostas além do próprio direito constitucional, na filosofia, na sociologia e na economia, e *retornar* com elas ao problema processual.[79] Dessa forma, busca-

saber não pode se dar no sentido de controlar suas atividades, como bem observou Renato Treves: "I giuristi che sentono l'esigenza di una apertura verso le scienze sociali non possno quindi pensare di procedere a tale apertura con lo scopo di tutelare o di controlare tali scienze, ma semplicemente con lo scopo di lavorare con gli scienzati sociali su un piano di parità" (Renato Treves, "L'amministrazione della giustizia in Italia: bilancio di una indagine", *Rivista di Diritto Processuale*, v. 27, n. 1, p. 96). Ver Pierre Bourdieu, "A força do direito: elementos para uma sociologia do campo jurídico", in *O poder simbólico*, pp. 212-213, 225-226 *et passim*.

79. "Se excluirmos a interdependência entre o direito, a filosofia e a sociedade, em nome de possíveis contradições, estaremos correndo risco de eliminar parte do direito e da filosofia e, em conseqüência, aniquilando também algum aspecto da sociedade, porque essa interdependência, e as trocas que daí decorrem, é que sopram vida um ao outro" (Maria Francisca Carneiro, Potiguara Acácio Pereira, "Considerações sobre o sujeito de direito", *Revista da Faculdade de Direito*, n. 30, p. 241). Sobre a importância da interdisciplinaridade e, principalmente, dos aportes da história, sociologia, ciência política, economia e até lingüística para o estudo do processo, ver: Elio Fazzalari, "L'esperienza del processo nella cultura contemporânea", *Rivista di Diritto Processuale*, v. 20, pp. 10-30. Jorge A. Clariá Olmedo, *Derecho procesal*, v. 1, pp. 47-48; Mauro Cappelletti, "Aspectos sociales y políticos del procedimiento civil", in *Proceso, ideologías, sociedad*, pp. 89-90; Ada Pellegrini Grinover, *Os princípios constitucionais e o Código de Processo Civil*, p. 6. Sobre a vinculação do processo com a política e a economia, ver José Joaquim Calmon de Passos, "Democracia, participação e processo", in *Participação e processo*, pp. 86-87; "Dimensão política do processo: direito, poder e justiça", in *Livro de estudos jurídicos*, v. 5, pp. 322 *et passim*; e, ainda, *Direito, poder, justiça e processo*, pp. 51 *et passim*; Luiz Guilherme Marinoni, *Tutela inibitória*, p. 13; Giuseppe Manfredini, *Programma del corso di Diritto Giudiziario Civile*, v. 1, p. 41; João Monteiro, *Programma do curso de processo civil*, v. 1, p. 63; José Carlos Barbosa Moreira, "Dimensiones sociales del proceso civil", *Revista de Processo* 45/138; Gladston Mamede, "Gramática translingüística do processo", *Revista de informação Legislativa*, n. 113, pp. 447-460. Sobre a importância da relação entre direito e economia, ver, dentre outros inúmeros textos, o n. 37 dos *Archives de philosophie du droit*, além de: Felice Battaglia, "Diritto ed economia", in *Scritti giuridici in onore di Francesco Carnelutti*, v. 1, pp. 193-215; Karl Renner, *The institutions of Private Law*, pp. 55 e ss.; O. Zhidkov, V. Chirkin, Yu Yudin, *Fundamentos de la teoría socialista del*

remos um embasamento teórico extrajurídico para uma posição processual, ainda que amparada retoricamente por dispositivos constitucionais. Analisando o direito positivo com uma postura crítica, i.e., não se restringindo à compreensão passiva[80] e à divulgação "neutra" de um tópico do processo, mas fazendo uma intervenção crítica num ponto específico da dogmática, esperamos estar próximos dos objetivos propugnados pelo Curso de Mestrado em Direito da UFPR, de reflexão crítica sobre a dogmática jurídica. Afinal, de nada adianta aliar o conhecimento teórico ao prático, ou isolar a crítica da dogmática, se a abordagem permanecer na fase da mera contemplação positivista do existente.[81]

1.6 Justificativa

1.6.1 Dados estatísticos

Com os números e tabelas a seguir, não estamos querendo fazer um diagnóstico completo da situação da propriedade no Brasil ou no

---

Estado y del derecho, pp. 233-234; S. N. Bratous, *As idéias de Lenin acerca do direito soviético e da legalidade socialista*, pp. 8 e ss.; Eros Roberto Grau, *Elementos de direito econômico*, pp. 23 e ss.; José Joaquim Calmon de Passos, *Direito, poder, justiça e processo*, pp. 27 e ss.; Jônatas Luiz Moreira de Paula, *Uma crítica à jurisdição civil brasileira*, pp. 11 e ss.

80. "La verdad es que si el legislador manda a los súbditos, la naturaleza manda al legislador; y toca a la ciencia del derecho *escuchar y entender* lo que ella dice" (Francesco Carnelutti, "Arte del derecho", in *Estudios de derecho procesal*, v. 1. p. 21, grifo nosso).

81. Sobre o problema do ensino jurídico conformista, ver: Juan Ramón Capella, *Sobre a extinção do direito e a supressão dos juristas*, pp. 13 e ss., 55 e ss.; Roberto Lyra Filho, *Por que estudar direito, hoje?*; Edmundo Lima de Arruda Jr., *Ensino jurídico e sociedade*; Horácio Wanderlei Rodrigues, *Ensino jurídico: saber e poder*; Joaquim de Arruda Falcão, "O advogado, a cultura jurídica e o acesso ao sistema judiciário", *RF* 272/41-50. "Es claro hoy en día que han pasado los bellos tiempos felices en los cuales los procesalistas podían contentarse con un estudio, puramente técnico, de prácticas y normas locales o nacionales del procedimiento. Ahora hemos descubierto en efecto que, incorporadas en esas prácticas y normas, están las grandes corrientes de la historia del hombre: los cambios sociales y económicos, las transformaciones intelectuales, las revoluciones y los estancamientos de la civilidad" (Mauro Cappelletti, "Aspectos sociales y políticos del procedimiento civil", in *Proceso, ideologías, sociedad*, p. 89). A análise dos problemas funcionais de um instituto – como o processo – não prescinde da análise de seus problemas ideológicos e vice-versa (Renato Treves, "L'amministrazione della giustizia in Italia: bilancio di una indagine", *Rivista di Diritto Processuale*, v. 27, n. 1, p. 91).

Paraná, mas apenas justificar mais objetivamente este estudo, mostrando como vem se acentuando a concentração de capital (renda e propriedade) no país. A utilização dos dados estatísticos revela a preocupação em dar maior objetividade à questão de fundo sócioeconômico que está subjacente aos procedimentos especialíssimos que serão examinados, não constituindo porém qualquer espécie de "fetichismo tecnocrático da estatística", na boa advertência de José Sérgio Leite Lopes.[82]

Esses dados, colhidos de fontes dos próprios governos estadual e federal, têm o condão de demonstrar como é mal distribuída a propriedade das moradias conforme a faixa de renda salarial da população, e como a distribuição não tem significado algum diante da precariedade de muitas dessas moradias. A importância de frisar a questão da moradia está no fato de que três dos procedimentos especialíssimos tratam exclusivamente da retomada de imóveis residenciais em financiamento – execução extrajudicial de cédula hipotecária (DL 70/66), execução hipotecária judicial (Lei 5.741/71) e leilão extrajudicial de imóvel objeto de alienação fiduciária (Lei 9.514/97).

No meio rural, os dados estatísticos tornam evidente a desproporcional concentração da propriedade fundiária, reflexo da concentração de capital na órbita das instituições financeiras, para as quais a terra acaba funcionando como estoque de capital. Aqui, registre-se o particular papel da execução de cédula de crédito rural.

1.6.2 Moradias paranaenses: propriedade e precariedade

Em 1989, a distribuição dos domicílios por forma de ocupação, no Paraná, conforme estatísticas *oficiais* – da Pesquisa Nacional por

---

82. "Esse fetichismo consiste não na mensuração do que merece ser conhecido, mas, ao contrário, consiste na crença de que só merece ser conhecido o que pode ser medido. Tomando os dados estatísticos pela própria realidade empírica, muitos estudos estatísticos e econométricos não somente ocultam a possibilidade de outros tipos de pesquisa empírica como opõem o peso dessa pretensa realidade ao trabalho teórico rigoroso" (José Sérgio Leite Lopes, "Sobre o debate da distribuição da renda", in *A controvérsia sobre distribuição de renda e desenvolvimento*, p. 316). Há uma percuciente crítica ao debate restrito a dados estatísticos em Otávio Guilherme Velho, *Sociedade e agricultura*, p. 104. Nelson Rodrigues, com a sua linguagem mordaz, com certeza chamaria esses fetichistas de "idiotas da objetividade" (*A cabra vadia: novas confissões*, pp. 46-48 *et passim*).

Amostra de Domicílios (PNAD), realizada pelo Instituto Brasileiro de Geografia e Estatística (IBGE) – era a seguinte:[83]

domicílios	próprios	alugados	cedidos	outros
urbanos e rurais	63,7%	17,7%	18,5%	0,1%
urbanos	65,2%	23,4%	11,3%	0%

Ao interpretar esses dados, o Instituto Paranaense de Desenvolvimento Econômico e Social (Ipardes) – entidade *governamental* – observa que "(...) em uma sociedade na qual as condições de vida são extremamente precárias e as famílias estão expostas às vulnerabilidades de um mercado de trabalho incerto, a propriedade da casa representa um mínimo de segurança social aos indivíduos. Nesse sentido, a posse do imóvel, no contexto da nossa sociedade, representa uma conquista social importante e uma melhora nas condições de vida das famílias".[84]

Verifica-se, portanto, que a segurança não é um valor exclusivamente utilizado em defesa da propriedade, mas também necessário às classes economicamente desfavorecidas. Apesar disso, o valor *segurança* é sistematicamente negado a essas classes na medida em que o seu acesso à casa própria é notoriamente penoso.

Segundo dados citados pelo Ipardes, o déficit habitacional paranaense, em 1991, era de aproximadamente 800.000 moradias – 80.000 só em Curitiba. Na Cohab-CT estavam cadastradas, à época, 41.521 famílias para atendimento imediato na capital, na região metropolitana e em Paranaguá. Como em 24 anos (de 1967 a 1991) a Cohab-CT atendeu a 46.528 famílias, para atender às demais cadastradas, nesse mesmo ritmo, levaria mais duas décadas.[85]

83. Instituto Paranaense de Desenvolvimento Econômico e Social, *Situação social da população do Paraná nos anos 80*, p. 54.
84. Idem, ibidem, p. 54.
85. Idem, ibidem, p. 47. A atualização dos números não foge à regra: ao final do ano de 1998, em que a Cohab-CT atendeu a apenas 2.757 famílias, havia 62.849 inscritos em Curitiba mais 6.804 na Região Metropolitana ("Cohab-CT tem perto de 60 mil inscritos", *Gazeta do Povo*, Curitiba, 31.12.1998, p. 9). Nesse ritmo, a Cohab-CT precisaria de mais 25 anos para atender a todas as famílias já cadastradas.

As estatísticas da PNAD/IBGE confirmam essa maior dificuldade de apropriação privada da moradia pelas classes menos abastadas, quando avaliada a evolução, de 1981 a 1989, da proporção de domicílios próprios segundo a faixa de renda, no Paraná:[86]

Proporção de domicílios próprios segundo a faixa de renda em salários mínimos (SM)					
ano	1981			1989	
rendimento	total de domicílios	próprios	%	total de domicílios	próprios	%
s/rendimento	6.508	1.304	20,0	7.162	3.961	55,3
até 1 SM	197.346	103.186	52,3	220.651	125.148	56,7
1-2 SM	371.946	172.448	46,4	390.480	207.216	53,1
2-5 SM	632.525	362.423	57,3	722.106	441.613	61,2
mais de 5 SM	419.880	305.020	72,6	842.839	610.874	72,5

Fica evidente a dificuldade de aquisição da casa própria quando observamos que, em 1989, entre as pessoas com renda de até 1 salário mínimo, *56,7%* dos domicílios eram próprios, e entre as pessoas com renda de mais de 5 salários mínimos, *72,5%* dos domicílios eram próprios. Enquanto isso, estima-se que de 40% a 60% das áreas nas grandes cidades sejam ociosas – os vazios urbanos, que são objeto de especulação imobiliária.[87] Daí o Ipardes ter concluído, com base nesses mesmos dados, que "são as pessoas com faixas de salários mais altos

86. *Situação social da população* ..., cit., p. 55.
87. Gabriel Bolaffi, "Para uma nova política habitacional e urbana", in *Habitação em questão*, p. 183. Juan Carlos Carrasco Rueda, *Habitação de interesse social no Rio de Janeiro: causas do déficit habitacional para os setores de baixa renda*, p. 13. David Harvey, *A justiça social e a cidade*, pp. 148-149 *et passim*. Clóvis Ramalhete, "Problemas da urbanização da sociedade brasileira", in *Anais da V Conferência Nacional da Ordem dos Advogados do Brasil*, p. 229. *Encontro paranaense para a Habitat II*, cit., pp. 46-47. Ainda sobre os vazios urbanos, a valorização capitalista do solo urbano e a periferização das camadas mais pobres da população, ver Naia Oliveira, *Vazios urbanos em Porto Alegre: uso capitalista do solo e implicações sociais*, pp. 15-20. Amelia Maria Meggiolaro *et alii*, *Baixa renda: um problema habitacional em Petrópolis*, p. 41. Céline Sachs, *São Paulo: políticas públicas e habitação popular*, 1999. *I Plano Nacional de Desenvolvimento da Nova República*, p. 94. Lúcio Kowarick, *A espoliação urbana*, pp. 196-197.

as que têm maior acesso à propriedade, ainda que entre as pessoas com baixa renda tenha crescido o número de proprietários, na década" (qual seja, a de 80).[88] Esse acesso privilegiado é facilitado inclusive pelo próprio SFH, apesar de seus propósitos teoricamente distributivos, eis que esse sistema de financiamento atende basicamente às famílias com mais de 5 salários mínimos de renda (v. § 2.3.1).

O significativo aumento das percentagens de domicílios próprios *dentro* das faixas de renda mais baixa não significa necessariamente uma melhoria nas condições de vida dessas populações. Isso porque, mesmo quando têm uma casa para morar, as condições de habitação não são das mais favoráveis no Paraná, como podemos notar nas seguintes estatísticas *oficiais*:[89]

1) na área urbana, 70% dos municípios têm elevada proporção de domicílios em condição crítica ou muito crítica; e

2) na área rural, 90% dos municípios têm elevada proporção de domicílios em condição crítica ou muito crítica.

A "condição crítica ou muito crítica" tem parâmetros diversos conforme o meio:[90]

1) no meio urbano, significa que o município apresenta:

– mais de 15% dos domicílios com densidade elevada (mais de 6 moradores),

– mais de 8% dos domicílios sem canalização interna, e

– mais de 2% dos domicílios em condições precárias (improvisados ou localizados em favelas);

2) no meio rural, significa que o município apresenta:

– mais de 24% dos domicílios com densidade elevada,

– mais de 9% dos domicílios sem canalização interna, e

– mais de 1% dos domicílios em condições precárias.

Segundo o Ipardes, enquanto em 1971 Curitiba apresentava 21 áreas de sub-habitação com 2.213 domicílios, em 1993 já contava com 179 áreas habitadas por 31.690 famílias – crescimento de 1.110,62%.[91]

88. *Situação social da população do Paraná nos anos 80*, cit., p. 54.
89. *Mapa da pobreza no Paraná*, p. 45. Ver, sobre a precariedade das habitações populares em nível nacional: *I Plano Nacional de Desenvolvimento* ..., cit., p. 92.
90. *Mapa da pobreza no Paraná*, cit., p. 45.
91. *Encontro paranaense para a Habitat II*, p. 47.

INTRODUÇÃO

Essas condições desfavoráveis de habitação transparecem até recentemente, quando a PNAD/IBGE de 1996 chegou aos seguintes dados:[92]

Distribuição de domicílios e moradores conforme a precariedade do domicílio		
1996	domicílios particulares permanentes	moradores em domicílios particulares permanentes
TOTAL	2.382.132	8.752.917
DOMICÍLIOS PRÓPRIOS	1.708.336	6.347.850
parede durável	1.683.163	6.253.031
parede não durável	24.575	91.231
não declarado	598	3.588
cobertura durável	1.691.509	6.285.084
cobertura não durável	16.339	60.814
não declarado	488	1.952
DOMICÍLIOS ALUGADOS	321.067	1.105.863
parede durável	319.871	1.101.677
parede não durável	1.196	4.186
não declarado	–	–
cobertura durável	319.734	1.097.649
cobertura não durável	1.333	8.214
não declarado	–	–
DOMICÍLIOS CEDIDOS	349.494	1.288.166
parede durável	343.514	1.263.648
parede não durável	5.980	24.518
não declarado	–	–
cobertura durável	347.456	1.279.660
cobertura não durável	2.038	8.506
não declarado	–	–
OUTROS	2.990	9.568
parede durável	2.392	8.372
parede não durável	598	1.196
não declarado	–	–
cobertura durável	2.392	8.372
cobertura não durável	598	1.196
não declarado	–	–
S/DECLARAÇÃO	245	1.470

92. Esses dados estatísticos mostraram estabilidade em relação a PNAD/IBGE de 1997, cf. "Pesquisa do IBGE analisa moradias", *Gazeta do Povo*, Curitiba, 12.12.1998, p. 14.

Basta prestar atenção aos alarmantes números referentes à presença de cobertura e paredes não duráveis nos domicílios acima pesquisados, para constatar, mesmo que superficialmente, a precariedade das condições de moradia – e da qualidade de vida – no Paraná, apesar da insistente propaganda "turística" estatal em sentido contrário.[93]

1.6.3 Concentração fundiária e de renda

Para avaliar o grau de concentração fundiária no Brasil e na região Sul, utilizamos o *Atlas fundiário brasileiro*, editado pelo Instituto Nacional de Colonização e Reforma Agrária (Incra), com base nos dados fornecidos pelo Sistema Nacional de Cadastro Rural (SNCR), conforme o recadastramento de 1992.[94]

Há quem discuta a eficiência do Incra na execução da reforma agrária. Segundo caracterização feita por relatório do Ipardes, o Incra é uma "entidade sem nenhum embasamento ideológico a favor da reforma agrária, que, na prática, sempre se caracterizou como um órgão de colonização".[95]

O problema é que a noção de colonização estampada no Estatuto da Terra implica uma ênfase na produtividade da terra, e não na redistribuição.[96]

---

93. O guia turístico editado em espanhol pela Secretaria de Estado do Esporte e Turismo frisa sempre "el progreso, una desarrollada infraestructura, bellos paisajes, lo que proporciona calidad de vida a sus habitantes" (*Paraná Turismo*, pp. 14 e 6).
94. As conseqüências da alta concentração fundiária já foram oficialmente analisadas no Plano Trienal (1963-65) do governo João Goulart (*Plano Trienal de Desenvolvimento Econômico e Social*, 1962, pp. 143-149). Conforme já foi noticiado, a evolução para anos mais recentes (1995) não tem demonstrado outra coisa senão a manutenção dos níveis de concentração fundiária no Brasil, dos quais a reforma agrária não dá conta, eis que a abertura de novas fronteiras agrícolas no Norte e Centro-Oeste vem sendo feita pelos grandes latifúndios, conforme conclusões tiradas a partir de dados do IBGE (Toni Sciarretta, "Latifúndio se mantém em 10 anos", *Folha de S.Paulo*, 19.12.1998, p. 1.7).
95. *Assentamentos rurais no Paraná*, p. 29.
96. O Estatuto, Lei 4.504/64, art. 4º, IX, define a colonização como "toda a atividade oficial ou particular, que se destine a promover o aproveitamento econômico da terra" – leia-se: aumento da produtividade.

De fato, até a evolução da sigla do órgão parece demonstrar isso, pois surgido em 1962 (governo João Goulart) como Superintendência da *Reforma Agrária* (Supra), em 1965 (governo Castello Branco) suas atividades foram transferidas ao Instituto Brasileiro de *Reforma Agrária* (Ibra), Instituto Nacional de *Desenvolvimento Agrário* (Inda) e Grupo Executivo da *Reforma Agrária* (Gera).[97]

Em 1970, a centralização de todos esses órgãos foi feita no Incra, cuja própria abreviatura enfatiza a "colonização", sobrepondo-a à "reforma agrária".[98]

Daí a atualidade da lição de Marcuse:

"As abreviaturas denotam aquilo e somente aquilo que está institucionalizado de tal maneira que a conotação transcendente é retirada. O significado é fixado, falsificado e cumulado. Uma vez transformado em vocábulo oficial, constantemente repetido no uso geral, 'sancionado' pelos intelectuais, terá perdido todo valor cognitivo e serve meramente ao reconhecimento de um fato indiscutível."[99]

Apesar dessas ressalvas, utilizaremos os dados colhidos e divulgados pelo Incra a propósito da concentração fundiária no Brasil, pois não poderão ser contestados pelos setores governamentais. Afinal, são dados admitidos *oficialmente* pelo governo federal, não nos cabendo duvidar de sua fidedignidade – por absoluta falta de competência científica para tanto.

Comecemos pela estrutura fundiária brasileira em 1992, cuja análise é bastante elucidativa:[100]

---

97. Manoel Maurício de Albuquerque, *Pequena História da formação social brasileira*, pp. 482-484. Leôncio Basbaum, *História sincera da República*, v. 4, p. 203.
98. "Desde a aprovação do Estatuto da Terra, em 1964, acelerou-se bastante o processo de monopolização da terra por grandes latifundiários, empresários e grileiros, nacionais e estrangeiros. Processo esse que se desenvolveu paralelamente a uma política de contra-reforma agrária, sob o lema da 'colonização dirigida', oficial e particular" (Octavio Ianni, *A ditadura do grande capital*, p. 23).
99. Herbert Marcuse, *Ideologia da sociedade industrial*, pp. 100-101. Marcuse refere-se a siglas como ONU (UN, em inglês) – que privilegia a "organização" em vez da "união" – e OTAN (NATO, em inglês) – que escamoteia seus fins, eis que alguns de seus membros como a Grécia e a Turquia não são banhadas exatamente pelo Atlântico Norte. A isso chama de "retirar a conotação transcendente" – no caso da OTAN, a própria belicosidade da organização.
100. *Atlas fundiário brasileiro*, 1996, p. 19.

Estrutura fundiária brasileira conforme a área em hectares – 1992				
área do imóvel (ha)	total de imóveis	% de imóveis	área total dos imóveis (ha)	% da área
TOTAL (Brasil)	3.114.898	100,0	331.364.012,0	100,0
igual a 0	48.508	1,6	0,0	0,0
menos de 1	50.566	1,6	25.827,3	0,0
1-2	92.423	3,0	125.843,8	0,0
2-5	357.756	11,5	1.216.350,2	0,4
5-10	446.663	14,3	3.247.889,0	1,0
10-25	841.963	27,0	13.697.633,6	4,1
25-50	503.080	16,2	17.578.660,6	5,3
50-100	336.368	10,8	23.391.447,1	7,1
100-200	201.564	6,5	27.405.779,4	8,3
200-500	140.609	4,5	43.344.186,6	13,1
500-1.000	51.442	1,7	35.573.732,4	10,7
1.000-2.000	23.644	0,8	32.523.253,9	9,8
2.000-5.000	14.840	0,5	43.804.397,5	13,2
5.000-10.000	3.492	0,1	24.524.954,4	7,4
10.000-20.000	1.236	0,0	16.945.648,2	5,1
20.000-50.000	553	0,0	16.062.217,2	4,8
50.000-100.000	116	0,0	7.848.521,7	2,4
mais de 100.000	75	0,0	24.047.669,1	7,3

Basta ver os números acima para perceber que os imóveis com até 10 hectares (que perfazem 32% dos imóveis cadastrados) respondem por apenas 1,4% da área cadastrada, ao passo que os imóveis com mais de 1.000 hectares (que perfazem apenas 1,4% dos imóveis cadastrados) respondem por nada menos que 50% da área cadastrada.

Como é óbvio, a disparidade se mantém quando temos um quadro classificado conforme o número de módulos fiscais:[101]

---

101. Idem, ibidem, p. 19.

Estrutura fundiária brasileira conforme a área em módulos fiscais – 1992

n. de módulos fiscais	total de imóveis	% de imóveis	área total dos imóveis (ha)	% da área
minifúndio e não identificados	1.938.441	62,2	26.184.660,6	7,9
não identificados	48.510	1,6	1.686,3	0,0
até 0,5	1.206.694	38,7	9.925.896,3	3,0
0,5-1	683.237	21,9	16.257.078,0	4,9
pequena propriedade	839.440	26,9	51.453.538,3	15,5
1-2	542.830	17,4	24.494.396,2	7,4
2-3	195.212	6,3	15.248.298,1	4,6
3-4	101.398	3,3	11.710.844,0	3,5
média propriedade	249.423	8,0	65.963.185,4	19,9
4-5	64.510	2,1	10.109.607,0	3,1
5-6	42.489	1,4	8.091.153,8	2,4
6-10	93.216	3,0	25.803.821,2	7,8
10-15	49.208	1,6	21.958.603,4	6,6
grande propriedade	87.594	2,8	187.762.627,7	56,7
15-20	25.141	0,8	16.227.586,1	4,9
20-50	44.456	1,4	53.273.421,7	16,1
50-100	11.706	0,4	33.387.581,2	10,1
100-200	4.273	0,1	25.385.729,8	7,7
200-400	1.405	0,0	18.218.450,0	5,5
400-600	306	0,0	7.070.194,8	2,1
mais de 600	307	0,0	34.199.664,1	10,3

Uma breve passada d'olhos nos números acima é suficiente para constatar que, enquanto 60,6% dos imóveis respondem por apenas 7,9% da área cadastrada (são os minifúndios), as grandes propriedades, que perfazem apenas 2,8% dos imóveis, respondem por 56,7% da área cadastrada.

Outro parâmetro utilizado para a análise relativa à concentração fundiária é o coeficiente de GINI. Este coeficiente, que é normalmente utilizado para avaliar o grau de desigualdade de rendas em determinada sociedade,[102] apresenta no Brasil, no que tange à distribuição de terras, uma média que historicamente vem se mantendo em torno de 0,8 – *uma das mais altas do mundo*, conforme admite o próprio governo federal, o que representa uma das maiores taxas de concentração fundiária existentes.[103] Vejamos a evolução do índice GINI no Brasil e na região Sul brasileira:[104]

Concentração fundiária – GINI/Incra				
região	1966	1972	1978	1992
Brasil	0,856	0,831	0,850	0,8278
Região Sul	–	–	0,687	0,6972

Observa o governo federal que, "por tratar-se de um indicador pouco sensível a pequenas modificações ou acomodações nos diferentes estratos de área, o mencionado índice tende a permanecer inalterado a menos que uma política fundiária arrojada interfira nesta realidade".[105] Devemos reconhecer que o índice GINI é significativamente menor na região Sul – na verdade, o menor do Brasil – , representando uma melhor distribuição de terras, embora ainda seja considerado elevado para os padrões internacionais.[106] Contudo, note-se que o índice aumentou sensivelmente de 1978 a 1992 na região Sul, significando um processo de concentração fundiária.

A excessiva concentração fundiária brasileira é confirmada quando analisamos os dados cadastrais do Incra demonstrativos da importância relativa dos grandes imóveis:[107]

---

102. O cálculo de tal coeficiente é explicado sumariamente em Mário Henrique Simonsen, *Brasil 2002*, p. 165. O nome do coeficiente se deve ao seu inventor, o estatístico italiano Corrado Gini (1884-1965). O coeficiente de Gini tem sua validade questionada por Antonio Delfim Netto, "Crescer é concentrar", *Veja*, 7.6.1972, p. 73.
103. *Atlas* ..., cit., p. 49.
104. *Atlas* ..., cit., pp. 49 e 59.
105. *Atlas* ..., cit., p. 49.
106. "A região Sul, ainda que considerada como um modelo de ocupação para o país, também apresenta elevados índices de concentração fundiária" (*Atlas* ..., cit., p. 59).
107. *Atlas* ..., cit., pp. 49, 59, 65, 73, 77, 85, 89 e 97.

Importância relativa dos grandes imóveis rurais				
ano	1966	1972	1978	1992
% da área dos imóveis rurais com 1.000ha ou mais				
Brasil	45,15	51,39	58,59	49,87
Região Sul	23,13	21,98	21,57	19,06
% da área dos imóveis rurais com 5.000ha ou mais				
Brasil	-	27,98	35,23	26,76
Região Sul	-	5,27	4,72	3,99
% da área dos imóveis rurais com 100.000ha ou mais				
Brasil	13,47	19,03	27,09	19,34
Região Sul	4,60	2,87	2,03	1,55

Observe-se como os índices brasileiros subiram de 1966 a 1978, representando um processo evidente de concentração fundiária. Note-se também como o ano de 1978 representou, com um significativo aumento da porcentagem da área dos grandes imóveis rurais no Brasil como um todo, o auge da concentração fundiária brasileira nos tempos recentes. Mesmo na região Sul, a queda dos índices, se teve alguma constância ao longo dos anos apurados, em 1978 foi sensivelmente menos acentuada.

Como não podia deixar de ser, o processo de concentração fundiária é devidamente acompanhado por um equivalente processo de concentração de renda,[108] no mesmo período, como podemos observar nos dados abaixo:[109]

---

108. José Serra, *Brasil sem milagres*, p. 50. Concentração da propriedade gera necessariamente concentração de renda e de poder, no setor agrícola (Rodolfo Hoffmann, José F. Graziano da Silva, "A estrutura agrária brasileira", in *Tecnologia e desenvolvimento agrícola*, pp. 262 e 233), pois é o latifúndio que acaba impondo à população um determinado esquema de distribuição de renda (Celso Furtado, *Análise do "modelo" brasileiro*, pp. 106-107). A relação entre concentração de propriedade e de renda é admitida também por Carlos Geraldo Langoni, *A economia da transformação*, p. 131; ver também p. 127.
109. José Serra, *Brasil ...*, cit., p. 49. Maria Helena Moreira Alves, *Estado e oposição no Brasil*, p. 335. Paul Singer, *Repartição da renda*, pp. 68 e ss., e *O "milagre brasileiro": causas e conseqüências*, pp. 66-67. Mário Henrique Simonsen, *Brasil 2002*, p. 53. Maria da Conceição Tavares, *Da substituição de importações ao capitalismo financeiro*, pp. 200 e 202. Lúcio Kowarick, *A espoliação urbana*, pp. 197-199. Ver ainda a

Distribuição de renda no Brasil			
população	participação na renda nacional		
economicamente ativa	1960	1970	1980
os 20% mais pobres	3,9%	3,4%	2,8%
os 30% seguintes	13,5%	11,5%	9,8%
os 40% seguintes	43,0%	38,4%	36,5%
os 10% mais ricos	39,6%	46,7%	50,9%

Note-se como, enquanto 90% da população apresentou queda na sua participação na renda nacional, os 10% mais ricos, no mesmo período, tiveram um aumento de 11,3%. São sinais inequívocos do processo de concentração de renda no modelo desenvolvimentista brasileiro.[110]

exposição feita por Carlos Geraldo Langoni, tecnocrata do regime, no Seminário sobre Problemas Brasileiros, em 26.9.1973, na Câmara dos Deputados (publicada como Carlos Geraldo Langoni, *Distribuição de renda*). Do mesmo autor, ver o "clássico" *Distribuição da renda e desenvolvimento econômico no Brasil*, 2ª ed. Outra obra indispensável sobre a polêmica é Ricardo Tolipan, Arthur Carlos Tinelli (orgs.), *A controvérsia sobre distribuição de renda e desenvolvimento*, 2ª ed. Nessa obra há uma resenha extremamente crítica do famoso livro de Langoni, Pedro Malan, John Wells, *Distribuição de renda e desenvolvimento econômico no Brasil* (pp. 241-262). Dados mais atualizados sobre a desigual distribuição de renda no Brasil estão sendo divulgados aos poucos pelo Instituto Brasileiro de Geografia e Estatística (IBGE) confome a Pesquisa de Padrão de Vida, realizada de mar./1996 a mar./1997 ("Feira de novidades", *Veja*, São Paulo, 2.9.1998, pp. 116-117). Apesar da euforia oficial com a suposta melhora do padrão de vida da população a partir do Plano Real, segundo o estudo "A América Latina face às desigualdades", do Banco Interamericano de Desenvolvimento (BID), o Brasil é o que apresenta maior desnível sócio-econômico nessa região (João Batista Natali, "Brasil é o país mais desigual da AL, diz BID", *Folha de S.Paulo*, 14.11.1998, p. 1.10). Pelo "Relatório sobre o Desenvolvimento Humano de 1998", realizado pela ONU, o país permanece com o título de país com maior desigualdade de renda no mundo: o PIB *per capita* dos 20% mais ricos (US$ 18.563,00) é 32 vezes maior do que o dos 20% mais pobres (US$ 578,00); em 1995, os 10% mais ricos participavam de 63% da renda nacional (José Roberto de Toledo, "Desigualdade é recorde no país", *Folha de S.Paulo*, 10.9.1998, p. 1.8; "País entra no *ranking* que mede pobreza", *Folha de S.Paulo*, 11.7.1999, p. 1.14). Há uma percuciente análise da situação atual da desigualdade social no Brasil em Rubens Ricupero, "Os pobres entre nós", *Folha de S.Paulo*, 24.10.1998, p. 2.2). Ver também o estudo de um especialista no tema: Rodolfo Hoffmann, *Distribuição de renda, medidas de desigualdade e pobreza*.

110. Albert Fishlow, "A distribuição de renda no Brasil", in *A controvérsia sobre distribuição de renda e desenvolvimento*, pp. 182-183. Tais tipos de interpretação (tachadas como "simplistas", "extremadas" e mesmo "leviandade analítica") e

Coube aos historiadores e economistas demonstrar que essa tendência de concentração de propriedade, levada a cabo de 1966 a 1978, foi influenciado pelo chamado *milagre brasileiro* (1969-1974),[111] em que o regime militar procurou instituir um novo modelo de sociedade com base num aparente sucesso econômico, caracterizado pela superficialidade, artificialidade e, principalmente, pela supressão de garantias democráticas.[112] O que precisa ficar claro é que

a própria validade dos dados colhidos pelos Censos de 1960 e 1970 são contestados por Mário Henrique Simonsen, "Os desafios do desenvolvimento", in *A nova economia brasileira*, pp. 183 e ss., e *Brasil 2002*, pp. 50-54. Antonio Delfim Netto, "Crescer é concentrar" *Veja*, 7.6.1972, pp. 72-73. Em sentido contrário a esse raciocínio justificativo da concentração de renda, José Serra, "A reconcentração da renda", in *A controvérsia sobre...*, cit., pp. 263-288, e "A reconcentração da renda: crítica a algumas interpretações", *Estudos Cebrap*, n. 5, jul./set. 1973, pp. 133 e ss. Paul Singer, *Dominação e Desigualdade*, pp. 58 e ss. Assim como os demais tecnocratas do regime, Langoni também contesta a interpretação estruturalista, mas admite que a concentração de renda no país não extravasa os limites de uma análise estritamente técnica (*A política econômica do desenvolvimento*, p. 23), e que não é motivo de orgulho (idem, *Distribuição de renda e desenvolvimento econômico do Brasil*, pp. 38, 58 e ss. Do mesmo autor, "Distribuição de renda: resumo da evidência", *Dados* 11/112). Além de contestar a interpretação estruturalista, Roberto Campos afirma que a concentração "temporária" de riquezas decorrente do modelo desenvolvimentista haveria de ser corrigida pelas forças de mercado ("O Poder Legislativo e o desenvolvimento", *O Legislativo e a tecnocracia*, pp. 31-33). Sobre a reação do *staff* econômico do Pres. Médici aos dados relativos à concentração de renda em seu governo, ver Thomas Skidmore, *Brasil: de Castelo a Tancredo*, pp. 285-286. Apesar dessa reação, o Pres. Médici mantinha um discurso consciente do problema da distribuição de renda, porém considerando que ele estava sendo sanado, inclusive pelo próprio crescimento econômico (p. ex., Emílio Garrastazu Médici, *O jogo da verdade*, pp. 34 e 91). É claro que o discurso presidencial estava amparado pelo seu Ministro do Planejamento, que, com uma retórica calcada no desenvolvimento e no consumo, insistia em ridicularizar os que se preocupam com a distribuição de renda: "(...) eu não tenho a menor dúvida de que existe nesse país um consenso [*habermasiano?*] em favor do desenvolvimento acelerado (...) A não ser algum intelectual suficientemente rico e que agora ache necessário dar preferência à distribuição, é evidente que a sociedade brasileira como um todo fez a opção pelo desenvolvimento. Ainda mais que esse desenvolvimento está sendo feito sem sacrificar o consumo; ao contrário, aumentando o nível de consumo" (Antonio Delfim Netto, "Crescer é concentrar",*Veja*, 7.6.1972, pp. 73-74). É por essas e outras que Fishlow acusou o governo de ter poucos escrúpulos diante do problema, "talvez tenha até ficado satisfeito" (Albert Fishlow, "Distribuição de renda no Brasil – um novo exame", *Dados* 11/55).

111. Esse assunto está detalhado na seção 2.6.
112. Paul Singer, *Repartição da renda*, pp. 75-76. Ver ainda Florestan Fernandes, *A revolução burguesa no Brasil*, p. 268. O milagre brasileiro é, para Caio Prado Jr., um "breve surto de atividades estimuladas por conjuntura internacional momen-

no modelo de Estado tecnocrático e centralizador, do regime militar, havia uma ligação entre esse aparente sucesso econômico, a vigência da verdadeira Constituição de então,[113] o AI-5 (de 13.12.1968, que vigorou até a entrada em vigor da EC 11/78, em 1º.1.1979), e o processo de concentração de propriedade ocorrido no período.

Cabe, porém, a nós apontar – sob pena de omissão – que nesse mesmo período, em que transcorreram o processo de concentração fundiária, o fenômeno chamado "milagre brasileiro" e a vigência do AI-5, foram criados alguns mecanismos legais que, via decreto-lei, instituíram novas linhas de crédito (rural, industrial, para aquisição da casa própria e para alienação fiduciária) e seus respectivos instrumentos processuais de altíssima eficácia a garantir a efetividade da *cobrança dos créditos do setor financeiro* – o que é bastante pertinente, eis que o "milagre brasileiro" baseou-se em grande parte na ampliação dos sistemas de financiamentos.[114]

Coloquemos em gráficos os períodos de vigência de alguns diplomas legais relativos a financiamentos, junto ao período de vigência do AI-5 e de outros processos históricos, para facilitar a visualização da estranha coincidência:

PERÍODOS
"milagre brasileiro" 1969   1974
concentração fundiária... 1966   1978
vigência do AI-5 1968   1978
DL 21 (assistência da CEF)....................................... 1966   ...

tânea e fruto de circunstâncias excepcionais inteiramente fora e a infinitas léguas da ação de nosso país", que beneficiou "nada mais que reduzidas parcelas da população" (Caio Prado Jr., *A revolução brasileira*, pp. 241-242; o favorecimento de uma conjuntura econômica internacional está também expresso em Luís Roberto Barroso, *O direito constitucional e a efetividade de suas normas*, p. 37). Um economista do regime militar, ao afirmar que o governo Médici propôs de início – embora sem medidas concretas – a "descompressão" ou "normalização democrática", mas que teve de recuar devido à conjuntura desfavorável passando a priorizar a "aceleração do desenvolvimento econômico" (Roberto Campos, "A opção política brasileira", in *A nova economia brasileira*, p. 240), indiretamente reconhece a vinculação entre o desenvolvimento econômico do "milagre" e a supressão das garantias democráticas. Ver mais sobre esse assunto nas seções 2.5.2 e 2.7.1.
113. Ver sobre o assunto as seções 2.5.1 e 2.5.2.
114. Ver sobre o assunto a seção 2.6.

PERÍODOS

DL 70 (SFH – execução extraj.) .... 1966 ...
DL 167 (crédito rural) .... 1967 ...
DL 413 (crédito industrial) .... 1969 ...
DL 911 (alienação fiduciária) .... 1969 ...
L 5.741 (SFH – execução jud.) .... 1971 ...

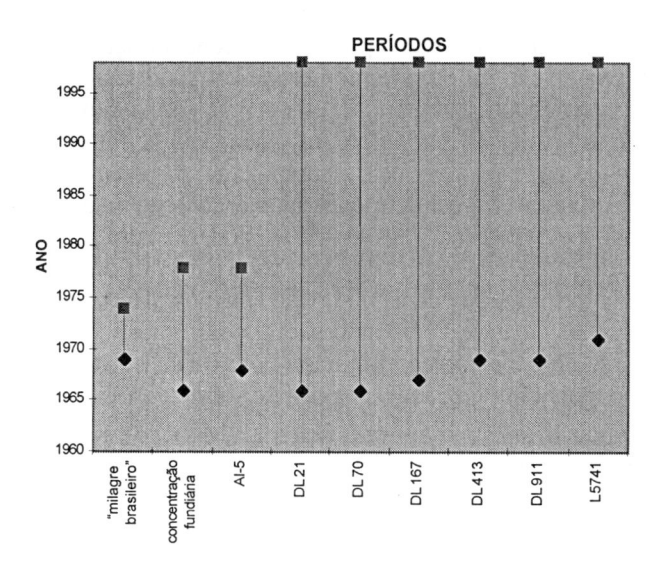

PERÍODOS

[Gráfico: eixo Y "ANO" de 1960 a 1995; eixo X com categorias: "milagre brasileiro", concentração fundiária, AI-5, DL 21, DL 70, DL 167, DL 413, DL 911, L 5741]

A promulgação do CPC de Buzaid em 1973 deveria ser um marco a derrubar as execuções especialíssimas dos DLs citados, encerrando a fase do "milagre brasileiro"/concentração de propriedade. Nesse ponto, a questão é: o CPC/73 revogou as normas processuais dos DLs citados porque são com ele incompatíveis (LICC, art. 2º, § 1º), ou não as derrogou porque se trata de lei nova geral, compatível com as leis anteriores especiais (LICC, art. 2º, § 2º)?

Como veremos nas seções respectivas, parte da jurisprudência e da doutrina não vê no CPC/73 o poder derrogatório dos procedimentos especialíssimos a que estamos nos referindo. De qualquer forma, a mentalidade codificadora ou presa aos Códigos faz com que a generalidade da processualística simplesmente ignore, em seus estudos menos aprofundados, as leis e DLs extravagantes que veiculam normas processuais,[115] essas mesmas leis extravagantes que simbolizam o amadurecimento das pretensões jurídico-processuais de setores econômicos com influência política considerável.[116] Ao tratar de procedimentos especialíssimos, que se encontram fora do rito ordinário e do próprio corpo do CPC, nosso estudo procura fugir à *mistificação* do processo de conhecimento, nos termos denunciados por Proto Pisani.[117]

É claro que com a comparação feita acima não estamos deduzindo – equivocadamente – que o processo de concentração fundiária se deve, p. ex., ao DL 70/66, mesmo porque enquanto aquele processo se refere basicamente à zona rural, este atende a uma demanda precipuamente urbana (SFH, *i.e.*, moradias). Mas não podemos ignorar a possibilidade de esse nexo de causalidade se dar indiretamente, da seguinte forma: ao suposto enriquecimento do setor financeiro, proporcionado pelos mecanismos do SFH, poderia corresponder uma maior aquisição de imóveis rurais, inclusive para fins de especulação imobiliária e de estoque de capital. Não estamos afirmando que isso ocorre; apenas estamos apontando para a possibilidade. Já a ligação do processo de concentração fundiária com o DL 167/67 parece ser um pouco mais direta, eis que este dispõe sobre o crédito rural.

Segundo o próprio governo federal, a concentração fundiária brasileira tem uma origem histórica no sistema de sesmarias, no regime de monocultura e no longo período escravista oficial (388 anos) da História do Brasil.[118] Não há como negar que escravidão e

---

115. No entanto, como tanto insistiu Chiovenda, não se pode esquecer dessas normas (*Principios de derecho procesal civil*, t. 1, pp. 135 e ss.; t. 2, pp. 846-847).
116. "(...) al maturarsi delle esigenze della impresa capitalistica il legislatore interverrà a più riprese attraverso la legislazione c.d. speciale per introdurre procedimenti c.d. speciali a tutela degli interessi degli imprenditori (si pensi per tutte alla disciplina delle privative industirali e alla introduzione del procedimento per ingiunzione)" (Andrea Proto Pisani, *Appunti sulla giustizia civile*, p. 25).
117. Andrea Proto Pisani, *Appunti* ..., cit., p. 18.
118. *Atlas fundiário* ..., cit., p. 63. Caio Prado Jr., *A revolução brasileira*, p. 45 *et passim*. Marcos Bittencourt Fowler, "Questão fundiária e Ministério Público", *Revista de Direito Processual Civil Genesis* 3/780. Sobre a relação entre concentração fundiária e monocultura: Rodolfo Hoffmann, José F. Graziano da Silva, "A estrutura agrária brasileira", in *Tecnologia e desenvolvimento agrícola*, pp. 234-235. Nilson Marques, *O elemento social da posse*, pp. 17-24. Miguel Lanzellotti Baldez, "Solo urbano; reforma, propostas para a Constituinte", *Revista de Direito da Procuradoria-Geral do Rio de Janeiro* 38/104 e ss. Celso Furtado, *Desenvolvimento e subdesenvolvimento*, p. 249, e *Análise do "modelo" brasileiro*, pp. 103-104.

latifúndio são as duas grandes forças geradoras da desigualdade no país.[119] Se "o emprego do trabalhador direto escravo, *trabalhador totalmente despossuído de propriedade*, assegurava o *máximo de acumulação de valores* nas mãos da classe escravista",[120] o mesmo ocorre hoje com relação aos desempregados, subempregados e mesmo escravos, estes ignorados pela complacência do poder público.[121] De quebra, imprime-se à vida rural brasileira um perfil nitidamente autoritário.[122]

O fato é que a extinção formal da escravidão não teve o condão de afetar significativamente a estrutura fundiária brasileira, que continuou fundamentalmente caracterizada pela coexistência do latifúndio com a abundância de terras, coexistência essa tornada possível a partir do controle do acesso à terra exercido por uma pequena minoria.[123] Resultado de tudo isso é o *latifundismo* enquanto fenômeno político, verdadeiro sistema de poder a permitir a preservação do quadro de privilégios originários da escravidão.[124]

Assim, enquanto "no passado, a terra nada valia sem escravos", hoje, "com a mecanização e a técnica, é o trabalhador que está sobrando e vai engrossar o exército de bóias-frias ou de marginaliza-

---

119. Rubens Ricupero, "Injustiça ou desordem?" *Folha de S.Paulo*, 11.4.1998, p. 2.2. Ver também Sérgio Buarque de Holanda, *Raízes do Brasil*, pp. 17-18, 26 e ss.; Antonio Carlos Wolkmer, *Ideologia, Estado e direito*, p. 116.

120. Manoel Maurício de Albuquerque, *Pequena História da formação social brasileira*, p. 20, grifos nossos. "(...) atualmente desenvolvem-se vários estudos tentando compreender as relações do mundo escravista com os pequenos proprietários, os agricultores livres sem terra, os negros aquilombados, o negro de ganho e outras categorias sociais" (Jaime Pinsky, *Escravidão do Brasil*, p. 39).

121. Sobre o trabalho escravo, hoje: Comissão Pastoral da Terra, *Conflitos no campo: Brasil 88*, p. 58. *Conflitos no campo: Brasil 94*, pp. 22 e ss. *Conflitos no campo: Brasil 96*, p. 50. Trabalho escravo atinge 60 mil brasileiros, *Jornal do Conselho Federal OAB – Especial Direitos Humanos*, Brasília, nov./dez. 1996, p. 5.

122. Celso Furtado, *Análise do "modelo"* ..., cit., p. 105.

123. Celso Furtado, *Desenvolvimento* ..., cit., p. 248, e *Análise do "modelo"* ..., cit., pp. 102, 105-106.

124. Celso Furtado, *Análise do "modelo"* ..., cit., p. 107. A vinculação entre a política e o controle de acesso à terra está patente no seguinte trecho do autor: "Aqueles que desbravam as terras dificilmente alcançam a propriedade destas, pois quase sempre essa propriedade já terá sido adjudicada (de forma real ou fictícia) com antecipação a alguém com acesso aos centros de decisão" (idem, ibidem, p. 106). Nesse sentido, do mesmo autor, ver *O Brasil pós-"milagre"*, p. 25.

dos das cidades, em busca de empregos que a indústria não é mais capaz de criar".[125]

1.6.4 Conclusão sobre os dados estatísticos

Como ficou cabalmente demonstrado pelos dados estatísticos expostos acima, o Paraná é caracterizado por uma injusta distribuição da casa própria entre as famílias de baixa renda, que, quando têm a propriedade, não a têm em condições dignas de uso – trata-se de habitações precárias, em condição crítica, com paredes e coberturas não duráveis. Mais que isso, a propriedade no Brasil e no Paraná apresenta um alto grau de concentração, sem quaisquer sinais de evidente progresso (redistribuição da propriedade) ao longo dos anos. Isso se deve, obviamente, a uma série de fatores que não nos cabe elencar no momento, pois seriam objeto de outro estudo – ou melhor, vários outros. Um desses fatores, no entanto, é o que importa sublinhar nesse momento: *o papel da defesa do capital financeiro em juízo* na manutenção desse estado de coisas (*status quo*).

A defesa da propriedade pelos inúmeros meios que conhecemos, sejam eles lícitos (a defesa da propriedade em juízo ou mesmo o desforço imediato da "posse jurídica") ou ilícitos (a violência), têm tido um interessante grau de êxito na manutenção do *status quo*. Da mesma forma em relação ao capital financeiro, *i.e.*, quando se trata de conferir privilégios processuais sem par no ordenamento jurídico pátrio, para garantir um retorno pronto e efetivo do capital envolvido em financiamentos. Vale dizer: o processo civil apresenta um estranho grau de eficiência quando se trata de defender o capital financeiro. A que se deve essa eficiência? Ou melhor: que ritos processuais garantem essa eficiência e como? Em termos de tratamento isonômico, é ela compatível com a generalizada inefetividade do processo civil nos demais casos postos em juízo? Se não, como tentar anulá-la? É a isso que este livro tentará responder, sempre colocando novas questões ao longo do caminho.

---

125. Rubens Ricupero, "Injustiça ou desordem?" *Folha de S.Paulo*, 11.4.1998, p. 2.2. "Os escravos agora são apenas livres no papel, mas multiplicaram-se como formigas, são um povo todo. E a mesma minoria, cada dia mais desorientada e mais pernóstica, governa e desfruta da miséria geral da massa" (Marques Rebelo, *O Trapicheiro*, p. 335).

1.7 Roteiro

Para fazer uma análise crítica dos procedimentos especialíssimos, começaremos tentando tecer a história de sua normatização, a partir da evolução política do processo civil brasileiro pós-64, com destaque para as contingências econômicas que estavam presentes nos discursos instauradores dos diversos institutos. P.ex.: o que estava por trás da instituição da cédula de crédito rural e industrial (a modernização conservadora da economia), o que estava por trás do SFH (legitimação política do regime), da alienação fiduciária (o aquecimento do consumo para a produção do "milagre brasileiro") etc. Isso até chegarmos às premissas tecnocráticas do CPC/73, das quais decorre a compatibilidade ideológica desse estatuto legal com os procedimentos especialíssimos que instrumentalizavam aqueles institutos.

Em seguida, discorreremos sobre duas utopias sempre presentes no debate processual de nosso tempo: a utopia da unidade e da pluralidade de procedimentos. Do embate entre essas duas utopias é que se delineia o perfil de um ordenamento – se pautado pela ditadura do procedimento único ordinário, ou se mais flexível às conjunturas estabelecidas pelas particularidades das situações de direito material. Nessa seção será essencial a análise dos motivos (ideologia) que levam o legislador a criar novos ritos processuais (tutelas diferenciadas) e dos limites a essa criatividade (respeito a princípios constitucionais).

Partiremos então para uma exposição um pouco mais pormenorizada das particularidades dos procedimentos especialíssimos, explorando as discussões doutrinárias e jurisprudenciais a propósito de uma série de assuntos que variam conforme o procedimento. Em alguns, será a constitucionalidade de determinado ponto, em outros a compatibilidade com a técnica do CPC/73 etc. Portanto, não se espere que o estudo dos ritos seja feito dentro de alguma camisa de força, obrigando que se caminhe pela mesma senda em todos eles, violentando sua diversidade.

Primeiro dedicaremos algumas páginas às execuções judiciais especiais (de cédula de crédito rural, industrial e execução hipotecária judicial; a execução de cédula de produto rural será mencionada apenas a título de comparação), depois aos leilões extrajudiciais (da CEF, SFH e SFI) e finalmente à busca e apreensão de bens objeto de alienação fiduciária. Em nenhuma dessas seções trataremos da prisão civil, por dois motivos: além de ser assunto importante o suficiente para merecer estudo à parte, foge ao foco deste trabalho, que dará alguma preferência às questões relativas ao *contraditório* e à *isonomia*.

A transcrição dos ritos, tal como estão nos DLs, é um procedimento ocioso e que portanto não será adotado. Exceção seja feita apenas aos leilões extrajudiciais, em que a descrição tem por objetivo tão-somente reforçar o paralelo existente entre eles.

Na seção seguinte, faremos uma pesquisa sobre a tensão entre eficiência (tempo) e democracia, subjacente a todo o debate relativo aos procedimentos especialíssimos. A exposição se dará então à luz de dois problemas da atualidade: a reforma do aparelho do Estado e a reforma do processo. Tais reformas têm por meta explícita, respectivamente, a *eficiência* do Estado e a *efetividade* do processo – conceitos que, obviamente, relacionam-se com o problema do tempo. É inegável a influência do taylorismo (eficiência) na reforma do aparelho do Estado, revelando seu cunho eminentemente tecno(buro)crático, *que também quer se fazer presente na reforma do processo*. Já que não é admissível que se transija com os valores democráticos, propõe-se a sua retomada, enquanto única forma de impedir o triunfo completo do mercado sobre os meios democráticos de alocação de recursos (no Estado) e de solução de controvérsias (no processo civil).

Por fim, após nossas considerações finais, apresentaremos em apêndice uma pequena proposta de alteração legislativa, com a finalidade consolidar nosso posicionamento teórico-prático, que é o de expurgar de vez os procedimentos especialíssimos do ordenamento jurídico processual brasileiro.

2
CONTEXTUALIZAÇÃO HISTÓRICA DOS PROCEDIMENTOS ESPECIALÍSSIMOS

2.1 Evolução política do Processo Civil Brasileiro: 2.1.1 Premissas teóricas; 2.1.2 Estado Novo e processo; 2.1.3 Formalismo; 2.1.4 Duelo; 2.1.5 Processo autoritário. 2.2 A instauração de um regime. 2.3 Congresso fechado e cédula hipotecária: 2.3.1 A ideologia do SFH; 2.3.2 Planejamento habitacional e participação popular; 2.3.3 A Constituição de papel. 2.4 A retórica desenvolvimentista do crédito rural: 2.4.1 Objetivos; 2.4.2 Resultados; 2.4.3 Resultado dos resultados. 2.5 AI-5 e crédito industrial: 2.5.1 A Constituição dos porões; 2.5.2 Desenvolvimento com segurança; 2.5.3 Industrialização; 2.5.4 Um golpe no golpe. 2.6 O "milagre" da alienação fiduciária. 2.7 Os fundamentos tecnocráticos do CPC/73: 2.7.1 Um Legislativo castrado; 2.7.2 As codificações do arbítrio; 2.7.3 Cientificismo e tecnocracia. 2.8 Distensão teórica e contenção prática. 2.9 O neoliberalismo do SFI. 2.10 Para concluir.

2.1 Evolução política do Processo Civil Brasileiro

2.1.1 Premissas teóricas

Ninguém nega, embora poucos prezem, a importância do resgate da dimensão histórica do direito para a compreensão dos fenômenos jurídicos atuais.[1] O que tentaremos fazer aqui, com as limitações que

---

1. Ricardo Marcelo Fonseca, "Notas sobre a construção de um discurso historiográfico jurídico", *Revista da Faculdade de Direito* 28/249. Víctor Fairén Guillén, "Una perspectiva histórica del proceso: la 'litis contestatio' y sus consecuencias", in *Estudios de derecho procesal,* p. 14, e *El juicio ordinario y los plenarios rápidos,* p. 25. Pontes de Miranda, *Tratado de direito privado,* v. 1, p. XV. Biondo Biondi, *Scienza giuridica come arte del giusto,* p. 3. Enrico Allorio, "Significato della storia nello studio del diritto processuale", *Rivista di Diritto Processuale Civile,* v. 15, n. 1, pp. 185-201. Elio Faz-

nos são impostas pelo objeto da dissertação (fora algumas imposturas metodológicas da academia), é traçar um perfil histórico bastante simplificado do processo civil brasileiro republicano, primeiramente vinculando o discurso jurídico do CPC/39 e a estrutura político-econômica do período (Estado Novo e industrialização), depois reforçando o paralelo entre a legislação processual pós-64 (inclusive o CPC/73, mas priorizando os DLs instituidores dos procedimentos especialíssimos em exame) e a estrutura institucional-econômica do período (Atos Institucionais e desenvolvimentismo).

A historicidade do direito processual não passou despercebida por Chiovenda,[2] que procurou difundir o estudo histórico do processo, "no como vana erudición, sino como medio de llegar a conocer las razones de los institutos y de prepararlos para la progresiva adaptación de los mismos a las condiciones actuales".[3] Apesar da honrosa tentativa do mestre italiano, bem assinalou Marcos Bittencourt Fowler que o processo civil insiste em "camuflar a sua vinculação ao tipo de Estado em que se insere, sob o pretexto da prevalência de critérios técnico-científicos na sua elaboração", quando na verdade "há uma inegável e íntima unidade entre as opções assumidas pelo legislador processual e seus aplicadores e as concepções jurídico-políticas de Estado e, por conseguinte, do sistema de direito nele vigente".[4]

zalari, "L'esperienza del processo nella cultura contemporanea", *Rivista di Diritto Processuale*, v. 20, pp. 28-29. A valorização da perspectiva histórica no estudo do direito, todavia, não pode cair no erro de considerar que o direito tem uma história própria, isolada (Karl Marx e Friedrich Engels, *A ideologia alemã: Feuerbach*, p. 99).

2. Segundo o memorável jurista, o processo civil é um "campo abierto a todas las pasiones humanas; instrumento de la prepotencia o protección de la debilidad; ya baluarte de tiranía, ya de libertad; es difícil imaginar un organismo más delicado; un índice idealmente más apto de las condiciones de un tiempo; un trámite más rápido de las influencias buenas o malas" (Chiovenda, "Las reformas procesales y las corrientes del pensamiento moderno", in *Ensayos de derecho procesal civil*, v. 2, p. 156). Ver também Luiz Guilherme Marinoni, *Novas linhas do processo civil*, pp. 21 e ss.; Ovídio Baptista da Silva, *Jurisdição e execução*, p. 199; José Reinaldo de Lima Lopes, "Uma introdução à história social e política do processo" in *Fundamentos de história do direito*, pp. 247-249.

3. Chiovenda, "Las reformas ...", cit., in *Ensayos* ..., cit., v. 2, pp. 171-172.

4. Marcos Bittencourt Fowler, *A legitimação para agir do Ministério Público na ação civil pública*, p. 44. Sobre as ligações entre o processo civil e a organização sócio-econômica do Estado, ver Mirjan Damaska, *I volti della giustizia e del potere*, pp. 34 e ss., 97 e ss.; José Reinaldo de Lima Lopes, "Uma introdução à história social e política do processo", in *Fundamentos de história do direito*, p. 248. Benedicto de Campos, *O Ministério Público e o novo Código de Processo Civil*, p. 44. Registre-se que Mortara já falava sobre o processo civil no Estado liberal e no despótico,

Qual seja, o processo civil está definitivamente comprometido com a política, com o poder e a dominação.[5]

A relação entre o tipo de Estado e o processo civil se dá inclusive por uma questão de interesse: o Estado inegavelmente tem interesse no direito processual civil. Carlo Furno, ao sublinhar esse elemento, afirma que o interesse do Estado no processo civil não reside no resultado particular da ação – se favorável a A ou B –, mas na reintegração do direito objetivo, da ordem jurídica; na "pacificazione giuridica".[6] Nesse sentido – diz o autor –, "allo Stato non interessa il *come*, il modo della composizione del conflitto: gli interessa soltanto il fatto della sua composizione comunque avvenuta, purchè nei limiti del giuridicamente lecito".[7] Esse raciocínio tem dois "poréns", que podemos classificar de acidental e essencial.

Em primeiro lugar, parece ter sido *acidental* a colocação de que o Estado não se interessa pelo modo de composição do conflito. Provavelmente estava se referindo ao resultado concreto das ações judiciais. Caso contrário, significaria que ao Estado não interessa, p.ex., se a pacificação social se deu por autotutela privada, vale dizer: o Estado não teria verdadeiro interesse no processo civil – quando o autor já havia sustentado o oposto, duas páginas antes.

Em segundo lugar, mesmo relevando-se o suposto "acidente" referido, na *essência* o que o autor afirma, nas entrelinhas, é que o Estado é ideologicamente neutro, visto que desinteressado no resultado concreto das ações judiciais.

---

demonstrando interesse nas relações entre o Estado e esse ramo do direito (*Commentario del Codice e delle Leggi di procedura civile*, v. 1, pp. 18-20). Ainda sobre a "coloración política" do processo civil, ver Eduardo Couture, "Las garantías constitucionales del proceso civil", in *Estudios de derecho procesal civil*, v. 1, p. 94; "La justicia inglesa", ob. e v. cits., pp. 172-173, e "Algunas nociones fundamentales del derecho procesal del trabajo", idem, ibidem, pp. 271 e ss. A tese da suposta apoliticidade do processo civil não é apanágio de "juristas burgueses", sendo também defendida por juristas oficiais da antiga URSS, para quem o direito processual não tem relação direta com a conjuntura política (ver nesse sentido: O. Zhidkov, V. Chirkin e Yu Yudin, *Fundamentos de la teoría socialista del Estado y del derecho*, p. 235; Kazimierz Grzybowski, *Soviet Legal Institutions*, p. 104).

5. José Joaquim Calmon de Passos, "Dimensão política do processo: direito, poder e justiça", in *Livro de estudos jurídicos*, v. 5, p. 322 *et passim*. Por isso, o legislador deve ter consciência de que qualquer reforma processual tange valores políticos, invariavelmente (Andrea Proto Pisani, *Appunti sulla giustizia civile*, p. 446).

6. Carlo Furno, *Contributo alla teoria della prova legale*, p. 38.

7. Carlo Furno, ob. cit., p. 40, grifo do original.

Ambos os aspectos, tanto o acidental quanto o essencial, merecem reparos que se ligam diretamente à presente dissertação. Dizer que o Estado não tem interesse no resultado concreto das ações judiciais soa bem ao senso comum. Mas não é um fato inquestionável. Quando o legislador – em última análise, o Estado – criou procedimentos especialíssimos, com elementos de duvidosa constitucionalidade, alguns até dispensando a atividade jurisdicional, será que não havia qualquer interesse em melhor garantir um resultado final favorável ao requerente, que no caso é a instituição financeira? A resposta a essa questão traz em si, sempre, o posicionamento do interlocutor com relação à neutralidade do Estado e do processo civil.

É tarefa irrecusável do processualista desvelar esse manto de neutralidade científica que pesa sobre o processo civil, não só pensando o direito processual "à luz dos valores do Estado em que vivem",[8] mas também denunciando o contexto histórico-político-econômico do momento legiferante. Como bem disse Vittorio Denti, a história da cultura processual "non é soltanto storia delle dottrine, ma anche delle ideologie giuridiche".[9] Ou, nas palavras precisas do Prof. Carlos Alberto Carmona, "O processo – e também o procedimento – traduz hoje de maneira clara e límpida a luta de classes que se instalou nas diversas sociedades (tanto capitalistas quanto socialistas e comunistas) e o produto final representa uma escolha do legislador, que cede ao poder de grupos dominantes mais ou menos estabelecidos, mais ou menos influentes".[10]

Assim fazendo, estamos tentando evitar o discurso historiográfico que, no dizer de Ricardo Marcelo Fonseca, ignora as esferas sociais, políticas e econômicas, determinadas e determinantes da evolução do próprio processo civil.[11] Queremos, em troca, privilegiar a

8. Luiz Guilherme Marinoni, *Tutela inibitória*, p. 254.
9. Vittorio Denti, *La giusitiza civile*, p. 32, *apud* Luiz Guilherme Marinoni, *Tutela inibitória*, p. 267.
10. Carlos Alberto Carmona, "Considerações sobre a evolução conceitual do processo", *Revista de Processo* 57/39.
11. Ricardo Marcelo Fonseca, "Notas sobre a construção de um discurso historiográfico jurídico", *Revista da Faculdade de Direito* 28/254. Por falar em discurso historiográfico, é bom lembrar que, como Calamandrei já provou em célebre estudo, é possível traçar um paralelo entre a atividade historiográfica e a jurisdicional ("Il giudice e lo storico", in *Studi sul processo civile*, v. 5, pp. 27 e ss.). Nesse sentido, Adolfo Gelsi Bidart, "El tiempo y el proceso", *Revista de Processo* 23/117-118. Todavia, há obviamente diferenças teleológicas na atividade de cognição do historiador e do juiz (Proto Pisani, *Lezioni di diritto processuale civile*, pp. 445-446), a partir das quais

motivação histórica do movimento legislativo processual, em detrimento da justificativa da ação.[12]

Nossa exposição sobre a vinculação do processo civil ao tipo de Estado e de regime político remonta ao momento histórico em que surgiu o CPC/39.

2.1.2 Estado Novo e processo

A Revolução de 1930, tal qual a de 1964, é nada mais que uma *modernização conservadora* ("revolução sem revolução"), realizada sem rupturas significativas, mas apenas com a recomposição das estruturas de poder através da substituição dos nexos de dependência,[13] eis que apenas houve uma evolução do escravismo colonial para o capitalismo monopolista.[14] Ambos os movimentos são, segundo o antropólogo Otávio Guilherme Velho, "soluções para crises em que se mudou para permanecer".[15] A diferença básica é que em 1964 "o autoritarismo do Estado não só se reafirma, mas se explicita e se moderniza, através do recurso a um novo *regime* autoritário".[16]

surgem as outras diferenças: "se è vero che il giudice e lo storico pronunciano in ogni caso un giudizio (storico eppertanto) relativo, è pur certo che il secondo, a differenza dal primo, non pronuncia mai come verità il risultato della sua critica delle testimonianze, ma ne afferma solo la formale correttezza" (Gian Antonio Micheli, *L'onere della prova*, p. 11). Para outras diferenças entre as atividades historiográfica e judiciária, principalmente na Grécia Antiga, ver Paulo Butti de Lima, *L'inchiesta e la prova: immagine storiografica, pratica giurídica e retorica nella Grecia Classica*.
  12. Ricardo Musse, "A metafísica de Lukács", *Jornal de Resenhas*, 12.9.1998, p. 10. Karl Marx, "Prefácio" à "Contribuição à crítica da economia política", in *Obras escolhidas*, v. 1, pp. 301-302; *A ideologia alemã: Feuerbach*, pp. 27-43.
  13. Florestan Fernandes, *A revolução burguesa no Brasil*, pp. 94-97, 203 *et passim*. Emir Sader, "Democratizar a terra", *Jornal de Resenhas*, 11.4.1997, p. 6. Celso Frederico, "Florestan jornalista", *Jornal de Resenhas*, 12.9.1998, p. 3. "A revolução não é continuação do 'progresso', mas sua interrupção redentora e a *atualização* do *Erfahrung* pré-histórico e/ou pré-capitalista" (Michel Löwy, *Romantismo e messianismo*, p. 202, grifos do original).
  14. Luiz Alexandre Gonçalves Cunha, *O crédito rural e a modernização da agricultura paranaense*, pp. 42-53. Octavio Ianni, *A ditadura do grande capital*, pp. 24-25. Antonio Carlos Wolkmer, *Ideologia, Estado e direito*, p. 116. Sinal da integração entre o capital monopolista e o Estado é o discurso de modernização do aparelho estatal pelo implante de uma racionalidade empresarial (Octavio Ianni, *O ciclo da revolução burguesa*, p. 70).
  15. Otávio Guilherme Velho, *Sociedade e agricultura*, p. 52.
  16. Otávio Guilherme Velho, ob. cit., p. 55, grifo do original.

"O legislador brasileiro, para se tornar coerente com as diretrizes políticas traçadas pela Carta de 1937, precisando a elas adaptar o processo, não podia senão acomodá-lo ao sistema autoritário".[17] Nesse sentido, criticando o processo civil anterior, que no seu entender era formalista e duelístico (portanto demorado, como um duelo interminável), beneficiando mais a quem lesava o direito alheio do que àqueles que acorriam à Justiça,[18] Francisco Campos propõe um processo mais célere, dito literalmente "autoritário",[19] querendo dizer "inquisitório", visto que com reforço da *autoridade* do juiz (Estado-juiz).[20] Aliás, interessante notar como a doutrina processual costuma confundir autoridade com autoritarismo.[21]

Na Itália fascista ocorreu algo semelhante em relação ao CPC de 1942, cuja *Relazione al Re* (exposição de motivos) proclamou a

---

17. Moacyr Amaral Santos, *Prova judiciária no cível e comercial*, v. 1, p. 121. Ver também Enrico Allorio, "Giustizia e processo nel momento presente", *Rivista di Diritto Processuale Civile*, v. 16, n. 1, pp. 223-225. As preocupações de Calamandrei com a conotação política autoritária que o processo civil ganhava na Alemanha nazista estão patentes em "La relatività del concetto d'azione", in *Studi sul processo civile*, v. 5, p. 16; "Rassegna di letteratura e legislazioni stranieri", *Rivista di Diritto Processuale Civile*, v. 16, n. 1, pp. 293 e ss.; "Rassegna di letteratura e legislazioni stranieri", *Rivista di Diritto Processuale Civile*, v. 19, n. 1, pp. 279 e ss. A infiltração do totalitarismo de Estado na estrutura do processo civil também foi percebida no séc. XVIII, no despotismo do Código de Processo do rei Frederico II, "o grande", da Prússia (Carlos A. Ayarragaray, "La estructura totalitaria del Codigo Federiciano", *Revista Iberoamericana de Derecho Procesal*, n. 3, pp. 473-500; Giovanni Tarello, *Storia della cultura giuridica moderna*, pp. 240 e ss.; Mirjan Damaska, *I volti della giustizia e del potere*, pp. 332-333).
18. Francisco Campos, *Projeto de Código de Processo Civil: exposição de motivos*, pp. 7-8. "(...) il contraddittorio non deve degenerare in una lotta disordinata, in cui ciascuno tende a sopraffar l'altro con violenze, insidie e sorprese", i.e, um duelo desordenado (Francesco Carfora, "Dibattimento", in *Il Digesto Italiano*, v. 9, t. 2, p. 243).
19. Francisco Campos, *Projeto de Código ...*, cit., pp. 8-9.
20. Luiz Machado Guimarães, "Processo autoritário e regime liberal", in *Estudos de direito processual civil*, pp. 128 e ss. A autoridade do Estado prolonga-se na autoridade judicial (Moacyr Amaral Santos, *Prova judiciária no cível e comercial*, v. 1, p. 121). No direito processual, o sistema inquisitório puro sempre foi considerado um sinal evidente de regimes políticos autoritários, em que "la giustizia, divenuta strumento di tirannide, lungi dal cercar la luce era studiosa solo di render più dense le tenebre" (Francesco Carfora, "Dibattimento", in *Il Digesto Italiano*, v. 9, t. 2, p. 243).
21. Franco Cipriani, *Ideologie e modelli del processo civile*, pp. 24-25. O seguinte trecho serve de exemplo cabal dessa confusão: "L'autoritarismo del giudice non deve essere fine a sè stesso ma destinato solamente al controllo della reciproca lealtà processuale e della libertà del contraddittorio, proprio per garantire la partià del gioco" (Emilio Ondei, "Liberalismo o autoritarismo processuale?" *Rivista di Diritto Processuale*, v. 7, n. 1, p. 185).

necessidade de reforço da autoridade do juiz.²² Segundo Allorio, o CPC de 1942 haveria de renovar "la struttura del processo secondo un principio direttivo che è il solo compatibile con gli orientamenti politici del Fascismo: il principio dell'accentuata preminenza dell'organo giurisdizionale rispetto alle parti".²³ E foi justamente a partir da identificação de traços inquisitórios no CPC/42 que o advogado Carlo Molinari acusou o "Codice Mussolini" de promover uma verdadeira "dittatura del giudice istruttore".²⁴ A acusação de Molinari foi prontamente respondida por Allorio,²⁵ mas encontra adeptos ainda hoje, dentre os quais se destaca o Prof. Franco Cipriani, da Universidade de Bari, para quem o CPC/42 é mais que publicístico: é policialesco.²⁶ Ao contrário de Molinari e Cipriani, Cappelletti reconhece no CPC/42 não um fascismo judicial, mas um fascismo legislativo (i.e., de rígidas e abstratas previsões legislativas), pois apesar da proclamada inspiração fascista, o Código acolheu uma ideologia marcadamente privatística e individualista.²⁷ É que apesar das proclamações da *Relazione al Re*, o projeto original do grupo coordenado por Arrigo

22. Segundo a *Relazione al Re*, "il rafforzamento del principio di autorità nello Stato si proietta e traduce necessariamente, nel processo, in un rafforzamento dell'autorità del giudice" (Proto Pisani, *Appunti* ..., cit., p. 32).
23. Enrico Allorio, "Giustizia e processo nel momento presente", *Rivista* ..., cit., pp. 229-230. Isso é justificado pelo fato de que a ideologia fascista costumava expor o Estado corporativista como sendo anti-individualista-legalista, quando na verdade era anti-realista-autocrático-burocrático (Romano Canosa, "Giuristi e ideologia corporativa in Italia sotto il fascismo", *Rivista Trimestrale di Diritto e Procedura Civile*, v. 40, n. 4, p. 1.302). As mesmas características se aplicam às experiências do chamado "socialismo real", em que, sob o pretexto da defesa dos mais fracos, estabeleceu-se um processo civil em que o Judiciário exerce seu poder "with a minimum of attention to form", sob a consagração completa do princípio inquisitório (Kazimierz Grzybowski, *Soviet Legal Institutions*, pp. 17 e 106; Nikolái Maléin, *La legislación civil y la defensa de los derechos personales en la URSS*, p. 243; V. K. Poutchinski, "Princípios de processo civil da URSS e das Repúblicas federadas", in *Princípios de processo civil da URSS e das Repúblicas federadas*, pp. 49-51).
24. Carlo Molinari, "Un'esperienza fallita", *Rivista di Diritto Processuale*, v. 1, n. 1, p. 169.
25. Enrico Allorio, "La scienza, la pratica, il buonsenso e il processo civile", in *Problemi di diritto*, v. 2, pp. 464-466 (esse artigo foi publicado originariamente no mesmo número da *Rivista* que veiculou o artigo de Molinari).
26. Franco Cipriani, *Ideologie e modelli del processo civile*, pp. 18-19, 34 e ss., 47, 77-81, 105-110, 113. O autor coloca-se francamente contra aquilo que ele considera uma excessiva discricionariedade dos poderes do juiz, promovida pelo CPC/42 (idem, ibidem, p. 155).
27. Mauro Cappelletti, "Libertad individual y justicia social en el proceso civil italiano", in *Proceso, ideologías, sociedad*, pp. 98, 100 e 103.

Solmi perdeu seu caráter eminentemente publicístico,[28] inclusive no que tange aos poderes instrutórios do juiz, de modo que o Código foi pouco coerente na tentativa de publicização que promoveu, deixando ainda às partes amplos poderes de direção do processo.[29] Assim, é possível concordar com Liebman, para quem o rótulo de "ditador" dado ao juiz instrutor não tem lá muito fundamento.[30]

Sem querer discordar da superação do processo civil duelístico e privatístico por um modelo publicístico[31] – algo um tanto destoante do pensamento único neoliberal –, é preciso apontar para a necessidade de, no modelo inquisitório, aumentar o direito de defesa, para promover um melhor controle dialético dos novos poderes do juiz – vulgo *contraditório*.[32]

28. "(...) nel codice di procedura civile, una serie di mediazioni limita il carattere spiccatamente pubblicistico del processo presente nel progetto presentato nel 1939" (Stefano Rodotà, "Le libertà e i diritti", in *Storia dello Stato Italiano*, p. 346).
29. Luigi Paolo Comoglio, Corrado Ferri e Michele Taruffo, *Lezioni sul processo civile*, pp. 43 e 395.
30. Enrico Tullio Liebman, "Per uno nuovo Codice di Procedura Civile", *Rivista di Diritto Processuale*, v. 37, n. 1, p. 27.
31. Sobre a superação do processo privatístico e duelístico clássico, ver Luigi Paolo Comoglio, "Direzione del processo e responsabilità del giudice", *Rivista di Diritto Processuale*, v. 32, n. 1, pp. 14 e ss.; Hernando Devis Echandía, "Facultades y deberes del juez en el moderno proceso civil", *Revista Iberoamericana de Derecho Procesal*, n. 3, pp. 395-8; José Carlos Barbosa Moreira, "As bases do direito processual civil", in *Temas de direito processual civil*, p. 11; Vittorio Denti, "Questioni rilevabili d'ufficio e contraddittorio", *Rivista di Diritto Processuale*, v. 23, pp. 217-231; idem, "Il ruolo del giudice sul processo civile tra vecchio e nuovo garantismo", *Rivista Trimestrale di Diritto e Procedura Civile*, v. 38, n. 3, pp. 726-740; Proto Pisani, *Appunti* ..., cit., pp. 26 e ss.; Anton Menger, *El dereho civil y los pobres*, pp. 63 e ss.; Mark A. Gurvic, "Profili generali del processo civile sovietico", *Rivista di Diritto Processuale*, v. 31, n. 1, pp. 29-30; Afranio Silva Jardim, *Da publicização do processo civil*, pp. 105 e ss.; Jônatas Luiz Moreira de Paula, *Uma crítica à jurisdição civil brasileira*, pp. 81-83; Carlos Alberto Alvaro de Oliveira, "A garantia do contraditório", *Revista de Direito Processual Civil Gênesis* 10/669 e ss. Sobre a vinculação da concepção duelística com o sistema acusatório, ver Mirjan Damaska, *I volti della giustizia e del potere*, pp. 30 e ss., 179 e ss. Só para se ter uma idéia do caráter nitidamente privatístico do CPC italiano de 1865, este abria com normas sobre conciliação e arbitragem, "quasi ad avvertire che il processo davanti al giudice era l'*extrema ratio* e che l'ordinamento preferiva, in linea di principio, che le controversie civili fossero risolte dalle parti, da sole o attraverso persone di loro fiducia" (Franco Cipriani, *Ideologie e modelli del processo civile*, p. 9). Ainda sobre o duelismo e privatismo no CPC italiano de 1865, ver Comoglio, Ferri e Taruffo, *Lezioni* ..., cit., p. 38.
32. "In teoria, l'accentuazione del carattere inquisitorio dei procedimenti impone, parallelamente, un più rigoroso rispetto dei diritti di difesa, per il controllo dia-

Antes de verificarmos o que é, afinal, o "processo civil autoritário" de Francisco Campos, precisamos discorrer brevemente sobre as acusações ao caráter formalista e duelístico de um determinado sistema processual, acusações essas que num primeiro momento justificavam a adoção do "princípio autoritário" no processo civil,[33] mas que depois acabaram voltando-se curiosamente contra o próprio CPC/39, que nos anos 70 também foi acusado de ser formalista[34] e duelístico.[35]

lettico dei maggiori poteri attribuiti al giudice" (Luigi Paolo Comoglio, "Garanzie costituzionali e prove atipiche nel procedimento camerale", *Rivista Trimestrale di Diritto e Procedura Civile*, v. 30, p. 1.159). Nesse sentido: Comoglio, Ferri e Taruffo, *Lezioni* ..., cit., pp. 70-71.
33. Luiz Machado Guimarães, "Processo autoritário e regime liberal", in *Estudos de direito processual civil*, p. 131. Também na Itália, o CPC de 1942 surgiu com o intuito, relativamente exitoso, de reduzir o formalismo (Comoglio, Ferri e Taruffo, *Lezioni sul processo civile*, p. 43).
34. José da Silva Pacheco, *Evolução processual civil brasileira*, pp. 113 e 117. Seu contemporâneo, o CPC português de 1939, também foi acusado de ser "instrumentalmente carregado de um extremamente complexo e sufocante formalismo" (Fernando Luso Soares, "A decisão sobre a prova em juízo nos direitos brasileiro e português", *Revista de Direito Processual Civil Gênesis* 2/443). Não se pode olvidar que o CPC/73 também vem sendo criticado pelo formalismo excessivo, numa espécie de repetição histórica, cf. vemos, p. ex., em Carlos Mário da Silva Velloso, "Como eliminar a lentidão da Justiça?", *Folha de S.Paulo*, 4.10.1998, p. 1-3. Essa repetição da crítica só vem a comprovar as sábias palavras de Chiovenda: "Desgraciadamente es difícil encontrar un sistema de formas lógico, que responda a las condiciones del tiempo en que se vive. Muchas formas son consecuencia de las condiciones sociales y políticas del tiempo, pero otras son restos de antiguos sistemas, que se transmiten por un aferramiento a veces justo, otras irrazonable a la tradición, y por el espíritu conservador que domina en la clase forense" (*Principios de derecho procesal civil*, t. 2, p. 124). Elogio ao formalismo, só o encontramos facilmente no sistema anterior ao CPC/39, como p. ex., em João Monteiro, *Programma do curso de processo civil*, v. 1, pp. 304-306. Mas mesmo naquele tempo já havia críticas, como a de Godofredo Mendes Vianna, *Formas processuaes: necessidade de sua simplificação*. Ainda sobre o formalismo no direito, ver: Max Weber, *Economía y sociedad*, pp. 603 e ss.; Giuseppe Chiovenda, "Las formas en la defensa judicial del derecho", in *Ensayos* ..., cit., v. 2, pp. 123-54; Giovanni Tarello, "L'opera di Giuseppe Chiovenda nel crepuscolo dello stato liberale", in *Materiali per una storia della cultura giuridica*, v. 3, t. 1, pp. 710 e ss.; idem "Formalismo", in *Novissimo Digesto Italiano*, v. 7, pp. 571-580; e *Storia della cultura giuridica moderna*, p. 26; Angelo Ernando Cammarata, "Formalismo giuridico", in *Enciclopedia del diritto*, v. 17, pp. 1.013-1.024; Michel Miaille, *Introdução crítica ao direito*, p. 317 e ss.; Henrique da Silva Seixas Meireles, *Marx e o direito civil*, pp. 22 e ss., 38 e ss.; José Eduardo Faria, "Formalismo jurídico", in *Discutindo a assessoria popular*, v. 2, pp. 18-35; João Baptista Herkenhoff, *O direito dos códigos e o direito da vida*, pp. 193 e ss.
35. Emílio Garrastazu Médici, *Os vínculos da fraternidade*, p. 36.

2.1.3 Formalismo

Segundo Pontes de Miranda, o declínio do formalismo é um fenômeno que acompanha a crescente superação dos bens imóveis pelos móveis (títulos de crédito) em termos de importância para o sistema econômico.[36] Daniel Bell, em sua famosa obra de previsão social sobre o advento de uma suposta sociedade pós-industrial, reforça a idéia de deformalização da vida social, acompanhada da perda da importância dos bens imóveis, muito embora eles ainda estejam presentes, ao lado do comércio, finanças e seguro, no setor "quaternário" da economia.[37]

Quando num país, porém, há pessoas que se matam por moradia (na cidade) ou por um terreno para produzir (no campo), percebemos que o modelo da sociedade pós-industrial – e seu conseqüente processo de deformalização – não é onipresente, como aliás admitiu o próprio Daniel Bell,[38] mas restrito às potências centrais e a determinados setores econômicos (p. ex., de tecnologia de ponta) e sociais (a elite) em países periféricos. Logo, o formalismo – assim como a propriedade imóvel (principalmente o latifúndio) – não está morto, o que não é motivo para desespero, eis que é o formalismo processual que dá sustentação a princípios processuais tendentes ao controle do arbítrio

---

36. Pontes de Miranda, *Comentários ao Código de Processo Civil*, t. 3, p. 60. Já segundo Chiovenda, "cuanto más domina en las relaciones sociales la corrección y la buena fe, cuanto más reina en las relaciones políticas la confianza entre los ciudadanos y los poderes públicos, cuanto más difundida está la costumbre de mirar la sustancia de las cosas y menos difundido el espíritu del formalismo, tanto más los pleitos podrán proceder expeditos y necesitarán menos garantías formales" (*Principios ...*, cit., t. 1, p. 168). Ver também Adolfo Gelsi Bidart, "Proceso y época de cambio", *Revista Iberoamericana de Derecho Procesal*, n. 2, p. 269. "Nuestro espíritu es cada vez más favorable al predominio de la sustancia sobre la forma; y demasiadas litis se siguen, en cambio, entre nosotros sobre cuestiones de pura forma" (Giuseppe Chiovenda, "Las reformas procesales ...", cit., in *Ensayos ...*, cit., v. 2, p. 166). A rotulação de uma prática tradicional como "formalismo inútil", em descompasso com seu significado atual, é um sintoma de "um processo de desintegração daquele quadro cultural no qual se desenvolveu e se firmou o costume ou a prática formalista" (F. A. de Miranda Rosa, *Patologia social*, p. 59). Sobre formalismo e solenidade nos rituais públicos brasileiros, ver Roberto Damatta, *Carnavais, malandros e heróis*, pp. 39 e ss. Sobre a racionalização formal e o formalismo burocrático do direito, nos moldes weberianos, ver Manuel Segura Ortega, "La racionalidad del derecho: sistema y decisión", *Boletim da Faculdade de Direito*, v. 71, p. 157. Sobre a ideologia do formalismo, ver Cláudio Souto, "Magistratura brasileira e ideologia formalista", *Seqüência*, n. 19, pp. 9-36.

37. Daniel Bell, *O advento da sociedade pós-industrial*, pp. 139, 149 e 397.

38. Bell, ob. cit., pp. 28-31.

(do juiz) e da força (das partes), constituindo fator de equalização (*formal*, é verdade) entre os contendores.[39] De qualquer forma, reco-

39. Carlos Alberto Alvaro de Oliveira, *Do formalismo no processo civil*, pp. 8, 76-77. As fomalidades não são autônomas, mas instrumentos (meio) para o fim legítimo de "establecer las garantías necesarias para los litigantes" (Joan Picó I Junoy, *Las garantías constitucionales del proceso*, p. 49). Mas o critério do legislador ao estabelecer a forma processual deve ser teleológico e não ontológico – senão chega-se à morfolatria, ou fetichismo das formas – trata-se do princípio da instrumentalidade das formas (Federico Carpi, Vittorio Colesanti e Michele Taruffo, *Commentario breve al Codice di Procedura Civile*, p. 121; Comoglio, Ferri e Taruffo, *Lezioni sul processo civile*, pp. 417-418; Luigi Mattirolo, *Trattato di diritto giudiziario civile italiano*, v. 2, p. 179; Enrico Redenti, "Atti processuali civili", in *Scritti e discorsi giuridici di un mezzo secolo*, v. 1, pp. 451-452; Salvatore Satta, *Commentario al Codice di Procedura Civile*, v. 1, p. 60; Enrico Tullio Liebman, *Manuale di diritto processuale civile*, v. 1, p. 188; Tito Carnacini, "Tutela giurisdizionale e tecnica del processo", in *Studi in onore di Enrico Redenti*, v. 2, pp. 695 e ss.; Luigi Montesano, "Questioni attuali su formalismo, antiformalismo e garantismo", *Rivista Trimestrale di Diritto e Procedura Civile*, v. 44, n. 1, pp. 1 e ss.; Mirjan Damaska, *I volti della giustizia e del potere*, pp. 168-171, 254 e ss.; Adolfo Gelsi Bidart, "La humanización del proceso", *Revista de Processo* 9/150-151; Fernando Luso Soares, "A decisão sobre a prova em juízo nos direitos brasileiro e português", *Revista de Direito Processual Civil Gênesis* 2/446; Cândido Rangel Dinamarco, *A instrumentalidade do processo*, pp. 128 e ss.; Hélio Tornaghi, *Comentários ao Código de Processo Civil*, v. 2, p. 5; Ada Pellegrini Grinover, "Deformalização do processo e deformalização das controvérsias", in *Novas tendências do direito processual*, pp. 175-201; Benedito Hespanha, *Tratado de teoria do processo*, v. 1, pp. 74 e ss.). Sobre o fetichismo formal, ver TARS, EI 188063390, Bagé, 3ª G.C.Cív. maioria, rel. Vanir Perin, j. 26.5.1989. "(...) la experiencia ha demostrado que las formas en el juicio son tan necesarias y aún mucho más que en cualquera otra relación social; su falta lleva al desorden, a la confusión y a la incertidumbre" (Giuseppe Chiovenda, *Principios ...*, cit., t. 2, p. 124). No mesmo sentido: "Il formalismo è necessario nel processo molto più che nelle altre attività giuridiche" (Enrico Tullio Liebman, *Manuale ...*, cit., v. 1, p. 188), portanto pode ser reduzido, mas sem exageros (Enrico Tullio Liebman, "Per uno nuovo Codice ...", cit., *Rivista di Diritto Processuale*, v. 37, n. 1, pp. 28-29). "La forma è garanzia dell'adempimento delle prescrizioni della legge: *forma dat esse rei*. Essa tutela i diritti delle parti e, insieme, il pubblico interesse" (Giuseppe de Maio, *Manuale teorico pratico di procedura civile*, p. 100). "Formalità è garanzia, formalità è serietà. Sempreché, beninteso, non diventi *formalismo*, non diventi apparenza priva di sostanza" (Carlo Molinari, "Un'esperienza fallita", *Rivista di Diritto Processuale*, v. 1, n. 1, p. 179). "La necessità delle forme processuali dev'essere affermata. (...) Le forme sono disposte per la necessità pratica evidente di garanzia delle parti nei rapporti fra loro e di fronte al giudice: esse servono ad impedire che la decisione del processo possa dipendere da sorprese od errori a danno delle parti" (Antonio Segni e Sergio Costa, "Procedimento civile", in *Novissimo Digesto Italiano*, v. 13, p. 1.027). "Certamente non si possono trascurare le esigenze di semplificazione delle forme del procedimento, ma la via da seguire è quella di eliminare ove possibile i for-

nheça-se no formalismo uma força de retardamento do andamento do processo, de modo que o formalismo extremo, assim como o garantismo extremo, são de todo incompatíveis com o processo célere e efetivo.[40] Por isso, muitas vezes os operadores jurídicos abrem mão de determinadas formalidades, a princípio essenciais ao processo, quando a informalidade é conveniente à causa.[41] Outras vezes –

malismo veramente inutile e non certo di sacrificare le garanzie, senza le quali il processo è destinato a subire inevitabilmente pericosele distorsioni" (Corrado Ferri, "Sull'effettività del contraddittorio", *Rivista Trimestrale di Diritto e Procedura Civile*, v. 42, n. 3, p. 794). Ver também Giuseppe Chiovenda, "Las formas en la defensa judicial del derecho", in *Ensayos* ..., cit., v. 2, pp. 152-153 *et passim*; Jaime Guasp, *Derecho procesal civil*, p. 294; Adolfo Gelsi Bidart, "Proceso y época de cambio", *Revista Iberoamericana de Derecho Procesal*, n. 2, p. 269; Victor Fairén Guillén, "La humanización del proceso: lenguaje, formas, contacto entre los jueces y las partes desde Finlandia hasta Grecia", *Revista de Processo* 14-15/153-4.
   40. "La idea de que las garantías procesales puedan de alguna manera resultar disminuidas, nos hace necesariamente desconfiados, ya que no absolutamente adversos a toda seria reforma. Ahora bien, yo pienso que bajo esta aversión se oculte inconscientemente la reacción contra lo nuevo, propia de las costumbres inveteradas. Ciertamente nadie podría pensar en serio en sacrificar a la brevedad de los juicios la justicia intrínseca de las decisiones y la confianza de los ciudadanos en el proceso. Es ésta, pues, una delicada cuestión de medida. *También para las garantías procesales existe un límite de saturación*" (Giuseppe Chiovenda, "El estado actual de proceso civil en Italia y el proyecto Orlando de reformas procesuales", in *Ensayos* ..., cit., v. 2, pp. 177-178). Estranhamente, Liebman coloca como uma das beneficiárias do formalismo processual a eficiência do processo, como vemos no seguinte trecho: "Le forme processuali rispondono a una necessità di ordine, di certezza e la loro scrupolosa osservanza rapresenta una garanzia di regolare e leale svolgimento del processo e di rispetto dei diritti delle parti" (*Manuale* ..., cit., v. 1, pp. 187-188).
   41. O exemplo mais rude é o da jurisprudência que vem aceitando a não-identificação e a não-citação de todos os ocupantes em possessórias com pólo passivo multitudinário (Arnaldo Godoy, "Da citação e da identificação do pólo passivo da lide nas ações de reintegração de posse propostas contra invasores do MST", *Ajuris* 62/253-267; Rui Portanova, *Princípios do processo civil*, p. 163). Outras vezes, numa pouco elogiável criatividade judicial (Sérgio Sérvulo da Cunha, "A nova proteção possessória", in *Lições de Direito Civil Alternativo*, p. 44), reconhece-se uma relação processual inusitada entre o proprietário e as casas dos ocupantes, na possessória multitudinária (Sérvio Sérvulo da Cunha, "Ação possessória contra réu inominado", in *Revoluções no campo jurídico*, p. 293). Há vários exemplos na Comarca de Curitiba, dos quais podemos citar – olvidando, obviamente, o nome de seus prolatores: autos 36.097/86 da 3ª V.C., fls. 244; autos 108/91 da 3ª V.C., fls. 45-6; autos 352/91 da 5ª V.C., fls. 224. Ver, porém, sentença (autos 95.0003154-0, 8ª Vara da Justiça Federal de Belo Horizonte, juiz Antônio Francisco Pereira) e despacho judicial (autos 744/91, 19ª V.C. de Curitiba, juiz Clayton Reis) que repudiam essas teses,

durante o fascismo, p.ex. –, esses mesmos operadores acabam tendo de utilizar o formalismo como espaço residual livre da invasão do autoritarismo.[42] Nestes casos, porém, pode-se dizer que o tiro pode sair pela culatra, devido ao próprio esgotamento da solução legal-formal,[43] eis que a experiência histórica demonstra que, em períodos caracterizados pelo desrespeito ao regime democrático (como aqueles em que foram lançados os dois CPCs brasileiros), "o formalismo processual (...) só contribuiu para prolongar o arbítrio e o clima de permanente ilegalidade que se respira em toda a sociedade brasileira, oriundo longínqua e provavelmente de um espírito fiscalista do Império português, mais recentemente atualizado em termos de nossa triste tradição de regimes republicanos de exceção".[44]

Se é verdade que há normas infraconstitucionais que, por excesso de formalismo, obstaculizam o exercício pleno da jurisdição,[45] há outras que por excesso de deformalização,[46] principalmente ao admi-

ambos publicados em José Antônio Peres Gediel, *Mediações fundiárias*, pp. 126-129. Nesse sentido, o despacho denegatório de liminar nos autos 155/98, 7ª V.C. de Londrina, juiz José Cichocki Neto.
    42. Proto Pisani, *Appunti* ..., cit., p. 29.
    43. Há um ponto em que a jurisprudência orientada organicamente para a defesa dos interesses das classes dominantes, percebendo a utilização dos dogmas liberais para a defesa dos anseios populares, promove o esgotamento e a superação desses dogmas (ver Pierre Bourdieu, "A força do direito: elementos para uma sociologia do campo jurídico", in *O poder simbólico*, p. 251). Guardadas as devidas proporções, foi o que ocorreu com o governo de Allende, no Chile, que procurou fazer as reformas sócio-econômicas mantendo intocável o ordenamento jurídico liberal. As conseqüências dessa tática foram, de certa forma, previstas pelo vice-ministro da Justiça à época, que frisara que "qualquer tentativa de melhorar a vida dos pobres dentro da estrutura legal existente não apenas está fadada ao fracasso como pode até sair pela culatra, porque a realidade social, política e cultural diverge das normas legais" (José Antonio Vieira-Gallo, *O sistema jurídico e o socialismo*, p. 18).
    44. Roberto Kant de Lima, "Por uma antropologia do direito, no Brasil", in *Pesquisa científica e direito*, p. 104.
    45. Carlos Alberto Alvaro de Oliveira, *Do formalismo no processo civil*, pp. 186-187 e 223. "(...) la historia de las leyes y de los usos forenses nos presenta un eterno contraste entre el sentimiento de la necesidad de las formas y la necesidad de que la justicia intrínseca, la verdad de los hechos en el proceso, no sea sacrificada a las formas" (Giuseppe Chiovenda, *Principios* ..., cit., t. 2, p. 125). Giuseppe Chiovenda, "Las formas en la defensa judicial del derecho", in *Ensayos* ..., cit., v. 2, p. 126 e ss. e "Las reformas procesales y las corrientes del pensamiento moderno", in *Ensayos* ..., cit., pp. 166-167.
    46. Sobre o movimento de deformalização e delegalização das controvérsias, ver: Vittorio Denti, "I procedimenti non giudiziali di conciliazione come istituzio-

tirem leilões extrajudiciais (DL 21/65, DL 70/66, Lei 9.514/97, que veremos em momento oportuno), também obstaculizam o acesso à defesa dos seus direitos, mas por parte do devedor.

2.1.4 Duelo

Segundo Johan Huizinga, o processo judicial "é extremamente semelhante a uma competição, e isto sejam quais forem os fundamen-

ni alternative", *Rivista di Diritto Processual*, v. 35, n. 3, pp. 421 e ss.; Luigi Montesano, "Questioni attuali, antiformalismo e garantismo", *Rivista Trimestrale di Diritto e Procedura Civile*, v. 44, n. 1, pp. 1-14; Henrik Lidblom, "La privatizzazione della giustizia: osservazioni circa alcuni recenti sviluppi nel diritto processuale americano e svedese", *Rivista Trimestrale di Diritto e Procedura Civile*, v. 49, n. 4, pp. 1.385 e ss.; Ada Pellegrini Grinover, "Deformalização do processo e deformalização das controvérsias", in *Novas tendências do direito processual*, pp. 175-201. "Têm as partes a faculdade de percorrer todo o formalismo do processo, o que constitui o seu direito, e isso pode tornar-se um mal e até um veículo da injustiça. É por isso que, para proteger as partes e o próprio direito, que é aquilo de que substancialmente se trata, contra o processo e os seus abusos, deverá o tribunal submeter-se a uma jurisdição simples (tribunal arbitral, tribunal de paz) e prestar-se a tentativas de acordo antes de entrar no processo" (Georg Wilhelm Friedrich Hegel, *Princípios da filosofia do direito*, p. 184). "Ind. 89. O Juiz, julgará pela verdade sabida, não obstante o erro no processo civil, que só é a falta da 1ª citação. (...) Fica abolido, o uso bárbaro, e arbitrário de anularem as Relações muitas vezes um processo findo, e acabado, onde resplandece a verdade, por falta de tais sutilezas, e solenidades, que se devem guardar religiosamente só nas causas crimes em proteção da Inocência somente" (Epaminondas Americano, *Projetos do novo código civil e criminal do Império do Brasil, oferecido ao Senhor D. Pedro I*, p. 35). "L'avversione al formalismo processuale dipende soprattutto dall'abuso, che delle norme relative possono fare litiganti animati da spirito defatigatorio: ma no è possibile riparare a questo inconveniente abolendo le forme processuali, o, ancor meno, lasciando al giudice di determinarle" (Antonio Segni e Sergio Costa, "Procedimento civile", in *Novissimo Digesto Italiano*, v. 13, p. 1.028). Foram resultados do movimento de deformalização do processo os Juizados de Pequenas Causas e os Juizados Especiais, cujos princípios incluem a simplicidade, informalidade e celeridade (Lei 7.244/84, art. 2º, Lei 9.099/95, art. 2º). O problema é que em nome desses princípios podem ser cometidas algumas arbitrariedades, como a imposição de uma conciliação forçada à parte hipossuficiente (Luiz Guilherme Marinoni, *A crise do processo civil clássico*, palestra proferida na UFPR, em 7.5.1997), inclusive sob ameaça (Jaqueline Muniz, *Violência e política no Rio de Janeiro*, p. 148), ou com o simples aceno da demora do processo (Mauro Cappelletti, *Acesso à justiça*, p. 20), ou pode-se volver a um patrimonialismo anacrônico para a solução do conflito (Mario Simas, "Reforma agrária, trabalho e Justiça", *Folha de S.Paulo*, 15.4.1997, p. 1-3).

tos ideais que o direito possa ter".⁴⁷ Diz o historiador holandês que esse lado agonístico não é característico apenas do processo judicial primitivo, mas é conservado até hoje, pois as partes continuam apresentando um irrefreável desejo de ganhar a causa (o jogo).⁴⁸

Para Huizinga, nas culturas primitivas a jurisdição (a atividade de "dizer o direito") pode ser considerada: 1) um jogo de azar (vontade divina, destino, sorte, sortilégio, oráculos, ordálias, prova de fogo, prova da água fervente),⁴⁹ 2) uma competição (aposta, corrida), 3) uma luta (ponto de honra, *duelo judiciário*, inclusive entre parte e testemunha)⁵⁰ ou 4) uma batalha verbal (dos concursos de ultrajes até os primórdios da oratória jurídica). Em todos esses casos, o que interessa às partes não é tanto o problema abstrato do bem e do mal, mas sim a idéia pura e simples de ganhar ou perder o processo. "La convicción individual del juez no tiene ninguna importancia; una libre valoración, una crítica de la prueba es cosa para él carente de sentido", eis que o juiz constatava mecanicamente o resultado da instrução probatória.⁵¹

47. Johan Huizinga, *Homo Ludens*, p. 87. Sobre o caráter lúdico do processo, ver: Piero Calamandrei, "Il processo come giuoco", in *Studi sul processo civile*, v. 6, pp. 43-71; Francesco Carnelutti, "Giuoco e processo", *Rivista di Diritto Processuale*, v. 6, n. 1, pp. 101-111; Edoardo Grasso, "La collaborazione nel processo civile", *Rivista di Diritto Processuale*, v. 21, pp. 593 *et passim*.
48. Huizinga, ob. cit., pp. 88-89.
49. Sobre a prova da água fervente, consultar Montesquieu, *Do espírito das leis*, p. 436. Sobre as ordálias, ver Moacyr Amaral Santos, *Prova judiciária no cível e comercial*, v. 1, pp. 19 e ss.
50. Montesquieu, ob. cit., pp. 441-449. Giuseppe Chiovenda, "Relación entre las formas del procedimiento y la función de la prueba", in *Ensayos ...*, cit., v. 2, p. 488. Moacyr Amaral Santos, *Prova judiciária ...*, cit., v. 1, pp. 31 e ss. José Carlos Barbosa Moreira, "As bases do direito processual civil", in *Temas de direito processual civil*, p. 11. "Ora non c'è spettacolo, come quello del processo, penale o civile, il quale dia l'impressione dell'urto fra gli uomini. L'impressione è veramente quella di nemici tenuti al guinzaglio. Il contraddittorio, che costituisce il segreto del meccanismo processuale, è tutto un urto fra i contradditori; non di rado, malgrado il guinzaglio, costoro riescono a scatenarsi" (Francesco Carnelutti, *Diritto e processo*, p. 33). "Le *parti* mantengono qui l'identico atteggiamento di irriducibile antitesi che assumono sul piano del diritto sostanziale. L'incontro delle loro forze è inteso come una competizione, nella quale si alternano le mosse tattiche degli antagonisti, il cui sucesso è affidato solo all'abilità e all'accortezza" (Edoardo Grasso, "La collaborazione nel processo civile", *Rivista di Diritto Processuale*, v. 21, p. 593, grifo no original). Ver ainda, sobre o duelo no processo, Mauro Cappelletti, "El proceso civil italiano en el cuadro de la contraposición 'Civil law' – 'Common law'", in *Proceso, ideologías, sociedad*, pp. 333-337.
51. Giuseppe Chiovenda, "Relación entre las formas ...", cit., in *Ensayos ...*, cit., v. 2, p. 488.

Conclui, então, Huizinga que, "dada esta fraqueza dos padrões éticos, o fator agonístico vai ganhando imenso terreno na prática judicial à medida que recuamos no tempo".[52] Dessa evolução histórica talvez se explique a necessidade que determinadas gerações de processualistas têm de acusar o período processual anterior de ser *duelístico*.

Aliás, segundo Simona Andrini, a concordância ou discordância em relação à concepção lúdica do processo judicial reflete uma ideologia. Concordar com a concepção lúdica significa continuar fiel a uma concepção mais liberal de processo, em que o juiz apresenta-se como um mero "guardião das regras",[53] enquanto da discordância transparece uma concepção mais autoritária de juiz, que desemboca no juiz enquanto "personagem metafísico",[54] pairando acima da batalha (*au dessus de la melée*),[55] dotado de uma "super-humanidade" – o que é inaceitável.[56] Disso resulta ainda mais reforçada a tese de que as críticas ao caráter duelístico do processo civil revelam muitas vezes um cunho nitidamente autoritário.[57] Mas por outro lado, a con-

52. Huizinga, ob. cit., p. 90.
53. "La posizione fondamentale del giudice è quella di assistere al dialogo tra le parti. È, fino a un certo punto, una posizione analoga a quella dell'arbitro sportivo, con la differenza che corre tra un confronto di forze e uno scambio di ragioni" (Francesco Carnelutti, *Diritto e processo*, pp. 185-186). Uma perspectiva pouco ortodoxa do processo não dispensaria as considerações de Baudrillard sobre a obediência às regras do jogo (Jean Baudrillard, *Da sedução*, pp. 150 e ss.). Registre-se que é possível localizar uma vinculação entre igualdade formal das partes e individualismo (soberania da vontade privada), respeito às formas e processo duelístico (juiz mero fiscal do duelo) a partir da leitura de: Mauro Cappelletti e Vincenzo Vigoriti, "I diritti costituzionali delle parti nel processo civile italiano", *Rivista di Diritto Processuale*, v. 26, n. 4, p. 649; Eduardo Couture, "Algunas nociones fundamentales del derecho procesal del trabajo", in *Estudios ...*, cit., v. 1, pp. 272-275.
54. Simona Andrini, "Huizinga et le droit: le procès et le jeu en Italie", in *Le jeu: un paradigme pour le droit*, p. 58.
55. Francesco Carnelutti, *Diritto e processo*, p. 33; ver também pp. 72 e ss.
56. Eugenio Raúl Zaffaroni, *Poder Judiciário*, p. 92. Edoardo Grasso, "La collaborazione nel processo civile", *Rivista di Diritto Processuale*, v. 21, pp. 594 e ss.
57. Segundo Couture, uma característica do processo civil fascista é a sua destinação eminentemente pública (logo, contra o "duelismo"): "El proceso sirve a las partes, pero sirve, sobre todo, a la tutela de un altísimo interés público, que es esencial a la vida del Estado Fascista, el cual, tanto en las relaciones sociales como en las relaciones jurídicas, quiere ser un estado de justicia" ("Trayectoria y destino del derecho procesal civil hispanoamericano", in *Estudios ...*, cit., v. 1, p. 332).

cepção agonística do processo civil falha ao tender a ocultar as diferenças entre os "contendores".[58]

É importante frisar que, se num primeiro momento o juiz mantinha sua imparcialidade às custas do juízo divino, da magia, do jogo (*duelo*) entre as partes, depois essa mesma imparcialidade passou a apresentar novo fundamento: a lei. A lei deixou de ser tão-somente a guardiã da regra do jogo judicial; o juiz deixou de simplesmente assistir à instrução sem poder decidir, já que quem decidia era Deus, ou a sorte, ou a destreza. O juiz passou a decidir ele mesmo, conquanto que suas decisões fossem fundamentadas na lei – "sucessora" de Deus.[59]

Entretanto, as decisões fundadas na lei precisavam de um reforço à garantia de imparcialidade do juiz na fase de instrução do processo com provas, e assim chegou-se a uma solução de caráter agonístico: o chamado "princípio dispositivo". No momento de as partes provarem suas alegações, elas disputavam seus direitos enquanto o juiz simplesmente assistia, de sua posição privilegiada – como um *juiz de duelo*. Assim é que, sob o pretexto de manter sua neutralidade, e com o argumento do princípio dispositivo (pelo qual o juiz não deve interferir na atividade probatória das partes), o processo civil na verdade perpetua o caráter lúdico e mágico que lhe é característico desde as ordálias, e que sobrevive às críticas daqueles que volta e meia reformam a legislação processual.

2.1.5 Processo autoritário

O "processo civil autoritário" de Francisco Campos é aquele em que a administração da Justiça haveria de ser "cada vez mais rigorosa, mais *eficaz*, mais pronta e, portanto, requerendo cada vez mais o uso da autoridade pública".[60] Nesse tipo de processo está embutido –

---

58. Sergio Chiarloni, *Introduzione allo studio del diritto processuale civile*, p. 12. "O Tribunal é para a classe dominante como a arena para os romanos" (João Manoel de Aguiar Barros, "A ilusão operária no paraíso do direito", *Educação & Sociedade*, n. 15, ago./1983, p. 16). Nessa fórmula traduz-se a ludicidade do processo e sua funcionalidade.
59. "Although God has generally disappeared from the picture, the general norm has stayed in place. It helps to explain the abiding emphasis on the idea of a separation of powers" (William Scheuerman, *Between the Norm and the Exception: The Frankfurt School and the Rule of Law*, p. 70). Sobre os juízos divinos, ver Moacyr Amaral Santos, *Prova judiciária no cível e comercial*, v. 1, pp. 17-18.
60. Francisco Campos, *Projeto de Código* ..., cit., p. 11, grifo nosso.

segundo lemos em Couture – um compromisso tipicamente fascista de restauração do princípio da autoridade: "El Estado reasume en el proceso civil, la condición de preeminencia que le corresponde dentro de todo el sistema político italiano".[61] Assim, em nome do princípio autoritário, se as partes "comprometerem a justa e rápida solução do litígio, poderá o juiz assumir a direção do carro do processo, acelerando-lhe a velocidade".[62] Os valores dromocráticos – de demanda pela velocidade (ver seção 7.2.2) – são patentes, e plenamente vinculados ao "autoritarismo processual".

O processo civil autoritário, segundo seus defensores, não é incompatível com um regime liberal.[63] Mas esses defensores não qualificam o liberalismo de que estão falando (se econômico ou político) nem o Estado Novo (se economicamente ou politicamente liberal). A compatibilidade do autoritarismo processual com o liberalismo político ou econômico seria possível de acordo com três hipóteses teóricas:

1) ou que o princípio autoritário é sinônimo puro e simples de princípio inquisitório e que ambos não têm, portanto, qualquer relação com o Estado autoritário (o que foi rechaçado por Calamandrei);[64]

---

61. Eduardo Couture, "Trayectoria y destino del derecho procesal civil hispanoamericano", in *Estudios* ..., cit., v. 1, p. 332.

62. Luiz Machado Guimarães, "Processo autoritário e regime liberal", in *Estudos de direito processual civil*, p. 130. Enrico Allorio, "Giustizia e processo nel momento presente", *Rivista* ..., cit., n. 1, p. 228. Giovanni Verde também entende que o problema da inefetividade do processo se resolve privilegiando a posição do juiz em relação às partes e aumentando seus poderes (Giovanni Verde, *Profili del processo civile: parte generale*, pp. 8-9). Esse remédio inquisitório para o problema da lentidão do processo, todavia, vem sendo questionado por Franco Cipriani: "Solo di recente si è cominciato a dubitare che abbia senso, al fine di accelerare il processo civile, puntare più sul giudice che sulle parti: si è infatti notato che, anche a prescindere dai risvolti ideologici, le parti, quando hanno fretta, ne hanno sicuramente più del giudice; e si è aggiunto che, quando le parti non hanno fretta, è tanto meglio per tutti. L'essenziale è che ogni parte abbia, nel rispetto del diritto alla difesa dell'altra, la possibilità di ottenere subito (o almeno al più presto) una risposta alle sue domande o alle sue eccezioni" (Franco Cipriani, *Ideologie e modelli del processo civile*, p. 17). Ver também Luigi Paolo Comoglio, "Direzione del processo e responsabilità del giudice", *Rivista di Diritto Processuale*, v. 32, n. 1, pp. 26 e ss.

63. Luiz Machado Guimarães, "Processo autoritário e regime liberal", in *Estudos de direito processual civil*, p. 129.

64. Para Calamandrei, o sistema inquisitório é de fato um reflexo do autoritarismo, em que as partes não passam de elementos figurativos necessários "per render più spettacoloso il rito", enquanto o juiz é tudo e sua vontade é única (*Processo e*

2) ou que nunca há relação entre o modelo de processo civil e o modelo de Estado (hipótese já rebatida acima);[65]

3) ou se reconhece que a compatibilidade entre processo civil autoritário e liberalismo não é nenhuma novidade diante de outra compatibilidade paralela, entre fascismo e economia de mercado.[66]

A adoção do princípio inquisitório/autoritário pelo legislador provocou a repulsa de alguns processualistas ao autoritarismo imperante que deu origem ao CPC/39[67] – o que, de certa forma, encontra parale-

---

democrazia, pp. 125-126). Ver ainda: Piero Calamandrei, "La relatività del concetto d'azione", in *Studi sul processo civile*, v. 5, p. 16.

65. O equívoco dessa hipótese cai por terra diante das palavras de um defensor do sistema processual varguista: "A liberdade pode ser um *meio* para a consecução de certos fins, mas não é um *fim* em si mesma. Ora, o escopo do processo, que é manter a paz social mediante a atuação das normas jurídicas objetivas, é eminentemente social. Se, portanto, a experiência tem demonstrado que a liberdade – traduzida, na hipótese, pela iniciativa individual – não se mostra apta à consecução desse escopo, deve ceder o passo à autoridade do Estado, manifestada através do órgão de jurisdição" (Luiz Machado Guimarães, "Processo autoritário e regime liberal", in *Estudos de direito processual civil*, p. 136, grifos do original). O endosso a um autoritarismo judicial está bem claro.

66. É óbvio que o fascismo não veio para acabar com o modo de produção capitalista, muito pelo contrário: veio para salvá-lo da ameaça comunista. Não há nada de paradoxal, portanto, no fato de liberais convictos e ostensivos, como Calamandrei (um "liberal de esquerda", nas palavras de Edoardo Ricci, "Piero Calamandrei e la dottrina processualcivilistica del suo tempo", *Rivista di Diritto Processuale*, v. 42, n. 4, p. 826), terem defendido arduamente o CPC de 1942 (Franco Cipriani, *Ideologie e modelli* ..., cit., pp. 57 e ss., 75 e ss., 109), pois este, apesar da propaganda oficial da *Relazione al Re*, não se afastou tanto assim dos pressupostos econômicos e ideológicos do liberal-individualismo capitalista, como bem observam Proto Pisani e Cappelletti. Ademais, a participação desses liberais na própria formulação do CPC/42 já ajudou a afastar o código de uma vinculação mais estreita com o fascismo, apesar dos fatores técnico-econômicos alegados pela própria exposição de motivos (Proto Pisani, *Appunti sulla* ..., cit., pp. 29-30).

67. Carlos Alberto Alvaro de Oliveira, *Do formalismo no processo civil*, pp. 59-60. Benedicto de Campos, *O Ministério* ..., cit., pp. 47-48. Registre-se que nem sempre esses críticos do autoritarismo do CPC/39 identificam algum traço antidemocrático no processo legislativo que deu origem ao CPC/73. A reação contra a transposição do autoritarismo do Estado para o processo provocou os primeiros estudos do processo civil à luz da Constituição (José Frederico Marques, *Ensaio sobre a jurisdição voluntária*, p. 19), o que é, sem dúvida, paradoxal, eis que a Constituição de um Estado autoritário dificilmente teria mecanismos impeditivos dessa transposição. Ademais, tentar salvar resquícios democráticos num processo inserido num Estado autoritário soa a bizantinismo. Os críticos do autoritarismo processual foram ironizados por Luiz Machado Guimarães, "Processo autoritário e

lo nas resistências que se verificaram em relação ao CPC italiano de 1940 (que entrou em vigor em 1942, pleno período mussoliniano).[68]

As acusações contra o conteúdo fascista do "Codice Mussolini" vêm de longa data[69] e foram prontamente rebatidas por Allorio e Andrioli, que então negaram o caráter totalitário do CPC.[70] O detalhe é que esse código foi apresentado como "codice fascista per eccelenza":[71] a própria exposição de motivos assinada pelo *Guardasigilli* (Min. da Justiça) Dino Grandi, em franco paralelo com o CPC/39 brasileiro, proclamou que o CPC "vuol essere, con decisa consapevolezza, espressione dello Stato fascista e corporativo".[72] Com isso, o CPC/42, por meio de sua própria exposição de motivos, deixa – no mínimo – em situação constrangedora a *communis opinio* de que o

---

regime liberal", in *Estudos de direito processual civil*, p. 129. Traços inegáveis de "tecnicismo autoritário" são também encontrados no CP brasileiro de 1940 (Eugenio Raúl Zaffaroni e José Henrique Pierangeli, *Manual de direito penal brasileiro: parte geral*, p. 224).

68. Apesar da recomendação de Franco Cipriani (*Ideologie e modelli del processo civile*, p. 123), identificaremos o CPC italiano vigente como CPC/42, em respeito à tradicional forma como ele é conhecido pela doutrina italiana, e principalmente para distanciá-lo um pouco mais do nosso CPC/39, evitando confusão. O autoritarismo do CPC brasileiro de 1939 e do CPC italiano de 1942 encontra também um outro paralelo: o CPC português de 1939, nascido em pleno salazarismo e "tão pejado de um autoritarismo visando a liquidação do individual liberalismo do anterior diploma (de 1876)" (Fernando Luso Soares, "A decisão sobre a prova em juízo nos direitos brasileiro e português", *Revista de Direito Processual Civil Gênesis* 2/443).

69. A primeira manifestação publicada nesse sentido foi a de Carlo Molinari, "Un'esperienza fallita", *Rivista di Diritto Processuale*, v. 1, n. 1, pp. 165 e ss. Antes disso, obviamente, não havia liberdade de expressão para tanto.

70. Enrico Allorio, "La scienza, la pratica, il buonsenso e il processo civile', in *Problemi di diritto*, v. 2, pp. 453 e ss.; esse artigo foi publicado originalmente no mesmo número da *Rivista* que veiculou o de Molinari. Andrioli também critica a "intollerante ostilità" de advogados e magistrados para os quais "anche la più perfetta delle leggi sol perché qualificata fascista doveva essere boicottata" (Virgilio Andrioli, "Abrogazione del Codice di Procedura Civile?", *Rivista di Diritto Processuale*, v. 1, n. 1, p. 150). Para Emilio Ondei, o CPC/42 não é coerentemente autoritário (Emilio Ondei, "Liberalismo o autoritarismo processuale?", *Rivista di Diritto Processuale*, v. 7, n. 1, pp. 182 e ss.). Segundo Allorio, "il regime caduto [*fascista*] ci abbia lasciato qualche legato ben più triste che la legge del processo civile" ("Allarme per la giustizia civile", in *Problemi di diritto*, v. 2, p. 435). Note-se que essa frase de Allorio contrasta com sua contumaz defesa do Estado fascista porque os tempos aqui eram outros, após a distensão democratizante do pós-guerra.

71. Franco Cipriani, *Ideologie e modelli* ..., cit., pp. 18, 108.
72. Proto Pisani, *Appunti* ..., cit., p. 32.

código não tinha nada a ver com o fascismo e o autoritarismo.[73] As acusações de Carlo Molinari encontraram depois a simpatia de Franco Cipriani[74] e repercussão na obra de Giovanni Tarello, que vincula o fascismo com o CPC de 1942 e com a obra de Chiovenda[75] – no que foi criticado por Liebman e outros.[76] Para Cappelletti, os reflexos do

73. Franco Cipriani, *Ideologie e modelli del processo civile*, pp. 61 e 63. Apesar disso, Comoglio, Ferri e Taruffo insistem, ainda hoje, na tese de que o CPC/42 não é um código fascista, embora como tal oficialmente apresentado: "La cultura giuridica fascista non aveva d'altronde elaborato una propria teoria del processo civile e si era per lo più limitata ad avanzare qualche generica istanza di tono autoritario. La prevalente dottrina processualistica aveva bensi condiviso la concezione pubblicistica del processo civile ma, collocandosi su di un piano di notevole astrazione dogmatica, aveva finito col rimanere quasi del tutto immune dall'ideologia del regime" (Comoglio, Ferri e Taruffo, *Lezioni* ..., cit., p. 44). Com todo o respeito devido aos célebres autores, não é a atitude nefelibata que torna o dogmático imune às ideologias e à própria História.

74. "L'insistenza dell'avv. Molinari sul colore politico del codice è commovente. Io non so, nè ho cercato di sapere, quali fossero le idee politiche del nostro, ma certo è che le sue pagine sprizzano incredulità e indignazione: egli non si rassegnava all'idea di vedere diventare liberale e democratico anche un codice che fino a ieri era fascista" (Franco Cipriani, *Ideologie e modelli del processo civile*, pp. 112 e ss.).

75. Giovanni Tarello, "L'opera di Giuseppe Chiovenda nel crepuscolo dello stato liberale", in *Materiali per una storia* ..., cit., v. 3, t. 1, pp. 786-787.

76. Enrico Tullio Liebman, "Storiografia giuridica 'manipolata'", *Rivista di Diritto Processuale*, v. 29, pp. 120 *et passim*. Mauro Cappelletti, "El derecho comparado y su enseñanza en relación con las necesidades de la sociedad moderna", in *Proceso, ideologías, sociedad*, pp. 353-354. Vittorio Denti, "Il processo di cognizione nella storia delle riforme", *Rivista Trimestrale di Diritto e Procedura Civile*, v. 47, n. 3, p. 808. Franco Cipriani, *Ideologie e modelli* ..., cit., pp. 65 e ss., 87. Não só o CPC/42 não traduz as idéias de Chiovenda (Comoglio, Ferri e Taruffo, *Lezioni* ..., cit., p. 43), como também Chiovenda está longe de ser um "autoritário" (Franco Cipriani, "Giuseppe Chiovenda, il Manifesto Croce e il fascismo", *Rivista di Diritto Civile*, v. 41, n. 1, parte 2, pp. 121-124; Proto Pisani, *Appunti* ..., cit., p. 28): era um liberal de vertente crociana, porém "il Croce precedente d'avvento al potere del fascismo" (Vittorio Denti, "Una pagina ignorata di Chiovenda 'politico'", *Rivista Trimestrale di Diritto e Procedura Civile*, v. 50, n. 4, p. 1.243). Para Franco Cipriani, Calamandrei, enquanto colaborador na redação do CPC/42 e de sua exposição de motivos, abusou do nome Chiovenda – de quem seria na verdade o maior adversário (contra: Edoardo Ricci, "Piero Calamandrei e la dottrina ...", cit., *Rivista* ..., cit., pp. 812 e ss.) – enquanto verdadeira "caução ideológica" a escorar o autoritarismo ínsito nesse diploma legal (Franco Cipriani, *Ideologie e modelli del processo civile*, pp. 86 e 109). Esse tipo de acusação de Cipriani contra os seguidores de Chiovenda recebeu severa reprimenda de Lugi Montesano. Para Montesano, embora a tese de Tarello sobre o autoritarismo de Chiovenda seja altamente discutível, apresenta bases historiográficas e culturais bem mais sólidas e amplas que o

fascismo no processo civil foram até superficiais, se comparados ao que ocorreu com o direito penal e processual penal,[77] mas, mesmo assim, o CPC/42 é um ídolo a ser destruído.[78] Tanto o Estado Novo brasileiro quanto o Estado fascista italiano buscaram, por meio de seus códigos processuais – e suas exposições de motivos são testemunho eloqüente disso –, fazer com que o processo fosse encarado como verdadeira atuação de uma opção política.[79] O problema, segundo Cipriani, é que muitas vezes a doutrina tenta ocultar o caráter autoritário e corporativo de uma codificação processual com dois argumen-

método "dietrológico" de Cipriani (Luigi Montesano, "'Culto della personalità', 'prodotti organici' e 'pappagalli lusingatori' di Chiovenda in un libro recente", *Rivista di Diritto Processuale*, v. 47, n. 1, p. 290). Sobre a participação de juristas na consolidação do Estado fascista na Itália, ver Romano Canosa, "Giuristi e ideologia corporativa in Italia sotto il fascismo", *Rivista Trimestrale di Diritto e Procedura Civile*, v. 40, n. 4, pp. 1.277-1.322.

77. Mauro Cappelletti, "Libertad individual y justicia social en el proceso civil italiano", in *Proceso, ideologías, sociedad*, p. 97.

78. Mauro Cappelletti, "Un ídolo falso: el código de 1942", ob. cit., p. 286. Também Giuseppe Tarzia chama o CPC de "vecchio *idolum* della nostra dottrina processual-civilista" (Giuseppe Tarzia, "Crisi e riforma del processo civile", *Rivista di Diritto Processuale*, v. 46, n. 3, p. 633).

79. Esse modo de encarar o processo de um sistema é descrito por Mirjan Damaska, *I volti della giustizia e del potere*, pp. 303 e ss., 370 e ss. A qualificação também se aplica ao processo civil soviético, como se vê em Mark A. Gurvic, "Profili generali del processo civile sovietico", *Rivista di Diritto Processuale*, v. 31, n. 1, pp. 23 e ss. Isso estava consagrado inclusive no art. 2º dos Fundamentos da Legislação da URSS e das Repúblicas Federadas sobre o Sistema Judicial e no 2º dos Fundamentos do Procedimento Judicial Civil da URSS e Repúblicas Federadas (*Fundamentos de la legislación de la URSS y de las Repúblicas Federadas*, pp. 162, 240 e 243; Kazimierz Grzybowski, *Soviet Legal Institutions*, pp. 104-105; V. K. Poutchinski, "Princípios de processo civil da URSS e das Repúblicas federadas", in *Princípios de processo civil da URSS e das Repúblicas federadas*, pp. 31-32), mas tudo ruiu com o Muro (Luigi Paolo Comoglio, "Stato di diritto e crisi dei modelli processuali nei sistemi di democrazia socialista", *Rivista di Diritto Processuale*, v. 47, n. 1, pp. 268 e ss.). Segundo Couture, um denominador comum entre nazismo, fascismo e comunismo é a politização do processo civil: nos três totalitarismos "el derecho procesal civil es un fenómeno fundamentalmente político y su sistema debe estar profundamente vinculado al sistema general del orden político, porque el Estado se sirve del proceso para la realización de sus fines" ("Trayectoria y destino del derecho procesal civil hispanoamericano", in *Estudios ...*, cit., v. 1, pp. 331 e ss.). Não seria positivo o Estado se servir do processo para a consecução de objetivos como a erradicação da pobreza (art. 3º, III da CF/88) etc.? Claro que sim, com duas ressalvas: 1) essa atitude consagraria o fato de que o direito positivo está fundado na razão instrumental; ademais, 2) bem sabemos que o objetivo de erradicação da pobreza é letra morta

tos ideológicos (de que o processo é técnico e apolítico, de que o código é tecnicamente perfeito),[80] e com isso o processualista busca estender a um plano meramente técnico posições que tinham um preciso significado político.[81]

"In particolare, quanto al codice di procedura civile, che non è, come siam soliti dire, del 1942, ma del 1940, un anno fascistissimo, trent'anni fa eran tutti implicitamente d'accordo nell'assicurarci che quel codice nulla aveva a che vedere col fascismo. È come si oggi si desse per scontato che il codice di procedura civile di una delle repubbliche della defunta URSS nulla abbia a che vedere col comunismo".[82]

Nessa linha de raciocínio, a sobrevivência do CPC/42 – graças à resistência de Calamandrei à "rebelião dos advogados" que eclodiu após a queda do regime fascista – não permitiria uma completa "defascistizzazione" (erradicação do fascismo) do processo civil italiano.[83] Por isso Cipriani roga, em nome do fim da experiência do "socialismo real", pelo retorno aos ideais privatísticos do CPC de 1865.[84] Diante do completo anacronismo da proposta, parece-nos ser muito mais equilibrada a posição de Stefano Rodotà, para quem, se é apelativo chamar o CPC/42 de "Código Mussolini" e pleitear a sua pura e simples revogação, não se deve chegar ao extremo oposto, de

na nossa Constituição, sendo que ultimamente o objetivo do Estado é pura e simplesmente proteger o mercado, em especial o financeiro.

80. Franco Cipriani, *Ideologie e modelli* ..., cit., pp. 109 e 124. A crítica é dirigida diretamente contra Enrico Tullio Liebman, "Storiografia giuridica 'manipolata'", *Rivista di Diritto Processuale*, v. 29, pp. 100 e ss.

81. Franco Cipriani, *Ideologie e modelli* ..., cit., pp. 24-25.

82. Idem, ibidem, p. 123.

83. Segundo Cipriani, o processo de defascistização do direito italiano, levado a cabo entre 1944 e 1946, apesar de contar com eventos pitorescos (p.ex., a queima dos códigos mussolinianos, em julho de 1943, em frente ao Palácio da Justiça em Roma), era um movimento sério, que no entanto terminou como uma verdadeira farsa em que mal se distinguia o que era fascista do que era "verdadeiramente italiano" (Franco Cipriani, *Ideologie e modelli* ..., cit., pp. 24, 63, 108 e 158). Ainda sobre a defascistização do direito italiano, ver Stefano Rodotà, "Le libertà e i diritti", in *Storia dello Stato Italiano*, pp. 349 e ss.

84. Franco Cipriani, *Ideologie e modelli* ..., cit., p. 126. É basicamente a mesma postulação que fazem aqueles que são favoráveis à chamada privatização intraprocessual: um reforço do princípio dispositivo, com a concessão de plenos poderes às partes (Henrik Lidblom, "La privatizzazione della giustizia: osservazioni circa alcuni recenti sviluppi nel diritto processuale americano e svedese", *Rivista Trimestrale di Diritto e Procedura Civile*, v. 49, n. 4, p. 1.400).

exaltar ingenuamente as supostas qualidades técnicas do diploma legal, como se ele fosse absolutamente neutro em relação à política.[85]

Voltemos ao caso brasileiro. O processo "autoritário" proposto pelo Ministro da Justiça de Vargas teria o condão de resgatar o interesse do Estado pela Justiça, que "não pode ser um interesse de caráter puramente formal: a Justiça é o Estado, o Estado é a Justiça".[86] Essa identificação entre Estado e Justiça, típica de ambientes não muito democráticos, tenta fazer crer que as ações do Estado são sempre justas e inquestionáveis, pois não existe Justiça fora do Estado,[87] cujo totalitarismo passa a espelhar a própria pretensão estatal à totalidade[88] – daí o mito da completude do ordenamento jurídico,[89] fundador da própria noção de "impossibilidade jurídica do pedido".[90] Ademais, a identidade entre Estado e Justiça faz crer (ideologia) que

85. "Se appare puramente celebrativo l'appellativo di 'codici mussoliniani', neppure si può accettare integralmente la tesi, che ha per molto tempo tenuto il campo, di un loro sostanziale carattere tecnico, derivante dall'accoglimento di soluzioni maturate nell'ambito scientifico, non solo italiano, e di consolidati orientamenti giurisprudenziali" (Stefano Rodotà, "Le libertà e i diritti", in *Storia dello Stato Italiano*, p. 346).

86. Francisco Campos, *Projeto de Código* ..., cit., p. 11.

87. Afinal, na famosa frase de Mussolini (estadista em que se espelhava Vargas, que por sua vez havia nomeado Campos para o Ministério), "tutto nello Stato, niente contro lo Stato, nulla al di fuori dello Statto". Para uma visão otimista da identidade entre Estado e Justiça no regime fascista italiano e nazista alemão, ver Enrico Allorio, "Giustizia e processo nel momento presente", *Rivista* ..., cit., pp. 221-223.

88. A universalidade da entidade estatal absoluta está presente em vários trechos de Hegel (*Princípios da filosofia do direito*, 3ª ed.), p. ex., quando afirma que a unidade substancial do Estado universalizado é um "fim próprio absoluto" (p. 201), que a Idéia do Estado "é idéia universal como gênero e potência absoluta" (p. 208), que o Estado é o fim subordinador dos interesses particulares, da família e da sociedade civil (p. 209), que cada um dos poderes do Estado é, em si, a própria totalidade (p. 226), que um dos elementos "do poder do príncipe refere-se ao universal em si e para si" (p. 243) etc. Note-se que a tese hegeliana da relação de continência entre o poder soberano e os chamados "momentos da totalidade" (idem, ibidem, p. 233) foi interpretada pelo jovem Marx como verdadeira identificação entre poder soberano e arbítrio (*Crítica da filosofia do direito de Hegel*, p. 31). Em Adorno, toda a pretensão à totalidade é considerada totalitária (*Dialéctica negativa*). Sobre a totalidade/totalitária, ver Celso Ludwig, *A alternatividade jurídica na perspectiva da libertação: uma leitura a partir da filosofia de Enrique Dussel*, pp. 73 e ss.

89. Hegel mesmo, p.ex., já falava na "universalidade da Constituição e das leis" do Estado (*Princípios da filosofia do direito*, p. 233).

90. "(...) se o juiz está obrigado a aplicar o ordenamento jurídico estatal por força do dogma da completude e se este ordenamento jurídico é, como sabemos, um conjunto sistemático de normas que visam a *proteção* dos interesses considerados

a completa incorporação do ideário totalitário – que se encontra no Estado – é a solução para a crise da Justiça.[91]

O CPC/73, se não apresenta um "processo autoritário" nesse sentido, foi inspirado por pretensões totalizantes em pelo menos dois pontos, que podemos exemplificar com o discurso da própria Exposição de Motivos:

1) *pretensão totalizante de codificação*: a atividade codificadora foi encarada como uma opção pela padronização/uniformização (uma "obra unitária" no "plano dos princípios"), de cunho nitidamente totalizante/totalitário, de todas as normas processuais ("a quase totalidade dos preceitos legais"); rejeitou-se terminantemente a possibilidade de fazer um "mosaico de coloridos diversos que traduzem as mais variadas direções", pois "a fidelidade aos princípios não tolera transigências".[92] Note-se que esse "mosaico" pode significar tanto a pluralidade de reformas parciais[93] – que o Min. Buzaid tentava evitar, e que no entanto vingou em 1994 – quanto o próprio debate democrático em torno do seu Projeto – o que efetivamente não ocorreu, dada a velocidade de sua tramitação no Congresso (ver seção 2.7.3). Na história das

fundamentais numa dada sociedade, a conclusão é que o juiz só poderá oferecer a prestação jurisdicional do Estado àqueles interesses *protegidos* pelo ordenamento jurídico estatal" (José de Albuquerque Rocha, *Teoria geral do processo*, p. 192).

91. É o que se subentende da leitura de Allorio, quando esse diz: "Io penso anzi che il giorno, in cui il Fascismo avrá assiso sopra granitiche basi la giustizia nuova, che esso viene elaborando con la diuturna fatica delle sue riforme, segnerà per il Fascismo il trionfo più alto, più solenne, più ambito" ("Giustizia e processo nel momento presente", *Rivista ...*, cit., p. 225).

92. Alfredo Buzaid, *Anteprojeto de Código de Processo Civil*, p. 8 – corresponde ao n. 7 da Exposição do Anteprojeto; "Exposição de motivos", in *Código de Processo Civil: histórico da lei*, 1974, v. 1, t. 1, pp. 9-10 (trata-se de trecho do n. 1 da Exposição). Como bem observou o Prof. Manoel Caetano Ferreira Filho, na argüição da presente dissertação, com princípios se transige à luz de outros.

93. A inspiração provável é de Chiovenda, que também repudiava as reformas parciais/superficiais do processo civil italiano de seu tempo: "Si nos dedicamos a examinar nuestras leyes, llegaremos fácilmente a la convicción de que una reforma no puede limitarse a retocarlas ni a desenvolverlas sobre las bases actuales" ("El estado actual del proceso civil ...", cit., in *Ensayos ...*, cit., p. 178). "(...) no es posible mejorar sensiblemente nuestra cosa judicial más que mudando las bases mismas del procedimiento" (Giuseppe Chiovenda, "Relación sobre el proyecto de reforma del procedimiento elaborado por la comisión de postguerra", in *Ensayos ...*, cit., v. 2, pp. 221-222). Sobre o propósito de Chiovenda e para uma nova crítica aos meros retoques em códigos, ver respectivamente: Enrico Tullio Liebman, *Lezioni di diritto processuale civile*, v. 2, pp. 2-3; "Per uno nuovo Codice di Procedura Civile", *Rivis-*

codificações, "la codificazione delle procedure", bem notou Giovanni Tarello, "non solo è stata importantissima sotto il profilo tecnico, ma ha avuto anche importanti risvolti politico-organizzativi".[94] Há um paralelo com o CPC/39 neste ponto: ambos foram promulgados em período caracterizado por centralização política.[95] E ambos refletiram essa centralização política, seja na unificação dos CPCs estaduais (em 1939),[96] seja na tentativa de incorporação de leis processuais esparsas (em 1973) – incorporação essa que, tendo por lema a "tradição do nosso direito" e "a *unidade* do sistema no plano da reforma",[97] só não foi exitosa quando interessou às instituições financeiras a manutenção de procedimentos especialíssimos previstos na legislação extravagante, como veremos na seção 2.7.2.

ta di Diritto Processuale, v. 37, n. 1, pp. 27-8. "Francia y España, ordenaran sus constituciones mirando hacia el futuro y su procedimiento mirando hacia el pasado. Fue así que sus Códigos y los que de ellos han derivado, sufrieran un rápido envejecimiento. En pocos años, conforme la inquietud de la vida irrumpió en la casa de la justicia, se notó que la maquinaria procesal, lenta y rudimentaria, no soportaba el peso de la mole de asuntos que afluían hacia los estrados judiciales. Un cúmulo de reformas parciales y empíricas fué remendando, más bien que componiendo, aquellos rodajes de esa máquina que en forma más violenta denunciaban su inadaptación a las exigencias del medio ambiente" (Eduardo Couture, "Las garantías constitucionales del proceso civil", in *Estudios* ..., cit., v. 1, pp. 93-94). Ainda em defesa da reforma total do processo, como meio de evitar a permanência de elementos antitéticos dentro do próprio sistema, ver Adolfo Gelsi Bidart, "El tiempo y el proceso", *Revista de Processo* 23/107.
 94. Giovanni Tarello, *Storia della cultura giuridica moderna*, p. 41.
 95. Ver as sístoles e diástoles da centralização política no Brasil em Golbery do Couto e Silva, *Conjuntura política nacional: o Poder Executivo*, pp. 22 e ss. De fato, segundo Weber, a clareza e segurança na aplicação do direito, que se procurava obter com a codificação, tinham o objetivo político de garantir a ordem e a unidade do império (Max Weber, *Economía y sociedad*, pp. 629 e 632). Sobre a vinculação existente entre os processos de codificação e a centralização administrativa e jurisdicional promovida pelos regimes absolutistas, ver a importantíssima obra de Giovanni Tarello, *Storia* ..., cit., pp. 52 e ss.
 96. Sobre a centralização dos CPCs estaduais em um CPC nacional, como reflexo da concentração de poder político, ver Benedicto de Campos, *O Ministério Público* ..., cit., p. 47; Francisco Campos, *Projeto de Código de Processo Civil: exposição de motivos*; F. A. de Miranda Rosa, *Sociologia do direito*, pp. 164-166. Há aqui um outro paralelo, com o CPC italiano de 1865, representativo da centralização política resultante do processo de unificação da Itália, o *Risorgimento italiano* (Comoglio, Ferri e Taruffo, *Lezioni* ..., cit., p. 36).
 97. Alfredo Buzaid, *Anteprojeto de Código* ..., cit., p. 7, grifo nosso, para reforçar o intuito unificador, padronizador, do codificador brasileiro. Trata-se de trecho do n. 6 da Exposição de Motivos.

2) *pretensão totalizante do procedimento ordinário*: dentro da lógica identificada por Tarello, de que os processos de codificação visam à superação do "particularismo jurídico",[98] era preciso, para o codificador de 1973, padronizar/uniformizar procedimentalmente o CPC/39, o qual era criticado por manter "injustificavelmente uma série exaustiva de ações especiais, minuciosamente reguladas em cerca de quinhentos artigos, que compreendem quase a metade do Código".[99] Também o CPC/39 teve o intuito de eliminar procedimentos especiais previstos no sistema anterior.[100] Sobre esse assunto voltaremos na seção 3.4.

98. Giovanni Tarello, *Storia* ..., cit., pp. 28 e ss.
99. Alfredo Buzaid, "Exposição de motivos", in *Código de Processo Civil: histórico da lei*, v. 1, t. 1, pp. 11-12 – trata-se de trecho do n. 4 da Exposição, e *Anteprojeto de Código de Processo Civil*, p. 10 – corresponde ao n. 10 da Exposição do Anteprojeto. A crítica está de acordo com Jaime Guasp, *Derecho procesal civil*, pp. 1.019-1.020. Detalhe: o CPC/73 também não escapou à crítica que que mantinha "um número ainda elevado de procedimentos especiais" (Ada Pellegrini Grinover, "Deformalização do processo e deformalização das controvérsias", in *Novas tendências do direito processual*, p. 181).
100. "Quanto às formas, estamos envolvidos nos meandros, muitas vezes inacessíveis aos próprios técnicos, do formalismo mais bizantino. À pluralidade de ações o processo em vigor faz ainda corresponder uma pluralidade de formas. O projeto reduziu todas as ações a uma forma única" (Francisco Campos, *Projeto de Código* ..., cit., p. 16) "Uno de los propósitos del nuevo código era la simplificación de los procedimientos (...). No obstante, los juicios especiales llegan a treinta y ocho y los accesorios a veinte y tres, es decir sesenta y uno en total" (Hugo Alsina, "El nuevo régimen procesal en Brasil", *RF* 81/313). Nesse sentido, Ada Pellegrini Grinover, "Deformalização do processo e deformalização das controvérsias", in *Novas tendências* ..., cit., p. 176. Hamilton de Moraes e Barros, "Aspectos gerais dos procedimentos especiais em face do novo Código de Processo Civil", *RF* 247/16. O processo de ordinarização das tutelas jurisdicionais segue o raciocínio de Guasp, para quem "el realizador del derecho necesita, por lo tanto, simplificar y reducir los procesos especiales mediante una honda comprensión de su significado y mediante una política legislativa de signo totalmente eliminador" (Jaime Guasp, *Derecho procesal civil*, p. 1.020). Paradoxalmente, Pedro Batista Martins admite que a pluralidade de ações do sistema anterior ao CPC/39 tinha o nobre objetivo de dar celeridade à tramitação (Pedro Batista Martins, *Comentários ao Código de Processo Civil*, v. 1, p. 17). Esse posicionamento está de acordo com Chiovenda, para quem "la necesidad de evitar las dilaciones del proceso ordinario favoreció el desarrollo de formas más eficaces de procesos *sumarios determinados o ejecutivos* (en los cuales la sumariedad significa *reducción del conocimiento* del Juez)" (Giuseppe Chiovenda, *Principios* ..., cit., t. 1, p. 14, grifos do original). Porém, nem mesmo os processualistas que trabalharam no sistema anterior ao CPC/39 viam com bom olhos a pluralidade de procedimentos, como podemos notar nas entrelinhas do seguinte trecho em que João

2.2 A instauração de um regime

Sabendo que a lei é contextual, visto que depende "dos contextos e momentos históricos para manifestar-se",[101] façamos um breve excurso pela História recente da evolução constitucional/institucional brasileira pós-64, nela frisando os mecanismos constitucionais/institucionais que permitiram a normatização de alguns instrumentos de financiamento e de suas garantias processuais em favor das instituições financeiras.[102]

Logo após a deposição do governo do Pres. João Goulart, em 1º.4.1964, os ministros militares editam o primeiro Ato Institucional,[103] em 9.4.1964, cujo preâmbulo afirma que a *Revolução vitoriosa*, investida do poder constituinte, "se legitima por si mesma" e legitima

Monteiro defende o monopólio jurisdicional: "A diversidade dos meios de defesa [dos direitos] seria fecundo germe de intolerável anarquia. Daí, a necessidade do poder judiciário, pois *só na uniformidade dos meios de garantir a estabilidade dos direitos individuais reside a condição da ordem coletiva ou social*" (João Monteiro, *Programma do curso de processo civil*, v. 1, p. 49, grifo nosso).
101. Leonel Severo Rocha, "Os senhores da lei", in *Epistemologia jurídica e democracia*, p. 122.
102. Ao denunciar, sempre que possível, essa destinação de instrumentos processuais aos interesses das instituições financeiras, estamos evitando a *empatia com o vencedor*, denunciada por Walter Benjamin na historiografia tradicional (Walter Benjamin, *Sobre arte, técnica, linguagem e política*, p. 161). Ver Ricardo Marcelo Fonseca, "Notas sobre a construção de um discurso historiográfico jurídico", *Revista da Faculdade de Direito* 28/251. O discurso no sentido de que "a atividade econômica (inclusive a de natureza financeira) não pode ser analisada sob a ótica maniqueísta, que vê o sistema financeiro como o grande 'vilão' da economia, desmerecendo qualquer tipo de proteção jurídica" (Luís Rodrigues Wambier, "Reflexões sobre o crédito, seu usuário e o credor", *Gazeta do Povo*, Curitiba, 9.11.1998, p. 15), ou de que há um "preconceito que se criou e se firmou, no Brasil, contra as instituições de crédito, por força de uma política ainda não desvinculada do *capitalismo selvagem*" (TJRS, AI 588026971, 5ª C.Cív. m.v., j. 14.6.1988, *RJTJRS* 130/303-10, trecho do voto do relator, à p. 308), não nos comove, pois argumentos de tal jaez não são capazes de transformar as instituições financeiras em pessoas físicas indefesas e carentes de qualquer benefício nas ordens econômica e jurídica, e portanto merecedoras de todo o amparo jurídico e judicial possível.
103. O Ato Institucional "é uma ficção jurídica que suspende a validade da Constituição, constituindo-se durante a sua vigência no efetivo ordenamento jurídico supremo do Estado"; "é a manifestação imediata da soberania do Estado, o que implica a não-participação da sociedade civil nas decisões políticas do país"; "caracteriza a supremacia do poder Executivo sobre o Legislativo e o Judiciário, sendo, conseqüentemente, a própria negação da democracia" (Leonel Severo Rocha, "Os senhores da lei", in *Epistemologia jurídica e democracia*, p. 108). O Ato Institucional é "o mais lídimo documento do pensamento revolucionário" (Humberto de Alen-

ao próprio Congresso;[104] conseqüentemente, "edita normas jurídicas sem que nisto seja limitada pela normatividade anterior à sua vitória".[105] Sem querer entrar – mas entrando – na análise ético-política do fato, Miguel Reale justifica a utilização de Atos Institucionais como instrumento de ruptura do sistema constitucional (verdadeiro "direito constitucional revolucionário", de caráter excepcional e transitório), reconhecendo o poder constituinte do Comando Supremo da Revolução, a partir da noção inegável de que os movimentos revolucionários não têm qualquer compromisso com o ordenamento jurídico ante-

car Castello Branco, "Mensagem presidencial de 1965 ao Congresso Nacional", in *Mensagens presidenciais*, p. 38). O Ato Institucional constitui "uma nobre profissão de fé e de confiança nos destinos democráticos do Brasil", inspirado "no conhecimento mais realista de que dispunham os Chefes Militares do processo da Guerra Revolucionária que estava em marcha" (Aurélio de Lyra Tavares, *O Brasil de minha geração*, v. 2, p. 102). "O Ato Institucional n. 1 é chá de laranja diante da Constituição de 1937" (Alberto Deodato, "Sobre as revoluções brasileiras", in Humberto de Alencar Castello Branco *et alii*, *A revolução de 31 de março*, p. 277). Os Atos Institucionais são "o cerne da ditatorialidade" (Pontes de Miranda, *Comentários à Constituição de 1967 com a Emenda n. 1, de 1969*, 2ª ed., t. 6, p. 425).

104. Ao se afirmar como fonte de legitimação do próprio Congresso, não só retirava ao Legislativo a função de legitimação do próprio sistema político (Carlos A. Astiz, "O papel atual do Congresso brasileiro", in *O Legislativo e a tecnocracia*, pp. 20-23), como também preparava terreno para a atividade legislativa incessante que haveria de ser desempenhada pelo Executivo, por meio de DLs em matéria econômica – e, conseqüentemente, na parte processual a ela atinente.

105. O preâmbulo, recorde-se, foi prazerosamente redigido por Francisco Campos, ex-Min. da Justiça de Vargas, responsável pelo CPC/39 (Luís Viana Filho, *O governo Castelo Branco*, p. 57). O prazer com que o fez (loc. cit.) fica patente na retórica utilizada para efetivamente "rasgar" a Constituição de 1946, o que representava uma vingança tardia àquela que havia revogado o tão célebre fruto de seu labor jurídico, a Carta de 1937. Ver Olympio Mourão Filho, *Memórias*, 2ª ed., pp. 414-415. Thomas Skidmore, *Brasil: de Castelo a Tancredo*, 4ª ed., p. 48. Em defesa de Francisco Campos e da Carta de 1937, ver Luís Eulálio de Bueno Vidigal, "Francisco Campos e a Constituição de 1937", *Revista da Faculdade de Direito*, v. 63, pp. 169-178. O regime de atos institucionais "corresponde à gradual substituição de um quadro normativo de conteúdo claramente definido e elaborado através de procedimentos legitimados, por um conjunto de regras eminentemente instáveis, criadas para atender a necessidades imediatas e por meio de processos que implicam a transferência, em favor do líder, da iniciativa de elaborar novas normas e revogar as já existentes" (Lucia Maria Gomes Klein, "A nova ordem legal e suas repercussões sobre a esfera política", *Dados*, n. 10, p. 155). Em sentido contrário, T. Miguel Pressburger pondera que os AIs, ACs e DLs "não impõem uma nova legalidade, e sim pretendem restaurar a legalidade anterior abalada ou ameaçada", realinhar eventuais anomias (T. Miguel Pressburger, "A burguesia suporta a ilegalidade?", in José Antonio Vieira-Gallo, *O sistema jurídico e o socialismo*, p. 15).

rior.[106] Daí a necessidade que os apologetas do regime tinham de caracterizar o movimento de março de 64 como revolução, e não golpe de Estado, quartelada, revanche ou contra-revolução.[107] Mas "revolução institucional", ou "revolução dentro da ordem", se é que esse paradoxo faz algum sentido.[108]

106. Miguel Reale, "Revolução e normalidade constitucional", in Humberto de Alencar Castello Branco *et alii, A revolução de 31 de março,* pp. 282 e ss. Alfredo Buzaid, "Rumos políticos da Revolução brasileira", *Arquivos do Ministério da Justiça,* n. 113, mar./1970, pp. 4 e ss. Sendo revolução, dispensa-se o trâmite demorado da Emenda Constitucional, pois "toda revolução vitoriosa tem o poder de estabelecer, em nome da comunidade, a ordem jurídica que lhe parece mais apropriada aos fins colimados pelo movimento triunfante, que detém um 'poder constitucional remanescente'" (Paulino Jacques, "Os fundamentos filosófico-jurídicos da normatividade revolucionária e a sua hierarquização", *Arquivos do Ministério da Justiça,* n. 109, mar./1969, pp. 2-3). "Daí as suas [do movimento de 64] profundas implicações na ordem jurídica, a ser reformulada com as vistas voltadas para o futuro" (Aurélio de Lyra Tavares, *O Brasil de minha geração,* v. 2, p. 98). Segundo o Pres. Médici, as alterações do ordenamento jurídico brasileiro foram soluções brasileiras para problemas brasileiros, e atenderam aos objetivos da Revolução (Emílio Garrastazu Médici, *O sinal do amanhã,* 2ª ed., pp. 73-74). Se os Atos Institucionais são ou não uma invenção genuinamente brasileira, pouco importa: não há nenhum mérito nisso.

107. Tal preocupação está estampada claramente em Octávio Pereira da Costa, "Compreensão da Revolução Brasileira", in Humberto de Alencar Castello Branco *et alii, A revolução de 31 de março,* pp. 62-63.; Humberto de Alencar Castello Branco, *Discursos,* pp. 8 e 23; Carlos Lacerda, *Palavras e ação,* p. 182. "A Revolução não nasceu de uma quartelada; foi um brado de independência do povo e das Forças Armadas" (Alfredo Buzaid, "Rumos políticos da Revolução brasileira", *Arquivos ...,* cit., pp. 3 e ss.; "A renovação da ordem jurídica positiva", *Arquivos do Ministério da Justiça,* n. 118, jun./1971, pp. 1-3). Um dos mais ativos militantes do movimento armado de 64, o Gen. Lyra Tavares, em dois textos confunde o seu caráter revolucionário e contra-revolucionário: Aurélio de Lyra Tavares, *Segurança nacional,* 2ª ed., pp. 289 e ss. "A contra-revolução do Brasil", in *A revolução de 31 de março,* pp. 104-127. De qualquer forma, essa preocupação com o ideário de "revolução" – enquanto "mero cacoete ideológico" – será definitivamente abandonado a partir do AI-5, quando se passa à doutrina da segurança nacional (Maria da Conceição Tavares e José Carlos de Assis, *O grande salto para o caos,* 2ª ed., p. 14). Ver também Florestan Fernandes, *A revolução burguesa no Brasil,* pp. 217, 268, 310 e ss., 348 *et passim.* Caio Prado Jr., *A revolução brasileira,* 6ª ed., pp. 11-12 e 22. Leôncio Basbaum, *História sincera da república,* 2ª ed., v. 4, p. 139. Octavio Ianni, *A ditadura do grande capital,* pp. 194 e ss., e *O ciclo da revolução burguesa,* pp. 39-44 e 93. Alfred Stepan, *Os militares na política,* p. 10. Luís Roberto Barroso, *O direito constitucional e a efetividade de suas normas,* 2ª ed., p. 33. Sobre a repercussão das "revoluções" latino-americanas nos respectivos ordenamentos processuais, ver Adolfo Gelsi Bidart, "Proceso y época de cambio", *Revista Iberoamericana de Derecho Procesal,* n. 2, pp. 260-265, 272-273.

108. Florestan Fernandes, *A revolução burguesa no Brasil,* pp. 216, 220, 301, 315, 317, 323, 325, 328-34, 353 *et passim.*

O art. 4º, *caput*, do Ato Institucional, esboçando a figura do decreto-lei, dá o fundamento institucional para a legislação urgente, quando dispõe que "o presidente da República poderá enviar ao Congresso Nacional projetos de lei sobre qualquer matéria, os quais deverão ser apreciados dentro de trinta (30) dias, a contar do seu recebimento na Câmara dos Deputados e de igual prazo no Senado Federal; *caso contrário, serão tidos como aprovados*" (grifo nosso).[109] A justificativa, para Castello Branco, estava na lentidão do processo legislativo, incompatível com as reformas normativas que se faziam necessárias.[110] Desnecessário lembrar que essa abreviação do processo para a elaboração de leis e mesmo de emendas constitucionais (AI-1 art. 3º parágrafo único, depois também AI-2 art. 21) atende diretamente à demanda *dromocrática* (sobre a qual falaremos oportunamente) da tecnocracia, cuja ação racionalizadora na economia exigia uma drástica limitação dos poderes do Legislativo, para evitar o debate inerente ao trâmite legislativo.[111]

Com tal estrutura jurídica que se esboçava (Ato Institucional e decretos-leis) era possível vislumbrar, desde já, a ampla hegemonia que o Executivo haveria de dispor no cenário político brasileiro (centralização política), anulando o Legislativo enquanto instância de debate, diagnóstico e proposição,[112] e o Judiciário, enquanto instância de garan-

---

109. "A figura é particularmente importante na medida em que uma simples manobra de obstrução promovida pelo governo no referido período pode garantir a aprovação automática de qualquer projeto de lei considerado urgente" (Maria Helena Moreira Alves, *Estado e oposição no Brasil*, p. 54). A aceleração do processo legislativo, que será reproduzida no AI-2 (art. 5º), na CF/67 (art. 54) e CF/69 (art. 51), mereceu o elogio de Miguel Reale, *A revolução e a democracia*, 2ª ed., p. 30, e *Política de ontem e de hoje*, pp. 49-50.

110. Humberto de Alencar Castello Branco, "Mensagem presidencial de 1965 ao Congresso Nacional", in *Mensagens presidenciais*, p. 35. No mesmo sentido, ver Eugênio Gudin, *Para um Brasil melhor*, pp. 73, 115-116; Paulino Jacques, "O direito constitucional brasileiro e a Revolução de 1964", *Arquivos do Ministério da Justiça*, n. 110, jun./1969, p. 9. Para Lourival Vilanova, sem processo legislativo célere não é possível o desenvolvimento (Lourival Vilanova, "Proteção jurisdicional dos direitos numa sociedade em desenvolvimento", in *IV Conferência Nacional da Ordem dos Advogados do Brasil*, 1970, p. 152).

111. Cândido Mendes, "O Congresso brasileiro pós-64: um Legislativo para a tecnocracia?", in *O Legislativo e a tecnocracia*, pp. 124, 126-128. Ver seções 7.2.2 e 7.3.1.

112. Octavio Ianni, *Estado e planejamento econômico no Brasil*, p. 245. Leôncio Basbaum, *História sincera da República*, 2ª ed., v. 4, p. 181. "A história política do Brasil é a própria história das agressões do Executivo ao Legislativo" (Olympio

tia da cidadania.[113] Do ponto de vista jurídico, estava aberta a possibilidade de controle, pelo Executivo, de toda a normatização futura atinente à economia (principalmente a atividade de crédito e suas normas processuais, como veremos),[114] sendo que tal normatização escapava ao controle jurisdicional por força do Ato Institucional. Do ponto de vista político, abria-se um campo de embate entre Executivo e Legislativo, que viria a produzir as freqüentes crises entre esses poderes, solucionadas muitas vezes com mais "compressão", seja através da edição de Ato Institucional, seja através da decretação de recesso do Congresso. O embate entre Executivo e Judiciário se resolvia mediante alterações na composição das Cortes, inclusive do STF.[115] Detalhe: a hipertrofia do Executivo, como veremos – seção 7.3.1 – é característica fundamental dos regimes marcadamente tecnocráticos e desenvolvimentistas.

Mourão Filho, *Memórias*, 2ª ed., p. 419). Segundo Viana Filho, o Pres. Castello Branco acreditava (habermasianamente!) "que as leis, para sobreviverem, necessitavam ter a seu favor amplo consenso da opinião nacional", mas não ignorava que "cabia-lhe a última palavra" (Luís Viana Filho, *O governo Castelo Branco*, p. 281). Seu governo de Atos Institucionais e DLs, no entanto, mostra que a "opinião nacional" a que dava crédito não era exatamente a exteriorizada pelo Legislativo.

113. F. A. de Miranda Rosa, *Justiça e autoritarismo*, passim. Thomas Skidmore, *Brasil: de Castelo a Tancredo*, 4ª ed., p. 219. A centralização política no Executivo está patente no próprio estilo personalista do governo Castello Branco, como vemos em Luís Viana Filho, *O governo Castelo Branco*, pp. 182-183, 282 *et passim*. E o preâmbulo do AI-1 a justificava pela necessidade de reconstrução econômica e restauração da ordem (Thomas Skidmore, ob. cit., p. 49). Ainda sobre a centralização política e a hipertrofia do Executivo pós-64, ver Golbery do Couto e Silva, *Conjuntura política nacional: o Poder Executivo*, 2ª ed., pp. 22 e ss.

114. Lucia Maria Gomes Klein, "A nova ordem legal e suas repercussões sobre a esfera política", *Dados*, n. 10, pp. 156-157. Para Roberto Campos, a normatização da área econômica exige uma versatilidade que o Legislativo não tem, e *skills* que o Executivo (e seus tecnocratas) tem ("O Poder Legislativo e o desenvolvimento", in *O Legislativo e a tecnocracia*, pp. 36-37). "Daí a enxurrada de leis com que [*o governo Castello Branco*] inundou o Congresso – dócil e submisso – sobre os mais diversos assuntos, com que procurava consertar o País, dentro da lei, como um sapateiro a remendar um sapato velho. E, entre uma lei e outra, para repousar, mais cassações e novas suspensões de direitos políticos" (Leôncio Basbaum, *História sincera da República*, 2ª ed., v. 4, pp. 149 e 180). Veja-se, à frente (seções 2.3.3 e 7.3.1), o desdobramento dessa posição, que atribui o comando normativo da economia ao Executivo, na Exposição de Motivos do Min. Carlos Medeiros Silva à CF/67, e também no que se refere à tecnocracia característica do regime.

115. Ver F. A. de Miranda Rosa, *Justiça e autoritarismo*, pp. 19 e ss. A intenção de alterar a composição das Cortes já estava subentendida em discursos como

Registre-se também que nesse período foi formulado o Programa de Ação Econômica do Governo Castello Branco (PAEG 1964-1966),[116] por um grupo de tecnocratas do Executivo sob o comando de Roberto Campos.[117]

Embora os programas econômicos baixados pelos sucessivos governos pós-64 tenham freqüentemente um caráter de técnica de retórica, servindo muitas vezes como mero artifício de diálogo – eis que a ação governamental neles se apoiava apenas em parte –, de qualquer forma constituem um retrato da fisionomia e dos movimen-

este: "No que se refere à justiça, a revolução restabelecerá o primado do direito, respeitará os tribunais; iniciará a reforma judiciária e promoverá, mais do que nunca, a ascensão de juízes íntegros, capazes e democratas", principalmente quando se imagina o critério de integridade, capacidade e democracia almejados (Octávio Pereira da Costa, "Compreensão da revolução brasileira", in Humberto de Alencar Castello Branco et alii, A revolução de 31 de março, p. 78). Para Roberto Campos, porém, o Judiciário – considerado um estorvo ao esforço desenvolvimentista – só foi barrado pelo AI-5: "O Poder Judiciário colocou para a Revolução sérios problemas. Foi o único poder intocado, até o Ato Institucional n. 5" (Roberto Campos, Um projeto político para o Brasil, p. 5).

116. Luís Viana Filho, O governo Castelo Branco, p. 208. Como bem observa Octavio Ianni, as diretrizes econômicas do PAEG e dos planos posteriores – o Plano Decenal de Desenvolvimento Econômico e Social (1967-1976), o Programa Estratégico de Desenvolvimento (1968-1970), as Metas e Bases para a Ação do Governo (1970-1973) e os Planos Nacionais de Desenvolvimento, que em síntese não divergiam do PAEG – tiveram sua execução beneficiada pela centralização excepcional de poderes no Executivo, proporcionada pelo arsenal jurídico que seria criado no período – Atos Institucionais e decretos-leis (Octavio Ianni, Estado e planejamento econômico no Brasil, pp. 227 e ss., 239-240). Para alguns autores, o PAEG de Roberto Campos também não difere do Plano Trienal do governo Goulart (1963-1965, elaborado por Celso Furtado) – ao menos nos fundamentos, eis que a diferença está basicamente na política governamental que o adotou e nas bases de poder (Fernando Henrique Cardoso, "Aspectos políticos do planejamento", in Planejamento no Brasil, p. 181).

117. Roberto Campos era originário do IPES (Instituto de Pesquisas e Estudos Sociais), um grupo de tecnocratas, advogados, empresários e oficiais das Forças Armadas (Thomas Skidmore, Brasil: de Castelo a Tancredo, 4ª ed., pp. 40 e 69). Chamado carinhosamente de think tank por seu ilustre membro, o IPES era considerado um contraponto racional e pragmático à política populista-distributivista-emocional-demagógica de Goulart (Roberto Campos, A lanterna na popa, p. 640). O IPES foi fundamental para a consolidação do Executivo e de seus tecnocratas como principais atores políticos na elaboração das linhas – inclusive normativas – do desenvolvimento econômico (Cândido Mendes, "O Congresso brasileiro pós-64: um Legislativo para a tecnocracia?", in O Legislativo e a tecnocracia, pp. 154-155; Alfred Stepan, Os militares na política, p. 137). Mais que isso: o IPES, juntamente

tos do Estado brasileiro.[118] Pois nesse caso, a gênese tecnocrática está presente em todo o discurso que envolve o PAEG, apelando para um retorno à *racionalidade* na política econômica, contra a demagogia populista-distributivista-emocional e destituída de apoio lógico do governo Goulart.[119]

com o Instituto Brasileiro de Ação Democrática (IBAD) e a ESG compunham o complexo formador da ideologia do "desenvolvimento com segurança" (Maria Helena Moreira Alves, *Estado e oposição no Brasil*, pp. 24-26, 35), a ser examinado em frente, na seção 2.5.2. Para uma visão crítica da atuação do IPES na tomada do poder estatal, com a ascensão de seus membros aos mais altos escalões dos Governos pós-64, ver René Armand Dreifuss, *1964: a conquista do Estado*, 3ª ed., pp. 417 e ss.
   118. Octavio Ianni, *A ditadura do grande capital*, p. 7.
   119. Thomas Skidmore, *Brasil: de Castelo a Tancredo*, 4ª ed., p. 75. Luís Viana Filho, *O governo Castelo Branco*, p. 225. Sobre o processo de racionalização da economia capitalista, ver Vital Moreira, *A ordem jurídica do capitalismo*, p. 79. "O primeiro grande objetivo do planejamento e coordenação econômica, no Brasil, é aumentar o grau de eficácia e racionalidade da política econômica" (Humberto de Alencar Castello Branco, "O Plano Decenal e os grupos de coordenação", in *Plano Decenal de desenvolvimento econômico e social: siderurgia e metais não-ferrosos*, p. 21). Não só o PAEG, mas também os demais planos (PED, Decenal etc.) demonstram uma "progressiva racionalização do sistema" (Vera Lúcia Ferrante, *FGTS: ideologia e repressão*, p. 327). Não era possível pensar o desenvolvimento sem racionalização, sem planejamento, sem segurança (Lourival Vilanova, "Proteção jurisdicional dos direitos numa sociedade em desenvolvimento", in *IV Conferência Nacional da Ordem dos Advogados do Brasil*, p. 152; Golbery do Couto e Silva, *Planejamento estratégico*, 2ª ed., pp. 24 e 26). Sobre o papel do jurista na "racionalização do real", ver Arnoldo Wald, "O direito do desenvolvimento", *Arquivos do Ministério da Justiça*, n. 103, set./1967, pp. 8-9. Em defesa do racionalismo do PAEG, afirma Roberto Campos que "a Revolução de 1964 fora um rude apelo à realidade; uma tentativa de substituir a paixão pela razão, na direção dos negócios econômicos" (*A lanterna na popa*, p. 609). No mesmo sentido, Mário Henrique Simonsen, afirmou que a Revolução, no setor econômico, significou um "retorno à racionalidade e aos preceitos da técnica" (*Ensaios sobre economia e política econômica*, pp. 50-51). A racionalidade da política econômica é utilizada pelo governo Castello Branco (gestão econômica de Roberto Campos) como elemento de legitimação política, no lugar do Legislativo, da mesma forma que o desenvolvimento acelerado foi utilizado pelos governos Costa e Silva e Médici – gestão econômica de Delfim Netto (Celso Lafer, *O sistema político brasileiro*, pp. 74 e ss.). P. ex.: o Pres. Castello Branco – ou seria seu *ghost writer* (Roberto Campos, *A lanterna na popa*, pp. 802-804) – chegava a falar em bem-estar "racionalmente possível" (Humberto de Alencar Castello Branco, "Mensagem presidencial de 1965 ao Congresso Nacional", in *Mensagens presidenciais*, p. 35), seja lá o que signifique isso. Note-se que, em termos de política internacional, a *racionalidade* de uma decisão de um país periférico é definida em função do atendimento aos objetivos fixados pelos países centrais (Celso Furtado, "Brasil: da República oligárquica ao Estado militar", in *Brasil: tempos modernos*, 3ª ed., p.

O PAEG, que inaugurou uma atuação normativa acentuada do Estado implantador do capitalismo dependente,[120] estimulou (em tese) as instituições financeiras a suprir recursos para a produção e a aquisição de bens duráveis – embora na prática tenha imposto limitações severas no crédito ao setor privado.[121] Trata-se justamente da atividade de financiamento e crédito, regulada por diversos decretos-leis e algumas leis que serão aqui mencionadas, a começar pela Lei

15). Em outras palavras, "o planejamento serve principalmente para desenvolver a 'racionalidade' propícia à maior acumulação do capital" (Octavio Ianni, *O ciclo da revolução burguesa*, p. 71). Sobre o apelo tecnocrático à racionalidade, tendo o Executivo por meta o desenvolvimento, ver Cândido Mendes, "O Congresso brasileiro pós-64: um Legislativo para a tecnocracia?", in *O Legislativo e a tecnocracia*, pp. 128 e 153; Fernando Henrique Cardoso e Enzo Faletto, *Dependência e desenvolvimento na América Latina*, 7ª ed., p. 135. O apelo tecnocrático à racionalidade, como veremos à frente (seção 2.7.3), estará também presente na origem do CPC/73.

120. Luiz Alexandre Gonçalves Cunha, *O crédito rural e a modernização da agricultura paranaense*, pp. 76-77. O capitalismo dependente é caracterizado por "recrudescimento inevitável da dominação externa, da desigualdade social e do subdesenvolvimento" (Florestan Fernandes, *A revolução burguesa no Brasil*, pp. 220 e 223). Esse modelo, que também pode ser chamado de "subdesenvolvimento industrializado", incentiva o consumo de luxo, concentrando a renda (Luiz Carlos Bresser Pereira, *Estado e subdesenvolvimento industrializado*, 2ª ed., pp. 220-221 *et passim*). De qualquer forma, trata-se de um modelo que demonstra como *um tipo especial de crescimento econômico* – e não a *ausência de crescimento* – é que transforma uma economia pré-capitalista numa economia capitalista subdesenvolvida e *dependente*, pois "industrialization in the third world is unlikely to loosen the bonds of dependency which presently subordinate peripheral to central capitalist societies, or to enable a particular peripheral society experiencing industrialization to enter the fold of developed capitalist societies" (Martha Gimenez *et alii*, "Income Inequality and Capitalist Development", in *Economic Development, Poverty, and Income Distribution*, p. 241). Ainda sobre (sub)desenvolvimento dependente, ver Vilma Figueiredo, *Desenvolvimento dependente brasileiro*. Peter Evans, *A tríplice aliança, passim*. Otávio Guilherme Velho, *Sociedade e agricultura*, p. 54. Maria Helena Moreira Alves, *Estado e oposição no Brasil*, pp. 19 e ss. Paul Singer, *A crise do "milagre"*, 5ª ed., p. 93. Manuel Castells, *A questão urbana*, pp. 59-60. Fernando Henrique Cardoso, *Política e desenvolvimento em sociedades dependentes*, 2ª ed., pp. 57 e ss., 173 e ss., e *Dependência e desenvolvimento na América Latina*, 7ª ed., pp. 25 e ss., 125 e ss.

121. Manoel Maurício de Albuquerque, *Pequena História da formação social brasileira*, 4ª ed., p. 470. Celso L. Martone, "Análise do Plano de Ação Econômica do Governo", in *Planejamento no Brasil*, pp. 777-8. Octavio Ianni, *Estado e planejamento econômico no Brasil*, pp. 231 e ss., e *A ditadura do grande capital*, pp. 7-8. Celso Furtado, *Análise do "modelo" brasileiro*, 7ª ed., pp. 38 e 40. Maria Helena Moreira Alves, *Estado e oposição no Brasil*, pp. 74-75. "Sem incrementar a capacidade de financiamento, não seria possível levar adiante o esforço de investimento infraestrutural exigido pela reordenação espacial, requerida para transfor-

4.595, de 31.12.1964, que dispõe sobre a política e as instituições bancárias e creditícias[122] – que seriam a partir de então transformadas (nas palavras do Min. Marco Aurélio) em "*uma casta toda especial de credores*"[123] – e pela Lei 4.728, de 14.7.1965, que ao disciplinar o mercado de capitais aproveita para instituir a alienação fiduciária, em seu art. 66.[124] O fortalecimento dos mecanismos de financiamento era uma opção clara na política econômica desenvolvimentista pós-64.[125]

Ressalte-se que a política creditícia implantada a partir de 1964 tendeu a favorecer a concentração de riquezas nas mãos das instituições financeiras e das grandes empresas, como percebemos na seguinte análise de Paul Singer: "... a política inaugurada após 1964 tende a favorecer a grande empresa, ao promover ativa e deliberada-

---

mar uma economia primário-exportadora em um sistema industrial centrado no mercado interno" (Celso Furtado, *O Brasil pós-"milagre"*, 6ª ed., p. 39). A limitação do crédito será criticada e revista pelo sucessor de Roberto Campos no Ministério do Planejamento, Hélio Beltrão (Roberto Campos, *A lanterna na popa*, p. 806), e pelo próprio sucessor de Castello Branco (Artur da Costa e Silva, "Mensagem presidencial de 1968 ao Congresso Nacional", in *Mensagens presidenciais*, pp. 92-94), o que de certa forma explica o surgimento, em seu governo, da legislação relativa à cédula de crédito industrial. De fato, a política creditícia expansionista pós-68 foi fundamental para o "milagre" (João Paulo dos Reis Velloso, *O último trem para Paris*, p. 131).

122. Quando falamos "instituições financeiras", estamos nos referindo ao conceito do art. 17 dessa Lei 4.595/64: "pessoas jurídicas públicas ou privadas, que tenham como atividade principal ou acessória a coleta, intermediação ou aplicação de recursos financeiros próprios ou de terceiros, em moeda nacional ou estrangeira, e a custódia de valor de propriedade de terceiros".

123. STF, HC 74383-8-MG, 2ª T., empate, rel. p/o acórdão Min. Marco Aurélio, j. 22.10.1996. A expressão é utilizada pelo Min. Marco Aurélio ao criticar o elastecimento do conceito de depositário infiel, para abarcar as hipóteses de depósito por equiparação. Como observa Celso Furtado, "a estrutura financeira é um oligopólio *sui generis* e certamente o mais poderoso de todos", pois se por um lado sua atividade (de financiamento) é fundamental à toda a economia, por outro, "*ela goza de ampla proteção legal*" (Celso Furtado, *O Brasil pós-"milagre"*, 6ª ed., p. 64, grifo nosso).

124. Sobre a importância das Leis 4.595/64 e 4.728/65 para sanar deficiências de instrumentação do sistema financeiro, ver Roberto Campos, *A lanterna na popa*, pp. 650-651. Sobre a importância dessas leis para atender ao processo de industrialização do país, ver Francisco dos Santos Amaral Neto, "Alienação fiduciária em garantia no direito brasileiro", *Revista de Direito Civil* 22/36-37. Sobre a fundamentação jurídica da Lei 4.728/65, ver Clóvis do Couto e Silva, "A fundamentação jurídica do mercado de capitais", *Revista do Ministério Público*, v. 1, n. 1, pp. 13 e ss.

125. Celso Lafer, *O sistema político brasileiro*, pp. 83-84.

mente a formação de conglomerados financeiros que tendem, na medida em que se expandem suas atividades de banco de investimento – subscrição de novas emissões de ações de empresas não financeiras e concessão de créditos a longo prazo –, a transformar-se em conglomerados *financeiro-industriais*. A associação de conglomerados liderados por bancos comerciais com conglomerados não financeiros (industriais, comerciais, agrícolas etc.), aberta ou implícita (mediante domínio acionário pelo mesmo grupo capitalista), é uma forma de concentração do capital que começa a caracterizar a economia brasileira no período que se abre em 1964".[126]

O AI-2, de 27.10.1965, surgido de uma *crise entre o Executivo e o Legislativo*,[127] tinha o propósito oficial de respaldar o governo federal com uma ordem jurídico-política mais condizente com a meta da retomada do *desenvolvimento*, além de superar os problemas de *segurança* interna.[128] Nesse sentido, seu art. 30 conferiu ao Presidente da

126. Paul Singer, *A crise do "milagre"*, 5ª ed., p. 88, grifo no original. "A lei bancária de 1964, e a do mercado de capitais do ano seguinte ampliaram o campo de ação dos intermediários financeiros, os quais viriam a ganhar posteriormente grande autonomia na criação de liquidez, no manejo dos recursos financeiros e na captação de poupança externa" (Celso Furtado, *O Brasil pós-"milagre"*, 6ª ed., p. 39). Não fosse o desenvolvimento, não teriam surgido os próprios títulos de crédito, instrumentos de uma "economia de grandes capitais" (Lourival Vilanova, "Proteção jurisdicional dos direitos numa sociedade em desenvolvimento", in *IV Conferência Nacional da Ordem dos Advogados do Brasil*, 1970, p. 151) – leia-se: capitalismo monopolista ou oligopolista. Ainda sobre a concentração do setor de bancos comerciais no Sistema Financeiro Nacional, medida pelo coeficiente de GINI no volume de depósitos e empréstimos do período 1970-1975, ver o profundo estudo de Jairo Simon Fonseca e Antonio Zoratto Sanvicente, "A concentração do sistema bancário comercial brasileiro", *Revista Brasileira de Mercado de Capitais*, v. 3, n. 9, pp. 433-455.
127. Luís Viana Filho, *O governo Castelo Branco*, pp. 332 e ss. Thomas Skidmore, *Brasil: de Castelo a Tancredo*, 4ª ed., pp. 99-103. Lucia Maria Gomes Klein, "A nova ordem legal e suas repercussões sobre a esfera política", *Dados*, n. 10, p. 157. Ressalte-se que foram essas crises que muitas vezes deram o pretexto para se isolar cada vez mais o Legislativo da atividade legislativa, que no âmbito da atividade econômica das instituições financeiras (e suas garantias processuais) foi se restringindo à disciplina por decretos-leis. O preâmbulo do AI-2 "alude ao Povo, que nada teve com ele" (Pontes de Miranda, *Comentários à Constituição ...*, cit., 2ª ed., t. 6, p. 430).
128. Aurélio de Lyra Tavares, *O Brasil de minha geração*, v. 2, pp. 108-109. Olympio Mourão Filho, *Memórias*, 2ª ed., pp. 429-430. A necessidade da retomada do desenvolvimento estava presente em todo o discurso "revolucionário", como podemos perceber em: Humberto de Alencar Castello Branco, *Discursos*, p. 14;

República o poder de baixar "decretos-leis sobre matéria de segurança nacional". O problema é que a amplitude, com limites mal definidos, do conceito de segurança nacional,[129] permitia que sob esse argumento se legislasse sobre, p.ex., assistência financeira da Caixa Econômica Federal (CEF) a empresas – como de fato o fez, por meio do DL 21/66.

Reafirmando em seu preâmbulo o "poder institucionalizante" como "realidade incontestável de Direito Público" e reforçando as premissas do AI-1, o AI-2 exclui da apreciação jurisdicional, em seu art. 19, I, "os atos praticados pelo Comando Supremo da Revolução e pelo Governo Federal, com fundamento no Ato Institucional de 9.4.1964, no presente Ato Institucional e nos atos complementares deste". Tal exclusão da apreciação jurisdicional, apesar de não ser

"Mensagem presidencial de 1965 ao Congresso Nacional", in *Mensagens presidenciais*, p. 40; "Mensagem presidencial de 1967 ao Congresso Nacional", in *Mensagens presidenciais*, pp. 78-79; Artur da Costa e Silva, "Mensagem presidencial de 1968 ao Congresso Nacional", in *Mensagens presidenciais*, pp. 88-89, 94 e ss.; Antonio Delfim Netto, *Planejamento para o desenvolvimento econômico*, pp. 9-11 e 123; Alfredo Buzaid, "Rumos políticos da Revolução brasileira", *Arquivos ...*, cit., pp. 4 *et passim*; Carlos de Meira Mattos, "7 anos de Revolução: nossa viabilidade para grande potência", *Revista do Clube Militar*, n. 183, pp. 3-6. Esse discurso, guardadas as devidas proporções, está presente ainda hoje no panorama político-econômico, como podemos ver em Antonio Kandir, *Brasil século XXI, passim*; Mário Covas, "A aliança deve ser ampliada", entrevista a Dora Kramer, *Jornal do Brasil*, 6.12.1998, p. 12. Em perspectiva crítica, ver Caio Prado Jr., *História e desenvolvimento*, 3ª ed., pp. 15, 21 *et passim*; Richard Falk, "Militarisation and Human Rights in the Third World", in *The Political Economy of Development and Underdevelopment*, 3ª ed., p. 453. O discurso da necessidade de retomada do desenvolvimento econômico era, porém, amenizado retoricamente com observações de que ele não deve ser encarado como meio, mas como fim, e que o desenvolvimento almejado não deveria ser o estritamente econômico, mas também político, social etc. (Antonio Delfim Netto, *Planejamento para o desenvolvimento econômico*, pp. 11, 33-34; Mário Pessoa, *O direito da segurança nacional*, p. 317; Alfredo Buzaid, "Discurso", in *IV Conferência Nacional da Ordem dos Advogados do Brasil*, 1970. p. 64)

129. Para críticas ao conceito vago e amplíssimo adotado pelo regime, ver Alcides Munhoz Neto, "O Estado de direito e a segurança nacional", in *VII Conferência Nacional da Ordem dos Advogados do Brasil*, 1978, pp. 300 e ss., 310. Miguel Seabra Fagundes, "Direitos do homem, a ordem pública e a segurança nacional", in *V Conferência Nacional da Ordem dos Advogados do Brasil*, 1974, pp. 143-152. Ressalte-se que essa amplitude máxima do conceito é que permitiu que a categoria "segurança nacional" permeasse e condicionasse todo e qualquer planejamento – econômico, social ou político – do regime militar, o que era exaltado por Golbery do

inédita na experiência constitucional brasileira, não estava presente no cenário de 1946 a 1964,[130] e se repetirá na maioria dos Atos Institucionais subseqüentes, até o último (AI-17, de 1969), na Constituição de 1967 (art. 173, III) e na Emenda Constitucional n. 1/69 (art. 181).[131] O argumento poderia ser o de que os Atos Institucionais, Complementares e demais atos realizados com base neles são decisões de cunho estritamente político. Nesse caso, embora imunes à apreciação jurisdicional, devem estar sujeitos ao controle político do sistema de *checks and balances*, e também "à ordem jurídica, exercendo-se segundo a competência constitucional e dentro da forma legal. Praticados fora dessas jurídicas limitações, serão atos exorbitantes da ordem jurídica, atos violadores do direito".[132] O problema na solução apontada por Seabra Fagundes, de controle político (freios e contrapesos), é a sua inexeqüibilidade em um ambiente de afronta inequívoca ao próprio sistema constitucional de separação dos poderes. Por isso, como bem colocou a Profa. Ada Pellegrini Grinover, não pode ser descartada a solução jurisdicional para o caso concreto de violação de direito por um desses atos.[133]

É nesse clima de absoluto descompromisso com as ordens constitucional e legal anteriores – apesar da insistente propaganda de que a Revolução prezava o respeito à democracia, às leis e à Constituição, conquanto que fossem as revolucionárias[134] – que o Executivo baixa o DL 21, de 17.9.1966, que, ao disciplinar a assis-

Couto e Silva, *Geopolítica do Brasil*, 4ª ed., p. 23. Como conseqüência lógica, permeou também o ordenamento jurídico.
130. Ada Pellegrini Grinover, *As garantias constitucionais do direito de ação*, pp. 134-136. Kazuo Watanabe, *Controle jurisdicional e mandado de segurança contra atos judiciais*, p. 40.
131. Como bem observou o Prof. Manoel Caetano Ferreira Filho, com o brilhantismo de sempre, durante a argüição da presente dissertação, há um possível paralelo entre a exclusão da apreciação jurisdicional, exercida pelos AIs, e a proibição de liminares, imposta pelas Leis 8.437/92 e 9.494/97.
132. Miguel Seabra Fagundes, *O controle dos atos administrativos pelo Poder Judiciário*, 6ª ed., p. 141.
133. Ada Pellegrini Grinover, *As garantias constitucionais do direito de ação*, p. 145. Kazuo Watanabe, *Controle jurisdicional e mandado de segurança contra atos judiciais*, p. 42.
134. Clarence W. Hall, *A nação que se salvou a si mesma*, pp. 25-27. Aurélio de Lyra Tavares, *O Brasil de minha geração*, v. 2, pp. 96-97, e "A contra-revolução no Brasil", in Humberto de Alencar Castello Branco *et alii*, *A revolução de 31 de março*, p. 113. José Pedro Galvão de Sousa, *O Estado tecnocrático*, p. 107. Antonio Delfim

tência financeira da CEF a empresas, permite o leilão de bens a ela hipotecados. Basicamente é aí que começa o esforço governamental no sentido de reorganizar a economia nacional[135] num modelo *desenvolvimentista*,[136] com a adoção de linhas de financiamento dotadas de garantias processuais bastante eficientes para as instituições financeiras: seja no crédito rural, seja no industrial ou no hipo-

Netto, "Análise do momento brasileiro", *Revista de Finanças Públicas*, n. 275, p. 3. Alfred Stepan, *Os militares na política*, pp. 139, 149 *et passim*. "Militar não pode governar sem leis" (Alberto Deodato, "Sobre as revoluções brasileiras", in Humberto de Alencar Castello Branco *et alii*, *A revolução de 31 de março*, p. 276.; nesse sentido, ver Rui Barbosa, *Conferência às classes armadas*, pp. 91 e ss., 101 e ss.). Veja-se, p.ex., o discurso de posse do Pres. Castello Branco, em 15.4.1964, quando prometeu cumprir e defender a Constituição de 1946 com honra, lealdade e determinação, "pois serei escravo das leis do País e permanecerei em vigília para que todos as observem com exação e zelo" (Castello Branco, "Assunção da Presidência da República", in *A revolução de 31 de março*, p. 30. Ver também: Luís Viana Filho, *O governo Castelo Branco*, pp. 3, 15, 21 *et passim*; Miguel Reale, *Política de ontem e de hoje*, pp. 109-110). Em visita ao STF, em 17.4.1964, o Pres. Castello Branco reafirmou seu propósito de defender a legalidade e "assegurar as normas jurídicas do País" (Castello Branco, *Discursos*, p. 245; ver também p. 11). E na mensagem de 1965 ao Congresso, falou em intransigente acatamento à lei (Castello Branco, "Mensagem presidencial de 1965 ao Congresso Nacional", in *Mensagens presidenciais*, p. 36). Estava estampado também na Exposição de Motivos da CF/67 que "sem lei não há liberdade" (Carlos Medeiros Silva, "Exposição de motivos", *Arquivos do Ministério da Justiça*, n. 100, dez./1966, p. 64), o que lembra Fernando De la Rúa, quando este diz que "la armonía entre libertad y eficiencia se consigue en la legalidad" (Fernando de la Rúa, "Sobre la jurisdicción, la acción y el proceso común: garantías constitucionales", in *Estudios de derecho procesal en honor de Víctor Fairén Guillén*, p. 157). Também o Pres. Médici, em discurso, pugnou pelo respeito estrito ao regime jurídico instituído pela Revolução, como verdadeiras "regras de procedimento" a legitimar o regime (Emílio Garrastazu Médici, *O sinal do amanhã*, 2ª ed., pp. 74-75) – o que soa estranhamente luhmanniano... O resultado, para Leôncio Basbaum, é a paradoxal ditadura legalista: "arbitrariedades, sim, mas dentro da lei. Ditadura, sim, mas dentro da lei" (Leôncio Basbaum, *História sincera da República*, 2ª ed., v. 4, p. 149). Isso ocorre, segundo Pressburger, porque, mesmo em regimes ditatoriais, "as classes dominantes não prescindem de um sistema jurídico que garanta a sua *legalidade*, legalidade inclusive para praticar a barbárie" (T. Miguel Pressburger, "A burguesia suporta a ilegalidade?", in José Antonio Vieira-Gallo, *O sistema jurídico e o socialismo*, p. 15, grifo no original). "... el principio de legalidad se ha manifestado como insuficiente para asegurar una respuesta adecuada, eficaz, 'justa', a los problemas de nuestro tiempo" (Mauro Cappelletti, "Apuntes para una fenomenología de la justicia en el siglo XX", *Revista de Processo* 71/93).

135. Rubens Requião, *Curso de direito comercial*, 6ª ed., p. 545.

136. Sobre a mentalidade "desenvolvimentista" no Brasil dos anos 60, ver Celso Furtado, *Desenvolvimento e subdesenvolvimento*, 3ª ed., pp. 235 e ss. Também: Caio Prado Jr., *A revolução brasileira*, 6ª ed., pp. 248 e 252. Sobre a propaganda intensa do

tecário.[137] Era preciso priorizar o desenvolvimento econômico a qualquer custo (social...), eis que a grande tarefa da Revolução é a retomada do desenvolvimento interrompido no governo Goulart.[138]

2.3 Congresso fechado e cédula hipotecária

Pouco depois, em 20.10.1966, foi baixado o Ato Complementar n. 23, que devido a mais uma *crise entre o Executivo e o Legislativo* a propósito da cassação e da suspensão de direitos políticos de deputados, decretou o recesso do Congresso Nacional até 22.11.1966 (art. 1º),[139] caindo a máscara da democracia formal que o regime ainda procurava ostentar.[140] Afinal, como diria Miguel Reale a propósito da

desenvolvimentismo pós-64, ver Olympio Mourão Filho, *Memórias*, 2ª ed., p. 437.

137. É óbvio que tais privilégios foram negados categoricamente pelo discurso do poder. P. ex., o Pres. Médici afirmou, em discurso, que estimular o crescimento econômico não significa proteger algum grupo financeiro ou econômico (Emílio Garrastazu Médici, *Nova consciência de Brasil*, p. 48). A questão, no entanto, não é do privilégio a um *grupo*, mas sim a todo um *setor* – o financeiro, evidentemente.

138. Isso foi dito anos depois, por Hélio Beltrão (advogado, economista e técnico em administração, futuro Min. da Previdência e da Desburocratização de João Figueiredo), quando Min. do Planejamento de Costa e Silva, em aula inaugural dos cursos da Escola Superior de Guerra, pronunciada em 11.3.1969 e publicada como Hélio Beltrão, *A revolução e o desenvolvimento*, pp. 9, 54 e ss. Obviamente, era o mote da Revolução, como podemos ver nos seguintes textos: Humberto de Alencar Castello Branco, "Discurso no Ministério da Fazenda", in *A revolução de 31 de março*, p. 249; IPEA, *Brasil: 14 anos de Revolução*; Aurélio de Lyra Tavares, *O Brasil de minha geração*, v. 2, pp. 107, 111-112, 118 *et passim*. Ver a crítica em Leôncio Basbaum, *História sincera da República*, 2ª ed., v. 4, p. 192.

139. Lê-se nos próprios considerandos do AC-23 a impaciência do Executivo com o fato de que o Presidente da Câmara resolveu submeter a Comissões internas e ao Plenário da casa a comunicação das punições aos deputados, eis que "tal procedimento importa em suspender a execução dos atos mencionados, retirando-lhes os efeitos imediatos que são de sua própria essência e natureza". O argumento "legal" para se impedir tal procedimento na Câmara era a impossibilidade de apreciar judicialmente os atos decorrentes dos Atos Institucionais (AI-2, art. 19, I; ver Luís Viana Filho, *O governo Castelo Branco*, pp. 464 e ss.; Thomas Skidmore, *Brasil: de Castelo a Tancredo*, 4ª ed., p. 113). Tal impaciência do Executivo com a morosidade dos procedimentos do Legislativo, de cunho nitidamente "dromocrático" (conceito que será visto oportunamente, à seção 7.2.2), é a mesma que, em outro plano, leva à profusão de decretos-leis no período.

140. "(...) o Congresso funcionando, a Justiça em plena ação, os jornais abertos – salvo os que mandara fechar, eram como flores a enfeitar um defunto – a democracia – flores cujo perfume não ressuscitava a morta, mas lhe disfarçava o mau chei-

edição do AI-2, "*há razões vitais mais fortes do que as aspirações consubstanciadas na legalidade aparente e nos propósitos de um constitucionalismo formal*"...[141] No mesmo sentido, porém com tonalidades militantes mais discretas que Reale, constatou Roberto Campos que "o Ato Institucional n. 2 nasceu da verificação da impossibilidade de se conciliar o fervor revolucionário com a legalidade formal".[142]

Durante o recesso, vale lembrar que o Presidente da República podia "baixar decretos-leis em todas as matérias previstas na Constituição" (AC-23, art. 2º e AI-2, art. 31, parágrafo único).[143] Percebia-se, gradualmente, que o movimento de 64 veio mesmo para garantir a liberdade,[144] ou melhor, "a liberdade sem limites, mas só para o governo, é claro".[145]

Justamente no penúltimo dia de recesso do Congresso Nacional é que foi promulgado o DL 70, de 21.11.1966, disciplinando a cédula hipotecária e sua execução extrajudicial.

2.3.1 A ideologia do SFH

Como bem colocou Ermínia Maricato, "a moradia é uma mercadoria de consumo privado que tem um caráter especial nas sociedades capitalistas", devido à vinculação com o solo urbanizado, ao alto preço da habitação e ao largo tempo de giro do capital empregado na construção civil: tudo isso exige *financiamento* à produção de mora-

---

ro" (Leôncio Basbaum, *História sincera da República*, 2ª ed., v. 4, p. 178). Louvando o Congresso aberto e a imprensa livre, ver o famoso autor do *Manual de Ciência das Finanças*, Alberto Deodato, "Sobre as revoluções brasileiras", in *A revolução de 31 de março*, p. 277.
    141. Miguel Reale, "Revolução e normalidade constitucional", in *A revolução de 31 de março*, p. 288.
    142. Roberto Campos, *A lanterna na popa*, p. 777.
    143. Maria Helena Moreira Alves, *Estado e oposição no Brasil*, pp. 102-103.
    144. "Dias depois da Revolução, os brasileiros começaram a tomar conhecimento de quanto tinham estado perto de perder essa liberdade" (Clarence Hall, *A nação que se salvou a si mesma*, p. 33).
    145. Leôncio Basbaum, *História sincera da República*, 2ª ed., v. 4, p. 139. O regime revolucionário de liberdade "não poderia implicar (...) a liberdade para contestar a própria Revolução" (Aurélio de Lyra Tavares, *O Brasil de minha geração*, v. 2, p. 113). Como diria o Big Brother, "Guerra é paz. Liberdade é escravidão. Ignorância é força" (George Orwell, *1984*, 15ª ed., p. 99).

dias.[146] E é na condição de mercadoria – e não na de equipamento imprescindível ao próprio exercício da cidadania – que o problema do déficit habitacional vem sendo sistematicamente abordado pelo governo federal.

No Governo Castello Branco, a necessária *reforma urbana* foi substituída pelo *programa habitacional*, com o propósito expresso de criar novas frentes de trabalho[147] e fazer frente à carência habitacional nas cidades mediante a "democratização das oportunidades" de acesso à moradia[148] – evitando, portanto, que se alterasse a estrutura de apropriação do solo urbano (permeado de "vazios") e a conseqüente especulação imobiliária.[149] A esse programa habitacional e seu aparato institucional chamaremos genericamente de SFH (Sistema Financeiro da Habitação).

146. Erminia Maricato, "Política urbana e de habitação social", *Praga*, n. 6, set./1998, p. 68. Sobre a mercantilização da moradia, ver também Lilian Fessler Vaz, "Moradia em tempos modernos", in *Brasil: território da desigualdade*, p. 139.

147. Octavio Ianni, *Estado e planejamento econômico no Brasil*, p. 232. Álvaro Pessoa, "O uso do solo em conflito – a visão institucional", in *Conflitos de direito de propriedade*, p. 189. Ver também *II PND*, IBGE, pp. 85 e ss. Sobre reforma urbana ver, dentre outros: Eros Roberto Grau, *Direito urbano*; Nelson Saule Jr., *Novas perspectivas do direito urbanístico*; e "Direito e reforma urbana", in *Lições de direito civil alternativo*, pp. 21-37; Ricardo Pereira Lira, "Planejamento urbano", in *XV Conferência Nacional da Ordem dos Advogados do Brasil*, 1994, pp. 493-502; Jacques Távora Alfonsin, "Sistema de propriedade e reforma urbana", *Revista de Direito Civil* 41/94-101; Miguel Lanzellotti Baldez, "Solo urbano; reforma, propostas para a Constituinte", *Revista de Direito da Procuradoria-Geral* do Rio de Janeiro, v. 38, pp. 115 e ss.; Franklin Dias Coelho, "O movimento pela reforma urbana", in *Seminário Estatuto da Cidade: o compromisso com o espaço urbanizado*, pp. 25-34. Uma leitura político-filosófica da questão urbana está no clássico Henry Lefebvre, *O direito à cidade*. Ver também os vários ensaios que compõem as seguintes obras: Rosélia Piquet e Ana Clara Torres Ribeiro (orgs.), *Brasil: território da desigualdade*; Joaquim de Arruda Falcão (org.), *Conflitos de direito de propriedade*. Sobre o Projeto de Lei n. 5.788/90, do Estatuto da Cidade, ver: Luiz Edson Fachin, "O regime jurídico da propriedade no Brasil contemporâneo e o desenvolvimento econômico-social", *Revista do IAP*, n. 21, pp. 195-196; Ângela Cássia Costaldello, "Estatuto da Cidade: aspectos jurídicos e constitucionalidade", in *Seminário Estatuto da Cidade: o compromisso com o espaço urbanizado*, pp. 3-14. Vera Lúcia Santos Ribeiro, "O processo de tramitação do Estatuto da Cidade", in *Seminário Estatuto da Cidade: o compromisso com o espaço urbanizado*, pp. 15-24.

148. Humberto de Alencar Castello Branco, "Discurso no Ministério da Fazenda", in *A revolução de 31 de março*, p. 246. Interessante que essa "democratização de oportunidades" é típica do discurso liberal, aí incluído o de Rawls.

149. Céline Sachs, *São Paulo: políticas públicas e habitação popular*.

E o que se fez, de pronto, com o SFH? Centralizou-se todo o planejamento habitacional, que antes era espalhado por caixas de assistência de instituições financeiras, com o objetivo oficial de dar maior velocidade aos programas e financiamentos.[150] É possível enxergar nesse movimento centralizador um reflexo do processo de centralização política que permeava toda a reforma institucional/constitucional promovida pelo movimento de 1964.

Diz-se que o SFH cumpre funções políticas e econômicas.[151] São suas *funções políticas*:

1) Aglutinar apoio político (legitimação) à Revolução.[152] Assim como a "hipoteca popular" peruana, o SFH "responde mas bien a una finalidad política, mas que jurídica", eis que configura "una creación de la ley y no un resultado social, de las necesidades de la población".[153] Serviu também para desviar "a direção da tensão social dos verdadeiros problemas subjacentes ao problema habitacional", eis que "não toca nos problemas fundamentais que geram o desequilíbrio econômico".[154]

2) Controlar o acesso à propriedade privada, o que vale dizer, em última análise, ao próprio controle do equilíbrio social desigualitário. "Como a propriedade representaria segurança e sentimento de pertinência, ela passaria a ser um importante instrumento de manutenção do equilíbrio social e controlar o seu acesso se prestaria a propósitos políticos."[155]

3) Desmobilizar os movimentos sociais de luta pela moradia e eventuais associações comunitárias de vizinhança.[156] De fato, "o

---

150. Carlos Ernesto da Silva Lindgren, *Temas de planejamento*, pp. 48-49.
151. Carlos Nelson Ferreira dos Santos, "Velhas novidades nos modos de urbanização brasileiros", in *Habitação em questão*, 2ª ed., p. 19.
152. Benício Schmidt e Ricardo L. Farret, *A questão urbana*, p. 31. Dilvo Peruzzo, *Habitação: controle e espoliação*, p. 39; Maria Ozanira da Silva e Silva, *Política habitacional brasileira*, pp. 49 e 57; Sandra Moreira, *Habitação e participação popular*, pp. 12-13, 15; Benedicto de Campos, *A questão da constituinte*, pp. 85 e 102-104.
153. "La hipoteca popular es la expresión de una vieja política que utiliza al derecho para atender intereses particulares o de grupo, en nombre de las grandes mayorías nacionales" (Carlos Ferdinand Cuadros Villena, "La hipoteca popular", *Vox Juris*, v. 3, p. 89).
154. Eva Alterman Blay, "Habitação: a política e o habitante", in *A luta pelo espaço*, pp. 85-86.
155. Carlos Nelson Ferreira dos Santos, "Velhas novidades nos modos de urbanização brasileiros", in *Habitação em questão*, 2ª ed., p. 19. Dilvo Peruzzo, *Habitação: controle e espoliação*, p. 41.
156. Isso é o que percebemos da leitura de Gilda Blank, "Brás de Pina: experiência de urbanização de favela", in *Habitação em questão*, 2ª ed., p. 108.

trabalhador que consegue adquirir sua casa própria [pelo SFH] revigora todo o sistema de acumulação do capital e esvazia possibilidades de pressionar o poder", ao minguar as chances de participar de "reivindicações reais e imediatas que a população urbana venha a fazer".[157] Ademais, desarticula todas as tentativas de organização comunitária reivindicatória, pela fragmentação e dispersão de seus antigos militantes entre os vários conjuntos habitacionais a que serão destinados.[158]

Cumpre também *funções econômicas*, seja enquanto instrumento de absorção de mão-de-obra em massa, para diminuir o desemprego,[159] seja enquanto elemento de sustentação ao desenvolvimento concentracionista acelerado, a que se deu o nome de "milagre brasileiro".[160] Nesse sentido, veja-se a precisa observação de Lúcio Kowarick: "... a motivação primeira do plano habitacional é visivelmente econômica: antes de ser visto como uma atividade que deve melhorar o nível de bem-estar da população a partir da criação de padrões de moradia mais elevados, o plano habitacional é visto nos seus reflexos sobre a atividade econômica, isto é, como um setor que terá efeito

---

157. Eva Alterman Blay, "Habitação: a política e o habitante", in *A luta pelo espaço*, p. 85.

158. Licia do Prado Valladares, *Passa-se uma casa: análise do programa de remoção de favelas do Rio de Janeiro*, 2ª ed.

159. Carlos Nelson Ferreira dos Santos, "Velhas novidades nos modos de urbanização brasileiros", in *Habitação em questão*, 2ª ed., p. 19. Lúcio Kowarick, *Estratégias do planejamento social no Brasil*, caderno n. 2, p. 22. Gabriel Bolaffi, "A questão urbana", *Novos Estudos Cebrap*, v. 2, n. 1, p. 63. *BNH: projetos sociais*, p. 7. Jorge Wilheim, *O substantivo e o adjetivo*, 2ª ed., p. 119. Segundo o próprio BNH, a Lei 4.380/64 "tinha por objetivo acelerar a atividade da construção civil, dada sua elevada participação na geração de rendas internas, sem pressões na balança comercial, e grande capacidade de ocupação de mão-de-obra" (*BNH: projetos sociais*, p. 7).

160. "Como já afirmamos em outras ocasiões e como está amplamente demonstrado pelos fatos, o BNH foi criado muito mais para atender aos requisitos políticos, econômicos e monetários dos Governos que conduziram ao efêmero 'milagre' brasileiro, do que para solucionar o verdadeiro problema da habitação. Realmente, hoje não há como negar que o BNH e os vastos capitais postos à sua disposição serviram apenas para estimular certos setores estratégicos da economia e para beneficiar as classes de alta renda que constituíram um dos suportes sobre os quais se apoiou o pacto hegemônico que legitimou o regime brasileiro até o Governo Geisel" (Gabriel Bolaffi, "Para uma nova política habitacional e urbana", in *Habitação em questão*, 2ª ed., p. 167). Para exaltações ufanosas da importância do SFH enquanto instrumento de recuperação da economia, ver João Gonsalves Borges e Fábio Puccetti Vasconcellos, *Habitação para o desenvolvimento*, p. 117.

dinâmico em certos ramos industriais e que trará uma ampliação no mercado de trabalho e conseqüentemente no consumo através da criação de novos empregos".[161]

Luiz Gonzaga Nascimento Silva, um advogado estreitamente ligado ao poder pós-64 e mais especificamente ao setor habitacional, admitiu em Conferência da OAB que, para o Governo federal pós-64, a construção de moradias era um meio para atingir os verdadeiros fins do SFH: o incentivo ao investimento e à indústria da construção civil.[162] Essa reativação da indústria da construção civil, segundo o próprio BNH, se daria mediante a "criação de financiamento *adequado para o setor*"[163] – setor econômico, é claro (leia-se: não necessariamente adequado à capacidade econômica das famílias de baixa renda).

Pode-se dizer, sem sombra de dúvida, que o SFH beneficiou a indústria da construção.[164] Tendo favorecido o florescimento de negócios imobiliários,[165] o SFH dispunha de verdadeiro poder de vida e

---

161. Lúcio Kowarick, *Estratégias do planejamento social no Brasil*, caderno n. 2, p. 22. Note-se que, na Itália, o desenvolvimento econômico do pós-Guerra foi também rebocado pela indústria da construção civil (Sergio Chiarloni, *Introduzione allo studio del diritto processuale civile*, p. 67), o que dependeu de leis de financiamento da construção civil (Guido Melis, "L'amministrazione", in *Storia dello Stato italiano*, p. 238).

162. Luiz Gonzaga Nascimento Silva, "A política habitacional e o processo de desenvolvimento econômico do Brasil", in *IV Conferência Nacional da Ordem dos Advogados do Brasil*, 1970, p. 242. João Gonsalves Borges e Fábio Puccetti Vasconcellos, *Habitação para o desenvolvimento*, pp. 73 e ss. Isso é confirmado pelo BNH em *BNH: projetos sociais*, p. 7.

163. *A construção habitacional no Brasil*, p. 25, grifo nosso. Ver a preocupação com o financiamento em *Metas e Bases para a Ação de Governo*, 1970, pp. 219-20.

164. Luiz Aranha Corrêa do Lago, "A retomada do crescimento e as distorções do 'milagre'", in *A ordem do progresso*, pp. 240 e 261. Dilvo Peruzzo, *Habitação: controle e espoliação*, p. 43. Licia do Prado Valladares, *Passa-se uma casa: análise do programa de remoção de favelas do Rio de Janeiro*, 2ª ed., p. 113. Isso é admitido pelo biógrafo oficial do Pres. Castello Branco, quando diz que "além de fazer casas (...) o plano habitacional também se destinava (...) a estimular setores da economia, particularmente a construção civil" (Luís Viana Filho, *O governo Castelo Branco*, p. 142). Roberto Campos também apontou a importância do SFH na criação de incentivos à construção civil (*A lanterna na popa*, p. 653). E de fato conseguiu, tanto que em 1968 a indústria da construção civil cresceu 19% (Thomas Skidmore, *Brasil: de Castelo a Tancredo*, 4ª ed., p. 184).

165. Octavio Ianni, *A ditadura do grande capital*, p. 19. Paul Singer, *A crise do "milagre"*, 5ª ed., p. 112.

morte sobre as construtoras.[166] O extinto BNH (Banco Nacional da Habitação), enquanto órgão gestor dos financiamentos, não estava diretamente envolvido – leia-se: responsável – em fornecer habitação, mas apenas em "prover recursos financeiros e supervisão dos programas implementados por corporações privadas",[167] o que o mantinha com as "mãos limpas". O problema é que, na qualidade de entidade bancária, "é compreensível que o enfoque da habitação tenha sido quantitativo, cauteloso e capitalista"; logo, seus resultados "poderiam ser melhores se o enfoque fosse menos bancário e menos paternalista".[168]

O SFH não foi criado apenas para – em tese – resolver a crise de habitação,[169] mas também para sanar deficiências de instrumentação do sistema financeiro.[170] Por isso pode-se dizer que é mais um "instrumento a serviço do poderio das instituições financeiras".[171] Ou seja: o SFH, no contexto de estímulo governamental às instituições financeiras, acabou se transformando "em um sólido apoio à construção civil, beneficiando as agências privadas de crédito imobiliário e favorecendo a especulação nesta atividade de serviços".[172] Aí está a palavra-chave: *especulação*. Com o tempo foi ficando cada vez mais claro que o financiamento à construção civil, "no fundo, beneficiava prioritária e generosamente os especuladores imobiliários",[173] apesar do discurso oficial em sentido contrário.[174]

166. Alexandre de S. C. Barros, "Representatividade burocrática e eficiência parlamentar", in *O Legislativo e a tecnocracia*, p. 214.
167. Benício Schmidt e Ricardo L. Farret, *A questão urbana*, pp. 39-40. Sandra Moreira, *Habitação e participação popular*, p. 14.
168. Jorge Wilheim, *O substantivo e o adjetivo*, 2ª ed., pp. 118-120.
169. O déficit habitacional reconhecido pelo Pres. Castello Branco era de 8 milhões de residências (Humberto de Alencar Castello Branco, "Mensagem presidencial de 1966 ao Congresso Nacional", in *Mensagens presidenciais*, p. 62. Ressalte-se que o déficit habitacional é o dado quantitativo que melhor serve como "expressão de setores marginalizados do desenvolvimento econômico e social" (Juan Carlos Carrasco Rueda, *Habitação de interesse social no Rio de Janeiro: causas do déficit habitacional para os setores de baixa renda*, p. 55).
170. Roberto Campos, *A lanterna na popa*, pp. 650-651.
171. Cândido Rangel Dinamarco, *Execução civil*, 7ª ed., p. 194.
172. Manoel Maurício de Albuquerque, *Pequena História da formação social brasileira*, 4ª ed., p. 471.
173. Manoel Maurício de Albuquerque, *Pequena História da formação social brasileira*, 4ª ed., p. 485. Licia do Prado Valladares, *Passa-se uma casa: análise do programa de remoção de favelas do Rio de Janeiro*, 2ª ed., p. 113. Benedicto de Campos, *A questão da constituinte*, pp. 102-103.
174. Segundo o Presidente do BNH no governo Figueiredo, "o Sistema Financeiro da Habitação tem peso significativo no mercado de terras urbanas, estando em

É claro que os apologetas do regime sempre elogiaram a atuação pífia do SFH como um "fator de estabilidade social",[175] que na verdade significa controle social.[176] No SFH, assim como sempre foi na História do problema da habitação popular, "a habitação tem sido usada como forma de preservação e controle da força de trabalho".[177] É possível, portanto, perceber que o SFH também tinha por princípio a "segurança nacional".[178] Por outro lado, o SFH multiplicou os tecnocratas dedicados a "estudos, planos, programas e projetos".[179] Suas decisões, com generalizações que beiram a abstração, se davam numa cúpula tecnocrática indiferente aos anseios das famílias que teoricamente seriam "beneficiárias" do sistema.[180] Com isso queremos dizer que o SFH assim revela uma postura *tecnocrática* e economicista,[181] embora o problema habitacional seja eminentemente político, e não técnico.[182] Por força desse caráter tecnocrático, percebe-se aí também uma concepção modernizadora e racionalizadora,[183] de habitação enquanto instrumento para o *desenvolvimento*.[184] Segurança-tecno-

condições, portanto, de impor preços e conter a especulação imobiliária" (José Lopes de Oliveira, "BNH quer facilitar mais o acesso à casa própria", *Revista Abecip*, n. 25, p. 9).

175. Roberto Campos, "A opção política brasileira", in *A nova economia brasileira*, p. 238. Maria Ozanira da Silva e Silva, *Política habitacional brasileira*, pp. 59 e 56.

176. Dilvo Peruzzo, *Habitação: controle e espoliação*, p. 41.

177. Eva Alterman Blay, "Habitação: a política e o habitante", in *A luta pelo espaço*, p. 77. Há uma análise, com base em Manuel Castells, da casa própria enquanto elemento de reprodução da força de trabalho, em Sandra Moreira, *Habitação e participação popular*, pp. 5 e ss. Sobre a história da habitação popular no Brasil e seus descaminhos, ver Nabil Bonduki, *Origens da habitação social no Brasil*; Benedicto de Campos, *A questão da constituinte*, pp. 100 e ss.

178. Ver Emílio Garrastazu Médici, *Os vínculos da fraternidade*, p. 44. Dilvo Peruzzo, *Habitação: controle e espoliação*, p. 40. Maria Ozanira da Silva e Silva, *Política habitacional brasileira*, pp. 50 e 57. Marcos Garcia, "Inside", *Revista do SFI*, n. 6, p. 29.

179. Octavio Ianni, *A ditadura do grande capital*, p. 19.

180. Jorge Wilheim, *O substantivo e o adjetivo*, 2ª ed., p. 120.

181. Jonathas Silva, "Acesso à propriedade urbana", in *X Conferência Nacional da Ordem dos Advogados do Brasil*, 1984, p. 578.

182. Gabriel Bolaffi, "Para uma nova política habitacional e urbana", in *Habitação em questão*, 2ª ed., p. 168.

183. Gabriel Bolaffi, "Planejamento urbano", *Novos Estudos Cebrap*, v. 1, n. 4, p. 51.

184. João Gonsalves Borges e Fábio Puccetti Vasconcellos, *Habitação para o desenvolvimento*, pp. 67 e ss.

cracia-desenvolvimento: caracterizado está o binômio "desenvolvimento com segurança", no âmago dos propósitos governamentais relativos à habitação.[185]

O binômio desenvolvimento-segurança é o mesmo que deu à política agrícola desenvolvimentista e modernizadora de latifúndios (ver seção 2.4) um subproduto chamado "êxodo rural", que por sua vez fornecerá o objeto de intervenção governamental nos projetos habitacionais: a formação das comunidades de sub-habitação na periferia das grandes cidades[186] – hoje mutuários, amanhã eleitores. Diante das formações urbanas periféricas, o modelo oficial de urbanização, instrumentalizado pelo SFH, imprimiu uma lógica da exclusão social: as áreas (p.ex., favelas centrais) urbanizadas à força são valorizadas a ponto de expulsar para a periferia aqueles que não conseguem arcar com os novos custos; assim é que se promove, nas áreas centrais da cidade, destinadas à classe média pelo modelo brasileiro de desenvolvimento, uma verdadeira "limpeza" das "presenças indesejáveis".[187]

O fracasso do SFH se deve, entre outros inúmeros fatores, a algumas incongruências nos próprios propósitos do programa. P.ex.:

1) O SFH promete empregar o máximo de mão-de-obra e, ao mesmo tempo, providenciar moradia para as classes mais pobres. Detalhe: o emprego de mais mão-de-obra só é exeqüível quando se

---

185. Jonathas Silva, "Acesso à propriedade urbana", in *X Conferência Nacional da Ordem dos Advogados do Brasil*, p. 576. O detalhe é que o crescimento econômico, na teoria do *desenvolvimento com segurança*, "não se preocupa muito com o estabelecimento de prioridades para a rápida melhoria dos padrões de vida da maioria da população", de modo que "programas voltados para necessidades básicas, como habitação de baixo custo (...) são considerados menos prioritários" (Maria Helena Moreira Alves, *Estado e oposição no Brasil*, p. 51). Voltaremos ao binômio "desenvolvimento com segurança" na seção 2.5.2.
186. Carlos Ferdinand Cuadros Villena, "La hipoteca popular", *Vox Juris*, v. 3, pp. 89-90.
187. Licia do Prado Valladares, *Passa-se uma casa: análise do programa de remoção de favelas do Rio de Janeiro*, 2ª ed., pp. 83 e ss. Carlos Nelson Ferreira dos Santos, "Velhas novidades nos modos de urbanização brasileiros", in *Habitação em questão*, 2ª ed., pp. 21-22. Gilda Blank, "Brás de Pina: experiência de urbanização de favela", in *Habitação em questão*, 2ª ed., p. 111. Lúcio Kowarick, *A espoliação urbana*, pp. 39 e 41, e "O preço do progresso: crescimento econômico, pauperização e espoliação urbana", in *Cidade, povo e poder*, pp. 34 e ss. Lilian Fessler Vaz, 'Moradia em tempos modernos", in *Brasil: território da desigualdade*, pp. 140-141. Miguel Lanzellotti Baldez, "Solo urbano; reforma, propostas para a Constituinte", *Revista de Direito da Procuradoria-Geral* do Rio de Janeiro, v. 38, pp. 109-110.

utilizam técnicas de construção menos modernas, que encarecem o custo final da obra, inviabilizando a sua aquisição pelas famílias de baixa renda.[188]

2) O SFH dá um tratamento empresarial ao problema habitacional, que merece políticas públicas sem fins lucrativos.[189] Um exemplo dessa abordagem empresarial do problema habitacional é o fato

Maria Guadalupe Piragibe da Fonseca, "A situação de conflito como o lugar do direito", in *Anais da 43ª reunião anual da SBPC*, p. 202. Odon Pereira *et alii*, "O direito à habitação", *Folhetim*, n. 202, 30.11.1980, p. 10. David Harvey, *A justiça social e a cidade*, pp. 185 e ss. Adriana Sekulic, "Antiga favela passa por valorização imobiliária", *Gazeta do Povo*, Curitiba, 25.7.1998, p. 3. Segundo Manuel Castells, o modelo latino-americano de urbanização é caracterizado pelo "grande desequilíbrio da rede urbana em benefício de um aglomerado preponderante", que favorece a segregação (Manuel Castells, *A questão urbana*, p. 77). Sobre o planejamento urbanístico como instituto fundamental do direito urbanístico: Ângela Cassia Costaldello, *O parcelamento e a edificação compulsórios como limitações à propriedade privada imobiliária*, pp. 57-62. Sobre o papel do planejamento urbano na fixação do preço do solo e na segregação urbana, ver Jean Lojkine, *O Estado capitalista e a questão urbana*, 2ª ed., pp. 185 e ss. Para uma perspectiva crítica do papel do direito na formulação de políticas urbanas excludentes, ver Alexandrina Sobreira de Moura, *Terra de mangue*, pp. 20 e ss. Para uma análise do caso de Curitiba: Dennisson de Oliveira, *A ação dos agentes do Estado na experiência de Planejamento de Curitiba*, Palestra proferida no Curso de Direitos Urbanos e Assessoria Jurídica Popular, Projeto Xapinhal, Curitiba, 30.8.1993. Sobre o processo de metropolização associado à concentração de capital, ver Paul Singer, *Economia política da urbanização*, 10ª ed., pp. 123 e ss. No Peru, "las áreas ocupadas por los asentamientos humanos, que constituyen el cinturón de miseria de las urbes, donde se establecen fundamentalmente los campesinos que abandonando el campo se desplazaron hacia la ciudad", são chamadas eufemisticamente, pela legislação, de "pueblos jóvenes" (Carlos Ferdinand Cuadros Villena, "La hipoteca popular", *Vox Juris*, v. 3, p. 94).

188. Gabriel Bolaffi, "A questão urbana", *Novos Estudos Cebrap*, v. 2, n. 1, pp. 62-3, e "Para uma nova política habitacional e urbana", in *Habitação em questão*, 2ª ed., p. 191. Álvaro Pessoa, "O uso do solo em conflito – a visão institucional", in *Conflitos de direito de propriedade*, p. 199. Sandra Moreira, *Habitação e participação popular*, pp. 8 e 15. Os defensores do SFH reconhecem o custo alto da construção civil, mas não a incongruência de objetivos do sistema, como vemos, p.ex., em Carlos Ernesto da Silva Lindgren, *Temas de planejamento*, p. 54.

189. Jonathas Silva, "Acesso à propriedade urbana", in *X Conferência Nacional da Ordem dos Advogados do Brasil*, 1984, p. 577. Maria Ozanira da Silva e Silva, *Política habitacional brasileira*, p. 63. "(...) o esforço do regime burocrático-militar para gerar a auto-sustentação financeira na área de habitação partiu do princípio da 'lucratividade da ação social do Estado', o que propiciou a associação de órgãos estatais com empresas privadas de construção civil – as principais beneficiárias de uma

de o I PND (1972-1974) simplesmente avaliar a política urbana em termos de *produtividade* (critério, aliás, inacreditavelmente usado inclusive para balizar a avaliação do processo de pauperização da população).[190] Em outras palavras, "o BNH nunca esteve política ou socialmente comprometido com o direito fundamental do cidadão à moradia",[191] eis que seu objetivo é, precipuamente, "garantir a viabilidade financeiro-atuarial do sistema, compatibilizando-a com a viabilidade econômico-social da expansão continuada e rápida" do programa habitacional.[192] P.ex.: a Companhia de Habitação Popular de Curitiba (Cohab-CT), vinculada ao Plano Nacional de Habitação, em 1968 havia declarado que "a filosofia básica da Cohab-CT não é distribuir casas, mas dar a oportunidade de acesso à casa própria às famílias de renda mensal inferior a três salários mínimos"[193] – ou

política habitacional voltada quase exclusivamente aos estratos de renda estável (os setores sociais economicamente favorecidos), em detrimento das classes populares (com rendimentos baixos e, acima de tudo, instáveis)" (José Eduardo Faria, *Direito e economia na democratização brasileira*, p. 61). Ainda sobre o aumento da lucratividade do capital da indústria da construção civil, proporcionado pelo SFH: Miguel Lanzellotti Baldez, "Solo urbano; reforma, propostas para a Constituinte, *Revista de Direito da Procuradoria-Geral* do Rio de Janeiro, v. 38, p. 109.
190. *I PND*, IBGE, pp. 40 e ss. O conceito de produtividade foi valorizado a ponto de ser usado como medida de pobreza: pobre é aquele que tem baixa produtividade (Carlos Geraldo Langoni, *Distribuição de renda e desenvolvimento econômico do Brasil*, 2ª ed., pp. 170 e 214; Albert Fishlow, "A distribuição de renda no Brasil", in *A controvérsia sobre distribuição de renda e desenvolvimento*, 2ª ed., pp. 173, 178 e ss.). "A associação que faz entre pobreza e baixa produtividade parece-nos estar ligada a um certo fetichismo da produtividade. Pois, ao contrário, pode haver pobreza onde há alta produtividade, como é o caso, por exemplo, dos trabalhadores assalariados das mais modernas usinas de açúcar e é o caso também de muitos grupos de operários urbanos" (José Sérgio Leite Lopes, "Sobre o debate da distribuição da renda", in *A controvérsia sobre distribuição de renda e desenvolvimento*, 2ª ed., pp. 313 e ss.).
191. Jonathas Silva, "Acesso à propriedade urbana", in *X Conferência Nacional da Ordem dos Advogados do Brasil*, 1984, p. 578.
192. *Metas e Bases para a Ação de Governo*, p. 217.
193. *Cohab-CT*, 1968, p. 1. Hoje o teto é de 10 salários mínimos e exige-se que o candidato não tenha imóvel em seu nome; em "compensação", desde 1993, quando a CEF suspendeu o repasse de recursos do FGTS, não se cogita mais a entrega de casas pela Cohab, mas tão-somente de "lotes urbanizados" ("*Inadimplência* chega a 40% na Cohab Curitiba", *Gazeta do Povo*, 26.11.1998, p. 36). Embora a Cohab-CT – segundo seu presidente atual, Sérgio Abu-Jamra Misael – coloque a perda do imóvel como última solução para o inadimplemento, isso não passa de uma mera compensação pelo fato de que a longa espera da casa própria implica um interminável e humilhante périplo de visitas do cidadão cadastrado à Cohab, para renovar seu pedi-

seja: qualquer sinal de distributivismo populista estaria fora de questão, e seria substituído pelo modelo empresarial de tratamento dos problemas sociais.[194]

3) O SFH promete agilizar um financiamento caro (terreno e construção) "para uma clientela de pessoas que mal ganhavam o suficiente para comer".[195]

"O programa [SFH] falhou em relação aos assalariados pobres, pois entrava em contradição com a política salarial (que permitia apenas reajustamentos anuais dos salários), de modo que grande parte dos mutuários deixou de pagar as prestações e muitos acabaram sendo despejados. Mas o programa foi um sucesso com a nova classe média, cujos ganhos tendiam a aumentar mais que a inflação, e representou não apenas tremendo estímulo às atividades imobiliárias (inclusive especulativas), mas também às atividades cujo mercado é a própria construção, tais como: a indústria de minerais não metálicos, a metalúrgica, a de material elétrico etc.".[196]

Devido ao arrocho salarial, *não há como culpar individual e subjetivamente o devedor inadimplente*,[197] como o fez o DL 70/66, pois o que existe – na precisa observação de Joaquim de Arruda Falcão – é um *inadimplemento coletivo* dos mutuários das Cohabs e SFH, que no entanto vem sendo tratado pela legislação e pelo Judiciário como

---

do a cada onze meses, sob pena de perder a vez ("Inadimplência chega a 40% na Cohab Curitiba", *Gazeta do Povo*, 26.11.1998, p. 36).

194. Como bem notou Eva Blay, socióloga e ex-suplente do então senador Fernando Henrique, o SFH tem o cuidado de evitar a redistribuição da renda nacional (Eva Alterman Blay, "Habitação: a política e o habitante", in *A luta pelo espaço*, p. 86).

195. Carlos Nelson Ferreira dos Santos, "Velhas novidades nos modos de urbanização brasileiros", in *Habitação em questão*, 2ª ed., p. 19.

196. Paul Singer, *A crise do "milagre"*, 5ª ed., p. 112. Jorge Wilheim, *O substantivo e o adjetivo*, 2ª ed., p. 119.

197. Licia do Prado Valladares, *Passa-se uma casa: análise do programa de remoção de favelas do Rio de Janeiro*, 2ª ed., pp. 74-75. Jorge Wilheim, *O substantivo e o adjetivo*, 2ª ed., p. 119. Só o arrocho e o desemprego explicam o inacreditável índice de 40% de mutuários inadimplentes na Cohab-CT, que só serve para inviabilizar ainda mais o programa de habitação para as famílias de baixa renda ("*Inadimplência* chega a 40% na Cohab Curitiba", *Gazeta do Povo*, 26.11.1998, p. 36). Em algumas cidades, mais de 50% dos mutuários do SFH são inadimplentes, e com saldo devedor superior ao próprio preço de mercado do imóvel, de modo que sua execução extrajudicial constitui forte indício da perda total da finalidade social do sistema ("*Contradição* no programa da casa própria", *Gazeta do Povo*, 6.7.1998, p. 36).

um inadimplemento individualizado.[198] Para o governo federal, o problema do alto grau de inadimplência do SFH haveria de se resolver não com a alteração da política habitacional,[199] mas com um ataque às conseqüências. Ou melhor: um ataque às conseqüências indesejáveis para o sistema financeiro.

O grande número de inadimplentes (sendo irrelevante a causa desse número) e o congestionamento do Judiciário com sua estrutura deficiente são essas conseqüências, que reclamavam "uma solução que viesse a melhor acautelar os interesses financeiros das entidades credoras e a própria política do Governo no campo habitacional".[200] O ataque às conseqüências seria desferido pelo DL 70/66 e depois pela Lei 5.741/71, que teriam por justificativa um *trade-off*: quanto mais célere o procedimento, menores os custos do programa habitacional.[201]

Era mais fácil resolver o problema processual para o setor financeiro do que procurar soluções para o restante da população. Se não

198. "As partes processuais, socialmente legítimas, não eram o assalariado *x* contra a Cohab do Estado *x*. As partes processuais socialmente legítimas eram, de um lado, todo um segmento de assalariados em busca da casa própria e, de outro, os agentes financeiros, esteados na política habitacional do Estado" (Joaquim de Arruda Falcão, "Cultura jurídica e democracia: a favor da democratização do Judiciário", in *Direito, cidadania e participação*, pp. 12-14).
199. P. ex.: segundo um advogado assessor da União dos Movimentos de Moradia de São Paulo, "a legislação que disciplina os financiamentos deve ser revista, prevendo um grau de subsídio de acordo com o salário do trabalhador", em que se partiria, numa escala decrescente, de um subsídio "de 100% para aposentados e desempregados" (Miguel Reis Afonso, "Financiamento", in *Direito à moradia: uma contribuição para o debate*, p. 98).
200. Pedro Vasconcellos, *Execução extrajudicial e judicial do crédito hipotecário no sistema financeiro da habitação*, pp. 6-7. João Gonsalves Borges e Fábio Puccetti Vasconcellos, *Habitação para o desenvolvimento*, p. 133.
201. A celeridade visada pela execução extrajudicial é considerada, pelos setores governamentais, como essencial para conferir liquidez ao sistema (Luiz Gonzaga Nascimento Silva, "A política habitacional e o processo de desenvolvimento econômico do Brasil", in *IV Conferência Nacional da Ordem dos Advogados do Brasil*, 1970, pp. 247-248). "Demais, em favor da rápida execução do imóvel hipotecado, para o qual o processo que primeiro acode ao espírito do leigo é o da venda particular, milita fortemente a imperiosa necessidade econômica de pronto retorno dos capitais aplicados em hipoteca, a fim de que não haja grande distanciamento da reaplicação. Sem a certeza de breve liquidação da hipoteca, não se implanta um sólido e fecundo mercado hipotecário em parte alguma" (Dora Martins de Carvalho, *A comercialização da hipoteca*, pp. 40-41).

houvesse modalidades especiais de execução – dizem os defensores do SFH –, o credor ficaria "a descoberto", na dependência de uma "batalha judiciária, difícil e demorada".[202] Mas se os demais mortais devem continuar a padecer "a descoberto", isso não é considerado relevante.

Por isso José Olympio de Castro Filho não se deixou impressionar pelos argumentos no sentido de que a execução extrajudicial é imprescindível à proteção do SFH e de seus pesados e nobres encargos, a cujas necessidades urgentes de cobrança do crédito o Judiciário não pode atender, pois "tais necessidades não podem ser mais instantes e urgentes do que as da União, dos Estados e dos Municípios, e, assim, o argumento provará demais..."[203]

Com a crescente inadimplência das camadas mais pobres da população – que mais sofriam os efeitos do arrocho salarial –, os programas habitacionais, formulados como de interesse social e destinados às famílias de baixa renda, "foram sendo sempre oferecidos a famílias com renda cada vez mais alta".[204] Para as camadas de baixa renda, as regras do SFH são inadequadas e a favela, o cortiço e a autoconstrução na periferia continuaram sendo as alternativas economicamente viáveis.[205]

202. João Gonsalves Borges e Fábio Puccetti Vasconcellos, *Habitação para o desenvolvimento*, p. 133.
203. José Olympio de Castro Filho, *Comentários ao Código de Processo Civil*, 2ª ed., v. 10, p. 393.
204. Carlos Nelson Ferreira dos Santos, "Velhas novidades nos modos de urbanização brasileiros", in *Habitação em questão*, 2ª ed., p. 20.
O encarecimento promovido nos gastos das famílias removidas para conjuntos habitacionais, com o seu conseqüente retorno à favela e utilização do conjunto por famílias de renda maior, faz com que processo semelhante de "elitização" atinja as Cohabs (Licia do Prado Valladares, *Passa-se uma casa: análise do programa de remoção de favelas do Rio de Janeiro*, 2ª ed., p. 128). Tanto isso é possível que o antigo teto de 3 salários mínimos hoje é de 10 ("Inadimplência chega a 40% na Cohab Curitiba", ob. e loc. cits.). "Como se vê, para o trabalhador comum com renda mensal de até 3 salários mínimos, é praticamente impossível a obtenção de um financiamento pelos moldes do sistema existente" (Miguel Reis Afonso, "Financiamento", in *Direito à moradia: uma contribuição para o debate*, p. 97).
205. Licia do Prado Valladares, *Passa-se uma casa: análise do programa de remoção de favelas do Rio de Janeiro*, 2ª ed., pp. 81 e 119. Lucio Kowarick, "O preço do progresso: crescimento econômico, pauperização e espoliação urbana", in *Cidade, povo e poder*, pp. 37-38. Ver também a interessante análise de quem foi

Nesse mesmo período de inversão de beneficiários (das classes de menor rendimento para as classes média e alta), o crescimento econômico acelerado e a repressão política tornavam desnecessário utilizar o SFH como instrumento de legitimação; estava ele pronto para o processo de elitização.[206] E assim o SFH, formalmente instituído para a construção de casas populares, pôde transformar-se em instrumento de financiamento para a classe média.[207] "De uma ênfase inicial em uma política social, o BNH passou cada vez mais a assumir funções econômicas de estímulo ao capital privado".[208]

Só para se ter uma idéia, em 1975 apenas 3% do montante à disposição do BNH foi destinado a famílias de baixa renda – de um a cinco salários mínimos.[209]

O chamado I PND da Nova República (1986-1989) veio a admitir que "o SFH tem atendido principalmente aos segmentos de renda média e alta", eis que enquanto 66% do total de financiamentos atendiam a famílias com renda superior a 5 salários mínimos (o

advogado da Associação de Defesa da Moradia-Leste, em São Paulo: Rildo Marques de Oliveira, "Cortiços: a solução de uma solução", in *Direito à moradia: uma contribuição para o debate*, pp. 76-86. Diante do colapso do SFH nos anos 70, e dos poucos e rigorosíssimos instrumentos legais disponibilizados pelo CC e pela CF para a aquisição da propriedade (a usucapião em suas modalidades), resta aos semteto a autoprodução de assentamentos, por meio da ocupação de terrenos ociosos, na expectativa – muitas vezes frustrada – da sua regularização (André Saboia Martins, *Proteção jurídica e/ou rebelião? Justiça, lei e força frente ao direito à moradia no Brasil*).

206. Maria Ozanira da Silva e Silva, *Política habitacional brasileira*, pp. 57 e ss.

207. Lúcio Kowarick, *Estratégias do planejamento social no Brasil*, caderno n. 2, p. 22, e "O preço do progresso: crescimento econômico, pauperização e espoliação urbana", in José Álvaro Moisés *et alii*, *Cidade, povo e poder*, p. 37. Licia do Prado Valladares, "Estudos recentes sobre a habitação no Brasil", in *Repensando a habitação no Brasil*, p. 44. René Armand Dreifuss, *1964: a conquista do Estado*, 3ª ed., pp. 446-447. Luiz Carlos Bresser Pereira, "O novo modelo brasileiro de desenvolvimento", *Dados*, n. 11, p. 128. Sandra Moreira, *Habitação e participação popular*, p. 13. Miguel Reis Afonso, "Financiamento", in *Direito à moradia: uma contribuição para o debate*, p. 97.

208. Licia do Prado Valladares, "Estudos recentes sobre a habitação no Brasil", in *Repensando a habitação no Brasil*, p. 43.

209. Gabriel Bolaffi, "Para uma nova política habitacional e urbana", in *Habitação em questão*, 2ª ed., p. 169.

que equivale a apenas 33% da população), as famílias com menos de 5 salários mínimos (67% da população) receberam os 34% restantes dos financiamentos.[210] Diante desses números é praticamente impossível negar que a destinação das moradias do SFH às classes de baixa renda não passa de engodo, ideologia.[211] Mas apesar da carga ideológica, uma coisa é preciso reconhecer: se nos tempos do BNH os governos federal, estaduais e municipais mal conseguiam definir uma política habitacional clara e conseqüente,[212] hoje simplesmente inexiste qualquer política nacional de habitação.[213]

O SFH, ao prometer a "construção de habitações de interesse social e o financiamento da aquisição da casa própria, especialmente pelas classes da população de menor renda" (cf. Lei 4.380, de 21.8.1964, art. 1º),[214] explora acintosamente o *mito da casa própria* – a apropriação privada da moradia – em vez de adotar uma política de construção de casas populares para aluguel a baixo preço, solução adotada na Inglaterra e em outros países europeus.[215]

E mesmo quando efetivamente atende à demanda da classe média-baixa, em vez de elevar o padrão de vida, o SFH pode rebaixá-lo, pois, como bem observa Lúcio Kowarick, "parece válido indagar se o processo de endividamento a que estão sujeitos os compradores de baixo poder aquisitivo não leva a um estrangulamento da

---

210. *I Plano Nacional de Desenvolvimento da Nova República*, 1986, p. 92. Confissões semelhantes, mas não tão claras, já eram encontradas nos seguintes documentos de governo: *I PND*, 1971, pp. 40 e ss.; *III PND*, 1980, p. 56.
211. Jonathas Silva, "Acesso à propriedade urbana", in *X Conferência Nacional da Ordem dos Advogados do Brasil*, 1984, p. 577. Na verdade, serviu durante muito tempo "para a compra de casas de veraneio no litoral e em estações climáticas" (Benedicto de Campos, *A questão da constituinte*, p. 103).
212. Gabriel Bolaffi, "Para uma nova política habitacional e urbana", in *Habitação em questão*, 2ª ed., p. 167. Lúcio Kowarick, *Estratégias do planejamento social no Brasil*, caderno Cebrap n. 2, p. 22.
213. Henry Cherkezian e Gabriel Bolaffi, "Os caminhos do mal-estar social: habitação e urbanismo no Brasil", *Novos Estudos Cebrap*, n. 50, p. 129.
214. "O SFH tem por finalidade estimular a construção de habitações de interesse social e a aquisição da casa própria pela classe menos favorecida economicamente" (1º TACívSP, AI 205.486, São Paulo, 3ª Câm., v.u., rel. Juiz César de Moraes, j. 14.5.1975, *JB* 136/84-5)
215. Gabriel Bolaffi, "Para uma nova política habitacional e urbana", in *Habitação em questão*, 2ª ed., pp. 181-182. Jorge Wilheim, *O substantivo e o adjetivo*, 2ª ed., p. 121. O SFH cria a utopia de que todos os trabalhadores terão uma moradia, i.e., manipula e reforça a aspiração da massa trabalhadora pela casa própria (Eva

renda", que represente uma queda nos gastos com alimentação, saúde e educação.[216] E depois de quitado o saldo devedor – a duras penas –, "eliminando-se dos custos de sobrevivência da força de trabalho um item importante como a moradia, os salários limitam-se a cobrir os demais gastos essenciais, como o transporte e alimentação", donde – conclui Kowarick – a quitação da dívida do SFH prepara o salário para sofrer o arrocho.[217]

"Ao adquirir a casa própria, o trabalhador compromete a vida para saldar a sua dívida. Isto é, se considerarmos que o novo proprietário tem entre 25 a 30 anos ao conseguir comprar uma casa, terá 50 ou mesmo 60 anos quando terminar de pagá-la. Estará obrigado a trabalhar toda sua vida para saldar a dívida e provavelmente envol-

Alterman Blay, "Habitação: a política e o habitante", in *A luta pelo espaço*, pp. 85-86; Benedicto de Campos, *A questão da constituinte*, p. 104). "... exatamente numa época em que teve início um dos maiores arrochos da nossa história, em 64, lança-se a ideologia da casa própria, como solução ideológica, como uma promessa retórica, que não é para valer, que não é para ser cumprida. Cria-se, então, o BNH com recursos consideráveis, com recursos suficientes, mas que não são destinados à construção de habitações populares. Agora, tudo isso não elimina a necessidade social da habitação" (Intervenção de Gabriel Bolaffi em debate promovido pela *Folha de S.Paulo*, e publicada em Odon Pereira *et alii*, "O direito à habitação", *Folhetim*, n. 202, 30.11.1980, p. 10).
216. Lúcio Kowarick, *Estratégias do planejamento social no Brasil*, caderno n. 2, p. 22. Licia do Prado Valladares, *Passa-se uma casa: análise do programa de remoção de favelas do Rio de Janeiro*, 2ª ed., pp. 111-112. "Em média, verificou-se que na cidade de São Paulo as famílias de baixa renda gastam em torno de 23% do orçamento com habitação. As famílias de alta renda gastam em torno de 20%. É fácil calcular que Cr$ 50,00 ou Cr$ 100,00 para uma família que ganha de Cr$ 225,00 a Cr$ 450,00 não é a mesma coisa que gastar Cr$ 1.400,00 para outra cuja renda seja de Cr$ 7.000,00 ou mais" (Eva Alterman Blay, "Habitação: a política e o habitante", in *A luta pelo espaço*, p. 86). "50% das famílias mais pobres de São Paulo gastam em torno da metade dos rendimentos com o item 'alimentação'. Quando a estas despesas se acrescenta as referentes com transporte, vestuário e demais gastos indispensáveis, verifica-se que sobre muito pouco para retirar recursos a serem empregados em qualquer forma de poupança", *i. e.*: "a população de baixa renda não tem gastos supérfluos que poderiam ser canalizados para as despesas inerentes à construção da casa própria" (Lucio Kowarick, "O preço do progresso: crescimento econômico, pauperização e espoliação urbana", *Cidade, povo e poder*, p. 39). A título de comparação, veja-se o caso da classe alta e média alta, cujo consumo supérfluo é tamanho que a ele acaba se destinando o crédito via alienação fiduciária (para bens móveis duráveis), o SFH e o SFI (para bens imóveis).
217. Lúcio Kowarick, *A espoliação urbana*, p. 41.

verá a mulher e os filhos no compromisso assumido. Em nome da aquisição da casa própria, sua força de trabalho estará previamente vendida."[218]

Por esses dois motivos (exploração do mito da casa própria e degradação do padrão de vida das famílias de baixa renda), é possível afirmar que o SFH "é um mecanismo a mais de concentração de renda e de fortalecimento da concepção tradicional de propriedade privada" enquanto base da ordem social.[219] Adam Smith, com o brilhantismo característico dos clássicos, tem uma passagem em sua famosa obra que merece reflexão. Disse o ilustre teórico-mor do liberalismo que "o governo civil, na medida em que é instituído para garantir a propriedade, de fato o é para a defesa dos ricos contra os pobres, ou daqueles que têm alguma propriedade contra os que não possuem propriedade alguma".[220] Se essa assertiva tem pertinência (algum liberal discordará?), então o legislador brasileiro está sendo muito coerente, pois cria programas que, sob o manto do suposto financiamento da habitação, conferem privilégios de direito material e de direito processual tão efetivos para garantir a propriedade nas mãos do setor financeiro, que, em vez de distribuir moradias, tais programas servem de fato para concentrar ainda mais a propriedade no topo da pirâmide social.

2.3.2 Planejamento habitacional e participação popular

A mentalidade tecnocrática insiste na suposta neutralidade técnica do planejamento econômico (aqui, habitacional) racionalizado.[221] O tecnocrata tenta implementar um planejamento "neutro", segundo uma práxis baseada em "fatos", e não em valores, pois sua preocupa-

---

218. Eva Alterman Blay, "Habitação: a política e o habitante", in *A luta pelo espaço*, p. 85. Benedicto de Campos, *A questão da constituinte*, p. 104.
219. Jonathas Silva, "Acesso à propriedade urbana", in *X Conferência Nacional da Ordem dos Advogados do Brasil*, 1984, p. 579. Dilvo Peruzzo, *Habitação: controle e espoliação*, p. 40. Eva Alterman Blay, "Habitação: a política e o habitante", *A luta pelo espaço*, p. 85.
220. Adam Smith, *A riqueza das nações*, v. 2, p. 167. Porém, "é com a propriedade privada, e depois com a produção mercantil, que o Estado enfraquece" (Gilles Deleuze e Félix Guattari, *O anti-Édipo*, pp. 225-226).
221. Carlos Estevam Martins, *Tecnocracia e capitalismo*, pp. 26-27. Octavio Ianni, *A ditadura do grande capital*, p. 5. René Armand Dreifuss, *1964: a conquista do Estado*, 3ª ed., p. 76. Para Delfim Netto, p. ex., "É importante que todos com-

ção é a de "manter as mãos limpas", lidar apenas com dados objetivos, evitando as "motivações inexatas (sociológicas e psicológicas)".[222] Nessa torre de marfim axiológica em que se encerra, "o planejador tecnocrata é bem representativo do esforço de controlar a realidade (e os cidadãos); o controle é aqui entendido como uma tentativa de impor uma teoria sobre a realidade; mesmo ao preço da diminuição da liberdade do cidadão para quem, supostamente, ele está planejando".[223]

No entanto, essa neutralidade política e axiológica das decisões econômicas não existe,[224] pois a política econômica (financeira, creditícia, habitacional etc.) de um governo traduz *sempre* uma estratégia de Estado, "e portanto ela não é uma questão de escolha técnica, mas ela é paradeterminada pela política geral, a política geral do Estado enquanto um determinado pacto social, pacto político de poder".[225] Na verdade, o planejamento teve um papel importantíssimo na ascensão (não democrática, é óbvio) dos tecnoburocratas e na consolidação do capitalismo monopolista.[226] Assim, a pretensa neutralidade axiológica do planejamento serve tão-somente à manipulação social autoritária, i.e., impede a *participação popular* nas decisões "impessoais" da tecnoestrutura, em nome de uma lógica maximizadora da funcionalidade do sistema econômico.[227] As conse-

preendam que o planejamento é uma simples técnica de administrar recursos e que, em si mesmo, é neutro" (Antonio Delfim Netto, *Planejamento para o desenvolvimento econômico*, pp. 13-14). Ver ainda, em defesa do planejamento: Lourival Vilanova, "Proteção jurisdicional dos direitos numa sociedade em desenvolvimento", in *IV Conferência Nacional da Ordem dos Advogados do Brasil*, 1970, p. 152. Sobre o papel do direito no planejamento da economia, ver Arnoldo Wald, "O direito do desenvolvimento", *Arquivos do Ministério da Justiça*, n. 103, p. 4. Sobre as repercussões do planejamento no processo civil, ver Adolfo Gelsi Bidart, "Proceso y época de cambio", *Revista Iberoamericana de Derecho Procesal*, n. 2, pp. 259-260. Contra a suposta neutralidade do planejamento urbano e de seu aparato jurídico, ver Jean Lojkine, *O Estado capitalista e a questão urbana*, 2ª ed., pp. 197 e ss.; Vera Rezende, *Planejamento urbano e ideologia*.
222. Jorge Wilheim, *O substantivo e o adjetivo*, 2ª ed., pp. 41-42.
223. Jorge Wilheim, *O substantivo e o adjetivo*, 2ª ed., p. 42.
224. Albert Fishlow, "Depois de crescer, distribuir", *Veja*, 7.6.1972, p. 71.
225. José Carlos Miranda, "Política industrial", in *O modelo brasileiro de desenvolvimento*, p. 11.
226. René Armand Dreifuss, *1964: a conquista do Estado*, 3ª ed., pp. 73 e ss.
227. Vera Lúcia Ferrante, *FGTS: ideologia e repressão*, p. 328. Sandra Moreira, *Habitação e participação popular*, p. 7.

qüências, principalmente no que tange ao planejamento habitacional, não são muito animadoras.[228]

Em resumo: numa administração tecnocrática do problema habitacional (leia-se: SFH), não há espaço para a participação popular nos processos decisórios.[229] O paralelo com o processo civil é evidente: também nele os juristas escondem tecnocraticamente a opção axiológica e política da decisão jurisdicional e legislativa (i.e., daquele que legisla a norma processual) sob uma verdadeira "carapaça técnica". A única correção possível nos rumos tecnocráticos do processo civil e do planejamento habitacional é a participação, não só no contraditório (no caso do processo civil – ver seção 7.6.5), mas na formulação da política (econômica, creditícia, habitacional etc.) e dos projetos.

2.3.3 A Constituição de papel

Logo em seguida ao DL 70/66, em 7.12.1966 o AI-4 convoca o Congresso para se reunir extraordinariamente, de 12.12.1966 a 24.1.1967, para discutir e votar a nova Constituição.[230] Desaba a Cons-

---

228. "A ausência de mecanismos de participação da sociedade na concepção e implantação das políticas, programas e projetos habitacionais favoreceu a proliferação de empreendimentos nos quais a localização, o custo dos terrenos, a ausência de serviços urbanos e a má qualidade das construções impõem pesado ônus à população" (*I Plano Nacional de Desenvolvimento da Nova República*, p. 93). Por uma questão de mera prepotência tecnocrática, avessa a qualquer participação do usuário no sistema habitacional, "a decisão sobre o modelo de habitação e o encaminhamento para obtê-la é, assim, sempre estabelecido de cima para baixo. É uma oferta do governo aos cidadãos. 'Ame-a ou deixe-a'" (Jorge Wilheim, *O substantivo e o adjetivo*, 2ª ed., pp. 126 e 129). Ainda sobre a necessidade de participação popular na implementação da política habitacional, ver Tilman Evers, Carlita Muller-Plantenberg e Stefanie Spessart, "Movimentos de bairro e Estado: lutas na esfera da reprodução na América Latina", *Cidade, povo e poder*, pp. 153 e ss.; Joaquim de Arruda Falcão, "Cultura jurídica e democracia: a favor da democratização do Judiciário", in *Direito, cidadania e participação*, p. 13. Sobre a questão dos impedimentos à participação popular na formulação e controle da execução do planejamento habitacional, ver Sandra Moreira, *Habitação e participação popular*, pp. 2-3, 20, 32 e ss.

229. Lúcio Kowarick, *A espoliação urbana*, p. 199.

230. A desnecessidade de uma Assembléia Constituinte foi assim defendida por Miguel Reale: "Nas atuais conjunturas da vida nacional, inclusive pela falta de agremiações partidárias constituídas segundo centros programáticos definidos, penso que nada seria tão abstrato e ilusório como uma Assembléia Constituinte, nascida de um

tituição de 1946, que vergava sob o peso de 4 Atos Institucionais, 37 Atos Complementares e 21 Emendas Constitucionais.[231] A exigüidade do prazo (45 dias), rigorosamente observada pelo Congresso, é mais uma demonstração de que a demanda *dromocrática* (conceito que será visto oportunamente, na seção 7.2.2) é incompatível com uma discussão verdadeiramente *democrática* do projeto constitucional.[232]

O Congresso, subitamente constituinte, desfigurado por cassações,[233] ameaçado por outras e pela possibilidade de outorga pura e simples da nova Carta,[234] votou uma Constituição (influenciada pela Carta de 1937)[235] cujo art. 173 "constitucionaliza" a inapreciabilidade judicial de "atos de natureza legislativa expedidos com base nos

falso complexo de culpa e destinada a repetir os mesmos erros de 1934 e 1946" (Miguel Reale, "Revolução e normalidade constitucional", in *A revolução de 31 de março*, p. 297). Aliás, para esse autor a Assembléia Constituinte nunca foi necessária desde 1964 (Miguel Reale, *Política de ontem e de hoje*, p. 76), posição essa que, se não corrigida, impediria a existência, hoje, de uma Constituição Cidadã.
231. José Afonso da Silva, *Curso de direito constitucional positivo*, 19ª ed., p. 86. Luís Roberto Barroso, *O direito constitucional e a efetividade de suas normas*, 2ª ed., p. 32 (com números equivocados) e 34. Defensores da Revolução, como o político e romancista José Américo de Almeida (autor do clássico *A bagaceira*), afirmavam que a preservação temporária da estrutura política anterior era um gesto "bonito", mas "embaraçoso" (José Américo de Almeida, "A revolução de março e seus antecedentes históricos", in *A revolução de 31 de março*, pp. 48-49). Castello Branco, p.ex., admitiu que teria sido mais fácil instalar a ditadura (Humberto de Alencar Castello Branco, "Mensagem presidencial de 1965 ao Congresso Nacional", in *Mensagens presidenciais*, p. 36). Ver Lucia Maria Gomes Klein, "A nova ordem legal e suas repercussões sobre a esfera política", *Dados*, n. 10, p. 156.
232. A rigor, a nova Carta foi outorgada pelo Executivo e homologada por um Congresso pressionado, "cromwelliano" (Luís Roberto Barroso, *O direito constitucional e a efetividade de suas normas*, p. 34. Thomas Skidmore, *Brasil: de Castelo a Tancredo*, 4ª ed., p. 119. Maria Helena Moreira Alves, *Estado e oposição no Brasil*, p. 105. Olympio Mourão Filho, *Memórias*, 2ª ed., p. 424). Discordando que a CF/67 tenha sido outorgada, ver Roberto Campos, *A lanterna na popa*, p. 786. Para Pontes de Miranda, a pressão exercida pelo AI-4 sobre o Congresso, para a aprovação do projeto constitucional, "foi estranha à mentalidade histórica do Brasil, mas fruto de 1930 e 1937, com os mesmos tentáculos do capitalismo interno e externo, intemperante e anti-humano" (*Comentários à Constituição* ..., cit., 2ª ed., t. 6, p. 431).
233. Leonel Severo Rocha, "Os senhores da lei", in *Epistemologia jurídica e democracia*, p. 114.
234. Luís Viana Filho, *O governo Castelo Branco*, pp. 457-459 e 468.
235. José Afonso da Silva, *Curso de direito constitucional positivo*, 19ª ed., p. 86. Para desespero daqueles que, como Alberto Deodato, defendiam o regime tentando contrastá-lo com o Estado Novo getulista (Alberto Deodato, "Sobre as revoluções brasileiras", in *A revolução de 31 de março*, p. 277).

Atos Institucionais e Complementares" até então baixados (CF/67, art. 173, III).[236] Tal dispositivo é uma exceção ao § 4º do art. 150 da mesma CF/67, que consagra o princípio da inafastabilidade do controle jurisdicional.[237]

Já na Exposição de Motivos o Min. Carlos Medeiros Silva (da Justiça e Negócios Interiores), flexibilizando a tripartição dos poderes para consolidar a hegemonia do Executivo, afirma que, nos "regimes democráticos e representativos", o Legislativo deixa "aos órgãos técnicos do Executivo" a elaboração de textos legais relevantes para a economia e as finanças.[238] O resultado só podia ser, mais uma vez, a *centralização do poder político* tanto no plano vertical – em favor da União – quanto no plano horizontal – em favor do Executivo.[239] De quebra, permanecia aberta a via do decreto-lei para a normatização das

---

236. Assim "os atos do governo Castello Branco não poderiam ser julgados ou sequer discutidos" (Leôncio Basbaum, *História sincera da República*, 2ª ed., v. 4, p. 181).

237. F. A. de Miranda Rosa, *Justiça e autoritarismo*, p. 40.

238. Carlos Medeiros Silva, "Exposição de motivos", *Arquivos do Ministério da Justiça*, n. 100, p. 65. Alfredo Buzaid, "A missão da Faculdade de Direito na conjuntura política atual", *Revista da Faculdade de Direito*, v. 63, p. 100. Thomas Skidmore, *Brasil: de Castelo a Tancredo*, 4ª ed., pp. 133 e 136. Leôncio Basbaum, *História sincera da República*, 2ª ed., v. 4, pp. 181 e 211. O Gen. Lyra Tavares também afirma que a retomada do desenvolvimento reclama "certa flexibilidade de ação do Executivo, armado, para isso, de poderes que, nas democracias amadurecidas e estáveis, não são necessários ao Chefe do Governo" (Aurélio de Lyra Tavares, *O Brasil de minha geração*, v. 2, p. 112). A teoria já era defendida por Miguel Reale: "Manteremos ainda a atual mentalidade 'duelística' que põe o Legislativo de lança em riste contra o Executivo, e vice-versa, no momento da feitura das leis, que deveria ser um ato por excelência de colaboração e complementação? Continuaremos, ainda, a exigir teoricamente que as intervenções no domínio econômico só possam ser feitas 'em virtude de lei', para, depois, na prática, consagrarmos as mais profundas intromissões do Estado através de resoluções e de portarias?" (Miguel Reale, "Revolução e normalidade constitucional", in *A revolução de 31 de março*, p. 294).

239. Luís Roberto Barroso, *O direito constitucional e a efetividade de suas normas*, pp. 34-35. Maria Helena Moreira Alves, *Estado e oposição no Brasil*, pp. 105-107. A favor dessa centralização nos dois planos: Miguel Reale, *Política de ontem e de hoje*, pp. 95-100, 102 e ss.; Roberto Campos, "A moldura política nos países em desenvolvimento", in *A nova economia brasileira*, p. 213; Paulino Jacques, "O direito constitucional brasileiro e a Revolução de 1964", *Arquivos do Ministério da Justiça*, n. 110, pp. 11, 13-14. A justificativa para a centralização no plano horizontal, fora a flexibilização da tripartição dos poderes (já referida), era a consolidação do sistema presidencial (Carlos Medeiros Silva, "Exposição de motivos", *Arquivos do Ministério da Justiça*, n. 100, pp. 65-66), a manutenção da ordem (Olympio Mourão

cédulas e notas de crédito, e seus respectivos procedimentos especialíssimos.[240] Ver mais sobre a hipertrofia do Executivo na seção 7.3.1.

2.4 A retórica desenvolvimentista do crédito rural

Ainda sob o impacto do repentino processo constituinte, o Congresso assiste à promulgação do DL 167, de 14.2.1967, que disciplina as cédulas e notas de crédito rural. O crédito rural, segundo o art. 1º da Lei 4.829 de 5.11.1965 e seu regulamento (Dec. 58.380, de 10.5.1966, art. 1º), visava "a política de desenvolvimento da produção rural do País e tendo em vista o bem-estar do povo".[241] Percebe-

Filho, *Memórias*, 2ª ed., p. 424) e o atendimento à demanda tecnocrática (Roberto Campos, "O Poder Legislativo e o desenvolvimento", in *O Legislativo e a tecnocracia*, p. 39). Já a justificativa para a centralização no plano vertical era o problema das desigualdades regionais (Aurélio de Lyra Tavares, *O Brasil de minha geração*, v. 2, p. 265) e da segurança nacional, e a necessidade do desenvolvimento integrado do território nacional (Golbery do Couto e Silva, *Conjuntura política nacional: o Poder Executivo*, 2ª ed., p. 12).
240. A disciplina normativa via DL, objeto da CF/67 (art. 58) e CF/69 (art. 55), era prevista para as matérias relativas à *segurança* nacional e às *finanças* – leia-se: segurança e desenvolvimento. O AI-2, art. 30, como vimos, só falava em segurança nacional. Ver Cândido Mendes, "O Congresso brasileiro pós-64: um Legislativo para a tecnocracia?", in *O Legislativo e a tecnocracia*, pp. 129-130. Leôncio Basbaum, *História sincera da República*, 2ª ed., v. 4, p. 139. Carlos Medeiros Silva, "Exposição de motivos", *Arquivos do Ministério da Justiça*, n. 100, pp. 67-68. Otto de Andrade Gil, "Os decretos-leis na Constituição de 1967", *Arquivos do Ministério da Justiça*, n. 107, pp. 4 e ss. Até mesmo alguns setores que apoiavam sem restrições o movimento de 64 colocaram-se contra a disciplina dos DLs na CF/67 (Miguel Reale, *Política de ontem e de hoje*, p. 106) e sua expedição indiscriminada em matéria de economia e finanças (Eugênio Gudin, *Para um Brasil melhor*, pp. 77 e 116). Gudin chegou a afirmar que o DL é um "instrumento específico das ditaduras, é odioso por não dar a menor oportunidade a quem quer que seja de levantar as mais elementares – e não raro justas – objeções. A *insegurança* que daí advém é muito mais danosa para a economia do País do que o mal que possa advir de um pequeno retardamento da providência" (idem, ibidem, p. 122, grifo no original). O apelo retórico que os arts. 58 da CF/67, 55 da CF/69 e 62 da CF/88 fazem à "urgência" em nada mitigam o caráter antidemocrático desse tipo de legislação oportunista de emergência (Theodor W. Adorno, "Gegen die Notstandsgesetze", in *Gesammelte Schriften*, v. 20, t. 1, pp. 396-397).
241. Ver a reprodução fiel do discurso oficial do crédito rural em: Theóphilo Azeredo Santos, *Manual dos títulos de crédito*, p. 297. Sady Dornelles Pires, "Cédula de crédito rural", *RT* 606/40. Arruda Alvim, "Cédula de crédito rural – Sua cobrança – Execução fundada em título extrajudicial segundo o novo CPC", *RF* 246/339-340.

se nesse discurso, além de elementos meramente persuasivos (o "bem-estar do povo"),[242] uma retórica desenvolvimentista, fulcrada na produtividade. Expliquemos melhor.

De fato, a Lei 4.829/65, ao estabelecer em seu art. 1º os objetivos – oficiais – do crédito rural, já deixava clara a vinculação que oficialmente se pretendia fazer entre essa modalidade de crédito e o desenvolvimento econômico e crescimento da produção rural,[243] o que atesta o propósito *desenvolvimentista* subjacente à sua institucionalização. Essa retórica desenvolvimentista foi herdada do governo Kubitschek[244] e atravessou um breve período de ostracismo no "lapso distributivista" do governo Goulart, cujo Ministro do Planejamento (Celso Furtado) entendia que a solução dos problemas sociais pelo mero desenvolvimento econômico é um mito irrealizável.[245] Rechaçando totalmente essa tese de Furtado, os tecnocratas

242. Ver Celso Furtado, *Análise do "modelo" brasileiro*, 7ª ed., p. 8. "Não me parece plausível contrapor bem-estar a desenvolvimento, visto como não é possível a concepção de desenvolvimento sem bem-estar" (Eros Roberto Grau, *Elementos de direito econômico*, pp. 56-57). Ver Golbery do Couto e Silva, *Geopolítica do Brasil*, 4ª ed., p. 13. A nosso ver, numa sociedade de consumo, massificada, reificada, nesse autêntico mundo administrado, o verdadeiro bem-estar é impossível e, portanto, uma ideologia. A regra é, na clássica expressão de Freud, o "mal-estar na civilização". O bem-estar, para Jean Baudrillard, é uma ideologia que oculta o mito da igualdade (*A sociedade de consumo*, p. 47).

243. Sobre a ligação entre o crédito rural, desenvolvimento da produção e crescimento econômico: *Contribuição ao estudo do crédito rural no Paraná*, p. 9. M. Coutinho dos Santos, *Crédito, investimentos e financiamentos rurais*, pp. 154 e ss. Ivan Ribeiro, "Agricultura, agonia da modernização", *Novos Estudos Cebrap*, v. 2, n. 3, p. 55.

244. Manoel Maurício de Albuquerque, *Pequena História da formação social brasileira*, 4ª ed., p. 470. Miriam Limoeiro Cardoso, *Ideologia do desenvolvimento: Brasil JK JQ*, 2ª ed. Caio Prado Jr., *A revolução brasileira*, 6ª ed., pp. 25-26. Paul Singer, *O "milagre brasileiro": causas e conseqüências*, pp. 47 e ss., e *A crise do "milagre"*, 5ª ed., pp. 99 e ss. Sobre as relações do Direito com o desenvolvimento econômico, há uma obra escrita ainda sob a influência do período Kubitschek: Orlando Gomes, *Direito e desenvolvimento*, esp. pp. 27 e ss.

245. Celso Furtado, *O mito do desenvolvimento econômico*, pp. 75 *et passim*. O mito foi muito difundido por Langoni, para quem o crescimento econômico acelerado provocava maior desigualdade mas também diminuía a população abaixo do nível de pobreza – logo, essa desigualdade não significava necessariamente um mal-estar social (Carlos Geraldo Langoni, *Distribuição de renda e desenvolvimento econômico do Brasil*, 2ª ed., pp. 15, 97, 207, 213-214). O problema é que, com isso, "não havia nenhum ataque direto ao problema da pobreza absoluta" (João Paulo dos Reis Velloso, *O último trem para Paris*, p. 141). Como bem coloca Paul Singer, a diminuição da população pobre só não foi maior justamente porque o regime de então

"produtivistas" do regime militar tachavam-na pejorativamente de "populismo distributivista".[246]

E, a partir dessa crítica ao distributivismo, os desenvolvimentistas do período pós-64 passaram a sobrevalorizar o conceito de *produtividade*.[247] Assim, a política agrária do governo passou a se pautar mais no aumento da produtividade (lucro) do que na distribuição da produção (justiça social).[248] Tal preocupação com a produtividade não

optou por dar prioridade aos interesses das classes média e alta: "A experiência histórica demonstra que, em toda parte, o desenvolvimento capitalista tende muito mais a multiplicar o número de ricos do que a reduzir a proporção de pobres" (Paul Singer, *Repartição da renda*, 2ª ed., pp. 62-66).
246. Roberto Campos, "A opção política brasileira", in *A nova economia brasileira*, p. 233. Ver a resposta de Celso Furtado, *O Brasil pós-"milagre"*, 6ª ed., p. 59. Ver também o relato de Maria Helena Moreira Alves, *Estado e oposição no Brasil*, pp. 146-147.
247. Celso Furtado, *Análise do "modelo" brasileiro*, 7ª ed., p. 9. Octavio Ianni, *A ditadura do grande capital*, p. 189. Veja-se, p.ex., Artur da Costa e Silva, "Mensagem presidencial de 1968 ao Congresso Nacional", in *Mensagens presidenciais*, p. 96; Aurélio de Lyra Tavares, *O Brasil de minha geração*, v. 2, p. 122. O conceito de produtividade é essencialmente capitalista (Edson Luiz da Silva dos Santos, *Função social da propriedade: uma fábula para o vazio*, Comunicação apresentada no VII Encontro da Rede de Advogados Populares do Paraná, em Cascavel, 14.9.1997) e desenvolvimentista (Henrique Rattner, *Industrialização e concentração econômica em São Paulo*, p. 137). A produtividade está presente no próprio conceito de desenvolvimento enquanto processo que "se realiza através de modificações estruturais do sistema econômico que possibilitam um aumento continuado da *produtividade* [grifo nosso] média da mão-de-obra" (Antonio Delfim Netto, *Planejamento para o desenvolvimento econômico*, p. 35); ou processo de "maximização dos ganhos de *produtividade* [grifo nosso] ao longo do tempo" (Carlos Geraldo Langoni, *Distribuição de renda e desenvolvimento econômico do Brasil*, 2ª ed., p. 214). A ênfase à produtividade faz parte da ideologia de Estado divulgada pela ESG, conforme vemos em Vilma Figueiredo, *Desenvolvimento dependente brasileiro*, pp. 140-141. A ênfase quantitativa à produtividade do Judiciário está bastante presente na mídia, como vemos no artigo: "Só criminoso lucra com lentidão da Justiça", *Jornal do Brasil*, 11.5.1995, p. 4. Ainda hoje há uma seção no caderno dominical "Direito e Justiça", do jornal *O Estado do Paraná*, em que, sob o título "Produtividade do TA", dá-se destaque ao número de recursos distribuídos e julgados no Tribunal de Alçada do Estado. Sem desmerecer a importância dessas estatísticas, o fato é que a ênfase à produtividade (análise quantitativa) talvez esteja obnubilando qualquer possibilidade de análise qualitativa desses números. Sobre a avaliação quantitativa e qualitativa, ver Luiz Edson Fachin e Maria Francisca Carneiro, *Aspectos da avaliação institucional dos programas de pós-graduação*, pp. 12 e ss. Para quem quiser se aventurar numa perspectiva nietzscheana sobre quantidade e qualidade, ver Gilles Deleuze, *Nietzsche e a filosofia*, pp. 67 e ss.
248. Caio Prado Jr., *A revolução brasileira*, 6ª ed., p. 164. Octavio Ianni, *Estado e planejamento econômico no Brasil*, p. 253. Veja-se, p.ex., o discurso do gover-

poderia estar ausente na definição legal dos objetivos do crédito rural (lê-se claramente na Lei 4.829/65, art. 3º, IV),[249] como aliás não esteve fora dos objetivos da própria reforma agrária defendida pelo governo.[250]

no em *Brasil: 14 anos de Revolução*, pp. 46 e 48. Sobre a conjugação de eficiência produtiva e justiça social, ver Carlos Geraldo Langoni, *A política econômica do desenvolvimento*, p. 13. Mesmo quando a justiça social era expressamente mencionada nos programas governamentais relativos ao setor agrário, estava sendo utilizada como mero componente ideológico a sustentar o modo de produção capitalista e suas contradições (Rejane Vasconcelos Accioly Carvalho, *Justiça social e acumulação capitalista*, p. 13 *et passim*).
249. *Manual do crédito rural*, p. 1. M. Coutinho dos Santos, *Crédito, investimentos e financiamentos rurais*, pp. 154 e ss. Ivan Ribeiro, "Agricultura, agonia da modernização", *Novos Estudos Cebrap*, v. 2, n. 3, p. 55.
250. O Estatuto da Terra (Lei 4.504, de 30.11.1964) estabelecia em seu art. 1º, § 1º, que os princípios orientadores da reforma agrária eram a justiça social e o *aumento da produtividade*. Isso é corroborado pelos debates que lhe deram origem, como registra Luís Viana Filho, *O governo Castelo Branco*, pp. 278 e ss. "Não se contenta o projeto em ser uma lei de reforma agrária. Visa também à modernização da política agrícola do País tendo por isso mesmo objetivo mais amplo e ambicioso; é uma lei de Desenvolvimento Rural" (Humberto de Alencar Castello Branco, "Estatuto da Terra – Mensagem Presidencial", *Arquivos do Ministério da Justiça*, n. 93, mar./1965, pp. 127). A preocupação com o aumento da produtividade revela a origem tecnocrática do diploma legal (a partir do IPES), o que é confirmado por Roberto Campos, que lamenta profundamente o fato de o Estatuto da Terra não ter passado de um "sonho tecnocrático" (*A lanterna na popa*, pp. 639-640, 694 e ss.). Ver a vinculação entre reforma agrária e produtividade também em Carlos Geraldo Langoni, "Distribuição de renda: resumo da evidência", *Dados*, n. 11, p. 115. Para Langoni, a reforma agrária tinha por meta não só a *eqüidade*, mas também a *eficiência* (Carlos Geraldo Langoni, *Distribuição de renda e desenvolvimento econômico do Brasil*, 2ª ed., p. 228). O discurso de Langoni está definitivamente plasmado no atual "projeto" (eufemismo para *mise en scène*) chamado "Parceria & Mercado", pelo qual visa-se aumentar a *produtividade* dos assentamentos e jogá-los na competição do mercado ("FHC critica 'contestadores' que atacam reforma agrária", *Folha de S.Paulo*, 11.3.1999, p. 1.4) – ao custo de juros maiores para assentados e pequenos agricultores ("Reforma agrária é estadualizada", *Gazeta do Povo*, 12.3.1999, p. 16). Outrossim, quando a CF/88 tenta impor a impossibilidade de desapropriação de latifúndio *produtivo* (art. 185, II e parágrafo único), ou coloca o "aproveitamento racional e adequado" (art. 186, I; leia-se: produtividade), a "utilização adequada de recursos" (art. 186, II; leia-se: produtividade), a proteção ao trabalhador (art. 186, III; leia-se: com vistas à maior produtividade) e "exploração" da terra (art. 186, IV; leia-se: produtividade) como requisitos da função social da propriedade (art. 186, *caput*), a reforma agrária mostra-se presa a um requisito de produtividade que, na prática, acaba inviabilizando qualquer tentativa de alteração na estrutura fundiária brasileira – sobre o assunto, Edson Luiz da Silva dos Santos, *Função social da propriedade:*

O resultado da política desenvolvimentista, no setor rural, é a tendência à *modernização tecnológica* da agricultura, verdadeiro eufemismo para a modernização do latifúndio[251] – que, aliás, não é completa.[252] E um dos instrumentos utilizados pelo governo para

uma fábula para o vazio, Comunicação apresentada no VII Encontro da Rede de Advogados Populares do Paraná, em Cascavel, 14.9.1997. Por isso, "apesar da restrição que a função social lhe impõe, o fundamento da propriedade permanece intocado" (Maria Guadalupe Piragibe da Fonseca, "A situação de conflito como o lugar do direito", in *Anais da 43ª reunião anual da SBPC*, p. 203). Tanto isso é verdade que, segundo dados do IBGE, 10 anos de "reforma agrária" (1985-1995) não foram suficientes para promover uma desconcentração fundiária no Brasil (cf. Toni Sciarretta, "Latifúndio se mantém em 10 anos", *Folha de S.Paulo*, 19.12.1998, p. 1.7). Ademais, a própria classificação dos imóveis conforme a produtividade permite – se adaptarmos algumas idéias de Roberto Damatta – "a manutenção de um esqueleto hierarquizante e complementar que convive com os ideais igualitários e complica a percepção do modo de operar do sistema" (Roberto Damatta, *Carnavais, malandros e heróis*, 5ª ed., p. 157). Sobre a (im)possibilidade de desapropriação de latifúndio produtivo, ver as posições conflitantes de Gustavo Tepedino, "Contorni della proprietà nella Costituzione brasiliana del 1988", *Rassegna di diritto civile*, n. 1, pp. 103-104, e "A nova propriedade", *RF* 306/76; José Afonso da Silva, *Curso de direito constitucional positivo*, 19ª ed., pp. 798-799; Milton Inácio Heinen, *A política agrária na CF/88*, Comunicação apresentada no Seminário "A Proteção Jurídica do Povo da Terra", São Paulo, 15 a 17.12.1995; Marcelo Dias Varella, "Por uma visão ainda que dogmática da propriedade", in *Revoluções no campo jurídico*, pp. 216 e ss., e *A função social da propriedade*, Conferência proferida no VI Encontro da Rede de Advogados Populares do Paraná, Maringá, 14.6.1997.

251. Rejane Vasconcelos Accioly Carvalho, *Justiça social e acumulação capitalista*, pp. 12, 52, 161 e ss. "A técnica de produção agrícola, na medida em que ela se moderniza, premia as escalas mais amplas de produção" (Paul Singer, "Desenvolvimento e repartição de renda no Brasil", in *A controvérsia sobre distribuição de renda e desenvolvimento*, 2ª ed., p. 82). Na verdade, o crédito rural, a juros negativos, foi uma verdadeira recompensa ao apoio dos latifundiários à Revolução (Octavio Ianni, *Ditadura e agricultura*, p. 243). A modernização do latifúndio, na ótica desenvolvimentista dos tecnocratas do regime, tornava desnecessária a reforma agrária. Como "o latifúndio improdutivo é um obstáculo ao desenvolvimento agrícola e ao crescimento econômico", a reforma agrária é encarada como "um bom meio [mas não o único...] para expandir o mercado interno", uma medida [mas não a única] de "modernização capitalista das relações no campo" (Roberto Campos, *A lanterna na popa*, pp. 680 e 684). Por isso a reforma agrária de Castello Branco pretendia-se *racional* – assim como a política econômica – para *desenvolver* e *modernizar* a estrutura da propriedade rural (Humberto de Alencar Castello Branco, *Discursos*, pp. 122 e 126), *i. e.*, não necessariamente para promover a justiça social.

252. Ivan Ribeiro, "Política agrícola", in *O modelo brasileiro de desenvolvimento*, p. 4.

essa modernização da empresa rural e capitalização do campo é, justamente, o crédito rural[253] e seus privilégios processuais em favor das instituições financeiras.[254] A expansão de um crédito rural subsidiado para a modernização dos insumos agrícolas seria fundamental para o "milagre".[255]

Esse processo de *modernização conservadora* da agricultura, deflagrado pelo governo por intermédio do crédito rural, significou basicamente o incentivo à produtividade por meio do mero *progresso técnico* (tecnificação), mediante a aquisição, pelo produtor rural, de um verdadeiro "pacote tecnológico" a proporcionar a mecanização (maquinário, tecnologia importada, combustíveis fósseis) e a quimificação (fertilizantes, adubos químicos, novas variedades vegetais, defensivos agrícolas) da agricultura.[256] De fato, como se lê na própria Lei 4.829/65, art. 3º, IV, é objetivo expresso do crédito rural o incen-

---

253. *Anais do I Seminário de Modernização da Empresa Rural*, v. 1, pp. 226 e ss. Luiz Carlos Pinheiro Machado, "Crédito rural e progresso técnico", in *Anais do Simpósio sobre o crédito rural e a Nova República*, p. 57; *Brasil: 14 anos de Revolução*, pp. 47-48. Luís Viana Filho, *O governo Castelo Branco*, p. 262.

254. Os privilégios processuais da cédula de crédito rural são justificados pelos "fins altamente sociais" do crédito rural: "... tais créditos não se constituem em expressão prática de lucros privados, polpudos; porém, são títulos que garantem o financiador desse crédito e, na medida em que o inadimplemento dos devedores faltosos ocorra, nega-se ao credor receber o seu crédito. E, ocorrendo isto, esvazia-se o credor, deixando-se paralelamente o numerário em poder do devedor, sem razão alguma. E, com isto, permanece dinheiro destinado a fins sociais – financiamento da agricultura – em mãos de devedores inadimplentes" (Arruda Alvim, "Cédula de crédito rural – Sua cobrança – Execução fundada em título extrajudicial segundo o novo CPC", *RF* 246/339-340). "Tais subsídios não podem, sob qualquer hipótese, permanecer, além dos prazos estabelecidos nos títulos que os representam, em poder de mutuários impontuais, que, amoitados nos morosos meandros do processo executivo comum, arrastam por anos e anos o andamento do feito, enquanto, de outra parte, desfrutam dos bens apenhados – muitas vezes até a exaustão – abandonando-os depois, já em estado de quase sucata, e aí, levados a arrematação pública, nem sempre cobrem ao menos as custas e despesas do processo" (Sady Dornelles Pires, "Cédula de crédito rural", *RT* 606/46).

255. João Paulo dos Reis Velloso, *O último trem para Paris*, p. 126. João Manuel de Sousa Will, *Dualidade da política de crédito rural na modernização da pequena produção*, p. 28.

256. Carlos Geraldo Langoni, *A economia em transformação*, p. 136. Ivan Ribeiro, "Política agrícola", in *O modelo brasileiro de desenvolvimento*, p. 5. Celso Furtado, *O Brasil pós-"milagre"*, 6ª ed., pp. 26-27. Luís Viana Filho, *O governo Castelo Branco*, p. 262. Artur da Costa e Silva, "Mensagem presidencial de 1968 ao

tivo à "introdução de métodos racionais de produção, visando ao aumento da produtividade".[257] Não se nega que o crédito rural tenha proporcionado o progresso técnico e o aumento da produção em algumas regiões, p.ex., no Paraná.[258] O que se questiona, efetivamente, são os objetivos e os resultados de tal política.

2.4.1 Objetivos

Como a possibilidade de uma reforma agrária verdadeira – não a oficial – sempre feriu "os interesses das classes proprietárias rurais e dos especuladores", preferiu o governo de então evitar qualquer modificação na estrutura da propriedade da terra[259] – como aliás,

Congresso Nacional", in *Mensagens presidenciais*, p. 105. Emílio Garrastazu Médici, *Os vínculos da fraternidade*, p. 17. Clóvis Ramalhete, "Problemas da urbanização da sociedade brasileira", *Anais da V Conferência Nacional da Ordem dos Advogados do Brasil*. p. 250.

257. *Manual do crédito rural*, p. 1.

258. Inclusive por imposição de fiscais e técnicos do Banco do Brasil, com base em cláusula contratual (cf. Clóvis Ramalhete, "Problemas da urbanização da sociedade brasileira", *Anais da V Conferência Nacional da Ordem dos Advogados do Brasil*, 1974, pp. 250-251). Segundo Ivan Ribeiro, no período pós-67, 90% das vendas de fertilizantes, 75% das vendas de defensivos e mais de 90% das vendas de tratores foram realizadas por meio do crédito rural, o que atesta a sua importância na modernização tecnológica da agricultura brasileira (Ivan Ribeiro, "Agricultura, agonia da modernização", *Novos Estudos Cebrap*, v. 2, n. 3, p. 56). Sobre o processo de expansão, no Paraná, do progresso técnico via crédito rural, ver Luiz Alexandre Gonçalves Cunha, *O crédito rural e a modernização da agricultura paranaense*, pp. 127 e ss., 147 e ss. Sobre o inegável aumento da produtividade, no mesmo Estado, ver *Contribuição ao estudo do crédito rural no Paraná*, p. 17. Ver também Susana Gasparovic Kasprzak, *Uma avaliação do desenvolvimento rural no Estado do Paraná*, "... não há dúvida de que a expansão da invenção tecnológica proporcionou, primeiramente ao campo (Revolução Agrária), em segundo lugar à cidade (Revolução Industrial), as possibilidades de bens em quantidades não sonhadas anteriormente" (Maria Isaura Pereira de Queiroz, "Dialética do rural e do urbano", in *A luta pelo espaço*, p. 42).

259. Manoel Maurício de Albuquerque, *Pequena História da formação social brasileira*, 4ª ed., p. 484. Ivan Ribeiro, "Agricultura, agonia da modernização", *Novos Estudos Cebrap*, v. 2, n. 3, p. 56. No entanto, "não se incorre em exagero, afirmar que os planos de investimento rural no Brasil correm o risco de insucesso se permanecer intocada essa estrutura agrária defeituosa. Uma melhor distribuição da propriedade fundiária certamente daria cumprimento à função social da terra e traria mais impacto para a produção agrícola do que apenas investimentos verticalizados" (*Atlas fundiário brasileiro*, p. 49).

vinha evitando qualquer modificação nas estruturas sociais e políticas[260] –, apesar de a postura dos revolucionários de 64 ser "teoricamente" contrária às injustiças sociais e aos privilégios, inclusive de latifundiários.[261]

Assim, da mesma forma como já se havia substituído a reforma urbana por um mero programa habitacional, no setor rural trocou-se a *reforma* agrária ampla[262] pela mera *política* agrária, de estímulos à produtividade via crédito rural.[263] Ou seja: em nome da maior produtividade, nega-se a possibilidade de uma repartição mais equânime das terras, como vemos no temor expresso pelo Gen. Golbery, a "eminência parda" do regime, em anotação feita sobre a conjuntura política brasileira em 1980, que resume o postulado da "teoria do bolo" no campo: "... em toda parte do mundo, onde se aplicou um programa de Reforma Agrária com maior velocidade, houve, inicialmente, uma queda de produção. E hoje, estamos dependendo tão vitalmente da produtividade nas zonas rurais que seria uma temeridade partir

260. Octavio Ianni, *Estado e planejamento econômico no Brasil*, p. 252.
261. Clarence W. Hall, *A nação que se salvou a si mesma*, p. 38. Roberto Campos, *A lanterna na popa*, pp. 695 e 724.
262. Não consideramos reforma agrária a redistribuição limitada de terras feita, p. ex., por programas como o Programa de Redistribuição de Terras e de Estímulo à Agro-Indústria no Norte e Nordeste (Proterra, instituído pelo DL 1.179, de 6.7.1971), cujos propósitos não passam do nível político-ideológico (cf. Rejane Vasconcelos Accioly Carvalho, *Justiça social e acumulação capitalista*, p. 35 *et passim*. Albert Fishlow, "Distribuição de renda no Brasil – um novo exame", *Dados*, n. 11, p. 69). Ver a concepção governista de reforma agrária enquanto "democratização das oportunidades" de acesso à terra em Humberto de Alencar Castello Branco, "Discurso no Ministério da Fazenda", in *A revolução de 31 de março*, p. 246. Para Castello Branco, democratização das oportunidades significava aliar democracia a desenvolvimento (Humberto de Alencar Castello Branco, *Discursos*, pp. 11-12). O Estatuto da Terra não tem sido aplicado como deveria e está longe dos resultados que almejava (Golbery do Couto e Silva, *Planejamento estratégico*, 2ª ed., p. 535), mas não porque "os sucessores de Castello não tinham a 'angústia da terra' do sofrido cearense" (Roberto Campos, *A lanterna na popa*, pp. 695 e 724; Alfred Stepan, *Os militares na política*, p. 171): na verdade, o Estatuto foi feito para não ser cumprido (Leôncio Basbaum, *História sincera da República*, 2ª ed., v. 4, p. 180), mesmo porque o seu cumprimento feriria o acordo entre latifundiários e burguesia rural para a manutenção do poder frente ao perigo de levante social das classes não proprietárias rurais e urbanas (Martha Gimenez *et alii*, "Income Inequality and Capitalist Development", in *Economic Development, Poverty, and Income Distribution*, pp. 248-249).
263. Não há aí qualquer juízo depreciativo à política agrícola de modo geral, que é aquela que, tendo em vista a existência objetiva de um problema, propõe-se a

para exigências mais adiantadas de Reforma Agrária à custa de uma grande variação negativa de produtividade".[264] Mais que um pressuposto da distribuição, o aumento de produtividade é encarado – ainda hoje, e por setores antagônicos do espectro político brasileiro – como a verdadeira solução para o problema da desigualdade social[265] – o que revela um desdém pelos ensinamentos que a História vem dando em sentido diametralmente oposto.

enfrentá-lo (José Joaquim Gomes Canotilho, *Direito constitucional*, 5ª ed., p. 28). Ela está, portanto, num plano diverso da reforma agrária (enquanto uma das soluções em termos de política agrícola), e com ela não se confunde. No entanto, o Pres. Castello Branco, em completa inversão de valores, afirmava que a modernização da agricultura era uma "verdadeira revolução nos campos" (Luís Viana Filho, *O governo Castelo Branco*, pp. 262 e 284). Essa "revolução no campo", todavia, não passava de um eufemismo para a expansão das empresas agrícolas e a implantação gradual do capitalismo monopolista no setor rural (Octavio Ianni, *O ciclo da revolução burguesa*, p. 102, e *Origens agrárias do Estado brasileiro*, pp. 235-236). Nem mesmo alguns defensores do regime de então conseguem disfarçar a frustração que sentiram diante do fracasso do programa de reforma agrária. Roberto Campos, p.ex., lamenta que os órgãos federais encarregados não tenham reconhecido a necessidade de uma reforma agrária, para além de uma política agrária, reforma essa apta a diluir os "latifúndios improdutivos, cuja terra poderia ser realocada para dar melhores oportunidades aos minifundiários ou aos camponeses sem terra" ("A opção política brasileira", in *A nova economia brasileira*, p. 238). Essa concepção desenvolvimentista de "reforma" e política agrária está bem de acordo com o papel que o Estado – desenvolvimentista – deve desempenhar para promover a convivência pacífica entre os interesses da burguesia industrial e dos latifundiários (ver Martha Gimenez *et alii*, "Income Inequality and Capitalist Development", in *Economic Development, Poverty, and Income Distribution*, pp. 248-249).

264. Golbery do Couto e Silva, *Planejamento estratégico*, 2ª ed., pp. 535-536. Esse posicionamento é seguido ainda hoje pelo Centro de Estudos Agrícolas do Ibre (FGV-RJ), cuja chefe, Inês Lopes, afirmou – em desabono à reforma agrária enquanto política que objetiva a maior produtividade – que "na região sul, 70% da oferta de alimentos vêm das grandes propriedades" ("Política agrária deveria buscar alternativas mais baratas", *Gazeta do Povo*, 5.12.1998, p. 22).

265. Quando o governador eleito do Rio Grande do Sul, de perfil de esquerda, afirma que "a paz no campo vai ser restabelecida pelo aumento da produção e da produtividade" ("MST não vai suspender invasões em estados governados pelo PT", *Gazeta do Povo*, 8.11.1998, p. 39), seu raciocínio não está distante do velho discurso de Roberto Campos, quando este afirma que "a única verdadeira perspectiva de 'abertura social' depende da implacável eficiência da economia e do Estado e de uma produtividade sempre crescente" ("Quem tem medo de Virginia Woolf?", *Folha de S.Paulo*, 14.5.1995, p. 1.4).

Com o crédito rural visava-se "o desenvolvimento intensivo e extensivo do capitalismo no campo", com a proletarização do trabalhador rural.[266] No Paraná, p.ex., Luiz Alexandre Gonçalves Cunha afirma que o crédito rural objetivou não o desenvolvimento da agricultura em si, mas a generalização da aquisição de insumos modernos apenas para "superar" problemas de ordem fundiária sem enfrentá-los devidamente.[267]

Isso de certa forma já estava claro no discurso dos apologetas do regime, que defendiam a política agrária de modernização tecnológica, admitindo a inserção da reforma agrária apenas "em algumas sub-regiões".[268] Vejamos o seguinte exemplo: "A revolução democrática enfrentará o problema agrário e promoverá a valorização do trabalhador do campo e o *aumento da produção*, dando terra aos sem terra, *sem o recurso do assalto à propriedade privada*, mas, sobretudo, ajudando aos que produzem – *com o crédito, com a técnica, com a mecanização*, com a assistência social – e *com um mínimo de desapropriações* a preço justo".[269]

Se a modernização da agricultura pode até ser considerada o passo inicial para diminuir as desigualdades no campo, não pode ser o único, sob pena de agravar ainda mais o problema.[270]

---

266. Octavio Ianni, *A ditadura do grande capital*, pp. 16, 89 e ss.; *O ciclo da revolução burguesa*, p. 102, e ainda *Origens agrárias do Estado brasileiro*, pp. 234 e ss. Maria da Conceição Tavares e José Carlos de Assis, *O grande salto para o caos*, 2ª ed., p. 39.

267. Luiz Alexandre Gonçalves Cunha, *O crédito rural e a modernização da agricultura paranaense*, pp. 175-176. Ivan Ribeiro, "Agricultura, agonia da modernização", *Novos Estudos Cebrap*, v. 2, n. 3, p. 56. Os vários focos de desenvolvimento econômico mantêm, "indefinidamente, estruturas sócio-econômicas e políticas arcaicas ou semi-arcaicas operando como impedimento à reforma agrária" (Florestan Fernandes, *A revolução burguesa no Brasil*, p. 306).

268. Carlos Geraldo Langoni, *A economia em transformação*, p. 136.

269. Octávio Pereira da Costa, "Compreensão da revolução brasileira", in Humberto de Alencar Castello Branco *et alii*, *A revolução de 31 de março*, p. 77, grifos nossos. Ver também Humberto de Alencar Castello Branco, "Discurso na Assembléia Legislativa do Estado do Rio", in *A revolução de 31 de março*, pp. 219 e ss. Clarence W. Hall, *A nação que se salvou a si mesma*, p. 38.

270. G. Edward Schuh, "A modernização da agricultura brasileira", in *Tecnologia e desenvolvimento agrícola*, p. 41. Conforme reconhece documento do Centro de Estudos Agrícolas do Ibre (FGV-RJ), é a reforma agrária que atenua os efeitos sociais da modernização agrícola ("Política agrária deveria buscar alternativas mais baratas", *Gazeta do Povo*, 5.12.1998, p. 22).

2.4.2 Resultados

A mudança dos insumos, promovida pelo processo de modernização tecnológica da agricultura, mediante o crédito rural, beneficiou "as empresas fabricantes de equipamentos agrícolas e de tratores, quase todas multinacionais",[271] promovendo uma dependência tecnológica em relação aos países desenvolvidos.[272] "A agricultura se desenvolve e se transforma segundo interesses do capital centrado na indústria, nacional e estrangeira".[273] Por isso, o financiamento da agricultura comercial brasileira favoreceu, direta ou indiretamente, "o processo de acumulação de capital no complexo industrial do Centro-Sul do País", promovendo uma maior desigualdade regional.[274] Conseqüentemente, a formação de seus preços se deu preci-

---

271. Manoel Maurício de Albuquerque, *Pequena História da formação social brasileira*, 4ª ed., p. 484. "Há grileiros, latifundiários, fazendeiros, empresários e órgãos governamentais, em todas as áreas do país, trabalhando segundo os interesses das multinacionais" a partir de 1964 (Octavio Ianni, *Origens agrárias do Estado brasileiro*, p. 245).

272. "With few exceptions, third-world planners and statesmen bought the HT [high technology] message and its concomitant dependence on Western technology sources" (Paul Wehr, "Intermediate Technology and Income Distribution in Developing Nations", in *Economic Development, Poverty, and Income Distribution*, p. 290). Carlos Geraldo Langoni, *Distribuição de renda e desenvolvimento econômico do Brasil*, 2ª ed., pp. 82 e 121.

273. Octavio Ianni, *Origens agrárias do Estado brasileiro*, p. 242.

274. Maria da Conceição Tavares, *Da substituição de importações ao capitalismo financeiro*, 11ª ed., p. 135. João Manuel de Sousa Will, *Dualidade da política de crédito rural na modernização da pequena produção*, p. 57. Werner Baer, *A economia brasileira*, pp. 99-100. Carlos Geraldo Langoni, *Distribuição de renda e desenvolvimento econômico do Brasil*, 2ª ed., pp. 159 e ss., e *A política econômica do desenvolvimento*, p. 27. Ivan Ribeiro, "Agricultura, agonia da modernização", *Novos Estudos Cebrap*, v. 2, n. 3, p. 56. Maria Isaura Pereira de Queiroz, "Dialética do rural e do urbano", in *A luta pelo espaço*, pp. 48-49. Ainda sobre a tendência à desigualdade regional nos países em processo de desenvolvimento, ver William Loehr, "Economic Underdevelopment and Income Distribution", in *Economic Development, Poverty, and Income Distribution*, p. 21. Vale lembrar que essa desigualdade regional era utilizada, pelo próprio regime que a acentuava, como pretexto para uma maior centralização política no plano federativo, em benefício desse regime (basta verificar em Aurélio de Lyra Tavares, *O Brasil de minha geração*, v. 2, p. 265). Na retórica desenvolvimentista, a desigualdade regional haveria de ser combatida com a panacéia de sempre: o desenvolvimento – no caso, desenvolvimento regional (Afonso Albuquerque Lima, "O desenvolvimento regional como fator de unidade nacional", *Revista do Clube Militar*, n. 176, pp. 12-15).

puamente na indústria, portanto fora do próprio setor agrícola, inserindo-se em "estruturas oligopolistas investidas de forte poder de mercado".[275]

A intensa incorporação de insumos químicos e máquinas, promovida pelo crédito rural, implica também um excesso de mão-de-obra (desemprego) e, conseqüentemente, manutenção de salários baixos, redundando tudo isso em pauperização generalizada da população rural, associada a movimentos migratórios (êxodo rural) e subseqüente inchaço das periferias das cidades (favelização e urbanização descontrolada).[276]

Apesar de o crédito rural, oficialmente, pretender fortalecer os pequenos e médios produtores,[277] ele favoreceu mais aos grandes pro-

275. Celso Furtado, *O Brasil pós-"milagre"*, 6ª ed., pp. 26-27. João Manuel de Sousa Will, *Dualidade da política de crédito rural na modernização da pequena produção*, p. 57. Octavio Ianni, *Origens agrárias do Estado brasileiro*, p. 247. Ainda a propósito da formação de preços, disse o ex-Min. Delfim Netto que a introdução da tecnologia nos países subdesenvolvidos "se faz de maneira descontínua, aos saltos, o que produz desequilíbrios de magnitude dificilmente absorvíveis pelo sistema de preços, a não ser à custa de altas e baixas muito violentas, que tornam o custo social do desenvolvimento insuportável, principalmente para as classes trabalhadoras" (Antonio Delfim Netto, *Planejamento para o desenvolvimento econômico*, p. 13).

276. Vanessa Fleischfresser, *Modernização tecnológica da agricultura*, pp. 135-136 e 140. Paul Wehr, "Intermediate Technology and Income Distribution in Developing Nations", in *Economic Development, Poverty, and Income Distribution*, p. 292. Martha Gimenez *et alii*, "Income Inequality and Capitalist Development", in *Economic Development, Poverty, and Income Distribution*, p. 243. Celso Furtado, *O Brasil pós-"milagre"*, 6ª ed., p. 86. Paul Singer, "Desenvolvimento e repartição de renda no Brasil", in *A controvérsia sobre distribuição de renda e desenvolvimento*, 2ª ed., pp. 84-86 e ss. José Sérgio Leite Lopes, "Sobre o debate da distribuição da renda", in *A controvérsia sobre distribuição de renda e desenvolvimento*, 2ª ed., pp. 315-316. Octavio Ianni, *A classe operária vai ao campo*, caderno n. 24, pp. 24 e ss. Juarez R. Brandão Lopes, *Do latifúndio à empresa*, caderno n. 26, p. 10. O processo de tecnificação da agricultura associado ao deslocamento de mão-de-obra da zona rural para as cidades é encarado positivamente por Delfim Netto, quando for compensado pelo aumento de produtividade agrícola (Antonio Delfim Netto, *Planejamento para o desenvolvimento econômico*, pp. 50-51). Ver também Carlos Geraldo Langoni, *Distribuição de renda e desenvolvimento econômico do Brasil*, 2ª ed., pp. 57-58 e 231.

277. Lei 4.829/65, art. 3º, III. *Manual do crédito rural*, p. 1. Luiz Carlos Pinheiro Machado, "Crédito rural e progresso técnico", in *Anais do Simpósio sobre o crédito rural e a Nova República*, p. 59.

prietários, que têm maior acesso a ele do que os pequenos.[278] Ou seja: quanto maior a área de que dispõem os proprietários, maior é a capacidade de endividamento e maiores são as chances de serem atendidas suas pretensões ao crédito (preferencialmente subsidiado) e modernizadas sua lavoura.[279] Basicamente, o financiamento ao pequeno produtor é dificultado pelas limitações dos capitais individuais.[280] Ademais, o crédito rural, ao fazer da propriedade rural uma das garantias colaterais mais importantes para o acesso ao financiamento, promoveu a ociosidade de parte das terras, incentivando assim o latifúndio improdutivo,[281] além de ter concentrado essas propriedades na esfera patrimonial das instituições financeiras, após a execução das dívidas.[282] A grande propriedade rural passa a setores empre-

278. *Contribuição ao estudo do crédito rural no Paraná*, pp. 10 e 17. Ivan Ribeiro, "Política agrícola", in *O modelo brasileiro de desenvolvimento*, p. 5.
279. Rejane Vasconcelos Accioly Carvalho, *Justiça social e acumulação capitalista*, pp. 37-38. Bernardo Sorj, *Estado e classes sociais na agricultura brasileira*, 2ª ed., p. 138. Isso foi reconhecido inclusive em obra editada com o apoio do Banco Bamerindus do Brasil: em 1970, p.ex., os pequenos proprietários tiveram participação de apenas 14% nos recursos destinados ao crédito rural (Raymond Goldsmith, *Brasil 1850-1984*, p. 449). As propriedades com mais de 200ha, que representavam apenas 13% dos tomadores, dispunham de 56% do crédito rural (Ivan Ribeiro, "Agricultura, agonia da modernização", *Novos Estudos Cebrap*, v. 2, n. 3, p. 56). E, no entanto, o crédito rural estava em franca expansão: da média de 13% do crédito total no período 1960-1967, passou a 26% do crédito total no período 1968-1974 (Thomas Skidmore, *Brasil: de Castelo a Tancredo*, 4ª ed., p. 188).
280. João Manuel de Sousa Will, *Dualidade da política de crédito rural na modernização da pequena produção*, p. 55.
281. Carlos Geraldo Langoni, *Distribuição de renda e desenvolvimento econômico do Brasil*, 2ª ed., p. 230. Por esse mesmo motivo, Langoni sugeriu àquela época um crédito rural que tivesse por garantia o produto rural, o que veio a se concretizar na Lei 8.929/94 (cédula de produto rural), sobre a qual falaremos brevemente na seção 4.4.
282. Numa mesma edição da *Gazeta do Povo*, há duas notícias sintomáticas desse processo. A primeira relata os protestos de agricultores paranaenses contra os juros abusivos cobrados pelas instituições financeiras (Banestado e Banco do Brasil), que tornam suas dívidas impagáveis e acabam descapitalizando a lavoura. O destaque fica por conta de um produtor rural que emprestou em 1994 R$ 13.600,00 para comprar um trator. Pagou R$ 20.320,00 e ainda deve, segundo o Banestado, R$ 32.000,00 ("Agricultores protestam em Curitiba", *Gazeta do Povo*, 22.10.1998, p. 7). A segunda notícia trata da ocupação, por sem-terra, de uma fazenda que o Banco do Brasil recebeu em pagamento de uma dívida agrária. A ocupação foi um protesto pelo fato de a instituição financeira ter anunciado o leilão da área, descumprindo o compromisso de vendê-la ao Incra para que a destinasse à reforma agrária ("MST ocupa área do Banco do Brasil em Arapongas", *Gazeta do Povo*, cit., p. 16). Ver Boaventu-

sariais urbanos que buscam se beneficiar das facilidades do crédito rural para com as grandes áreas.[283] A ameaça de execução das dívidas agrárias e as promessas de renegociação e alongamento de prazos têm servido de moeda de troca política no Congresso: com elas o Governo federal acena à bancada ruralista para obter a aprovação dos projetos de seu interesse.[284] Assim, os incentivos governamentais à modernização da produção, "em vez de provocar cisão, reforçam os laços entre propriedade fundiária e capital",[285] eis que provocam uma valorização das grandes propriedades.[286] Valorização, principalmente, dos latifúndios que têm sua produção destinada à agro-exportação,[287]

ra de Sousa Santos, "O Estado, o direito e a questão urbana", in *Conflitos de direito de propriedade*, pp. 51-52.

283. "Os favores creditícios e fiscais, os preços mínimos, as garantias das safras e outras políticas agrárias governamentais estão sempre na conta de empresários e grupos. Tanto assim que muitos têm negócios na terra. Umas vezes para desenvolver realmente empreendimentos agrícolas; outras apenas para ter acesso a créditos com juros negativos" (Octavio Ianni, *Origens agrárias do Estado brasileiro*, p. 247).

284. "Securitização da dívida rural ganha mais prazo", *Gazeta do Povo*, 18.9.1996, p. 17. A mais recente utilização do crédito rural como instrumento de barganha política se verificou para a aprovação da Reforma da Previdência, como se constata, p.ex., da leitura das seguintes matérias: Luiza Damé e Denise Madueño, "Governo favorece ruralista para retomar a votação", *Folha de S.Paulo*, 5.11.1998, p. 1.4. "CMN aprova a prorrogação do pagamento das dívidas agrícolas", *Gazeta do Povo*, 6.11.1998, p. 21.

285. Rejane Vasconcelos Accioly Carvalho, *Justiça social e acumulação capitalista*, pp. 37-38.

286. Bernardo Sorj, *Estado e classes sociais na agricultura brasileira*, 2ª ed., p. 138. Manoel Maurício de Albuquerque, *Pequena História da formação social brasileira*, 4ª ed., p. 484.

287. Manoel Maurício de Albuquerque, *Pequena História da formação social brasileira*, 4ª ed., p. 484. Sobre o favorecimento à lavoura de exportação, ver Maria Helena Moreira Alves, *Estado e oposição no Brasil*, p. 75. A existência de uma elite agro-exportadora é um reflexo da bifurcação do mundo capitalista em centro e periferia, como vemos no trecho a seguir: "The main structural feature of this accumulation process is the bifurcation of the capitalist world into a *center*, consisting of developed societies in which labor is highly productive, and a *periphery*, consisting of a backward underdeveloped societies in which the productivity of labor is relatively low [grifos no original]. Moreover, the center-periphery bifurcation is repeated within peripheral capitalist societies. *Here we find one sector of the economy which is relatively modernized and typically oriented toward foreign markets, and another (usually larger) sector using primitive production techniques and oriented toward local markets or possibly outside the market system altogether*" [grifo nosso] (Martha Gimenez *et alii*, "Income Inequality and Capitalist Development", in *Economic Development, Poverty, and Income Distribution*, pp. 241, 246 e ss.). Ver Fernando

p.ex., de soja.[288] Essa valorização favoreceu também à "fagocitose" das propriedades mais fracas pelas mais tecnificadas.[289] Mais favorecidas ainda, todavia, foram as instituições financeiras,[290] amparadas que estavam pelas novas garantias jurídicas e processuais.[291]

De qualquer forma, a modernização da agricultura promoveu a canalização dos investimentos para setores privilegiados e a exclusão da maioria da população dos benefícios do desenvolvimento.[292] Em

Henrique Cardoso e Enzo Faletto, *Dependência e desenvolvimento na América Latina*, 7ª ed., pp. 63 e ss.

288. A "monocultura" da soja, em latifúndios paranaenses, foi estimulada pelo crédito rural (Luiz Alexandre Gonçalves Cunha, *O crédito rural e a modernização da agricultura paranaense*, pp. 161 e ss.). Segundo Ivan Ribeiro, enquanto soja, café, cana-de-açúcar e algodão recebiam 50% dos recursos destinados ao crédito rural, feijão e mandioca receberam apenas 3% (Ivan Ribeiro, "Agricultura, agonia da modernização", *Novos Estudos Cebrap*, v. 2, n. 3, p. 56). Como bem observou Gilberto Freyre, a prática brasileira da monocultura para exportação tem o condão de dificultar a lavoura de gêneros alimentícios para consumo interno (Gilberto Freyre, *Casa-grande & senzala*, 21ª ed., p. 82). Daí a escassez, o preço dos alimentos e a fome.

289. José Sérgio Leite Lopes, "Sobre o debate da distribuição da renda", in *A controvérsia sobre distribuição de renda e desenvolvimento*, 2ª ed., p. 315. A modernização da cotonicultura no estado de São Paulo, p.ex., esteve claramente associado a um processo de concentração fundiária, de 1950 a 1971 (Maria Isaura Pereira de Queiroz, "Dialética do rural e do urbano", in *A luta pelo espaço*, p. 49).

290. Florestan Fernandes, *A revolução burguesa no Brasil*, p. 118. Tanto que hoje "um programa de desapropriações agrárias nas áreas de maior viabilidade econômica, e isto é extensivo também às zonas novas da fronteira agrícola, encontrará pela frente zonas apropriadas pelo capital financeiro, inscritas sob diferentes títulos jurídicos nos patrimônios dos Bancos, *holdings*, Cooperativas, Sociedades Anônimas Comerciais e Industriais, Imobiliárias etc." (Guilherme da Costa Delgado, *Capital financeiro e agricultura no Brasil*, p. 223). Sobre o favorecimento às instituições financeiras no período do milagre, ver Maria da Conceição Tavares e José Carlos de Assis, *O grande salto para o caos*, 2ª ed., pp. 36-39.

291. Um assessor do Banco Noroeste, ao tentar invocar uma suposta solicitude patriótica das instituições financeiras (não mencionando os benefícios legais de que passavam a dispor), admite que, após o movimento de 64, "os financiadores da rede bancária privada, que evitavam a prática do crédito rural devido à corrosão sofrida pela moeda nos créditos de médio e longo prazo, passaram a atender ao chamamento do Governo e a se tornarem agentes financeiros da capitalização dos créditos oriundos de recursos oficialmente obtidos" (Mário Kruel Guimarães, *Crédito rural: enfoques da política agrária brasileira*, p. 123). É óbvio que isso ocorreu devido à existência – reconhecida pelo próprio Pres. Médici – de alguns mecanismos no crédito rural que beneficiam mais à instituição financeira que ao produtor (Emílio Garrastazu Médici, *A compreensão do povo*, p. 15).

292. Celso Furtado, *O Brasil pós-"milagre"*, 6ª ed., p. 28. Paul Wehr, "Intermediate Technology and Income Distribution in Developing Nations", in *Economic*

outras palavras, a maior parte da população rural permaneceu à margem do processo de modernização e industrialização, mantendo-se com índices baixos de produtividade e abaixo da linha de pobreza.[293] Essa política de desenvolvimento desigual em nada destoa do controle oligárquico do poder, pelo contrário: estimula a sua universalização.[294]

2.4.3 Resultado dos resultados

Como conseqüência final desses três resultados imediatos da política de crédito rural (favorecimento a oligopólios fabricantes dos insumos e máquinas, êxodo da população rural pauperizada e favorecimento aos grandes proprietários), temos o óbvio: um inegável processo seletivamente violento de agravamento das distorções sociais (desigualdade) no setor rural, com o recrudescimento no processo de concentração da propriedade[295] – cujos dados estatísticos já foram expostos na seção 1.6.

Development, Poverty, and Income Distribution, p. 291. João Paulo dos Reis Velloso, Min. do Planejamento de Médici e Geisel, num tom de autocrítica, observou que o modelo de desenvolvimento brasileiro dos anos 50 e de 1968 a 1973, sofreu de "falta de abertura para a faixa de renda baixa" (João Paulo dos Reis Velloso, *O último trem para Paris*, p. 141). Oficialmente, Delfim Netto, Médici e Miguel Reale se diziam favoráveis a que os benefícios do desenvolvimento fossem acessíveis a todos (Antonio Delfim Netto, *Planejamento para o desenvolvimento econômico*, p. 11. Emílio Garrastazu Médici, *O jogo da verdade*, 2ª ed., pp. 13-14. Miguel Reale, *A revolução e a democracia*, 2ª ed., p. 123). No entanto, isso é pouco, eis que "a ampliação e garantia dos direitos e deveres implícitos no exercício da cidadania supõem, de imediato, a possibilidade não só de usufruir dos benefícios materiais e culturais do desenvolvimento, como também, sobretudo, a de interferir nos destinos desse desenvolvimento", o que jamais o regime sequer cogitou (Lúcio Kowarick, *A espoliação urbana*, p. 27).

293. Albert Fishlow, "Distribuição de renda no Brasil – um novo exame", *Dados*, n. 11, p. 65. "Nas áreas atrasadas do campo, a concentração de renda agrária continuou inalterada como nos velhos tempos; mas piorou nas áreas onde o capitalismo agrário-exportador se modernizava aceleradamente" (Maria da Conceição Tavares e José Carlos de Assis, *O grande salto para o caos*, 2ª ed., p. 39).

294. Florestan Fernandes, *A revolução burguesa no Brasil*, p. 210.

295. *Contribuição ao estudo do crédito rural no Paraná*, p. 17. Bernardo Sorj, *Estado e classes sociais na agricultura brasileira*, 2ª ed., p. 138. Vanessa Fleischfresser, *Modernização tecnológica da agricultura*, pp. 135, 140. Octavio Ianni, *Ditadura e agricultura*, p. 249. Celso Furtado, *O Brasil pós-"milagre"*, 6ª ed., p. 86. Carlos Geraldo Langoni, *Distribuição de renda e desenvolvimento econômico do Brasil*, 2ª ed., pp. 166-168, 225-226. De fato, a implantação do capitalismo no campo, por meio de grandes empresas rurais e agro-exportadoras, promoveu mais desigualdade no setor rural (Octavio Ianni, *Origens agrárias do Estado brasileiro*, pp. 234-236).

2.5 AI-5 e crédito industrial

2.5.1 A Constituição dos porões

Em 15.3.1967, pela primeira vez na História da República, um militar passa a faixa presidencial a outro militar,[296] tomando posse o Pres. Costa e Silva, que, apesar de ser reconhecidamente o representante da "linha dura", mostrou de início uma tênue intenção de democratizar e "humanizar" a revolução.[297] Na primeira mensagem

---

296. Ressalte-se que de Deodoro a Floriano a faixa também foi passada entre militares, mas por renúncia do primeiro. Antes de 15.3.1967, a temporariedade dos governos militares era saudada pelos defensores do regime pós-64 (Clarence W. Hall, *A nação que se salvou a si mesma*, p. 26. Alberto Deodato, "Sobre as revoluções brasileiras", *A revolução de 31 de março*, p. 276). Ver também Eugênio Gudin, *Para um Brasil melhor*, p. 70. Aurélio de Lyra Tavares, *O Brasil de minha geração*, v. 2, pp. 130-131. Olympio Mourão Filho, *Memórias*, 2ª ed., p. 407. A eleição indireta (AI-1 art. 2º, AI-2 art. 9º, CF/67 art. 76, CF/69 art. 74) tinha por justificativa a manutenção da ordem (Olympio Mourão Filho, ob. cit., p. 417), mas na verdade era mais restrita do que uma eleição indireta, pois passava antes por um verdadeiro colégio eleitoral militar (Thomas Skidmore, *Brasil: de Castelo a Tancredo*, 4ª ed., pp. 197 e ss.). As eleições indiretas tinham também como justificativa o subdesenvolvimento político brasileiro, que, segundo Eugênio Gudin, era o responsável pelos desastres que resultam das eleições diretas (Eugênio Gudin, *Para um Brasil melhor*, pp. 71-72, 108 e ss.).
297. Thomas Skidmore, *Brasil: de Castelo a Tancredo*, 4ª ed., p. 148. Alfred Stepan, *Os militares na política*, p. 183. Leôncio Basbaum, *História sincera da República*, 2ª ed., v. 4, pp. 177 e ss. Octavio Ianni, *Estado e planejamento econômico no Brasil*, pp. 238-240. Maria Helena Moreira Alves, *Estado e oposição no Brasil*, p. 112. Olympio Mourão Filho, *Memórias*, 2ª ed., p. 438. Lucia Maria Gomes Klein, "A nova ordem legal e suas repercussões sobre a esfera política", *Dados*, n. 10, p. 158. Basta ler a sua primeira mensagem anual ao Congresso: Artur da Costa e Silva, "Mensagem ao Congresso de 1968", in *Mensagens presidenciais*, pp. 83-117. Estranhamente, um ano antes do AI-5, ao comentar o DL 200/67, seu Ministro do Planejamento criticava a centralização excessiva de poderes e decisões no Executivo da União, chegando a afirmar que "o amor à liberdade sempre conduziu o brasileiro a lutar contra todas as formas de centralização do poder" (Helio Beltrão, *Reforma administrativa*, pp. 43-44, 73, 84 e ss.), e seu Ministro da Fazenda falava em desenvolvimento aliado a descentralização do poder (Antonio Delfim Netto, "Convocação para o desenvolvimento", *Revista de Finanças Públicas*, n. 257, p. 3). Tempos depois, Langoni pleiteou também uma descentralização econômica, *i.e.*, dos poderes alocativos de recursos na órbita estatal (Carlos Geraldo Langoni, *A política econômica do desenvolvimento*, pp. 78-79). Todo esse discurso de descentralização administrativa está presente até hoje no discurso governamental, com poucos retoques, p.ex., na exposição do vice-presidente do Conselho de Reforma do Estado, João Geraldo Piquet Carneiro ("Autoritarismo prevalece na administração pública", *Gazeta do Povo*, 28.12.1997, p. 3), ou em Antonio Kandir, *Brasil século XXI*, pp. 135-136.

ao Congresso, chegou a afirmar que "a ordem jurídica foi plenamente assegurada".[298] Contudo, mais uma *crise entre o Executivo e o Legislativo* (decorrente do famoso episódio do discurso do Deputado Márcio Moreira Alves e da recusa do Congresso em aceitar a sua punição)[299] ensejou ao Presidente a imposição do AI-5, de 13.12.1968, notoriamente o mais autoritário de todos os atos normativos da história política da República.[300] Ou seja, apesar de, até então, as Forças Armadas nunca terem revelado "nenhuma tendência para pegar o poder para si – mesmo quando teria sido mais fácil, e quiçá aconselhável, fazê-lo",[301] até Roberto Campos observou que "nunca se atingiu talvez na vida nacional o grau de concentração de poder político de que usufruiu o Governo Federal na fase revolucionária".[302]

298. Artur da Costa e Silva, "Mensagem presidencial de 1968 ao Congresso Nacional", in *Mensagens presidenciais*, p. 99. Em artigo publicado um mês antes do AI-5, Eugênio Gudin chegou a lamentar que a Revolução já tinha acabado, que a imprensa era livre, que os Tribunais permaneciam "onipotentes" na concessão de *habeas corpus* e mandados de segurança, que os Atos Institucionais já não mais vigoravam, e, pior que isso, "em nenhum desses Atos teve ela [a Revolução] a coragem de acabar – o que era essencial – com 'o direitos adquiridos contra a Nação'" (Eugênio Gudin, *Para um Brasil melhor*, p. 95).
299. O pretexto era, evidentemente, a preservação da ordem e da democracia (Aurélio de Lyra Tavares, *O Brasil de minha geração*, v. 2, pp. 132, 181 e ss.) e o ataque à "licenciosidade parlamentar" (Eugênio Gudin, *Para um Brasil melhor*, pp. 115 e 118). Todavia, um revolucionário de primeira hora e então Presidente do STM, o Gen. Olympio Mourão Filho, apresenta versão que está longe de abonar a conduta do Gen. Lyra Tavares, então Ministro do Exército, no episódio (Olympio Mourão Filho, *Memórias*, 2ª ed., pp. 445-451). Ver sobre o assunto Thomas Skidmore, *Brasil: de Castelo a Tancredo*, 4ª ed., pp. 162 e ss. Maria Helena Moreira Alves, *Estado e oposição no Brasil*, pp. 129-130. Fábio Altman, "O dia do AI-5", *Época*, 7.9.1998, pp. 74-86.
300. José Afonso da Silva, *Curso de direito constitucional positivo*, 19ª ed., pp. 88-89. Leonel Severo Rocha, "Os senhores da lei", in *Epistemologia jurídica e democracia*, pp. 116-117. Octavio Ianni, *A ditadura do grande capital*, p. 181. Luís Roberto Barroso, *O direito constitucional e a efetividade de suas normas*, 2ª ed., p. 35. O Gen. Lyra Tavares, um dos pivôs do AI-5, justifica o rigor da medida citando Abraham Lincoln: "certas medidas inconstitucionais podem tornar-se legítimas quando se fizerem indispensáveis" (Aurélio de Lyra Tavares, *O Brasil de minha geração*, v. 2, p. 186).
301. Clarence Hall, *A nação que se salvou a si mesma*, p. 26.
302. Roberto Campos, *Ensaios imprudentes*, p. 217. Thomas Skidmore, *Brasil: de Castelo a Tancredo*, 4ª ed., pp. 224, 231-232. "O controle integral do

O AI-5 foi a verdadeira Constituição do período pós-68, não só porque, sem termo final de vigência,[303] acabou fundamentando todos os demais Atos Institucionais e Complementares,[304] mas também devido ao alto grau de centralização política que logrou institucionalizar.[305] Essa centralização política se fazia sob o recor-

Estado pelos militares e sua autolegitimação pelos Atos Institucionais constituíram o mais formidável reforço do poder público central jamais experimentado no Brasil, resultando em haver equipado o Governo com meios coercitivos dificilmente igualados nos regimes mais autoritários" (Helio Jaguaribe, "Estabilidade social pelo colonial-fascismo", in *Brasil: tempos modernos*, 3ª ed., p. 40). Ainda sobre o AI-5, disse Pontes de Miranda que é triste "assistir a um decênio de retorno a mais de cinco séculos da nossa herança jurídica, política e moral" ("Habeas corpus", in *VII Conferência da Ordem dos Advogados do Brasil*, 1978, pp. 288-289).

303. Miguel Reale, *A revolução e a democracia*, 2ª ed., pp. 57 e ss. Com isso, a exceção passa a ser regra (Lucia Maria Gomes Klein, "A nova ordem legal e suas repercussões sobre a esfera política", *Dados*, n. 10, pp. 155 e 159). Roberto Campos, com base em distinção sem qualquer pertinência, afirmou que o prolongamento indefinido do AI-5 "transformaria a 'ditadura constitucional' em ditadura inconstitucional" (*Um projeto político para o Brasil*, p. 7).

304. O AI-5 fundamentou todos os Atos Complementares posteriores, até o último (AC-104, de 26.7.1977), passando pelo famoso "Pacote de Abril", que dentre outras medidas (6 DLs) criou a figura do "senador biônico" e decretou o recesso do Congresso (AC-102, de 1.4.1977), reaberto alguns dias depois (AC-103, de 14.4.1977). Registre-se que, para Miguel Reale, o AI-5, ao contrário das demais normas constitucionais, não poderia sequer ser revogado por Emenda Constitucional (Miguel Reale, *A revolução e a democracia*, 2ª ed., pp. 151-252, e *Política de ontem e de hoje*, p. 113) – o que reforça sua posição na hierarquia das normas jurídicas de então.

305. O AI-5 "representa efetivamente a única e verdadeira norma reguladora da estrutura constitucional brasileira em vigor. E acabou por afastar e excluir do poder, e mesmo de suas proximidades, como não podia deixar de ser em face das premissas do regime, quaisquer outras forças ou influências diretas que não fossem a cúpula militar dominante e os tecnocratas executores da grande tarefa 'desenvolvimentista'" (Caio Prado Jr., *A revolução brasileira*, 6ª ed., pp. 261-262). Ver também Leonel Severo Rocha, "Os senhores da lei", in *Epistemologia jurídica e democracia*, pp. 116-117. Florestan Fernandes, *A revolução burguesa no Brasil*, p. 359. Sobre a centralização política operada, pelo AI-5, no plano horizontal (hegemonia do Executivo) e vertical (enfraquecimento da federação), ver Thomas Skidmore, *Brasil: de Castelo a Tancredo*, 4ª ed., pp. 166-177. No plano horizontal, registre-se que o Legislativo, continuamente tolhido em sua função legiferante a partir do AI-1, vinha tentando exercer uma residual função de controle da atividade normativa do Executivo, tentativa essa que foi definitivamente frustrada com o AI-5 (Carlos A. Astiz, "O papel atual do Congresso brasileiro", in *O Legislativo e a tecnocracia*, pp. 10-14).

rente lema do *desenvolvimento com segurança* (ver seu Preâmbulo),[306] que inaugura o chamado "capitalismo burocrático".[307]

2.5.2 Desenvolvimento com segurança

O binômio desenvolvimento-segurança é a base da doutrina de segurança exportada por Robert McNamara, Secretário de Defesa dos EUA nos governos Kennedy e Johnson (1961-1968) – e em grande parte responsável pela escalada do conflito no Vietnã.[308] A chave da tese de McNamara é a seguinte: "segurança significa desenvolvimento" e "sem desenvolvimento não pode haver segurança", vale dizer, segurança e desenvolvimento são interdependentes.[309] Por

306. Na reunião do Conselho de Segurança Nacional, que decidiu pela adoção do AI-5, o Min. Delfim Netto reafirmou o tom desenvolvimentista que animava as mais severas medidas de exceção com as seguintes palavras: "Eu creio que a revolução veio não apenas para restaurar a moralidade administrativa neste país mas principalmente para criar as condições que permitissem a modificação de estruturas que facilitassem o desenvolvimento econômico. Esse é realmente o objetivo básico. Creio que a revolução muito cedo meteu-se numa camisa-de-força [a Constituição de 1967...] que a impede de realmente realizar esses objetivos. (...) Eu acredito que deveríamos atentar e deveríamos dar a vossa excelência, ao Presidente da República, a possibilidade de realizar certas mudanças constitucionais, que são absolutamente necessárias para que este país possa realizar seu desenvolvimento com maior rapidez" (Fábio Altman, "O dia do AI-5", *Época*, 7.9.1998, p. 80). O comentário de Dora Kramer é perfeito: "Para Delfim Netto, as razões de desenvolvimento econômico justificam o sacrifício das liberdades individuais. É um pensamento. Aliás, muito mais comum do que se imagina na tecnocracia e até mesmo na cabeça de um senso comum que, impacientes com o ritmo do contraditório natural à livre expressão e ao exercício da política, cobra de governos democráticos rasgos de autoridade e rapidez de procedimentos, só permitidos quando se extrapolam as leis e se mandam as instituições às favas" (Dora Kramer, "Abre as asas sobre nós", *Jornal do Brasil*, 8.12.1998, p. 2).

307. O capitalismo burocrático é o sistema econômico em que o poder público contribui para a formação e acumulação de capital, em proveito de interesses privados (Caio Prado Jr., *A revolução brasileira*, 6ª ed., pp. 122, 232, 252-257, 262-265).

308. McNamara foi também presidente do Banco Mundial, e nesse cargo chegou a criticar a distribuição de renda do seu maior cliente, o Brasil, a partir do famoso artigo de Albert Fishlow que detonou a controvérsia sobre a distribuição de renda no Brasil pós-64 (José Sérgio Leite Lopes, "Sobre o debate da distribuição da renda", in *A controvérsia sobre distribuição de renda e desenvolvimento*, 2ª ed., pp. 288-289). O artigo de Fishlow foi traduzido para o português: Albert Fishlow, "A distribuição de renda no Brasil", in *A controvérsia sobre distribuição de renda e desenvolvimento*, 2ª ed., pp. 159-189.

309. Robert McNamara, *A essência da segurança*, pp. 173-175. Essas palavras são citadas *ipsis literis* e endossadas por Mário Pessoa, *O direito da segurança*

interesses que na verdade condiziam com a segurança dos EUA,[310] essa doutrina foi propagada para os países em desenvolvimento, sendo aqui difundida pelos Generais Golbery do Couto e Silva,[311] Lyra Tavares[312] E Cordeiro de Farias,[313] e por eles disseminada na Escola Superior de Guerra (ESG) – da qual foram, respectivamente, "pai" e comandantes[314] – como doutrina da *segurança nacio-*

nacional, pp. 120, 317 e ss. "O desenvolvimento econômico e social é fator primordial tanto ao bem-estar, quanto à segurança" (Golbery do Couto e Silva, *Geopolítica do Brasil*, 4ª ed., p. 259). "Pratiquement, les exigences de la sécurité nationale sont jusqu'à un certain point compulsives pour le développement. La politique nationale doit certes définir les objectifs nacionaux permanents qui coïncident théoriquement avec un programme de développement national. (...) Il y a donc circularité entre politique et stratégie, entre développement et sécurité" (Michel Schooyans, *Destin du Brésil: la technocratie militaire e son idéologie*, p. 54).
310. Golbery do Couto e Silva, *Geopolítica do Brasil*, 4ª ed., pp. 239 e ss. Richard Falk, "Militarisation and Human Rights in the Third World", in *The Political Economy of Development and Underdevelopment*, 3ª ed., p. 453. Segundo McNamara, é dever dos EUA, para garantir a própria segurança, proporcionar desenvolvimento e segurança aos países em desenvolvimento (Robert McNamara, *A essência da segurança*, pp. 185-186). Priorizando a segurança, é óbvio: "... la conjoncture mondiale actuelle fait prévaloir les tâches de sécurité sur celles du développement afin que celles-ci, à leur tour, trouvent les conditions favorables sans lesquelles elles ne peuvent être exécutées" (Michel Schooyans, *Destin du Brésil: la technocratie militaire e son idéologie*, p. 54). Isso prova que a doutrina da segurança nacional, exportada pelos EUA, serviu para encobrir a realidade do "satelitismo", pela qual "o desenvolvimento de um satélite é bem menos importante do que a estabilidade com que esse satélite se desloca em sua órbita", pois o "desenvolvimento significa modificações estruturais e estas podem acarretar tensões sociais e pôr em risco a estabilidade do sistema de poder" (Celso Furtado, "Brasil: da República oligárquica ao Estado militar", in *Brasil: tempos modernos*, 3ª ed., p. 15).
311. Ver o capítulo introdutório ("O problema vital da segurança nacional") em Golbery do Couto e Silva, *Geopolítica do Brasil*, 4ª ed., pp. 6-15, principalmente quando passa a tratar dos objetivos nacionais, p. 11 e ss. Sobre a importância dessa obra na formação do ideário nacional da segurança com desenvolvimento, ver Michel Schooyans, *Destin du Brésil: la technocratie militaire e son idéologie*, pp. 44-58. Maria Helena Moreira Alves, *Estado e oposição no Brasil*, pp. 27, 36 e ss. Demétrio Magnoli, *O que é geopolítica*, 3ª ed., pp. 26 e ss.
312. Aurélio de Lyra Tavares, *Segurança nacional*, 2ª ed., pp. 17 e ss. Numa retrospectiva daqueles tempos, assim sintetiza o seu pensamento a respeito: "Era preciso assegurar (...) o clima de *tranqüilidade* e de *ordem*, imprescindível às grandes tarefas do *desenvolvimento*, preservando as liberdades essenciais dos cidadãos nos limites da *segurança*" (Aurélio de Lyra Tavares, *O Brasil de minha geração*, v. 2, p. 117 – grifos nossos; ver também pp. 134-135, 138 *et passim*).
313. Alfred Stepan, *Os militares na política*, p. 129.
314. Alfred Stepan, *Os militares na política*, p. 136.

nal.[315] Desnecessário lembrar o papel importantíssimo que inegavelmente teve a ESG na formulação das políticas e da ideologia do Estado pós-64 (importância essa reconhecida nos discursos de Castello Branco, Costa e Silva, Médici e tantos outros),[316] e, portanto, na implantação explícita dessa doutrina, seja nos Atos Institucionais

315. É inegável o fato de que ESG adotou a doutrina da segurança com desenvolvimento, quando percebemos que, para a ESG, "o processo de Desenvolvimento é sempre visualizado como exigindo um grau de Segurança para efetuar-se" (*Manual Básico*, p. 238). Ver ainda, sob a inspiração da ESG: José Alfredo Amaral Gurgel, *Segurança e democracia: uma reflexão política sobre a doutrina da Escola Superior de Guerra*, passim. Mário Pessoa, *O direito da segurança nacional*, pp. 120, 317 e ss. Hélio Beltrão, *A revolução e o desenvolvimento*, passim. Miguel Reale, *A revolução e a democracia*, 2ª ed., pp. 54 e 134; Francisco Mauro Dias, "O Poder de Polícia, o desenvolvimento e a segurança nacional", *Revista de Direito da Procuradoria-Geral de Justiça do Rio de Janeiro*, v. 11, p. 108 *et passim*. Veja-se o seguinte trecho de discurso de Castello Branco à ESG, como é bem adequado à doutrina de McNamara: "Desenvolvimento e segurança, por sua vez, são ligados por uma relação de mútua causalidade. De um lado, a verdadeira segurança pressupõe um processo de desenvolvimento (...). De outro lado, o desenvolvimento econômico e social pressupõe um mínimo de segurança e estabilidade das instituições" (*apud* Luís Viana Filho, *O governo Castelo Branco*, p. 485). Mesmo no governo Geisel, ao fim do milagre econômico, o lema continuava sendo aliar o máximo desenvolvimento econômico possível ao mínimo de segurança necessário (Roberto Campos, "A opção política brasileira", in *A nova economia brasileira*, p. 240; Celso Lafer, *O sistema político brasileiro*, pp. 102 e ss., 115 e ss.). Ainda sobre o desenvolvimento com segurança, numa perspectiva crítica, Octavio Ianni, *O ciclo da revolução burguesa*, pp. 63-73. Florestan Fernandes, *A revolução burguesa no Brasil*, pp. 216 e 314. Maria Helena Moreira Alves, *Estado e oposição no Brasil*, pp. 33 e ss., 48, 51.

316. Humberto de Alencar Castello Branco, *Discursos*, passim. José Alfredo Amaral Gurgel, *Segurança e democracia: uma reflexão política sobre a doutrina da Escola Superior de Guerra*. Hélio Beltrão, *A revolução e o desenvolvimento*. Alfred Stepan, *Os militares na política*, pp. 128 e ss. Octavio Ianni, *O ciclo da revolução burguesa*, pp. 63 e ss. Thomas Skidmore, *Brasil: de Castelo a Tancredo*, 4ª ed., pp. 22, 51-52. René Armand Dreifuss, *1964: a conquista do Estado*, 3ª ed. Maria Helena Moreira Alves, *Estado e oposição no Brasil*, pp. 24 e ss., 34 e ss. Vilma Figueiredo, *Desenvolvimento dependente brasileiro*, pp. 140-141. Alfredo Buzaid, "Rumos políticos da Revolução brasileira", *Arquivos ...*, cit., pp. 3 e ss. Além disso, vide os vários volumes de discursos do Pres. Médici e a obra coletiva Humberto de Alencar Castello Branco *et alii*, *A revolução de 31 de março*. O ilustre economista Eugênio Gudin (ex-Ministro da Fazenda de Café Filho), apesar de louvar o papel da ESG na formação de estadistas, e de reconhecer que a segurança é o problema nacional prioritário, alerta que seu conhecimento não é suficiente para um estadista (Eugênio Gudin, *Para um Brasil melhor*, p. 79).

(todos, como se observa nos respectivos Preâmbulos),[317] seja na CF/69 (art. 8º, V),[318] no PAEG,[319] na Reforma Administrativa,[320] ou mesmo no seu reconhecimento implícito, perceptível no discurso da "tranqüilidade", da "ordem", da "paz social" e da "estabilidade", tudo em nome do desenvolvimento econômico e muito difundido por quem quer que orbitasse o centro decisório do regime.[321]

317. "As restrições políticas, que os Atos Institucionais ainda mantêm, têm a legitimá-las a imperiosa necessidade de preservar-se a ordem e a segurança, como condição *sine qua non* da política do desenvolvimento" (Miguel Reale, *Política de ontem e de hoje*, p. 42). O discurso sempre justificador do ilustre iusfilósofo nos leva à seguinte interpretação da famosa teoria tridimensional do Direito: o *fato* inquestionável é o golpe; a *norma* é o Ato Institucional; o valor é desenvolvimento com segurança. Como bem observou Maria Helena Moreira Alves, o *slogan* do "desenvolvimento com segurança" nasceu, legislativamente, no preâmbulo do AI-2 (Maria Helena Moreira Alves, *Estado e oposição no Brasil*, p. 91). A "garantia" da tranqüilidade através do AI-2 e dos Atos Institucionais em geral é uma convicção de Humberto de Alencar Castello Branco, "Mensagem presidencial de 1966 ao Congresso Nacional", *Mensagens presidenciais*, p. 43; "Mensagem presidencial de 1967 ao Congresso Nacional", *Mensagens presidenciais*, p. 70.
318. Thomas Skidmore, *Brasil: de Castelo a Tancredo*, 4ª ed., p. 219. Miguel Reale, *Política de ontem e de hoje*, pp. 40-41. O art. 8º, V da CF/69 coloca expressamente o binômio segurança-desenvolvimento, o que não significa que a CF/67 estivesse despreocupada com a segurança nacional (José Afonso da Silva, *Curso de direito constitucional positivo*, 19ª ed., p. 87; Miguel Reale, *Política de ontem e de hoje*, pp. 108-109), com o desenvolvimento (Arnoldo Wald, "O direito do desenvolvimento", *Arquivos do Ministério da Justiça*, n. 103, p. 1), ou com o próprio binômio (Humberto de Alencar Castello Branco, *Discursos*, pp. 78 e 80; Vilma Figueiredo, *Desenvolvimento dependente brasileiro*). Basta ler o art. 89 da CF/67 (repetido no art. 86 da CF/69), pelo qual atribui-se responsabilidade *individual* pela segurança nacional (Luís Viana Filho, *O governo Castelo Branco*, p. 484. Thomas Skidmore, ob. cit., p. 120. Octavio Ianni, *A ditadura do grande capital*, p. 151. Maria Helena Moreira Alves, *Estado e oposição no Brasil*, pp. 108-109). A colocação do desenvolvimento como fim último do regime, e da segurança como "princípio jurídico absoluto", provocou um processo pelo qual "a lei perde o seu caráter de elemento que rege o exercício do poder para se transformar em um de seus principais instrumentos" (Lucia Maria Gomes Klein, "A nova ordem legal e suas repercussões sobre a esfera política", *Dados*, n. 10, pp. 156 e 159). Daí a sua *instrumentalidade*.
319. Octavio Ianni, *A ditadura do grande capital*, p. 8.
320. DL 200, de 25.2.1967, art. 7º, *caput*: "A ação governamental obedecerá o planejamento que visa a promover o *desenvolvimento* econômico-social do País e a *segurança* nacional..." (grifos nossos).
321. Richard Falk, "Militarisation and Human Rights in the Third World'", in *The Political Economy of Development and Underdevelopment*, 3ª ed., p. 452. Alfred Stepan, *Os militares na política*, p. 10. FGV, "Comunicação ao Seminário sobre Legislativo e Desenvolvimento", in *O Legislativo e a tecnocracia*, p. 257. Octavio Ianni, *A ditadura do grande capital*, p. 31. Paul Singer, *A crise do "milagre"*, 5ª ed.,

O problema é que, quanto mais é invocada a doutrina da segurança nacional (em nome do desenvolvimento e da "democracia"), mais o país mergulha no autoritarismo[322] e no mal-estar social da con-

pp. 80-81. Vilma Figueiredo, *Desenvolvimento dependente brasileiro*, pp. 140-141. Miguel Reale Jr., "Liberdade e segurança nacional", in *VIII Conferência Nacional da Ordem dos Advogados do Brasil*, p. 295. "É óbvio que sem a tranqüilidade necessária o desenvolvimento nacional não teria atingido índices tão altos, em tão curto período" (Aurélio de Lyra Tavares, *O Brasil de minha geração*, v. 2, p. 264; ver também pp. 115, 117, 131-2 *et passim*). "A primeira condição para a estabilidade e a retomada do seu desenvolvimento, consistia em repor a ordem no país" (Luís Viana Filho, *O governo Castelo Branco*, pp. 116 e ss., *passim*). "Desejo manter a paz e a ordem (...) a tranqüilidade e a segurança nacional" (Emílio Garrastazu Médici, *O jogo da verdade*, 2ª ed., p. 16). "A vitória da Revolução anuncia uma aurora de paz e de confiança" (Alfredo Buzaid, "Rumos políticos da Revolução brasileira", *Arquivos ...,* cit., pp. 3 e ss.). "Desagradando embora os últimos abencerragens do liberalismo – desejosos de uma abertura política propícia ao retorno de uma situação definitivamente ultrapassada e da qual procediam crises intermináveis –, o fato é que a oficialidade das Forças Armadas mostrou-se inflexível em manter os quadros institucionais da democracia brasileira, (...) não tendo em vista senão a defesa do país contra a subversão (...) e a volta a uma estabilidade política perdida há muitos anos, estabilidade esta imprescindível para uma ainda mais elevada meta: o desenvolvimento nacional" (José Pedro Galvão de Sousa, *O Estado tecnocrático*, pp. 107-108). A segurança nacional está presente até mesmo no discurso oficial da reforma agrária, não só quando se diz que ela trará a "paz" no campo, mas também quando ela é utilizada como instrumento de fixação da população rural em regiões ermas, ajudando na integração do território nacional (ver, p.ex., Golbery do Couto e Silva, *Geopolítica do Brasil*, 4ª ed., p. 47). Outros exemplos do discurso da tranqüilidade/paz/ordem/segurança para o desenvolvimento: Humberto de Alencar Castello Branco, *Discursos*, 1964, p. 92; *Discursos*, 1965, pp. 12, 14-15; "Mensagem presidencial de 1966 ao Congresso Nacional", in *Mensagens presidenciais*, p. 65; Carlos Medeiros Silva, "Exposição de motivos", *Arquivos do Ministério da Justiça*, n. 100, p. 64; Roberto Campos, "A moldura política nos países em desenvolvimento", in *A nova economia brasileira*, p. 213; Eugênio Gudin, *Para um Brasil melhor*, p. 84; Mário Pessoa, *O direito da segurança nacional*, p. 319; Carlos de Meira Mattos, "Doutrina política revolucionária Brasil-potência", *Revista do Clube Militar*, n. 174, pp. 16-18.

322. Thomas Skidmore, *Brasil: de Castelo a Tancredo*, 4ª ed., pp. 170 e 222. Maria Helena Moreira Alves, *Estado e oposição no Brasil*, pp. 26-27. Richard Falk, "Militarisation and Human Rights in the Third World", in *The Political Economy of Development and Underdevelopment*, 3ª ed., pp. 453 e 455. A vinculação entre a doutrina da segurança nacional e o autoritarismo é perceptível quando vemos que, em textos escritos na década de 50, o Gen. Golbery do Couto e Silva já previa, com um certo contentamento, o despertar do Leviatã diante da *insegurança* generalizada (Golbery do Couto e Silva, *Planejamento estratégico*, 2ª ed., p. 363; *Geopolítica do Brasil*, 4ª ed., pp. 7 e ss.). Apesar da associação entre segurança e autoritarismo, o Gen. Golbery nega que a restrição da liberdade possa levar automaticamente à segu-

centração de riquezas.[323] Como a segurança/autoritarismo está conjugada com o desenvolvimento, este, ao exigir segurança (McNamara), estará exigindo, ao cabo, centralização política autoritária (repressão

rança, mesmo porque "além de certos limites, a Liberdade sacrificada determinará, de sua parte, perda vital da Segurança" (Golbery do Couto e Silva, *Geopolítica do Brasil*, cit., pp. 14-15). Em outras palavras, "a 'segurança absoluta' é incompatível com a experiência democrática" (Miguel Reale, *A revolução e a democracia*, 2ª ed., p. 148). Ao falar sobre sua concepção de "democracia real", o Prof. Buzaid afirma que "o objetivo da Revolução, ao disciplinar a liberdade individual, não é o de lhe limitar o uso legítimo senão o de organizá-la em função da segurança nacional" ("Rumos políticos da Revolução brasileira", *Arquivos* ..., cit., p. 26). Ver ainda, em louvor ao binômio segurança-democracia, Emílio Garrastazu Médici, *Os anônimos construtores*, p. 11. Para Maria da Conceição Tavares e José Carlos de Assis, a doutrina da segurança nacional é uma "temível associação entre ideais positivistas simplórios e impulsos totalitários que sempre constituíra uma base ideológica autônoma para as recorrentes intervenções militares anteriores" (Maria da Conceição Tavares e José Carlos de Assis, *O grande salto para o caos*, 2ª ed., p. 14). "É desse modo que 'segurança e desenvolvimento' aparece como a última metamorfose de 'ordem e progresso', como a última configuração da contra-revolução burguesa" (Octavio Ianni, *A ditadura do grande capital*, p. 201; sobre o assunto, ver Michel Schooyans, *Destin du Brésil* ..., cit., pp. 54 e ss.).
323. O ideólogo-mor do regime, o Gen. Golbery do Couto e Silva, na década de 50 já havia dito que "não há como fugir à necessidade de sacrificar o Bem-Estar em proveito da Segurança, desde que esta se veja realmente ameaçada", apesar de reconhecer que há um mínimo de bem-estar necessário à própria segurança (Golbery do Couto e Silva, *Geopolítica do Brasil*, 4ª ed., pp. 13-14). Como bem demonstrou a História, não apenas o bem-estar, mas também a democracia havia de se submeter ao objetivo final de segurança. P.ex.: na lacônica mensagem presidencial de 1969, enviada a um Congresso em recesso e sob o impacto do AI-5, o Pres. Costa e Silva chegou a afirmar que o Estado de Direito deve se adaptar aos "interesses supremos da Nação" (Artur da Costa e Silva, "Mensagem presidencial de 1969 ao Congresso Nacional", in *Mensagens presidenciais*, p. 118). A isso Buzaid chamou de "Estado de Justiça", uma superação do "Estado de Direito", em que "ninguém pode admitir uma liberdade individual que gere o desassossego coletivo, uma liberdade de terroristas que infunda o pânico na sociedade, uma liberdade de facínoras que assaltam a economia alheia, matam guardas, roubam metralhadoras e desafiam a autoridade constituída" ("Rumos políticos da Revolução brasileira", *Arquivos* ..., cit., p. 26). Da mesma forma, a Exposição de Motivos da CF/67 dizia não ser justificável "que as instituições constitucionais não se amoldem" aos "novos fatores reais de poder" (Carlos Medeiros Silva, "Exposição de Motivos", *Arquivos do Ministério da Justiça*, n. 100, p. 66), leia-se: à ditadura. Nesse mesmo diapasão, quando se disse que a lei processual deve se adequar à realidade histórica do país (José da Silva Pacheco, *Evolução do processo civil brasileiro*, pp. 111 e ss.), isso significa, nas entrelinhas, uma adaptação do processo civil às condições históricas antidemocráticas que floresciam sob o lema da "segurança com desenvolvimento" – daí os procedimentos especialíssimos.

política aos adversários do regime e censura à imprensa).[374] Em outras palavras, "*Os requisitos políticos do desenvolvimento econômico* sob o capitalismo monopolista dependente (...) *exigem um tão elevado grau de estabilidade política* (pelo menos nas fases de eclosão e de consolidação, que nos é dado observar), *que só uma extrema concentração do poder político estatal* [autoritarismo] *é capaz de garantir*".[325]

Se adotarmos a tese de Florestan Fernandes, o AI-5 estava preparando o ambiente político para o período de desenvolvimento econômico acelerado conhecido por "milagre brasileiro", eis que o simples crescimento de índices econômicos (principalmente o PIB)

---

324. Thomas Skidmore, *Brasil: de Castelo a Tancredo*, 4ª ed., pp. 214-216. "A Doutrina de Segurança Nacional e Desenvolvimento tem sido utilizada para justificar a imposição de um sistema de controles e dominação. (...) O *slogan* governamental 'segurança com desenvolvimento' associa o desenvolvimento capitalista associado-dependente à defesa da segurança interna contra o 'inimigo interno'. Por sua vez, esta ênfase na constante ameaça à nação por parte de 'inimigos internos' ocultos e desconhecidos produz, no seio da população, um clima de suspeita, medo e divisão que permite ao regime levar a cabo campanhas repressivas que *de outro modo não seriam toleradas* [grifo nosso]. (...) Trata-se por isso mesmo de uma ideologia de dominação de classe, que tem servido para justificar as mais violentas formas de opressão classista" (Maria Helena Moreira Alves, *Estado e oposição no Brasil*, pp. 26-27).

325. Florestan Fernandes, *A revolução burguesa no Brasil*, p. 267, grifos nossos. Paul Singer, *Repartição da renda*, 2ª ed., p. 92; e *O "milagre brasileiro": causas e conseqüências*, p. 63; e, ainda, *A crise do "milagre"*, 5ª ed., pp. 77 e ss. Richard Falk, "Militarisation and Human Rights ...", cit., p. 452. Albert Fishlow, "A distribuição de renda no Brasil", in *A controvérsia sobre distribuição de renda e desenvolvimento*, 2ª ed., p. 185. Lúcio Kowarick, *A espoliação urbana*, pp. 25-26. "(...) a tranqüilidade social, definida como total ausência de oposição, é necessária à realização do modelo econômico de desenvolvimento" (Maria Helena Moreira Alves, *Estado e oposição no Brasil*, p. 91. Paul Singer, *A crise do "milagre"*, 5ª ed., p. 89). Embora sem a utilização das expressões redutoras ("autoritarismo" e "tecnocracia"), percebe-se que Werner Baer também presta a esses dois fatores históricos a responsabilidade pelo crescimento econômico acelerado, quando afirma que este só foi possível graças à "existência de um governo forte e estável [leia-se: autoritarismo] que colocou economistas profissionais nas posições-chave de formulação da política e lhes concedeu inteira liberdade para implementar seus planos de ação [leia-se tecnocracia]" (Werner Baer, *A industrialização e o desenvolvimento econômico do Brasil*, 2ª ed., p. 237). Evitava-se qualquer inversão de prioridades que pudesse significar uma política mais distributivista. Por isso observa Maria da Conceição Tavares que, desde 1964, o processo de reconcentração de propriedade, produção, renda e mercados vinha se apoiando fundamentalmente "nos novos mecanismos de poder exercidos pelo Estado" (Maria da Conceição Tavares, *Da substituição de importações ao capitalismo financeiro*, 11ª ed., p. 199). Dentre eles, obviamente, os Atos Institucionais.

depende necessariamente de "um regime repressivo que, abafando as reivindicações populares, assegurasse uma mão-de-obra de baixo custo", por meio do arrocho salarial.[326]

Veja-se o Programa Estratégico de Desenvolvimento (PED, 1968-1970), cuja meta básica é, expressamente, o desenvolvimento *de per si*.[327] O papel do AI-5, de proporcionar os instrumentos (jurídicos e

326. Caio Prado Jr., *A revolução brasileira*, 6ª ed., pp. 266-267. Paul Singer, *Repartição da renda*, 2ª ed., pp. 65-66. Maria da Conceição Tavares e José Carlos de Assis, *O grande salto para o caos*, 2ª ed., pp. 25-26. Miguel Reale, p.ex., justificava a existência do AI-5 com o argumento de que a desordem é incompatível com o desenvolvimento (*A revolução e a democracia*, 2ª ed., p. 140). Mesmo negando que a Revolução pretendesse o desenvolvimento e a segurança às custas dos direitos fundamentais, afirmou serem inevitáveis certas restrições temporárias a esses direitos (Miguel Reale, *Política de ontem e de hoje*, p. 19). "O Ato Institucional n. 5 forneceria assim o quadro legal para profundas transformações estruturais" (Maria Helena Moreira Alves, *Estado e oposição no Brasil*, p. 136). Segundo Skidmore, "a virada autoritária de dezembro de 1968 [AI-5] tornara até mais fácil para Delfim e seus tecnocratas evitarem o debate público sobre prioridades fundamentais econômicas e financeiras" (Thomas Skidmore, *Brasil: de Castelo a Tancredo*, 4ª ed., p. 183). "The pretext for military take-over is normally justified by the inability of civilian leadership to maintain order sufficient to check inflation, labor unrest and political turmoil. These social conditions destroy investor confidence and make it difficult too attract capital from abroad in the form of private investment, bank loans or international economic assistance. The military leadership declares its mission as saving the country from radical and destabilising demands for greater 'equity'. Such a role for the new military leadership presupposes the capacity and willingness of government to discipline the poor to accept low wages or acquiesce in unemployment without disrupting productive processes" (Richard Falk, "Militarisation and Human Rights in the Third World", in *The Political Economy of Development and Underdevelopment*, 3ª ed., p. 452).

327. Luiz Aranha Corrêa do Lago, "A retomada do crescimento e as distorções do 'milagre'", in *A ordem do progresso*, p. 235. Registre-se que o PED é umbilicalmente ligado ao Plano Decenal, de 1967-1976 (Mário Henrique Simonsen, *Ensaios sobre economia e política econômica*, p. 36), o que demonstra o compromisso de longo prazo com os postulados desenvolvimentistas. O Pres. Costa e Silva afirmou peremptoriamente em discurso proferido na ESG que o objetivo básico do governo e condicionante de toda a política nacional deveria ser o desenvolvimento econômico acelerado: "O desenvolvimento será a nossa trilha. A nossa meta. O nosso objetivo final" (Artur da Costa e Silva, "Desenvolvimento a serviço do progresso social", *Revista de Finanças Públicas*, n. 269, pp. 3 e 14). Raciocínio idêntico foi desenvolvido em Helio Beltrão, "Coordenação da atividade econômica", *Revista de Finanças Públicas*, n. 257, p. 6; e também em Alfredo Buzaid, "Discurso", in *IV Conferência Nacional da Ordem dos Advogados do Brasil*, 1970, p. 64. No mesmo sentido, colocando-se contra as demandas por abertura política, que poderiam perturbar o funcionamento do sistema econômico e respaldar um retrocesso ao populismo, Delfim

políticos) necessários para o desenvolvimento previsto no PED, é reconhecido até mesmo pelo Pres. Costa e Silva e seu Min. do Planejamento, Hélio Beltrão.[328]

Desvinculado do governo Costa e Silva, Roberto Campos pôde criticar o AI-5,[329] mas mesmo assim sua posição é dúbia no que tange à relação entre desenvolvimento e autoritarismo. Embora já tenha dito que "um certo grau de autoritarismo parece inevitável na fase final de modernização, isto é, na transição para a sociedade industrial"[330] – verdadeiro ato falho a confirmar a tese de Florestan Fernan-

Netto tem uma frase lapidar que merece transcrição: "A democracia não é nem o domínio das minorias pela maioria, nem o direito das minorias de perturbar a maioria, mas sim um processo onde oposição e consenso se vão integrando de forma a permitir que as disputas políticas – necessárias, essenciais mesmo para a realização da sociedade aberta – não perturbem o funcionamento e as modificações do sistema econômico" (Delfim Netto, "Análise do momento brasileiro", *Revista de Finanças Públicas*, n. 275, p. 4) Traduzindo: *nada poderia impedir o desenvolvimento, muito menos os entraves democráticos, como o AI-5 veio a provar*. Não adiantava realçar o caráter instrumental do desenvolvimento – enquanto meio para o fim "progresso social" – dizendo que "o objetivo último de qualquer sistema econômico é a elevação generalizada de padrões de vida e não simplesmente crescimento" (Albert Fishlow, "Depois de crescer, distribuir", *Veja*, 7.6.1972, p. 71), porque sempre haveria um Ministro para dizer que "não é possível colocar a distribuição [de renda] como objetivo superior ao da produção" (Delfim Netto, "Crescer é concentrar", *Veja*, cit., p. 74; apesar disso, ele também defendia retoricamente o desenvolvimento como meio, *v.g.*, em Delfim Netto, *Planejamento para o desenvolvimento econômico*).

328. Hélio Beltrão, *A revolução e o desenvolvimento*, pp. 37 e ss. "Falando na Escola Superior de Guerra em dezembro de 1968, Costa e Silva confessou que seu poder de legislar por decreto estava tornando mais fácil executar o Programa Estratégico. (...) A mesma avidez em tirar proveito dos procedimentos autoritários foi demonstrada por Glycon de Paiva, um engenheiro e figura importante por trás da Revolução de 1964, o qual achava que o 'eficiente instrumento legal [*sic*] do AI-5' oferecia oportunidade ideal para 'eliminar de uma vez por todas o resíduo inflacionário nos próximos dois anos sem interromper o desenvolvimento'" (Thomas Skidmore, *Brasil: de Castelo a Tancredo*, 4ª ed., p. 182 e nota 71). Para o público externo, contudo, alguns tecnocratas se davam o luxo de defender o desenvolvimento com democracia, como vemos no seguinte trecho do Min. Delfim Netto: "desejamos o desenvolvimento dentro de um sistema político capaz de garantir a cada cidadão as suas liberdades fundamentais, liberdade que ele possa desfrutar não num sentido puramente formal, mas num sentido real e efetivo" (Antonio Delfim Netto, *Planejamento para o desenvolvimento econômico*, pp. 10-11).

329. Para ele, o AI-5 foi um lamentável retrocesso político (Roberto Campos, *A lanterna na popa*, p. 796), sendo o seu grau de arbítrio desnecessário e inútil à Revolução (Roberto Campos, *Um projeto político para o Brasil*).

330. Roberto Campos, *Um projeto político para o Brasil*, pp. 20-21, e "A moldura política ...", cit., p. 213. Para alguns ideólogos do regime, era possível pensar

des –, em sua maior obra simplesmente nega qualquer correlação entre ambos, mas aproveita para fazer um interessante balanço daqueles que seriam, a seu ver, os prós e os contras da democracia e do autoritarismo, na perspectiva do desenvolvimento econômico: "A transição para o desenvolvimento pode ocorrer quer sob regimes democráticos, quer sob regimes autoritários, conquanto, transposta a fase de modernização, aumentem as demandas de liberdade política que pressionam em favor da democratização.[331] Os regimes autoritários têm a seu favor maior capacidade extrativa, pela facilidade de exacionar impostos e reprimir salários[332] e consumo e, em seu desfavor, freqüentes distorções de prioridades,[333] megalomania de projetos,[334] aberrações nacionalistas e não raro lapsos de populismo assistencialista, para compensar a falta de legitimidade.[335] As democracias têm a vantagem da legitimidade ao pedirem a aceitação de sacrifí-

um desenvolvimento democrático: a modernização seria o meio para obter o "bem comum", que seria uma conjugação de liberdade política e desenvolvimento (Carlos de Meira Mattos, *A geopolítica e as projeções do poder*, pp. 53-54). Bakunin, antípoda ótico do ilustre General, dizia que o bem comum é uma mentira "que obviamente representa os exclusivos interesses da classe dominante" (Mikhail Bakunin, "A Igreja e o Estado", in *Os grandes escritos anarquistas*, p. 77). O Pres. Castello Branco, ao tomar posse, em 14.4.1964, afirmou textualmente o seguinte: "Creio, firmemente, na compatibilidade do desenvolvimento com os processos democráticos" (Castello Branco, *Discursos*, 1964, p. 14). Não foi o que demonstrou, contudo, por meio do AI-2 e do AC-23, só para tomar os exemplos mais evidentes.

331. Em outro texto Roberto Campos fez uma espécie de *mea culpa*, em que admite a falta, na Revolução, de "um projeto viável de desenvolvimento político, capaz de conciliar segurança e desenvolvimento, estabilidade e democracia": "Nenhuma tarefa é mais urgente e desafiante do que preservar a estabilidade política, não pela redução do coeficiente de participação, como até agora, mas pelo aumento do nível de institucionalização, a fim de absorver as crescentes demandas de participação política que o próprio desenvolvimento econômico suscitará" ("O Poder Legislativo e o desenvolvimento", in *O Legislativo e a tecnocracia*, pp. 40-41). Ver Alfredo Buzaid, "A renovação da ordem jurídica positiva", *Arquivos do Ministério da Justiça*, n. 118, p. 6.

332. Trata-se do arrocho salarial, enquanto medida monetarista de contenção da inflação, da qual não se furtou o próprio Roberto Campos.

333. P. ex., a "teoria do bolo" e outros *trade-offs* pregados pelo próprio Roberto Campos.

334. Interessante que o próprio PAEG de Roberto Campos também foi tachado de megalômano por seu adversário político Carlos Lacerda, *Depoimento*, p. 307 *et passim*.

335. P. ex., a reforma agrária oficial e o SFH, que apesar de todos os seus defeitos, foram utilizados como instrumentos de legitimação.

cios,[336] têm maior capacidade de reversar erros, mas sofrem a desvantagem de que pressões eleitorais de curto prazo dificultam a continuidade de programas".[337]

Voltemos aos dispositivos do AI-5. O art. 2º do diploma permitia ao Presidente da República a decretação do recesso do Congresso Nacional por Ato Complementar, o que foi feito na mesma data, pelo AC-38. Já § 1º do art. 2º do AI-5 dispunha que "decretado o recesso parlamentar, o Poder Executivo correspondente fica autorizado a legislar em todas as matérias e exercer as atribuições previstas nas Constituições ou na Lei Orgânica dos Municípios". Foi com tais dispositivos em pleno vigor e o Congresso ainda em recesso que o Executivo editou o DL 413, de 9.1.1969,[338] visivelmente inspirado no DL 167/67,[339] disciplinando as cédulas e notas de crédito industrial.

2.5.3 Industrialização

O crédito industrial – observa Azeredo Santos – surge da queixa do setor industrial quanto à "falta de crédito para atender ao seu movimento", problema esse que estava obrigando alguns produtores

---

336. Os exemplos são atualíssimos, desmerecendo citações.

337. Roberto Campos, *A lanterna na popa*, pp. 1.273-1.274. Essa última "desvantagem" da democracia leva à suposição de que eleições desestabilizam economicamente o país, o que reforça as teses do "autoritarismo para o desenvolvimento". Em âmbito menor, recorde-se que essa suposição foi utilizada para garantir o quinto ano de mandato do Pres. Sarney. A análise de Roberto Campos, com uma não intencional autocrítica embutida – como destacamos nas notas acima – prova que, ao contrário do que havia dito Carlos Lacerda, ele não era um mero "técnico sem nenhuma noção do problema político brasileiro" (Carlos Lacerda, *Depoimento*, p. 308).

338. Note-se, todavia, que, conforme julgou o STF, "a apreciação judicial proibida pelo art. 173, n. III, da Constituição de 1967, não abrange os Decretos-leis baixados pelo Presidente da República durante o recesso do Congresso" (RE 67.843-DF, rel. Min. Luiz Galotti, *RTJ* 54/610-20). O AI-5, art. 2º, § 1º, previu a atividade legislativa do Executivo durante o recesso parlamentar, "mas tal atividade tinha de ser com o respeito da Constituição de 1967, das Constituições estaduais e da Lei Orgânica dos Municípios" (Pontes de Miranda, *Comentários à Constituição* ..., cit., 2ª ed., t. 6, p. 466).

339. Mauro Rodrigues penteado, "Títulos de crédito no projeto de Código Civil", *Revista de Direito Mercantil* 100/31. Fran Martins, *Títulos de crédito*, v. 2, p. 276. Sady Dornelles Pires, "Cédula de crédito rural", *RT* 606/46. Apesar da inspiração notória no outro diploma legal, era preciso respeitar as diferenças entre o setor produtivo primário e secundário (Aramy Dornelles da Luz, "O Código de Processo Civil e a ação cabível para cobrança dos títulos de crédito industrial", *RT* 542/30).

a *financiar* – atividade estranha à indústria – os comerciantes, para evitar o acúmulo de estoque, o que colocaria em risco a própria empresa.[340] Além disso, surge o crédito industrial – em tese – como meio de conter "a expansão dos meios de pagamento, que reduz a velocidade de aplicação do sistema financeiro nacional", auxiliando assim no combate à inflação e ajudando a preparar o país para o *milagre* que se avizinhava.[341] E, já que falamos em velocidade, a cédula de crédito industrial teve também por objetivo dar maior rapidez aos financiamentos à indústria, o que revela mais uma vez o peso e o êxito legislativo das demandas dromocráticas.[342]

A industrialização intensiva (de bens de consumo durável), que viria a ser característica do "milagre"[343] (reforçando desproporcionalmente o poder sócio-político-econômico dos grupos com posições

340. Theóphilo Azeredo Santos, *Manual dos títulos de crédito*, p. 321.
341. Theóphilo Azeredo Santos, ob. e loc. cits. A intenção de conter a expansão dos meios de pagamento como forma de conter a inflação era a linha mestra da teoria monetarista adotada pela equipe econômica (Leôncio Basbaum, *História sincera da República*, 2ª ed., v. 4, p. 164; Maria da Conceição Tavares e José Carlos de Assis, *O grande salto para o caos*, 2ª ed., p. 17) e já estava clara desde o PAEG (Celso L. Martone, "Análise do Plano de Ação Econômica do Governo", in *Planejamento no Brasil*, p. 84). Para Simonsen, um dos fatores do crescimento econômico conhecido por "milagre brasileiro" foi "a razoável liberalidade nas expansões de crédito ao setor privado", promovida pelos Ministros Delfim Netto e Hélio Beltrão, e "extremamente propícia ao aumento da produção" (Mário Henrique Simonsen, *Brasil 2002*, p. 41) – mais uma vez vemos o crédito (aqui, industrial) vinculado ao aumento da produtividade e ao desenvolvimento. Ainda sobre a injeção de crédito bancário na economia (aumento da ordem de 57% em 1967), promovida pela dupla de Ministros de Costa e Silva, ver Thomas Skidmore, *Brasil: de Castelo a Tancredo*, 4ª ed., pp. 144-145, 184.
342. "Em 9.1.1969, o Poder Executivo, *em pleno apogeu de sua profícua atividade legiferante*, colocou à disposição das instituições financeiras e dos *produtores industriais ávidos da obtenção rápida* dos recursos necessários às suas atividades dois instrumentos jurídicos que, ao longo desses quase dez anos, vêm desempenhando importante papel na *celerização* dos financiamentos industriais: a Cédula de Crédito Industrial e a Nota de Crédito Industrial" (Albérico Teixeira dos Anjos, "Títulos de crédito industrial", *RF* 266/437, grifos nossos).
343. Afinal, há uma relação evidente entre o desenvolvimento e o processo de industrialização (Delfim Netto, *Planejamento para o desenvolvimento econômico*, pp. 36 e 38). Note-se que o processo de industrialização intensiva está normalmente associado a países periféricos com regimes militares de base social muito estreita: "Factually, industrialization in the third world often occurs under the aegis of an autocratic militarist regime with a narrow social base" (Martha Gimenez *et alii*, "Income Inequality and Capitalist Development", *Economic Development, Poverty, and Income Distribution*, p. 241). A analogia com o milagre brasileiro é dispensável.

estratégicas no sistema de classes),[344] exigia desde já uma atuação do governo no campo do crédito industrial.[345] Uma atuação que visasse – em tese – a um processo de *modernização*[346] da pequena e da média empresas, e de setores industriais atrasados, que ao cabo levaria inevitavelmente a um aumento da concentração de capital.[347] Mas como isso acontece?

Apesar de inapropriada para os países mais pobres, a importação de alta tecnologia sempre foi utilizada para promover o desenvolvi-

344. Florestan Fernandes, *A revolução burguesa no Brasil*, p. 298. Caio Prado Jr., *A revolução burguesa*, 6ª ed., p. 243. "Capitalist development in backward countries generally exacerbates the existing degree of inequality (perhaps even reducing the absolute amount which the poorer half of the population consumes)" (Martha Gimenez *et alii*, "Income Inequality and Capitalist Development", *Economic Development, Poverty, and Income Distribution*, p. 241). Sobre o papel dos oligopólios, inclusive internacionais, sua formação e consolidação no processo brasileiro de industrialização e acumulação de capital, ver Maria da Conceição Tavares, *Acumulação de capital e industrialização no Brasil*, pp. 63 e ss. Apesar de Delfim Netto pregar o estímulo à indústria de bens de produção (equipamentos que produzem outros equipamentos), para se obter um desenvolvimento sustentado, em taxa adequada e com modificações estruturais que o perpetuem (Antonio Delfim Netto, *Planejamento para o desenvolvimento econômico*, p. 53), Skidmore observa que os governos pós-64 nunca fizeram uma revisão da estrutura industrial de bens de consumo estabelecida por JK, que só tinha o condão de elevar ainda mais o poder aquisitivo das classes mais favorecidas (Thomas Skidmore, *Brasil: de Castelo a Tancredo*, 4ª ed., pp. 131-132). Sobre os interesses do capital internacional no processo brasileiro de industrialização, ver Luiz Carlos Bresser Pereira, "O novo modelo brasileiro de desenvolvimento", *Dados*, n. 11, pp. 137-138.

345. Sobre a importância do crédito industrial na heterogeneização da economia – e da sociedade – brasileira: Luiz Carlos Bresser Pereira, "O novo modelo brasileiro de desenvolvimento", *Dados*, n. 11, p. 139.

346. A palavra "modernização" está bem inserida no processo de *desenvolvimento* na medida em que o encaramos como a passagem de um setor, da fase tradicional à moderna, por meio de uma transição chamada "crescimento acelerado" (Carlos Geraldo Langoni, *Distribuição de renda e desenvolvimento econômico do Brasil*, 2ª ed., p. 190). A modernização, do ponto de vista do regime, está também vinculada ao impacto tecnológico-científico (Carlos de Meira Mattos, *A geopolítica e as projeções do poder*, p. 54). Hoje o discurso do poder continua vinculando desenvolvimento com modernização, enquanto aceleração do progresso técnico-científico (ver, p.ex., João Paulo dos Reis Velloso, "Novo modelo de desenvolvimento para o Brasil", *Desenvolvimento, tecnologia e governabilidade*, pp. 51 e ss.).

347. Maria da Conceição Tavares, *Da substituição de importações ao capitalismo financeiro*, 11ª ed., p. 260. Paul Singer, "Desenvolvimento e repartição de renda no Brasil", in *A controvérsia sobre distribuição de renda e desenvolvimento*, 2ª ed., pp. 88 e ss. Maria Helena Moreira Alves, *Estado e oposição no Brasil*, pp. 149 e ss.

mento ("modernização").³⁴⁸ E junto com o desenvolvimento, a introdução de novas tecnologias promoveu a concentração de capital a partir da obtenção de maior *produtividade* com menos trabalhadores, o que significa maior desemprego e menores salários:³⁴⁹ "Se a introdução do progresso técnico se dá mediante o uso intensivo do capital, mas com elevação da produtividade dos recursos empregados (*inputs*) já em etapas mais avançadas do processo de industrialização, a relação capital por trabalhador sobe, *mas a produtividade do trabalho sobe mais ainda, seja porque se dispensa mão-de-obra modernizando uma indústria tradicional em crescimento, seja porque se instalam grandes empresas novas com alta intensidade de capital*".³⁵⁰

Todavia, a modernização da indústria sempre se restringiu a um setor dela, que favoreceu os consumidores com maior nível de renda, dispostos a pagar pela nova tecnologia, e também por isso se tornou "a primary agent of misdistribution of income and life chances".³⁵¹ Os setores da indústria não favorecidos pelo processo de modernização tecnológica também obtiveram aumento de produtividade, porém às

348. "Despite its increasingly obvious inappropriateness for poor nations, HT [high technology] until recently was considered *the* [grifo no orignal] methodology and ideology of development" (Paul Wehr, "Intermediate Technology and Income Distribution in Developing Nations", in *Economic Development, Poverty, and Income Distribution*, p. 290). Veja-se, p.ex., Antonio Delfim Netto, *Planejamento para o desenvolvimento econômico*, pp. 28 e ss. Carlos Geraldo Langoni, *Distribuição de renda e desenvolvimento econômico do Brasil*, 2ª ed., pp. 90, 189, 231 e ss.
349. Paul Singer, "Desenvolvimento e repartição de renda no Brasil", in *A controvérsia sobre distribuição de renda e desenvolvimento*, 2ª ed., p. 77. José Sérgio Leite Lopes, "Sobre o debate da distribuição da renda", in *A controvérsia sobre distribuição de renda e desenvolvimento*, 2ª ed., p. 315. "De fato, o funcionamento do sistema industrial-moderno implica, como se assinalou, aumento, pelo menos em termos absolutos, do processo de marginalização – entendendo-se este no sentido mais lato" (Fernando Henrique Cardoso e Enzo Faletto, *Dependência e desenvolvimento na América Latina*, 7ª ed., p. 136). Para um elogio oficial à produtividade na indústria, ver p. ex., Artur da Costa e Silva, "Mensagem presidencial de 1968 ao Congresso Nacional", in *Mensagens presidenciais*, p. 94.
350. Maria da Conceição Tavares, "Distribuição de renda, acumulação e padrões de industrialização", in *A controvérsia sobre distribuição de renda e desenvolvimento*, 2ª ed., p. 48, grifo nosso.
351. Paul Wehr, "Intermediate Technology and Income Distribution in Developing Nations", in *Economic Development, Poverty, and Income Distribution*, p. 291. Albert Fishlow, "Depois de crescer, distribuir", *Veja*, 7.6.1972, p. 71. Luiz Carlos Bresser Pereira, "O novo modelo brasileiro de desenvolvimento", *Dados*, n. 11, pp. 128 e 139.

custas do arrocho salarial, i.e., promovendo mais concentração de riquezas.[352]

Na condição de instrumento de captação de recursos para a *modernização* do setor industrial, a cédula de crédito industrial (e sua garantia de processo efetivo) acabou ajudando a promover um processo de concentração de capital em benefício de reduzido grupo social, de grandes empresas e multinacionais.[353] Nesse sentido, Carlos Geraldo Langoni chega a reconhecer que a "industrialização 'a qualquer custo'" criou um "ambiente propício ao florescimento de estruturas produtivas com características oligopolistas".[354] E o crédito industrial, ressalte-se, tem um papel importante nesse processo, pois levou a uma preferência por grandes empreendimentos, devido ao seu maior grau de produtividade.[355] Segundo Paul Singer, a política creditícia do governo, ao promover a formação de conglomerados financeiros (como já vimos na seção 2.2), "... garante às grandes empresas acesso ao crédito em condições muito mais favoráveis do que às pequenas. A gradativa eliminação dos estabelecimentos de crédito de pequeno porte certamente torna mais fácil ao governo executar sua política de crédito, na medida em que a fiscalização de um número menor de grandes bancos e financeiras tende a ser mais eficaz e também na medida em que a concentração reduz o custo da intermediação financeira, tornando viável ao governo tabelar a taxa de juros em nível mais baixo. Pode-se admitir que este tenha sido o objetivo da política governamental de apoio a fusões de bancos, posta em prática após 1964. Mas um dos efeitos desta política é que as pequenas empresas não financeiras podem dispor de cada vez menos bancos independentes de grandes grupos capitalis-

---

352. "O aprofundamento da exploração do trabalho permitiu acelerar a acumulação do capital, dando ensejo a um pronunciado aumento de produtividade independentemente de transformações técnicas. A 'monopolização' da economia fez com que os frutos deste aumento de produtividade fossem cada vez mais concentrados em relativamente poucas mãos, concentrando ao mesmo tempo considerável poder de decisão econômica numa elite executiva, a qual serve de interlocutora aos que manejam os instrumentos de política econômica, conferindo-lhes maior eficácia" (Paul Singer, *A crise do "milagre"*, 5ª ed., pp. 95-96).
353. Octavio Ianni, *Estado e planejamento econômico no Brasil*, pp. 261-262, 265, 267-268. Celso Furtado, *Análise do "modelo" brasileiro*, 7ª ed., p. 25. Henrique Rattner, *Industrialização e concentração econômica em São Paulo*, pp. 150 e ss.
354. Carlos Geraldo Langoni, *A política econômica do desenvolvimento*, p. 27.
355. Carlos Geraldo Langoni, idem, pp. 27-28.

tas e que, portanto, dependem primordialmente delas como cliente. A lógica da complementaridade entre as esferas financeiras e não financeiras faz com que a concentração em uma acarrete a concentração na outra".[356]

Assim, sob o pretexto – já mencionado – de modernizar os setores atrasados da indústria, o crédito industrial fazia parte de toda uma política econômica cujo lema é "concentrar para desenvolver". Isso significou, segundo as precisas palavras de Paul Singer, uma "eutanásia da pequena empresa no altar da *eficiência*".[357]

Na verdade, é preciso reconhecer que todo o processo brasileiro de industrialização – e não apenas a sua modernização – foi responsável por desequilíbrios regionais e correntes migratórias internas (em direção à região centro-sul do país),[358] como também por maior desigualdade na distribuição de renda (urbanização descontrolada e segregação na periferia).[359]

---

356. Paul Singer, *A crise do "milagre"*, pp. 88-89. A comparação com o Proer é despicienda.
357. Paul Singer, idem, p. 96, grifo nosso. "A resistência dos pequenos, que tira sua força do fato de serem numerosos e se manifesta, em geral, no plano político, foi esmagada pelo rolo compressor da 'busca da eficiência', manejado por uma tecnocracia estatal mais poderosa que nunca" (*idem, ibidem*, p. 111).
358. Henrique Rattner, *Industrialização e concentração econômica em São Paulo*, pp. 33 e ss. Wilson Cano, *Raízes da concentração industrial em São Paulo*, 2ª ed., *passim*. Paul Singer, *Economia política da urbanização*, 10ª ed., pp. 32 e ss. Michael Storper, "A industrialização e a questão regional no Terceiro Mundo", in *Reestruturação urbana*, pp. 126 e ss. Werner Baer e Pedro Pinchas Geiger, "Industrialização, urbanização e a persistência das desigualdades regionais no Brasil", in *Dimensões do desenvolvimento brasileiro*, pp. 76 e ss. Regina C. Balieiro Descovi, *Urbanização e acumulação: um estudo sobre a cidade de São Carlos*, pp. 67 e ss.
359. Lucio Kowarick, "O preço do progresso: crescimento econômico, pauperização e espoliação urbana", in José Álvaro Moisés *et alii*, *Cidade, povo e poder*, pp. 31 e ss. Henri Lefebvre, *O direito à cidade*, pp. 3 e ss. Manuel Castells, *A questão urbana*, pp. 54 e ss. Regina C. Balieiro Descovi, *Urbanização e acumulação: um estudo sobre a cidade de São Carlos*, pp. 193 e ss. Fernando Henrique Cardoso e Enzo Faletto, *Dependência e desenvolvimento na América Latina*, 7ª ed., p. 131. "Em resumo, não é exagero afirmar que a desigualdade na distribuição de renda é o filho bastardo da industrialização brasileira" (Carlos Geraldo Langoni, *A política econômica do desenvolvimento*, p. 29). Para mais críticas ao processo brasileiro de industrialização e suas contradições, ver Octavio Ianni, *Estado e capitalismo: estrutura social e industrialização no Brasil*; e *Industrialização e desenvolvimento social no Brasil*; Maria Isaura Pereira de Queiroz, "Dialética do rural e do urbano", in *A luta pelo espaço*, pp. 27, 42 e ss.; Gilberto Freyre, *Ordem e progresso*, 4ª ed., pp. 470 e ss.

2.5.4 Um golpe no golpe

Em suma, o governo Costa e Silva prosseguiu no processo de concentração de capital inaugurado na gestão Castello Branco, não obstante a suposta preocupação governamental com o problema.[360] Com a doença do Pres. Costa e Silva (trombose cerebral), ocorre a auto-investidura da Junta Militar no poder, por meio do AI-12, de 31.8.1969, em cujo art. 1º lê-se que "enquanto durar o impedimento temporário do Presidente da República, Marechal Arthur da Costa e Silva, por motivo de saúde, as suas funções serão exercidas pelos Ministros da Marinha de Guerra, do Exército e da Aeronáutica Militar, nos termos dos Atos Institucionais e Complementares, bem como da Constituição de 24 de janeiro de 1967".[361] Para o exercício dessas funções, "os Ministros Militares baixarão os atos necessários à continuidade administrativa, à preservação dos direitos individuais e ao cumprimento dos compromissos de ordem internacional" (AI-12, art. 2º), todos eles devidamente excluídos de "qualquer apreciação judicial" (AI-12, art. 5º), como já era costumeiro. Serão esses os fundamentos "legais" para a edição do DL 911/69.

2.6 O "milagre" da alienação fiduciária

O curto período (dois meses) de governo pela Junta Militar (de 31.8.1969 a 30.10.1969) foi suficiente para a elaboração de todo o "arcabouço *jurídico* reclamado pela Revolução": os últimos seis Atos Institucionais, quinze Atos Complementares (AC-63 ao AC-77) mais uma Emenda Constitucional (n. 1) que praticamente equivaleu à outorga de uma nova carta.[362]

---

360. Octavio Ianni, *Estado e planejamento econômico no Brasil*, p. 244. As promessas de mitigação das desigualdades regionais e de renda seriam retomadas no pronunciamento de posse de Emílio Garrastazu Médici, *O jogo da verdade*, 2ª ed., pp. 13-14.

361. Versão oficial dos fatos: Aurélio de Lyra Tavares, *O Brasil de minha geração*, v. 2, pp. 206 e ss. Uma das inúmeras versões extra-oficiais: Olympio Mourão Filho, *Memórias*, 2ª ed., pp. 454-456. Ver também Thomas Skidmore, *Brasil: de Castelo a Tancredo*, 4ª ed., pp. 192 e ss.

362. Leonel Severo Rocha, "Os senhores da lei", in *Epistemologia jurídica e democracia*, p. 117, grifo no original. Michel Schooyans, *Destin du Brésil* ..., cit., p. 149. Tanto o aparato jurídico para o exercício de arbitrariedades estava praticamente concluído que, no plano institucional/constitucional (AIs e ACs), pouco restou ao Pres. Médici, fora o abrir e fechar de Câmaras de Vereadores de inúmeras cidades,

Depois do AI-13, do AI-14 (ambos de 5.9.1969) e do AI-15 (de 9.9.1969), ainda com o Congresso fechado, a Junta Militar baixou, com fundamento no art. 2º, § 1º do AI-5 e art. 1º do AI-12, o DL 911, de 1º.10.1969, que, além de alterar disposições legais sobre a alienação fiduciária (o art. 66 da Lei 4.728/65), estabelece as normas processuais a ela atinentes, extremamente eficientes para as instituições financeiras.

Como bem nota o Min. Moreira Alves, a alienação fiduciária teve "ampla utilização na tutela do crédito direto ao consumidor, concedido pelas instituições financeiras", permitindo o "escoamento da produção industrial, especialmente no campo dos automóveis e eletrodomésticos", ao estender à classe média o *consumo* de bens duráveis.[363] Como o milagre brasileiro é caracterizado justamente pelo

---

mediante algumas dezenas de Atos Complementares. No plano infraconstitucional, contudo, havia toda uma tarefa codificadora, que será examinada na seção 2.7.2.

363. José Carlos Moreira Alves, *Da alienação fiduciária em garantia*, p. 10. Ver Carlos Geraldo Langoni, *A economia em transformação*, p. 130. Mário Henrique Simonsen, *Brasil 2002*, p. 41. Carlos Lacerda, *Palavras e ação*, p. 182. Paul Singer, "Desenvolvimento e repartição de renda no Brasil", in *A controvérsia sobre distribuição de renda e desenvolvimento*, p. 98. Antônio da Costa Dantas Neto, *O SFI e seu funcionamento*. Palestra realizada no Sinduscon, Curitiba, em 31.8.1998. Os dados econômicos são uma impressionante prova do estímulo ao consumo de bens duráveis: de 1970 a 1973, o setor automobilístico cresceu 25,5% ao ano, e a indústria eletroeletrônica, 28%; em 1977 a produção de automóveis foi 5,2 vezes maior que em 1963 (*Brasil: 14 anos de Revolução*, p. 38. Thomas Skidmore, *Brasil: de Castelo a Tancredo*, p. 277. Paul Singer, *A crise do "milagre"*, pp. 112-113. João Paulo dos Reis Velloso, *O último trem para Paris*, p. 127). Interessante que, do discurso dos economistas e juristas de então, deduz-se a importância da alienação fiduciária como instrumento de extensão do consumo de bens duráveis à classe média, como se ela – classe média – fosse a maior beneficiária na compra dos bens, quando bem se sabe que se o *financiamento* não favorecesse amplamente as instituições *financeiras*, ser banqueiro seria um mau negócio nesse país – o que não é bem verdade, como vem dando fartas mostras o Proer. Ver Maria da Conceição Tavares, *Da substituição de importações ao capitalismo financeiro*. A única forma de manter um alto nível de demanda dos bens de consumo duráveis, estendendo a oferta à classe média sem abrir mão da política do arrocho salarial, era ampliando o esquema de financiamento (Maria da Conceição Tavares, *Acumulação de capital e industrialização no Brasil*, p. 132). Aliás, note-se que a ideologia subjacente à alienação fiduciária e outros instrumentos de crédito ao consumidor é o incentivo a um comportamento consumista, típico de sociedades que priorizam o *ter* em vez do *ser*, e que acabam adotando um ordenamento jurídico-processual de índole notadamente patrimonialista: "... vivemos numa sociedade que repousa na propriedade privada, no lucro e no poder, como pilares de sua existência. Adquirir, possuir e obter lucro são os direitos sagrados e inalienáveis do indivíduo na sociedade industrial. (...) A natureza do modo ter de existência decorre da natureza da propriedade priva-

financiamento à produção e consumo de bens duráveis,[364] fica então patente, mais uma vez, como a intensa atuação normativa do Estado no período pós-64 vinha preparando o país, *com instrumentos jurídicos e processuais*, para o "milagre brasileiro".[365]

De fato, a verdadeira *febre legiferante*[366] pós-64 era justificada pelas autoridades de então como característica de movimentos tipicamente revolucionários,[367] imprescindível ao desenvolvimento econô-

---

da. Nesse modo de existência, tudo o que importa é minha aquisição de propriedade e meu irrestrito direito de manter o adquirido" (Erich Fromm, *Ter ou Ser?*, pp. 81 e 87). A caracterização é de uma típica sociedade de consumo, em cujos hábitos o crédito está tão arraigado que qualquer restrição a ele "é experimentada como uma medida de retorsão por parte do Estado", a supressão de uma verdadeira liberdade (Jean Baudrillard, *O sistema dos objetos*, pp. 165-166; a leitura, no entanto, é imprescindível até a p. 172, pelo menos). Daí a conclusão de que o crédito "é o câncer do mundo" (Paulo Leminski, *Agora é que são elas*, p. 11). Ver ainda o clássico Jean Baudrillard, *A sociedade de consumo*.

364. Manoel Maurício de Albuquerque, *Pequena História da formação social brasileira*, p. 476. Maria da Conceição Tavares e José Carlos de Assis, *O grande salto para o caos*, pp. 15-16. Paul Singer, *A crise do "milagre"*, pp. 112 e 116. João Paulo dos Reis Velloso, *O último trem para Paris*, p. 126. "O que se encontra [no milagre] é fundamentalmente, e no essencial, uma indústria de bens de consumo durável substitutiva de importações, sem infra-estrutura apreciável, e dependendo do exterior para o fornecimento de boa parte de seus principais e essenciais insumos. E mais, da tecnologia empregada (...). Concretamente, uma indústria pouco ou quase nada mais que modesto fim de linha de estruturas industriais exteriores ao país" (Caio Prado Jr., *A revolução brasileira*, p. 243).

365. O caráter instrumental do crédito para o fim "desenvolvimento econômico" fica claro no discurso de Artur da Costa e Silva, "Desenvolvimento a serviço do progresso social", *Revista de Finanças Públicas*, n. 269, p. 5.

366. F. A. de Miranda Rosa, *Justiça e autoritarismo*, cit., pp. 53, 55-56. Cândido Mendes, "O Congresso brasileiro pós-64: um Legislativo para a tecnocracia?", in *O Legislativo e a tecnocracia*, pp. 150-151. Alfredo Buzaid, "Rumos políticos da Revolução brasileira", *Arquivos ...*, cit., p. 5. O esforço normativo foi substancialmente idealizado pelos tecnocratas do IPES (Roberto Campos, *A lanterna na popa*, pp. 639-640), o que atesta a influência desse *think tank* tecnocrático nos Ministérios da Justiça de Castello Branco a Geisel, como aliás também estava infiltrado no próprio Judiciário (René Armand Dreifuss, *1964: a conquista do Estado*, pp. 437-438 e 466). No entanto, mesmo Roberto Campos admite que o Executivo por vezes abusou dos DLs ("O Poder Legislativo e o desenvolvimento", in *O Legislativo ...*, cit., pp. 39-40).

367. "Uma Revolução que não modifica a ordem jurídica, atualizando-a e aperfeiçoando-a, não passa de um golpe, com mera substituição de homens no governo. A Revolução tem necessidade de legislar. O direito não é apenas a voz que transmite seus anseios; é especialmente a consolidação dos seus ideais" (Alfredo Buzaid, "A renovação da ordem jurídica positiva", *Arquivos do Ministério da Justiça*, n. 118, pp. 1, 5-6).

mico,[368] como decorrência natural das transformações sociais movidas pelo progresso científico-tecnológico,[369] como preservação da ordem e da racionalidade na gestão econômica[370] e como forma de "assegurar eficiência" ao "sistema de defesa" das instituições democráticas.[371] Não importa a justificativa: o que importa é que o regime político pós-64 operou reformas institucionais que repercutiram no desenvolvimento acelerado pós-68.[372] O que, aliás, é admitido pelo então Min. Simonsen, para quem o chamado "milagre" (expressão por ele criticada, por dar uma falsa idéia de efeito sem causa) foi possível graças ao "esforço de restauração" e aos "sacrifícios plantados" nos primeiros governos revolucionários, além da "... busca do apoio nos intermediários financeiros não bancários – e, nesse sentido, as *reformas legislativas* [grifo nosso] promulgadas durante o Governo Castelo Branco

---

368. Roberto Campos, *A lanterna na popa*, pp. 639-640. Sobre o papel da legislação de Castello Branco no desenvolvimento após 1968, ver Werner Baer, *A economia brasileira*, p. 100. Sobre a imprescindibilidade de uma atuação normativa do Estado que priorize o desenvolvimento econômico, ver José Alfredo Amaral Gurgel, *Segurança e democracia: uma reflexão política sobre a doutrina da Escola Superior de Guerra*, p. 109.

369. Emílio Garrastazu Médici, *O sinal do amanhã*, p. 72, e *Os vínculos da fraternidade*, p. 35, e, ainda, "Mensagem presidencial de 1972 ao Congresso Nacional", in *Mensagens presidenciais*, p. 137. Miguel Reale, *Política de ontem e de hoje*, pp. 24-25. "O Direito deve acompanhar, lógica e necessariamente, os progressos e as conquistas da tecnologia e do desenvolvimento" (Alfredo Buzaid, "Discurso", in *IV Conferência Nacional da Ordem dos Advogados do Brasil*, 1970, p. 64). O argumento é usado ainda hoje, para promover reformas legais, institucionais e, principalmente, constitucionais (João Paulo dos Reis Velloso, "Novo modelo de desenvolvimento para o Brasil", in *Desenvolvimento, tecnologia e governabilidade*, pp. 51 e ss.).

370. Luís Viana Filho, *O governo Castelo Branco*, p. 477. Roberto Campos, *A lanterna na popa*, pp. 639-640.

371. Aurélio de Lyra Tavares, *O Brasil de minha geração*, v. 2, pp. 99 e 102. Segundo Roberto Campos, o "ímpeto reformista" do governo Castello Branco, embora tachado de "fúria legiferante" pelos revisionistas, foi necessário para "deixar a casa em ordem" para o próximo governo (*A lanterna na popa*, p. 799). Isso só vem a confirmar a tese de que a febre legiferante do período Castello Branco teve o nítido objetivo de conformar a ação econômica do governo Costa e Silva ao planejamento castellista e a ação política aos limites da CF/67 (Thomas Skidmore, *Brasil: de Castelo a Tancredo*, pp. 118, 121 e 137. Olympio Mourão Filho, *Memórias*, pp. 413, 425 e 440), como parece reconhecer o próprio Antonio Delfim Netto, "Análise do momento brasileiro", *Revista de Finanças Públicas*, n. 275, p. 3.

372. Paul Singer, *A crise do "milagre"*, pp. 77 e ss.

mostraram seu amplo alcance a partir de 1968. Fora as operações de crédito a médio prazo, os repasses e *underwritings* dos bancos de investimento, o desenvolvimento acelerado da construção civil, nos últimos anos, só foi possível graças ao Sistema Financeiro da Habitação e ao Fundo de Garantia do Tempo de Serviço; o da indústria automobilística, graças à expansão do crédito ao consumidor; o da indústria de máquinas, graças às operações do Finame".[373]

Na Exposição de Motivos do DL 911/69, o então Min. Antonio Delfim Netto (da Fazenda) justificou a necessidade de positivar um processo judicial específico para a alienação fiduciária com os seguintes argumentos:[374]

1) Após a promulgação da Lei 4.728/65, cujo art. 66 criou o instituto da alienação fiduciária, havia muitas divergências jurisprudenciais sobre qual seria a ação cabível, o que provocava "insegurança nas relações jurídicas" que contavam com tal garantia.[375] (Mais uma vez, o argumento da segurança jurídica é utilizado para fins questionáveis).

2) "A demora nos processos para reaver o bem garantidor do débito tornou-se fonte de encarecimento das operações financeiras realizadas com a garantia da alienação fiduciária".[376] Logo, era

---

373. Mário Henrique Simonsen, *Brasil 2002*, p. 41; ver também pp. 39-40. Maria da Conceição Tavares e José Carlos de Assis, *O grande salto para o caos*, p. 25. O discurso de Simonsen estava bem afinado com o do futuro Pres. Médici, que, também criticando a expressão "milagre" pela falsa idéia de efeito sem causa, viria a creditar a inigualável fase de crescimento econômico às "iniciativas ousadas" e às "corajosas reformas jurídicas" feitas no período revolucionário (Emílio Garrastazu Médici, *Os vínculos da fraternidade*, p. 16). "Em economia não há milagres, embora o capitalismo apresente de vez em quando aspectos inesperados" (Paul Singer, *O "milagre brasileiro": causas e conseqüências*, pp. 77 e ss.). Sobre o papel da expansão do crédito rural e ao consumidor, ver Luiz Aranha Corrêa do Lago, "A retomada do crescimento e as distorções do 'milagre'", in *A ordem do progresso*, pp. 237 e 261. Sobre liberalização do crédito em geral, mas ainda sob relativo controle, como causa do milagre, ver Paul Singer, *O "milagre brasileiro": causas e conseqüências*, pp. 62-63.

374. Antonio Delfim Netto, "Exposição de Motivos", in Paulo Restiffe Neto, *Garantia fiduciária*, pp. 581-583.

375. Antonio Delfim Netto, "Exposição de Motivos", cit., p. 582. Repetindo esse argumento, Paulo Restiffe Neto observa que tal insegurança provocava uma descrença generalizada na "propalada superioridade" do instituto (*Garantia fiduciária*, p. 327). Ver também José Carlos Moreira Alves, *Da alienação fiduciária em garantia*, pp. 10-14; José A. F. Andrade, *Da alienação fiduciária em garantia*, pp. 28-37.

376. Antonio Delfim Netto, "Exposição de Motivos", cit., p. 582.

imprescindível dotar o instituto de uma "solução rápida e eficaz na hipótese de inadimplemento do devedor", para "baixar o custo operacional das instituições financeiras".[377] Aqui há duas críticas a fazer: 1) a demora na prestação jurisdicional não era – nem é – problema exclusivo das instituições financeiras, nem é problema atual (ver seção 7.5); pena que o governo não tenha se esmerado da mesma forma para dar efetividade aos outros processos, em cujo pólo ativo não estavam as instituições financeiras; 2) a ameaça de alta no custo operacional das transações financeiras, utilizada para justificar a quebra de garantias processuais do réu em favor de determinado setor, é típico *trade-off*.

Em resumo, o DL 911/69 visou "dar maiores garantias às operações feitas pelas financeiras, assegurando o andamento rápido dos processos, sem prejuízo da defesa, em ação própria, dos legítimos interesses dos devedores", obtendo-se assim – na ótica do Ministério da Fazenda – "um justo equilíbrio e uma conciliação adequada entre as reivindicações dos organismos financeiros, a proteção adequada dos investidores e o resguardo dos direitos dos usuários e adquirentes dos bens de consumo e de produção, mediante a utilização do crédito direto".[378]

Nessas palavras do Min. Delfim Netto se percebe que, embora fale em "justo equilíbrio" e "conciliação adequada" entre as reivindicações de todos os interessados, ele admite que o novo rito processual dá "maiores garantias às operações feitas pelas financeiras". Isso deixa evidente a destinação do DL 911/69 aos interesses das instituições financeiras, o que também está claro até no discurso dos juristas que analisaram o instituto – mesmo não sendo a intenção deles desmascarar a alienação fiduciária.

Paulo Restiffe Neto, p. ex., mesmo defendendo a excelência da alienação fiduciária, admite que o DL 911/69 foi expedido "voltado precipuamente a atender os interesses das instituições de financiamento".[379] Moreira Alves, também percebendo na garantia fiduciária, tal como normatizada na Lei 4.728/65, a ausência de eficácia sufi-

---

377. Antonio Delfim Netto, "Exposição de Motivos", cit., p. 582. O argumento é repetido em José A. F. Andrade, *Da alienação fiduciária em garantia*, p. 65.
378. Antonio Delfim Netto, "Exposição de Motivos", cit., p. 583. Argumentos semelhantes são repetidos com poucas alterações até hoje, como p.ex., em Luís Rodrigues Wambier, "Reflexões sobre o crédito, seu usuário e o credor", *Gazeta do Povo*, 9.11.1998, p. 15.
379. Paulo Restiffe Neto, *Garantia fiduciária*, p. 328.

ciente para "dar proteção ao crédito", confirma que o DL 911/69 veio a atender a essa necessidade das instituições financeiras.[380] José A. F. Andrade louva a intenção do legislador, que ao criar um processo "rápido e eficaz, trazendo às instituições financeiras a solução para a satisfação imediata de seus créditos pendentes", "propiciou não só a diminuição do custo operacional das financeiras, como também sua garantia e certeza de liquidação dos seus créditos".[381] Lígia Cristina de Araújo Bisogni reconhece que a busca e apreensão, "em tese, propicia maiores vantagens ao credor pois lhe permite consolidar a propriedade, tornando-se proprietário e possuidor direto".[382] Amaral Neto também fala na "vantagem que oferece" a busca e apreensão do DL 911/69 – embora não diga a quem, mas isso é óbvio.[383] Quer dizer: ninguém, em sã consciência, nega que o DL 911/69 e seu rito procedimental vieram para atender em primeiro lugar aos interesses das instituições financeiras.

2.7 Os fundamentos tecnocráticos do CPC/73

2.7.1 Um Legislativo castrado

Após a edição do AI-16 e do AI-17 (os últimos, de 14.10.1969), a Junta Militar anunciou pelo AC-72, de 15.10.1969, a suspensão do recesso do Congresso Nacional a partir de 22.10.1969, apenas para a homologação do novo Presidente da República – candidato único – já escolhido pelos militares.[384] Antes da reabertura do Congresso, porém, editou a Emenda Constitucional n. 1, de 17.10.1969, cujo art. 182 mantém em vigor o AI-5 e Atos posteriores,[385] e cujo art.

380. José Carlos Moreira Alves, *Da alienação fiduciária em garantia*, p. 14.
381. José A. F. Andrade, *Da alienação fiduciária em garantia*, p. 65. Ver também p. 63, quando reconhece que o processo de busca e apreensão é "altamente benéfico às empresas de Crédito, Financiamento e Investimento".
382. Lígia Cristina de Araújo Bisogni, "Da alienação fiduciária em garantia", *Revista de Direito Civil* 42/111.
383. Francisco dos Santos Amaral Neto, "Alienação fiduciária em garantia no direito brasileiro", *Revista de Direito Civil* 22/44.
384. Luís Roberto Barroso, *O direito constitucional e a efetividade de suas normas*, p. 37. Olympio Mourão Filho, *Memórias*, p. 457. O Congresso voltaria ao recesso até 1970 (Thomas Skidmore, *Brasil: de Castelo a Tancredo*, pp. 226 e 303).
385. "É claro que a revogação dos Atos, cuja transitoriedade o parágrafo único do art. 182 da Constituição proclama, não poderá ser feita *ex abrupto*, mas progres-

181 mantém a proibição da apreciação judicial dos atos legislativos expedidos (inc. III) com base em todos os Atos Institucionais e Complementares editados, inclusive os de autoria da própria Junta Militar, é claro (inc. I).[386] Preservada fica a contradição com o princípio constitucional da inafastabilidade do controle jurisdicional (EC-1/69, art. 153, § 4º).[387] Vale lembrar que a EC-1, além de "constitucionalizar" as arbitrariedades (os atos de força do Executivo, cf. arts. 181 e 182),[388] promover maior centralização política para o Executivo[389] e não se despregar da visão desenvolvimentista,[390] foi

sivamente, de modo a ficar plenamente assegurada a objetivação do processo revolucionário, que coincide com os interesses primordiais da Nação" (Miguel Reale, *Política de ontem e de hoje*, p. 43). Sobre esse artigo, as palavras de Pontes de Miranda são irrepreensíveis: "Em verdade, houve um jogo de aparência e de realidade: 'volveu-se' à constitucionalidade, à democracia liberal, porém sem se volver. Enquanto o Presidente da República não apaga regras jurídicas ditatoriais, a ditadura prossegue, encoberta por uma Constituição emendada, que em verdade em parte não existe: 1968-1969 foi golpe mais profundo do que o de 1964. (...) Enquanto o Presidente da República não decreta a cessação da incidência, dita da vigência [dos Atos Institucionais], nada feito, com o 'jogo de verdade'. Não há democracia, nem regime de liberdade. Por isso, pelos atos que se esperam praticados é que se há de responder: há, ou não há, Constituição democrático-liberal no Brasil?" (*Comentários à Constituição* ..., cit., t. 6, p. 437).

386. Ada Pellegrini Grinover, *Os princípios constitucionais e o Código de Processo Civil*, p. 16. Kazuo Watanabe, *Controle jurisdicional e mandado de segurança contra atos judiciais*, p. 40. Sobre os arts. 181 e 182 da EC-1/69, disse Pontes de Miranda que "foi um golpe profundo na personalidade dos brasileiros e da tradição, de típica ditadura, que nunca existiu no Brasil" ("Habeas corpus", in *VII Conferência da Ordem dos Advogados do Brasil*, p. 288). Sobre o inc. III do art. 181, Manoel Gonçalves Ferreira Filho limitou-se a dizer que "o alcance deste item é difícil de se apreender" (Manoel Gonçalves Ferreira Filho, *Comentários à Constituição Brasileira*, v. 3, p. 231).

387. F. A. de Miranda Rosa, *Justiça e autoritarismo*, cit., p. 40. Ada Pellegrini Grinover, *As garantias constitucionais do direito de ação*, pp. 139-143, 153-155.

388. Thomas Skidmore, *Brasil: de Castelo a Tancredo*, pp. 170 e 219. A favor dessa verdadeira consolidação de barbaridades, ver Paulino Jacques, "O direito constitucional brasileiro e a Revolução de 1964", *Arquivos do Ministério da Justiça*, n. 110, p. 23.

389. Thomas Skidmore, *Brasil: de Castelo a Tancredo*, p. 202. Esse fortalecimento do Executivo pela EC-1 foi defendido por Miguel Reale, *Política de ontem e de hoje*, pp. 37 e ss.

390. Note-se a seguinte alteração "pueril" que a EC-1 proporcionou. O art. 157 *caput* da CF/67 afirmava que "a ordem econômica tem por fim realizar a justiça social", com base em seis princípios meramente retóricos (aliás, como o próprio *caput*), dentre os quais o "desenvolvimento econômico" (inc. V). Com a EC-1, a matéria passou ao art. 160, cujo *caput* afirmava que "a ordem econômica *e social* tem

animada, mais uma vez, por razões tecnocráticas – de eficiência, velocidade (dromocracia) –, eis que na verdade outorgou uma nova Carta dispensando o trâmite democrático ínsito a uma Assembléia Constituinte.[391]

Uma vez superada – mas não muito – a fase em que se justificavam os atos de exceção na doutrina da segurança nacional, passa a predominar no discurso do poder instituído "o liberalismo econômico e a *tecnocracia*" (grifo nosso), funcionando os "grandes projetos de desenvolvimento econômico" como marcos ideológicos do regime.[392] Trata-se do período do "milagre", caracterizado sobretudo pelo

por fim realizar *o desenvolvimento nacional* e a justiça social" (grifos nossos), com base também em seis princípios retóricos. O desenvolvimento deixou de ser um princípio retórico para se tornar uma finalidade, também retórica, e mais: anterior à própria finalidade da justiça social. Do ponto de vista do discurso, fica patente a escala de prioridades adotada. Ademais, extrai-se da leitura desse dispositivo que o desenvolvimento é uma finalidade não só da ordem econômica (como dizia a CF/67), mas também da ordem social, o que significa uma tentativa de identificação – sempre em nível discursivo – entre os interesses/objetivos do Estado e os da sociedade civil. Segundo Adam Przeworsky, essa suposta identidade entre os interesses/objetivos do Estado e da sociedade civil, baseada na divulgação da ideologia de que "o povo manda", apresenta a seguinte argumentação (que não se sustenta): os políticos, em busca de votos, ofertam políticas que são as preferidas dos cidadãos (preferência veiculada no voto ou no suborno), e executam essas políticas, na condição de "perfeitos agentes do público", devido à "feliz coincidência" entre as preferências coletivas e as políticas públicas (Adam Przeworsky, *Estado e Economia no Capitalismo*, pp. 13-14). E essa feliz coincidência não se sustenta enquanto, p.ex., não houver uma "escolha coletiva única" de uma sociedade composta por cidadãos homogêneos (idem, ibidem, pp. 14-15) – algo próximo ao adorniano "mundo administrado", totalizante/totalitário. Guardadas as devidas proporções, veja-se a "escolha coletiva única" do nome do Gen. Médici para a Presidência da República; como o AI-17 "homogeneizou" a sua escolha dentro das Forças Armadas (fora delas já estava assegurada pelo AI-5), com a justificativa de manter unidade, coesão, ordem, disciplina e hierarquia nas corporações (Aurélio de Lyra Tavares, *O Brasil de minha geração*, v. 2, pp. 228-239. Olympio Mourão Filho, *Memórias*, pp. 456-457. Thomas Skidmore, *Brasil: de Castelo a Tancredo*, pp. 203 e 299).

391. Leonel Severo Rocha, "Os senhores da lei", in *Epistemologia jurídica e democracia*, p. 117. Mais uma vez, a desnecessidade da Assembléia Constituinte é advogada por Miguel Reale, *A revolução e a democracia*, pp. 151-152. Mais que isso, a tramitação demorada de uma EC já basta para justificar a sua outorga pura e simples, como podemos perceber nas entrelinhas de Miguel Reale, *Política de ontem e de hoje*, p. 37.

392. Leonel Severo Rocha, "Os senhores da lei", in *Epistemologia jurídica e democracia*, pp. 107 e 106. Florestan Fernandes, *A revolução burguesa no Brasil*, pp. 214, 217-220 *et passim*.

desenvolvimento com concentração de renda.[393] Como já disse um grupo interdisciplinar de professores da Universidade de Colorado, "economic growth under capitalist auspices seems to require both painful sacrifices from subordinate nonpropertied groups and an overall accentuation of inequality".[394]

393. Florestan Fernandes, *A revolução burguesa no Brasil*, p. 278. Thomas Skidmore, *Brasil: de Castelo a Tancredo*, pp. 215-216. Luís Roberto Barroso, *O direito constitucional e a efetividade de suas normas*, p. 37. Werner Baer, *A economia brasileira*, pp. 94-99, e "O crescimento brasileiro e a experiência do desenvolvimento", in *O Brasil na década de 70*, pp. 78 e ss. Maria da Conceição Tavares e José Carlos de Assis, *O grande salto para o caos*, p. 33. "Considerable attention has been directed toward the idea that as countries move from very low levels of development toward higher levels, income at first becomes more inequitably distributed. (...) It has also been observed that countries experiencing the most rapid rates of economic growth suffer from increasing inequality [o exemplo dado é, justamente, o Brasil dos anos 60]. (...) Broadly speaking, in the poorest countries, growth works against the poorer segments of the population" (William Loehr, "Economic Underdevelopment and Income Distribution", in *Economic Development, Poverty, and Income Distribution*, pp. 12-14). De fato, o processo brasileiro de modernização, levado a cabo a partir dos anos 60, conduziu o país a um grau de heterogeneidade (social, econômica e regional) sem paralelos na América Latina, salvo a possível exceção do México (Maria da Conceição Tavares, *Da substituição de importações ao capitalismo financeiro*, p. 194). "A política posta em prática pelo regime militar durante o período do 'milagre econômico' tornou as famílias mais ricas riquíssimas, permitindo-lhes ostentar um padrão de vida faustoso, em contraste com a pobreza de grande parte da população" (Paul Singer, *Repartição da renda*, p. 75). Compare-se as taxas de crescimento do PIB à ordem de 9,8% em 1968, 9,5% em 1969, 10,4% em 1970, 11,3% em 1971, 12,1% em 1972 e 14,0% em 1973 (Werner Baer, *A economia brasileira*, p. 394), com o processo de concentração de renda, descrito na seção 1.6.3, e reconhecido pelo próprio governo, mas com a preocupação retórica de falar em "acentuação das desigualdades *entre os indivíduos*", talvez para tentar transformar o problema social em individual (*Brasil: 14 anos de Revolução*, p. 71, grifo nosso; Mário Henrique Simonsen, *Brasil 2002*, pp. 58, 165 *et passim*). Essa preocupação retórica se esconde por trás de uma categoria econômica contraposta à "renda familiar", ou de empresas e entes públicos (ver, p.ex., Carlos Geraldo Langoni, *Distribuição de renda e desenvolvimento econômico do Brasil*, pp. 18 e ss.; Paul Singer. *Repartição da renda*, p. 7; John Wells, "Distribuição de rendimentos, crescimento e a estrutura de demanda no Brasil na década de 60", in *A controvérsia sobre distribuição de renda e desenvolvimento*, pp. 190-191).

394. Martha Gimenez *et alii*, "Income Inequality and Capitalist Development", in *Economic Development, Poverty, and Income Distribution*, pp. 236, 246 e ss. O grupo, composto por professores de sociologia (Martha Gimenez e Thomas Mayer), ciência política (Edward Greenberg) e economia (Ann Markusen e John Newton), afirmava porém a possibilidade do desenvolvimento sem o recrudescimento da desigualdade social (*idem, ibidem*, pp. 251 e ss.). "... a fase de crescimento acelerado do processo de desenvolvimento provoca um aumento de desigualdade" (Carlos Geraldo Langoni,

O problema é que, como bem demonstrou Celso Furtado, a concentração de renda tem sido utilizada como elemento fundamental para o desenvolvimento econômico, sendo portanto *estimulada*, e não combatida, pelas teorias desenvolvimentistas.[395]

"The economic goal of militarisation in a capitalist context is a high rate of growth in gross national product, regardless of distribu-

"Distribuição de renda: resumo da evidência", *Dados*, n. 11, pp. 112). "... quando você tem um desenvolvimento rápido, certamente ele é acompanhado por alguma concentração de renda" (Antonio Delfim Netto, "Crescer é concentrar", *Veja*, 7.6.1972, p. 73).
395. "Em um país como o Brasil basta concentrar a renda (aumentar o consumo supérfluo em termos relativos) para elevar a taxa de crescimento do PIB. Isto porque, dado o baixo nível médio de renda, somente uma minoria tem acesso aos bens duráveis de consumo e são as indústrias de bens duráveis as que mais se beneficiam de economias de escala [o exemplo do autor é justamente a indústria automobilística]. (...) quanto mais se concentra a renda, mais privilégios se criam, maior é o consumo supérfluo, maior será a taxa de crescimento do PIB. Desta forma, a contabilidade nacional pode transformar-se num labirinto de espelhos, no qual um hábil ilusionista pode obter os efeitos mais deslumbrantes" (Celso Furtado, *O mito do desenvolvimento econômico*, p. 116). Nesse sentido, ver José serra, *Brasil sem milagres*, p. 52. Também: Maria da Conceição Tavares, *Da substituição de importações ao capitalismo financeiro*, pp. 194 e ss. Paul Singer, "Desenvolvimento e repartição de renda no Brasil", in *A controvérsia sobre distribuição de renda e desenvolvimento*, p. 75. Rodolfo Hoffmann, "Tendências da distribuição da renda no Brasil e suas relações com o desenvolvimento econômico", in *A controvérsia sobre distribuição de renda e desenvolvimento*, p. 105. Em sentido contrário, ver Carlos Geraldo Langoni, *A política econômica do desenvolvimento*, pp. 23 e ss. Sobre as limitações do PIB como índice de desenvolvimento, ver Luis Alberto Pereira Garcia, *Uma análise crítica do uso do PNB como indicador de desenvolvimento*; Albert Fishlow, "A distribuição de renda no Brasil", in *A controvérsia sobre distribuição de renda e desenvolvimento*, p. 159. A título de curiosidade, ainda sobre o consumo supérfluo, ver o clássico de Thorstein Veblen, *A teoria da classe ociosa*, pp. 48 e ss., e a vigorosa crítica de Theodor W. Adorno, *Prismas*, pp. 69 e ss. Sobre a inevitabilidade histórica da concentração de renda no processo de desenvolvimento capitalista, ver Martha Gimenez *et alii*, "Income Inequality and Capitalist Development", in *Economic Development, Poverty, and Income Distribution*, pp. 234 e ss.; John Wells, "Distribuição de rendimentos, crescimento e a estrutura de demanda no Brasil na década de 60", in *A controvérsia sobre distribuição de renda e desenvolvimento*, pp. 190-237. Langoni defende o crescimento acelerado como arma de combate à desigualdade social, embora paradoxalmente afirme que "a aceleração do crescimento gera, necessariamente, acréscimos de desigualdade", a ponto de afirmar que o "aumento de desigualdade é conseqüência das profundas modificações que acompanharam o processo de desenvolvimento econômico brasileiro entre 1960 e 1970" (Carlos Geraldo Langoni, *Distribuição de renda e desenvolvimento econômico do Brasil*, pp. 174, 190, 207 e 214). Ainda hoje acredita-se, nos meios oficiosos, que

tive consequences at least for the near term. The poor are 'squeezed', or their expectations 'contained', to assure revenues and stability that benefit the state bureaucracy and most of the privileged classes".[396]

É o que se extrai de verdadeiros "atos falhos" no discurso dos próprios economistas do regime militar.[397] De fato, o processo de retomada do desenvolvimento do período JK, em fins dos anos 60, "só se viabilizou graças aos mecanismos de reconcentração da renda nacional que foram então adotados"[398] – dentre eles, alguns instrumentos "decreto-legais" com o estabelecimento das devidas garantias processuais (os procedimentos especialíssimos de que estamos falando). Tal tese foi obviamente criticada por aqueles que encaravam o processo de desenvolvimento como instrumento de mudança na distribuição de renda, sob o argumento de que "A preservação da máquina de crescimento da economia é ainda fundamental porque, num contexto dinâmico, é mais fácil e eficiente implementar políti-

---

"tudo deve ser reduzido à equação, ao cálculo custo-benefício e, portanto, a noção de igualdade é economicamente irrelevante e não produtiva; portanto, nós somos a favor da desigualdade social. Esse é o descalabro deste pensamento. A desigualdade social é economicamente interessante, ela faz crescer a massa de capital" (Paulo Eduardo Arantes, "Entrevista", *Trilogia*, n. 10, p. 15).

396. Richard Falk, "Militarisation and Human Rights in the Third World", in *The Political Economy of Development and Underdevelopment*, p. 452.

397. P. ex.: Roberto Campos admite que um projeto político de governo deve ter, dentre os seus objetivos, o de acumular para desenvolver ("A moldura política nos países em desenvolvimento", in *A nova economia brasileira*, p. 213). Outro exemplo: mesmo contestando a relação necessária entre concentração de renda e desenvolvimento, Simonsen admite que "a transição de uma economia de estagnação ou semi-estagnação para uma de crescimento acelerado costuma exigir sacrifícios que naturalmente envolvem certo aumento da concentração de rendas", mesmo porque *"há necessidade de certa concentração*, a fim de transferir recursos daqueles mais propensos a consumir para aqueles mais propensos a poupar" (Mário Henrique Simonsen, *Brasil 2002*, p. 58, grifo nosso). Como vemos, Simonsen fala em sacrifícios que envolvem "naturalmente" a concentração de renda, ao que se responde com Rodolfo Hoffmann: "o processo de concentração de renda só pode ser considerado 'natural' no sentido de que é natural que num regime escravocrata haja escravos, que num regime feudal haja senhores e servos, ou ainda, no sentido de que para um canibal é natural que alguns comam e outros sejam comidos" (Rodolfo Hoffmann, "Tendências da distribuição da renda no Brasil e suas relações com o desenvolvimento econômico", in *A controvérsia sobre distribuição de renda e desenvolvimento*, p. 121). Na verdade, chama-se de "natural" aquilo que está bloqueado pelo tempo, enquanto testemunha de uma pressão social (Theodor W Adorno, *Filosofia da nova música*, p. 19).

398. Rosélia Piquet, "Descaminhos da moderna industrialização brasileira", in *Brasil: território da desigualdade*, p. 37.

cas redistributivistas, pois há maior disponibilidade de recursos por parte do setor público para financiar de maneira não inflacionária as transferências de renda".[399]

É a fase de consolidação do modelo desenvolvimentista,[400] marcado pela aliança entre militares e tecnocratas,[401] e explorado propa-

399. Carlos Geraldo Langoni, *A economia em transformação*, pp. 137-138. Ver também pp. 128 e ss., 134 e ss. Carlos Geraldo Langoni, *Distribuição de renda e desenvolvimento econômico do Brasil*, p. 214 *et passim*. Ainda nesse sentido, ver Mário Henrique Simonsen, *Brasil 2002*, pp. 50-66. *Metas e Bases para a Ação de Governo*, p. 6. Emílio Garrastazu Médici, *Os anônimos construtores*, p. 12. "... o instrumento redistributivo mais poderoso é efetivamente o crescimento acelerado" (Carlos Geraldo Langoni, "Distribuição de renda: resumo da evidência", *Dados*, n. 11, pp. 110 e 117-118). Também achando que o desenvolvimento econômico haveria de reduzir as desigualdades: Emílio Garrastazu Médici, *Nova consciência de Brasil*, p. 48. Pena que tais transferências de renda acabaram não se concretizando (Caio Prado Jr., *A revolução brasileira*, pp. 242 e 261), o que era previsível, pois essa tese do "primeiro deixar o bolo crescer para depois repartir" é típica situação de *trade-off*, como podemos ver em Crawford Brough Macpherson, *Ascensão e queda da justiça econômica*, pp. 65-78. A caracterização do processo brasileiro como típico *trade-off* está expressa em Gustav Ranis, "Growth and distribution: trade-offs or complements?", in *Economic Development, Poverty, and Income Distribution*, pp. 45-46. Mesmo entendendo que não é possível incentivar o crescimento econômico e a distribuição de renda ao mesmo tempo (apenas nesse ponto concordando com a "teoria do bolo"), Fishlow afirma que uma política de distribuição de renda para os "muito pobres" é factível e não pode mais ser postergada para um futuro remoto, mas que mais importante que isso seria "um processo social que continuamente garanta oportunidades e voz para aqueles hoje marginalizados" (Albert Fishlow, "Depois de crescer, distribuir", *Veja*, 7.6.1972, p. 71, e "Distribuição de renda no Brasil – um novo exame", *Dados*, n. 11, pp. 64 e ss.). Afinal, "o que é mais urgente: aumentar a renda dos ricos ou a renda dos pobres?" (Rodolfo Hoffmann, "Tendências da distribuição da renda no Brasil e suas relações com o desenvolvimento econômico", in *A controvérsia sobre distribuição de renda e desenvolvimento*, p. 119). Para Paul Singer, a ironia da teoria do bolo está no fato de que, no capitalismo, o bolo só cresce enquanto não é repartido (Paul Singer, "Desenvolvimento e repartição de renda no Brasil", in *A controvérsia sobre distribuição de renda e desenvolvimento*, p. 100). Ainda em sentido de crítica à "teoria do bolo": José Serra, "A reconcentração da renda", in *A controvérsia sobre distribuição de renda e desenvolvimento*, p. 267, e "A reconcentração da renda: crítica a algumas interpretações", *Estudos Cebrap*, n. 5, p. 136; Florestan Fernandes, *A ditadura em questão*, p. 100.
400. Caio Prado Jr., *A revolução brasileira*, pp. 241-242. Veja-se como o discurso presidencial atesta essa consolidação, p. ex., em: Emílio Garrastazu Médici, *A verdadeira paz*, p. 12.
401. Caio Prado Jr., *A revolução brasileira*, pp. 261, 263. Celso Furtado, *Análise do "modelo" brasileiro*, p. 34. Richard Falk, "Militarisation and Human Rights in the

gandisticamente para "valorizar a *eficiência* do autoritarismo" (grifo nosso)[402] – eficiência essa que é utilizada como fator de legitimação política, tanto pelo setor industrial como pelos militares, o que explica suas afinidades na repartição do poder.[403] Os valores da tecnocracia (eficiência, racionalidade, modernização etc.) dispensavam a legitimação democrática.[404] Aliás, o próprio crescimento econômico também era utilizado como fator de legitimação do regime (no lugar da tradicional legitimação pelo Legislativo), principalmente aos olhos da classe média,[405] mediante um *trade-off* em que se troca a democracia pelo

Third World", in *The Political Economy of Development and Underdevelopment*, pp. 453-454. Luiz Carlos Bresser Pereira, "O novo modelo brasileiro de desenvolvimento", *Dados*, n. 11, pp. 135 e ss. Celso Lafer, *O sistema político brasileiro*, p. 90. Miguel Reale Jr., "Liberdade e segurança nacional", in *VIII Conferência Nacional da Ordem dos Advogados do Brasil*, 1980, p. 295. Os ideólogos do regime defendiam abertamente essa cooperação entre militares e uma elite tecnocrática (Roberto Campos, "A opção política brasileira", in *A nova economia brasileira*, p. 229. Mário Henrique Simonsen, *Brasil 2002*, p. 42. Roberto Campos, *Um projeto político para o Brasil*, p. 28).

402. Manoel Maurício de Albuquerque, *Pequena História da formação social brasileira*, p. 475. A propaganda de tal eficiência passa pela utilização fraudulenta dos índices econômicos, como o PIB (Celso Furtado, *O mito do desenvolvimento econômico*, p. 116; Caio Prado Jr., *A revolução brasileira*, pp. 242-243, 267). Os tecnocratas "share with their military colleagues impatience over the 'inefficiencies' of the conventional politicians who are distracted from true priorities by their search for popularity, their deference to tradition, and their tendency to support sentimental economic goals associated with equity" (Richard Falk, "Militarisation and Human Rights in the Third World", in *The Political Economy of Development and Underdevelopment*, p. 453).

403. Celso Furtado, *Análise do "modelo" brasileiro*, p. 37. Outra afinidade é o fato de comungarem, ambos os grupos (militares e industriais), de organização de natureza hierárquica e autoritária (loc. cit.). "Depois de 1964, a ESG tornou-se a escola de maior influência para a formulação de uma ideologia enfatizando a eficiência e a produtividade, argumentando que devido à escassez de capital no Brasil, o capital estrangeiro privado devia ser utilizado a fim de desenvolver o potencial brasileiro mais rapidamente" (Vilma Figueiredo, *Desenvolvimento dependente brasileiro*, pp. 140-141).

404. "Numa sociedade em que o debate político estava proibido e a expropriação do proletariado e campesinato alcançava índices excepcionais, era importante 'legitimar' a ditadura por meio da ideologização da sistemática, coerência, operatividade, pragmatismo, racionalidade, modernização etc. da política econômica" (Octavio Ianni, *A ditadura do grande capital*, p. 6; ver também pp. 28 e 157). Um exemplo claro é o discurso de Roberto Campos, p. ex., *O Brasil e o mundo em transformação*, pp. 15, 17, 34 *et passim*.

405. Thomas Skidmore, *Brasil: de Castelo a Tancredo*, pp. 276 e 285. Celso Lafer, *O sistema político brasileiro*, pp. 74-75. Maria da Conceição Tavares e José

desenvolvimento econômico.[406] A *eficiência*, como bem observou Celso Lafer, é a categoria comum que está na base da legitimação política pela *racionalidade* (Castello Branco e Roberto Campos) e pelo *desenvolvimento econômico acelerado* (Costa e Silva/Médici e Delfim Netto).[407]

Carlos de Assis, *O grande salto para o caos*, p. 43. Maria Helena Moreira Alves, *Estado e oposição no Brasil*, pp. 26-27, 48. Outro meio de apelar à ausência de legitimação política pelo Legislativo é a "comunicação direta" do líder com a opinião pública (Lucia Maria Gomes Klein, "A nova ordem legal e suas repercussões sobre a esfera política", *Dados*, n. 10, pp. 162-163). E é nesse sentido que Roberto Campos defende o fortalecimento do Executivo por meio da "democracia do consenso" ou plebiscitária – contato direto com as massas, mediante a utilização dos meios de comunicação (*input*) e de pesquisas de opinião pública (*output*) – em vez da "democracia de representação", em que o contato se faz por meio de intermediários, como o Legislativo e os partidos políticos (Roberto Campos, "As grandes transformações", in *Formas criativas no desenvolvimento brasileiro*, p. 29, e *O Brasil e o mundo em transformação*, p. 9). Essa democracia plebiscitária, na medida em que depende da opinião pública, "busca legitimação pela *eficiência*, arrogando-se, então, o crédito das medidas salvadoras, sem partilhá-las com a instrumentação legislativa" (Roberto Campos, *O Brasil e o mundo em transformação*, p. 9, grifo nosso). Quando Roberto Campos disse, tempos depois, que o autoritarismo não se sustenta a longo prazo, por se basear "na repressão e não no consenso" (*A lanterna na popa*, p. 635), estaria se referindo a essa "democracia do consenso", plebiscitária – será que teria o aval de Habermas? Em Buzaid encontramos alguns elementos de crítica à democracia representativa que indicariam sua posição favorável à plebiscitária (ver, p.ex.: Alfredo Buzaid, "Rumos políticos da Revolução brasileira", *Arquivos* ..., cit., pp. 7-11; "A missão da Faculdade de Direito na conjuntura política atual", *Revista da Faculdade de Direito*, v. 63, pp. 85-86, 97-101).

406. Esse regime de *trade-off*, chamado por Roberto Campos de "autoritarismo consentido", seria *autoritário* "porque alguns dos tradicionais veículos reivindicatórios e críticos – Congresso, sindicatos e imprensa – vêm operando em baixo diapasão", e *consentido* "porque, conscientemente, inconscientemente ou subconscientemente, o povo parece ter reconhecido a inevitabilidade de um *take off* [*sic*: seria *trade-off*]: menos exaltação no debate democrático e maior grau de disciplina social; orgulho de crescimento, mediante rápida acumulação de capital, a expensas de uma distribuição mais generosa dos frutos do crescimento; uma ideologia de *poder* e *grandeza*, e ênfase menor sobre *justiça* e *igualdade*" ("O Poder Legislativo e o desenvolvimento", in *O Legislativo e a tecnocracia*, pp. 33-34 – grifos no original). De qualquer forma, Roberto Campos entende que a estabilidade é melhor garantida pela legitimação política do regime do que pelo desenvolvimento (*Um projeto político para o Brasil*, p. 24).

407. Celso Lafer, *O sistema político brasileiro*, pp. 75-76. O discurso da eficiência está presente ainda hoje nos meios políticos e econômicos do governo, como percebemos em Antonio Kandir, *Brasil século XXI*, *passim*.

Nessa fase de desenvolvimento acelerado acentuou-se ainda mais a concentração de rendas no favorecimento à aquisição pela classe média (mediante expansão do crédito ao consumidor, para evitar o aumento de salários, que quebraria a política do arrocho salarial) de bens duráveis (automóveis e eletrodomésticos) destinados a setores sociais de alto poder aquisitivo, cuja produção era estimulada por investimentos públicos que poderiam ser alocados com efeitos mais redistributivos, em saúde, educação e produção de bens de consumo não duráveis.[408] Como bem observou Celso Furtado, a "política de 'desenvolvimento' orientada para satisfazer os altos níveis de consumo de uma pequena minoria da população, tal como a executada no Brasil, tende a agravar as desigualdades sociais e a elevar o custo social de um sistema econômico".[409] É preciso dizer que a relação

408. Manoel Maurício de Albuquerque, *Pequena História da formação social brasileira*, p. 476. Thomas Skidmore, *Brasil: de Castelo a Tancredo*, p. 278. Paul Singer, *Repartição da renda*, pp. 65-66, e *O "milagre brasileiro": causas e conseqüências*, p. 67. José Serra, *Brasil sem milagres*, p. 51. Rosélia Piquet, "Descaminhos da moderna industrialização brasileira", in *Brasil: território da desigualdade*, p. 33. Luiz Aranha Corrêa do Lago, "A retomada do crescimento e as distorções do 'milagre'", in *A ordem do progresso*, p. 241. Maria da Conceição Tavares, "Distribuição de renda, acumulação e padrões de industrialização", in *A controvérsia sobre distribuição de renda e desenvolvimento*, pp. 64-65. Maria Helena Moreira Alves, *Estado e oposição no Brasi*, pp. 148-149. Luiz Carlos Bresser Pereira, "O novo modelo brasileiro de desenvolvimento", *Dados*, n. 11, pp. 133 e 139. Em sentido contrário, Carlos Geraldo Langoni, *A economia em transformação*, p. 130. Entendendo que o papel da concentração de renda no consumo de bens duráveis foi superestimado: Albert Fishlow, "Distribuição de renda no Brasil – um novo exame", *Dados*, n. 11, pp. 56 e ss.; John Wells, "Distribuição de rendimentos, crescimento e a estrutura de demanda no Brasil na década de 60", in *A controvérsia sobre distribuição de renda e desenvolvimento*, pp. 229 e ss. De fato, o desenvolvimento industrial dos anos 60 levou à concentração de riquezas nas classes proprietárias detentoras de elevado nível de consumo (Celso Furtado, *Desenvolvimento e subdesenvolvimento*, p. 247). Sobre os interesses das multinacionais no conforto das elites de consumo no Brasil do "milagre", ver Caio Prado Jr., " 'Post scriptum' em 1976", in *História econômica do Brasil*, p. 355. Ao lhes dar acesso a formas sofisticadas de consumo, as multinacionais acabaram assumindo o controle do processo de desenvolvimento (Celso Furtado, *O Brasil pós-"milagre"*, pp. 36-37). "Em nome do 'desenvolvimento econômico acelerado', ampliou-se e aprofundou-se, portanto, a incorporação da economia nacional e das estruturas nacionais de poder à economia capitalista mundial e às estruturas capitalistas internacionais de poder" (Florestan Fernandes, *A revolução burguesa no Brasil*, pp. 219-220, 300).

409. Celso Furtado, *O mito do desenvolvimento econômico*, p. 96. Paul Singer, *Repartição da renda*, pp. 65-66. José Serra, *Brasil sem milagres*, p. 56. Entendendo que o financiamento à aquisição de bens duráveis não é um estímulo artificial ao con-

entre concentração de renda e aquisição de bens de consumo duráveis é circular: o estímulo a esse consumo de luxo provoca concentração de renda, mas a elevação desse tipo de consumo é também um reflexo do processo de concentração.[410]

Do ponto de vista do discurso do poder, foi aí que o regime militar passou a apelar à "defesa do desenvolvimento econômico para justificar a *concentração do capital* nas mãos das classes ricas, o que produziu, a partir desta matriz, um Estado extremamente forte, baseado numa *tecnoburocracia*, que procurou através de uma concentração de poderes jamais vista, intervir em todos os setores da sociedade".[411] Diante desse quadro, "para os setores sociais que se haviam beneficiado com o *milagre*, a repressão política era perfeitamente aceitável pelo que trazia de enriquecimento, segurança, consumismo e outras vantagens".[412] Vê-se como o milagre do desenvolvimento, a concentração de renda e a supressão das garantias democráticas vinculavam-se estreitamente.[413] Aqui fica clara também a vinculação entre o

sumo das classes de renda mais alta, não sendo, portanto, responsável pelo processo de concentração de rendas: Carlos Geraldo Langoni, *A economia em transformação*, p. 130. A vinculação estreita entre concentração de renda e consumo está na seguinte frase de Celso Furtado: "Concentração de renda é um disfarce que usamos para mascarar a concentração dos gastos de consumo" (Celso Furtado, *O Brasil pós-"milagre"*, p. 121).

410. "A má distribuição da renda era, em termos dinâmicos, favorável ao consumo destes bens [duráveis], uma vez que permitia, a despeito da baixa renda média da população, a existência de um mercado razoável em termos absolutos que se expandia naturalmente a um ritmo superior ao do crescimento do produto" (Maria da Conceição Tavares, *Acumulação de capital e industrialização no Brasil*, p. 131). "A concentração da renda favorece a demanda de bens de consumo duráveis e bens de luxo em detrimento da procura de bens característicos do consumo da parte da população de renda mais baixa como, por exemplo, calçados e tecidos ordinários" (Rodolfo Hoffmann, "Tendências da distribuição da renda no Brasil e suas relações com o desenvolvimento econômico", in *A controvérsia sobre distribuição de renda e desenvolvimento*, p. 117). Ver também: Paul Singer, *A crise do "milagre"*, p. 116; José Serra, "A reconcentração da renda: crítica a algumas interpretações", *Estudos Cebrap*, n. 5, p. 136.

411. Leonel Severo Rocha, "Os senhores da lei", in *Epistemologia jurídica e democracia*, pp. 104-105, grifos nossos.

412. Manoel Maurício de Albuquerque, *Pequena História da formação social brasileira*, p. 476, grifo no original. Ver também Otávio Guilherme Velho, *Sociedade e agricultura*, p. 55.

413. Celso Lafer, *O sistema político brasileiro*, p. 101. Só com a dissociação teórica entre democracia e desenvolvimento foi possível a determinadas classes

"milagre brasileiro", o processo de concentração de renda, a alegação de garantias ao desenvolvimento econômico (dentre elas, as processuais) e o modelo tecnoburocrático de Estado – que preza a eficiência mais que os valores democráticos (como veremos oportunamente, na seção 7.3.1).

No governo Médici, além do florescimento do "milagre", temos, em prejuízo da "democracia liberal", uma defesa mais clara do "centralismo autoritário" sob a roupagem eufemística de "democracia social", enquanto estabilidade política necessária para manter o desenvolvimento econômico, que haveria de atrair para o Brasil investimentos externos de longo prazo.[414] (Estranhamente, tais argumentos – estabilidade, captação de investimentos externos – são utilizados ainda hoje no discurso político).

Já com um projeto de CPC fermentando, o governo apresentou em 1º.12.1971 a Lei 5.741, de 1º.12.1971, a permitir uma execução hipotecária judicial mais efetiva que a "ação executiva" do CPC/39 e menos truculenta que a execução extrajudicial do DL 70/66. Apesar de ser Lei, e não DL – como no caso dos demais procedimentos especialíssimos –, é preciso que se diga que o Legislativo estava completamente emasculado pelo processo de contínua centralização política pós-64: AI-1, AI-2, CF/67, AI-5 e CF/69.

"apropriar-se, com tamanha segurança, da enorme parte que lhes cabe no excedente econômico nacional" (Florestan Fernandes, *A revolução burguesa no Brasil*, p. 352). A concentração das riquezas "se dá no contexto de um sistema de dominação" (Paul Singer, "Desenvolvimento e repartição de renda no Brasil", in *A controvérsia sobre distribuição de renda e desenvolvimento*, p. 76). "Acontece que pela preservação de altas taxas de crescimento mediante a repressão das tensões sociais se paga um certo preço: as tensões não desaparecem, permanecendo ocultas e se acumulando, por ausência de válvulas de escape" (Paul Singer, *O "milagre brasileiro": causas e conseqüências*, p. 78). Ver também: José Serra, *Brasil sem milagres*, pp. 50-51; Luiz Aranha Corrêa do Lago, "A retomada do crescimento e as distorções do 'milagre'", in *A ordem do progresso*, p. 294.
414. Octavio Ianni, *Estado e planejamento econômico no Brasil*, p. 247. Ver também pp. 268-269, 273. Sobre a concepção instrumentalista (meio para o desenvolvimento) de "democracia social" à brasileira, ver: Lourival Vilanova, "Proteção jurisdicional dos direitos numa sociedade em desenvolvimento", in *IV Conferência Nacional da Ordem dos Advogados do Brasil*, 1970, p. 152; Alfredo Buzaid, "A missão da Faculdade de Direito na conjuntura política atual", *Revista da Faculdade de Direito*, v. 63, pp. 97-101; Emílio Garrastazu Médici, "Mensagem presidencial de 1970 ao Congresso Nacional", in *Mensagens presidenciais*, pp. 125-128; *A verdadeira paz*, pp. 166 e 176; *Os vínculos da fraternidade*, p. 66; *O jogo da verdade*, pp. 111-

A desimportância do Legislativo na atuação normativa do Estado pós-64 fica clara quando analisamos a porcentagem de projetos aprovados. P.ex.: em 1967-1968, 83% dos projetos do Legislativo e 98% dos projetos do Executivo foram aprovados (i.e., o Congresso só teve coragem de não aprovar 2%). De 1970 a 1973 (período que compreende a Lei 5.741 e o CPC), 98% dos projetos do Executivo continuaram a ser aprovados, enquanto apenas 8% dos projetos do Legislativo o foram.[415]

Esses números provam como o regime tecnocrático pós-64 conseguiu praticamente eliminar a função de proposição legislativa do próprio Poder Legislativo, que com esse processo perdia paulatinamente mais e mais de sua própria legitimação.[416]

E, na apreciação dos projetos do Executivo, verificou-se uma hiperadaptação e uma superconformação do Legislativo, que se traduziu no subdesempenho dos legisladores e na fluência praticamente desimpedida da legislação relevante do Executivo.[417]

Essa hiperadaptação do Congresso está expressa também nos seguintes dados:[418]

2; Miguel Reale, *Política de ontem e de hoje*, pp. 35 e ss., 42; *A revolução e a democracia*, p. 123. Essa "democracia" só é "social" no sentido de sobrepor as razões de Estado à invulnerabilidade dos direitos individuais, "liberais". Certos juristas chegaram a admitir, em nome da ideologia do desenvolvimento e da "democracia social" a ele necessária, restrições temporárias aos direitos liberais-democráticos, discordando apenas das restrições à proteção jurisdicional desse resíduo (Lourival Vilanova, ob. cit., pp. 152-153). "Le recours à la contrainte, de la simple intimidation à la torture, est justifié par la raison d'État, sur laquelle, dans na logique du système, c'est un non-sens que de vouloir faire prévaloir les droits individuels" (Michel Schooyans, *Destin du Brésil* ..., cit., p. 87). Sobre essas "razões de Estado", usadas para justificar a violação de direitos individuais, disse Adorno, remetendo-nos a Auschwitz, que "quando se coloca o direito do Estado acima do dos membros da sociedade, já está colocado, potencialmente, o horror" (Theodor W. Adorno, *Palavras e sinais*, p. 123). Sobre o capitalismo autoritário, ver Otávio Guilherme Velho, *Sociedade e agricultura*, pp. 50 e ss.

415. Os números estão em Thomas Skidmore, *Brasil: de Castelo a Tancredo*, pp. 231-232.

416. Carlos A. Astiz, "O papel atual do Congresso brasileiro", in *O Legislativo e a tecnocracia*, pp. 9-10 e 23.

417. Cândido Mendes, "O Congresso brasileiro pós-64: um Legislativo para a tecnocracia?", *O Legislativo e a tecnocracia*, pp. 125, 144-149.

418. Cândido Mendes, ob. cit., p. 147

Distribuição das emendas por tipos de projetos (1970-73)	
Códigos, leis, consolidações etc.	53,5%
Estrutura do Estado	21,6%
Intervenção estatal	18,9%
Funcionalismo público	6,0%
TOTAL	100,0%

E por que esses dados reforçam a tese da hiperadaptação e da superconformação do Legislativo no período? Porque eles deixam claro que houve uma "convergência maior do debate sobre o largo estuário de um estatuto normativo generalizante [e abstrato], de impacto mais de *ressistematização* do que de relativo efeito sobre *disciplina ex-novo* de dadas relações sociais".[419]

2.7.2 As codificações do arbítrio

De fato, o CPC/73 surge no cenário jurídico brasileiro num governo que visivelmente se esforçou para consolidar as alterações legislativas pós-64, por meio de um movimento codificador amplo.[420] O paralelo histórico do movimento codificador do Estado Novo com o pós-64 é nítido: naquele promoveu-se a formulação do CPC (DL 1.608/39), CP (DL 2.848/40), CPP (DL 3.689/41) e CLT (DL 5.452/43); neste tentou-se recodificar o CP (DL 1.004, de 21.10.1969, revogado pela Lei 6.578/78), CPP (projeto Frederico Marques), CC (projeto Miguel Reale), Código do Trabalho (projeto Evaristo de Moraes Filho), logrando vigência apenas o CPC (Lei 5.869/73) e códigos menores – Eleitoral (Lei 4.737/65), Código Nacional de Trânsito (Lei 5.108/66, revogada pela Lei 9.503/97), Código Tributário Nacional (Lei 5.172/66), Código Brasileiro do Ar (DL 32/66, revogado pela Lei 7.565/86), Código Penal Militar (DL 1.001, de 21.10.1969), Código de Processo Penal Militar (DL 1.002, de 21.10.1969) etc. Esses movimentos codificadores têm um parentesco também com o que se deu na Itália, durante o regime fascista, em que

---

419. Cândido Mendes, ob. cit., p. 148, grifos no original.
420. F. A. de Miranda Rosa, *Justiça e autoritarismo*, pp. 53-55. Alfredo Buzaid, "A renovação da ordem jurídica positiva", *Arquivos do Ministério da Justiça*, n. 118, pp. 1 e 16.

entraram em vigor o CP/30, CPP/30, CC/42 e CPC/42, e nos três casos (fascismo, Estado Novo e governos pós-64) pode-se dizer que a codificação tinha um valor simbólico significativo.[421]

O governo Médici em nenhum momento questiona a legislação revolucionária esparsa anterior nem seus objetivos.[422] Como diria o próprio Presidente, "A produção legislativa do período revolucionário introduziu em nosso ordenamento jurídico modificações de grande extensão e profundidade. Embora essa atividade se haja inspirado em princípios uniformes, não se acham estes traduzidos nas regras jurídicas que se adotaram, de modo sistemático".[423]

Logo, não havia o menor risco de que o CPC, assim como todo o movimento codificador do governo Médici, alterasse a substância da legislação esparsa anterior.[424] Em outras palavras, *não havia qualquer incompatibilidade ideológica entre os códigos que se preparavam e a legislação revolucionária anterior.*

O discurso presidencial indicava explicitamente o rumo que o governo tomaria do ponto de vista legislativo: a codificação ampla, em todos os setores do direito, prevista inclusive nas *Metas e Bases para a Ação de Governo* (1970-1973).[425] Esse movimento de reforma

421. "L'integrale rinnovamento della codificazione costituisce un momento significativo dell'opera istituzionale del regime fascista, che ad essa attribuì anche un forte significato simbolico, tanto da far sì che il testo tradizionalmente più rilevante, il codice civile, potesse entrare in vigore, insieme a quello di procedura civile, in occasione del Natale di Roma (21 aprile) del 1942, a celebrare il ventennale dell'era fascista" (Stefano Rodotà, "Le libertà e i diritti", in *Storia dello Stato Italiano*, p. 344). Quiçá os ditadores codificadores tenham se inspirado em Hegel, para quem "os governantes que, como Justiniano, deram ao seu povo uma coleção, mesmo informe, de leis ou, melhor ainda, um direito nacional num código definido e ordenado, não só foram grandes benfeitores, como tal venerados, mas também efetuaram um grande ato de justiça" (Georg Wilhelm Friedrich Hegel, *Princípios da filosofia do direito*, p. 179). A História mostra que a manipulação da "veneração oficial" prescinde de codificações.

422. Emílio Garrastazu Médici, *O sinal do amanhã*, pp. 73-74.

423. Emílio Garrastazu Médici, *O jogo da verdade*, p. 92.

424. Aliás, nem é esse o objetivo de qualquer movimento codificador, segundo Georg Wilhelm Friedrich Hegel, *Princípios da filosofia do direito*, p. 177. Todavia, é preciso reconhecer que sob as alterações de forma – reorganização sistemática da legislação esparsa – o conteúdo também é alterado (Raísa Jálfina, "Codificación: necesidad e importancia", in *El derecho en el socialismo desarrollado*, p. 20; O. Zhidkov, V. Chirkin e Yu Yudin, *Fundamentos de la teoría socialista del Estado y del derecho*, pp. 230 e 257).

425. *Metas e Bases para a Ação de Governo*, p. 245.

dos códigos "... pode ser entendido como a produção da contradialética à *legislação relevante para o desenvolvimento* [grifo nosso; p.ex., os DLs que disciplinavam os créditos bancários e seus procedimentos especialíssimos]; como a reação *in abstracto* [grifo no original] pela qual o estilo jurisdicista do sistema reage em termos nitidamente formalizantes e compensatórios à emergência real de uma política de mudança".[426]

Para Cândido Mendes, o "revisionismo sistêmico" da legislação pós-64, além de ter compreendido uma reação jurisdicista formalizante, teve também uma característica de *fuga às tensões mais concretas* (terra, trabalho, capital) presentes na sociedade.[427] Por esse motivo, "o movimento da revisão de códigos e sua ideologia se coloca em contracorrente às exigências do *desenvolvimento* e *distrai o Congresso de seus verdadeiros imperativos*".[428] Merece transcrição, pela sua importância indiscutível na análise da origem do CPC/73, a conclusão de Cândido Mendes a esse respeito: "Não causaria espécie, assim, que numa convergência fatal e sancionadora de tais tendências latentes, o Congresso, cada vez mais formal na sua produção, viesse a escoar o seu poder de emendar e o debate de seus plenários sobre a reforma dos Códigos e, *primus inter pares*, daqueles que apresentassem, exuberantemente, o maior afastamento de uma disciplina objetiva de relações sociais. É por aí exemplar a circunstância de ter sido o Código de Processo Civil o que concentrou a larga maioria das interveniências do Legislativo no debate das mensagens presidenciais neste último triênio".[429]

Ou seja, como se não bastasse desviar a atenção do Legislativo para códigos – leis que por definição possuem um caráter altamente genérico e abstrato[430] – ainda tinha de ser para um código que tratas-

---

426. Cândido Mendes, "O Congresso brasileiro pós-64: um Legislativo para a tecnocracia?", in *O Legislativo e a tecnocracia*, p. 148.
427. Cândido Mendes, ob. cit., p. 148.
428. Cândido Mendes, ob. cit., p. 148, grifos nossos.
429. Cândido Mendes, ob. cit., p. 149, grifos no original.
430. Francesco Galgano, *Diritto privato*, pp. 35 e ss. No manuscrito "I – Feuerbach", Karl Marx já anotou que na "lei os burgueses devem dar a si próprios uma expressão geral, justamente porque dominam como classe" (Karl Marx e Friedrich Engels, *A ideologia alemã: Feuerbach*, p. 133). Isso já estava claro em Hegel, para quem "o volume das leis deve constituir um todo fechado e acabado" (Hegel, *Princípios da filosofia do direito*, p. 180). Os altos índices de generalidade e de abstração das codificações em geral são um sintoma claro da tecnificação da ciência

se de matéria processual, que já significa por si um afastamento em relação ao direito material e à realidade social. Logo, o CPC haveria de ser o máximo da abstração em relação às demandas políticas, e por isso mesmo o passatempo predileto que o Executivo poderia impor ao Legislativo num período de repressão política ostensiva.

De qualquer forma, oficialmente o objetivo era o de consolidar a legislação pós-64, por meio da sua sistematização (e conseqüente revogação da legislação esparsa), tal qual ocorreu com a CF/67, que se limitou a uma compilação dos Atos Institucionais e Complementares e Emendas Constitucionais editadas sob o regime.[431] Alfredo Buzaid, p. ex., quando da Exposição de Motivos do Anteprojeto, já havia anunciado a intenção de incorporar institutos processuais regulados em leis extravagantes "no Livro IV do Anteprojeto, porque

jurídica e da tentativa de despolitização da atividade de seus operadores (Giovanni Tarello, *Storia della cultura giuridica moderna*, pp. 18 e ss.). Segundo Damaska, a tecnificação do processo e seu conseqüente distanciamento do leigo são características típicas do modelo de "processo para resolução de conflitos", em oposição ao modelo de "processo para atuação de uma opção política" (Mirjan Damaska, *I volti della giustizia e del potere*, pp. 244-246). Sobre a ideologia iluminista, racionalista e universalizante que orienta os processos de codificação do Estado moderno, ver Hegel, *Princípios da filosofia do direito*, p. 176; Engels, "Del socialismo utópico al socialismo cientifico – prólogo a la edición inglesa", in *Obras escogidas*, v. 2, p. 98; Vittorio Denti, "Dottrine del processo e riforme giudiziarie tra Illuminismo e codificazioni", *Rivista di Diritto Processuale*, v. 36, n. 2, pp. 217-231; Carlos Simões, *Direito do trabalho e modo de produção capitalista*, pp. 98 e ss. "Num Estado moderno, o direito não só tem de corresponder à situação econômica geral e ser sua expressão, como tem ainda que ser uma expressão *coerente em si mesma*, que não se dilacere em contradições internas" (Engels, "Engels a Konrad Schmidt", in *Cartas filosóficas e outros escritos*, p. 38, grifo no original). Estranhamente, essas mesmas críticas se aplicaram ao direito da extinta URSS, onde as mesmas pretensões "burguesas" de coerência e universalidade guiavam sua atividade codificadora, considerada essencial para a estrita observância da chamada "legalidade socialista", como verificamos no discurso ufanoso de: Raísa Jálfina, "Codificación: necesidad e importancia", in V. Kudriavtsev, S. Ivanov e V. Tumanov, *El derecho en el socialismo desarrollado*, pp. 20, 24, 26-27; Kazimierz Grzybowski, *Soviet Legal Institutions*, pp. 51 e 177; O. Zhidkov, V. Chirkin, Yu Yudin, *Fundamentos de la teoría socialista del Estado y del derecho*, p. 258.

431. Para ter uma idéia de como a CF/67 era a mera compilação dos referidos atos, leia-se a preocupação nesse sentido em SILVA, Carlos Medeiros. Exposição de motivos. *Arquivos do Ministério da Justiça*, n. 100, pp. 66 e ss., dez./1966; Maria Helena Moreira Alves, *Estado e oposição no Brasil*, p. 105. Tal era também o objetivo de Pedro Aleixo em seu Anteprojeto de Constituição, que acabou preterido pela Junta Militar em favor da EC-1.

nenhuma razão plausível justifica que continuem separados do Código, como se dele não fizessem parte".[432]

É possível, sim, dizer que *havia uma incompatibilidade técnica entre os procedimentos especialíssimos e os previstos no código*. P. ex.: as execuções especiais de cédula de crédito rural e industrial são incompatíveis com o sistema de embargos implantado pelo CPC/73, que procurava isolar a cognição da execução, antes mesclada na "ação executiva" – como veremos nas seções 4.1 e 4.2. E na opinião de Edoardo Grasso, a simples incongruência de uma execução especial com o sistema de um novo código já é suficiente para a ab-rogação dela.[433]

No entanto, estranhamente a doutrina e a jurisprudência tradicionais não reconheceram no CPC/73 o poder de revogar os procedimentos especialíssimos que se encontravam esparsos na legislação revolucionária, como veremos nas seções respectivas a cada um deles. E por que isso se deu? Segundo o próprio legislador, porque as normas de direito material que trazem consigo normas processuais (normas de dupla manifestação)[434] não merecem ser fragmentadas em vários diplomas legais.[435] A nosso ver, porém, o motivo pode ser

432. Alfredo Buzaid, *Anteprojeto de Código de Processo Civil*, p. 7 – trata-se de trecho do n. 6 da Exposição de Motivos.
433. Edoardo Grasso, "Il processo esecutivo nelle prospettive della ricodificazione", *Rivista di Diritto Processuale*, v. 40, n. 3, p. 527.
434. Jorge A Clariá Olmedo, *Derecho procesal*, v. 1, p. 54.
435. "Essa fragmentação não se coaduna com a boa técnica legislativa, que recomenda, tanto quanto possível, tratamento unitário. O Código Civil e algumas leis extravagantes os disciplinam [tais institutos], estabelecendo regras de direito material. Por que então dividi-los, regulamentando-os parte no Código de Processo Civil e parte em leis especiais? Parece mais lógico incluir os procedimentos desses institutos em suas respectivas leis especiais, onde serão exauridos completa e satisfatoriamente" (Alfredo Buzaid, "Exposição de motivos", in *Código de Processo Civil: histórico da lei*, v. 1, t. 1, pp. 25-26 – trata-se de trecho do n. 24 da Exposição). "As leis esparsas são de natureza processual ou de caráter político-social, considerando-se como tais as que estão sujeitas a mutações impostas pelos regimes políticos ou transformações sociais. São elas, embora não se destinando à vigência temporária, transitórias, e contêm quase sempre matéria de direito substantivo" (Jacy de Assis, "Procedimentos especiais", *Revista do Curso de Direito da Universidade Federal de Uberlândia*, v. 10, ns. 1-2, p. 27). Como veremos na seção 3.4, Guasp e Picardi criticam severamente o legislador que se aproveita de normas de direito material para criar novos procedimentos (Jaime Guasp, "Reducción y simplificación de los procesos civiles especiales", in *Atti del Congresso Internazionale di Diritto Processuale Civile*, p. 305; Nicola Picardi, "I processi speciali", *Rivista di Diritto Processuale*, v. 37, n. 4, p. 701).

outro: além do fato de a manutenção desses procedimentos atender a setores econômicos influentes (mais especificamente, as instituições financeiras), *a índole tecnocrática dos procedimentos especialíssimos era absolutamente compatível com a ideologia tecnocrática que movia o próprio CPC/73*.[436] Por esse motivo a velha acusação contra o CPC/39 – de não ter abolido a legislação processual extravagante – recaiu sobre o CPC/73.[437]

---

436. Das codificações pós-64, não só o CPC padecia desse traço tecnocrático. Também o CP de 1969 "possuía modificações tecnocráticas do código de 1940", mantida porém a "moldura autoritária idealista" (Eugenio Raúl Zaffaroni e José Henrique Pierangeli, *Manual de direito penal brasileiro: parte geral*, p. 225).

437. Em tom de crítica, Lobo da Costa constatou que o CPC/39 "não só não aboliu, como reconheceu e admitiu a legislação processual extravagante" (Moacir Lobo da Costa, *Breve notícia histórica do direito processual civil brasileiro*, p. 101). Ver Hamilton de Moraes e Barros, "Aspectos gerais dos procedimentos especiais em face do novo Código de Processo Civil", *RF* 247/16. Jacy de Assis é mais condescendente com o CPC/39 em sua comparação com o CPC/73, quando afirma que "o Código de 1939 teve a gentileza de esclarecer ao aplicador quais as leis que continuavam em vigor, e todas as que eles podia incluir, dentro do seu sistema, ele incluiu. O Código atual faz exatamente o contrário: todas as leis que ele pode excluir, algumas sem nenhuma razão, ele excluiu, ficando assim uma espécie de Código meia-sola" (Jacy de Assis, "Procedimentos especiais", *Revista do Curso de Direito da Universidade Federal de Uberlândia*, v. 10, ns. 1-2, p. 43). Sobre o momento atual, o Min. Sálvio constata que "nossa legislação [processual] não codificada se apresenta significativamente fecunda, talvez sem similar em outro ordenamento" (Sálvio de Figueiredo Teixeira, "A efetividade do processo e a reforma processual", in *Processo civil: evolução e 20 anos de vigência*, p. 233). Discussão semelhante ocorreu na Itália, a propósito da revogação pelo CPC/42 de execuções especiais previstas em leis extravagantes. Paolo D'Onofrio, p. ex., fazia parte da doutrina minoritária, para a qual tais execuções deveriam ser revogadas, pois "con ciò si sará realizzata quella unità processuale che è una delle aspirazioni della dottrina e delle maggiori esigenze della pratica" (*Commento ao Codice di Procedura Civile*, v. 2, p. 102; ainda sobre a derrogação, pelo CPC italiano, de leis anteriores que continham normas de direito material e processual, ver Paolo D'Onofrio, "Codice di Procedura Civile e leggi speciali", in *Atti del Congresso Internazionale di Diritto Processuale Civile*, pp. 225-227) – como se vê, argumento fundado na pretensão à totalidade. Da mesma forma que D'Onofrio, Edoardo Grasso também se coloca contra a descodificação da execução forçada, mas por outro argumento: para este autor, a multiplicação das execuções especiais geralmente consagra privilégios que muitas vezes mereceriam revogação por incompatibilidade com princípios constitucionais (Edoardo Grasso, "Il processo esecutivo nelle prospettive della ricodificazione", *Rivista di Diritto Processuale*, v. 40, n. 3, pp. 525-526). Mais recentemente, Giovanni Verde coloca-se contra a dissolução da lei geral "in una miriade di provvedimenti particolari" (*Profili del processo civile: parte generale*, p. 9). Sobre o movimento de descodificação do processo civil, ver ainda Comoglio,

2.7.3 Cientificismo e tecnocracia

Em nome do processo civil foram construídos "projetos arquitetônicos de impressionante majestade" que perdiam o contato com a realidade, numa espécie de parnasianismo em que o exercício intelectual se fazia sob o signo da "arte pela arte", ou da ciência pela ciência.[438] Mais que isso: tudo em nome de uma ciência que, presa aos cânones do processo civil – fundadores de sua pretensa cientificidade –, era avessa a todos os avanços epistemológicos obtidos nas outras áreas do saber.[439] Como bem observou Marinoni, é preciso

Ferri e Taruffo, *Lezioni sul processo civile*, p. 18. Segundo Vittorio Denti, aqueles que pretendem reformar integralmente o código querem manter a primazia do procedimento ordinário, enquanto aqueles que pretendem a descodificação querem racionalizar as tutelas diferenciadas (Vittorio Denti, "Valori costituzionali e cultura processuale", *Rivista di Diritto Processuale*, v. 39, n. 3, p. 462). Todavia, Picardi parece tentar unir os opostos, quando critica a descodificação das normas sobre procedimentos especiais ao mesmo tempo em que os defende (Nicola Picardi, "I processi speciali", *Rivista di Diritto Processuale*, v. 37, n. 4, p. 701).

438. José Carlos Barbosa Moreira, "Tendências contemporâneas do direito processual civil", in *Temas de direito processual civil*, 3ª série, p. 3. O próprio autor do anteprojeto do CPC assim descreve as grandes codificações: "São monumentos jurídicos em que o legislador deve sublimar, quanto ao fundo e à forma, o esplendor do seu saber, a energia do pensamento e a beleza da linguagem. Só assim é que se impõem ao respeito do povo e adquirem longevidade" (Alfredo Buzaid, "A renovação da ordem jurídica positiva", *Arquivos do Ministério da Justiça*, n. 118, p. 16). A inspiração parece vir de Couture: "Uma obra de codificação é, além de um conteúdo de soluções de política jurídica, uma forma de arquitetura. Nela influem não só a magnitude da proporção e dos grandes volumes, como também o primoroso detalhe de artesanato" (*Interpretação das leis processuais*, p. 53). A resposta de Miranda Rosa é simplesmente impecável: "É muito estimulante deter-se o jurista sobre as minúcias e sutilezas do processo e sobre elas construir belos edifícios teóricos-doutrinários. Constitui, porém, imperdoável fuga à realidade, às razões de ser sociais do Direito, às suas motivações efetivas na vida do homem em sociedade, deixar de investigar, pesquisar e tentar compreender, em toda sua significação, a relação que há entre essas normas e a verdadeira ideologia que os valores culturalmente produzidos e preservados constituem" (*Sociologia do direito*, p. 172).

439. O atraso epistemológico da suposta "ciência" processual ocorre quando são adotadas a ferro e fogo proposições que já nos são extemporâneas, como a seguinte: "Bien o mal la ciencia del derecho opera observando fenómenos; destacando sus *caracteres*, que no son más que los aspectos singulares de su realidad; agrupando esos caracteres en *conceptos*, que (por lo menos según nosotros, *los cultivadores de la ciencia, no de la filosofía*) no son a su vez sino grupos o conjuntos de caracteres (conceptos *empíricos*, digamos para entendernos, aunque no sea ello muy correcto según el lenguaje de la filosofía). Toda objeción contra este procedimiento es vana. No hay otro camino por donde pueda pasar la ciencia" (Francesco

quebrar o "encanto" de que o direito processual poderia ser tratado como ciência pura, "que se mantivesse eternamente distante do direito material e das vicissitudes dos homens de carne e osso".[440]

O CPC/73, p.ex., mal consegue esconder seu caráter nitidamente cientificista, ao recusar, em nome dos "enunciados da ciência" e "em consonância com o progresso científico dos tempos atuais", quaisquer "concessões, que não raro sacrificam a verdade científica a meras razões de oportunidade", pois o que importava era adotar "um novo plano em harmonia com as exigências científicas do progresso contemporâneo e as experiências dos povos cultos".[441] Em outras palavras, esse discurso parece querer dizer que as necessidades – de um processo justo, p.ex., se essa for uma "razão de oportunidade" – devem ser submetidas ao crivo da cientificidade, não ao crivo da legitimação política (debate democrático) – que, aliás, nem era tão importante àquela época.

Essa ausência de debate democrático em torno do CPC/73 se explica pela mentalidade tecnocrática que, como já vimos, dominava a cúpula do poder político de então. Ou seja, nesse caso específico,

---

Carnelutti, "Arte del derecho", in *Estudios de derecho procesal*, v. 1, p. 18, grifo nosso). A última frase soa como um eco de Chiovenda, quando este diz que "(...) la ciencia no se puede hacer más que de un modo" ("Las reformas procesales y las corrientes del pensamiento moderno", in *Ensayos* ..., cit., v. 2, p. 172). Note-se a negação da filosofia no processo; note-se a negação de novas perspectivas e horizontes para a ciência. No entanto, contra a sua previsão, a ciência logrou, sim, a abertura de novos e inusitados caminhos, que fogem aos parâmetros restritíssimos traçados por Carnelutti. Basta recordar a repercussão epistemológica dos avanços obtidos com a teoria da relatividade, a mecânica quântica, a teoria do caos e a lógica paraconsistente, p.ex. (ver sobre o assunto, consultar a genial – e inédita no direito – apreciação de Maria Francisca Carneiro *et alii*, *Teoria e prática da argumentação jurídica*, pp. 40 e ss.).

440. Luiz Guilherme Marinoni, *Tutela inibitória*, p. 13.

441. Alfredo Buzaid, *Anteprojeto de Código de Processo Civil*, p. 8 – corresponde ao n. 7 da Exposição do Anteprojeto, e "Exposição de motivos", in *Código de Processo Civil: histórico da lei*, v. 1, t. 1, p. 9 – trata-se de trecho do n. 1 da Exposição. Falando sobre os códigos em matéria cível (CC, CPC etc.). que a Revolução preparava, informa Buzaid que "a orientação técnica que preside a elaboração de cada um deles se inspira no método científico" (Alfredo Buzaid, "A renovação da ordem jurídica positiva", *Arquivos do Ministério da Justiça*, n. 118, p. 16). Todavia, como bem assinalou Molinari, "in tema di procedura, *non é da perseguirsi tanto la finezza scientifica della norma, quanto la sua pratica idoneità al conseguimento dello scopo*" (Carlo Molinari, "Un'esperienza fallita", *Rivista di Diritto Processuale*, v. 1, n. 1, pp. 166-167).

cientificismo liga-se a tecnocracia assim como a ciência à técnica[442] – e à ideologia, é claro.[443]

No governo Jânio, um movimento codificador próprio fez o então Min. da Justiça, Oscar Pedroso Horta, encomendar ao Prof. Buzaid um anteprojeto de CPC, apresentado ao Ministério da Justiça em janeiro de 1964.[444] Todavia, "o movimento militar de março de 1964, revolucionando a ordem jurídica para impor o estado de fato baseado na força das armas, acarretou a paralisação dos trabalhos de reforma dos códigos", interrompendo a discussão, no meio acadêmico, do Anteprojeto Buzaid, que teve atrasos na publicação dos livros IV e V, e no início das atividades da Comissão Revisora.[445] Resultado: por força da ânsia codificadora revigorada no governo Médici, seu trâmite legislativo foi extremamente rápido (cumprindo os ditames da *dromocracia*, a Mensagem presidencial de encaminhamento do projeto ao Congresso data de 2.8.1972 e a sanção presidencial data de 11.1.1973, ou seja, menos de meio ano de tramitação),[446] denunciando mais uma vez a ideologia tecnocrática divulgada naquele período: a de que enquanto o Executivo deve se encarregar da *técnica* – e, portanto, ser conduzido por *tecnocratas* – o Legisla-

---

442. "Si hay una técnica del derecho, debe haber también la ciencia de él. En efecto, la técnica es obra según reglas, y éstas sólo la ciencia puede encontrarlas" (Francesco Carnelutti, "Arte del derecho", in *Estudios de derecho procesal*, v. 1, p. 17).
443. Jürgen Habermas, *Técnica e ciência como "ideologia"*.
444. Moacir Lobo da Costa, *Breve notícia histórica do direito processual civil brasileiro*, pp. 111-112.
445. Moacir Lobo da Costa, *Breve notícia histórica do direito processual civil brasileiro*, p. 113. Note-se que até o CPC/39, surgido em pleno ambiente totalitário, recebeu cerca de 4.000 sugestões (Benedicto de Campos, *O Ministério Público ...*, cit., p. 48). O projeto Buzaid recebeu, por sua vez, 1.400 emendas, de doutos e legisladores (Edson Prata, *História do processo civil e sua projeção no direito moderno*, p. 191).
446. "Com voz no governo, o redator do Código providenciou a sua votação em regime de urgência no Congresso Nacional" (Edson Prata, *História do processo civil e sua projeção no direito moderno*, p. 191). A respeito da discussão sobre a rapidez da tramitação legislativa do CPC/73, há vários debates, dos quais destacamos o que foi publicado em *Código de Processo Civil: histórico da lei*, v. 1, t. 1, pp. 610-615. Esse debate girou em torno da exiguidade dos prazos estabelecidos pela Resolução n. 91, de 16.6.1970 (publicada em *Código de Processo Civil: histórico da lei*, v. 1, t. 1, p. 191), que estabelece normas relativas à tramitação legislativa dos projetos de código na Câmara dos Deputados. Tal exiguidade, segundo o Deputado Lisâneas Maciel, transformava a apreciação do Legislativo em mera homologação (idem, ibidem, p. 611).

tivo é uma mera instância de debate entre *políticos*.[447] Ou seja, o discurso dominante poderia ser assim resumido: somente os técnicos do governo, principalmente seu Min. da Justiça, tinham competência técnica para fazer um novo estatuto processual, e não os políticos, leigos e ignorantes, que não teriam motivos para atrasar a tramitação legislativa do mesmo.[448]

447. Octavio Ianni, *Estado e planejamento econômico no Brasil*, pp. 236 e 245. Leôncio Basbaum, *História sincera da República*, v. 4, pp. 181 e 211. Miguel Reale, "Revolução e normalidade constitucional", in Humberto de Alencar Castello Branco *et alii*, *A revolução de 31 de março*, p. 294. Ver seção 7.3.1.

448. "A elaboração das leis é uma das atividades fundamentais na política de um povo. Para redigi-las bem, não basta as regras da gramática. É necessário conhecer profundamente a ciência da legislação, que ajunta aos dotes do escritor elegante o domínio da técnica de modo que possa vazar o pensamento nas formas clássicas e puras da expressão" (Alfredo Buzaid, "A missão da Faculdade de Direito na conjuntura política atual", *Revista da Faculdade de Direito*, v. 63, p. 109) Esse assunto foi discutido no interessantíssimo debate entre os Deputados Lisâneas Maciel e Baptista Ramos, publicado em *Código de Processo Civil: histórico da lei*, v. 1, t. 1, pp. 615-618. No calor do debate, ao ouvir de seu interlocutor que o Congresso não poderia fazer alterações estruturais no projeto do Executivo sem transformá-lo numa "colcha de retalhos", o Deputado Lisâneas Maciel, questionando a atuação meramente homologatória do Legislativo, pergunta: "E por que se entregar nas mãos do Sr. Ministro da Justiça, que está tomando medidas com dom da onisciência, dom da verdade, dom do critério absoluto, para que seja S. Exª o único capaz de legislar sobre o processo civil nesta terra?" (idem, ibidem, pp. 615-616). "Embora coordenado por Mestre do Processo, parece-nos, por outro lado, que o novo Código, gerado por técnicos de nomeada, mas circunscritos a Gabinetes, ressente-se, em diversos aspectos, das experiências judiciárias caldeadas neste País que é um continente" (p. 619). Poderia ter sido lembrada a abalizada opinião de Couture, para quem "a tarefa da codificação não pode ser individual, mas coletiva" (*Interpretação das leis* ..., cit., p. 53). Veja-se o seguinte trecho de Carnelutti, escrito na justificativa de seu anteprojeto de CPC: "Ho già accennato ai pericoli della solitudine nella formazione di un codice; credo di potermi permettere di soggiungere che ne deriva, almeno per un codice di procedura, qualche beneficio. Così, beninteso in quanto ne abbia l'uomo che lo redige, um codice può possedere *uno stile*. Non è l'ultimo dei pregi, se si riflette che um codice, e sopratutto un codice processuale, somiglia moltissimo a un edificio" (Francesco Carnelutti, "Lineamenti della riforma del processo civile di cognizione", in *Studi di diritto processuale*, v. 4, pp. 338-339, grifo no original). Na Itália, Carlo Molinari, tal qual o deputado Lisâneas, também reclamou do fato de o CPC/42, que mal tinha entrado em vigor, tinha sido redigido por juristas teóricos cuja "presunzione professorale è alquanto eccessiva"; para Molinari, o CPC deveria ser formulado por operadores práticos do direito, cabendo aos teóricos apenas a sistematização da matéria (Carlo Molinari, "Un'esperienza fallita", *Rivista di Diritto Processuale*, v. 1, n. 1, pp. 166-167; ver Franco Cipriani, *Ideologie e modelli del processo civile*, p. 112). Em resposta Allorio defendeu o papel do jurista teórico na elaboração de codificações

O apelo à técnica – utilizado sub-repticiamente pelos tecnocratas como fator de impedimento ao debate – está estampado tanto em discurso do Pres. Médici[449] quanto no seguinte trecho da Exposição de Motivos, que é ponto-chave para a compreensão da visão de processo que era predominante: "Um Código de Processo é uma instituição eminentemente técnica. E a técnica não é apanágio de um povo, senão conquista de valor universal".[450] E no entanto, é preciso frisar que "o processo não é apenas um instrumento técnico, mas sobretudo ético".[451] Como bem observou Rodotà, sobre o CPC italiano de

("La scienza, la pratica, il buonsenso e il processo civile", in *Problemi di diritto*, v. 2, pp. 455-457). Ver Piero Calamandrei, "Processo e giustizia", in *Atti del Congresso Internazionale di Diritto Processuale Civile*, pp. 16-17. Esse debate entre Molinari e os defensores do CPC/42 é significativo da verdadeira "guerra aberta" que havia entre os praxistas (advogados e os estamentos forenses em geral) e os professores (juristas teóricos), que teve lugar a partir de 1946 na doutrina italiana (Franco Cipriani, *Ideologie e modelli del processo civile*, pp. 83-84). Para alguns, essa "revolta dos praxistas camuflados de antifascistas" – na expressão de Carnelutti – usou o pretenso fascismo do CPC/42 como motivação fictícia, para eliminar as inovações que contrariavam os interesses dos estamentos forenses (Comoglio, Ferri e Taruffo, *Lezioni* ..., cit., pp. 44-45).

449. Emílio Garrastazu Médici, *O sinal do amanhã*, p. 72.

450. Alfredo Buzaid, "Exposição de motivos", in *Código de Processo Civil: histórico da lei*, 1974, v. 1, t. 1, p. 12 – trata-se de trecho do n. 5 da Exposição. Alfredo Buzaid, *Anteprojeto de Código de Processo Civil*, p. 13 – corresponde ao n. 13 da Exposição do Anteprojeto. "O direito tem o aspecto de um fenômeno cultural. A técnica se apresenta como produto da civilização. Então, é natural admitir que existem entre eles relações íntimas" (Kotaro Tanaka, "O direito e a técnica", *RF* 119/35). Ver também Tito Carnacini, "Tutela giurisdizionale e tecnica del processo", in *Studi in onore di Enrico Redenti*, v. 2, pp. 709 e ss.; Rogério Lauria Tucci e José Rogério Cruz e Tucci, *Devido processo legal e tutela jurisdicional*, p. 18.

451. Ada Pellegrini Grinover, *Os princípios constitucionais e o Código de Processo Civil*, p. 5. Cândido Rangel Dinamarco, *A instrumentalidade do processo*, p. 226. José Roberto dos Santos Bedaque, *Direito e processo*, pp. 18 e ss. F. A. de Miranda Rosa, *Sociologia do direito*, p. 161. João Baptista Herkenhoff, *O direito processual e o resgate do humanismo*, pp. 141 e ss. Carlos Aurélio Mota de Souza, *Poderes éticos do juiz*, passim. A Profª Ada defende "a transformação do processo, de instrumento meramente técnico, em instrumento ético de atuação da Justiça e da garantia da liberdade" (Ada Pellegrini Grinover, "Deformalização do processo e deformalização das controvérsias", in *Novas tendências do direito processual*, p. 178). De resto, como bem disse Carnelutti, "il processo è vita" (*Diritto e processo*, p. 354). A partir de lição de Maggiore, depreendemos que afirmar tão-somente a tecnicidade do processo equivale a negar seu conteúdo ético, justamente quando "l'assoluta adiaforia o indifferenza etica del mondo giuridico repugna troppo alla coscienza, perchè ogni intelligenza mediocremente scaltrita dalla scepsi, sia tentata di avallarla del proprio consenso"

1942, o alto grau de tecnicismo do código serve para afastá-lo das premissas do regime autoritário em que ele nasce.[452] A abordagem puramente técnica do processo tem o não invejável condão de ocultar a sua funcionalidade, o seu direcionamento para os interesses das classes dominantes.[453] Isso já é mais do que suficiente para explicar a postura tecnicista do redator do anteprojeto do CPC/73.

Por isso, em vez de ser considerado um instrumento meramente técnico, o direito processual deveria assumir "uma postura mais humana, ou mais preocupada com os problemas sociais, econômicos e psicológicos que gravitam ao redor de suas conceituações e construções técnicas".[454] O próprio legislador do processo, nas palavras de Cala-

(Giuseppe Maggiore, "Estetica del diritto", in *Scritti giuridici in onore di Francesco Carnelutti*, v. 1, pp. 281 e 283). Não se pode levar, no entanto, a ferro e fogo a frase do Prof. Buzaid. Segundo o nobre processualista, "a política é eminentemente *dialética*, mas não exonera a pessoa do dever de cumprir as *leis éticas*" ("Rumos políticos da Revolução brasileira", *Arquivos* ..., cit., mar./1970, p. 21). Como o processo também é, segundo o próprio autor, eminentemente dialético (Alfredo Buzaid, "Exposição de motivos", in *Código de Processo Civil: histórico da lei*, v. 1, t. 1, p. 20; *Anteprojeto de Código de Processo Civil*, p. 27), parece não haver nenhuma incompatibilidade entre a dialeticidade e a eticidade de um instituto.

452. "Valutati nel loro insieme, i codici si presentano con un'elevata qualità tecnica, che spesso è stata enfatizzata per sostenere la loro distanza dalle premesse e dagli obiettivi del regime, così assolvendo anche coloro che più direttamente parteciparono a quell'opera" (Stefano Rodotà, "Le libertà e i diritti", in *Storia dello Stato Italiano*, p. 345).

453. Sergio Chiarloni, *Introduzione allo studio del diritto processuale civile*, pp. 11 e ss. "En verdad, el procedimiento civil ha sido tradicionalmente considerado una rama extremadamente técnica del derecho, la rama técnica por excelencia y es como mera técnica que se lo ha estudiado y enseñado generalmente. Sólo muy raramente se han analizado sus fundamentos ideológicos, sus premisas filosóficas, sus reflejos político-sociales. Pero un análisis semejante se torna indispensable una vez que el procesalista ha tomado conciencia del hecho de que ninguna técnica jurídica es un fin en sí mismo y que ninguna es neutral desde el punto de vista ideológico" (Mauro Cappelletti, "Aspectos sociales y políticos del procedimiento civil", in *Proceso, ideologías, sociedad*, p. 83). "O processo, por mais técnico, prático e objetivo que seja, é o resultado ideológico do conhecimento humano sobre o ato de fazer e de distribuir justiça" (Benedito Hespanha, *Tratado de teoria do processo*, v. 1, p. 447). De fato, o processo civil, além do aspecto técnico, tem uma significação política e implicações econômicas (José Joaquim Calmon de Passos, "Democracia, participação e processo", in *Participação e processo*, p. 83). Sobre as raízes culturais e ideológicas das codificações processuais, ver Comoglio, Ferri e Taruffo, *Lezioni sul processo civile*, pp. 33 e ss.

454. Luiz Guilherme Marinoni, *Tutela inibitória*, p. 13. Da mesma forma que a lei processual, "a tarefa do julgador não é meramente técnica. Ao contrário, é social

mandrei, deve conhecer, mais que a técnica jurídica, a psicologia e a economia[455] – o que, todavia, não retira às leis que produz o seu teor ideológico. O discurso que preza exclusivamente pela técnica no direito é marcadamente autoritário, pois tenta evitar as divergências doutrinárias a qualquer custo.[456] Ademais, "a referência ao aspecto técnico não leva em conta o valor cultural, fundamental ao enfoque do direito processual", pelo contrário: procura negar que o CPC seja um produto histórico nacional, a expressar os costumes de um povo,[457] como se

e politicamente determinada" (Celso Fernandes Campilongo, "O Judiciário e a democracia no Brasil", *Revista USP*, n. 21, p. 118).

455. "(...) il legislatore deve conoscere, prima che la tecnica giuridica, la psicologia e l'economia del suo popolo" (Piero Calamandrei, "Il processo come giuoco", in *Studi sul processo civile*, v. 6, p. 44). A título de comparação: "Ora não se pode conceber um legislador que ignore a ciência da legislação" (Alfredo Buzaid, "A missão da Faculdade de Direito na conjuntura política atual", *Revista da Faculdade de Direito*, v. 63, p. 109). A diferença é que em Calamandrei o processo não tem apenas dimensão histórico-política, mas também *ética*, sociológica e psicológica (Edoardo Ricci, "Piero Calamandrei e la dottrina ...", cit., *Rivista ...*, cit., 42, n. 4, p. 826).

456. É o que se percebe no discurso de certos juristas apologetas do regime, quando, p.ex., após uma comovente dedicatória ao Presidente da República em exercício, exaltam o tecnicismo da ciência jurídica, o qual não admite *escolas* doutrinárias "para evitar a antítese de métodos na sistemática das suas regras" (estamos nos referindo a Ramagem Badaró, *Comentários ao Código Penal Militar de 1969*, v. 1, p. 20). Na verdade, isso significa a proscrição do debate teórico, pois o tecnicismo só permite alguma discussão na prática (forense), e, mesmo assim, contanto que ela não ameace a estabilidade do sistema.

457. Isso foi notado por Carlos Alberto Alvaro de Oliveira, *Do formalismo no processo civil*, pp. 106, 74-75. Em extremo oposto ao do Prof. Buzaid, Fernando De la Rúa entende que jurisdição e processo "representan valores preponderantes de la cultura jurídica de los pueblos civilizados" (Fernando De la Rúa, "Sobre la jurisdicción, la acción y el proceso común: garantías constitucionales", in *Estudios de derecho procesal en honor del Víctor Fairén Guillén*, p. 157). "A idéia de que as instituições processuais – queremos referir-nos ao Processo de Conhecimento e ao cotejo conceitual que o *sustenta* – sejam neutras e livres de qualquer compromisso com a História e com o contexto cultural que as produziu, é inteiramente falsa, mesmo tendo-se em vista a extrema formalização a que elas foram levadas pelo movimento responsável pela formação do 'mundo jurídico'" (Ovídio Baptista da Silva, *Jurisdição e execução*, p. 201). "O tratamento sério da teoria do processo não prescinde da reflexão sobre o Estado, a cultura e a realidade social de cada época" (Luiz Guilherme Marinoni, *Novas linhas ...*, cit., p. 13). Todavia, como bem percebeu Miranda Rosa, é impressionante a escassez de estudos sobre as raízes, o folclore, os valores sócio-culturais dominantes na formação do direito processual, talvez devido à própria natureza não material desse ramo jurídico (F. A. de Miranda Rosa, *Sociologia do direito*, pp. 153-155, 162 e ss.). Ver também Elio Fazzalari, "L'esperienza del processo ...", cit., *Rivista di Diritto Processuale*, v. 20, pp. 10-30.

percebe no seguinte trecho da Exposição de Motivos do Anteprojeto, não reeditada no Projeto, em que o teor cientificista e tecnocrático tenta apagar as ligações entre o processo e a cultura:

"Assim entendido, o processo civil é um instrumento jurídico eminentemente *técnico*, preordenado a assegurar a observância da lei; por isso há de ter tantos atos quantos sejam necessários para alcançar a sua finalidade.[458] Diversamente de outros ramos da *ciência* jurídica, que traduzem a índole do povo através da longa tradição, o processo civil deve ser dotado exclusivamente de *meios racionais*, tendentes a obter a atuação do direito. As duas exigências que concorrem para *tecnicizá-lo* são a rapidez e a justiça.[459] Conciliam-se essas tendências, estruturando-se o processo civil de tal modo que ele se torne efetivamente apto a administrar, sem delongas, a justiça.[460]

O processo civil, como conjunto de normas, não é, pois, um produto lidimamente nacional, que deve exprimir os costumes do povo; é, ao contrário, um resultado da *técnica*, que transcende as fronteiras do país é válido para muitas nações, porque representa uma aspiração comum da humanidade para a consecução da justiça. Os institutos tradicionais devem, portanto, subsistir na medida em que correspondem

---

458. A instrumentalidade é encarada da seguinte forma: o processo é o meio para atingir o fim "observância da lei", nada mais que isso (cf. Francesco Carnelutti, *Diritto e processo*, pp. 65-67). Quaisquer considerações sobre essa lei são completamente despiciendas. Leia-se: positivismo puro e simples.
459. É basicamente o que também disse Pedro Batista Martins em torno do CPC/39: "O processo tem uma dupla finalidade: assegurar rapidez e certeza na distribuição da justiça" (Pedro Batista Martins, *Comentários ao Código de Processo Civil*, v. 1, pp. 68-69). "Rapidez, simplicidad, lealtad; no se podría enunciar mejor el ideal de un proceso y de un programa de reformas" (Giuseppe Chiovenda, "El estado actual de proceso civil ...", cit., in *Ensayos* ..., cit., v. 2, p. 176).
460. Para Pedro Batista Martins, o CPC/39 também entronizava o valor "celeridade do processo" (Pedro Batista Martins, *Comentários ao Código de Processo Civil*, v. 1, pp. 11-12 e 342). Não há nisso nenhuma novidade, como percebemos na seguinte observação de Chiovenda: "Que la brevedad de las litis fuese el desiderátum de todos los tiempos, es sabido; no sólo la misma es necesaria para el comercio jurídico moderno, sino que es conforme a la naturaleza ágil, preparada para las concepciones, rápida en la ejecución, y por decir así nerviosa, de nuestro pensamiento. *La intensidad de la vida nuestra, el multiplicarse de los intercambios, el rápido formarse de la opinión pública, parecen reclamar la pronta definición de las relaciones inciertas*" ("Las reformas procesales y las corrientes del pensamiento moderno", in *Ensayos* ..., cit., v. 2, p. 165, grifo nosso).

à *racionalização* do processo, cabendo à geração atual a coragem de romper com aqueles que são condenados pela *ciência* e pela *lógica*".[461]

Com todas essas premissas teóricas estampadas no anteprojeto, pode-se dizer que o CPC/73 "...é induvidosamente bem estruturado em suas linhas arquitetônicas, elaborado que foi com *técnica e cientificidade*. O que nele se apresenta deficiente é exatamente a sua disciplina divorciada da realidade, a refletir o hermetismo com que foi elaborado, *sem a participação dos diversos segmentos da comunidade jurídica nacional*".[462]

O CPC/73 surge do esforço modernizador e racionalizador que estava impregnado na atmosfera criada pelo "milagre" econômico – considerado aqui o "milagre" como a conjugação de um sistema extremamente *racional* e *modernizador* de desenvolvimento econômico com uma versão *tecnocrática* de democracia restrita.[463] Assim como os demais diplomas legislativos do período, o próprio Código se encarregou de consagrar uma concepção tecnocrática de processo civil, não só com o apelo à técnica – que vimos acima – como também pela pretensão à racionalização do sistema, expressa na Exposição de Motivos nesses termos: "Introduzimos modificações substan-

---

461. Alfredo Buzaid, *Anteprojeto de Código* ..., cit., p. 13 – corresponde ao n. 13 da Exposição do Anteprojeto. Fizemos questão de grifar a insistência nos termos que revelam o discurso tecnocrático cientificista, o apelo à lógica e à racionalização. Ver Alcides de Mendonça Lima, "Os princípios informativos no Código de Processo Civil", *Revista de Processo*, n. 34, p. 10.

462. Sálvio de Figueiredo Teixeira, "A efetividade do processo e a reforma processual", in *Processo civil: evolução e 20 anos de vigência*, pp. 233-234 – grifos nossos. Tanto o Anteprojeto Buzaid quanto as reformas que vêm sendo promovidas têm privilegiado o debate democrático, porém restrito aos operadores do direito (Sálvio de Figueiredo Teixeira, "A nova etapa da reforma processual", *Revista de Direito Processual Civil Genesis*, n. 3, p. 681). Assim, diz-se que "a sociedade tem sido exaustivamente convocada para que, *através de 'experts'*, participe da discussão e formule propostas", sob a justificativa de que o Legislativo está muito distanciado da população e a ela não presta contas do processo legislativo (Luiz Rodrigues Wambier, "Sociedade e reforma da lei", *Gazeta do Povo*, 22.10.1998, p. 6, grifo nosso). Não há como discordar do diagnóstico, mas ele não leva em conta que a irresponsabilidade do Legislativo frente aos anseios da população não é motivo para legitimar a auto-suficiência da representação pré-legislativa por *técnicos* (economistas, engenheiros, operadores do direito etc.), sem mandato popular para tanto, mesmo porque não há qualquer garantia de que esses *experts* prestarão as contas que o Legislativo sonega. A essa irresponsabilidade generalizada do técnico onipotente costuma-se chamar "tecnocracia" (ver seção 7.3.1).

463. Florestan Fernandes, *A revolução burguesa no Brasil*, p. 268.

ciais, a fim de simplificar a estrutura do Código, facilitar-lhe o manejo, *racionalizar-lhe o sistema* e torná-lo um instrumento dúctil para a administração da justiça".[464]

O Pres. Médici, em mensagens presidenciais ao Congresso e em discurso quando da aprovação do Projeto Buzaid, acompanha o raciocínio do seu Min. da Justiça, fazendo uma caracterização do processo civil ideal abusando de termos como modernização, racionalização e celeridade (i.e., eficiência), que denunciam a opção tecnocrática do legislador e a vocação conseqüentemente tecnocrática do diploma legal. Para Médici, "... não basta criar novas regras de direito material para acudir às exigências postas pelas modificações que se operam na sociedade": é preciso cuidar de um processo civil atento à celeridade, com racionalidade e pragmatismo.[465]

Segundo Silva Pacheco, a expansão empresarial de conglomerados pujantes e dinâmicos, "de reconhecida agressividade e espírito de elite" [bela construção eufemística que vem a significar simplesmente *oligopólios*] exige "uma Justiça rápida e eficiente, sem peias, embaraços e emperramentos, à maneira como circulam os títulos de extrema liquidez no mercado de capitais".[466] Esse "surto de progresso que

---

464. Alfredo Buzaid, "Exposição de motivos", in *Código de Processo Civil: histórico da lei*, v. 1, t. 1, p. 12, grifo nosso – trata-se de trecho do n. 2 da Exposição. *Anteprojeto de Código de Processo Civil*, p. 8 – corresponde ao n. 8 da Exposição do Anteprojeto. Apesar desse cuidado, o sistema recursal do CPC/73 ainda hoje é considerado irracional, havendo manifestações doutrinárias no sentido de sua racionalização, como p.ex., Carlos Mário da Silva Velloso, "Como eliminar a lentidão da Justiça?", *Folha de S. Paulo*, 4.10.1998, p. 1.3.

465. Emílio Garrastazu Médici, "Mensagem presidencial de 1972 ao Congresso Nacional", in *Mensagens presidenciais*, pp. 137-138. *Os vínculos da fraternidade*, pp. 35-36. *A compreensão do povo*, p. 18. No mesmo sentido, Silva Pacheco identifica como objetivos do CPC/73 a justiça rápida, econômica, segura e eficiente (José da Silva Pacheco, *Evolução do processo civil brasileiro*, p. 109).

466. José da Silva Pacheco, *Evolução do processo civil brasileiro*, p. 117. Compare-se a exortação de Silva Pacheco com o retrato que Chiovenda faz de uma Itália moderna, carente de um processo civil que acompanhe a nova velocidade das comunicações e da circulação de mercadorias: "En esta edad de rápidas comunicaciones y de intercambios vertiginosos, en los que la manifestación oral de pensamiento ha extendido fuera de toda medida la propia importancia, en esta vida agitada y casi nerviosa, de las rápidas opiniones y de las urgentes decisiones, nuestro proceso se presenta todavía con el bagaje desproporcionado de sus voluminosos escritos, con los enormes fascículos, uno para cada parte litigante, acompañado de actos en original y en copias a menudo múltiples, que se ofrecen a las largas y solitarias meditaciones del juez" ("El estado actual ...", cit., in *Ensayos* ..., cit., v. 2, p. 177). Na verdade, vê-

deu lugar à formação de um grande parque industrial" (cf. Exposição de Motivos), todavia, não foi justificativa apenas para "flexibilizar" os princípios da oralidade e da identidade física do juiz no CPC/73,[467] mas durante todo o período pós-64, foi a justificativa encontrada para podar o contraditório e plantar inconstitucionalidades nos DLs já mencionados.[468] E a essa formação de um parque industrial brasileiro oligopolizado, aliada às violações do contraditório, vincula-se mais uma vez o processo de concentração da propriedade.[469]

Não se nega que, em linhas gerais, o legislador do CPC/73 se preocupou com a igualdade formal das partes.[470] Também não se está

se que Chiovenda reconhece a diferença de temporalidade entre o processo e a vida – ver seção 7.5.

467. Alfredo Buzaid, "Exposição de motivos", in *Código de Processo Civil: histórico da lei*, v. 1, t. 1, p. 12 – trata-se de trecho do n. 4 da Exposição. *Anteprojeto de Código de Processo Civil*, p. 11 – corresponde ao n. 10 da Exposição do Anteprojeto.

468. Segundo o próprio Prof. Buzaid, o processo de industrialização – *i.e.*: formação de parque industrial – foi responsável pela origem de restrições às liberdades individuais e pelo malogro da democracia liberal, aquela, com separação de poderes e respeito aos direitos individuais ("A missão da Faculdade de Direito na conjuntura política atual", *Revista da Faculdade de Direito*, v. 63, pp. 85-86), artigos raros em sua época. Tolher o contraditório acabou sendo um espelho das restrições a essas garantias individuais liberais.

469. "O rápido processo de acumulação, que permitiu instalar no país um sistema industrial altamente diversificado, também operou como um mecanismo de considerável concentração da riqueza" (Celso Furtado, *Análise do "modelo" brasileiro*, p. 48). Para uma crítica à insistente bandeira do progresso, ver Theodor W. Adorno, *Palavras e sinais*, pp. 35-61.

470. Ada Pellegrini Grinover, *Os princípios constitucionais e o Código de Processo Civil*, p. 29. Se os movimentos codificadores sempre obedeceram a uma necessidade histórica de cristalizar a conquista burguesa da igualdade formal – i.e., para os cidadãos serem iguais, devem estar sob a mesma lei; para esta lei ser igual para todos, deve ser a mais geral e abstrata possível (Francesco Galgano, *Diritto privato*, pp. 35 e ss.) –, nada mais natural que o CPC/73 respeitasse minimamente esse princípio. Afinal, a igualdade das partes no processo civil foi exortada inclusive pelo Presidente de então (Emílio Garrastazu Médici, *Os vínculos da fraternidade*, p. 36; ver Alfredo Buzaid, "Rumos políticos da Revolução brasileira", *Arquivos* ..., cit., p. 12; "A missão da Faculdade de Direito na conjuntura política atual", *Revista da Faculdade de Direito*, v. 63, pp. 85 e ss.), que sempre se postou contra as "desigualdades injustas" (Emílio Garrastazu Médici, *Os anônimos construtores*, p. 12) – as justas, assim consideradas em seu critério, deveriam ser mantidas. De qualquer forma, "em nível ideológico, ou jurídico, simplesmente suprimem-se as diferenças reais, por meio das constituições, atos institucionais, leis de segurança nacional e outros instrumentos jurídico-políticos outorgados" (Octavio Ianni, *A ditadura do grande capital*, pp. 201-202).

negando aqui o caráter técnico do processo civil. O que se questiona é que se impeça o debate sobre a tomada de uma posição política (camuflada), sob o argumento de que essa posição é unicamente técnica, e portanto impossível de ser argüida por aqueles que, ao contrário da elite tecnocrática que gravita junto ao poder, não têm a competência técnica para fazê-lo. O problema é que a ciência e a técnica, exortadas nesse discurso de índole tecnocrática, serviram de pretexto para escamotear o vínculo entre a lei processual e o contexto político em que foi promulgado o CPC/73.[471]

Por outro lado, não se pretende, com a crítica aqui desenvolvida, cometer a sandice de defender um processo civil inefetivo. O que se questiona é o fato de que o elogio inconseqüente à eficiência, tanto nos anos 60 e 70 quanto hoje, vem servindo para, em proveito de regalias processuais inaceitáveis do ponto de vista jurídico (constitucional e processual), econômico e filosófico, sistematicamente deixar em segundo plano os valores democráticos que – registre-se – também devem estar presentes na lei processual, seja ela um dos DLs mencionados, seja ela o próprio CPC/73.

2.8 *Distensão teórica e contenção prática*

Em 13.10.1978 é promulgada enfim a EC-11, cujo art. 3º revogou "os Atos Institucionais e Complementares, no que contrariarem a Constituição Federal, *ressalvados os efeitos dos atos praticados com base neles, os quais estão excluídos de apreciação judicial*" (grifo nosso).[472] Com essa ressalva estava garantida a sobrevivência dos DLs editados no período, que veiculavam normas de direito material e processual a respeito das cédulas e notas de crédito etc.

Segundo Mortara, o DL "contiene una norma giuridica: *la funzione giurisdizionale deve dunque garantirne e difenderne l'applicazione, come di qualunque altra norma giuridica*".[473] Em outras palavras, o juiz não pode se abster de aplicar o DL. Já Chiovenda condiciona a aplicação do DL à análise do juiz, caso a caso, conforme a sua pró-

---

471. Sobre essa vinculação entre a lei processual e o tipo de Estado, ver seção 2.1.
472. Ver Kazuo Watanabe, *Controle jurisdicional e mandado de segurança contra atos judiciais*, pp. 16 e 40.
473. Lodovico Mortara, *Commentario* ..., cit., v. 1, pp. 116 e ss., grifo nosso; ver ainda pp. 106-126, 808-830.

pria consciência, enquanto partícipe e intérprete da consciência jurídica coletiva.[474] Hoje diz-se que a CF/88 sepultou todo esse lixo autoritário dos Atos Institucionais,[475] mas mesmo assim fica em aberto a seguinte questão: não será por obediência tardia à exclusão da apreciação judicial dos atos revolucionários, e à ressalva da EC-11/78 aos atos praticados com base neles, que o Judiciário e parte da doutrina insistem na insólita presunção de constitucionalidade dos decretos-leis então promulgados?[476] Em outras palavras, não será por uma espécie de "reverência inercial" à EC-11/78 que parte da doutrina e da jurisprudência ainda creditam alguma legalidade a essas normas processuais?[477] A tese é plausível, eis que, como bem notou Adolfo Gelsi Bidart, o juiz altamente técnico e devidamente burocratizado, "hasta cierto punto abstraído de la realidad concreta", é portador de um "'pliegue mental' que lleva a quien está acostumbrado a aplicar un ordenamiento jurídico prefijado, a continuar indefinidamente en di-

---

474. "En cuanto a los reglamentos, la autoridad judicial tiene el poder de examinar si son *conformes a las leyes* (art. 5º, ley de 20 de marzo de 1855, ap. E), y si no lo son, rehúsa su aplicación. Igual poder no puede reconocérsele o negársele en términos absolutos en cuanto a aquellos actos – *extraconstitucionales* – que el Gobierno produce para que sirvan como leyes para proveer las necesidades de momento (decretos-leyes). Esto es verdaderamente un caso en el cual puede estar reservado a nuestro magistrado un oficio parecido al que ejercía el pretor romano; los decretos-leyes están fuera del Estatuto, pero no necesariamente fuera del derecho, puesto que si falta la posibilidad de encontrar su justificación en la ley escrita, que para nosotros es fuente normal de derecho, pueden estar justificados por la conciencia jurídica colectiva, que en las supremas necesidades y en los momentos anormales de la vida pública encuéntrese restituida a su oficio originario de fuente directa de las normas aplicables: la cuestión de si el decreto-ley debe aplicarse no puede decidirse sino caso por caso por el magistrado, que buscará su solución en la propia conciencia como partícipe de la conciencia jurídica colectiva e intérprete de ella" (Chiovenda, *Principios* ..., cit., t. 1, pp. 479-480 – grifos no original).
475. José Afonso da Silva, *Aplicabilidade das normas constitucionais*, p. 218.
476. Segundo Sérgio Fernando Moro, a presunção de constitucionalidade de uma norma deve ser afastada, entre outros motivos, quando der tratamento mais favorável – i.e., privilégio – a determinados grupos com acentuada influência política (Sérgio Fernando Moro, *Legislação suspeita?: afastamento da presunção de constitucionalidade da lei*, pp. 73 e ss.). É exatamente o caso dos procedimentos especialíssimos, cunhados única e exclusivamente para a satisfação das demandas das instituições financeiras.
477. "A sobrevivência das regras jurídicas revogadas fornece riquíssimo campo de pesquisa" a respeito da chamada "inércia jurídica" (F. A. de Miranda Rosa, *Sociologia do direito*, p. 170).

cha aplicación, sin introducir variantes e incluso reaccionando frente a las que se insinúen".[478]

De fato, a tendência majoritária da jurisprudência em torno da tese da constitucionalidade – como veremos nos capítulos respectivos de cada procedimento especialíssimo – parece ser a manutenção de uma postura que, resquício do regime militar, tradicionalmente haveria de se abster de questionar a legislação feita com base nos Atos Institucionais. É mais um fruto daquilo que Barbosa Moreira rotulou e criticou como sendo a "interpretação retrospectiva" da Constituição e da legislação em geral, aquela que visa "interpretar o texto novo de maneira que ele fique tão parecido quanto possível com o antigo".[479]

2.9 O neoliberalismo do SFI

O Sistema Financeiro Imobiliário (SFI) – Lei 9.514, de 20.11.1997 – surge no movimento neoliberal de reforma tecnoburocrática do aparelho do Estado como um mecanismo de privatização do problema habitacional. Por isso, o leilão extrajudicial nele previsto reflete uma ideologia tecnocrática que, por motivos outros, também impregna os outros procedimentos especialíssimos em exame.

A justificativa básica do SFI e de seus instrumentos de direito material e processual é visivelmente dromocrática: o apelo à velocidade nos negócios. Diz-se, p.ex., que o objetivo do SFI é "...viabilizar o funcionamento de um mercado secundário de créditos hoje existentes, que não mais atende às modernas necessidades de *celeridade* dos negócios. Nesse sentido, a alienação fiduciária [e suas garantias processuais] é concebida como instrumento que poderá

---

478. Adolfo Gelsi Bidart, "Proceso y época de cambio", *Revista Iberoamericana de Derecho Procesal*, n. 2, p. 263.

479. "Põe-se ênfase nas semelhanças, corre-se um véu sobre as diferenças e conclui-se que, à luz daquelas, e a despeito destas, a disciplina da matéria, afinal de contas, mudou pouco, se é que na verdade mudou. É um tipo de interpretação que não ficaria mal chamar 'retrospectiva': o olhar do intérprete dirige-se antes ao passado que ao presente, e a imagem que ele capta é menos a representação da realidade que uma sombra fantasmagórica" (José Carlos Barbosa Moreira, "O Poder Judiciário e a efetividade da nova Constituição", *Revista de Direito da Procuradoria-Geral de Justiça*, v. 30, p. 102). Todavia, como já disse José de Albuquerque Rocha, a partir da promulgação da CF/88 é preciso rever a postura passiva desse tipo de juiz, devoto da legislação ordinária (José de Albuquerque Rocha, *Estudos sobre o Poder Judiciário*, pp. 107 e ss.).

propiciar *rápida* recomposição de situações de mora dos devedores, em prazos compatíveis com os compromissos perante os investidores, caracterizando-se, por isso mesmo, como mecanismo que poderá manter a regularidade dos fluxos financeiros [e a margem de lucro, é claro] necessária para atender a demanda por novos financiamentos".[480]

O esforço de satisfação da demanda dromocrática é patente.

Essa demanda dromocrática é a mesma que, em nome da velocidade, exige no SFI a derrubada de "entraves burocráticos" típicos do SFH – e aí residiria a diferença fundamental entre os dois sistemas.[481] O SFI não tem os entraves burocráticos do SFH – comprovação de renda, de não-propriedade de outro imóvel – nem seus custos operacionais elevados: "na alienação fiduciária imobiliária *o negócio flui mais rapidamente*"...[482] Algo semelhante se tentou com a flexibilização do SFH, por meio da MP 1.671, de 24.6.1998, que estendeu a este sistema a possibilidade de alienação fiduciária de bem imóvel.[483] Como suposto benefício para o mutuário, é previsto que a retirada desses entraves diminuiria o custo operacional dos sistemas de finan-

---

480. Melhin Chalhub, "Mais garantia para o mercado de imóveis", *Revista do SFI*, n. 6, p. 32, grifo nosso. Nesse sentido: "Como o problema da lentidão do Judiciário não deverá ser resolvido no curto prazo, a solução encontrada para atrair capitais para o setor imobiliário foi a de modificar a legislação, permitindo a alienação fiduciária em vez da hipoteca como garantia do financiamento, o que propicia maior rapidez na retomada do imóvel" (Marcel Domingos Solimeo, "Instituições e desenvolvimento", *Gazeta do Povo*, 17.8.1998, p. 25).

481. Como é público e notório, o projeto neoliberal visa desregulamentar toda a economia, deixar o mercado livre, inclusive o setor bancário, como vemos em Nazaré da Costa Cabral, "O princípio da desregulação e o setor bancário", *Revista da Faculdade de Direito da Universidade de Lisboa*, v. 38, n. 2, pp. 411-484. A eliminação de "entraves burocráticos" faz parte da ideologia da desregulamentação, que em termos de setor bancário só pode ser traduzida como *laissez faire, laissez voler*. Para mitigar essa tendência, é preciso muito mais que um mero *equilíbrio* entre a liberdade de mercado e a proteção ao cliente-consumidor do serviço bancário (Peter Troberg, "Protection des consommateurs et coordination bancaire", in *Direito bancário: Actas do Congresso Comemorativo do 150º Aniversário do Banco de Portugal*, p. 110): faz-se necessária uma real compensação jurídica do desequilíbrio econômico existente entre a instituição financeira e seu cliente, máxime em se tratando de países periféricos.

482. José Antonio Michaluat, "Propriedade fiduciária e o papel dos registros", *Revista do SFI*, n. 6, p. 8, grifo nosso.

483. Gabriel J. de Carvalho, "Novo SFH exige cautela do mutuário", *Folha de S. Paulo*, 5.7.1998, p. 2.1.

ciamento no setor da construção civil.[484] Há um *trade-off* evidente: oferece-se um menor custo operacional, conquanto que restem garantidos os privilégios processuais para a instituição financeira.

Como no SFI há essa maior "fluidez" de negócios, ele "pode efetivamente constituir fator de sustentação de uma permanente fonte de recursos para o setor da produção e da comercialização de imóveis, com todos os seus benéficos efeitos multiplicadores na economia"[485] – e aí temos exemplo bem acabado da retórica desenvolvimentista. Hoje o SFI, com seu inigualável aumento de garantias – leia-se: da lucratividade – e diluição de riscos, serve de modelo para futuros instrumentos de oferta de crédito a outros setores, p.ex., mediante a introdução da alienação fiduciária nos financiamentos à produção.[486]

O problema é que são consideradas entraves burocráticos quaisquer exigências de caráter "social" que caracterizariam o SFH. Em palestra realizada no Sinduscon (Curitiba), em 31.8.1998, o Prof. de Economia da UFF, Antônio da Costa Dantas Neto, traçou uma comparação nos seguintes termos: o SFI simplesmente não trata da questão social, ao contrário do SFH, em que se confunde o imóvel para a moradia com a necessidade de uma família ter um imóvel para morar[487] – como se a CEF tivesse algum prurido ético na execução extrajudicial de seus contratos.

484. Em comparação com a hipoteca, no SFI o comprador tem a vantagem do menor custo operacional do seu processamento, e o credor tem a vantagem do rito processual mais veloz que o da execução da hipoteca (Antônio da Costa Dantas Neto, *O SFI e seu funcionamento*, Palestra realizada no Sinduscon, Curitiba, em 31.8.1998; Marcel Domingos Solimeo, "Instituições e desenvolvimento", *Gazeta do Povo*, 17.8.1998, p. 25). A desvantagem é tão grande que há quem anteveja na alienação fiduciária de imóvel o ostracismo da hipoteca, semelhante ao que ocorreu com a anticrese (José Antonio Michaluat, "Propriedade fiduciária e o papel dos registros", *Revista do SFI*, n. 6, p. 8). Daí a necessidade que o governo teve de aumentar as garantias do próprio SFH, a ele estendendo a alienação fiduciária de bem imóvel, com a suposta possibilidade de redução de juros (Gabriel J. de Carvalho, "Juros tendem a cair com redução do risco", *Folha de S.Paulo*, 5.7.1998, p. 2.7).

485. Melhin Chalhub, "Mais garantia para o mercado de imóveis", *Revista do SFI*, n. 6, p. 33. Marcel Domingos Solimeo, "Instituições e desenvolvimento", *Gazeta do Povo*, 17.8.1998, p. 25.

486. Marcos Garcia, "Inside", *Revista do SFI*, n. 6, p. 29. Segundo Pedro Klumb, diretor da Cobansa Cia. Hipotecária, o aumento de garantias e a redução de riscos tem por objetivo "agilizar a movimentação de recursos e tornar os investimentos mais atrativos" (Marta Corazza, "A linguagem do novo sistema", *Revista do SFI*, n. 6, 1998, p. 45).

487. Antônio da Costa Dantas Neto, *O SFI e seu funcionamento*, cit.

As comparações entre SFI e SFH tentam sempre frisar esse ponto, como no seguinte trecho: "Uma diferença entre os dois sistemas é que o SFI traz características inovadoras, que podem lhe garantir uma perenidade maior. Uma delas é a preocupação com o equilíbrio econômico-financeiro das operações. A legislação do SFH, até por questões de 'segurança nacional' (veja o Decreto-Lei 1.966 [sic]), privilegiava o equilíbrio econômico-financeiro do financiado, obrigando o sistema a se adaptar à capacidade de pagamento do mutuário. A conseqüência, como se sabe, foi a quase paralisia dos negócios. No SFI, as condições do contrato terão de ser preservadas, garantindo o retorno dos recursos ao setor e o atendimento de novos adquirentes".[488]

Esse discurso das instituições financeiras precisa urgentemente ser colocado às claras: onde lê-se "preocupação com o equilíbrio econômico-financeiro das operações", leia-se "preocupação com a margem de lucro das instituições financeiras, que deve ser o máximo"; onde lê-se "garantindo o retorno dos recursos ao setor", leia-se "garantindo a lucratividade da operação"; e, por fim, a suposta preocupação do SFH com o equilíbrio econômico-financeiro do mutuário é uma falácia, haja vista as inúmeras ações ajuizadas por mutuários porque o Plano de Equivalência Salarial (PES) levou em conta aumentos salariais que não ocorreram – o exemplo típico é o dos servidores públicos federais, cujas prestações têm sido aumentadas periodicamente, não obstante a ausência de qualquer reajuste salarial há alguns anos. O reajuste das prestações em agosto de 1998, p.ex., foi de cerca de 13% para os mutuários com contrato vinculado ao Plano de Equivalência Salarial (PES). Mais especificamente, para as datas-base em junho, 13,21%, e para as datas-base em julho, 13,03%.[489] Fato é que, com o aumento das prestações em índices costumeiramente superiores ao reajuste salarial do morador da classe baixa, este se vê na contingência de retornar a uma favela, cortiço, ou se mudar para uma casa precária na periferia da cidade, ficando o conjunto habitacional – construído originariamente para populações de baixa renda – em poder da classe média.[490] Com reajustes como

---

488. Marcos Garcia, "Inside", *Revista do SFI*, n. 6, p. 29.
489. "Prestação no SFH sobe cerca de 13% no mês de agosto", *Gazeta do Povo*, 16.7.1998, p. 1. O aumento seguinte foi de 12,41% para a data-base de outubro de 1998 e 12,67% para a data-base de novembro do mesmo ano ("Prestação do SFH sobe até 12,67% em dezembro", *Gazeta do Povo*, 17.11.1998, p. 21).
490. Sobre o problema das ameaça e execução de despejos de populações de baixa renda que ingressaram no SFH e que, por isso, tiveram de retornar à favela, ver

esses, que só beneficiam as instituições financeiras, não é de espantar o fato de que no ano de 1996, enquanto o setor não financeiro da economia apresentou uma rentabilidade de apenas 4%, os bancos tiveram uma rentabilidade de 14% a 17%.[491]

Apesar de todos esses detalhes que em nada dignificam o SFH, para os apologetas do SFI aquele sistema só é ineficiente porque, em última análise, tem um cunho social inaceitável para a margem de lucros do setor financeiro e da construção civil. Se fosse pautado exclusivamente pelas regras de mercado, talvez todo brasileiro tivesse uma moradia – é a conclusão ingênua a que se chega nessa argumentação *ad absurdum*, de quem antevê no SFI o caminho inverso do percorrido pelo SFH, devido à livre concorrência entre bancos à procura de adquirentes de imóveis.[492]

Mas para que o SFI obtenha sucesso é preciso, segundo o Prof. Dantas Neto, sinalizar ao mercado secundário de grandes investidores que a execução da garantia não será protelada no tempo.[493] Ninguém pode duvidar disso, pois no SFI, ao contrário das situações (mal) amparadas pelo procedimento ordinário, não é o devedor que se beneficia de um suposto "garantismo" do ordenamento: todo o discurso, inclusive jurídico, neste caso, tem ressaltado as garantias e a segurança do novo instrumental (certificado de recebíveis imobiliários – CRI – e propriedade fiduciária), mas sempre em favor do investidor (CRI) ou do credor (propriedade fiduciária), nunca em favor do adquirente, que é abandonado à própria sorte.[494]

Licia do Prado Valladares, *Passa-se uma casa: análise do programa de remoção de favelas do Rio de Janeiro*, pp. 72-76, 80-81.
491. "Em grifo", *Carta Maior*, n. 2/3, p. 1. Não é à toa que a soma dos lucros de quatro dos maiores bancos nacionais chega à estratosférica cifra de R$ 2,048 bilhões (loc. cit.).
492. "Desenvolvido para financiar imóveis de valor médio e alto, (...) o SFI pode vir a atender também à faixa mais popular do mercado, criando produtos que permitam uma economia de escala" (Marcos Garcia, "Inside", *Revista do SFI*, n. 6, p. 29).
493. Antônio da Costa Dantas Neto, *O SFI e seu funcionamento*, Palestra realizada no Sinduscon, Curitiba, em 31.8.1998.
494. O veio central desse discurso de defesa das garantias contratuais e processuais para as instituições financeiras é o de que, "sendo o risco inerente ao crédito, as garantias ou precauções surgem naturalmente" (TJRS, AI 588026971, 5ª C.Cív. maioria, j. 14.6.1988, *RJTJRS* 130/303-310 – trecho do voto do relator, à p. 308). Basta ler, p.ex., o artigo do advogado e consultor em direito imobiliário, Melhin Chalhub, "Mais garantia para o mercado de imóveis", *Revista do SFI*, n. 6, pp. 30-33.

Em suma, a descrição que os apologetas do regime jurídico do SFI fazem não consegue disfarçar o óbvio: que esse sistema veio para beneficiar a instituição financeira.[495] No entanto, não há como transigir com valores como a dignidade/moradia (que se integra no bem/valor vida),[496] máxime em um país onde tais valores têm sido objeto de total descaso das autoridades públicas (in)competentes. A lenta privatização dos programas de habitação, iniciada pela criação do SFI, longe de curar a doença da ineficiência do SFH, submete o cidadão à mesma ditadura de sempre, de contratos de adesão, suas já tradicionais cláusulas leoninas, reajustes abusivos e execuções privilegiadas.

2.10 Para concluir

Com essa contextualização histórica do período em que foram disciplinados os procedimentos especialíssimos, procuramos deixar patente: 1) o ambiente pouco democrático da edição de tais normas, que talvez tenha permitido que o autoritarismo reinante acabasse plasmado nos próprios procedimentos judiciais nelas previstos; 2) a vinculação entre o regime de centralização do poder político no

---

Mutatis mutandis, é o mesmo discurso que louvava a "garantia total" que a cédula hipotecária do SFH conferia ao investidor, eis que ela "foi idealizada para agilizar a circulação de créditos hipotecários, com vistas à sua negociação, facilitando as operações entre o BNH e seus Agentes Financeiros" (Luís Alfredo Stockler, "Democracia precisa de um mercado financeiro forte", *Revista Abecip*, n. 25, p. 33). Leia-se: não foi idealizada para garantir casa própria a ninguém, mas sim para garantir um retorno lucrativo ao investidor. Esse discurso teve mais um surto quando da MP 1.671, de 24.6.1998, que "flexibilizou" o SFH, endurecendo suas garantias (Gabriel J. de Carvalho, "Juros tendem a cair com redução do risco", *Folha de S.Paulo*, 5.7.1998, p. 2.7).

495. P. ex., veja-se o seguinte trecho: "A alienação fiduciária vai assegurar ao financiador maior agilidade, se for preciso retomar o imóvel, em caso de interrupção do pagamento" (Marta Corazza, "A linguagem do novo sistema", *Revista do SFI*, n. 6, p. 45).

496. Não é uma distinção entre valor e bem jurídico que pode quebrar essa supremacia da moradia/dignidade sobre bens/valores materiais. Raimundo Bezerra Falcão (*Hermenêutica*), por exemplo, apesar de distinguir valor ("toda força que, partida do homem, é capaz de gerar no homem a preferência por algo", propiciando a escolha – pp. 20 e 21) de bem (decorrência do valor, um instrumento, meio, "utilizado com vistas à consecução de um objetivo de vida", de modo que o valor "faz com que o ser humano identifique, em algo, um bem" – p. 20), afirma categoricamente que a vida é um bem universal, que merece ser prioritariamente resguardado (p. 22).

modelo tecnoburocrático de Estado, o desenvolvimentismo econômico e o processo de concentração de renda; 3) o mesmo modelo tecnocrático – portanto, antidemocrático – que exigiu a efetividade das garantias processuais das instituições financeiras, nos diversos tipos de financiamentos surgidos à época, também comandou o próprio processo legiferante, produzindo uma legislação constitucional/institucional (Atos Institucionais e Complementares) e ordinária (decretos-leis) digna do momento histórico:[497] arbitrária, avessa ao diálogo democrático, que só é possível nos parlamentos livres.[498] Como tal, essa legislação é incompatível com o Estado democrático de Direito e seus objetivos (redução das desigualdades, p.ex.), por isso merecendo revogação.[499]

Todos esses instrumentos de crédito e seus respectivos procedimentos especialíssimos,[500] embora oficialmente destinados ao pequeno agricultor (cédula de crédito rural), ao pequeno empresário (cédula de crédito industrial) e à aquisição da casa própria pelas classes de baixa renda (cédula hipotecária), favoreceram verdadeiramente às instituições financeiras e promoveram a concentração do capital, da seguinte maneira: o pequeno agricultor, o pequeno empresário e as famílias de baixa renda viam seus débitos bancários crescer por força da correção monetária (criada no governo militar) e dos juros extorsivos, mas essa mesma correção monetária e esses mesmos juros não eram aplicáveis aos seus rendimentos. O resultado contábil é previsível. Em pouco tempo, a capacidade de adimplemento era sufocada pelo crescimento descontrolado da dívida, a qual acaba sumariamente executada pela instituição financeira – aí entrando em ação os pro-

497. Ao criticar a extensão da prisão civil aos depositários infiéis por equiparação – dos procedimentos especialíssimos –, em voto proferido no STF o Min. Francisco Rezek referia-se a "legislação ordinária no Brasil dos anos recentes (por sinal, os menos brilhantes da nossa história política, constitucional e legislativa)" (STF, HC 74383-8/MG, 2ª T., empate, rel. p/o acórdão Min. Marco Aurélio, j. 22.10.1996).
498. Leonel Severo Rocha, "Os senhores da lei", in *Epistemologia*..., cit., pp. 119 e 123. F. A. de Miranda Rosa, *Justiça e autoritarismo*, cit., p. 56.
499. "(...) cuanto más nos separamos de los orígenes y adelantamos en la civilización, crece la diferencia entre las normas del proceso y las condiciones y las exigencias del tiempo" (Giuseppe Chiovenda, "Las reformas procesales y las corrientes del pensamiento moderno", in *Ensayos* ..., cit., v. 2, p. 157).
500. A vinculação dos institutos econômicos com sua roupagem jurídica e processual se deve ao fato de que, como parece óbvio, "all economic institutions are at the same time institutions of the law" (Karl Renner, *The Institutions of Private Law*, p. 57).

cedimentos especialíssimos. Há, neste caso, uma perda de capital para um setor mais forte da economia, o setor financeiro, beneficiário maior de todo o sistema. Benefício secundário é o do grande agricultor, do grande empresário e das famílias de classe alta e média-alta, que ao menos puderam adimplir seus débitos e obter, ou o carro do ano (alienação fiduciária), ou a modernização de seu negócio (crédito rural e industrial) – não lograda pelos pequenos inadimplentes, o que significa oligopolização a longo prazo –, ou um imóvel (SFH).

Se a "defascistizzazione" do processo civil italiano não foi possível até hoje, porque mantido o CPC italiano de 1942 e seus valores fascistas e autoritários,[501] no caso brasileiro a substituição do CPC "fascista" de 1939 não logrou a democratização do processo. Se o seu substituto, o CPC/73, foi promulgado em um período histórico chamado por Helio Jaguaribe de "colonial-fascista",[502] conclui-se que ocorreu apenas a substituição de um fascismo por outro. Ou seja: os valores autoritários podem ter sido renovados – se é que isso é possível – mas, em uma versão ou outra, ainda estão presentes. É preciso, portanto, promover uma "defascistizzazione" do processo civil brasileiro. Até mesmo em nome da efetividade do processo destinado ao comum dos mortais, porque, como diria Carlos Alberto Alvaro de Oliveira, a inefetividade do processo civil brasileiro se deve, entre outras coisas, à "permanência do entulho legislativo autoritário".[503]

---

501. Franco Cipriani, *Ideologie e modelli del processo civile*.
502. Helio Jaguaribe, "Estabilidade social pelo colonial-fascismo", in *Brasil: tempos modernos*, pp. 25-47.
503. Carlos Alberto Alvaro de Oliveira, "A garantia do contraditório", *Revista de Direito Processual Civil Genesis*, n. 10, p. 672.

# 3
AS UTOPIAS DA UNIDADE
E DA PLURALIDADE PROCEDIMENTAIS

3.1 Terminologia e preconceito. 3.2 Técnicas de especialização do procedimento. 3.3 Autotutela e legitimidade do Judiciário. 3.4 Classificações dos Procedimentos Especiais. 3.5 A necessidade de tutelas diferenciadas. 3.6 A utopia do procedimento único ordinário. 3.7 Motivos para criar uma tutela diferenciada: 3.7.1 Razões de contingência; 3.7.2 A ideologia do legislador. 3.8 Requisitos para criar uma tutela diferenciada: 3.8.1 O requisito da constitucionalidade; 3.8.2 Respeito à isonomia; 3.8.3 Respeito ao contraditório. 3.9 Para concluir.

3.1 Terminologia e preconceito

Pode-se dizer que tutelas jurisdicionais diferenciadas são tipos de procedimento diversos do ordinário, construídos especialmente com o escopo de garantir um processo mais rápido para as situações em que a lentidão do procedimento ordinário causa danos aos interesses que dependem da tutela jurisdicional.[1]

---

1. É a definição de Luigi Paolo Comoglio, Corrado Ferri e Michele Taruffo, *Lezioni sul processo civile*, p. 20. Nesse conceito não importa a referência à prevenção do dano, mas tão–somente a distinção em relação ao procedimento ordinário. Ademais, a citação desse conceito não significa a capitulação à tirania da totalidade/totalitária própria a essa categoria do conhecimento, enquanto projeção do *princípio da identidade*, conforme ressalva de Adorno que mencionaremos na seção 3.6. Note–se que a distinção entre o conceito de procedimento especial (tutela diferenciada), aqui mencionado, e o de procedimento especialíssimo (seção 1.1) não é ontológica, mas sim *teleológica*, uma vez que o procedimento especialíssimo é nitidamente estruturado para atender aos interesses das instituições financeiras, sendo que esse atendimento não passa de eventualidade em se tratando de procedimentos especiais.

Está-se falando sempre em tutelas diferenciadas executivas,[2] sejam elas de cognição plena e exauriente (p. ex., o processo do trabalho) ou sumária (cognitiva ou executiva).[3] Dos ritos especiais tratados na presente dissertação, nenhum é considerado, formalmente, um "procedimento especial", não estando eles localizados no respectivo livro do CPC. E, no entanto, são tutelas diferenciadas, para as quais utilizaremos o termo "procedimentos especialíssimos" (ver seção 1.1), com o objetivo de diferençá–los pelos benefícios que concedem exclusivamente às instituições financeiras.

O termo "tutela jurisdicional diferenciada", apesar de equívoco,[4] não pode – segundo Montesano – ser abandonado como um *slogan* banal.[5]

"Indubbio merito di chi ha proposto tale espressione [tutela diferenciada] è quello di aver coniato un slogan conciso ed efficace capace di rappresentare, in una prima approssimazione, quel complesso di motivazione che giustificano, nell'attuale momento storico, l'esistenza dell'eccessione: i riti speciali".[6]

O que garante o caráter de tutela diferenciada a um rito processual, não é a sua colocação no livro IV do CPC, "Dos procedimentos especiais", o que seria um critério meramente topológico e de pouca utilidade. Contudo, os "procedimentos especiais" são, também, tutelas diferenciadas em relação ao procedimento ordinário. Assim, as considerações da doutrina a propósito da especialização de procedimentos ser–nos–á sempre útil, de modo que não serão negligenciadas em favor daquelas que se referem *ipsis litteris* à expressão "tutela diferenciada". Em outras palavras, ao tratar aqui de tutela diferenciada, estaremos utilizando muitas lições que foram dirigidas nominalmente aos chamados "procedimentos especiais", não enquanto proce-

---

2. Sobre a terminologia "tutela diferenciada", ver Vittorio Colesanti, "Principio del contraddittorio e procedimenti speciali", *Rivista di Diritto Processuale*, v. 30, pp. 618–619. Sobre o enquadramento da busca e apreensão de bem objeto de alienação fiduciária dentre as tutelas executivas, ver a seção 6.1.
3. Andrea Proto Pisani, *Appunti sulla giustizia civile*, pp. 213–214, 217–218.
4. "L'espressione tutela giurisdizionale differenziata è espressione altamente equivoca" (Proto Pisani, *Appunti ...*, cit, pp. 216–218 e 268).
5. Luigi Montesano, "Luci ed ombre in leggi e proposte di 'tutele differenziate' nei processi civili", *Rivista di Diritto Processuale*, v. 34, n. 4, p. 592. Proto Pisani, *Appunti ...*, cit, p. 270.
6. Nicola Picardi, "I processi speciali", *Rivista di Diritto Processuale*, v. 37, n. 4, p. 704.

dimentos localizados naquele livro do CPC, mas enquanto tutelas diferenciadas em relação ao rito ordinário.

A expressão já consagrada "*procedimentos* especiais", além de pecar pela imprecisão,[7] poderia revelar um certo tom depreciativo. Dinamarco, p.ex., reconhece que o processualista, ao rotular um processo administrativo como "mero procedimento", o faz num tom pejorativo – "o mero está sempre junto com o 'procedimento'".[8] No entanto, desenvolvendo-se perante um juiz, "el proceso especial es un verdadero proceso".[9]

E quanto aos casos em que, no procedimento, não há sequer um juiz, ou, quando há, ele não atua como tal? Estes, segundo Guasp, não podem ser considerados verdadeiros processos, "por no cumplir el primer e indispensable requisito de que todo proceso especial tiene que ser un proceso verdadero".[10] Adotando-se essa tese, os leilões extrajudiciais do SFH, SFI e da CEF, não sendo verdadeiros processos, não precisariam atender aos princípios gerais do processo – *due process*, igualdade, contraditório etc. Como essa imunidade aos prin-

---

7. "La qualifica di 'speciale' attribuita ad un procedimento non ha certo di per sè – e son cose ovvie – alcun significato preciso; la formula stessa non ha un valore positivo, ed è caratterizzante solo in ciò, che giova a contrassegnare una deviazione della struttura del procedimento dallo schema astratto del processo contenzioso, ritenuto 'a priori' come un modello ordinario" (Colesanti, "Principio del contraddittorio e procedimenti speciali", *Rivista* ..., cit., p. 578). Para Proto Pisani, "procedimento especial" é um termo equívoco pois pode significar tanto um rito de cognição plena, diverso do ordinário, como um rito de cognição sumária (Proto Pisani, *Lezioni di diritto processuale civile*, p. 28). "Sotto l'etichetta di processi speciali vengono, inoltre, raccolte tutta una serie di procedure abbozzate in qualche articolo, che è stato introdotto – spesso surretiziamente – in leggi che regolano materie particolare. Questo disordine, del resto, costituisce il risvolto della diffusa tendenza a considerare i processi speciali come fenomeno soltanto marginale dell'esperienza processualistica" (Nicola Picardi, "I processi speciali", *Rivista* ..., cit., p. 701).
8. Cândido Rangel Dinamarco, "O princípio do contraditório", *Revista da Procuradoria-Geral do Estado de São Paulo*, n. 19, p. 25.
9. Jaime Guasp, *Derecho procesal civil*, p. 1.018. "Os procedimentos especiais de jurisdição contenciosa não apresentam diferença substancial em relação aos processos que seguem o rito ordinário ou rito sumaríssimo, que, como se sabe, constituem as duas modalidades, na sistemática do novo Código, do chamado procedimento comum. Num caso e noutro *trata-se sempre de atividade propriamente jurisdicional*, de sorte que, do ponto de vista substancial, não haveria razão bastante para justificar esse tratamento separado" (José Carlos Barbosa Moreira, "A estrutura do novo Código de Processo Civil", *RF* 246/35, grifo nosso).
10. Jaime Guasp, ob. cit., p. 1.018.

cípios gerais é simplesmente inaceitável, houve por bem o TARS rejeitar a tese de Guasp.[11]

Já que estamos falando em terminologia, note-se que é possível perceber algo de pejorativo na expressão adotada por Carnelutti e outros, quando falam em procedimentos "anômalos", em contraposição ao procedimento "normal".[12] A "anomalia" de Carnelutti se reproduz no "desvio" enxergado por Satta, quando este afirma que a expressão *procedimentos especiais* "non ha alcun valore positivo: l'elemento *comune* a tutti i procedimenti così qualificati è, infatti, essenzialmente *formale* e *negativo* e consiste nella deviazione dallo schema tipico del processo contenzioso ordinario".[13] Tudo por conta de um "elemento differenziale e discriminatore" que neles há.[14] O problema é que, como lemos em Canguilhem,[15] Foucault[16] e Machado de Assis[17] – para ficar nos mais famosos –, fica difícil demarcar com precisão a fronteira entre esses conceitos relativíssimos que são a "normalidade" e o "desvio", a não ser quando essa demarcação atende a um fim maior: o controle social.[18]

11. "(...) o procedimento extrajudicial dos arts. 31 a 38 do Decreto–Lei n. 70/66 constitui processo de execução (...): processo pelo qual o Estado, por intermédio do órgão jurisdicional, e tendo por base um título executivo judicial ou extrajudicial, empregando medidas coativas, efetiva e realiza a sanção, tudo com o objetivo de satisfazer o direito do credor, mesmo contra a vontade do devedor. Definido tal procedimento como processo de execução, há que verificar de sua compatibilidade com os princípios constitucionais atinentes ao processo civil" (TARS, Incidente de Inconstitucionalidade na AC 189040938, Canoas, Órgão Especial, m.v., rel. Juiz Ivo Gabriel da Cunha, j. 1.6.1990, *JTARGS* 76/81–84, citação à p. 82).
12. "(...) è lecito parlare di procedimenti *anomali* in confronto con il procedimento *normale*" (Francesco Carnelutti, *Sistema del diritto processuale civile*, v. 3, p. 8, grifos no original). Sem trocadilhos, essa terminologia não é nenhuma "anormalidade" na doutrina italiana, pois a vemos ser adotada também, p.ex., por Ugo Rocco, *Trattato di diritto processuale civile*, v. 6, t. 1, p. 50.
13. Salvatore Satta, *Diritto processuale civile*, 1 p. 755. Em sentido semelhante, Antonio Nasi, "Contraddittorio (principio del)", in *Enciclopedia del Diritto*, v. 9, p. 726.
14. Ugo Rocco, *Trattato di diritto processuale civile*, v. 6, t. 1, p. 6.
15. Georges Canguilhem, *O normal e o patológico*, e *Ideologia e racionalidade nas ciências da vida*, pp. 107 e ss.
16. Michel Foucault, *História da loucura*.
17. Machado de Assis, *O alienista*.
18. "A grande família indefinida e confusa dos 'anormais', cujo medo obcecou o final do século XIX, não marca apenas uma fase de incerteza ou um episódio pouco feliz na história da psicopatologia; ela se formou em correlação com um conjunto de *instituições de controle*, com uma série de *mecanismos de vigilância e de distribuição*; e, ao ter sido quase inteiramente recoberta pela categoria de 'degenerescência', deu lugar a elaborações teóricas irrisórias, porém a efeitos duramente reais" (Michel Foucault, *Resumo*

Ademais, encarar os procedimentos especiais como um mero desvio do rito ordinário significa, em última análise, legitimá-lo enquanto solução "normal" e adequada ao comum dos casos.[19] O detalhe é que, como bem observou Colesanti, além dessa concepção de ritos desviantes, é possível encarar a multiplicidade de procedimentos especiais como verdadeira *negação do modelo ordinário*, caso em que os procedimentos especiais são considerados o sintoma de uma crise dos valores inspirados pelo rito ordinário.[20]

Não obstante as ressalvas quanto à terminologia, é preciso que averigüemos rapidamente algumas técnicas de especialização de procedimento.

3.2 Técnicas de especialização do procedimento

Para obter uma tutela diferenciada, há algumas técnicas já consagradas de especialização em relação ao rito ordinário, que podem ser utilizadas isoladamente ou em combinação umas com as outras, para a composição de um novo procedimento. O resultado de sua combinação é que determinará o melhor desempenho do novo rito.[21] Dessas técnicas, podemos destacar as seguintes:

dos Cursos do Collège de France, p. 61, grifos nossos). "A medicina viu esfumar-se progressivamente a linha de separação entre os fatos patológicos e os normais: ou melhor ela apreendeu mais claramente que os quadros clínicos não eram uma coleção de fatos anormais, de 'monstros' fisiológicos, mas sim constituídos em parte pelos mecanismos normais e as reações adaptativas de um organismo funcionando segundo a norma" (Michel Foucault, *Doença mental e psicologia*, p. 18). "Ao se normalizar, isto é, ao estender a todos a lógica das equivalências – todos são livres e iguais perante a lei –, a sociedade enfim socializada exclui todos os anticorpos. É então que cria, no mesmo movimento, as instituições específicas para recebê-los – é assim que florescem as prisões, os asilos, os hospícios, as escolas, sem esquecer das fábricas, que também foram levadas ao florescimento com a emergência dos Direitos Humanos: eis como devemos entender o trabalho" (Jean Baudrillard, *A troca simbólica e a morte*, p. 226).

19. Colesanti, "Principio del contraddittorio e procedimenti speciali", *Rivista* ..., cit., p. 579.

20. Colesanti, ob. e loc. cits. Trata-se de verdadeiro "esgotamento do paradigma em que foram fundadas as premissas metodológicas do processo civil" (Rodrigo Xavier Leonardo, "O paradigma da efetividade do processo e os procedimentos especiais: uma abordagem crítica", *Revista Jurídica Themis*, n. 10, p. 67).

21. "E o mais interessante é que esses procedimentos apartados da sistemática geral são justamente os que melhor desempenho apresentam em matéria de tutela jurisdicional" (Humberto Theodoro Jr., *A execução de sentença e a garantia do devido processo legal*, p. 152).

1) simplificação e agilização do trâmite processual, mediante a redução de prazos, eliminação ou simplificação de atos e fases processuais,[22] – é a *sumarização formal* do procedimento ordinário,[23] ou juízo "plenário rápido", na dicção de Fairén Guillén,[24] ou ainda, como diria Carnelutti, anomalia por *simplificação* procedimental;[25]

2) inclusão de uma fase processual a mais, em relação ao procedimento ordinário – é a anomalia por *complicação* procedimental, na terminologia de Carnelutti;[26]

3) delimitação da matéria objeto da cognição, que pode ser deduzida na inicial e na contestação[27] – é a *cognição parcial*;

4) *cognição sumária*, com postecipação do contraditório,[28] sua antecipação ou inexistência;[29]

5) condicionamento da ação a pré–requisitos materiais e processuais para a utilização do procedimento;[30]

6) reserva *a priori* de um bem para a cobrança/execução do crédito;[31]

22. Humberto Theodoro Jr., *Curso de direito processual civil*, v. 3, p. 1.445. Antonio Carlos Marcato, *Procedimentos especiais*, pp. 25–26.
23. Kazuo Watanabe, *Da cognição no processo civil*, pp. 98–99. Ovídio Baptista da Silva, *Curso de processo civil*, v. 1, p. 115. Carlos Silveira Noronha, "Apontamentos históricos da tutela diferenciada", in *Processo civil: evolução e 20 anos de vigência*, p. 72. Araken de Assis, *Manual do processo de execução*, p. 961.
24. Víctor Fairén Guillén, *El juicio ordinario y los plenarios rápidos*, passim. "El juicio ordinario, los plenarios rapidos y los sumarios", in *Estudios de derecho procesal*, pp. 373–400.
25. Carnelutti, *Sistema del diritto processuale civile*, v. 3, pp. 8–9.
26. Idem, ibidem, p. 9.
27. Humberto Theodoro Jr, *Curso ...*, cit., v. 3, p. 1.445. José Ribeiro Leitão, "Aspectos da teoria geral dos procedimentos especiais", *Revista de Doutrina e Jurisprudência*, n. 17, p. 29. Antonio Carlos Marcato, *Procedimentos especiais*, p. 29.
28. Piero Calamandrei, "Il processo come giuoco", in *Studi sul processo civile*, v. 6, pp. 60–61. Antonio Carlos Marcato, *Procedimentos especiais*, p. 29.
29. Ugo Rocco, *Trattato ...*, cit., pp. 50–51.
30. Humberto Theodoro Jr., *Curso ...*, cit., v. 3, p. 1.445. Antonio Carlos Marcato, *Procedimentos especiais*, p. 29.
31. Ao contrário do que ocorre na execução forçada em geral, cuja penhora de bens está em franco desacordo com a titularidade anônima, típica da sociedade contemporânea e bastante problemática no momento de efetivar as medidas de constrição (Comoglio, Ferri e Taruffo, *Lezioni* ..., cit, p. 774), nas execuções especiais em questão, a identificação prévia do bem objeto da garantia (hipoteca, penhor ou alienação fiduciária) elimina esse entrave.

7) outras técnicas, como alteração de regras relativas à legitimação e à iniciativa das partes, existência de ação dúplice, fixação de regras especiais de competência ou relativas à citação e suas finalidades, derrogação dos princípios da inalterabilidade do pedido e da legalidade estrita, possibilidade de julgamento por eqüidade, fusão de providências de natureza cognitiva, cautelar e executiva;[32]

8) realização extrajudicial de parte do procedimento – p.ex., depósito extrajudicial na consignação em pagamento (parágrafos do art. 890 do CPC, cf. Lei 8.951/94), embargo extrajudicial na nunciação de obra nova (CPC art. 935) – ou implantação pura e simples de autotutela privada – p.ex., no direito de retenção (CC arts. 516, 772, 119, 1.279 etc.), no penhor legal (CC art. 776),[33] no direito de cortar raízes e ramos de árvores limítrofes que ultrapassem a extrema do prédio (CC art. 558), no desforço possessório (CC art. 502), na liquidação extrajudicial de instituição financeira (Lei 6.024/74, art. 15 e ss.),[34] nos leilões extrajudiciais de mercadorias depositadas em arma-

---

32. Antonio Carlos Marcato, *Procedimentos especiais*, pp. 26–28.
33. "Aqui, entre nós, a permissão de venda particular do imóvel hipotecado, dada pela lei habitacional, parece, em princípio, legítima, porque se apóia na analogia da venda particular do bem empenhado" (Dora Martins de Carvalho, *A comercialização da hipoteca*, pp. 40–41).
34. "O processo de liquidação extrajudicial de bancos e casas bancárias implica em subtrair ao conhecimento do Poder Judiciário matéria a este pertinente. Uma pendência qualquer pode comportar o exame prévio em via administrativa, sem que, só por isso, se tenha como preterida a apreciação judicial. Mas quando a via extrajudicial se pretende conclusiva, a usurpação da função judicante é manifesta" (Miguel Seabra Fagundes, "Bancos – Liquidação extrajudicial – Competência do Poder Judiciário", *RF* 173/107). "Impedidos pela vedação do general Médici de realizarem, eles próprios, uma incisão saneadora [no sistema financeiro], os tecnocratas da Fazenda deixaram pronto, no apagar das luzes da administração, o instrumento jurídico que deveria ser usado para o disciplinamento do mercado financeiro: a Lei 6.024, que dispõe sobre intervenção oficial e liquidação de sociedades financeiras. Trata-se de uma jóia peculiar da ditadura medicista. É por certo a extensão máxima de expansão que se permitiu o autoritarismo em matéria econômica, conseguindo produzir uma lei que transpirava inconstitucionalidade mesmo à luz da emenda constitucional outorgada pela Junta Militar. Essencialmente, essa lei deu a uma autoridade administrativa, o próprio Banco Central, atribuições do Poder Judiciário na condução do processo falimentar de instituições financeiras, transmutado em liquidação extrajudicial. O liquidante se equipara ao síndico da falência, o Banco Central, ao juiz. Tenta-se confinar o procedimento liquidatório à instância administrativa, à margem da Justiça. Além disso, provou estar tecnicamente mal–elaborada, falhando até mesmo em sua eficácia como instrumento autoritário de supervisão do sistema financeiro. Como se verá, nenhuma das liquidações decretadas a partir de 75 chegou a seu termo, a não

zéns gerais e não retiradas no prazo (Dec. 1.102, de 21.11.1903, art. 10, § 1º) e de mercadorias especificadas em *warrant* não pago no vencimento (Dec. 1.102/1903, art. 23, § 1º), no processo administrativo de cobrança em caso de cédula de crédito rural ou industrial (DL 167/67, art. 71 e DL 413/69, art. 58), na venda extrajudicial de bem objeto de alienação fiduciária (DL 911/69, art. 2º), no leilão extrajudicial da quota de condômino inadimplente em hipótese de incorporação imobiliária (Lei 4.591/64, art. 62),[35] e nos procedimentos especialíssimos do DL 21/66, DL 70/66 e Lei 9.514/97, que nos interessam.[36]

3.3 Autotutela e legitimidade do Judiciár*:)*

Desnecessário dizer que essa última técnica de especialização de procedimento, principalmente quando permite o exercício arbitrário das próprias razões,[37] é a que mais vigorosamente atenta contra os

ser por acordo extrajudicial que em geral representou um prêmio ao empresário fraudulento e um estímulo a aplicações especulativas. Ninguém chegou a ser condenado por administração temerária, irregular ou fraudulenta, não obstante a sucessão de 'estouros' nos anos 70 e início dos 80" (Maria da Conceição Tavares e José Carlos de Assis, *O grande salto para o caos*, pp. 36–37). É fácil perceber como as inconstitucionalidades desse procedimento são análogas à dos leilões extrajudiciais do DL 21/66, DL 70/66 e Lei 9.514/97.
    35. Dora Martins de Carvalho, *A comercialização da hipoteca*, pp. 41–42. Cândido Rangel Dinamarco, *Execução civil*, p. 309.
    36. Ver o relatório do Juiz Paulo Eduardo Razuk (sem direito a voto) em 1º TACívSP, Argüição de inconstitucionalidade 493.349–9/01, São Paulo, j. 23.6.1994, *JTA* 151/186 e ss. Ver também Luís Renato Pedroso, "Constitucionalidade das execuções extrajudiciais no Sistema Financeiro da Habitação", *RT* 457/20. "É tradição de nosso direito a execução judicial dos direitos reais de garantia, com a única exceção do penhor, quando se convencionou a venda da coisa empenhada pelo credor", e mais recentemente as hipóteses do DL 70/66 e DL 911/69 (Clóvis do Couto e Silva, "A fundamentação jurídica do mercado de capitais", *Revista do Ministério Público*, v. 1, n. 1, p. 27). Para exemplos de autotutela privada legalmente permitida no direito italiano, ver: Virgilio Andrioli, *Appunti di diritto processuale civile*, pp. 254–256; Gian Antonio Micheli, *Corso di diritto processuale civile*, v. 1, pp. 8–10. Dando preferência ao estudo das execuções extrajudiciais, temos o importante artigo de Girolamo Bongiorno, "Profili sistematici e prospettive dell'esecuzione forzata in autotutela", *Rivista Trimestrale di Diritto e Procedura Civile*, v. 42, n. 2, pp. 451 e ss.
    37. "(...) la convinzione del proprio diritto, sia pure fondatissima (anzi convalidata da favorevoli provvedimenti definitivi del processo di cognizione), non giustifica il farsi ragione da sè, che il codice penale incrimina allorquando chi, potendo ricorrere al giudice, non vi ricorre e commette violenza sulle cose (art. 392) ovvero

valores constitucionais do Estado moderno. A existência de várias jurisdições privilegiadas está mais adequada à desigualdade social assumida por uma miríade de pequenos feudos submissos à jurisdição real, eclesiástica e do feudo suserano,[38] do que à igualdade formal de um Estado–nação, por mais desgastado que esteja este conceito frente à globalização da economia, a neotribalização da sociedade e à pós–modernidade em geral.[39]

sulle persone (artic. 393; v., anche, l'art. 1.438 cod. civ., che, sotto certe condizioni, ravvisa nella minaccia di far valere un diritto un motivo di annullamento del contratto)" (Virgilio Andrioli, *Appunti di diritto processuale civile*, p. 253). O art. 345 do CP brasileiro permite exceções em lei: "Fazer justiça pelas próprias mãos, para satisfazer pretensão, embora legítima, *salvo quando a lei o permite*" (grifo nosso). A exceção *legal*, no entanto, não é necessariamente *constitucional*.

38. Mauro Cappelletti, "Libertad individual y justicia social en el proceso civil italiano", in *Proceso, ideologías, sociedad*, p. 92. "(...) en particular emana exclusivamente del Estado la jurisdicción. Ya no se admite hoy que personas o instituciones diferentes del Estado constituyan jueces, como ocurría en otras civilizaciones, particularmente en favor de la iglesia, cuyos jueces pronunciaban sobre muchas materias (especialmente en las relaciones entre los eclesiásticos), incluso con efectos civiles. El principio contenido en la Constitución (art. 68): *la justicia emana del Rey y es administrada en su nombre por los jueces que El instituye,* no significa precisamente sino la exclusiva pertenencia de la jurisdicción a la soberanía del Estado (residiendo en el Estado soberanía y jurisdicción" (Giuseppe Chiovenda, *Principios de derecho procesal civil*, t. 1, pp. 360–361 – grifo no original). O art. 101, 1º *comma*, da Constituição italiana em vigor tem dicção muito mais interessante: "La giustizia è amministrata in nome del popolo", isto é, é expressão direta da soberania popular (Proto Pisani, *Lezioni di diritto processuale civile*, pp. 10–11). Ver CF/88 art. 5º, XXXV, LIII e LIV.

39. Sobre pós–modernidade (contra e a favor), direito e Estado, ver Jacques Derrida *et alii*, *La faculté de juger*; Drucilla Cornell, Michael Rosenfeld e David Gray Carlson (orgs.), *Deconstruction and the Possibility of Justice*; Costas Douzinas, Ronnie Warrington e Shaun Mcveigh, *Postmodern Jurisprudence*; Bruno Romano, "Relazione e diritto nel postmoderno", *Rivista Internazionale di Filosofia del Diritto*, n. 71, pp. 735–747; "Funzioni e senso del diritto nel moderno", *Rivista Internazionale di Filosofia del Diritto*, n. 73, pp. 512–525; José Joaquim Gomes Canotilho, "O direito constitucional entre o moderno e o pós–moderno", *Revista Brasileira de Direito Comparado*, n. 9, pp. 76–90; Boaventura de Sousa Santos, *Pela mão de Alice: o social e o político na pós–modernidade*; André–Jean Arnaud, "O juiz e o auxiliar judiciário na aurora do pós–modernismo", *Ajuris*, n. 53, pp. 223–237; "Repensar um direito para a época pós–moderna", in *O direito traído pela filosofia*, pp. 245–248; Willis Santiago Guerra Filho, *Autopoiese do direito na sociedade pós–moderna*; "Judiciário e conflitos sociais (na perspectiva da pós–modernidade)", *Revista de Processo* 70/135–142; Wilson Ramos Filho, *Pluralismo jurisdicional*; Luis Alberto Warat, "Ética, direitos humanos e transmodernidade", *Humanidades*, n. 21, pp. 25–27; *Manifestos para uma ecologia do desejo*; *Introdução geral ao direito*, v. 3; *Por quien cantan las sirenas*; Jacob Rogozinski,

A legitimidade dos meios extrajudiciais de composição de conflitos está diretamente ligada ao problema da falta de legitimidade política do Judiciário. Temos que, pelo *princípio da inevitabilidade*, a sujeição das partes ao pronunciamento do órgão jurisdicional independe de suas vontades.[40] Por esse princípio, obviamente, afasta-se a possibilidade de prosperar qualquer concepção privatística de processo enquanto contrato ou quase–contrato – concepções estas mais adequadas à *litis contestatio* romana e às idéias individualistas do *Côde Napoléon*, respectivamente.[41]

Pela *litis contestatio* vê-se, segundo Surgik, "a primazia do privado sobre o público", afinal, as partes se submetiam *voluntariamente* ao *decisum* do *iudex*.[42] Tal procedimento, cujo caráter democrático decorria do fato de que o *iudex* era escolhido pelas partes e não tinha qualquer subordinação hierárquica ao *praetor* (por sinal, eleito pelo voto dos patrícios), foi posteriormente desfigurado na *cognitio extra ordinem*,[43] de modo a permitir a intervenção "estatal"[44] na administração da justiça. Dessa intervenção ressente-se ainda hoje a falta de legitimidade do Judiciário, conforme veremos adiante. Com a perda do valor da *litis contestatio*, o *decisum* passa a ser recorrível,[45] donde chegamos ao atual sistema de caos recursal, que, segundo os próprios juízes brasileiros, é o maior responsável pela demora na prestação jurisdicional.[46]

O que se verifica, mormente no episódio da greve dos petroleiros de 1995, é uma crise de imperatividade das decisões judiciais, que

"Desconstruir a Lei?", *Kriterion*, v. 34, n. 87, pp. 70–94; Edmundo Lima de Arruda Jr., *Direito e século XXI*, pp. 91 e ss.; Bistra Stefanova Apostolova, *Poder Judiciário: do moderno ao contemporâneo*, pp. 23 ss. *et passim*. Sobre a tribalização na pós–modernidade, consultar os clássicos de Michel Maffesoli, "Tempo das tribos: o declínio do individualismo nas sociedades de massa", in *A transfiguração do político: a tribalização do mundo*.
40. Rui Portanova, *Princípios do processo civil*, p. 95.
41. José de Albuquerque Rocha, *Teoria geral do processo*, p. 227.
42. Aloísio Surgik, *Lineamentos do processo civil romano*, p. 66.
43. Aloísio Surgik, *Temas críticos de direito à luz das fontes*, pp. 165–168.
44. Na verdade, não se pode falar em "Estado" durante a Antigüidade, cf. Aloísio Surgik, *Lineamentos* ..., cit., p. 14.
45. Mario Bretone, *História do direito romano*, p. 172.
46. Cf. Maria Tereza Sadek e Rogério Bastos Arantes, "A crise do Judiciário e a visão dos juízes", *Revista USP*, n. 21, mar./maio 1994, p. 43. Segundo Dalmo Dallari, tal acusação dos juízes brasileiros, no entanto, não os exime da co–responsabilidade pela morosidade na prestação jurisdicional, na medida em que dão despachos protelatórios (Dalmo de Abreu Dallari, "Crise da Justiça é de cúpula", *Jornal do Brasil*, 14.5.1995, p. 12).

acompanha de perto uma crise de credibilidade[47] e de legitimidade do Judiciário.[48] A crise de imperatividade das decisões, obviamente, foi ignorada pela processualística, que tem se preocupado mais em dar subsídios teóricos para a concepção publicista de "Poder" Judiciário,[49] em vez de observar que a imperatividade das decisões pressupõe o monopólio da jurisdição, que, por sua vez, está intimamente ligado ao monismo jurídico. Esse quadro vem apresentando rachaduras, a partir da compreensão do pluralismo jurídico e jurisdicional como um fenômeno social que não pode ser ignorado no Brasil, caracterizado pela prevenção e solução de conflitos, p.ex., em associações de moradores e outras entidades comunitárias.[50] Esses novos fenômenos, todavia, são considerados inaceitáveis por um Judiciário cujo sistema hierárquico de controle é completamente arredio – se-

47. A crise de credibilidade decorre da crença popular de que a Justiça estatal é lenta, cara e complicada, sendo simplesmente inútil ir ao Judiciário (Kazuo Watanabe, "Filosofia e características básicas do Juizado Especial de Pequenas Causas", in *Juizado Especial de Pequenas Causas*, p. 2).
48. Basta lembrar que, em pesquisa realizada pelo *Jornal do Brasil* em 1995, verificou-se um interessante grau de desconfiança: dos entrevistados, 10% confiam sempre no Judiciário, 16% confiam na maior parte das vezes, 38% confiam pouco, 35% nunca confiam, e 2% não sabem ("Brasileiros não acreditam na Justiça", *Jornal do Brasil*, 28.4.1995, pp. 6–7). É impossível ignorar esses dados na condição de sintoma da crise de legitimidade, decorrente inclusive das próprias limitações de seus órgãos diante dos novos conflitos sociais (ver Aurélio Wander Bastos, *Conflitos sociais e limites do Poder Judiciário*, pp. 114 e ss.). Ver Cândido Rangel Dinamarco, "O futuro do direito processual civil", *RF* 336/40–41; *A legitimação social do Poder Judiciário*; Javier Marías, "A ilegitimidade atual da Justiça", *Folha de S.Paulo*, 26.5.1996, p. 5–14; José Eduardo Faria, "O desafio do Judiciário", *Revista USP*, n. 21, p. 52.
49. Vide, p.ex., Cândido Rangel Dinamarco, *A instrumentalidade do processo*, pp. 44 e ss., 95 e ss.
50. Antônio Carlos Wolkmer, *Pluralismo jurídico*, pp. 277–278 *et passim*. Boaventura de Sousa Santos, *O discurso e o poder*, "Notas sobre a história jurídico–social de Pasárgada", in *O Direito achado na rua*, pp. 46–51. Eduardo Guimarães de Carvalho, *O negócio da terra*, pp. 23 e ss. "Sensibilidade legal: a resolução de conflitos e o pluralismo jurídico", in *Brasil: território da desigualdade*, pp. 156–163. Maria Guadalupe Piragibe da Fonseca, "A situação de conflito como o lugar do direito", in *Anais da 43ª reunião anual da SBPC*, p. 203. "Ordem e não–ordem: uma contradição aparente – estudo sobre a regulação jurídica em comunidade de excluídos", in *Anais da 44ª reunião anual da SBPC*, p. 238. Tércio Sampaio Ferraz Jr., "O oficial e o inoficial: ensaio sobre a diversidade de universos jurídicos temporal e espacialmente concomitantes", in *Conflitos de direito de propriedade*, pp. 111 e ss. José Reinaldo de Lima Lopes, *Responsabilidade civil do fabricante e a defesa do consumidor*, p. 138. Malu Oliveira e Pedro Agilson, "Aqui vacilou, dançou", *Istoé*,

gundo Mirjan Damaska – a toda e qualquer forma de usurpação de suas funções públicas, processuais e jurisdicionais, por particulares.[51] A questão é: que legitimidade tem, hoje, o Judiciário, para impor suas decisões? Se tem, quando tem essa legitimidade? Se a legitimidade advém da participação e não do procedimento (ver seção 7.6.5), o Judiciário ressente de legitimidade na medida em que é vedada a participação popular na sua *composição* (por concurso nas instâncias inferiores e nomeação nas superiores; a eleição para juiz de paz não passa de mais uma ficção constitucional entre tantas outras) e nas suas *decisões* (salvo no procedimento do Júri, nos juizados especiais e no prosaico juizado de paz – ver seção 7.6.6). Não havendo tal legitimidade, pode-se entender que a porta da desobediência civil já está entreaberta.

Conforme reconhece a doutrina processualista, o processo não é sempre o método principal para a solução das controvérsias, nem é por definição o melhor deles.[52] Isso porque, nas palavras de Bourdieu, "o recurso legal implica, em muitos casos, o reconhecimento de uma definição das formas de reivindicação ou de luta que privilegia lutas individuais (e legais) em detrimento de outras formas de luta", i.e., "entrar no jogo, conformar-se com o direito para resolver o conflito, é aceitar tacitamente a adoção de um modo de expressão e de discussão que implica a renúncia à violência física".[53] Ademais, há demandas por direitos sociais que, como ficam à margem do Poder Judiciá-

31.8.1994, pp. 76–81. Sobre o pluralismo jurisdicional, ver o excelente estudo de Wilson Ramos Filho, *Pluralismo jurisdicional*.
51. Mirjan Damaska, *I volti della giustizia e del potere*, pp. 127–128.
52. "(...) il processo giurisdizionale non è sempre il metodo principale per la soluzione delle controversie, né è per definizione il migliore" (Comoglio, Ferri e Taruffo, *Lezioni* ..., cit, p. 137). "(...) a melhor forma de reivindicar um direito nem sempre é o processo" (Luiz Guilherme Marinoni, "Observações a partir de uma visão da ideologia no processo civil", *Revista Jurídica*, n. 7, p. 138).
53. Pierre Bourdieu, "A força do direito: elementos para uma sociologia do campo jurídico", in *O poder simbólico*, pp. 228–229. É preciso lembrar que as reivindicações exclusivamente jurídicas podem levar à consolidação de uma concepção jurídica alienada de mundo (Friedrich Engels e Karl Kautsky, *O socialismo jurídico*, pp. 30 e 65). Basicamente, Bourdieu está se referindo ao direito de resistência, sobre o qual recomenda-se: Herbert Marcuse, *Psicanálise e política*, pp. 77 e ss.; *O fim da utopia*, pp. 58–60, 81–82, 85–89; Norberto Bobbio, *A era dos direitos*, pp. 145 e 157; Adélio Pereira André, *Defesa dos direitos e acesso aos tribunais*, pp. 132–134; Colucio Salutati, "O direito de resistência", in *O Direito achado na rua*, pp. 80–82. Nesse passo, a lição do Padre Vieira é atualíssima: "Não hei de pedir pedindo, senão protestando e argumentando; pois esta é a licença e liberdade que tem quem não pede favor senão justiça" (Antônio Vieira, *Sermões patrióticos*, p. 89). Ao contrário da maioria dos ordenamentos jurídicos contemporâneos, a Cons-

rio, "não só encontram melhor escoadouro no Poder Executivo e no Poder Legislativo, como também encontram uma forma de reivindicação mais efetiva na passeata, no acampamento ou na greve do que no processo".[54] Daí a "fuga dalla giustizia", rumo a outros métodos mais eficientes de resolução de conflitos: renúncia a direitos (que em termos amplos leva à famosa "litigiosidade contida", na expressão já consagrada de Watanabe), eliminação do adversário (p. ex., da concorrência), conciliação (inclusive mediação) e arbitragem.[55]

Registre-se que, segundo Comoglio, Ferri e Taruffo, alguns desses métodos alternativos de resolução de conflitos (p.ex., tratativas, transações, acordos contratuais, conciliações extrajudiciais, renúncia a direitos, mediações etc.) são exclusivamente privados e não institucionais, e por isso nada têm a ver com o direito processual (ao con-

tituição Portuguesa prevê expressamente um direito de resistência, em seu art. 21, quando estabelece que "todos têm o direito de resistir a qualquer ordem que ofenda os seus direitos, liberdades e garantias e de repelir pela força qualquer agressão, quando não seja possível recorrer à autoridade pública". Vê-se nesse artigo que a Carta Magna lusitana superou as expectativas de Marcuse, para quem há um insuperável conflito entre o direito positivo (enquanto força de opressão – agressão da vida) e o direito de resistência (enquanto força de libertação – defesa da vida), de modo que "nenhum sistema social, nem mesmo o mais liberal, pode legalizar uma força que se oriente contra esse sistema" (Herbert Marcuse, *Psicanálise e política*, p. 78; *O fim da utopia*, pp. 59–60).

54. Luiz Guilherme Marinoni, "Observações a partir de uma visão da ideologia no processo civil", *Revista Jurídica*, n. 7, p. 138. O termo "acampamento" ou "ocupação" é preferível ao termo "invasão", como bem coloca o advogado Mário João Scaramuzza Neto, em petição dirigida à 13ª Vara Cível de Curitiba, autos 11.797/90 de reintegração de posse, fls. 60–86, especialmente 69–70, e também Domingos Pereira Rodrigues e Paulo Conforto, "Ocupar não é invadir", in *Direito à moradia: uma contribuição para o debate*, pp. 87–92.

55. Comoglio, Ferri e Taruffo, *Lezioni* ..., cit., pp. 12–13. Segundo Watanabe, em texto bastante conhecido, o normal é que as partes solucionem seus problemas negociando diretamente umas com as outras ou por intermédio de terceiros – parentes, amigos, líderes comunitários, Igreja, advogados. Mas com a formalização crescente das relações (im)pessoais entre os moradores das megalópoles, os conflitos seguem dois outros destinos: ou o encaminhamento para o Judiciário, ou a renúncia pura e simples ao direito. "É o que podemos denominar de '*litigiosidade contida*', fenômeno extremamente perigoso para a estabilidade social, pois é um ingrediente a mais na 'panela de pressão' social, que já tem demonstrado sinais de deterioração do seu sistema de resistência, que se resumem à violência urbana. Alguns desses conflitos são solucionados de modo inadequado, em Delegacias de Polícia, ou por atuação de 'justiceiros', ou mesmo pela prevalência da lei do mais forte etc." (Kazuo Watanabe, "Filosofia e características básicas do Juizado Especial de Pequenas Causas", in *Juizado Especial de Pequenas Causas*, p. 2). Sobre o aumento da litigiosidade na sociedade contemporânea, ver o importante artigo de Sergio Cotta, "La litigiosità

trário da conciliação judicial e da arbitragem).[56] Logo, não estariam ao amparo das garantias constitucionais do processo, para a felicidade de seus verdadeiros beneficiários.

David Smith traça – com a concordância de Denti – três fatores fundamentais para a expansão do movimento pró solução extrajudicial das controvérsias: 1) inacessibilidade dos pobres à justiça – com certeza não é o caso das instituições financeiras, por mais que o Proer tente mostrar o contrário;[57] 2) o método judicial não é o mais adequado para certas controvérsias; 3) insatisfação crescente da população com o "professionismo legale" e uma tomada de atitude na condução das decisões relativas à comunidade.[58]

O problema é que, quando os chamados "excluídos" e outros grupos reunidos nos novos movimentos sociais (dos sem–terra,

---

odierna: considerazioni giuridico–culturali", *Rivista Trimestrale di Diritto e Procedura Civile*, v. 37, n. 3, pp. 772–809.

56. "A titolo di esempio possono ricordarsi alcune recenti iniziative, prese dalla Telecom e da alcune banche, consistenti nell'organizzare presso di sé tentativi di conciliazione con i clienti, diretti a risolvere in modo amichevole e con un accordo le controversie con i clienti medesimi" (Comoglio, Ferri e Taruffo, *Lezioni* ..., cit., pp. 138 e ss.). De nossa parte, acreditamos que se deve desconfiar de tais instrumentos, máxime quando são o fruto da iniciativa de instituições financeiras, cuja vocação para o exercício privado da "jurisdição" – veja–se as execuções extrajudiciais – não é (e nem poderia ser) norteada por algum interesse público (p.ex., diminuição da litigiosidade contida) ou filantropia, mas sim pelo lucro, evidentemente.

57. Em despacho do TRF–3ª Reg., entendeu um juiz que "o esquema de reconhecimento das despesas introduzido pelo art. 7º da Lei n. 8.541/92 (...) parece ter vindo ferir o princípio constitucional da inafastabilidade do acesso à tutela jurisdicional (CF, art. 5º, inc. XXXV), (...) passou o novo regramento da dedutibilidade das despesas e provisões a desrespeitar também princípios constitucionais garantidores da igualdade jurídica em sentido material (CF, arts. 5º, *caput*, e 150, inc. II, 1ª parte)" (TRF–3ª Reg., MS 95.03.097473–9, 14.12.1995, *DJU* II 8.1.1996, pp. 221–222). Detalhe: o impetrante, o qual mereceu tanta atenção à isonomia e acesso à justiça, é um banco. Ora, é fácil defender o acesso à justiça para os bancos – como, aliás, é fácil defender qualquer princípio em favor deles. Vejamos a isonomia: "A inconstitucionalidade de uma emenda constitucional é fato perfeitamente apreciável por qualquer juízo, em sede de controle difuso da constitucionalidade das leis. E não é pouco provável que uma normatividade qualquer – seja lei ordinária, seja lei complementar ou mesmo emenda constitucional – ao menoscabar o princípio da isonomia venha a ser, em casos como o presente, embora incidentalmente, declarada afrontosa à Constituição, já que impensável é tolerar–se alguma normatividade que opere em direção oposta à da obediência do princípio isonômico" (TRF–3ª Reg., MS 95.03.100537–0, 13.12.1995, *DJU* II 8.1.1996, p. 214). Neste caso, o beneficiário dos comoventes argumentos em prol do tratamento isonômico frente à União é, mais uma vez, uma instituição financeira.

58. Vittorio Denti, "I procedimenti non giudiziali di conciliazione come istituzioni alternative", *Rivista di Diritto Processual*, v. 35, n. 3, pp. 412–413.

sem–teto, moradores de cortiços e favelas, ecologistas etc.) reivindicam seus direitos numa espécie de autotutela, o direito infraconstitucional brasileiro está sempre pronto a reintegrar, criminalizar, proibir, mesmo que contra princípios constitucionais (do direito de moradia, do direito à reforma agrária, do direito ao meio ambiente saudável).[59] Mas quando as instituições financeiras, através de seus *lobbies*, conseguem construir suas formas particulares de autotutela (nomeadamente, as execuções extrajudiciais), o fazem justamente dentro desse mesmo direito infraconstitucional, também ao arrepio dos princípios constitucionais mais comezinhos.[60]

Por pior que seja o Judiciário,[61] por menos legitimidade política ele que tenha,[62] não há, a nosso ver, justificativa suficiente para a cria-

---

59. Wilson Ramos Filho, *Pluralismo jurisdicional*, pp. 108, 113 e ss. Miguel Lanzellotti Baldez, "Solo urbano; reforma, propostas para a Constituinte", *Revista de Direito da Procuradoria–Geral* do Rio de Janeiro, v. 38, pp. 113–114. Fábio Konder Comparato, "A propriedade ou a vida", *Folha de S.Paulo*, 25.12.1990, p. 1–3. "A repercussão da função social da propriedade no processo civil", *Revista de Direito Processual Civil Genesis*, n. 4, pp. 63 e 70. "O direito constitucional à moradia", *Boletim Informativo Bonijuris*, n. 362, 20.1.1999, p. 4.528. Hoje, p. ex., há quem fale, como contraposição lógica ao desforço possessório, em autotutela do direito à terra, i.e., em exercício direto e extrajudicial do direito à reforma agrária (Francisco Carlos Duarte, "O (des)amparo processual dos direitos fundamentais dos trabalhadores rurais sem–terra", in Marcelo Dias Varella, *Revoluções no campo jurídico*, pp. 137–157). "No caso dos trabalhadores rurais sem–terra, as ocupações visam pressionar o Executivo Federal a realizar a *reforma agrária*, por um lado, e convencer o conjunto da população de que é justa tal reivindicação" (Wilson Ramos Filho, *Pluralismo jurisdicional*, p. 116). Essa tese tem por base o famoso voto do Min. Luiz Vicente Cernicchiaro (STJ, HC 4399/SP, 6ª T. v.u., rel. Min. Luiz Vicente Cernicchiaro, j. 12.3.1996, Fonte: *Mediações fundiárias*, pp. 100–102), que inspirou, p.ex., o parecer do Promotor José Pereira Pio de Abreu Neto e o despacho da Juíza Márcia Andrade Gomes Bosso, ambos nos autos 7/98 da Comarca de Paranacity, fls. 28–33; também a sentença de absolvição, assinada pelo Juiz Antonio Conehero Jr. nos autos 72/96 da 2ª Vara de Andradina, fls. 1.328–1.340.

60. Se é verdade que a "doutrina liberal", que é contrária à autotutela de modo geral, paradoxalmente é a mesma que se coloca favorável ao desforço possessório (Wilson Ramos Filho, *Pluralismo jurisdicional*, pp. 112, 114–115), não é o rótulo de "não liberal" que irá preservar outros doutrinadores de posições teóricas que, em última análise, acabarão favorecendo as execuções extrajudiciais em favor de instituições financeiras.

61. Isto é, por mais que a jurisdição estatal venha "merecendo críticas severas, não só pela sua ineficácia, mas também por sua burocratização, por seus altos custos orçamentários e para as partes envolvidas em litígios judiciais, pela falta de conhecimento dos julgadores ao apreciar questões cada vez mais complexas, e, também, pela forma autoritária de que se revestem suas decisões" (Wilson Ramos Filho, *Pluralismo jurisdicional*, p. IX).

62. L. A. Becker, "Os petroleiros e a desobediência civil", *Revista do Instituto de Pesquisas e Estudos*, n. 21, pp. 363–368.

ção e subsistência de meios alternativos de composição de conflitos[63] desprovidos de qualquer cunho isonômico ou de quaisquer outras garantias processuais.[64] Veja-se o gritante exemplo das execuções extrajudiciais, que nem sequer promovem a almejada "pacificação social" – eis que a concentração de capital que delas resulta tende sim a recrudescer as tensões sociais. Ou, nas palavras sempre precisas da Profa. Ada Pellegrini Grinover, "não se pode falar em 'equivalentes jurisdicionais' diante de situações de fato, que só aparentemente solucionam as controvérsias, estimulando, em contrapartida, a litigiosidade social".[65]

Se foi em nome do princípio da igualdade das partes que se aboliu a pluralidade de jurisdições,[66] o seu ressurgimento, com novas rou-

63. Sobre as vias alternativas de pacificação social, também conhecidas pela sigla ADR (*Alternative Dispute Resolution*), ver: Cappelletti, *Acesso à justiça*, pp. 81 e ss. "Os métodos alternativos de solução de conflitos no quadro do movimento universal de acesso à justiça", *Revista de Processo* 74/87 e ss. "Problemas de reforma do processo civil nas sociedades contemporâneas", in *O processo civil contemporâneo*, pp. 19 e ss. Comoglio, Ferri e Taruffo, *Lezioni* ..., cit., pp. 137 e ss. Vittorio Denti, "I procedimenti non giudiziali di conciliazione come istituzioni alternative", *Rivista di Diritto Processuale*, v. 35, n. 3, pp. 410 e ss. Henrik Lidblom, "La privatizzazione della giustizia: osservazioni circa alcuni recenti sviluppi nel diritto processuale americano e svedese", *Rivista Trimestrale di Diritto e Procedura Civile*, v. 49, n. 4, pp. 1.391 e ss. Luiz Guilherme Marinoni, *Novas linhas do processo civil*, pp. 117–119. Ada Pellegrini Grinover, "A conciliação extrajudicial no quadro participativo", in *Participação e processo*, pp. 279 *et passim*. Boaventura de Sousa Santos, "Introdução à sociologia da administração da Justiça", in *Direito e Justiça*, pp. 54–55. Antonio Carlos Wolkmer, *Pluralismo jurídico*, pp. 276 e ss.
64. Como bem percebeu o Prof. Marinoni, nas vias alternativas à jurisdição estatal pode predominar o arbítrio ou a injustiça, cabendo então questionar a legitimidade do exercício do poder (Luiz Guilherme Marinoni, "Tutelas diferenciadas e realidade social", in *Lições alternativas de direito processual*, p. 143). É claro que com essa série de ressalvas não estamos endossando a tese de que "as classes desfavorecidas são as que mais necessitam da jurisdição como meio de promoção individual e ascensão social" (Jônatas Luiz Moreira de Paula, *Uma crítica à jurisdição civil brasileira*, p. 57), principalmente quando se verifica a contínua pluralização jurisdicional e jurídica dos conflitos que envolvem as camadas menos favorecidas das sociedades periféricas.
65. Ada Pellegrini Grinover, "Deformalização do processo e deformalização das controvérsias", in *Novas tendências do direito processual*, p. 178.
66. Proto Pisani, *Appunti* ..., cit., p. 25. Segundo Chiovenda, em nome do princípio da igualdade das partes, "cayeron así las jurisdicciones privilegiadas y toda norma de privilegio" (Giuseppe Chiovenda, "Las reformas procesales y las corrientes del pensamiento moderno", in *Ensayos de derecho procesal civil*, v. 2, p. 160). É óbvio que todo esse raciocínio pode ser objeto de questionamento. Será que a isono-

pagens (execuções extrajudiciais e arbitragem pseudo jurisdicionalizada), ilustra o desrespeito contumaz com que esse princípio é tratado hodiernamente pelo que restou dos antigos Estados soberanos. Se, por um longo período, a evolução do Estado e do processo civil levava a crer que seria acompanhada inevitavelmente pelo processo de monopolização da jurisdição e conseqüente proibição da autotutela,[67] hoje não mais é possível ter nem sequer essa certeza. Para um país que quebra em tão pouco tempo o monopólio estatal do petróleo (EC–9, 9.11.1995) e das telecomunicações (EC–8, 15.8.1995), seguindo à risca a cartilha das agências internacionais, a quebra do monopólio da jurisdição já está virando até uma tradição decreto–legislativa.[68]

mia não passou de pretexto para a real concentração de poder nas mãos do monarca absoluto? Sendo monarca absoluto, não está ele acima do princípio da igualdade? Será que foram abolidas de fato todas as normas de privilégio? Os procedimentos especialíssimos parecem provar o inverso. Sobre a abolição das jurisdições privilegiadas, ver ainda Giovanni Tarello, *Storia della cultura giuridica moderna*, p. 53; Cappelletti, "Apuntes para una fenomenología de la justicia en el siglo XX", *Revista de Processo* 71/114; Anton Menger, *El derecho civil y los pobres*, p. 62.

67. Ver Girolamo Bongiorno, "Profili sistematici e prospettive dell'esecuzione forzata in autotutel", *Rivista Trimestrale di Diritto e Procedura Civile*, v. 42, n. 2, pp. 444 e ss.; Wilson Ramos Filho, *Pluralismo jurisdicional*, pp. 114–115. "Collo sviluppo dello Stato e l'acresciuta organizzazione del processo si restringe l'autodifesa" (F. G. Lipari, *Lezioni di diritto processuale civile*, p. 29). "Si può parlare così di un monopolio della giurisdizione da parte dello stato che esclude, di massima, la ammissibilità di forme di autotutela privata, al di fuori dai casi espressamente previsti dalla legge" (Gian Antonio Micheli, *Corso di diritto processuale civile*, v. 1, p. 8). Na Itália, apesar desse repúdio da doutrina à autotutela, a subsistência de jurisdições administrativas (art. 103, 1º *comma*, 113 e 125, 2º *comma*, da Constituição), contábil (art. 103, 2º *comma*) e outras permitidas pela disposição transitória VI (tributárias e disciplinares dos conselhos profissionais), torna o princípio da unidade jurisdicional um mero "valore tendenziale" ou idéia–força, cuja única expressão máxima está na proibição que a Constituição (art. 102, 2º *comma*) faz de novas jurisdições especiais (Proto Pisani, *Lezioni di diritto processuale civile*, p. 10; Comoglio, Ferri e Taruffo, *Lezioni* ..., cit., pp. 95 e ss.). Vale lembrar que no Brasil, ao contrário, não há que se falar em exceção constitucional ao monopólio jurisdicional do Estado, eis que os Tribunais de Contas são órgãos auxiliares do Legislativo na fiscalização contábil (CF, arts. 71 e 73), o Tribunal Marítimo é órgão auxiliar do Judiciário no julgamento de acidentes e fatos da navegação (Lei 2.180/54, art. 1º) e os Tribunais de Justiça Desportiva são instâncias prévias de julgamento, mas não excludentes da jurisdição estatal (CF, art. 217, § 1º).

68. Girolamo Bongiorno, p.ex., defende textualmente que se faça uma revisão profunda do princípio da inderrogabilidade da expropriação forçada judicial (Girolamo Bongiorno, "Profili sistematici e prospettive dell'esecuzione forzata in autotutela", *Rivista Trimestrale di Diritto e Procedura Civile*, v. 42, n. 2, pp. 481 e 484).

3.4 Classificações dos Procedimentos Especiais

A utilização combinada ou isolada de técnicas de especialização de procedimentos é fundamental para traçar o perfil da tutela diferenciada. E esse perfil, quando semelhante em algumas hipóteses, estimula a doutrina a elaborar classificações que, embora passíveis de crítica – por tentarem sistematizar exatamente aquilo que se propõe a ficar de fora da sistematização primária que é o procedimento ordinário,[69] e por simbolizarem a insistência dos juristas na *lana caprina* das classificações[70] – trazem em si, claramente, os juízos de valor de seus elaboradores, frente à problemática da pluralização de ritos processuais. Vejamos dois exemplos em que isso fica patente.

No importante Congresso Internacional de Direito Processual Civil, levado a cabo em Florença em 1950 e organizado pela *Associazione italiana fra gli studiosi del processo civile*, Jaime Guasp apresentou a seguinte classificação de procedimentos especiais:

69. "Le elencazioni di carattere generale sopra indicate, non esauriscono tuttavia tutto il quadro delle possibili distinzioni, perchè data la varietà dei procedimenti speciali e la varietà degli elementi che ne costituiscono la *specialità*, che non sempre si riscontrano in tutti i procedimenti speciali, più che in una vera e propria classificazione, una maggiore specificazione cadrebbe in una enumerazione dei vari procedimenti speciali, sistema indubbiamente errato, che è stato seguito nella disciplina legislativa, e che ha condotto, fino ad oggi la dottrina a seguire, senza l'ombra di una sistemazione, l'ordine in cui i singoli procedimenti speciali vengono dal C.P.C. considerati" (Ugo Rocco, *Trattato di diritto processuale civile*, v. 6, t. 1, p. 51) "Por lo mismo que la historia no puede ser reducida a un sistema, la categoría positiva de los procesos especiales tampoco puede ser sistematizada. (...) en ningún derecho positivo, se pueda hallar una explicación sistemática que no sea una mera lista, *a posteriori*, del cuadro de sus procesos especiales" (Jaime Guasp, ob. cit., p. 1.020). "(...) qualquer critério que se tivesse para classificar as formas de processos pecaria pela contingência de não podermos nos desvencilhar de resíduos romanos, germânicos, ou canônicos, que ainda amontoam, no processo, idades diferentes" (Pontes de Miranda, *Comentários ao Código de Processo Civil*, t. 13, p. 3). Ver também José Ribeiro Leitão, "Aspectos da teoria geral dos procedimentos especiais", *Revista de Doutrina e Jurisprudência*, n. 17, p. 27.

70. "(...) a classificação é a condição do conhecimento, não o próprio conhecimento, e o conhecimento por sua vez destrói a classificação" (Theodor W. Adorno e Max Horkheimer, *Dialética do Esclarecimento*, p. 205). "(...) toda classificação é opressiva: *ordo* quer dizer, ao mesmo tempo, repartição e cominação" (Roland Barthes, *Aula*, p. 12). "A paixão de classificar parece sempre bizantina àquele que dela não participa" (Roland Barthes, *A aventura semiológica*, pp. 50 e ss.). Classificar é fornecer a si mesmo um álibi cientificista (Roland Barthes, *O grão da voz*, p. 196). Ver também Luiz Guilherme Marinoni, *Tutela inibitória*, p. 361; Michel Foucault, *As palavras e as coisas*, pp. 139 e ss.; Genaro R. Carrió, *Notas sobre derecho y lengua-*

1) aqueles que são especializados em razão da matéria. São exemplos dados pelo próprio autor: matéria *cambiária, hipotecária*, de família, sucessões, trabalhista. "La razón de ser de todos estos procesos civiles especiales no está en la función procesal que con ellos se quiere realizar, la cual no es distinta de la función procesal común sino en la materia sobre la que recae la cual aparece acotada del campo general de la materia civil común".[71] Criticando a tendência de o legislador aproveitar leis sobre direito material para dispor lateralmente sobre o processo (exatamente o que ocorreu nos procedimentos especialíssimos), o autor entende que tal tipo de procedimento deveria desaparecer, pois não passa de reflexo da concepção segundo a qual o processo é um mero apêndice do direito material;[72]

2) aqueles que são especializados por razões jurídico–processuais. Neste caso, independentemente da matéria objeto de tutela, pretende–se a satisfação de certas funções particularizadas em relação à função geral do processo. É o caso dos procedimentos incidentais, das ações cautelares, dos atinentes à conciliação etc.[73] O autor defende a fusão de tais procedimentos, "como piezas instrumentales

---

je, p. 99; Carlos Roberto de Siqueira Castro, "O princípio da isonomia e as classificações legislativas", *Revista de Direito da Procuradoria–Geral de Justiça*, v. 11, pp. 76–79; Antonio Nasi, "Contraddittorio (principio del)", in *Enciclopedia del Diritto*, v. 9, p. 722; Michel Miaille, *Introdução crítica ao direito*, pp. 140–141. Como bem relatou Gombrich, a camisa–de–força de algumas classificações deu a um humorista a idéia de classificar todos os homens como alfaiates ou sapateiros (Ernst Hans Gombrich, *Norma e forma*, pp. 106–107). Veja–se também como Sade (*Os 120 dias de Sodoma*), Salvador Dali (*Diário de um gênio*, pp. 207 e ss.) e Jorge Luis Borges (*apud* Michel Foucault, *As palavras* ..., cit., p. 5) ironizaram, cada um à sua maneira, a ânsia classificadora do conhecimento humano. Em sentido contrário a tudo isso coloca–se Lévi–Strauss, para quem "toda classificação é superior ao caos" (*O pensamento selvagem*, p. 30).

71. Jaime Guasp, "Reducción y simplificación de los procesos civiles especiales", in *Atti del Congresso Internazionale di Diritto Processuale Civile*, p. 303.

72. Jaime Guasp, "Reducción y simplificación ...", cit., p. 305. Parecida é a opinião de Picardi, que critica não a pluralização de procedimentos especiais, mas sim a sua regulamentação em diplomas esparsos: "I riti speciali non possono essere sotto valutati e lasciati, senza controllo, all'iniziativa di un legislatore frettoloso e distratto; non possono essere abbandonati alla regolamentazione di una selva di normative particolari che stanno a dimostrare come la nostra legislazione abbia ormai perduto la vocazione per la durata e riveli solo il senzo delle precarietà" (Nicola Picardi, "I processi speciali", *Rivista* ..., cit., p. 701).

73. Jaime Guasp, "Reducción y simplificación ...", cit., p. 304.

en la regulación genérica del proceso ordinario", dando como exemplo a transformação do processo de conciliação em atividade conciliadora realizável no próprio procedimento ordinário, a transformação da ação cautelar em medida cautelar que faça parte do processo principal etc.;[74]

3) os procedimentos sumários, cuja maior celeridade se justifica na diferente importância de determinadas matérias (da trivialidade à importância vital, econômica ou não) e no diferente grau de probabilidade do direito afirmado pelo autor (da demanda amparada por prova testemunhal àquela fundada em documentos indiscutíveis).[75]

Com base nessa classificação, Guasp defendeu a redução e simplificação dos procedimentos especiais, com a conseqüente supressão e fusão do máximo possível de tais ritos, mantendo apenas os procedimentos sumários, civis inquisitórios e os de jurisdição voluntária.[76] Porém, tal simplificação e redução dos ritos especiais dependia da realização de uma utopia – não exclusiva... – do autor: a de que o procedimento ordinário "proporcione a los litigantes un medio económico (en el triple sentido del tiempo, del dinero y del esfuerzo) de obtener la satisfacción de sus reclamaciones".[77]

Fairén Guillén classifica os procedimentos de outra forma, mas assim como Guasp, sempre procurando colocar, para cada categoria, uma proposta de unificação/padronização:

1) juízos plenários, cuja possibilidade de unificação de tipos poderia "recoger el tratamiento procedimental de los sumarios, aunque sea con ciertas modificaciones apropiadas a los casos específicos";[78]

---

74. Jaime Guasp, "Reducción y simplificación ...", cit., p. 306. Lembre-se da audiência de conciliação (art. 331 do CPC), instituída pela Lei 8.952/94.
75. Jaime Guasp, "Reducción y simplificación ...", cit., p. 307. Aqui vale lembrar que enquanto a uma instituição financeira é fácil dispor de uma prova documental irrefutável (para não dizer um título executivo extrajudicial, ou prova escrita apta à ação monitória), as classes menos favorecidas muitas vezes só dispõem da prova testemunhal – problemas que vão do contrato verbal à ausência de qualquer documento que prove o tempo de serviço do "bóia-fria" (para um acórdão que trata exatamente dessa questão, ver STJ, REsp 58.306–3/SP, 6ª T., maioria, rel. Min. Luiz Vicente Cernicchiaro, j. 21.3.1995, *Revista de Direito Processual Civil Genesis*, n. 1, pp. 222–228).
76. Jaime Guasp, "Reducción y simplificación ...", cit., pp. 306–308.
77. Idem, ibidem, 307.
78. Víctor Fairén Guillén, "El juicio ordinario, los plenarios rápidos y los sumarios", in *Estudios de derecho procesal*, pp. 386–392.

2) juízos especiais que podem ser reconduzidos a outros procedimentos plenários (ordinários ou acelerados) – aqui o intento do autor não poderia ser mais claro: "*Las reconducciones parciales existentes a los tipos de juicio ordinario deben ser completadas hasta conseguir la máxima fusión procedimental posible, y en el seno de una única ley procesal*";[79]

3) juízos sumários que, do ponto de vista procedimental, podem ser reconduzidos aos plenários acelerados;[80]

4) juízos sumários "que deben continuar como tales, regulados por un procedimiento especial, por razón de su función";[81]

5) juízos incidentais "que deben ser estructurados de modo que sirvan solamente a su finalidad en el seno del proceso principal, sin que pueda admitirse el uso y aun abuso de su procedimiento para resolver cuestiones de fondo".[82]

Fora essas duas classificações, que revelam claramente a intenção de padronização/uniformização de ritos processuais, há outra que nos interessa, em que "la classificazione del processo va condotta prendendo le mosse dalla presenza o meno del contradditore".[83] É a classificação de Ugo Rocco, em: a) procedimentos especiais em regular contraditório; b) procedimentos com contraditório postecipado ou postergado em caráter obrigatório e necessário; c) procedimentos com contraditório postergado ou postecipado eventual e facultativo; d) procedimentos especiais sem contraditório.[84] Sobre essas categorias – postecipação necessária e eventual – voltaremos em seguida, na seção 3.8.3.

3.5 A necessidade de tutelas diferenciadas

Como é público e notório, o Direito Processual apresenta "o zdeterminado rito ou defeituoso uso de algum cerimonial burocrático".[85] Ora, isso é o óbvio. Mas nem todos nós temos coragem de enca-

---

79. Víctor Fairén Guillén, ob. cit., pp. 386, 392–394, grifo nosso.
80. Víctor Fairén Guillén, ob. cit., pp. 386–387 e 394.
81. Víctor Fairén Guillén, ob. cit., pp. 387, 394–395.
82. Víctor Fairén Guillén, ob. cit., pp. 387 e 395.
83. Giuseppe e Giambattista Nappi, *Commentario al Codice di Procedura Civile*, v. 2, t. 1, p. 5.
84. Ugo Rocco, *Trattato di diritto processuale civile*, v. 6, t. 1, p. 51.
85. T. Miguel Pressburger, *O direito como instrumento de mudança social*, Comunicação apresentada ao Laboratório de Estudos Jurídicos e Sociais do Centro

rar esse óbvio ululante: de que o processo civil é o responsável pela inefetividade de direitos já positivados, na justa medida em que não lhes confere um procedimento próprio e adequado.

Por isso mesmo, e tendo em vista seu caráter instrumental, o direito processual e a técnica processual devem, segundo Mauro Cappelletti, se adequar "a la naturaleza particular de su objeto y de su fin, o sea a la naturaleza particular del derecho sustancial y a la finalidad de tutelar los institutos de ese derecho".[86] Na terminologia do prof. Ovídio Baptista da Silva, teríamos que a ação processual deve se adequar à ação de direito material.[87] Isso porque, num Estado que proíbe a autotutela, não se pode dizer que há direito material se não houver um direito processual adequado à sua atuação, i.e., um processo que lhe forneça uma tutela efetiva, e não só formal ou abstrata.[88] Daí a conclusão precisa de Adolfo Gelsi Bidart: "Cada vez se impone con más claridad la necesidad de *flexibilizar la tutela procesal*, para adaptarla a las necesidades de desenvolvimiento del proceso y a través del mismo y como su finalidad permanente a la situación sustantiva a disciplinar".[89]

de Ciências Jurídicas e Econômicas da UFRJ, Rio de Janeiro. *Direitos e demandas coletivas*, Comunicação apresentada ao II Simpósio de Teoria Jurídica e Práticas Sociais, Rio de Janeiro.
    86. Cappelletti, "Ideologías en el derecho procesal", in *Proceso, ideologías, sociedad*, pp. 5–6. Ou seja: para a tutela ser efetiva, é inegavelmente preciso que ela assegure, na gama de formas disponíveis, um remédio jurisdicional adequado à variável natureza dos direitos a serem protegidos (Luigi Paolo Comoglio, "Principi costituzionali e processo di esecuzione", *Rivista di Diritto Processuale*, v. 49, n. 2, p. 457). "A adequação do instrumento é fundamental para a proficiência da ação" (José Ribeiro Leitão, "Aspectos da teoria geral dos procedimentos especiais", *Revista de Doutrina e Jurisprudência*, n. 17, p. 38). Ainda sobre a adequação do procedimento ao direito material, ver Galeno Lacerda, *Comentários ao Código de Processo Civil*, v. 8, t. 1, pp. 31 e ss.
    87. Ovídio Baptista da Silva, *Curso de processo civil*, v. 1, pp. 64 e ss. Luiz Guilherme Marinoni, *Novas linhas do processo civil*, pp. 130 e ss. Gerson Lira, "Evolução da teoria da ação: ação material e ação processual", in *Elementos para uma nova teoria geral do processo*, pp. 135 e ss.
    88. Proto Pisani, *Appunti* ..., cit., pp. 10–11. *Lezioni di diritto processuale civile*, pp. 4–6. Comoglio, Ferri e Taruffo, *Lezioni* ..., cit., pp. 25–28. Willis Santiago Guerra Filho, "Uma nova perspectiva constitucional: processo e constituição", *Revista da Faculdade de Direito*, n. 30, p. 289.
    89. Adolfo Gelsi Bidart, "Tutela procesal 'diferenciada'", *Revista de Processo* 44/104, grifo no original. "Es fundamental atender a una continua mejora y adaptación de las estructuras procesales a las necesidades de la determinación de la Justicia en el caso concreto" (Adolfo Gelsi Bidart, "Proceso y época de cambio", *Revis-*

Vamos abordar na presente seção a questão da eterna disputa doutrinária e legislativa entre a unicidade e a pluralidade de procedimentos. Afinal, devemos ter um procedimento único, geral e abstrato, ou vários tipos de procedimento?

Ora, o nosso sistema processual, como qualquer outro, surge da tensão entre essas duas idéias–força: de um lado, a idéia do procedimento único e ordinário para todas as causas; de outro, a tese da pluralidade de ritos conforme a própria pluralidade de direitos materiais em questão. A opção, como sempre, é do legislador.

Imaginemos o processo como uma cirurgia. O enfermeiro (legislador) deve fornecer ao cirurgião (direito material) uma luva cirúrgica (o procedimento adequado), que mantenha a sensibilidade táctil, para que o cirurgião possa pegar os instrumentos e fazer a operação. Imaginemos que, em vez de uma luva cirúrgica, o enfermeiro resolva entregar ao cirurgião uma manopla, que, além de deformar a mão (o direito material), tolha todos os seus movimentos. Com uma manopla é impossível pegar uma agulha. Com um procedimento inadequado, da mesma forma, é impossível vingar o direito material. A isso a doutrina costuma chamar de princípio da adequação ou adaptabilidade do procedimento, seja ela uma adequação *subjetiva* (ao sujeito que maneja o instrumento), *objetiva* (ao objeto sobre o qual atua o instrumento) ou *teleológica* (ao fim da atividade).[90]

Pois o que percebemos é que o legislador brasileiro muitas vezes mostra–se um enfermeiro aparentemente desastrado, mas que sabe muito bem o que está fazendo. Quando entrega a "mano-

---

ta *Iberoamericana de Derecho Procesal*, n. 2, p. 280). O direito processual civil deve garantir "l'elasticità e la differenziabilità delle forme di tutela, in rapporto alle caratteristiche variabili dei diritti od interessi azionati" (Comoglio, Ferri e Taruffo, *Lezioni* ..., cit., p. 63).

90. Galeno Lacerda, *Comentários ao Código de Processo Civil*, v. 8, t. 1, pp. 32–33. De fato, é inaceitável, do ponto de vista desse princípio, a imposição rígida de um procedimento único para todas as situações de direito material (Comoglio, Ferri e Taruffo, *Lezioni* ..., cit., pp. 29–30; José Roberto dos Santos Bedaque, *Direito e processo*, pp. 51–52; Donaldo Armelin, "Tutela jurisdicional diferenciada", in *O processo civil contemporâneo*, p. 103). Ainda sobre o princípio da adequação, ver o art. 265–A do Código de Processo Civil Português. Esse princípio tem uma vinculação lógica com o princípio da adequabilidade da norma ao caso concreto, sobre o qual pode–se ler em Jürgen Habermas, *Direito e democracia*, v. 1, p. 270; Marcelo Andrade Cattoni de Oliveira, *Tutela jurisdicional e Estado democrático de direito*, pp. 135 e ss.

pla" do procedimento ordinário para a defesa dos chamados novos direitos, não o faz sem querer ou porque é incompetente, pois é do interesse de alguém, de alguns grupos, que esses direitos continuem devidamente inefetivos, sem conseguir nem sequer pegar o bisturi para fazer a incisão. Da mesma forma, quando confere a determinados direitos instrumentos agilíssimos de atuação jurisdicional na realidade fática, não é à toa, eis que, com certeza, alguns grupos ficarão extremamente satisfeitos – e nem precisarão de precatórios para isso.

Toda a discussão a respeito da adequação do procedimento ao direito material passa, necessariamente, pelo art. 75 do CC. Dispõe esse artigo, literalmente, que "a todo direito corresponde uma ação". A interpretação literal desse artigo nos conduz, equivocadamente, à tese concretista, de que há ação onde há direito – tese essa, hoje, completamente superada.

Mas não é por isso que o art. 75 do CC deve ser simplesmente ignorado. (Aliás, se não devemos ignorar esse artigo, não é porque "a lei não tem palavras inúteis", como se costuma dizer. Isso é pura ideologia! Dizer que a lei não tem palavras inúteis significa pressupor que o legislador, ou seja, que todos os congressistas são juristas renomados que sempre buscam a precisão terminológica,[91] quando bem sabemos que as imprecisões são frutos de conchavos necessários para a aprovação da lei. Ademais, a idéia de que a lei não tem palavras inúteis serve muitas vezes para ressuscitar normas que seriam muito mais úteis se fossem devidamente esquecidas nos volumes da Lex).

Voltando. Como dizíamos, o art. 75 do CC não pode ser simplesmente ignorado. Mas também não podemos ficar na interpretação literal concretista, de que falamos. É preciso, como disse Barbosa Moreira, extrair "sonoridades modernas da velha partitura",[92] seja conforme Ovídio Baptista da Silva ("a todo direito corresponde uma

---

91. Federico Carpi, "'Flashes' sulla tutela giurisdizionata differenziata", *Rivista Trimestrale di Diritto e Procedura Civile*, v. 34, n. 1, p. 238. Eduardo Couture, *Interpretação das leis processuais*, pp. 41–43.
92. José Carlos Barbosa Moreira, "Notas sobre o problema da 'efetividade' do processo", in *Temas de direito processual*, 3ª série, p. 32. Há algo semelhante na doutrina italiana que propõe a releitura do conceito imanentista de ação a partir da efetividade obtida com as ações típicas previstas no CC italiano (ver, p.ex., Comoglio, Ferri e Taruffo, *Lezioni* ..., cit., p. 294).

ação *de direito material*"),[93] seja conforme Kazuo Watanabe ("a toda *afirmação de direito* corresponde uma ação").[94]

A questão das tutelas jurisdicionais diferenciadas conforme a natureza da pretensão de direito material está intimamente vinculada à diferenciação das formas de cognição no processo. Todavia, para ter uma cognição adequada não basta o indispensável "aguçamento da sensibilidade humanística e social dos juízes", como quer Watanabe,[95] pois é preciso também um procedimento adequado à proteção do direito material em questão. São, portanto, requisitos complementares. De nada adianta haver procedimentos especiais utilíssimos se o juiz não tem sensibilidade humanística e social para lhes conferir o ritmo necessário. Bem como está de mãos atadas o juiz sensibilíssimo, se as partes não dispõem de procedimentos adequados.[96]

3.6 A utopia do procedimento único ordinário

O argumento teórico que insiste em entregar a mesma "manopla" – o procedimento ordinário – para as mais diversas situações de direito material, na verdade é mais que um argumento: é uma utopia. A utopia do procedimento único.

93. Ovídio Baptista da Silva, *Curso de processo civil*, v. 1, p. 71.
94. Kazuo Watanabe, "Disposições gerais", in *Código Brasileiro de Defesa do Consumidor*, p. 519. Da mesma forma, segundo Watanabe, o art. 5º, XXXV da CF/88 deve ser interpretado como "nenhuma *afirmativa* de lesão ou ameaça a direito poderá ser excluída da apreciação do Poder Judiciário", para evitar conclusões imanentistas (idem, ibidem, pp. 519–20). Sobre o assunto, Luiz Guilherme Marinoni, *Novas linhas ...*, cit., pp. 130–131. Kazuo Watanabe, *Da cognição ...*, cit., p. 20. José Roberto dos Santos Bedaque, *Direito e processo*, pp. 82–83.
95. Kazuo Watanabe, *Da cognição ...*, cit., p. 46. Sobre a cognição adequada, ver também: Luiz Guilherme Marinoni, "O direito à adequada tutela jurisdicional", *RT* 663/243–247. "A técnica da cognição e a construção de procedimentos adequados à tutela dos direitos", in *Efetividade do processo e tutela de urgência*, pp. 11–26. *Novas linhas do processo civil*, pp. 82, 139–141, 146–147. Ada Pellegrini Grinover, "Deformalização do processo e deformalização das controvérsias", in *Novas tendências do direito processual*, p. 189. Sobre a (in)sensibilidade social do operador jurídico, ver seção 1.2.
96. Nesse caso, verifica-se "a falta de sensibilidade para a exigência de adequação das formas de prestação de tutela jurisdicional às variadas situações de direito substancial" (Luiz Guilherme Marinoni, "A tutela antecipatória não é tutela cautelar", in *Efetividade do processo e tutela de urgência*, p. 51).

Segundo o prof. Ovídio Baptista da Silva, a tese do procedimento único abstrato (ordinário) e condenatório, sem qualquer possibilidade de provimentos urgentes (tutela antecipatória) ou executórios (e mandamentais), encontra respaldo tanto no *ordo iudiciorum priuatorum* quanto na ideologia da Revolução Francesa ou no desenvolvimento do Estado Industrial.[97]

Recordemos a bipartição de funções entre o *praetor* e o *iudex*, no direito romano clássico: enquanto o *praetor* (eleito pelos patrícios) dá ordens (ato volitivo), o *iudex* (escolhido pelas partes) declara direitos (ato intelectivo); enquanto o *praetor* exerce *imperium*, o *iudex* exerce jurisdição.[98] Com o *imperium* o pretor se permitia criar procedimentos sumários especiais em situações que demandavam proteção não prevista no *ius civile* ou que, previstas, resultariam iníquas: eram atos *magis imperii quam iurisdictionis* (mais de império do que de jurisdição) – *stipulationes praetoriae, restitutiones in integrum, missiones in possessionem* e *interdicta*.[99]

Enquanto o sistema *common law* parece ter adaptado a figura do *praetor*, nos países que seguiram o sistema da Europa continental o juiz se assemelha mais à figura do *iudex*,[100] a princípio inclusive desvinculado da execução (de competência de funcionários administrativos) e de qualquer medida mandamental – tanto que Liebman dizia

---

97. Há também uma vinculação com a extensão do conceito de *obligatio* e de sua tutela condenatória (ordinária) a situações jurídicas não obrigacionais, inclusive por força da teoria da obrigação passiva universal (Ovídio Baptista da Silva, *Jurisdição e execução*, passim). Assim se reconhece o papel do binômio *obligatio–actio* na homogeneização dos procedimentos (Ovídio Baptista da Silva, *Procedimentos especiais*, p. 118). Ver ainda sobre as relações entre *actio* e *obligatio*: Giuseppe Chiovenda, "De la acción nacida del contrato preliminar", in *Ensayos de derecho procesal civil*, v. 1, pp. 220 e ss. "La acción en el sistema de los derechos", in *Ensayos de derecho procesal civil*, v. 1, pp. 18 e 81.

98. Ovídio Baptista da Silva, *Jurisdição e execução*, pp. 26–27. Mario Bretone, *História do direito romano*, pp. 104 e ss. Aloísio Surgik, *Lineamentos do processo civil romano*, p. 103. Enrico Allorio, "Giustizia e processo nel momento presente", *Rivista di Diritto Processuale Civile*, v. 16, n. 1, p. 227.

99. Carlos Silveira Noronha, "Apontamentos históricos da tutela diferenciada", in *Processo civil: evolução e 20 anos de vigência*, p. 60. Aloísio Surgik, *Lineamentos do processo civil romano*, pp. 87–105. Ainda sobre origem e fundamentos da divisão entre procedimento ordinário e sumários, ver Manoel de Almeida e Sousa dito Lobão, *Tractado pratico compendiario de todas as acções summarias*, t. 1, pp. 7 e ss.

100. Ovídio Baptista da Silva, *Curso de processo civil*, v. 2, p. 250.

que "não é função do juiz expedir ordens às partes e sim unicamente declarar qual é a situação existente entre elas segundo o direito vigente".[101]

Ainda antes da Revolução Francesa, no final do século XVI e início do século XVII, perpassou uma idéia de passividade na atuação judicial. Dizia Francis Bacon, nessa época, em plena apologia do juiz passivo, que "os juízes devem lembrar-se de que o seu ofício é *jus dicere* e não *jus dare*; *interpretar leis*, e não *fazer leis* nem *dar leis*".[102] Essa noção de jurisdição enquanto mera declaração persiste ainda em parte da doutrina, p. ex., quando Liebman diz que "secondo la natura propria della funzione giurisdizionale, il giudice non crea, non pone liberamente questa regola concreta, ma si limita a dedurla logicamente dalla norma astratta; in questo senso l'attività del giudice è meramente dichiarativa, perchè il fatto cade sotto l'impero della norma anche prima di divenire oggetto di giudizio, e il giudice dà soltanto forma espressa ad una regola concreta logicamente contenuta nella formula astratta della lege".[103] Ou quando Paul Cuche e Jean Vincent afirmam que "la nature même de l'acte jurisdictionel conduit à poser qu'il doit avoir un caractère purement déclaratif; le juge dit le droit, se borne à reconnaître, à déclarer les droits mis en avant dans les prétentions des parties".[104] Ou Arruda Alvim: "A função essencial e insuprimível realizada pela Jurisdição, no processo de conhecimento, constitui-se na *declaração*".[105] Há autores, porém, que vêm na jurisdição um caráter declarativo e,

---

101. Enrico Tullio Liebman, *Processo de execução*, p. 15. Ver sobre o assunto Ovídio Baptista da Silva, *Jurisdição e execução*; Luiz Guilherme Marinoni, *Novas linhas do processo civil*, pp. 118–119.

102. Francis Bacon, *Ensaios*, p. 235 – grifos no original. Ver também: Giuseppe Chiovenda, *Principios de derecho procesal civil*, t. 1, p. 95; Giovanni Tarello, "L'opera di Giuseppe Chiovenda nel crepuscolo dello stato liberale", in *Materiali per una storia della cultura giuridica*, v. 3, t. 1, p. 737; *Storia della cultura giuridica moderna*, pp. 53–54; Rogério Lauria Tucci, "Ius dicere", in *Temas e problemas de direito processual*, pp. 99–101; Ovídio Baptista da Silva, "Processo de conhecimento e procedimentos especiais", *Ajuris*, n. 57, pp. 7, 9 *et passim*. *Jurisdição e execução*, pp. 26 e ss.

103. Enrico Tullio Liebman, *Manuale di diritto processuale civile*, v. 1, p. 7.

104. Paul Cuche e Jean Vincent, *Procédure civile et commerciale*, p. 67.

105. Arruda Alvim, *Tratado de direito processual civil*, v. 1, p. 407 – grifo no original. Como se vê, o autor teve o cuidado de restringir a característica ao processo de conhecimento.

simultaneamente, constitutivo.[106] De qualquer forma, seria interessante até investigar se a separação estrita entre a atividade cognitiva/declarativa e a executiva não obedecem à lógica da separação entre o trabalho intelectual e o manual.[107] Tanto é que, da mesma forma que o trabalho manual é menosprezado pela sociedade de consumo, pode-se perceber um velado preconceito na doutrina contra os atos de execução que, mais próximos do "mundo real" do que o processo de cognição, ficam isolados da nobre função de dizer o direito (*iuris dictio*).[108]

Fato é que a "purificação" da atividade jurisdicional, emasculada após o expurgo de elementos executivos, é um libelo a favor da universalização do procedimento ordinário, em que estão proscritas quaisquer medidas coercitivas – que poderiam macular o nobre *métier* intelectivo/declaratório – e, conseqüentemente, depõe contra a efetividade do processo.

Na Revolução Francesa, os revolucionários, desconfiados de um Judiciário que havia participado na composição e manutenção do *Ancien Régime*, procuraram impedir a atuação judicial no processo: sua atuação a partir de então deveria revestir-se de neutralidade e de absoluta inércia (no sentido do princípio dispositivo) – nasce a verdadeira *bouche de la loi*.[109] Nada mais conveniente para a ordinarização do processo. Ademais, o princípio da igualdade formal impunha uma padronização total do procedimento, de modo que estavam condenados os procedimentos sumários medievais e abertos os caminhos para

---

106. Eduardo Couture, *Fundamentos del derecho procesal civil*, p. 42.
107. Karl Marx e Friedrich Engels, *A ideologia alemã: Feuerbach*, pp. 44 e ss., 133–134; Sérgio Buarque de Holanda, *Raízes do Brasil*, pp. 50–56. Jaime Pinsky, *Escravidão no Brasil*, p. 10.
108. "Il vero è che la nozione dell'esecuzione processuale è stata finora assai meno elaborata che quella della cognizione; il processo esecutivo non ha punto minore importanza che il processo cognitivo ma il livello, a cui sono giunte rispetto ad esso la tecnica e la scienza, è notevolmente inferiore; ciò è dovuto al fatto che la funzione processuale si è storicamente differenziata prima quanto alla cognizione che quanto all'esecuzione; fino a poco tempo fa si è persino ignorato che processo cognitivo e processo esecutivo fossero due specie dello stesso genere. Di questa inferiorità tecnica il terzo libro del nuovo codice di procedura civile porta purtroppo ancora il segno" (Carnelutti, *Istituzioni del processo civile italiano*, v. 1, p. 38). Ver Ovídio Baptista da Silva, *Jurisdição e execução*, pp. 155 e ss.
109. Ovídio Baptista da Silva, *Curso de Processo Civil*, v. I, p. 95. Montesquieu, *Do espírito das leis*, p. 158.

o retorno à pureza procedimental romana.[110] Por esse motivo, pode-se dizer – com Proto Pisani – que o procedimento ordinário reflete a ideologia liberal–individualista e o caráter mistificatório do pressuposto da igualdade formal.[111] Não é à toa que Sergio Chiarloni identifica no procedimento ordinário a projeção dos postulados da ideologia liberal e o reflexo de uma sociedade "imperniata sulla libera concorrenza".[112] Depois, a força mitológica da própria Revolução Francesa (enquanto mito moderno e contemporâneo)[113] termina o serviço, transformando algo que é eminentemente histórico, cultural e ideológico (a universalização do procedimento ordinário) em algo "natural": ao resultado desse processo chamamos de *mito*.[114]

Já no Estado Industrial, a defesa do procedimento único, ordinário, abstrato e condenatório está intimamente vinculada às demandas de formação de uma economia monetária e creditícia, característica desse tipo de Estado, que precisava de um instrumento "seguro" e calculável[115] (daí o garantismo atual) e pretensamente neutro de exclusiva busca da verdade (daí o descrédito aos juízos de verossimilhança).[116]

---

110. Cappelletti, "El derecho comparado y su enseñanza en relación con las necesidades de la sociedad moderna", in *Proceso, ideologías, sociedad*, pp. 339 e ss.
111. Proto Pisani, *Appunti* ..., cit., p. 24.
112. Sergio Chiarloni, *Introduzione allo studio del diritto processuale civile*, p. 29.
113. Claude Lévi-Strauss e Didier Eribon, *De perto e de longe*, pp. 151–153.
114. Theodor W. Adorno e Max Horkheimer, *Dialética do Esclarecimento*, p. 15 *et passim*. "(...) o mito consiste em inverter a cultura em natureza, ou pelo menos o cultural, o ideológico, o histórico em 'natural': aquilo que não passa de um produto da divisão das classes e das suas seqüelas morais, culturais, estéticas é apresentado (enunciado) como 'óbvio por natureza'; os fundamentos absolutamente contingentes do enunciado tornam-se, sob o efeito da inversão mítica, o Bom Senso, o Direito, a Norma, a Opinião Pública..." (Roland Barthes, *O rumor da língua*, p. 79). Para outra conceituação de mito, ver Claude Lévi-Strauss, *A oleira ciumenta*, pp. 214 e ss.
115. Sobre a segurança jurídica exigida por esse tipo de Estado, consultar Gustav Radbruch, *El espíritu del derecho inglés*, pp. 65 e ss. Sobre a questão do princípio da calculabilidade em face do processo de "desencantamento" do mundo, ver Max Weber, *Ensaios de sociologia*, p. 251; Georg Lukács, *História e consciência de classe*, pp. 102–103. Como bem colocou Vital Moreira, calculabilidade e previsibilidade são imprescindíveis ao capitalismo, seu Estado e seu direito (Vital Moreira, *A ordem jurídica do capitalismo*, pp. 80–81). Mas a verdade é que a estabilidade – valor intimamente relacionado com a calculabilidade e previsibilidade – era imprescindível também ao Estado que se dizia "socialista", como vemos em Mark A. Gurvic, "Profili generali del processo civile sovietico", *Rivista di Diritto Processuale*, v. 31, n. 1, p. 40.
116. Ovídio Baptista da Silva, *Jurisdição e execução*, pp. 104–107. Ver também Luiz Guilherme Marinoni, "Tutelas diferenciadas e realidade social", in *Efetividade*

Em defesa do procedimento ordinário, Chiovenda já afirmara que os procedimentos sumários eram "incompatíveis com os princípios e objetivos da civilização moderna, que exigiria um processo teleologicamente voltado para a descoberta da verdade e, além disso, capaz de oferecer a indispensável segurança de que as relações jurídicas necessitariam para desenvolver-se".[117] Como essa defesa do procedimento ordinário interessa sobremaneira ao Estado Industrial (como vimos acima), está comprovada a observação já feita por Giovanni Tarello, de que a obra chiovendiana "si colloca chiaramente agli albori di una tendenza ideologica e istituzionale, nell'Italia del primo ventennio del secolo, al ribaltamento dei presupposti e dei principi organizzativi dello stato liberale",[118] mas não no sentido de preparar terreno para o Estado autoritário, como quis o polêmico jurista e historiador do direito, e sim no sentido de sustentar posições favoráveis ao Estado Industrial.

O prof. Candido Dinamarco também já se pronunciou contra a tipicidade das ações, sob o argumento de que típicos são os direitos alegados, e não a *ação* – que, conseqüentemente, deveria seguir um só rito.[119] Nessa ótica, os procedimentos especiais são incompatíveis com a modernidade, visto que correspondem a "ações processuais substancializadas".[120] Da mesma forma, o prof. Humberto Theodoro Jr. entende que a ciência processual moderna exige um sistema pro-

---

do processo e tutela de urgência, pp. 3–4; Sérgio Cruz Arenhart, "A verdade substancial", *Revista de Direito Processual Civil Genesis*, n. 3, pp. 685 e ss.

117. *Apud* Luiz Guilherme Marinoni, *Tutela antecipatória, julgamento antecipado e execução imediata da sentença*, p. 15. Mesmo considerando que a crítica de Chiovenda é dirigida, isso sim, às jurisdições especiais, não aos ritos especiais, aos quais foi estendido por uma interpretação "atualizadora" da doutrina (Proto Pisani, *Appunti* ..., cit., pp. 224–225), segundo Denti é possível verificar em outros pontos do discurso chiovendiano uma concepção burocrática das funções judiciais, fundada na racionalização do exercício dos poderes do juiz, cuja tendência é a de "delineare un modello unitario di procedimento, astratto dal diritto sostanziale, e per ciò stesso scarssamente sensibile alle esigenze concrete della tutela" (Vittorio Denti, "Il processo di cognizione nella storia delle riforme", *Rivista Trimestrale di Diritto e Procedura Civile*, v. 47, n. 3, p. 808).

118. Giovanni Tarello, "L'opera di Giuseppe Chiovenda nel crepuscolo dello stato liberale", in *Materiali per una storia della cultura giuridica*, v. 3, t. 1, p. 786. Como já vimos na seção 2.1.3, essa tese parece estar isolada na doutrina italiana.

119. Cândido Rangel Dinamarco, *Fundamentos do processo civil moderno*, p. 278. De fato, não faz sentido falar na tipicidade civilística das ações, mas por outros motivos (Comoglio, Ferri e Taruffo, *Lezioni* ..., cit., p. 291).

120. Cândido Rangel Dinamarco, *Fundamentos* ..., cit., p. 272.

cessual "o mais simples e o mais universal possível, de maneira a permitir que o maior número imaginável de pretensões possa ser acolhido, apreendido e solucionado segundo um único rito".[121] Hamilton de Moraes e Barros chegou ao exagero de afirmar que "o nosso procedimento ordinário é excelente. Concilia maravilhosamente os ideais de segurança, de garantia das partes e do juízo, de economia e de *celeridade*".[122] Diante de tanto otimismo, o resultado só poderia ser um: a lamentável carência, em nosso sistema, de tutelas diferenciadas.[123]

O engajamento dos processualistas numa postura eminentemente cientificista (com o propósito de edificar as bases científicas do processo civil) levou à adoção da ação como pólo metodológico do processo civil.[124] A adoção da ação (una, abstrata e incondicionada) como pólo metodológico concentrou os esforços dos processualistas no procedimento ordinário (enquanto arquétipo com foros de universalidade) e levou ao abandono dos velhos modelos sumários dos praxistas.[125] Hoje, no entanto, não se pode mais aceitar argumentos intrassistemáticos, qual seja, isolados pelo sistema processual civil, sem qualquer justificativa social, visto que fundados apenas na necessidade – discutível – de dar autonomia científica ao direito processual.[126] Não se pode também viver à sombra

---

121. Humberto Theodoro Jr., *Curso* ..., cit., v. 3, p. 1.443.
122. Hamilton de Moraes e Barros, "Aspectos gerais dos procedimentos especiais em face do novo Código de Processo Civil", *RF* 247/16, grifo nosso.
123. Ovídio Baptista da Silva, *Procedimentos especiais*, p. 282.
124. Carlos Silveira Noronha, "Apontamentos históricos da tutela diferenciada", in *Processo civil: evolução e 20 anos de vigência*, p. 58.
125. Carlos Silveira Noronha, "Apontamentos históricos da tutela diferenciada", in *Processo civil: evolução e 20 anos de vigência*, p. 58. Ovídio Baptista da Silva, *Curso de processo civil*, v. 1, p. 97.
126. Não existe autonomia, no sentido de indiferença, mas sim *interdependência* entre direito processual e direito material (Proto Pisani, *Appunti* ..., cit., p. 10; *Lezioni di diritto processuale civile*, p. 5). Verifica-se "a necessidade premente de conscientização do processualista no sentido de que sua ciência, não obstante autônoma, só tem sentido se servir de maneira eficaz a seu objeto" (José Roberto dos Santos Bedaque, *Direito e processo*, p. 55). Ver Piero Calamandrei, "Processo e giustizia"', in *Atti del Congresso Internazionale di Diritto Processuale Civile*, pp. 14–15; Walther J. Habscheid, "As bases do direito processual civil", *Revista de Processo* 11–12/128 e ss.; Ovídio Baptista da Silva, *Jurisdição e execução*, pp. 161–162 *et passim*; Cândido Rangel Dinamarco, *A instrumentalidade do processo*, pp. 18 e ss. Para uma crítica à autonomia de qualquer ramo jurídico, enquanto falso problema, ver Alfredo Augusto Becker, *Teoria geral do direito tributário*, pp. 27 e ss. Como bem percebeu o brilhante mestrando da USP, Rodrigo Xavier Leonardo, há uma rela-

da utopia da ação processual única e abstrata para quaisquer tipos de conflitos.[127]

"Quando esistono – come da noi, con l'art. 24 Cost. – le basi costituzionali del diritto al giusto processo, non ha più alcun significato pratico postulare e difendere l'autonomia dell'azione (o, ancor più, delle azioni tipizzate dalla tradizione civilistica), nei confronti del potere di proporre le relative domande. I soli problemi, che nel processo mantengono una loro fondamentale rilevanza, sono quelli riguardanti l'*effettività* e la *duttilità variabile* delle *forme di tutela* (o, se si preferisce, dei *tipi di rimedio giurisdizionale*), accordabili, su domanda, da giudice adito".[128]

ção estreita entre a ambição do direito processual à universalidade do conhecimento, enquanto requisito para ser considerado "ciência", e a universalidade pretendida pelo procedimento ordinário nesses moldes construído (Rodrigo Xavier Leonardo, "O paradigma da efetividade do processo e os procedimentos especiais: uma abordagem crítica", *Revista Jurídica Themis*, n. 10, p. 70).

127. "A demonstração da autonomia do direito de ação, é certo, foi importante para o evoluir do direito processual, como todo pensar teórico tem a sua importância para a cultura. O que não é possível é que em nome da ciência exista o esquecimento do homem" (Luiz Guilherme Marinoni, *Novas linhas do processo civil*, p. 12; "Observações a partir de uma visão da ideologia no processo civil", *Revista Jurídica*, n. 7, pp. 135–136). Note-se que a doutrina pela autonomia da ação teve o não elogiável condão de apagar a distinção existente entre tutela específica e ressarcitória (Proto Pisani, *Lezioni di diritto processuale civile*, pp. 837–838). Contra a pureza abstracionista, tanto na arte quanto no processo, ver Piero Calamandrei, "Processo e giustizia", in *Atti del Congresso Internazionale di Diritto Processuale Civile*, p. 14. Sobre o caráter mítico da própria idéia de ação, ver Elio Fazzalari, "L'esperienza del processo nella cultura contemporanea", *Rivista di Diritto Processuale*, v. 20, pp. 25–26. Sobre a dogmatização da autonomia da ação, ver Cappelletti, "El derecho comparado y su enseñanza en relación con las necesidades de la sociedad moderna", in *Proceso, ideologías, sociedad*, pp. 347 e ss. Sobre autonomia do processo e o caráter abstrato e autônomo da ação em relação ao direito material, ver Elio Fazzalari, *Note in tema di diritto e processo*, pp. 153–158; Giuseppe Chiovenda, "De la acción nacida del contrato preliminar", in *Ensayos de derecho procesal civil*, v. 1, p. 222; Proto Pisani, *Appunti ...*, cit., pp. 65–71; *Lezioni di diritto processuale civile*, pp. 54–57; Comoglio, Ferri e Taruffo, *Lezioni sul processo civile*, pp. 59 e ss., 287 e ss.; Germán J. Bidart Campos, "El derecho a la jurisdicción en Argentina", *Revista Iberoamericana de Derecho Procesal*, n. 4, pp. 640 e ss.; José Carlos Barbosa Moreira, "As bases do direito processual civil", in *Temas de direito processual civil*, p. 6; Ovídio Baptista da Silva, *Procedimentos especiais*, p. 436; *Jurisdição e execução*, pp. 163 e ss.; Cândido Rangel Dinamarco, "O princípio do contraditório", *Revista da Procuradoria-Geral do Estado de São Paulo*, n. 19, p. 33.

128. Comoglio, Ferri e Taruffo, *Lezioni ...*, cit., p. 298 – grifos no original.

Segundo Carlo Furno, a ação é um poder único, enquanto várias são as formas de seu exercício.[129] Em resposta, afirma Fazzalari: "A mio avviso, la evidente varietà di tipi del processo civile (cognizione, esecuzione, cautela etc.) non può essere ridotta ad unità in base al parametro dello 'scopo': ciò vuoi per le ragioni addotte contro le visioni dichiaratamente teleologiche, vuoi perchè tutto sommato, sotto il manto di queste configurazioni unitarie le differenze di quei tipi sussistono e, a fini sistematici, non possono che prevalere. Così, chi afferma che l'azione è un potere unico (in quanto mira all'attuazione della sanzione), mentre varie sarebbero le forme del suo esercizio (...) mi pare trascuri che la ammessa varietà di forme reagisce anche sull'azione, coerenziando, in corrispondenza di ogni tipo di procedimento, un tipo di azione (cioè un astratto potere di mettere in moto il procedimento) che si distingue dagli altri per taluno dei suoi elementi (per es. l'oggetto e la forma)".[130]

Também no rastro de Chiovenda, Luigi Montesano defende que, em vez de pleitear a marginalização do procedimento ordinário, dever-se-ia buscar formas de adotar um procedimento único melhor, para todas as controvérsias, salvo exceções.[131] Nesse mesmo sentido, Giovanni Verde prefere um aprimoramento do procedimento ordinário, em vez de uma pluralização das tutelas diferenciadas.[132]

Todavia, como bem percebeu Nicola Picardi, por mais que se aprimore o procedimento ordinário, ele estará sempre fadado a ser lento e caro.[133] Na mesma linha de Verde, Adroaldo Furtado Fabrício

---

129. Carlo Furno, *Contributo alla teoria della prova legale*, pp. 166 e ss.

130. Elio Fazzalari, *Note in tema di diritto e processo*, p. 151.

131. A propósito da transformação do procedimento ordinário em um mero "rito residual", assim se pronunciou o autor: "Conviene, credo, che gli studiosi, lungi dall'aprire queste vie, concentrino la loro attenzione *de iure condendo* su di un nuovo processo civile, unitario, salve ipotesi eccezionalissime, per tutte le controversie" (Luigi Montesano, "Luci ed ombre in leggi e proposte di 'tutele differenziate' nei processi civili", *Rivista ...*, cit., p. 594). Interessante notar que para Proto Pisani, a própria atipicidade de uma medida preventiva, como o art. 700 do CPC italiano – e aqui pode-se fazer um paralelo com o art. 273 e 798 do CPC brasileiro – é uma mistificação, pois presume que a normatização unitária permitirá ao ordenamento processual oferecer *sempre* uma tutela jurisdicional adequada a *todos* os direitos de conteúdo ou função exclusiva ou prevalentemente extrapatrimonial (Proto Pisani, *Appunti ...*, cit., pp. 280 e 335).

132. Giovanni Verde, *Profili del processo civile: parte generale*, pp. 8-9.

133. Nicola Picardi, "I processi speciali", *Rivista ...*, cit., p. 701.

entende que "em princípio, a generalização do procedimento ordinário deveria ser a mais ampla possível, com a decorrente redução dos ritos especiais", eis que estes representam uma verdadeira "invasão" do processo de conhecimento por elementos do processo de execução e cautelar.[134] Entretanto, como demonstrou cabalmente o prof. Ovídio Baptista da Silva em obra recente, esse expurgo de qualquer vestígio de executividade no processo de conhecimento, que remonta ao *ordo iudiciorum privatorum*, "teve pressupostos políticos mais relevantes do que estritamente jurídicos", e traz consigo o estigma da separação entre o mundo real (execução) e o mundo jurídico (jurisdição).[135]

De nossa parte, entendemos que há um princípio filosófico por trás de toda essa concepção que, nas palavras de Bachelard, sob o pretexto de fundar logicamente o conhecimento objetivo em detrimento da diferenciação da realidade e dos pensamentos, acaba por assumir um caráter reducionista e involutivo: trata-se do princípio da identidade.[136]

Se, para Heidegger, é a suprema lei do próprio pensamento,[137] para o lógico contemporâneo – e aqui lembramos Newton da Costa – tal prin-

---

134. Adroaldo Furtado Fabrício, "Justificação teórica dos procedimentos especiais", *RF* 330/6-7.
135. Ovídio Baptista da Silva, *Jurisdição e execução*, cit., pp. 131, 155 e ss. Segundo Adorno, a criação de uma segunda realidade (o "mundo jurídico") a partir da amputação de toda experiência particular não pré-juridicizada, e a exclusão do que não está nos autos (*quod non est in actis non est in mundo*), formam um recinto fechado, ideológico, que "se convierte en el poder real gracias a la sanción del derecho como instancia social de control", e sua realização mais perfeita é o mundo tecnocratizado (Theodor W. Adorno, *Dialéctica negativa*, p. 307). Sobre o processo de reducionismo que dá origem ao isolado "mundo jurídico", ver António Manuel da Rocha e Menezes Cordeiro, *Da boa fé no direito civil*, v. 1, pp. 29 e ss., 401-402.
Como bem observou Lenio Streck, a utilização freqüente de personagens como Caio e Tício revela claramente o grau de distanciamento, abstração e idealização do mundo jurídico e de seus manuais em relação à realidade de Joões (que o diga o grande Garrincha...), Josés, Marias etc. (Lenio Luiz Streck, "A necessária constitucionalização do direito", *Revista do Direito*, n. 9/10, p. 56). O coroamento de tamanha abstração, idealização e distanciamento, a que se pode chamar tranqüilamente de *alienação*, é a intolerável parêmia *fiat iustitia et pereat mundus*.
136. Gaston Bachelard, *A epistemologia*, p. 114.
137. Martin Heidegger, *Conferências e escritos filosóficos*, p. 179. Ainda sobre o assunto: Gaston Bachelard, *Filosofia do novo espírito científico: a filosofia do não*, pp. 162 e ss. Gottfried Wilhelm Leibniz, *Novos ensaios sobre o entendimento humano*, pp. 172 e ss.

cípio deve ser devidamente relativizado, eis que sua formulação clássica é hoje inadequada.[138] Na obra de Adorno, mais que um entrave de ordem meramente lógica, o princípio da identidade significa a própria submissão do não–idêntico e de suas particularidades, em proveito da totalização devidamente padronizada e uniformizada.[139] Em outras palavras (a interpretação que Rouanet faz da teoria adorniana), o princípio da identidade traduz a redução da diversidade à totalidade, a subsunção do não–idêntico ao idêntico, a nivelação dos pluralismos ao universal abstrato do *conceito* – enquanto categoria do conhecimento.[140]

A tese do procedimento ordinário (único e universal) soa então como verdadeira projeção do princípio da identidade, a submeter o não–idêntico (as diversas situações de direito material), violando suas particularidades (p.ex., juízos sumários) em proveito de uma totalização, que se exprime numa padronização que redunda na inefetividade do processo. Daí a necessidade do resgate do não–idêntico, qual seja, das situações diferenciadas de direito material, tarefa que no campo da filosofia coube – com ressalvas – a Adorno,[141] e que no campo do direito processual – guardadas as devidas proporções, é claro – seria representado pela pluralização das tutelas jurisdicionais.

Não há dúvida de que é preciso pensar em dar efetividade ao processo. Não é crível que o processo civil continue sendo uma eterna juventude, ou como se diz na ópera *La Bohème*, de Puccini, uma "bella età d'inganni e d'utopie! si crede, spera e tutto bello appare..." Isto é: um engodo (inganni e utopie) que faz as partes crerem e esperarem pelo "tutto bello" (a verdade, a justiça, ou simplesmente – prêmio de consolação? – a coisa julgada).

138. Newton C. A. da Costa, *Ensaio sobre os fundamentos da lógica*, pp. 95-112 *et passim*. Sobre a repercussão da lógica paraconsistente no direito, ver Maria Francisca Carneiro *et alii.*, *Teoria e prática da argumentação jurídica*, pp. 41 e ss. Fábio Ulhoa Coelho, *Roteiro de lógica jurídica*, pp. 105-107. Claudia Maria Barbosa, "Lógica e direito", in *Paradoxos da auto–observação*, pp. 89 e ss. Sobre a questão da consistência dos sistemas jurídicos, ver Lourival Vilanova, *As estruturas lógicas e o sistema do direito positivo*, pp. 296 e ss.
139. Theodor W. Adorno, *Dialéctica negativa*.
140. Sérgio Paulo Rouanet, *As razões do Iluminismo*, p. 335.
141. As ressalvas se devem ao fato de que, como bem observa Franco Crespi, Adorno se nega a absolutizar a não–identidade, pois "reconoce que esta última, cuando resulta elegida en detrimento de o *contra* la identidad, acaba por transformarse – ¡ ella misma ! – en identidad" (Franco Crespi, "Ausencia de fundamento y proyecto social", in *El pensamiento débil*, p. 352).

Façamos uma brevíssima digressão psicanalítica. É de todos sabido que em Freud o processo de "domesticação" (civilização, razão, organização do ego) do homem começa com a passagem do princípio do prazer (*satisfação imediata*) ao princípio da realidade (*satisfação adiada, porém "garantida"* – segurança).[142] *Mutatis mutandis*, parece ser esse o mesmo dilema do processo civil. O movimento histórico de ordinarização (domesticação?) dos ritos processuais, no afã de padronizar as tutelas jurisdicionais (algumas delas com provimentos antecipatórios – *satisfação imediata*), submete-as ao modelo utópico de procedimento único, ordinário e abstrato, em que *a satisfação é adiada* (para o momento da sentença, não antes disso) e (mal) *garantida* – como se a segurança da coisa julgada fosse suficiente para a compensação tardia a um processo moroso... Glosando as palavras de Freud: *"Sob a influência dos instintos do ego de autopreservação, o princípio do prazer é substituído pelo princípio da realidade. Este último princípio não abandona a intenção de obter o prazer* [a satisfação do direito], *em última análise, mas, não obstante, demanda e produz o adiamento da satisfação, o abandono de um número de possibilidades* [as tutelas de urgência], *a tolerância temporária do desprazer* [o trâmite do processo] *como uma etapa do longo caminho até o prazer* [a declaração final do direito, *ius dicere*: a sentença]".[143]

Detalhe: ainda em Freud podemos buscar um instrumental teórico inicial para quebrar a hegemonia da ordinarização dos procedimentos (princípio da realidade). Basta consultar o seu famoso *O mal–estar na civilização*: *"O programa de tornar–se feliz, que o princípio do prazer nos impõe, não pode ser realizado; contudo, não devemos – na verdade, não podemos – abandonar nossos esforços de aproximá–lo da consecução, de uma maneira ou de outra* [da mesma forma, não é possível se conformar com o processo de ordinarização das tutelas, com sua conseqüente postecipação da satisfação do direito material]. *Caminhos muito diferentes podem ser tomados nessa direção, e podemos conceder prioridades quer ao aspecto positivo do objetivo, obter prazer, quer ao negativo, evitar o despra-*

---

142. Consultar, de Freud, *Formulações sobre os dois princípios do funcionamento mental*, pp. 277–286 (ed. standard brasileira das obras psicológicas completas de Sigmund Freud, v. 12). Há um bom resumo e crítica dessa teoria básica em Herbert Marcuse, *Eros e civilização*.
143. Sigmund Freud, *Além do princípio do prazer*, v. 18, p. 4.

zer [em ambos os casos, priorizando a diferenciação das tutelas jurisdicionais]".[144]

3.7 Motivos para criar uma tutela diferenciada

Se o tratamento igual (procedimento único) conferido a desiguais (situações díspares de direito material) configura uma injustiça,[145] nem sempre o tratamento desigual (procedimentos especiais)

---

144. Sigmund Freud, *O mal-estar na civilização*, v. 21, p. 102.
145. "El derecho es el fenómeno arquetípico de una racionalidad irracional. El es el que hace del principio formal de equivalencia la norma, camuflaje de la desigualdad de lo igual para que no se vean las diferencias, existencia póstuma del mito en una humanidad sólo aparentemente desmitologizada" (Theodor Adorno, *Dialéctica negativa*, pp. 306-307). Para mais críticas à ideologia do princípio da igualdade formal frente ao direito e no processo, ver: Piero Calamandrei, *Processo e democrazia*, pp. 145-146; Cappelletti e Vincenzo Vigoriti, "I diritti costituzionali delle parti nel processo civile italiano", *Rivista di Diritto Processuale*, v. 26, n. 4, p. 6; Francesco Galgano, *Diritto privato*, pp. 35-41; Sergio Chiarloni, *Introduzione allo studio del diritto processuale civile*, p. 41; Proto Pisani, *Appunti* ..., cit., p. 24; Mirjan Damaska, *I volti della giustizia e del potere*, pp. 187 e ss.; Eduardo Couture, "Las garantías constitucionales del proceso civil", in *Estudios de derecho procesal civil*, v. 1, pp. 66-67; Friedrich Engels, *Anti-Dühring*, pp. 81 e ss.; *O socialismo jurídico*, pp. 30-32; Karl Marx, "Crítica ao Programa de Gotha", in *Obras escolhidas*, v. 2, p. 214; Eugeny Bronislanovich Pasukanis, "La teoria generale del diritto e il marxismo", in *Teorie sovietiche del diritto*, pp. 104-105; Anton Menger, *El dereho civil y los pobres*, pp. 51-52; Galvano Della Volpe, *Crítica da ideologia contemporânea*, pp. 103 e ss.; O. Zhidkov, V. Chirkin e Yu Yudin, *Fundamentos de la teoría socialista del Estado y del derecho*, p. 276; Juan Ramón Capella, *Los ciudadanos siervos*, pp. 135 e ss.; André-Jean Arnaud, "A importância do elemento formal na igualdade jurídica", in *O direito traído pela filosofia*, pp. 205-218; Maria Francisca Carneiro e Potiguara Acácio Pereira, "Considerações sobre o sujeito de direito", *Revista da Faculdade de Direito*, n. 30, p. 243; Roberto Kant de Lima, "Sincretismo jurídico ou mera esquizofrenia? A lógica judicial da excludência e a organização judiciária brasileira", in *Lições alternativas de direito processual*, p. 163; Adélio Pereira André, *Defesa dos direitos e acesso aos tribunais*, p. 158; Carlos Roberto de Siqueira Castro, "O princípio da isonomia e as classificações legislativas", *Revista de Direito da Procuradoria-Geral de Justiça* do Rio de Janeiro, v. 11, pp. 75, 77, 79 e ss.; José Carlos Barbosa Moreira, "La igualdad de las partes en el proceso civil", *Revista de Processo* 44/176-185; "Dimensiones sociales del proceso civil", *Revista de Processo* 45/142; Arnaldo Godoy, "A igualdade no processo", *Revista de Processo* 76/200-208; Jônatas Luiz Moreira de Paula, *Uma crítica à jurisdição civil brasileira*, pp. 57-58; João Manoel de Aguiar Barros, "A ilusão operária no paraíso do direito", *Educação & Sociedade*, n. 15, p. 9; Tarso Genro, *Introdução crítica ao direito*, pp. 44 e ss.; "Pensar o direito no socialismo", in *Quatro ensaios marxistas*, pp. 19-25; Benedicto de Campos, *Constituição de 1988: uma análise marxista*, pp. 64-65; Rui Portanova,

conferido a desiguais traz justiça.[146] Aliás, segundo Fábio Ulhoa Coelho, o tratamento desigual conferido a desiguais pode ter, também, o condão de reforçar ainda mais as desigualdades, sob a ideologia de que essas desigualdades são insuperáveis.[147] Em outras palavras, se é certo que o princípio da igualdade não pode simplesmente eliminar todas as possíveis modalidades de atuação do contraditório em procedimentos especiais,[148] também é verdade que o

Princípios do processo civil, pp. 35 e ss.; "Princípio igualizador", in *Lições alternativas de direito processual*, pp. 198–211; José de Albuquerque Rocha, *Estudos sobre o Poder Judiciário*, pp. 157 e ss.

146. "O fato de existir toda uma série de críticas plausíveis contra o procedimento ordinário, não torna, *ipso facto*, os procedimentos especiais dotados apenas de virtudes" (Rodrigo Xavier Leonardo, "O paradigma da efetividade do processo e os procedimentos especiais: uma abordagem crítica", *Revista Jurídica Themis*, n. 10, p. 73).

147. Fábio Ulhoa Coelho, *Direito e poder*, p. 98. Consultar Giovanni Verde, *Profili del processo civile: parte generale*, pp. 10–11. Veja-se a questão do racismo: "Que todos os homens sejam iguais uns aos outros, é precisamente o que viria a calhar para a sociedade. Ela considera as diferenças reais ou imaginárias como marcas ignominiosas, que atestam que não se avançou o bastante, que algo escapou da máquina e não está inteiramente determinado pela totalidade. (...) Quando se assegura ao negro que ele é exatamente como o branco, quando na verdade não o é, mais uma vez está se fazendo secretamente uma injustiça a ele. Humilham–no, assim, amistosamente como um padrão que vai necessariamente, sob a pressão dos sistemas, colocá-lo numa posição de inferioridade e que, ademais, seria um mérito duvidoso satisfazer" (Theodor W. Adorno, *Minima moralia*, pp. 89–90). "O racismo é moderno. As culturas ou raças anteriores se ignoraram ou se anularam, mas nunca sob o signo de uma Razão universal. Não há critério do Homem, nada de partilha do Inumano, apenas diferenças que podem se enfrentar até a morte. Mas é o *nosso* conceito indiferenciado do Homem que faz surgir a discriminação. (...) É sempre do ponto de vista do Universal, que *fundou* o racismo, que se pretende ultrapassá-lo, nos termos de uma moral igualitária do humanismo. Mas a alma antigamente ou, hoje, as características biológicas da espécie, nas quais se baseia essa moral igualitária, não são argumentos mais objetivos nem menos arbitrários do que a cor da pele. Porque elas também são critérios *distintivos*. Com base nesses critérios (alma ou sexo), obtém-se na verdade uma equivalência Negro = Branco – mas essa equivalência exclui com a mesma radicalidade tudo o que não tiver alma ou sexo 'humano'. Os selvagens, que não hipostasiam a alma nem a espécie, reconhecem a terra e o animal, e os mortos, como *socius*. Nós já os rejeitamos, com base nos nossos princípios universais, do nosso meta–humanismo igualitário, que, ao integrar os negros a partir de critérios brancos, apenas estende o limite da sociabilidade abstrata, da sociabilidade *de direito*. É sempre a mesma magia branca do racismo que funciona; ela apenas embranquece o Negro sob o signo do universal" (Jean Baudrillard, *A troca simbólica e a morte*, pp. 171–172).

148. Colesanti, "Principio del contraddittorio e procedimenti speciali", *Rivista ...*, cit., p. 587. Da mesma forma, não se pode desvirtuar a exigência do devido processo legal a ponto de eliminar qualquer possibilidade de juízos de verossimilhança,

tratamento desigual não pode agravar ainda mais o desnível econômico e jurídico existente entre as partes. Contudo, é exatamente isso o que ocorre nos procedimentos especialíssimos em exame, cujo discrímen de tratamento só veio a reforçar ainda mais a desigualdade verificada no plano material. Se é verdade que "con el inicio mismo de la causa se abre un amplio campo a la justicia distributiva",[149] também é verdade que, nos procedimentos especialíssimos, desde a citação ou intimação inicial substitutiva abre-se um amplo campo a uma justiça distributiva *sui generis*, eis que concentradora do capital. E a ordem jurídica é "tanto mais injusta quanto mais desigual, privilegiando, com o que agrava o número dos excluídos e dos insatisfeitos".[150]

Quais são, afinal, as razões para o legislador criar uma tutela diferenciada?

Como parte da doutrina admite, não é fácil especificar por que o legislador resolve privilegiar um determinado direito com uma tutela diferenciada, retirando-o da "vala comum" do rito ordinário.[151] Apesar dessa dificuldade, Adroaldo Furtado Fabrício enumera três motivos para a escolha do que merece uma tutela diferenciada: (a) tradição, qual seja, procedimentos tradicionalmente diferenciados, como

de cognição parcial ou sumária, em nome da generalização linear da amplitude de defesa (Ovídio Baptista da Silva, "Processo de conhecimento e procedimentos especiais", *Ajuris*, n. 57, p. 10). Pelo contrário: o devido processo legal deve implicar, também, a existência de instrumentos processuais aptos a conferir efetividade à tutela jurisdicional (Humberto Theodoro Jr., *A execução de sentença e a garantia do devido processo legal*, p. 68). Em suma, é preciso balancear a exigência da participação no processo com a da efetividade da tutela (Comoglio, Ferri e Taruffo, *Lezioni* ..., cit., p. 70), e não cair no extremo oposto, de considerar o devido processo legal um "fetiche" formalista, como bem denunciou José Joaquim Calmon de Passos, *Direito, poder, justiça e processo*, p. 69.

149. Giuseppe Chiovenda, "Las reformas procesales y las corrientes del pensamiento moderno", in *Ensayos de derecho procesal civil*, v. 2, p. 162.

150. José Joaquim Calmon de Passos, *Direito, poder, justiça e processo*, p. 65.

151. "Não há razão unitária, nem, sequer, elemento comum, para a especialidade [de procedimentos]. Resulta a escolha da sugestão plural de muitas razões, históricas e logicamente diferentes, e nem sempre justificáveis perante a crítica científica" (Francisco Cavalcanti Pontes de Miranda, *Comentários ao Código de Processo Civil*, t. 13, p. 3). Sobre os pressupostos que justificariam "un tratamiento procedimental solemne y extenso (incómodo y caro)", ver Víctor Fairén Guillén, "El juicio ordinario, los plenarios rápidos y los sumarios", in *Estudios de derecho procesal*, pp. 374 e ss.

os possessórios;[152] (b) conveniência momentânea e local, de caráter emergencial; e finalmente, (c) impaciência do legislador frente à morosidade do aparelho judiciário.[153]

Em todas essas três justificativas é possível localizar uma ideologia a mover o legislador. Vejamos o critério da *tradição*. Por que o legislador haveria de manter as vetustas ações possessórias, senão para defender a propriedade de forma mais efetiva?[154] Basta recordar a noção iheringiana de posse enquanto "posição avançada" da propriedade, e sua óbvia conseqüência: a defesa da posse, quanto mais efetiva, melhor serve à defesa da propriedade.[155]

Mais nos interessam as hipóteses de *impaciência do legislador* frente à morosidade do aparelho judiciário (leia-se: do rito ordinário), pois revelam, ainda mais claramente que no caso da tradição, a ideologia que lhes é subjacente.

Antonio Carlos Marcato discorda que a maior celeridade seja um motivo para a criação de um novo procedimento, por dois motivos: 1) a conversão do procedimento especial em ordinário, no curso do processo, que significaria um retorno à inefetividade; 2) a mera aceleração também seria possível pela inclusão no rol de causas do procedimento sumaríssimo – hoje sumário (Lei 9.245/95).[156] No que tange aos procedimentos especialíssimos, podemos observar que nem sempre ocorre conversão ao rito ordinário (p. ex., DL 21/66), ou a alteração em relação ao rito ordinário é pequena mas significativa, inviabilizando a efetiva defesa dos interesses do réu (p. ex., DL 167/67). Ademais, quando Marcato propõe que os problemas de inadequação da lentidão do processo em relação ao direito material sejam resolvi-

---

152. Pontes de Miranda, *Comentários ao Código de Processo Civil*, t. 13, p. 3. "Los procesos especiales no se crean por una necesidad de orden científico, sino por una conveniencia, a veces incluso inconveniencia, de carácter histórico" (Jaime Guasp, *Derecho procesal* ..., cit., p. 1.020).

153. Adroaldo Furtado Fabrício, "Justificação teórica dos procedimentos especiais", *RF* 330/6.

154. Marcos Bittencourt Fowler, *Ações possessórias*, Palestra proferida na Universidade Federal do Paraná, no Curso de Extensão sobre Procedimentos Especiais, em 18.7.1997.

155. Rudolf von Ihering, *Posse e interditos possessórios*, pp. 59, 67 *et passim*. *A teoria simplificada da posse*, pp. 69, 76 *et passim*. Paul Cuche e Jean Vincent, *Procédure civile et commerciale*, p. 37. Miguel Lanzellotti Baldez, "Solo urbano; reforma, propostas para a Constituinte", *Revista de Direito da Procuradoria–Geral do Rio de Janeiro*, v. 38, pp. 111-112.

156. Antonio Carlos Marcato, *Procedimentos especiais*, p. 23.

dos pela inclusão no rol das causas do procedimento sumário, há duas observações a fazer: 1) o procedimento sumaríssimo, como era notório, nunca foi solução para o problema da inefetividade; 2) de duas uma: ou o autor pressupõe que a morosidade do processo é adequada a algum tipo de causa – tese pouco plausível –, ou todas as causas deveriam ser orientadas pelo procedimento sumário – se esse realmente fosse solução para alguma coisa –, e não haveria mais necessidade de um procedimento ordinário.

Mesmo assim, o Prof. Marcato entende que a especialidade do procedimento não resulta da demanda por celeridade para sua composição, mas sim – e aqui segue o Prof. Alberto dos Reis, como veremos a seguir – das particularidades do litígio, "que escapam ao alcance de um tratamento processual comum".[157] São, em suma, razões de contingência.

3.7.1 Razões de contingência

Apesar de ser disciplina formal, o processo civil sofre exigências de ordem substancial, às quais deve se ajustar, mediante procedimentos cujo único objetivo é a tutela de uma determinada situação jurídica.[158] A essas exigências de ordem substancial podemos chamar de "razões de contingência", ou conveniência.[159]

Para José Ribeiro Leitão, há procedimentos que são criados por uma "conveniência justa" (casos em que o tratamento diferenciado atende a necessidades prementes e indiscutíveis, como a ação de alimentos), enquanto outros são mantidos por uma "conveniência meramente tradicional", e aqui o exemplo clássico é o das possessórias.[160] Há outros ainda, porém, que são criados –ainda segundo Leitão – por uma "conveniência puramente arbitrária", e o exemplo dado pelo autor é, justamente, o da busca e apreensão de bem objeto de alienação fiduciária.[161]

157. Antonio Carlos Marcato, ob. cit., pp. 23–34.
158. Humberto Theodoro Jr., *Curso* ..., cit., v. 3, p. 1.443.
159. "Todos los procesos especiales obedecen, en su creación, a una *razón contingente*: de aquí y de ahora" (Jaime Guasp, *Derecho procesal* ..., cit., p. 1.020 – grifo no original).
160. José Ribeiro Leitão, "Aspectos da teoria geral dos procedimentos especiais", *Revista de Doutrina e Jurisprudência*, n. 17, p. 27. Sobre o assunto teceremos adiante algumas considerações.
161. José Ribeiro Leitão, ob. cit., pp. 33–34.

AS UTOPIAS DA UNIDADE E DA PLURALIDADE PROCEDIMENTAIS

Como "la realidad es siempre más compleja que cualquiera ordenación sistemática, por muy profunda que a esta quiera imaginarse", os procedimentos comuns de cognição e execução "pueden resultar insuficientes en la vida real".[162] A lição do Prof. Alberto dos Reis é precisa nesse ponto:

"(...) alguns direitos substanciais, dada a sua natureza, feição e estrutura peculiar, demandam formas e ritos especiais de processo. Quer dizer, há certos direitos materiais que não podem ser declarados ou realizados através das formas do processo comum; os atos e termos do processo ordinário, do processo sumário ou do processo sumaríssimo são inadequados para dar vida e expressão jurisdicional a esses direitos. Verificada esta realidade, só havia um caminho a seguir: criar processos cuja tramitação se ajustasse à índole particular do direito, isto é, cujos atos e termos fossem adequados para se obter o fim em vista – a declaração ou execução do direito de que se trata. Por outras palavras: a criação de processos especiais obedece ao pensamento de ajustar a *forma* ao *objeto* da ação, de estabelecer correspondência harmônica entre os trâmites do processo e a configuração do direito que se pretende fazer reconhecer ou efetivar. É a *fisionomia especial do direito* que postula a forma especial do processo. Portanto, onde quer que se descubra um direito substancial com caracteres específicos que não se coadunem com os trâmites do processo comum, há de organizar-se um processo especial adequado a tais caracteres. Daí tantos processos especiais quantos os direitos materiais de fisionomia específica".[163]

"O que levou o legislador a criar processos especiais foi a necessidade de ajustar a forma do processo à natureza do direito que se pretende declarar e executar. Há direitos que, dada a sua natureza e estrutura peculiar, não podem tornar-se efetivos, não podem fazer-se reconhecer judicialmente segundo as formas do processo comum; houve que criar formas especiais, adequadas e ajustadas à configuração particular da relação jurídica substancial".[164]

---

162. Jaime Guasp, *Derecho procesal* ..., cit., p. 1.019. De fato, admite Guasp que o legislador deve ter um mínimo de respeito pela diversidade das situações da vida, incabíveis todas elas num só tipo de procedimento ("Reducción y simplificación ..., cit., in *Atti del Congresso Internazionale di Diritto Processuale Civile*, p. 306).
163. Alberto dos Reis, *Processos especiais*, v. 1, p. 2, grifos no original.
164. Alberto dos Reis, *Código de Processo Civil anotado*, v. 2, p. 286. "È ormai un punto fermo l'ammissibilità di forme differenziate di tutela giudiziaria, le quali si uniformano alla particolare configurazione dei rapporti giuridici da regolare e da proteggere in sede giurisdizionale" (Luigi Paolo Comoglio, "Garanzie costituzionali e

Assim, a instauração de um procedimento especial "parece estar más a tono con las exigencias de la realidad" – razões de contingência – do que com razões de ordem científica.[165] Todavia, são exatamente essas razões de contingência, defendidas por Alberto dos Reis, que merecem as mais severas críticas de Guasp, para quem elas muitas vezes não seriam nada além "de la fantasía o capricho de un legislador": "El fundamento del proceso especial existe en tanto en cuanto que la índole de su materia individual así lo reclame procesalmente. Establecer un proceso especial, porque el común no es satisfactorio, o porque la materia o función de la especialidad es distinta que la general, aunque pudiera englobarse en ella, no resulta, en modo alguno, defendible. Sólo en la medida de ese ámbito rigurosamente limitado se puede encontrar el fundamento de un proceso especial cualquiera".[166]

É preciso notar que a crítica de Guasp só se explica pelo cientificismo de que está embebida a sua posição teórica, avessa à pluralização de procedimentos.

Não obstante a louvável preocupação do Prof. Alberto dos Reis em justificar – sem restrições de ordem "lógica" ou "científica" – a criação de tantos procedimentos especiais quantas forem as particularidades de direito material incompatíveis com o rito ordinário, há que atentar para o fato de que o legislador não opera apenas com base em motivos científico–jurídicos, pois há motivos de ordem político–ideológica inegáveis.[167]

3.7.2 A ideologia do legislador

Na ótica de Chiarloni, por exemplo, o estabelecimento (ou sobrevivência) de procedimentos especiais obedece a duas ordens de evolução da economia e do direito processual: 1) por um lado, alguns procedimentos surgiram das concessões feitas pelo ordenamento jurí-

---

prove atipiche nel procedimento camerale", *Rivista Trimestrale di Diritto e Procedura Civile*, v. 30, pp. 1.155–1.156).

165. Jaime Guasp, *Derecho* ..., cit., p. 1.019.

166. Idem, ibidem, p. 1.020.

167. Nesse sentido, percebe Watanabe que a criação de diferentes procedimentos, adequados às particularidades do direito material, mediante a combinação de modelos de cognição (parcial e total, sumária e exauriente), além de atender às "exigências das pretensões materiais quanto à sua natureza, à urgência da tutela, à definitividade da solução e a outros aspectos", atendem a "opções técnicas e políticas do legislador" (Kazuo Watanabe, *Da cognição* ..., cit., p. 94).

dico às lutas dos trabalhadores e das minorias, aliadas aos interesses "del capitale complessivo, in quanto servi a garantire l'esistenza e la riproduzione di una forza lavoro utilizzabile" (é o caso do direito processual do trabalho e das *class actions*, na medida em que contribuem para as condições mínimas necessárias para a auto–reprodução do capital e da força de trabalho); 2) por outro lado, outros procedimentos tiveram origem na inadequação do procedimento ordinário "quando si tratta di assicurare sul piano processuale un trattamento legislativo di favore alle posizioni dominanti ormai fermamente stabilite" (é o caso dos procedimentos especialíssimos).[168]

Nesta segunda linha evolutiva, como afirma Boaventura de Sousa Santos, "os grupos neocorporativistas mais organizados" podem, em determinadas condições, dispor de "poder político suficiente para impor tutelas jurisdicionais diferenciadas mais afeitas à dinâmica interna dos seus interesses".[169] Por isso, "entre nós, desde há muito, as controvérsias mais sensíveis, que colocam em jogo valores de maior interesse político e econômico para as classes dominantes, escapam do procedimento demorado e ineficiente, prolongado e desastroso".[170]

Para Verde, a pluralização de tutelas diferenciadas assinala que a estabilidade institucional da nação está comprometida pela ascensão ao poder de classes emergentes, eis que estas deixarão sua marca na criação de tutelas específicas para o atendimento de seus interesses.[171] Veja–se a Revolução Francesa e a Revolução Industrial, que impulsio-

---

168. Sergio Chiarloni, *Introduzione allo studio del diritto processuale civile*, pp. 37–38.
169. Boaventura de Sousa Santos, "Introdução à sociologia da administração da justiça", in *A função social do Judiciário*, p. 58. Nesse mesmo sentido, o prof. Luiz Guilherme Marinoni observa que "o procedimento ordinário, que sempre foi o único remédio jurisdicional disponível ao cidadão comum, jamais constituiu óbice às aspirações da classe dominante, à medida que esta, patrocinando o *lobby*, sempre conseguiu procedimentos diferenciados para a tutela dos seus interesses" (Luiz Guilherme Marinoni, *A antecipação da tutela*, pp. 20, 28–29. "O direito à adequada tutela jurisdicional", *RT* 663/245. "Tutelas diferenciadas e realidade social", in *Lições alternativas de direito processual*, p. 133). A pressão dos *lobbies* é eufemisticamente chamada de "inspiração e pressão das necessidades", como vemos em Hamilton de Moraes e Barros, "Aspectos gerais dos procedimentos especiais em face do novo Código de Processo Civil", *RF* 247/16.
170. José Rogério Cruz e Tucci, *Tempo e processo*, p. 101.
171. Para Verde, as tutelas diferenciadas "si sviluppano in società il cui assetto istituzionale non è stabile; che le stesse corrispondono ai bisogni delle classi emer-

naram o exemplo mais espantoso de tutela privilegiada, apontado pelo prof. Ovídio: o do processo de execução de título extrajudicial que, fundado na "longa e laboriosa teoria dos títulos de crédito, por meio dos quais os *empresários* podiam livrar–se do tão elogiado procedimento ordinário",[172] consiste na mais pura e perfeita técnica de sumarização do processo, "concebida para minimizar os males de uma justiça tardia, mas que surgiu para privilegiar uma determinada classe".[173] Porém, essa tendência de pluralização de tutelas pode alimentar tendências corporativistas e expandir de tal forma os poderes das corporações que levaria, ao cabo, a uma maior desigualdade social.[174]

Embora viciado na origem histórica, o processo de execução hoje atende a interesses não mais de apenas uma classe, de modo que universalizou–se sua utilidade – embora ainda se reserve o rótulo de "título executivo extrajudicial" a determinadas situações privilegiadas.[175] Todavia, ainda há exemplos de tutela diferenciada desrazoável no direito processual brasileiro: são os procedimentos especialíssimos em exame, todos eles "coincidentemente" surgidos à sombra dos seguintes argumentos:

genti al fine di proteggere i vantaggi acquisti nel momento in cui sono pervenute nella zona di potere; che la fuga dal processo ordinario è in funzione diretta dell'aggravarsi della crisi" (Giovanni Verde, *Profili del processo civile: parte generale*, p. 10).
172. Ovídio Baptista da Silva, *Curso de processo civil*, v. 1, p. 105. O seguinte trecho de Chiovenda ilustra bem o caráter de *privilégio* que cerca os títulos executivos: "(...) los documentos privilegiados son primeramente verdaderos y propios títulos ejecutivos, medios de auto–satisfacción en las manos del acreedor" (Giuseppe Chiovenda, "Acciones sumarias. La sentencia de condena con reserva", in *Ensayos de derecho procesal civil*, v. 1, p. 239). Não é à toa que os títulos de crédito são, em última análise, "a verdadeira matéria–prima dos Bancos" (Lauro Muniz Barretto, *Direito bancário*, p. 405).
173. Luiz Guilherme Marinoni, "O direito à adequada tutela jurisdicional", *RT* 663/244. *Tutela antecipatória, julgamento antecipado e execução imediata da sentença*, p. 56.
174. Para Verde, há um risco de pulverização do processo civil em "una miriade di procedure particolari secondo la logica delle corporazioni. (...) Con la conseguenza che il ricorso alla tutela differenziata conduce paradossalmente al risultato di approfondire le disparità e le ingiustizie sul piano sostanziale, che è completamente opposto rispetto a quello perseguito" (Giovanni Verde, *Profili del processo civile: parte generale*, pp. 10–11).
175. "Através da técnica dos títulos executivos extrajudiciais, muitas vezes são privilegiadas determinadas posições sociais sem que ocorra uma precisa visualização, por parte do jurista ou dos operadores jurídicos, do privilégio outorgado"

1) o ritmo acelerado da sociedade moderna e das relações sociais contemporâneas e a instantaneidade das comunicações decorrente da incorporação de novos recursos tecnológicos exigem "mecanismos de segurança e de proteção que reajam com agilidade e *eficiência* às agressões ou ameaças de ofensa"[176] – e caímos na questão da eficiência *versus* democracia, a ser examinada com mais atenção na seção 7;

2) o moderno industrialismo e a complexidade crescente da economia demandam procedimentos novos[177] – ocultando, porém, o fato de que esses procedimentos atenderam aos interesses de apenas um setor dessa mesma economia complexa: o setor financeiro.

De qualquer forma, quaisquer que sejam os critérios adotados para essa especialização da tutela, é possível neles localizar a ideologia que move o legislador.

Segundo Sergio Chiarloni, ao se atribuir a uma tese ocultas motivações ideológicas, corre-se o risco de cair numa degeneração polêmica do debate.[178] Apesar da advertência de Chiarloni, é preciso que o processualista identifique, nos critérios legislativos em questão, as ideologias que estão sendo indiretamente defendidas, para não acabar

(Luiz Guilherme Marinoni, *Tutela antecipatória, julgamento antecipado e execução imediata da sentença*, p. 56). "(...) alla base della attribuzione della qualità di titolo esecutivo ad un provvedimento, atto o documento è sempre una scelta politica altamente discrezionale del legislatore" (Proto Pisani, *Lezioni di diritto processuale civile*, p. 781). "Di fatto, storicamente il ricorso a questa tecnica è stato (né, a mio avviso, poteva essere diversamente) influenzato *anche* dalla *opportunità* di *privilegiare* i soggetti reali portatori del titolo ed i relativi diritti (è sintomatico, a tale riguardo, che la stragrande maggioranza dei titoli esecutivi di formazione stragiudiziale è a disposizione di imprenditori commerciali e di Pubbliche Amministrazioni)" (Proto Pisani, *Appunti sulla giusitzia civile*, pp. 318–319). Proto Pisani sugere, em respeito ao princípio da igualdade, que se estenda a executividade a todos os atos e documentos idôneos a demonstrar a certeza historicamente suficiente, "indipendentemente dal peso politico dei soggetti reali che ne potrebbero usufruire" (idem, ibidem, p. 319). Ver também Jônatas Luiz Moreira de Paula, *Uma crítica à jurisdição civil brasileira*, p. 121.

176. Kazuo Watanabe, *Da cognição* ..., cit., p. 108.

177. Argumento admitido por Clovis do Couto e Silva, *Comentários ao Código de Processo Civil*, v. 10, t. 1, p. 12; e Adroaldo Furtado Fabrício, "Justificação teórica dos procedimentos especiais", *RF* 330/7. Em Portugal, pós–Revolução dos Cravos, Soveral Martins também identificava a necessidade de novos procedimentos, para acompanhar a reestruturação econômica capitalista (Soveral Martins, *Processo e direito processual*, v. 1, pp. 11–12).

178. Sergio Chiarloni, *Misure coercitive e tutela dei diritti*, p. 7.

contradizendo suas próprias posições político–ideológicas.[179] Ademais, a identificação da ideologia faz parte de um projeto tendente a redimir o processo daquilo que Calamandrei entendia ser o pecado mais grave da ciência processual: o pecado "di aver separato il processo dal suo scopo sociale; di aver studiato il processo come un territorio chiuso, come un mondo a sé, di aver creduto di poter creare intorne ad esso una specie di superbo isolamento".[180]

Quem quer ter uma idéia da ideologia subjacente a determinado procedimento deve primeiramente perguntar a quem interessa disponibilizar ritos especiais para apenas alguns eleitos.[181]

Como diria Proto Pisani, o processo é um bom indicador – assim como os cartões de tornassol – da ideologia, da opção política do legislador processual: a que interesses ele reserva a desproteção do procedimento ordinário e de seu modelo meramente ressarcitório, e que outros ele protege com tutelas eficientíssimas.[182] Em outras palavras, a criação de procedimentos especiais revela a opção política do legislador por quais situações deve privilegiar.[183] Vejamos alguns exemplos: a) o direito de reunião não tem tutela adequada, estando sujeito à discricionariedade dos detentores do poder político e dependendo muitas vezes da autotutela;[184] b) os direitos extrapatri-

---

179. A princípio, não cabe a nós definir o que é ideologia, tarefa essa que já mereceu inúmeros estudos, muitas vezes em vão. Para as finalidades do presente trabalho, basta recordar que a ideologia pode ser entendida como um saber com lacunas (Marilena Chauí, *O que é ideologia*), ubíquo (Roland Barthes, *O grão da voz*, p. 123), i.e., que penetra em toda a engrenagem social, como um verdadeiro lubrificante imprescindível à própria movimentação da máquina capitalista – é a teoria de Adorno, na competente interpretação de Gabriel Cohn, "Adorno e a teoria crítica da sociedade", in Theodor W. Adorno, *Sociologia*, pp. 11 e ss. Dentre essas engrenagens, destacamos aqui o processo civil e seus valores. Por ser onipresente, a "ideologia dominante" não passa de um pleonasmo: toda ideologia é dominante, inclusive a esposada pelos dominados – tomada de empréstimo às classes dominantes, o que revela o alto grau de alienação –, de modo que "a luta social não pode reduzir-se à luta de duas ideologias rivais: é a subversão de toda ideologia que está em causa" (Roland Barthes, *O prazer do texto*, pp. 44–45).

180. Piero Calamandrei, "Processo e giustizia", in *Atti del Congresso Internazionale di Diritto Processuale Civile*, pp. 13–14.

181. Sergio Chiarloni, *Introduzione allo studio del diritto processuale civile*, pp. 22 e ss. Luiz Guilherme Marinoni, *A antecipação da tutela*, pp. 29–30.

182. Proto Pisani, *Appunti* ..., cit., p. 16; *Lezioni di diritto processuale civile*, pp. 9, 20, 600, 836 e ss.

183. Comoglio, Ferri e Taruffo, *Lezioni* ..., cit., p. 20.

184. Proto Pisani, *Appunti* ..., cit., pp. 12–13.

moniais em geral, direitos da personalidade em particular, apresentam tutela jurisdicional insuficiente;[185] c) o direito de o empregado estável ser reintegrado no emprego,[186] d) a demora do legislador em dar à liberdade sindical uma tutela adequada;[187] e) em compensação, o direito de propriedade e sua correlata proteção possessória, além da nunciação de obra nova, é devidamente tutelado fora dos meandros da ineficiência do rito ordinário;[188] f) também é prevista tutela específica (inibitória) aos empresários, no que tange à questão da concorrência desleal.[189]

Em suma: um Código de Processo Civil – seja ele o CPC/39, o CPC/73 ou o CPC italiano de 1942 –, ao consagrar uma determinada distribuição de tutelas (procedimentos especiais para proprietários, empresários e profissionais liberais, procedimento ordinário para o resto), reflete a ideologia do Estado capitalista, seja ele liberal–democrático ou fascista, já que ambos tutelam a propriedade privada e o lucro empresarial.[190]

185. Proto Pisani, *Lezioni di diritto processuale civile*, pp. 7–8 e 839.
186. Proto Pisani, *Lezioni di diritto processuale civile*, pp. 7 e 839. Crisanto Mandrioli, "L'esecuzione specifica dell'ordine di reintegrazione nel posto di lavoro", *Rivista di Diritto Processuale*, v. 30, pp. 9–36. No Brasil, a tutela adequada da estabilidade no emprego restringe–se à reintegração de dirigente sindical, garantida a partir da inserção, pela Lei 9.270 de 17.4.1996, do inciso X no art. 659 da CLT, que confere aos Presidentes das Juntas a competência para "conceder medida liminar, até decisão final do processo, em reclamações trabalhistas que visem reintegrar no emprego dirigente sindical afastado, suspenso ou dispensado pelo empregador". Nos demais casos de estabilidade, a jurisprudência do TST tem considerado incabível a tutela antecipatória: "Antecipação da tutela – Ação cautelar – O instituto processual da 'antecipação da tutela' não se confunde com o do processo cautelar. Ambos têm natureza e efeitos jurídicos específicos. Quando a concessão de liminar em ação cautelar tem por efeito a satisfação de obrigação de fazer, torna–se imprópria a via escolhida, já que, sem dúvida, o provimento liminar (ou final), pela natureza satisfativa, passa a traduzir autêntica antecipação de tutela, como previsto, analogicamente, no art. 659, incisos IX e X, da CLT. Recurso ordinário provido para conceder–se a segurança impetrada" (TST, RO–MS–178124/95.9, Ac. 459/96–SBDI, maioria, rel. Min. Manoel Mendes de Freitas, *DJU* I 27.9.1996, p. 36.391).
187. Proto Pisani, *Lezioni di diritto processuale civile*, pp. 8 e 840.
188. Proto Pisani, *Appunti* ..., cit., pp. 13–14. *Lezioni di diritto processuale civile*, pp. 6–7.
189. Proto Pisani, *Lezioni di diritto processuale civile*, p. 839. Sobre os remédios processuais contra a concorrência desleal (nova Lei de Propriedade Industrial, art. 209), ver Luiz Guilherme Marinoni, *Tutela inibitória*, pp. 140–141.
190. Proto Pisani, *Appunti* ..., cit., pp. 32–33 e 446.

No caso dos procedimentos especialíssimos, a disponibilização de privilégios processuais excepcionais no ordenamento revela favorecimento claro às instituições financeiras, que, desnecessário dizer, sempre desfrutaram das maiores regalias no nosso sistema jurídico.[191] O substrato ideológico é de tal modo indisfarçável que fica difícil uma análise teleológica dos procedimentos especialíssimos de que estamos tratando. Segundo Karl Larenz, na interpretação teleológica devemos *supor* que o legislador, ao formular a norma jurídica, teve por finalidade a "justa resolução dos litígios", um "procedimento judicial justo".[192] Tarefa inglória, no presente caso. Seria preciso muita ingenuidade, ou inversão completa de valores (p. ex.: entender que procedimento judicial justo é aquele que garante a autotutela à parte economicamente mais forte) para acreditar piamente que estes foram os objetivos últimos do legislador nos casos em questão. Se já é difícil acreditar nisso, seria necessária uma criatividade digna dos maiores ficcionistas para conseguir *supor* que estes foram os fins almejados pelo legislador, no que tange aos procedimentos especialíssimos.

3.8 Requisitos para criar uma tutela diferenciada

No processo civil, diz Chiarloni, são descabidas todas as generalizações decorrentes da tendência a estender as indicações emergentes do problema isolado, objeto das investigações, ao inteiro campo sistemático ao qual o problema pertence.[193] Nesse sentido, sendo impossível a pura e simples eliminação do procedimento ordinário, seria descabida a pretensão de estender as tutelas diferenciadas a quaisquer situações de direito material, indiscriminadamente. De fato, não há como discordar de Vittorio Denti, quando este diz que não se deve cair no erro de propor tutelas diferenciadas como exercício puramente abstrato, em que elas sejam racionalmente coerentes

---

191. De posse de tão farto instrumental jurídico–processual (basicamente, os DL 911/69, 167/67, 413/69 e 70/66), "(...) as sociedades financeiras, atribuindo-se a exclusividade do seu uso, acionam–no em toda a sua intensidade, posto que ele lhes confere vários tipos de ações, que elas, a seu alvedrio e a seu talante, escolhem a que melhor couber na oportunidade, para sempre se ressarcir, jamais perdendo, do que resulta que, neste país, a atividade do crédito – ao contrário do que ocorre no resto do mundo – passa a ser uma atividade em que não há risco para o banqueiro" (Waldirio Bulgarelli, *Contratos mercantis*, p. 302).
192. Karl Larenz, *Metodologia da ciência do direito*, p. 402.
193. Sergio Chiarloni, *Misure coercitive e tutela dei diritti*, p. 8.

em si, "ma avulsi dal contesto politico–sociale in cui dovrebbero calarsi".[194] Ou melhor: as tutelas diferenciadas não devem ser criadas pelo legislador apenas porque são abstratamente melhores que o procedimento ordinário, mas sim quando concretamente as situações sociais emergentes exigem uma proteção processual diferenciada.[195]

Do ponto de vista da efetividade do processo, seria extremamente saudável – apesar dos protestos de Guasp,[196] Satta,[197] Verde[198] e

194. Vittorio Denti, "Valori costituzionali e cultura processuale", *Rivista di Diritto Processuale*, v. 39, n. 3, p. 454.
195. Vittorio Denti, "Valori costituzionali e cultura processuale", *Rivista di Diritto Processuale*, v. 39, n. 3, pp. 454–455.
196. Para Guasp a marginalização do procedimento ordinário e a multiplicação dos procedimentos especiais é uma tendência "perniciosa" (Jaime Guasp, "Reducción y simplificación ...", cit., in *Atti del Congresso Internazionale di Diritto Processuale Civile*, p. 306). Ver também Jaime Guasp, *Derecho procesal* ..., cit., pp. 1.019–1.020.
197. "Si potrebbe dire, senza cadere nel paradosso, che per l'evoluzione o l'involuzione della vita moderna, il ricorso ai procedimenti speciali è diventato la regola, e questo è sicuramente un male, cui solo la prudenza del giudice può rimediare" (Salvatore Satta, *Diritto* ..., cit., p. 755).
198. A tendência pluralizadora das tutelas diferenciadas é criticada por Verde porque, sob o pretexto "marxista" de quebrar o sistema de justiça "burguesa" e concretizar uma suposta justiça "para o povo", promove uma involução autoritária, de exortação a um Estado desvinculado do respeito aos meios, mas apenas aos fins: assim, "allo scopo dichiarato di ricercare la felicità e il benessere dei sudditi, sopprimono le libertà, dissolvono le leggi generali in una miriade di provvedimenti particulari, (...) e mettono la sordina alle garanzie processuali, trasformando il processo contenzioso in un indifferenziato procedimento di volontaria giurisdizione" (Giovanni Verde, *Profili del processo civile: parte generale*, pp. 9–10). Interessante que a ausência do contraditório – uma das mencionadas garantias processuais – está relacionada justamente aos procedimentos especiais de jurisdição voluntária. Assim é que se diz que nos procedimentos especiais de jurisdição voluntária "non si verifica e non potrebbe verificarsi in via normale la necessità del *contraddittorio*" (Ugo Rocco, *Trattato di diritto processuale civile*, v. 6, t. 2, p. 474, grifo no original), de modo que, em vez da bilateralidade, os procedimentos especiais de jurisdição voluntária seriam caracterizados pela unilateralidade (Carnelutti, *Istituzioni del processo* ..., cit., v. 3, p. 176). Todavia, a presença de um interesse contrário no procedimento, mesmo que de jurisdição voluntária, exige o contraditório: "(...) anche il processo volontario nelle sue specie più gravi, poiché l'affare riguarda sempre un conflitto d'interessi, ne [do contraditório] fa uso; appunto perchè il contraddittorio è un modo di essere normale del processo contenzioso, quando il processo volontario si svolge con la collaborazione di due parti, come avviene nel processo di interdizione, di inabilitazione o di separazione tra coniugi, viene spesso scambiato per processo contenzioso" (Carnelutti, *Istituzioni del processo civile* ..., cit., v. 1, p. 105). Nesse sentido, ver Elio Fazzalari, "Procedimento e processo (teoria generale)", in *Enciclopedia del*

Montesano[199] – uma verdadeira "marginalização" do rito ordinário.[200] Mas essa marginalização nos conduziria à utopia contrária: a *utopia da pluralidade total de procedimentos.*[201] Isso porque, se a cada direi-

Diritto, v. 35, pp. 830–831; Federico Carpi, Vittorio Colesanti e Michele Taruffo, *Commentario breve al Codice di Procedura Civile*, p. 154. Por isso é possível afirmar a existência de um contraditório atenuado, menos formal, na jurisdição voluntária (Colesanti, "Principio del contraddittorio e procedimenti speciali", *Rivista* ..., cit., pp. 595 e ss.). Afirmando a intrínseca dialeticidade postulativa da jurisdição voluntária, sinal do contraditório: Antonio Nasi, "Contraddittorio (principio del)", in *Enciclopedia del Diritto*, v. 9, pp. 726–727. A acusação de Verde, de que a pluralização de tutelas tem um fundo ideológico marxista, é assim rebatida por Proto Pisani – a quem a crítica se dirigia de fato: "Non sono un marxologo e ritengo comunque che 'la proposta di utilizzare in più ampia misura la tutela differenziata' possa essere valutata e discussa anche prescindendo dalla esegesi dei passi di Marx ed Engels" (Proto Pisani, *Appunti* ..., cit., pp. 213 e 268).
199. Para o autor, a multiplicidade de tutelas diferenciadas pode trazer insegurança jurídica – devido às lacunas que se formarão entre os diversos ritos –, pode quebrar o princípio da igualdade entre os cidadãos perante a lei e perante o procedimento, e, finalmente, pode promover inaceitáveis reduções em garantias processuais (Luigi Montesano, "Luci ed ombre in leggi e proposte di 'tutele differenziate' nei processi civili", *Rivista* ..., cit., p. 594).
200. Federico Carpi, "'Flashes' sulla tutela giurisdizionale differenziata", *Rivista Trimestrale di Diritto e Procedura Civile*, v. 34, n. 1, p. 238. Não há dúvida de que, teoricamente, para cada situação de direito material deveria haver uma tutela jurisdicional adequada (José Roberto dos Santos Bedaque, *Direito e processo*, p. 33; Luiz Guilherme Marinoni, "Efetividade do processo e tutela antecipatória", in *O processo civil contemporâneo*, p. 117; *Novas linhas do processo civil*, pp. 84 e ss.). "(...) se a cada pretensão haverá de corresponder uma 'ação capaz de realizá-la', nada mais coerente e apropriado se poderá pedir aos processualistas que não seja a criação de 'ritos diferenciados' para a tutela de direitos entre si substancialmente diversos" (Ovídio Baptista da Silva, "Processo de conhecimento e procedimentos especiais", *Ajuris*, n. 57, p. 17). Sobre a proliferação de ritos, conforme a quantidade de possíveis categorias de relações jurídicas materiais, e o risco de uma atomização do processo de cognição plena, ver Proto Pisani, *Appunti* ..., cit., pp. 243 e 269; Comoglio, Ferri e Taruffo, *Lezioni* ..., cit., pp. 20 e 30.
201. Quando criticamos a utopia do procedimento único e também a da pluralidade de procedimentos, não significa que não aceitamos qualquer utopia, ou que achamos que todas as utopias são desnecessárias e típicas de mentalidades primitivas. Como já observou Adorno, essa concepção hiper–realista dos "caçadores de utopias" é típico sintoma de uma personalidade autoritária (Theodor W. Adorno, "Estudio cualitativo de las ideologías", in *La personalidad autoritaria*, pp. 650 e ss. Sobre o assunto, consultar também José Leon Crochík, *Preconceito, indivíduo e cultura*, pp. 199–200). A Escola de Frankfurt, por exemplo, tinha por utopia, do ponto de vista filosófico e sociológico, o "inteiramente outro" (*ganz Anderes*): o projeto de um mundo politicamente desfetichizado (Olgária Matos, *Os arcanos do inteiramente outro*, p. 319); a "redenção" de que fala Adorno (Theodor W. Adorno, *Mini-*

to material tivesse de corresponder um procedimento, todas as situações de direito material teriam de estar previstas na lei (mito da completude do ordenamento jurídico), e a cada uma dessas situações deveria corresponder um procedimento diferente, também previsto em lei (mito da completude ao quadrado). Dessa ânsia totalizante/totalitária (ver seção 2.1.5) restaria um CPC que ocuparia mais de 10 volumes, e não daria conta do recado.[202] Ademais, válida é a advertência trazida por Mauro Cappelletti, de que a especialização acentuada dos procedimentos e juizados para todos os tipos de demandas traz – como ocorreu no Japão – sérias dificuldades na identificação, por parte dos litigantes, da competência do órgão para julgar e do procedimento cabível, sendo que as intermináveis discussões sobre essas fronteiras de competência configuram uma grande "barreira ao acesso efetivo".[203] Por isso é preciso, antes de defender deter-

---

ma moralia, p. 215). Mas é bom lembrar que a utopia "não preserva do poder" (Roland Barthes, *Aula*, p. 25), i.e., não imuniza contra ele. A nível processual, se não podemos endossar as utopias do procedimento único nem a da pluralidade de procedimentos, podemos admitir a utopia do processo equitativo – que, aliás, só pode ser utopia mesmo, eis que haveria de pressupor uma sociedade "redimida", politicamente desfetichizada. Uma utopia que pressupõe outra: logo, uma utopia ao quadrado. Antes assim do que um mundo sem utopias, bem ao estilo do *Admirável Mundo Novo*, de Aldous Huxley – diga-se de passagem, também uma utopia. Ou melhor: uma distopia.

202. Por isso mesmo é possível concordar com Derrida, quando diz que o esforço de totalização é tão impossível quanto inútil (Jacques Derrida, "Estrutura, signo e jogo no discurso das ciências humanas", in *A controvérsia estruturalista*, p. 272).

203. Cappelletti, *Acesso à Justiça*, pp. 162-163 e 165. Também Chiovenda havia criticado a multiplicidade de jurisdições especiais devido à possibilidade de multiplicação das discussões sobre competência, mas Proto Pisani buscou de certa forma mitigá-las (Proto Pisani, *Appunti ... cit.*, pp. 224, 284 e ss.). Com relação às discussões obstaculizadoras do acesso à justiça, é interessante registrar, com Liebman, aqui lembrado por Carpi, que "il miglior processo è quello che meno fa parlar di sé"; e, conclui este, "per parlar di sé, si intende, evidentemente, permettere alle parti di baloccarsi, per bloccarsi, con le questioni di rito senza giungere mai ad una rapida definizione della controversia" (Federico Carpi, "'Flashes' sulla tutela giurisdizionale differenziata", *Rivista Trimestrale di Diritto e Procedura Civile*, v. 34, n. 1, pp. 238-239). "(...) a profusão de procedimentos diferentes entre si dentro do sistema processual, amplia em muito sua complexidade, aumentando as possibilidades de que, em sede jurisdicional, esteja muito mais em jogo quem possui um advogado que detenha maior atenção aos detalhes formalísticos, do que quem realmente possui o direito postulado em juízo" (Rodrigo Xavier Leonardo, "O paradigma da efetividade do processo e os procedimentos especiais: uma abordagem crítica", *Revista Jurídica Themis*, n. 10, p. 75).

minada tutela diferenciada, averiguar os objetivos que se pretende atingir com ela. Em outras palavras, é preciso, paradoxalmente, defender as tutelas diferenciadas de seus próprios defensores, pelo mesmo motivo – guardadas as devidas proporções, é claro – que foi necessário a Adorno defender Bach de seus defensores: para que sua música não fosse objeto de fetiche.[204] Ou seja: para que as tutelas diferenciadas não sejam o fetiche do processualista.

Guasp entende que a criação de um procedimento especial novo precisa de uma razão de direito material ou uma preocupação concreta de ordem processual.[205] Uma razão de direito material seria ilustrada pelas ocasiões em que o legislador verifica, "según su opinión, la existencia de un tipo especial de derecho material [que] reclama, como necesaria o conveniente, la existencia de un tipo especial correspondiente de proceso".[206] Uma preocupação concreta de ordem processual seria aquela em que, p.ex., o legislador verifica a necessidade de uma audiência preliminar de conciliação em determinado procedimento.[207]

Já na ótica de Giovanni Verde, para criar uma tutela diferenciada, é preciso atender concomitantemente a dois requisitos: "a) che risponda ao esigenze di tutela proprie della situazione sostanziale dedotta in giudizio; b) che si tratti di situazioni tutelabili per via giudiziaria e non dipendenti dalla inadempienze che hanno rilevanza solamente sul piano politico".[208] Quanto ao primeiro requisito, "la condizione può essere verificata soltanto dopo avere accertato se il bisogno di tutela differenziata nasca dalla reali esigenze di carattere sostanziale ovvero se esso sia la conseguenza della disfunzione del processo ordinario".[209] Já o segundo requisito, se aplicado ao direito brasileiro, poderia servir de argumento para repudiar a previsão normativa de certas ações constitucionais, principalmente o mandado de injunção e a ação direta de inconstitucionalidade por omissão – aliás, já inviabilizadas do ponto de vista prático, de qualquer forma.

---

204. Theodor W. Adorno, *Prismas*, pp. 131 e ss.
205. Jaime Guasp, *Derecho procesal* ... cit., p. 1.021.
206. Ob e loc. cits.
207. Jaime Guasp, ob. cit., p. 1.021. Por óbvio, hoje esse exemplo não se aplica no direito brasileiro, a partir da extensão da audiência de conciliação a todo o procedimento ordinário (CPC art. 331, cf. Lei 8.952/94).
208. Giovanni Verde, *Profili del processo civile: parte generale*, p. 11.
209. Giovanni Verde, ob. cit., p. 11.

Para Adroaldo Furtado Fabrício, só se justifica uma tutela diferenciada quando o procedimento ordinário for absolutamente inadequado para o direito material em questão. O autor não nega que não se pode forçar toda e qualquer lide a tramitar no rito ordinário. Mesmo assim, prefere defender a modernização do procedimento ordinário, em vez daquilo que chama de "proliferação caótica e indiscriminada [de ritos especiais], submissa a razões sem qualquer compromisso científico" – o que ele entende ser inaceitável.[210] Registre-se, porém, que não é a presença de um "compromisso científico" que vai depurar a diferenciação de uma tutela jurisdicional da ideologia que lhe é subjacente, pois, como é notório, a ciência não só não elimina a ideologia como, muitas vezes, apenas a encobre, já que, segundo Adorno, é absolutamente inviável o comportamento isento de valores.[211] Ou não maculado pelo poder.[212]

Já Wellington Moreira Pimentel sugere que o legislador, ao ter de optar entre o rito ordinário e um rito especial, para a tutela de um determinado direito, deve se balizar pelos princípios informativos do processo, quais sejam: os princípios lógico, isonômico, jurídico, político e econômico.[213] Nas sempre atuais palavras de Giuseppe Manfredini, "In qualunque ordine di leggi nulla deve esservi di fortuito ed arbitrario; tutto deve avervi una ragione sufficiente fondata sulle esigenze del reale bisogno e del reale vantaggio sociale, altrimenti svanisce la ragione di essere del precetto legislativo, anzi viente a mancare ogni fondamento di legittimità all'inutile restrizione che il legislatore presume imporre alla naturale libertà di azione e di scelta delle parti o del giudice. Ogni ordine di leggi deve dunque informarsi a dei sommi principi, i quali infine ne costituiscono la ragione e la regola, e danno alle forme giuridiche il carattere della

---

210. Adroaldo Furtado Fabrício, "Justificação teórica...", cit., pp. 6–7. O raciocínio baseia-se em Guasp: "El proceso especial no sólo debe ser especial, sino excepcional. El que haya más excepciones que regla general, en materia de procesos, será siempre algo que repugne lógica y legislativamente. Por lo tanto, en el terreno no estrictamente dogmático, sino crítico, que el problema del fundamento de un ente jurídico plantea, es indudable que, aunque la categoría de los procesos especiales en general deba ser admitida, su excesiva dilatación resulte totalmente censurable" (Jaime Guasp, *Derecho procesal* ..., cit., p. 1.019).
211. Theodor W. Adorno, "Sobre a lógica das ciências sociais", in *Sociologia*, p. 57.
212. Roland Barthes, *Aula*, pp. 10–12; *O grão da voz*, pp. 295–296.
213. Wellington Moreira Pimentel, *Comentários ao Código de Processo Civil*, v. 3, p. 13.

necessità e dell'utilità. Anche la procedura civile à pertanto i suoi principi informativi".²¹⁴

De fato, como bem notou Alcides de Mendonça Lima, a inobservância dos princípios informativos por um determinado processo denota que há "algo deformado eticamente, inconciliável com a ordem jurídica".²¹⁵

A preocupação com o atendimento dos princípios informativos é um bom começo para evitar a criação de privilégios. Em Proto Pisani, p.ex., temos que a tutela diferenciada – principalmente a sumária – só não é um privilégio quando: a) tem por objetivo evitar o custo do processo de cognição plena e exauriente quando não há uma contestação séria do obrigado (caso do procedimento monitório); b) tem por objetivo evitar o abuso do direito de defesa (caso do art. 273, II, do CPC brasileiro); c) tem por objetivo garantir efetividade à tutela dos direitos com conteúdo ou função exclusiva ou prevalentemente extrapatrimonial, e cujo prejuízo não seja reparável por equivalente monetário; d) respeita o princípio da igualdade e a tutela do direito de defesa.²¹⁶

3.8.1 O requisito da constitucionalidade

A nosso ver, o melhor critério para avaliar uma determinada diferenciação de tutela é, obviamente, a Constituição, com seus valores e princípios, como já havia apontado o próprio Proto Pisani.²¹⁷ Afinal, como bem disse Frederico Marques, "A importância da Constituição, no tocante ao processo, é das maiores, não só porque na Lei Básica se acham regras que o legislador ordinário não pode violar, como também porque o 'processo', concebido como garantia de justiça,

---

214. Giuseppe Manfredini, *Programma del corso di Diritto Giudiziario Civile*, v. 1, pp. 40–41. Sobre os princípios informativos do processo, ver ainda Giuseppe Chiovenda, *Principios de derecho procesal civil*, t. 1, pp. 169–170; Maria Cristina C. Cestari, "Princípios informativos do processo", in *Elementos para uma nova teoria geral do processo*, pp. 40 e ss.; Willis Santiago Guerra Filho, "Princípio do contraditório e eficácia ultra–subjetiva da sentença", *Revista de Direito Processual Civil Genesis*, n. 3, p. 713.
215. Alcides de Mendonça Lima, "Os princípios informativos no Código de Processo Civil", *Revista de Processo* 34/11.
216. Proto Pisani, *Appunti* ... cit., pp. 214–215, 244–245, 270 e ss., 315–316, 322 e ss., 433 e ss.; *Lezioni di diritto processuale civile*, pp. 603 e ss.
217. Para Proto Pisani, é importante averiguar a constitucionalidade e a oportunidade da previsão de novos ritos processuais (*Appunti* ... cit., p. 218). "Un primo modo per accostarsi ai problemi della giustizia civile può, e forse deve, essere quel-

nada mais significa que a imediata e direta complementação dos mandamentos constitucionais".[218]

No caso das tutelas diferenciadas, o exame da constitucionalidade se faz ainda mais necessário, haja vista os privilégios que normalmente elas conferem ao autor da ação.[219] A tendência a construir procedimentos especiais que privilegiam a rapidez e a eficiência da tutela encontra seus limites no fato de que os direitos processuais fundamentais podem ser articulados em vários modos, mas não podem ser lesados em seus núcleos essenciais.[220] Dessa forma é que, ao colocar alguns ônus para o exercício do direito de ação (p.ex., pressupostos processuais exclusivos de determinados procedimentos especiais) e de defesa (p.ex., limites à contestação), o sistema processual pode acabar incorrendo em inconstitucionalidades. Segundo Comoglio, a análise da constitucionalidade desses ônus depende da análise de dois elementos: a *ratio* do instituto e a medida em que o eventual inadimplemento do ônus repercute sobre o exercício do direito de ação ou defesa.[221] Tendo em vista esses dois elementos, o autor chega às seguintes conclusões:[222]

lo di partire dalla Costituzione" (Proto Pisani, *Lezioni di diritto processuale civile*, p. 9). "Os procedimentos, quando diferenciados, devem guardar relação com a pretensão de direito material, ou com valores consagrados pelo texto constitucional" (Luiz Guilherme Marinoni, *Novas linhas do processo civil*, p. 172). A essa exigência de observância dos valores constitucionais Vittorio Denti chama de "jusnaturalismo processual" (Vittorio Denti, "Valori costituzionali e cultura processuale", *Rivista di Diritto Processuale*, v. 39, n. 3, p. 445).

218. José Frederico Marques, *Ensaio sobre a jurisdição voluntária*, p. 24. Ver ainda Adolfo Gelsi Bidart, "Incidencia constitucional sobre el proceso", *Revista de Processo* 30/193–205; Patrícia Azevedo da Silveira, "Processo civil contemporâneo: elementos para um novo paradigma processual", in *Elementos para uma nova teoria geral do processo*, pp. 12–14.

219. Donaldo Armelin, "Tutela jurisdicional diferenciada", in *O processo civil contemporâneo*, p. 105.

220. Esta ressalva importantíssima encontramos em Comoglio, Ferri e Taruffo, *Lezioni ... cit.*, p. 21. De fato, a busca de efetividade para o processo não pode descurar do respeito aos direitos fundamentais (Rogéria Fagundes Dotti, "A crise do processo de execução", *Revista de Direito Processual Civil Genesis*, n. 2, pp. 381–382), "sob pena de, ao invés de tornar a prestação do serviço jurisdicional mais adequada, tornar esta adequada apenas para ampliar as desigualdades existentes em nosso país" (Rodrigo Xavier Leonardo, "O paradigma da efetividade do processo e os procedimentos especiais: uma abordagem crítica", *Revista Jurídica Themis*, n. 10, p. 76).

221. Luigi Paolo Comoglio, "La Corte Costituzionale ed il processo civile", *Rivista di Diritto Processuale*, v. 23, p. 784.

222. Idem, ibidem, pp. 784–785.

1) o instituto é *sempre* inconstitucional quando houver desproporção desrazoável entre as conseqüências do inadimplemento do ônus e as finalidades do instituto – corresponde, de certa forma, ao princípio norte–americano da razoabilidade da norma jurídica;

2) o instituto *pode não ser* inconstitucional quando a repercussão do inadimplemento do ônus sobre o direito de ação ou defesa tiver uma correlação razoável e adequada a uma finalidade específica de caráter público – para evitar abusos no exercício desses direitos ou para preservar uma administração eficiente da justiça;

3) é *sempre* inconstitucional a norma que, mesmo sob o pretexto da salvaguarda do interesse público, disciplina formas ou condições processuais tão gravosas que torna difícil ou impossível o concreto exercício do direito de ação ou defesa;

4) *nunca* é inconstitucional a norma que reconhece em abstrato a possibilidade de influir, com adequada atividade de alegações do autor e do réu, nos provimentos jurisdicionais de conteúdo decisório.

Como bem assinalou Fairén Guillén, todo o instituto de direito processual está vinculado a algum direito fundamental, por mais que esse instituto seja tecnificado – "el mundo de la técnica, cada vez más complicado, se aleja de tales fontes".[223] E o alheamento dessas fontes é que produz teratologias processuais, indiferentes aos direitos fundamentais mais comezinhos. Por isso, "o estudo puramente técnico do *procedimento* que não vai além da descrição dos atos processuais" é hoje insuficiente, sendo preciso confrontá–lo com a CF e com o princípio do devido processo legal, para averiguar a existência de um processo *justo*, i.e., um processo que garanta a participação das partes em igualdade de condições.[224] Nesse sentido, se quisermos interpretar a lei processual conforme a Constituição (como recomendado por Larenz e Canotilho),[225] temos a necessidade imperiosa de submeter as

---

223. Víctor Fairén Guillén, "Principios básicos para un proyectado 'Código–tipo' para los países iberoamericanos y sus relaciones con los derechos fundamentales", *Revista de Derecho Procesal*, n. 1, p. 10.

224. Cândido Rangel Dinamarco, "O futuro do direito processual civil", *RF* 336/29–30 e 43, grifo no original.

225. Karl Larenz, ob. cit., pp. 410 e ss. José Joaquim Gomes Canotilho, *Direito constitucional*, pp. 235–236. É preciso fazer uma "filtragem constitucional do direito infraconstitucional" (Clèmerson Merlin Clève, "A teoria constitucional e o direito alternativo", in *Seminário Nacional sobre o Uso Alternativo do Direito*, p. 50). Na Itália, a lei ordinária deve ser interpretada conforme a Constituição, princi-

tutelas diferenciadas ao crivo do contraditório,[226] do devido processo legal,[227] inclusive no sentido substantivo (para verificarmos sua ra-

palmente após a Corte Constitucional ter rejeitado o plano que se ocultava por trás da distinção entre norma constitucional preceptiva e norma constitucional programática (Proto Pisani, *Appunti* ..., cit., p. 274). Alguns estudos vêm, de algum tempo, postulando algo semelhante, com base na defesa da aplicação direta das normas constitucionais às relações intersubjetivas privadas (Oleg Kutafin, "Acción directa e indirecta de las normas constitucionales", in V. Kudriavtsev, S. Ivanov e V. Tumanov, *El derecho en el socialismo desarrollado*, pp. 89–90; Maria Celina Tepedino, "A caminho de um Direito Civil Constitucional", *Revista de Direito Civil* 65/28; José de Albuquerque Rocha, *Estudos sobre o Poder Judiciário*, pp. 111–116), para superar o fato de que "la civilistica brasiliana, ancor'oggi, riserva alla normativa ordinaria una sorta di ruolo centrale nel processo interpretativo" (Gustavo Tepedino, "Contorni della proprietà nella Costituzione brasiliana del 1988", *Rassegna di diritto civile*, n. 1, p. 105). "Le norme costituzionali – che dettano principi di rilevanza generale – sono di diritto sostanziale, non meramente interpretative; il ricorso ad esse, anche in sede d'interpretazione, si giustifica, alla pari di qualsiasi altra norma, come espressione di un valore al quale la stessa interpretazione non si può sottrarre" (Pietro Perlingieri, "Norme costituzionali e rapporti di diritto civile", in *Scuole tendenze e metodi*, pp. 120 e 122). A mesma tendência tem sido verificada em Cappelletti: "A Constituição, distante ainda de ser vista como uma mera proclamação de intentos político–filosóficos, se afirma hoje como *norma jurídica*, vinculante e superior à lei ordinária" ("Constitucionalismo moderno e o papel do Poder Judiciário na sociedade contemporânea", *Revista de Processo* 60/111; nesse sentido: "Derecho de acción y de defensa y función concretadora de la jurisprudencia constitucional", in *Proceso, ideologías, sociedad*, p. 481). Ainda sobre a aplicabilidade direta da Constituição no direito processual, como forma de garantir a efetividade das garantias constitucionais, ver Comoglio, Ferri e Taruffo, *Lezioni* ..., cit., pp. 26–27, 54–55.

226. Colesanti, "Principio del contraddittorio e procedimenti speciali", *Rivista* ..., cit., p. 617. Ver também Kazuo Watanabe, *Da cognição* ..., cit., pp. 92–94.

227. Kazuo Watanabe, *Da cognição* ..., cit., p. 94. Sobre o devido processo legal, ver Eduardo Couture, "Las garantías constitucionales del proceso civil", in *Estudios de derecho procesal civil*, v. 1, pp. 58 e ss.; "Inconstitucionalidad por privación de la garantía del debido proceso", in *Estudios de derecho procesal civil*, v. 1, pp. 193–194; Elio Fazzalari, "Processo (teoria generale)", in *Novissimo Digesto Italiano*, v. 13, p. 1.075; Vincenzo Vigoriti, "Garanzie costituzionali della difesa nel processo civile", *Rivista di Diritto Processuale*, v. 20, pp. 517–518, 523–525 *et passim*; Cappelletti, "Derecho de acción y de defensa y función concretadora de la jurisprudencia constitucional", in *Proceso, ideologías, sociedad*, pp. 479–481; Adolfo Gelsi Bidart, "Proceso y garantía de derechos humanos", *Revista Iberoamericana de Derecho Procesal*, n. 4, p. 601; Germán J. Bidart Campos, "El derecho a la jurisdicción en Argentina", *Revista Iberoamericana de Derecho Procesal*, n. 4, pp. 621 e ss.; Victor Fairén Guillén, "La humanización del proceso: lenguaje, formas, contacto entre los jueces y las partes desde Finlandia hasta Grecia", *Revista de Processo* 14–15/154; Arturo Hoyos, "La garantía constitucional del debido proceso legal", *Revista de Processo* 47/43–91; Cândido Rangel Dinamarco, *A instrumentalidade do*

zoabilidade e racionalidade),[228] e do princípio da igualdade das partes (e da conseqüente paridade de armas).[229] E é isso que tentaremos fazer, na medida do possível, com os procedimentos especialíssimos: lê-los à luz dos princípios gerais e constitucionais do processo.

O que notaremos em nossa exposição é uma colisão frontal entre o texto legal e alguns dos princípios constitucionais mais importantes que balizam o nosso processo civil. Qual é, então, a posição do intérprete, entre a norma e o princípio? Embora a resposta pareça óbvia, é bom lembrar a lição de Eduardo Couture, em obra que trata exclusivamente do problema da interpretação de normas processuais: diz o autor que, como os princípios "são extraídos de uma harmonização sistemática de *todos os textos* [legais], levando em consideração suas sucessivas repetições, suas obstinadas e constantes reaparições, a tarefa interpretativa, nesse caso, deverá realizar-se mediante o predomínio do princípio, já que ele constitui a revelação de uma posição de caráter geral, assumida ao longo de um conjunto consistente de soluções particulares".[230]

---

processo, pp. 127 e ss.: Humberto Theodoro Jr., "Princípios gerais do direito processual civil", *Revista de Processo* 23/178–180; "A garantia fundamental do devido processo legal e o exercício do poder de cautela no direito processual civil", *RT* 665/11 e ss.; *A execução de sentença e a garantia do devido processo legal*, pp. 53 e ss.; José Carlos Barbosa Moreira, "Les principes fondamentaux de la procédure civile dans la nouvelle Constitution brésilienne", in *Temas de direito processual civil*, 5ª série., pp. 46–47; Ada Pellegrini Grinover, "O princípio da ampla defesa', *Revista da Procuradoria-Geral do Estado de São Paulo*, n. 19, 1981/1982, p. 13; Kazuo Watanabe, *Da cognição ...*, cit., pp. 93–94; J. M. Othon Sidou, *Processo civil comparado*, pp. 163–164; Domingos Sávio Dresch da Silveira, "Considerações sobre as garantias constitucionais do acesso ao Judiciário e do contraditório", in *Elementos para uma nova teoria geral do processo*, pp. 56 e ss. Sobre a garantia do devido processo legal no art. 7º do Pacto de São José da Costa Rica, ver Adolfo Gelsi Bidart, "La garantía procesal de los derechos humanos en el Pacto de San José de Costa Rica", *Cuadernos de la Facultad de Derecho y Ciencias Sociales*, n. 9, pp. 42–43.

228. Carlos Roberto de Siqueira Castro, "O princípio da isonomia e as classificações legislativas", *Revista de Direito da Procuradoria-Geral de Justiça* do Rio de Janeiro, v. 11, jan./jul. 1980, pp. 91–93 e ss. Luiz Guilherme Marinoni, *Novas linhas...*, cit., p. 172. Ada Pellegrini Grinover, *As garantias constitucionais do direito de ação*, pp. 35–38.

229. Donaldo Armelin, "Tutela jurisdicional diferenciada", in *O processo civil contemporâneo*, p. 105. Luiz Guilherme Marinoni, *Novas linhas do processo civil*, p. 172.

230. Eduardo Couture, *Interpretação das leis processuais*, p. 44 – grifo no original.

Portanto, devem prevalecer os princípios gerais e constitucionais do processo, vale dizer, devem ser considerados inconstitucionais os procedimentos especialíssimos em exame, não só por uma questão de justiça, mas também para inibir futuras arbitrariedades do legislador.[231] Ademais, não é possível continuar insistindo em achar que a constitucionalidade desses procedimentos especialíssimos seja presumida, e que, na dúvida, prevaleça.[232] Sua inconstitucionalidade é passível de argüição inclusive em sede de recurso extraordinário, pois constitui ofensa direta e frontal, como quer o STF.[233]

231. "(...) l'ingiustizia di una legge si risolve concettualmente nella sua incostituzionalità, intesa come difformità nel suo contenuto, dalle norme della costituzione in senso materiale. Il giudice, che reputi una legge ingiusta, e quindi incostituzionale, può e deve sollevare d'ufficio la questione di costituzionalità della legge stessa, rifiutandone nel frattempo l'applicazione (...). Così impostato e risolto il problema dell'attegiamento del giudice di fronte alla legge ingiusta, è data al cittadino una efficace difesa giurisdizionale contro l'arbitrio del legislatore (...)" (Edoardo Garbagnati, "Il giudice di fronte alla legge ingiusta", in *Atti del Congresso Internazionale di Diritto Processuale Civile*, pp. 286–287). Sobre o assunto, ver Juarez Freitas, *A substancial inconstitucionalidade da lei injusta*; "Hermenêutica jurídica: o juiz só aplica a lei injusta se quiser", *Ajuris*, n. 40, pp. 39–52; Plauto Faraco de Azevedo, "Juiz e direito rumo a uma hermenêutica material", *Ajuris*, n. 43, pp. 40 e ss.; Rui Portanova, *Motivações ideológicas da sentença*, pp. 128 e ss.
232. Como fez, em relação à alienação fiduciária, o TJSC, AC 38852, Florianópolis, 3ª C.Cív. unân., *DJSC* 13.5.1992, p. 11. Para uma apreciação crítica dessa presunção, ver Sérgio Fernando Moro, *Legislação suspeita?: afastamento da presunção de constitucionalidade da lei*.
233. "A ofensa à Constituição, que autoriza admissão do recurso extraordinário, é a ofensa direta, frontal, e não a ofensa indireta, reflexa" (STF, Ag. reg. 131.798–1–PR, 2ª T., unân., rel. Min. Carlos Velloso, j. 5.5.1992, *DJU* I 26.6.1992, p. 10.109). Não obstante, como já ressaltou o Min. Marco Aurélio, não se pode alçar a dogma essa exigência (STF, Ag. reg. 149.619–DF, 2ª T., v.u., rel. Min. Marco Aurélio, j. 24.9.1993, *DJU* I 19.11.1993, p. 24.661; também STF, Ag. em AI 177.411–8–SP, 2ª T., v.u., rel. Min. Marco Aurélio, j. 4.3.1997, *DJU* I 13.6.1997, p. 26.698). Mais que isso: "A intangibilidade do preceito constitucional que assegura o devido processo legal direciona ao exame da legislação comum. Daí a insubsistência da tese no sentido de que a violência à Carta Política da República, suficiente a ensejar o conhecimento de extraordinário, há de ser direta e frontal. Caso a caso, compete ao Supremo Tribunal Federal exercer crivo sobre a matéria, distinguindo os recursos protelatórios daqueles em que versada, com procedência, a transgressão a texto constitucional, muito embora torne–se necessário, até mesmo partir–se do que previsto na legislação comum. Entendimento diverso implica relegar à inocuidade dois princípios básicos em um Estado Democrático de Direito – o da legalidade e do devido processo legal, com a garantia da ampla defesa, sempre a pressuporem a consideração de normas estritamente legais" (STF, RE 154.159–8/PR, 2ª T., v.u., rel. Min. Marco Aurélio, j. 10.6.1996, *DJU* I 8.11.1996, p. 43.212).

3.8.2 Respeito à isonomia

A igualdade perante a Justiça tem por fundamento a igualdade da dignidade do homem.[234] No entanto, essa "igualdade da dignidade" não resiste à desigualdade econômica.[235] Pode-se afirmar, apenas em tese, que "el proceso no se hace para premiar al litigante más rico, más instruido, más inteligente, ni al que puede contar con los servicios del abogado más competente y más diligente, sino al que tenga por sí el derecho".[236] Pois é exatamente o inverso o que ocorre nos procedimentos especialíssimos: a desigualdade no procedimento reforça as desigualdades materiais entre os contendores. De um lado, as financeiras, litigantes habituais; de outro, o devedor, normalmente pessoa física (salvo exceções, principalmente no DL 21/66 e DL 413/69), litigante eventual.[237] Quando construiu os procedimentos especialíssimos, o legislador brasileiro fez questão de assegurar à grande empresa (financeira), litigante habitual, um resultado favorável no processo, e em tempo recorde. Uma caricatura grosseira dos supostos objetivos igualitários do processo civil.

"La realización perfecta del ideal de igualdad – en el proceso y fuera de él – es y será siempre una utopía. Pero semejante convicción no ofrece una disculpa válida a quines, pudiendo actuar en el sentido de promoverla, prefieren omitirse. Si es cierto que no se logrará jamás eliminar completamente la desigualdad material entre las partes, también es cierto que no estamos autorizados a conformarnos pasivamente con la perversa desfiguración que ella imprime en el funcionamiento del mecanismo judicial".[238]

Para deixar bem clara a intenção de não permitir ao juiz uma atitude passiva diante da desigualdade material entre as partes, o novo

---

234. Giorgio del Vecchio, "Igualdade e desigualdade perante a Justiça", *Revista da Faculdade de Direito*, v. 61, n. 1, pp. 29, 36, 39 *et passim*.
235. "El factor más frecuente (y quizás el más grave) de disparidad entre las partes es, sin lugar a dudas, el económico" (José Carlos Barbosa Moreira, "La igualdad de las partes en el proceso civil", *Revista de Processo* 44/179).
236. José Carlos Barbosa Moreira, "La igualdad ...", cit., p. 180.
237. Sobre litigância habitual e eventual, ver Cappelletti, *Acesso à justiça*, p. 25. "La situación 'clásica' de disparidad de fuerzas en el proceso es la que contrapone un individuo (persona física) a un adversario que disfruta las ventajas de la organización unidas a la superioridad de recursos económicos o a la influencia política. En este caso está, por ejemplo, las grandes empresas" (José Carlos Barbosa Moreira, "La igualdad ...", cit., p. 182).
238. José Carlos Barbosa Moreira, "La igualdad ...", cit., p. 183.

CPC peruano (vigente desde 28 jul. 1993) ostenta um interessante "principio de socialización del proceso", no art. 6º do Título Preliminar, pelo qual "el juez debe evitar que la desigualdad entre las personas por razones de sexo, raza, religión, idioma o condición social, política o económica, afecte el desarrollo o resultado del proceso".[239] No caso dos procedimentos especialíssimos, parece que o legislador adotou princípio diametralmente oposto, pois neles a condição de "instituição financeira" é mais do que suficiente para assegurar um resultado rápido e favorável.

Segundo Proto Pisani, um novo rito processual, quando criado, deve obedecer a dois requisitos básicos: a) deve atender a situações que exigem eficiência da administração da justiça – é o caso da demanda por efetividade, p.ex., nas ações acidentárias; e b) *deve atender ao princípios da igualdade e da erradicação das desigualdades* – Constituição italiana, art. 3º, 1º e 2º *commi*; CF/88 art. 5º, I e 3º, III, respectivamente.[240]

No entanto, os procedimentos especialíssimos, segundo Carlos Alberto Alvaro de Oliveira, são caracterizados exatamente pelo contrário, ou seja, por um "total desconhecimento do tão decantado princípio da igualdade das partes no processo, gerando–se, com isso, dupla desigualdade: desigualdade *de* procedimento e desigualdade *no* procedimento".[241]

Ferem a *igualdade de procedimento* na medida em que privilegiam apenas as instituições financeiras com a legitimação ativa, dei-

---

239. Francisco Javier Romero Montes, "Expectativas y desilusiones del nuevo Código Procesal Civil", *Vox Juris*, v. 5, p. 355. Sobre a experiência soviética, em que a igualdade entre as partes era uma meta obrigatória para o Judiciário, ver o art. 156 da Constituição de 1977, art. 24 dos Fundamentos do Procedimento Judicial Civil da URSS e das Repúblicas Federadas, art. 5º dos Fundamentos da Legislação da URSS e das Repúblicas Federadas sobre o Sistema Judicial (*Fundamentos de la legislación de la URSS y de las Repúblicas Federadas*, pp. 159 e 163), além dos seguintes textos: René David, *Les données fondamentales du droit soviétique*, pp. 177–178; V. I. Terebilov, *O sistema judicial soviético*, pp. 60–62; Mark A. Gurvic, "Profili generali del processo civile sovietico", *Rivista di Diritto Processuale*, v. 31, n. 1, p. 35; Nikolái Maléin, *La legislación civil y la defensa de los derechos personales en la URSS*, pp. 240 e 242; V. K. Poutchinski, "Princípios de processo civil da URSS e das Repúblicas federadas", in *Princípios de processo civil da URSS e das Repúblicas federadas*, pp. 38–40.
240. Proto Pisani, *Appunti* ..., cit., p. 243.
241. Carlos Alberto Alvaro de Oliveira, "Procedimento e ideologia no direito brasileiro atual", *Ajuris*, n. 33, p. 81, grifos no original.

xando aos demais jurisdicionados, i.e., outros credores portadores de título executivo extrajudicial, a execução comum. No caso da execução extrajudicial, p. ex., "(...) admitir que uns credores e devedores hipotecários devam estar sujeitos às normas do Código de Processo e outros possam utilizar, para cobrança dos seus créditos ou somente possam contar, para defesa dos seus direitos de devedor, com os meios escassos e precários do Decreto–lei n. 70, constitui, inegavelmente, tratamento que fere o princípio constitucional da igualdade de todos perante a lei".[242]

Isso equivale à *desigualdade relativa* de que fala Comparato, ou seja, aquela que ocorre "quando a lei determinar, de modo arbitrário, a diferenciação ou a identificação de situações jurídicas, vale dizer, quando tratar desigualmente os iguais ou igualmente os desiguais",[243] eis que, no exemplo citado, credores hipotecários (iguais) são tratados desigualmente, recebendo tutelas jurisdicionais diferenciadas conforme o seu *status* – se instituição financeira ou não. A mesma observação vale para os demais procedimentos especialíssimos.

Por outro lado – ainda analisando a frase de Carlos Alberto Alvaro de Oliveira – os procedimentos especialíssimos ferem o princípio da *igualdade no procedimento*, na medida em que – como já dissemos – tratam desigualmente os desiguais apenas para reforçar as desigualdades já encontradas no plano material, favorecendo a instituição financeira e prejudicando a defesa do mutuário inadimplente, hipossuficiente frente à instituição. Em outras palavras, ao lado "de uma

---

242. José Olympio de Castro Filho, *Comentários ao Código de Processo Civil*, v. 10, pp. 393–394. "O procedimento especial, contudo, sempre considera uma situação específica. Entretanto, se todos concordam que o autor não pode pagar pelo tempo que serve ao réu, não há razão para que situações que merecem igual tratamento (repartição do tempo do processo de acordo com a necessidade da instrução probatória) sejam tratadas de forma desigual. Em outros termos: o procedimento especial, ao considerar uma situação específica, trata de forma especial uma situação que não difere de outras que podem apresentar-se no procedimento comum" (Luiz Guilherme Marinoni, *Tutela antecipatória, julgamento antecipado e execução imediata da sentença*, p. 57).

243. Fábio Konder Comparato, "Precisões sobre os conceitos de lei e de igualdade jurídica", *RT* 750/18. A desigualdade absoluta seria aquela em que se verifica um privilégio para um caso individual (loc. cit.). É o caso, p.ex., dos privilégios concedidos pelo Príncipe a determinados apaniguados, e "cuya existencia es respetada por la administración principesca de la justicia" (Max Weber, *Economía y sociedad*, p. 625).

desigualdade *perante* a lei, pode haver uma desigualdade *da própria lei*, o que é muito mais grave".²⁴⁴

3.8.3 Respeito ao contraditório

Ninguém em sã consciência nega a importância do contraditório, enquanto corolário do princípio da igualdade perante a lei e perante o Judiciário,²⁴⁵ para a constituição válida do processo, inclusive encontrando aplicação em vários procedimentos especiais.²⁴⁶ Alguns autores italianos afirmam a derrogabilidade do contraditório em alguns procedimentos especiais,²⁴⁷ sendo que a sua suposta postecipação não

---

244. Fábio Konder Comparato, "Precisões sobre os conceitos de lei e de igualdade jurídica", *RT* 750/17, grifos no original.
245. Carnelutti, *Diritto e processo*, pp. 99–100. Colesanti, "Principio del contraddittorio e procedimenti speciali", *Rivista* ..., cit., p. 584. Giuseppe Martinetto, "Contraddittorio (principio del)", in *Novissimo Digesto Italiano*, v. 4, p. 459. Eduardo Couture, "Trayectoria y destino del derecho procesal civil ", in *Estudios de derecho procesal civil*, v. 1, p. 311. Ugolino Anichini, "Contraddittorio", in *Nuovo Digesto Italiano*, v. 3, p. 1.144. Giuseppe Motti, "Contraddittorio (diritto processuale civile)", in *Enciclopedia Forense*, v. 2, p. 570. Proto Pisani, *Lezioni di diritto processuale civile*, p. 224. Italo Augusto Andolina, "Il modello costituzionale del processo civile", *Revista de Direito Processual Civil Genesis*, n. 4, p. 150. Mark A. Gurvic, "Profili generali del processo civile sovietico", *Rivista di Diritto Processuale*, v. 31, n. 1, p. 35. Cândido Rangel Dinamarco, *A instrumentalidade do processo*, pp. 135–136. Luiz Guilherme Marinoni, *Novas linhas do processo civil*, p. 71. Arturo Hoyos, "La garantía constitucional del debido proceso legal", *Revista de Processo* 47/76. Humberto Theodoro Jr., "Princípios gerais ...", cit., *Revista de Processo* 23/182. Moacyr Amaral Santos, "Contraditório", *Enciclopédia Saraiva do Direito*, v. 19, p. 119. Celso Ribeiro da Silva, "O contraditório no processo de execução", *Justitia*, v. 66, p. 65. Maria da Glória Lins da Silva Castro, "Os mitos do processo", *Revista Brasileira de Direito Processual*, n. 51, pp. 83–4.
246. Ugolino Anichini, "Contraddittorio", in *Nuovo Digesto Italiano*, v. 3, p. 114.
247. Giuseppe e Giambattista Nappi entendem que o "salvo che la legge disponga altrimenti", que consta do art. 101 do CPC italiano, refere-se a procedimentos especiais de jurisdicição contenciosa sem contraditório (*Commentario al Codice di Procedura Civile*, v. 1, t. 2, pp. 600–601; idem, ibidem, v. 2, t. 1, p. 5). "(...) talora occorrono *procedimenti giudiziali speciali*, pei quali, il legislatore, o per ragione di urgenza, o in considerazione dell'indole particolare dell'affare, credette di dovere declinare della regola generale del contraddittorio delle parti" (Luigi Mattirolo, *Trattato di diritto giudiziario civile italiano*, v. 2, p. 103 – grifo no original). "Invece per alcuni *procedimenti speciali* il legislatore, in considerazione dell'urgente bisogno di un provvedimento o della natura particolare dell'affare, credette di dovere derogare alla regola generale" (Luigi Mattirolo, *Istituzioni di diritto giudiziario civile italiano*, p. 125, grifo no original).

passaria de uma construção que tentaria esconder esse fato.[248] Outros discordam, e chegam a afirmar que o contraditório é um princípio simplesmente inderrogável, que não admite exceções.[249] Nesse caso, mesmo a ação monitória ou os provimentos *inaudita altera parte* seriam exceções apenas aparentes, pois o contraditório supostamente ausente estaria presente, porém adaptado, diferido (*i.e.*, adiado, postecipado) para uma eventual ou necessária fase sucessiva.[250]

248. Colesanti, "Principio del contraddittorio e procedimenti speciali", *Rivista* ..., cit., p. 589. Ferdinando Mazzarella, "Sul contraddittorio nel processo esecutivo", *Rivista di Diritto Civile*, v. 25, n. 5, p. 625). Esse posicionamento parece ter recebido o apoio de Enrico Allorio, "Diritto alla difesa e diritto al gravame", *Rivista di Diritto Processuale*, v. 30, pp. 663–664.
249. O contraditório "è indiscutibilmente necessario per la regolare costituzione del processo, anzi per la sua stessa esistenza, perché un processo nel quale non siano state osservate le regole del contraddittorio è giuridicamente privo di ogni valore. La legge [art. 101 do CPC italiano] fa salve le diverse disposizioni di legge, ma queste sono eccezioni apparenti, non potendo il principio del contraddittorio soffrire deroga alcuna. Si può infatti ammettere che, mentre in linea generale si provvede all'oservanza del contraddittorio con la citazione, in casi particolari si possono anche variare le forme di introduzione del giudizio, o rendere il contraddittorio eventuale, o posticiparlo al provvedimento, non mai sopprimerlo" (Salvatore Satta, *Diritto* ... cit., pp. 150–151). "Unica garanzia inderogabile è quella del contraddittorio, che corrisponde alla libertà di opposizione nel campo politico, al fine di modificare le situazioni giuridiche fatte valere dall'altra parte" (Emilio Ondei, "Liberalismo o autoritarismo processuale?", *Rivista di Diritto Processuale*, v. 7, n. 1, p. 180). Ainda nesse sentido, ver: Robert Wyness millar, *Los principios formativos del procedimiento civil*, p. 55; Giuseppe Motti, "Contraddittorio (diritto processuale civile", in *Enciclopedia Forense*, v. 2, p. 570.
250. Luigi Paolo Comoglio, "Garanzie costituzionali e prove atipiche nel procedimento camerale", *Rivista Trimestrale di Diritto e Procedura Civile*, v. 30, p. 1.157. Até mesmo para Liebman, que não vê um contraditório no processo de execução, o contraditório não admite exceções: "Il principio [do contraditório] non ammette eccezioni, poichè anche nei casi in cui il giudice può provvedere *inaudita altera parte* (...) a questa è data la facoltà di svolgere la sua difesa (opposizione, giudizio di convalida) in un momento successivo, ma sempre prima che il provvedimento possa offendere concretamente i suoi interessi" (Enrico Tullio Liebman, *Manuale di diritto processuale civile*, v. 1, p. 229; *Corso di diritto processuale civile*, p. 110). "O princípio do contraditório, por ser de índole constitucional, não admite exceções. Mesmo naqueles raros casos em que a lei processual permite pronunciações do juiz *inaudita altera parte*, como ocorre, p.ex., nos casos de urgência, em processos cautelares, aquele em face de quem ou contra quem se dirige a pretensão terá, em seguimento, oportunidade de se manifestar e defender-se" (Moacyr Amaral Santos, "Contraditório", *Enciclopédia Saraiva do Direito*, v. 19, p. 119). O prof. Humberto Theodoro Jr. também inadmite exceções ao contraditório, e considera que sua inversão temporal em relação ao provimento

De fato, além do *contraditório antecipado* (típico do procedimento ordinário: o provimento judicial só é possível após a oitiva da parte contrária),[251] a doutrina italiana distingue duas adaptações do contraditório nos procedimentos especiais: a postecipação necessária (contraditório postecipado necessário, também chamado de contraditório diferido ou simplesmente postecipado) e a eventual (contraditório postecipado eventual, facultativo ou simplesmente eventual).[252]

No contraditório *postecipado eventual*, "la parte, alla quale il sequestro nuoce, avuta la conoscenza del provvedimento che lo concede, da notificarsi a cura della parte istante in un termine perentorio dall'esecuzione, avrebbe avuto il diritto di impugnarlo mediante l'opposizione" – os embargos.[253] O contraditório eventual *pode*, mas não *deve* necessariamente suceder necessariamente o provimento judicial; conseqüentemente, "il provvedimento *può* rimanere indiscusso e, appunto, pel mancato contraddittorio – non voluto dalla parte ch'era in condizione di provocarlo mediante l'opposizione cui era abilitata in un termine prefisso – mantiene la sua efficacia giuridica e, anzi, la consegue piena e a tutti gli effetti".[254]

---

judicial (*inaudita altera parte*) permite que ele, depois, se instale plenamente ("Princípios gerais ...", cit., *Revista de Processo* 23/182–183). Ainda nesse sentido: Ugolino Anichini, "Contraddittorio", in *Nuovo Digesto Italiano*, v. 3, p. 1.145; Giuseppe Motti, "Contraddittorio (diritto processuale civile)", in *Enciclopedia Forense*, v. 2, p. 571).

251. Ugo Rocco, *Tratatto di diritto processuale civile*, v. 5, pp. 255–256 e 293. Carnelutti, *Istituzioni del processo* ..., cit., v. 3, pp. 172–173. Colesanti, "Principio del contraddittorio e procedimenti speciali", *Rivista* ..., cit., p. 588. Proto Pisani, *Appunti* ..., cit., pp. 314, 422–423. *Lezioni di diritto processuale civile*, p. 601. Comoglio, Ferri e Taruffo, *Lezioni* ..., cit., p. 231.

252. Ver ainda, sobre a postecipação do contraditório: Piero Calamandrei, "Il processo come giuoco", in *Studi* ..., cit., v. 6, pp. 60–61. Ugo Rocco, *Tratatto di diritto processuale civile*, v. 5, pp. 256, 293–294. Antonio Nasi, "Contraddittorio (principio del)", *Enciclopedia del Diritto*, v. 9, p. 726.

253. Carnelutti, *Istituzioni del processo* ..., cit., v. 3, p. 155. "(...) la parte contro cui il provvedimento è emanato a dover prendere l'iniziativa del contraddittorio promovendo opposizione, allo scopo di impedire che, in mancanza di questa e decorso il termine stabilito dalla legge, il provvedimento diventi definitivo ed inimpugnabile" (Giuseppe Martinetto, "Contraddittorio (principio del)", *Novissimo Digesto Italiano*, v. 4, p. 461).

254. Ugolino Anichini, "Contraddittorio", in *Nuovo Digesto Italiano*, v. 3, p. 1.145, grifo no original. Nesse sentido, Giuseppe Motti, "Contraddittorio (diritto processuale civile), in *Enciclopedia Forense*, v. 2, p. 571; Proto Pisani, *Lezioni di diritto processuale civile*, p. 229.

No contraditório *postecipado necessário*, "non già la parte gravata dal provvedimento lo provoca mediante l'impugnazione, bensì la parte che lo ha ottenuto deve provocarlo citando l'altra per ottenerne la conferma".[255] O contraditório postecipado necessário *deve* necessariamente suceder o provimento judicial; conseqüentemente "il provvedimento è *sempre* suggetto a discussione e n'è subordinata la definitiva efficacia giuridica all'esito del giudizio che si svolge nella seconda fase e che – provocato in contraddittorio dalla stessa parte instante o ricorrente – si conclude colla convalida o colla revoca del provvedimento stesso".[256]

É óbvio que a postecipação (eventual ou necessária) do contraditório, bem como outras formas particulares de sua atuação em diferentes procedimentos, não configuram, por si sós, uma inconstitucionalidade.[257] Inconstitucional é apenas a lei que exclui totalmente o contraditório.[258] Também é inadmissível que se adie o contraditório inteiro para outra fase do procedimento ou grau de jurisdição.[259] Ademais, a postecipação do contraditório, no caso concreto, deve obedecer ao princípio da proporcionalidade, que precisa ser conjugado com o princípio da probabilidade.[260] Porém, como bem colocou Comoglio, quando o provimento judicial produz efeitos imediatos no plano fáti-

---

255. Carnelutti, *Istituzioni del processo* ..., cit., v. 3, p. 155. "(...) dopo la pronuncia del provvedimento, la parte stessa che lo ha ottenuto debba iniziare il giudizio di convalida o di merito onde evitare che il provvedimento diventi inefficace" (Giuseppe Martinetto, "Contraddittorio (principio del)", in *Novissimo Digesto Italiano*, v. 4, p. 461).

256. Ugolino Anichini, "Contraddittorio", in *Nuovo Digesto Italiano*, v. 3, p. 1.145 – grifo no original. Nesse sentido, Giuseppe Motti, "Contraddittorio (diritto processuale civile)", in *Enciclopedia Forense*, v. 2, p. 571; Proto Pisani, *Lezioni di diritto processuale civile*, p. 229.

257. Colesanti, "Principio del contraddittorio e procedimenti speciali", *Rivista* ..., cit., p. 617. Proto Pisani, *Lezioni di diritto processuale civile*, pp. 228–229. Cândido Rangel Dinamarco, *A instrumentalidade do processo*, pp. 131 e 133. Ada Pellegrini Grinover, *Os princípios constitucionais e o Código de Processo Civil*, pp. 95–96. Rogerio Lauria Tucci e José Rogério Cruz e Tucci, *Constituição de 1988 e processo*, p. 66. Enrico Tullio Liebman, "Il principio del contraddittorio e la Costituzione", *Rivista di Diritto Processuale*, v. 9, n. 2, p. 128. Carpi, Colesanti e Taruffo, *Commentario breve* ..., cit., p. 153.

258. Proto Pisani, *Lezioni di diritto processuale civile*, p. 228.

259. Comoglio, Ferri e Taruffo, *Lezioni* ..., cit., p. 70.

260. Luiz Guilherme Marinoni, *Novas linhas do processo civil*, p. 78. *A antecipação da tutela*, pp. 171 e ss. *Tutela cautelar e tutela antecipatória*, pp. 124 e ss. Carlos Alberto Alvaro de Oliveira, "A garantia do contraditório", *Revista de Direito Processual*

co, o adiamento do contraditório a uma fase posterior não é suficiente para garantir a constitucionalidade do procedimento.[261]

O contraditório não pode ser aplicado de maneira linear e absoluta a todo e qualquer tipo de procedimento, de modo a paralisar completamente a atividade jurisdicional.[262] Qual seja, as garantias constitucionais operam, sim, nos confins do processo civil, mas não de modo absoluto e indistinto, pois adaptam-se às particularidades das fases e especialidades dos procedimentos.[263] Não se pode exigir um contraditório nos amplíssimos termos do processo comum de conhecimento, sob pena de reduzir todos os procedimentos ao modelo ordinário.[264] Entretanto, mesmo podendo adaptar-se às particularidades

Civil Genesis, n. 10, pp. 673–674. Athos Gusmão Carneiro, *Da antecipação de tutela no processo civil*, pp. 62–64. Teori Albino Zavascki, *Antecipação da tutela*, pp. 61 e ss.

261. "(...) se il provvedimento giurisdizionale, emesso al termine della fase di cognizione sommaria, é di per sé idoneo a produrre immediati effetti pregiudizievoli nei confronti gli interessati, il differimento del contradittorio alla fase di gravame non è più sufficiente a garantire il diritto di difesa e l'audizione delle parti si impone anche nel corso della prima fase, in forme compatibili con la somarietà camerale del procedimento" (Luigi Paolo Comoglio, "Garanzie costituzionali e prove atipiche nel procedimento camerale", *Rivista Trimestrale di Diritto e Procedura Civile*, v. 30, p. 1.157). Um exemplo de contraditório compatível com essa primeira fase, no direito brasileiro, seria a audiência de justificação de posse (art. 928 do CPC), se nela for considerada possível a produção de provas pelo réu.

262. Giuseppe Motti, "Contraddittorio (diritto processuale civile)", in *Enciclopedia Forense*, v. 2, p. 570. "(...) debemos destacar que en ocasiones, y al objeto de proteger el derecho a la efectividad de la tutela judicial, la audiencia o contradicción tiene lugar después de realizada una determinada actuación procesal. Así sucede, por ejemplo, en la adopción de ciertas medidas cautelares (embargo preventivo, etc.), en las que la audiencia previa del afectado podría perjudicar la efectividad de la medida cautelar y, siempre la retrasaría en detrimento de su eficacia, lo cual podría llevar a menoscabar el derecho a la tutela judicial efectiva" (Joan Picó I Junoy, *Las garantías constitucionales del proceso*, p. 103). "Tendo em vista interesses superiores de justiça, o princípio do contraditório sujeita-se às vezes a certas limitações: freqüentemente, a ciência dos atos processuais à outra parte e a demora daí resultante poderiam tornar ineficaz a própria atividade judicial" (Ada Pellegrini Grinover, *Os princípios constitucionais e o Código de Processo Civil*, pp. 94–95).

263. Luigi Paolo Comoglio, "Garanzie costituzionali e prove atipiche nel procedimento camerale", *Rivista Trimestrale di Diritto e Procedura Civile*, v. 30, p. 1.156. Carpi, Colesanti e Taruffo, *Commentario* ..., cit., pp. 153–154. Cappelletti, "Las garantías constitucionales de las partes en el proceso civil italiano", in *Proceso, ideologías, sociedad*, p. 543.

264. Colesanti, "Principio del contraddittorio e procedimenti speciali", *Rivista* ..., cit., pp. 615. Segundo Liebman, p.ex., o que não é admissível é um provimento *inaudita altera parte* ser exeqüível antes que o réu tenha a possibilidade de se defen-

da estrutura do procedimento, segundo Comoglio o contraditório só é respeitado quando as partes têm a faculdade de participar dialógica e dialeticamente do processo, expondo as próprias razões.[265]

Não é o que ocorre nos procedimentos mais modernos e eficientes, em que o risco maior é o de abandono da garantia do contraditório.[266] Esse risco é que faz extremamente necessário discutir o problema do contraditório nos procedimentos especialíssimos. Segundo Vittorio Colesanti, em célebre estudo sobre o assunto, o problema que se põe com relação a este princípio nos procedimentos especiais é o de averiguar, colocando-se o procedimento especial como instrumento de tutela preferencial, em detrimento do rito ordinário, se o contraditório continua cumprindo sua função fundamental, de garantir que o procedimento se desenvolva em condições de paridade entre as partes.[267]

A conclusão que se extrai, no nosso caso, é claríssima e de uma simplicidade sem par: é preciso que a tutela diferenciada garanta que o processo se desenvolva em condições de paridade de armas entre as

der (Enrico Tullio Liebman, "In tema di esecuzione provvisoria del decreto d'ingiunzione", *Rivista di Diritto Processuale*, v. 6, n. 2, p. 81; "Il principio del contraddittorio e la Costituzione", *Rivista di Diritto Processuale*, v. 9, n. 2, p. 129). Por isso, para evitar o risco de proibir pura e simplesmente todos os juízos com contraditório postecipado, Alcalá-Zamora y Castillo defende que a fórmula do "ninguém pode ser condenado sem ser ouvido" seja enunciada como "ninguém será executoriamente condenado sem que lhe tenha sido concedida a oportunidade prévia de ser ouvido" (Niceto Alcalá-Zamora y Castillo, "Intervenção", in Eduardo Couture, *Interpretação das leis processuais*, p. 68).

265. Luigi Paolo Comoglio, "Garanzie costituzionali e prove atipiche nel procedimento camerale", *Rivista Trimestrale di Diritto e Procedura Civile*, v. 30, pp. 1.156–1.157.

266. Cappelletti, *Acesso à justiça*, p. 163.

267. "Il problema che si pone risguardo al contraddittorio nei procedimenti speciali non consiste nel rilevarsse un diverso modo di atteggiarsi, se così si vuole una 'attenuazione' rispetto al modello ordinario, per porre in luce il carattere preferenziale – e ben inteso, sempre nei confronti del modello ordinario – della tutela così elargita; nè ha senso stare a discettare se quella che s'è chiamata soddisfazione preferenziale debba andar riferita alla situazione sostanziale come configurata dalla sua propria disciplina, o invece precisamente alle forme della tutela: sul che si potrebbe seguitarse a discutere all'infinito, anche per l'intrinseca 'relatività' di siffatte prospettive. *Si tratta piuttosto di vagliare se pur atteggiandosi i procedimenti speciali come strumenti di tutela preferenziale rispetto al modulo ordinario, nonostante la 'specialità' della struttura il contraddittorio adempia alla sua fondamentale funzione, rispetti la sua stessa essenza, di garanzia che il procedimento si svolga in condizioni di parità fra gli interessati*" (Colesanti, "Principio del contraddittorio e proce-

partes. O problema é que os procedimentos especialíssimos não dão essa garantia, por todos os motivos já relacionados acima.

3.9 Para concluir

Com todas essas observações, cabe alertar que não se pode defender inconseqüentemente a tutela jurisdicional diferenciada, sem ressalvar os procedimentos especialíssimos em exame. Seria ingenuidade acreditar que *todas* as tutelas jurisdicionais diferenciadas e urgentes *sempre* servem aos interesses de *apenas uma* determinada classe.

Assim, não pode a doutrina simplesmente defender um ou outro ponto de vista (unicidade ou pluralidade de procedimentos) sem averiguar suas conseqüências práticas. A isso chamamos de *responsabilidade social do profissional do direito*, como já foi visto na seção 1.2.

De nossa parte, cabe ressaltar que não pretendemos que todo o procedimento deva ser ordinário, pois senão estaríamos inviabilizando qualquer efetivação de tutela urgente dos chamados "novos direitos", como os transindividuais,[268] ou de setores desprivilegiados economicamente,[269] além das tutelas de urgência de direitos extrapatrimoniais, como os direitos da personalidade. A princípio seria interessante estender a efetividade da busca e apreensão de bem objeto de alienação fiduciária, e até das execuções extrajudiciais (com ressalvas) a outras hipóteses.[270] Entretanto, não podemos estender indiscri-

---

dimenti speciali", *Rivista* ..., cit., p. 617 – sem grifo no original). Ver também: Edoardo Grasso, "Il processo esecutivo nelle prospettive della ricodificazione", *Rivista di Diritto Processuale*, v. 40, n. 3, pp. 525–526; Kazuo Watanabe, *Da cognição* ..., cit., pp. 92–94.

268. "(...) os esquemas processuais tradicionais, ainda que satisfatórios para acudir a um sistema capitalista e burguês (...), seriam de qualquer modo inadequados para a solução dos conflitos emergentes em uma sociedade de massa, em que despontam interesses metaindividuais" (Ada Pellegrini Grinover, "Deformalização do processo e deformalização das controvérsias", in *Novas tendências do direito processual*, p. 177).

269. "In effetti, la durata dei processi civili, anche in quelli in materia di lavoro e di previdenza sociale, raggiunge in Italia livelli tali da sconfinare, in molti casi, in *una vera e propria denegazione di giustizia*" (Mauro Cappelletti e Vincenzo Vigoriti, "I diritti costituzionali delle parti nel processo civile italiano", *Rivista di Diritto Processuale*, v. 26, n. 4, p. 629, grifo nosso).

270. Nesse sentido, ver José Roberto dos Santos Bedaque, *Direito e processo*, p. 102. Ao propor a ampliação do leque de hipóteses de cabimento das execuções extrajudiciais, Girolamo Bongiorno afirma que essa tese não atenta contra a Consti-

minadamente a efetividade do processo a todo e qualquer direito, senão estaríamos dando efetividade à tutela dos direitos dos bancos, latifundiários etc., que já desfrutam de privilégios demais em nosso ordenamento.

Assim, seria necessário identificar as situações onde se deve dar efetividade à tutela dos direitos do autor, e aquelas em que se deve reforçar as garantias do réu.[271] Quando a situação reclamar efetividade para a tutela dos direitos do autor, confere-se maior velocidade ao processo, por meio da tutela antecipatória, ou cria-se novos procedimentos especiais, pois, neste caso, o importante é tutelar o direito à vida digna do aposentado que reclama seu benefício junto ao INSS, é tutelar o meio ambiente que está sendo agredido, é tutelar o direito dos sem-teto à moradia, é tutelar o direito do cliente de banco,[272] é tutelar o direito à reforma agrária etc.[273] Por outro lado, quando a situação reclamar maiores garantias para o réu, volta-se ao procedimento ordinário, com todo o peso da cognição plena e exauriente,

tuição porque seria qualificada: pela tipicidade dos mecanismos de autodefesa, pela sujeição convencional à autotutela, estabelecida nos títulos negociais, pelo respeito ao direito de defesa do devedor e de terceiros responsáveis pelo débito, e pelo respeito aos direitos dos credores concorrentes (Girolamo Bongiorno, "Profili sistematici e prospettive dell'esecuzione forzata in autotutela", *Rivista Trimestrale di Diritto e Procedura Civile*, v. 42, n. 2, pp. 483–484). O importante aqui é ressaltar o respeito ao direito de defesa, praticamente inexistente nos leilões extrajudiciais previstos na legislação brasileira, eis que a sujeição convencional à autotutela, em países periféricos como o nosso, revela-se uma "garantia" inócua, máxime em se tratando de contratos de adesão.

271. Afinal, como bem sintetizou Satta, "la postulazione del giudizio non è solo dell'attore ma anche del convenuto, e in definitiva l'essere attore o convenuto dipende in generale dalla priorità formale dell'iniziativa" (*Commentario al Codice di Procedura Civile*, v. 1, p. 358). Em outras palavras, o réu também tem direito à jurisdição (Germán J. Bidart Campos, "El derecho a la jurisdicción en Argentina", *Revista Iberoamericana de Derecho Procesal*, n. 4, pp. 644–645). Nesse sentido, Comoglio, Ferri e Taruffo, *Lezioni* ..., cit., p. 335.

272. P.ex., através do processo administrativo previsto no Dec. 2.181/97 (Antonio Herman Benjamim, "Bancos entram na mira do Procon", *Carta Maior*, n. 8, pp. 4–5).

273. Ver Sérgio Sérvulo da Cunha, *Direito à moradia*, Comunicação apresentada ao Congresso de Direito Civil Alternativo, realizado em Blumenau, em abr./1994, pp. 6–7. "A nova proteção possessória", in *Lições de Direito Civil Alternativo*, p. 51. Antonio Jurandy Porto Rosa, *Os Sem-Terra e a função social da propriedade*, Comunicação apresentada no Seminário A Proteção Jurídica do Povo da Terra, São Paulo, 15 a 17.12.1995. Não estamos aqui considerando o rito sumário para a desapropriação de imóvel rural por interesse social – LC 76/93 com redação da LC 88/96, ambas inefetivadas pelo Judiciário, cf. Milton Inácio Heinen, "Entra-

todo o peso do contraditório e da ampla defesa, pois nestes casos, mais importante que o pseudodireito de propriedade do latifundiário[274] e o direito de crédito da instituição financeira, é o direito à moradia, o direito à subsistência, o direito à dignidade.
Nesse sentido, retomemos o art. 75 do Código Civil, agora numa nova interpretação: a todo o direito, do autor *ou do réu*, deve corresponder respectivamente uma ação *ou reação*, que assegure a fruição do direito mais importante durante a tramitação do processo (nos casos citados, o direito à moradia, o direito à subsistência digna, o

ves jurídicos à reforma agrária", *Pastoral da Terra*, n. 143, p. 19 – mas ações cuja legitimação ativa caberia ao próprio despossuído, individual ou coletivamente.
274. Pseudodireito porque, a partir da Constituição de 1988, o desatendimento da função social retira da propriedade o direito de reivindicá-la (e da sua "posse jurídica" a respectiva tutela possessória), conferindo-lhe em troca o direito à indenização, cf. Jacques Távora Alfonsin, "Sistema de propriedade e reforma urbana", *Revista de Direito Civil* 41/96–97; Fernando Antônio Nogueira Galvão da Rocha, "Reintegração de posse, ocupações coletivas e Ministério Público", in *XI Congresso Nacional do Ministério Público: livro de teses*, v. 2, pp. 616–617; Nilson Marques, *Direito agrário*, p. 65; Sérgio Sérvulo da Cunha, "A nova proteção possessória", in *Lições de Direito Civil Alternativo*, p. 45; Gustavo Tepedino, "Contorni della proprietà nella Costituzione brasiliana del 1988", *Rassegna di diritto civile*, n. 1, p. 111; Maria Celina Tepedino, "A caminho de um Direito Civil Constitucional", *Revista de Direito Civil* 65/32; Fábio Konder Comparato, "A propriedade ou a vida", *Folha de S.Paulo*, 25.12.1990, p. 1–3; Rui Portanova, *Princípios do processo civil*, p. 163; Antonio Jurandy Porto Rosa, *Os Sem–Terra e a função social da propriedade*, Comunicação apresentada no Seminário A Proteção Jurídica do Povo da Terra, São Paulo, 15 a 17.12.1995; Otto Filgueiras, "A justiça e a revolução", *Sem Terra*, n. 2, pp. 15–16. Ver também o acórdão do TJSP, AC 212.726–1–8, São Paulo, 8ª C.Cív., unân., rel. Des. José Osório, j. 16.12.1994, publicado com comentários de Dyrceu Aguiar Dias Cintra Jr. e Urbano Ruiz, "Função social da propriedade", *Justiça e democracia*, n. 1, pp. 239–246. Além do despacho do Des. Rui Portanova, de recebimento em plantão no TJRS, do AI 598.360.402, e votos vencedores no Acórdão, ver o parecer do Ministério Público assinado por Olympio de Sá Sotto Maior Neto, Lineu Walter Kirchner e Marco Antonio Teixeira, juntado aos autos 10197/90 da 18ª V.C. de Curitiba; e o despacho da Juíza Márcia Andrade Gomes Bosso, nos autos 351/96 da Comarca de Paranacity, fls. 74–9, fora a jurisprudência transcrita em *Mediações fundiárias*, pp. 104 e ss. Ver ainda a Resolução 1.993/77, aprovada em 10.3.1993, no 4º período de sessões da Comissão de Direitos Humanos da ONU, que "afirma que a prática de despejos forçados [de comunidades inteiras] constitui uma violação grave dos direitos humanos, em particular do direito a uma moradia adequada". Sobre essa Resolução da ONU, ver, p.ex., o parecer do Centro de Apoio Operacional das Promotorias de Defesa dos Direitos e Garantias Constitucionais, assinado pelo Promotor Marcos Bittencourt Fowler, nos autos 19/93, da 2ª V. C. de Curitiba.

direito a um ambiente saudável, etc). Em suma, trata-se da aplicação ampla do *princípio da proporcionalidade*.[275]

Ora, e o que é o princípio da proporcionalidade? É a ponderação do valor jurídico dos bens em confronto: "Em caso de conflito, se se quiser que a paz jurídica se restabeleça, um ou outro direito (ou um dos bens jurídicos em causa) tem que ceder até um certo ponto perante o outro ou cada um entre si. A jurisprudência consegue isto mediante uma 'ponderação' dos direitos ou bens jurídicos que estão em jogo conforme o 'peso' que ela confere ao bem respectivo na respectiva situação".[276]

Mais especificamente, no caso da execução hipotecária judicial e extrajudicial (SFH), temos, de um lado, o direito à moradia, e, por conseqüência, o direito à vida digna. De outro lado, temos o direito de crédito e o direito de propriedade. Nem é necessário um grande esforço mental para perceber a importância do direito à moradia.

É claro que, como bem lembra Karl Larenz, embora não exista uma hierarquia, uma tabela fixa dos valores e bens jurídicos a serem protegidos, é possível "dizer, sem vacilar, que à vida humana e, do mesmo modo, à dignidade humana, corresponde um escalão superior ao de outros bens, em especial os bens materiais".[277]

A recusa em aplicar o princípio da proporcionalidade pode provocar distorções graves no processo civil, transformando-o em instrumento de consolidação das desigualdades sociais.[278]

---

275. Sobre esse princípio, consultar: Paulo Bonavides, "O princípio constitucional da proporcionalidade e a proteção dos direitos fundamentais", *Revista da Faculdade de Direito da UFMG*, v. 34, n. 34, pp. 275–291. Willis Santiago Guerra Filho, "Sobre o princípio da proporcionalidade", *Anuário do Mestrado em Direito*, n. 6, pp. 255–269. "Direitos fundamentais, processo e princípio da proporcionalidade", in *Dos direitos humanos aos direitos fundamentais*, pp. 11–29. José Joaquim Gomes Canotilho, *Direito constitucional*, pp. 386–388.

276. Karl Larenz, *Metodologia da ciência do direito*, p. 491. Ao comentar acórdão do TJ/SC que trata da tutela antecipatória em ação de investigação de paternidade, com base em prova inequívoca, Flávio Luís de Oliveira afirma que "(...) para que o juiz possa concluir se é justificável ou não o risco, ele necessariamente *deverá estabelecer uma prevalência axiológica de um dos bens em vista do outro*, de acordo com os valores do seu momento histórico" (Flávio Luís de Oliveira, "A antecipação da tutela na ação de investigação de paternidade cumulada com alimentos", *Revista de Direito Processual Civil Genesis*, n. 4, p. 189 – grifo no original).

277. Karl Larenz, ob. cit., pp. 491 e 500.

278. É o que se depreende de brilhante voto do Exmo. Juiz Lauro Laertes de Oliveira, que em hipótese de tutela antecipatória assim se pronunciou: "Na antecipa-

A seguir passaremos ao estudo mais pormenorizado dos procedimentos especialíssimos: execuções judiciais especiais (seção 4), extrajudiciais (seção 5) e busca e apreensão de bem objeto de alienação fiduciária (seção 6). Em todos eles tentaremos priorizar o estudo de suas (in)constitucionalidades e/ou (in)compatibilidades de ordem técnica com o sistema adotado pelo CPC. Só não abordaremos a questão da prisão civil – passível de ser argüida em se tratando de cédula de crédito rural (DL 167/67, art. 17 e 75), industrial (DL 413/69, art. 28) e, obviamente, alienação fiduciária (DL 911/69, art. 4º c/c Lei 4.728/65, art. 66, *caput*) –, pelos motivos já relatados na seção 1.7.

ção da tutela impõe-se fazer uma análise dos valores jurídicos colocados em julgamento na demanda. No caso, encontra-se de um lado, uma vítima pobre e impossibilitada de trabalhar e de outro lado, uma empresa que explora a concessão de serviço público, um dos mais rentáveis, ou seja, o transporte público. *A demora na prestação da tutela jurisdicional pelo caminho comum pode se tornar num cômodo instrumento de pressão do mais forte em detrimento do mais fraco*" [grifo nosso] (TAPR, AI 88.517–6, 20ª V. C. de Curitiba, 1ª C. Cív., unân., rel. Juiz Lauro Laertes de Oliveira, *Revista de Direito Processual Civil Genesis*, n. 2, p. 489).

4
EXECUÇÕES JUDICIAIS ESPECIAIS

4.1 Execução de cédula de crédito rural – Decreto-lei 167/67: 4.1.1 Configuração do título extrajudicial; 4.1.2 O § 1º do art. 41 do Decreto-lei 167/67 não foi revogado; 4.1.3 O § 1º do art. 41 do Decreto-lei 167/67 foi revogado; 4.1.4 Possibilidades residuais de venda antecipada; 4.1.5 A dispensa da caução. 4.2 Execução de Cédula de Crédito Industrial – Decreto-lei 413/69: 4.2.1 O art. 41 do Decreto-lei 413/69 não foi derrogado; 4.2.2 O art. 41 do Decreto-lei 413/69 foi derrogado. 4.3 Execução hipotecária judicial – Lei 5.741/71: 4.3.1 Ab-rogação e derrogações; 4.3.2 Suspensividade dos embargos. 4.4 Execução de Cédula de Produto Rural – Lei 8.929/94.

4.1 Execução de cédula de crédito rural – Decreto-lei 167/67

O Decreto-lei 167/67 veio – em tese – para simplificar a disciplina legal das cédulas de crédito rural,[1] mas no que diz respeito ao § 1º do art. 41, "a coisa continuou complicada, dando margem a discussão".[2]

No caso da execução de cédula de crédito rural[3] e de nota promissória rural,[4] o § 1º do art. 41 do Decreto-lei 167/67 estabelece pri-

---

1. A eficácia do crédito rural depende diretamente da adoção de instrumentos flexíveis para a sua operacionalização (Waldirio Bulgarelli, "Aspectos jurídicos dos títulos de crédito rural", *RT* 453/13).

2. Lauro Muniz Barretto, *Financiamento agrícola e títulos de crédito rural*, v. 1, p. 180.

3. Decreto-lei 167/67, art. 41 *caput*: "Cabe ação executiva para a cobrança da cédula rural". Note-se que a duplicata rural não goza dos privilégios do § 1º do art. 41, eis que não há qualquer remissão expressa do art. 52 ao art. 41.

4. Decreto-lei 167/67, art. 44: "Cabe ação executiva para a cobrança da nota promissória rural. Parágrafo. único. Penhorados os bens indicados na nota promissória rural, ou, em sua vez, outros da mesma espécie, qualidade e quantidade perten-

vilégios ao exeqüente com violação do contraditório. Como se trata de execução, a cognição é rarefeita.[5] No sistema do CPC/39, a execução de cédula de crédito rural – aliás, como toda a então ação executiva (hoje execução de título extrajudicial) – falava em contestação em vez de embargos, pois incorporava em si execução e cognição. Hoje, porém, onde o Decreto-lei 167/67 fala em "contestação" (art. 41, § 1º), deve-se ler "embargos à execução".[6] Apesar de violar o princípio da isonomia processual – postecipando e inefetivando o contraditório mediante a venda antecipada do bem penhorado, tudo de forma desarrazoada, como veremos – em nenhum momento a execução de cédula de crédito rural e de nota promissória rural faz qualquer limitação maior à cognição, que já é limitadíssima – rarefeita – mantendo intocada a cognição plena dos embargos.[7]

4.1.1 Configuração do título extrajudicial

O § 1º do art. 41 confere ao exeqüente o direto de promover a venda dos bens constitutivos da garantia real, a qualquer tempo após a penhora, "contestada ou não a ação", *i.e.*, embargada ou não a execução. Como bem colocou Humberto Theodoro Jr., tal medida se justificava à luz do CPC/39 (arts. 289 e ss.), cuja execução de título extrajudicial (a chamada "ação executiva") continha um misto de cognição e execução, sendo extremamente inefetiva.[8] (Aliás, a inefetividade da antiga ação executiva é a mesma justificativa para as demais execuções especialíssimas). Porém, com a promulgação do CPC/73 – diz Theodoro Jr. –, foram incorporadas as execuções especiais no regime unificado da execução, mais eficiente que a antiga

---

centes ao emitente, assistirá ao credor o direito de proceder nos termos do § 1º do art. 41, observado o disposto nos demais parágrafos do mesmo artigo".
 5. Kazuo Watanabe, *Da cognição no processo civil*, pp. 86 e 91. Ver também Pontes de Miranda, *Comentários ao Código de Processo Civil*, t. 10, p. 533.
 6. "(...) não mais se há de pensar em contestação, pois há o embargos do devedor" (Pontes de Miranda, *Comentários* ..., cit., t. 9, p. 362).
 7. "Em relação aos títulos executivos extrajudiciais do art. 585, II a VI, e aos dotados de força executiva por leis extravagantes (inc. VII), a cognição nos embargos desconhecerá limites" (Araken de Assis, *Manual do processo de execução*, p. 982).
 8. Humberto Theodoro Jr., "A execução da cédula rural hipotecária e a venda antecipada dos bens gravados", in *Execução: direito processual civil ao vivo*, v. 3, p. 276.

ação executiva, não havendo mais justificativa para "insistir na observância de um rito superado e inconveniente".[9]

Parece não haver dúvidas de que a cédula de crédito rural é título executivo extrajudicial, não com base no inc. II do art. 585 do CPC/73 ("documento particular assinado pelo devedor e por duas testemunhas"), mas por força do inc. VII deste artigo, que define como título extrajudicial "todos os demais títulos, a que, por disposição expressa, a lei atribuir força executiva", e também com base no art. 10 do Decreto-lei 167/67. Logo, é descabida a exigência de duas testemunhas, sendo exigível apenas o demonstrativo gráfico da evolução da dívida e do valor da execução. Nesse sentido vem se posicionando a doutrina[10] e a jurisprudência:

"Execução por título extrajudicial – Cambial – Cédula rural pignoratícia – Cártula firmada e acompanhada do demonstrativo pertinente à evolução da dívida e ao valor objeto da execução – Alegação de que não se trata de título executivo por faltar duas testemunhas – Descabimento – Aplicação do artigo 585, inciso VII cumulado com o artigo 41 do Decreto-lei 167/67" (1º TACívSP, AC 00560511-4/006, Araçatuba, Ac. 8ª Câm., m.v., rel. Juiz Maia da Cunha, j. 23.8.1995).

"Não há se falar em carência da ação, uma vez que as cédulas rurais pignoratícias são títulos executivos extrajudiciais, conforme dispõe o Decreto-lei 167/77 (sic)" (1º TACívSP, AC 630.763-3, Miguelópolis, 4ª Câm., v.u., rel. Tersio José Negrato, j. 6.3.1977, *RT* 744/239).

"Agravo de instrumento. Nulidade de execução. Cédula rural pignoratícia e hipotecária. Ausência de assinatura de testemunhas. Os instrumentos de créditos rurais – Cédula Rural Pignoratícia e Hipotecária, são regulados pelo Decreto-lei n. 167/67 e sua força executiva decorre do inciso VII do artigo 585, do Código de Processo Civil. Assim, regulada por lei própria, cujos requisitos encontram-se insculpidos no art. 14, seus incisos e parágrafos do Decreto-lei

---

9. Idem, ibidem, p. 277.
10. A cédula rural é título extrajudicial para: Arruda Alvim, "Cédula de crédito rural – Sua cobrança – Execução fundada em título extrajudicial segundo o novo Código de Processo Civil", *RF* 246/333. Moacyr Amaral Santos, "Alienação antecipada de bens penhorados", *Revista de Processo* 2/273. Ovídio Baptista da Silva, *Curso de processo civil*, v. 2, pp. 28 e 35. Antonio Carlos Costa e Silva, *Tratado do processo de execução*, v. 2, p. 104. Humberto Theodoro Jr., *Processo de execução*, p. 133. Sady Dornelles Pires, "Cédula de crédito rural", *RT* 606/42.

167/67; irrelevante torna-se a assinatura de duas testemunhas na cártula respectiva. Agravo improvido" (TJCO, AI 8624.9.180, Morrinhos, 1ª C.Cív., v.u., rel. Des. Antônio Nery da Silva, j. 7.2.1995, *DJGO* 2.3.1995, p. 6).

"Execução. Título executivo extrajudicial. Cédula rural pignoratícia e hipotecária. Desnecessidade de assinatura de duas testemunhas. A cédula rural pignoratícia e hipotecária não é título executivo extrajudicial que exige a assinatura de duas testemunhas. Inteligência do artigo 585, VII, do CPC. Agravo de instrumento conhecido, mas improvido" (TJGO, AI 7928.5.180, Morrinhos, 1ª C.Cív., v.u., rel. Roldão Oliveira de Carvalho, j. 18.10.1994, *DJGO* 14.11.1994, p. 3).

"Agravo de instrumento. Nulidade de execução. Cédula rural pignoratícia e hipotecária. Falta de assinatura de testemunhas. I – Para declarar a nulidade da execução é necessário a evidência da falta dos requisitos elencados pelo art. 816 do CPC. II – A cédula rural pignoratícia e hipotecária é regulada pelo decreto-lei n. 167 de 14 de fevereiro de 1967, cujos requisitos estão enumerados no seu art. 14, não exigindo ser subscrito por testemunhas, pois a cártula em discussão é título executivo extrajudicial líquido, certo e exigível previsto no art. 585, inciso VII, do CPC. Agravo improvido" (TJGO, AI 9409.8.95, Morrinhos, 1ª C.Cív. v.u., rel. Des. Arivaldo da Silva Chaves, j. 28.11.1995, *DJGO* 19.12.1995, p. 6).

"Não é nula a execução, por ausência de título executivo, quando a cédula rural pignoratícia se faz acompanhar de demonstrativo gráfico" (TARS, AC 194251054, Uruguaiana, Ac. 6ª Cív., rel. Juiz Armínio José Abreu Lima da Rosa, j. 23.2.1996).

4.1.2 O § 1º do art. 41 do Decreto-lei 167/67 não foi revogado

Segundo parte da doutrina e da jurisprudência, o § 1º do art. 41 do Decreto-lei 167/67 não foi revogado pelo CPC/73.

Na doutrina, essa é a opinião de mestres abalizadíssimos, como Rubens Requião, Fran Martins,[11] Arruda Alvim, Amaral Santos e Castro Filho.[12] Parte da jurisprudência tem seguido esse entendimento.[13]

---

11. Fran Martins, *Títulos de crédito*, v. 2, p. 266.
12. José Olympio de Castro Filho, *Comentários ao Código de Processo Civil*, v. 10, p. 383.
13. O Decreto-lei 167/67 não foi revogado pelo CPC e com ele não conflita: TAMG, AC 24134, Alfenas, 1ª C.Cív., v.u., rel. Joaquim Alves, j. 2.3.1984, *RJTAMG* 18/164-5.

Dentre os argumentos em favor da vigência do § 1º, podemos elencar os seguintes:

a) O CPC/73 não revoga expressamente, não é incompatível nem regula inteiramente a matéria do art. 41, § 1º do Decreto-lei 167 – trata-se de uma leitura (discutível) do art. 2º, § 1º da LICC.[14]

b) O § 1º do art. 41 é norma de direito material "porque define e regula relações entre credor e devedor e cria direitos", e portanto irrevogável pelas normas de natureza processual, do CPC/73.[15]

c) O § 1º do art. 41, longe de ser incompatível com o sistema do CPC/73, afina-se "muitíssimo mais com ele do que com o antigo, que não era tão drástico na execução",[16] até porque a autuação dos embargos em separado viabiliza o prosseguimento da execução.[17] Eis aí a afinidade ideológica de que falamos na seção 2.7.2, que impediu que um Código revogasse qualquer legislação fundada nas mesmas premissas tecnocráticas e no mesmo ambiente desenvolvimentista.

14. Rubens Requião, *Curso de direito comercial*, p. 553.
15. "A nosso ver, persiste o direito do credor de promover a venda dos bens penhorados constitutivos da garantia real, a qualquer tempo após a sua penhora" (Moacyr Amaral Santos, "Alienação antecipada ...", cit., *Revista de Processo* 2/274). O entendimento é endossado por Sady Dornelles Pires, "Cédula de crédito rural", *RT* 606/42. E também por alguns julgados: "O Dec.-lei 167/67, que dispõe sobre os títulos de crédito rural, é norma especial de Direito Material, e não foi revogado pelo Código de Processo Civil. Assim sendo, o art. 41, § 1º, do decreto-lei, que autoriza a venda dos bens penhorados a qualquer tempo, atribui ao credor direito especial, não comum à generalidade dos títulos executivos extrajudiciais, direito, este, que persiste após o advento do atual Código de Processo Civil, posto que este não legisla sobre Direito substancial" (1º TACívSP, AI 439.749-5, 1ª Câm., v.u., rel. Juiz Guimarães e Souza, j. 25.6.1990, *RT* 659/115). "Agravo de instrumento. Embargos à execução. Venda antecipada de bem penhorado e gravado em cédula rural pignoratícia hipotecária. Decreto-lei 167. O art. 41 do Decreto-lei 167/67, que autoriza a venda antecipada de bem penhorado e gravado em Cédula Rural Pignoratícia Hipotecária, no curso dos embargos à execução, continua vigente, isto porque o Código de Processo Civil dispõe sobre normas de direito processual civil, conquanto o Decreto-lei 167/67 disciplina direito substantivo natural. Recurso conhecido e provido para, cassando a decisão agravada, permitir a venda antecipada dos bens penhorados e hipotecados em Cédula Pignoratícia" (TJGO, AI 6745.7.180, Anápolis, 2ª C.Cív., v.u., rel. Des. Jairo Domingos Ramos Jubé, j. 5.11.1992, *DJGO* 24.11.1992, p. 7).
16. Arruda Alvim, "Cédula de crédito rural ...", cit., *RF* 246/335.
17. Para Arruda Alvim, "assiste ao credor (antigamente denominado *exeqüente*) o direito de solicitar, desde que penhorados, a venda dos bens constitutivos da garantia real, a qualquer tempo, mesmo porque os embargos autuados em apenso, viabilizam esse procedimento" (Arruda Alvim, "Cédula de crédito rural ...", cit., *RF* 246/336).

d) Argumentos de política financeira, como a necessidade de mobilização célere de capitais nos planos de financiamento à agricultura e à pecuária, e de liquidez imediata dos títulos de crédito rural numa economia inflacionária.[18] Arruda Alvim chega a apelar para que a vigência do § 1º do art. 41 do Decreto-lei 167/67 se verifique com base no art. 5º da LICC (atendimento aos fins sociais da lei e ao bem comum), eis que entendê-lo não vigente "importará em submeter o credor a um processo normalmente moroso, com o que deixará ele de cumprir a sua finalidade, *que não é a de obter propriamente lucros*, mas, sim, a de propiciar aos agricultores nacionais condições de desenvolvimento".[19] De fato, a vocação das instituições financeiras para a caridade é simplesmente comovente.

No mesmo sentido vai o discurso de Sady Dornelles Pires, que, quando assistente jurídico do Banco do Brasil em Porto Alegre, basicamente defendeu – com outras palavras, é claro – que, se alguns agricultores não conseguem honrar seus débitos, é porque são incompetentes para elevar a produtividade nacional:[20] merecem ter suas garantias executadas e, em nome da competitividade, sofrer as conseqüências de uma seleção natural darwinista dos melhores – os latifúndios produtivos, monocultores, tecnificados e agro-exportadores –, mofando nos grotões do capitalismo periférico. Essa argumentação toda só pode desembocar na ideologia desenvolvimentista, como vemos no seguinte trecho:

"Assim, a venda antecipada dos bens penhorados é do maior interesse não só do credor, por receber de imediato o valor do seu crédito e ter disponibilidade para reaplicá-lo, como, também, de produtores de menor capacidade econômico-financeira, que, não podendo comprar maquinário e implementos agrários novos – dado seu alto custo – têm a oportunidade de adquirir por preços mais acessíveis os bens levados à arrematação, dando, dessa maneira, continuidade ao desenvolvimento rural do País".[21]

Acreditamos que a resposta a toda essa argumentação de cunho desenvolvimentista já teve suas premissas ideológicas desveladas na seção 2.4, de modo que torna-se despiciendo rever as críticas que lá já foram formuladas.

---

18. Rubens Requião, *Curso de direito comercial*, p. 553.
19. Arruda Alvim, "Cédula de crédito rural ...", cit., *RF* 246/339, grifo nosso.
20. Sady Dornelles Pires, "Cédula de crédito rural", *RT* 606/38-40, 45-56.
21. Idem, ibidem, *RT* 606/47.

Rubens Requião elogia a execução de cédula rural enquanto frustração das "manobras e chicanas da procrastinação do procedimento judicial, que quase sempre se realiza sob as vistas complacentes e abúlicas da maioria de nossos magistrados".[22]

Em primeiro lugar, cumpre observar que a justificativa de uma injustiça com base em argumentos econômicos é um autêntico *trade-off*, procedimento retórico devidamente desmistificado por Macpherson. Em segundo lugar, se não há como discordar de que se deve combater a chicana, a questão é: por que combatê-la apenas nesse tipo de procedimento, beneficiando a tão poucos legitimados ativos? E, em terceiro lugar, como bem observa Dinamarco, ao lado do devedor "chicanista" há o devedor de boa-fé, que não merece a execração pública de determinados juristas, pois muitas vezes é vítima da conjuntura econômica e de "credores ambiciosos que o sistema favorece".[23]

Dizer que o CPC/73 não revogou a possibilidade, a qualquer momento (mesmo após a oposição de embargos à execução), da venda antecipada dos bens penhorados, significa dizer que os embargos à execução não teriam efeito suspensivo na execução de cédula de crédito rural. *Contraditório não é só reação ao ato, mas reação efetiva*. Retirar o efeito suspensivo dos embargos à execução, vale dizer, permitir um ato executivo retirando a eficácia da reação do executado significa negar uma reação efetiva. Tal técnica seria extremamente saudável para se conferir, de regra, efetividade à execução de título judicial, onde não se justifica tamanha demora para ao adimplemento final da sentença condenatória. Mas ao transformá-la numa exceção a beneficiar, mais uma vez, apenas as instituições financeiras, o legislador – ou melhor, "decreto-legislador" – de 1967 deixa bem claro (ideologia) quem merece tal tipo de privilégio.

---

22. Rubens Requião, *Curso de direito comercial*, cit., pp. 552-553. Isso está de acordo com a seguinte assertiva extraída da Exposição de Motivos do CPC/73: "A execução se presta, contudo, a manobras protelatórias, que arrastam os processos por anos, sem que o Poder Judiciário possa adimplir a prestação jurisdicional" (Alfredo Buzaid, "Exposição de motivos", in *Código de processo civil: histórico da lei*, v. 1, t. 1, p. 22 – trata-se de trecho do n. 18 da Exposição. Equivale a trecho do n. 24 da Exposição de Motivos do *Anteprojeto de Código de Processo Civil*, p. 27).

23. Cândido Rangel Dinamarco, *Execução civil*, p. 311.

4.1.3 O § 1º do art. 41 do Decreto-lei 167/67 foi revogado

Para outra parte da doutrina e da jurisprudência, o § 1º do art. 41 do Decreto-lei 167/67 foi revogado por incompatibilidade (LICC, art. 2º, § 1º) com o CPC/73. Logo, a venda antecipada dos bens penhorados é impossível após a oposição dos embargos à execução, que sempre têm efeito suspensivo, cf. § 1º do art. 739 e art. 791, I, do CPC (ambos com redação da Lei 8.953/94). Essa é a posição do Prof. Humberto Theodoro Jr., para quem a venda antecipada só será possível nas hipóteses de não-oposição dos embargos pelo executado ou de rejeição dos mesmos.[24] Vejamos a jurisprudência nesse sentido:

"Processual civil. Embargos do devedor. Suspensão da execução. Incompatibilidade do art. 41, § 1º do Decreto-lei 167 com o CPC. A suspensividade da execução, por força dos embargos do devedor, é regra que não cede a possibilidade de alienação, pelo exeqüente, do bem penhorado. Apresentando-se o art. 41 § 1º do Decreto-lei 167/67 incompatível com o sistema do CPC" (STJ, REsp 25516-1-GO, 3ª T., v.u., rel. Min. Dias Trindade, j. 8.9.1992, *DJU* I 5.10.1992, p. 17.102).

"Incompatibilidade do art. 41, § 1º do Decreto-lei n. 167/67 com o Cód. de Pr. Civil, a teor de precedente da 3ª Turma do STJ, no REsp 25.516" (STJ, Ag. Reg. no AI 23858-RS, 3ª T., v.u., rel. Nilson Naves, j. 15.9.1992, *DJU* I 3.11.1992, p. 19.764).

"Processual civil – Embargos à execução – Efeito suspensivo – Cédula rural pignoratícia hipotecária – Venda antecipada de bens penhorados – Incompatibilidade do art. 41, § 1º, do Decreto-lei n. 167/67 com a legislação processual civil. I – Os embargos à execução, como ação cognitiva autônoma, da qual pode se valer o executado, uma vez opostos, possuem efeito suspensivo. Daí deflui, podem impedir a venda antecipada de bens penhorados prevista no art. 41, § 1º, do Decreto-lei n. 167/67, excepcionadas as hipóteses de 'providências cautelares urgentes' de que tratam as ressalvas constantes nos artigos 670, 793 e 1.113, do CPC. II – Precedentes do STJ. III – Recurso conhecido e provido" (STJ, REsp 38781-GO, 3ª T., v.u., rel. Min. Waldemar Zweiter, j. 23.11.1993, *DJU* I 14.3.1994, p. 4.522).

---

24. Humberto Theodoro Jr., "A execução da cédula rural hipotecária ...", cit., v. 3, p. 283. Antes o autor entendia, com base no parecer de Arruda Alvim, que subsistia plenamente o direito de o exeqüente vender antecipadamente os bens penhorados, aplicando-se-lhes os art. 686 e ss. do CPC/73 (Humberto Theodoro Jr., *Processo de execução*, p. 133).

"Não ressalvando a nova lei processual a exceção aberta pelo art. 41, § 1º, do Decreto-lei 167/67, parece evidente ser inviável a alienação dos bens dados em garantia de cédula rural pignoratícia e hipotecária no interregno que vai da realização de sua penhora até antes da prolação da sentença de primeiro grau, pelo menos (cf., art., 529, V, do CPC)" (1º TACívSP, AI 274.512, Jaú, 4ª Câm., v.u., rel. Vieira de Moraes, j. 14.5.1980, *RT* 546/132).

"Cédula rural hipotecária. Venda antecipada de bens penhorados em execução embargada. Impossibilidade. Opostos embargos do devedor, o efeito suspensivo destes constitui óbice à alienação antecipada dos bens penhorados, constitutivos da garantia real, afastando-se aplicação do art. 41, § 1º, do Decreto-lei n. 167/67, conflitante com disposições posteriores do Código de Processo Civil. Agravo conhecido e desprovido" (TJGO, AI 7134.9.180, Pontalina, 2ª C.Cív., v.u., rel. Des. Jalles Ferreira da Costa, j. 15.6.1993, *DJGO* 23.8.1993, p. 6).

"Agravo de Instrumento. Embargos à Execução. Simples fato de a execução se apoiar no art. 41 do Decreto-lei n. 167/67, em vigor, não impede a interposição e nem o recebimento dos embargos com efeito suspensivo. Recurso conhecido, porém improvido" (TJGO, AI 6680.9.180, Morrinhos, 2ª C.Cív., v.u., rel. Des. Ney Teles de Paula, j. 8.10.1992, *DJGO* 4.11.1992, p. 7).

Dizer que a apresentação de embargos à execução impede a realização da venda antecipada dos bens penhorados é o que importa do ponto de vista prático. Contudo, do ponto de vista teórico, aqueles que sustentam a vigência do § 1º do art. 41 e a conseqüente possibilidade de o exeqüente promover "*a qualquer tempo*, contestada ou não a ação, a venda daqueles bens" poderiam insistir na hipótese da venda dos bens penhorados antes mesmo da reação do executado – por meio dos embargos –, o que configura sem dúvida uma postecipação do contraditório. No entanto, *contraditório também é possibilidade de reação ao ato, e não só ciência do ato*. Admitir um ato executivo antes mesmo da reação a ele configura, sem dúvida, uma *postecipação indevida do contraditório*. Primeiro o Decreto-lei 167/67 garante à instituição financeira a satisfação imediata de seu suposto crédito (§ 1º do art. 41) para só depois, caso seja improcedente – total ou parcialmente – o seu pedido, o executado receber de volta a quantia ou o excesso levantado (§ 2º do art. 41).[25]

---

25. A sentença de que trata o § 2º do art. 41 ("Decidida a ação por sentença passada em julgado, o credor restituirá...") "é a sentença proferida nos embargos do

Isso equivale ao velho método do "primeiro empurra, depois pede licença". Por óbvio, nem toda postecipação do contraditório é inconstitucional – caso contrário, a tutela antecipatória e a cautelar seriam inconstitucionais (ver seção 3.8.3). Neste caso específico, todavia, tal postecipação atenta contra a Constituição, pois é incompatível com o princípio de isonomia processual, eis que desnivela ainda mais a relação processual, em favor da instituição financeira.[26]

4.1.4 Possibilidades residuais de venda antecipada

Seja entre os apologistas da vigência quanto entre os defensores da revogação do § 1º do art. 41 do Decreto-lei 167/67, há quem ressalte a imprescindibilidade de enquadrar a venda antecipada nas circunstâncias especiais do art. 1.113 do CPC (bens de fácil deterioração, avariados, ou de guarda dispendiosa) ou do art. 670 do CPC (bens sujeitos à deterioração ou depreciação, e hipótese de manifesta vantagem).

Isso se deve ao fato de que o art. 41, § 1º, do Decreto-lei 167/67 condicionava a venda antecipada aos arts. 704 e 705 do CPC/39. O caput do art. 704 assim dispunha:

"Nos casos expressos em lei, e sempre que os gêneros ou efeitos seqüestrados ou arrestados, depositados ou penhorados, forem de fácil deterioração, estiverem avariados, ou exigirem grande despesa para a sua guarda, o Juiz, *ex officio*, nos casos em que lhe competir, ou a requerimento do depositário ou da parte interessada, mandará que o serventuário competente venda aqueles gêneros ou efeitos em praça ou leilão público, mediante avaliação, se ainda não avaliados judicialmente".

Antes da vigência do CPC/73, Lauro Muniz Barretto lamentava essa sujeição, nos seguintes termos: "Se a venda está subordinada ao critério do artigo 704 transcrito, do Código de Processo Civil, como devedor e os arts. 1.113-1.119 é que têm de ser observados" (Pontes de Miranda, *Comentários ao Código de Processo Civil*, t. 9, p. 362).

26. "O impetuoso crescimento da burguesia industrial e financeira e a interferência cada vez maior do capital estrangeiro nos setores dinâmicos da economia nacional, determinaram certo garroteamento do agricultor e do pecuarista, principalmente do pequeno e médio produtor" (Carlos Alberto Álvaro de Oliveira, "Procedimento e ideologia no direito brasileiro atual", *Ajuris*, n. 33, mar./1985, p. 83).

parece que está, então foram por água abaixo todas as vantagens que a lei deu ao credor. Ótimo seria se a venda fosse, realmente, por autoridade própria do credor, depois de penhorados os bens".[27] Aqui se vê a defesa, sem meias palavras, do privilégio da instituição financeira.

O paralelo desses dispositivos com os arts. 670 e 1.113 do CPC/73 é evidente, como vem observando a jurisprudência:

"Na execução de Cédula Rural Pignoratícia, à qual foram opostos embargos, não caberá a venda antecipada dos bens penhorados, com exceção das hipóteses previstas no art. 1.113 do CPC, não incidindo, no caso, portanto, o § 1º do art. 41 do Decreto-lei n. 167/1967" (TAMG, AI 5289, Belo Horizonte, 1ª C.Cív., v.u., rela. Branca Rennó, j. 15.5.1987, *RJTAMG* 31/89, republicado em *RF* 306/196).

"Agravo de instrumento. Cédula rural pignoratícia e hipotecária. Execução. Venda antecipada de bens. Inadmissibilidade. Plenamente estão em vigor os dispositivos elencados no art. 41, § 1º, do Decreto-lei n. 167/67, havendo de se substituir os números dos arts. 704 e 705 do Código de Processo Civil revogado, pelo art. 1.113, do atual, que só permite a alienação antecipada de bens se de fácil deterioração ou avariados ou os que exigirem despesas para a sua guarda e conservação. A doutrina e a jurisprudência são unânimes em afirmar que havendo embargos do devedor, quando cabíveis, são sempre suspensivos os atos na ação de execução. Agravo improvido" (TJGO, AI 6724.4.180, Morrinhos, 3ª C.Cív., v.u., rel. Des. Jamil Pereira de Macedo, j. 29.10.1992, *DJGO* 30.11.1992, p. 16).

Arruda Alvim, porém, tenta fugir aos requisitos do art. 670 e 1.113 do CPC, defendendo a adoção, para a venda antecipada dos bens penhorados, do procedimento normal de arrematação, art. 686 e ss. do CPC.[28] Mas essa não é a opinião de Pontes De Miranda e Amaral Santos, que corretamente apontam que o paralelo dos arts. 704 e 705 do CPC/39 – citados pelo § 1º do art. 41 do Decreto-lei 167/67 como requisitos para a venda antecipada – é com os arts. 1.113 e ss.

---

27. Lauro Muniz Barretto, *Financiamento agrícola e títulos de crédito rural*, v. 1, p. 180. Na seqüência, afirma o autor em tom jocoso: "É o caso de dizer como o caboclo – 'laranja, na beira da estrada, ou é azeda ou tem marimbondo...' A esmola dava para desconfiar" (idem, ibidem, p. 180). Com o devido respeito, não é crível que um privilégio – ou melhor: *mais um* – concedido deliberadamente às instituições financeiras seja confundido com esmola. Detalhe: o autor era assessor jurídico do Banco do Commércio e Indústria de São Paulo S/A.
28. Arruda Alvim, "Cédula de crédito rural ...", cit., *RF* 246/338.

do CPC/73 – alienação judicial.[29] Arruda Alvim só usa o art. 1.113 como último recurso para obter a venda antecipada, mesmo quando admitida pelo juízo a suspensividade dos embargos.[30] Melhor doutrina está com o Prof. Humberto Theodoro Jr., para quem, após a suspensão da execução pelos embargos, a venda de bens só é possível nas hipóteses do art. 1.113 do CPC, pois nesse caso se enquadraria na previsão de "providências cautelares urgentes" a que aludem os arts. 615, III, e 793 do CPC.[31] É o entendimento esposado pela jurisprudência dominante no TJGO, da qual temos alguns exemplos:

"Agravo de instrumento. Processo de execução de cédula rural pignoratícia e hipotecária. Venda antecipada de bens. Inadmissibilidade. 1 – Plenamente estão em vigor os dispositivos elencados no art. 41, § 1º, do Decreto-lei n. 167/67, onde apenas há que substituir-se os números dos arts. 704 e 705 do Código de Processo Civil revogado, pelo art. 1.113, do atual, onde se permite a alienação de bens de fácil deterioração ou avariados ou exigirem grandes dispêndios para sua guarda e conservação. 2 – A doutrina e jurisprudência são concordes no sentido de que, havendo embargos do devedor, quando cabíveis, são sempre suspensivos os atos na ação de execução, inclusive na por títulos extrajudiciais. Se a execução estiver suspensa por efeito da ação de embargos, impossível a venda antecipada de bens, porque o art. 793 do CPC veda a prática de qualquer ato executivo na duração da suspensão do processo, excepcionada a hipótese de surgir, concretamente, o risco de deterioração ou de gastos excessivos na custódia dos bens, porque aí a situação se enquadra na previsão de 'providências cautelares urgentes' a que alude a ressalva do art. 793 referido. 3 – Agravo improvido" (TJGO, AI 6044.4.180, Uruana, 3ª C.Cív., m.v., rel. Felipe Batista Cordeiro, j. 26.11.1991, *DJGO* 21.2.1992, p. 8).

"Cédula rural. Suspensão em face dos embargos. A regra do art. 41, § 1º, do Decreto-lei n. 167/67, que faculta ao credor promover a venda antecipada dos bens penhorados, não se encontra revogada pelo atual Código de Processo Civil. Todavia, se o executado oferece embargos e estes são recebidos no efeito suspensivo, suspenso fica o

---

29. Pontes de Miranda, *Comentários ao Código de Processo Civil*, t. 9, p. 262. Moacyr Amaral Santos, "Alienação antecipada ...", *Revista de Processo* 2/275.
30. Arruda Alvim, "Cédula de crédito ...", cit., *RF* 246/334.
31. Theodoro Jr., "A execução da cédula rural hipotecária ...", cit., p. 283.

andamento do processo de execução, pois aí prevalece a regra do diploma processual civil. A venda antecipada de bens, no caso, somente poderá acontecer se exigidas forem as chamadas 'providências cautelares urgentes'" (TJGO, AI 6343.5.180, Goiânia, 3ª C.Cív., v.u., rel. Des. Charife Oscar Abrão, j. 23.4.1992, *DJGO* 15.5.1992, p. 7; registro idêntico em TJGO, AI 7750.9.180, Goiânia, 3ª C.Cív., v.u., rel. Des. Charife Oscar Abrão, j. 19.4.1994, *DJGO* 16.5.1994, p. 8).

Embora louvável o esforço do TJGO em compatibilizar a vigência do art. 41, § 1º do Decreto-lei 167/67 – sempre destacada nas ementas – com a suspensividade dos embargos, há uma pergunta inquietante que precisa ser feita: como à execução em geral também é facultada a venda antecipada com base no art. 670 c/c 1.113 do CPC, qual seria a diferença entre a execução do Decreto-lei 167/67 e a execução de título extrajudicial? Em outras palavras: de que adianta, nessas circunstâncias, proclamar a vigência de um dispositivo que em nada distingue as execuções?

De qualquer forma, registre-se que, quando autorizado pelas circunstâncias dos arts. 670 e 1.113, o exeqüente não estará dispensado de fundamentação relevante e concreta, sem a qual a venda antecipada seria uma "simples e singela faculdade imotivada, caprichosa ou arbitrária", apta a desmantelar precocemente a unidade produtora.[32]

Detalhe: tanto o art. 670 (no seu parágrafo único) quanto o art. 1.113 (no seu § 2º) garantem o contraditório, ao estabelecer que, quando uma parte requerer a venda antecipada, o juiz deverá ouvir a outra antes de decidir. Arruda Alvim, todavia, recusa aplicação a esses parágrafos,[33] no que é acompanhado por parte da jurisprudência.[34] Em sentido contrário, Amaral Santos ressalta a importância de

---

32. Idem, ibidem, pp. 294-296.

33. "(...) afigura-se-nos que é direito intangível do credor de promover a qualquer tempo a venda dos bens constitutivos da garantia real não devendo o devedor ser ouvido sobre este pedido" (Arruda Alvim, "Cédula de crédito rural ...", cit., *RF* 246/338).

34. "Execução forçada. Cédula de crédito rural. Alienação antecipada. Audiência prévia do devedor. Alienação antecipada dos bens penhorados em execução de cédula rural pignoratícia ou hipotecária é faculdade conferida ao credor, pelo Decreto-lei n. 167/67, dispensada a audiência do devedor, cuja impugnação não obsta ao respectivo deferimento assim como a prestação de caução pelas entidades elencadas em seu art. 41, § 3º, para efeito de levantamento do produto da venda. Agravo conhecido e desprovido" (TJGO, AI 6573.0.180, Rio Verde, 2ª C.Cív., v.u., rel. Des. Jalles Ferreira da Costa, j. 25.8.1992, *DJGO* 9.10.1992, p. 5).

ouvir antes o devedor: "tal providência tem alta significação, pois que a parte requerida poderá ter razões para obstar a venda, sejam elas de direito material, sejam elas de direito processual".[35]

Mesmo admitindo a venda antecipada nas hipóteses do art. 1.113, Theodoro Jr. lembra que a depreciação e a deterioração de bens penhorados é uma situação possível apenas em relação à cédula rural pignoratícia, e não à cédula rural hipotecária, eis que os bens imóveis, "salvo situações excepcionais, não se deterioram, nem se depreciam, nem tampouco exigem custódia especial durante a marcha da execução forçada"; logo, não se deve atender de forma temerária e afoita ao interesse do credor em recuperar urgentemente o seu capital, mas "preservar a empresa rural e fomentar seu desenvolvimento a bem de toda a sociedade".[36] Em resumo: é simplesmente impossível a venda antecipada de imóvel penhorado em execução de cédula rural hipotecária, como bem registrou o seguinte julgado:

"Execução por título extrajudicial – Cédula de crédito rural – Penhora incidente em imóvel rural – Pretensão do credor à venda judicial do imóvel (art. 41, § 1º do Decreto-lei n. 167/1967 e 1.113 do Código de Processo Civil) – Inadmissibilidade – Inaplicabilidade do artigo 1.113, que trata de espécie diferente da prevista no Decreto-lei n. 167 (artigos 55 e 56) – Agravo de instrumento desprovido" (1º TACívSP, AI 223.598, Cândido Mota, 2ª Câm., v.u., rel. Geraldo Arruda, j. 23.6.1976, *JTA* 39/202).

4.1.5 A dispensa da caução

Diante de toda essa discussão sobre a suspensividade dos embargos (que se resume à violação do contraditório, por inefetivação da reação do réu), diante também da possibilidade de prisão civil por dívida contratual (que não abordaremos no presente trabalho), o privilégio extra concedido pelo § 3º do art. 41 do Decreto-lei 167/67 a

---

35. Moacyr Amaral Santos, "Alienação antecipada ...", *Revista de Processo* 2/275.

36. "(...) privar o produtor rural da terra, quando a luta maior dos tempos atuais é por facilitar-lhes o acesso a ela, e fazê-lo por simples pressa do credor de recuperar seu capital mutuado, sem ao menos saber se procedem ou não as razões opostas pelo devedor para justificar o inadimplemento ou o descabimento da execução, *data venia*, parece-me inteiramente *injustificável* e até mesmo *temerário*" (Theodoro Jr., ob. cit., pp. 285, 294-298 – grifos no original).

cooperativas, instituições financeiras públicas e ao Banco do Brasil, de dispensa de prestação de caução para levantamento da importância obtida da venda antecipada dos bens penhorados, acaba soando de somenos importância. Mesmo assim, registre-se que parte da doutrina vem considerando – acertadamente – que tal privilégio é uma afronta ao princípio da isonomia.[37]

Mas mesmo nos casos que fogem a esse privilégio, i.e., nos casos em que se exige a caução, esta nem sempre será de grande utilidade, como bem observou Liebman. Diante da inutilidade da caução para a execução provisória do art. 648, 2º *comma*, do CPC italiano, o grande processualista fez uma crítica que, guardadas as devidas proporções, também se aplica à caução do § 1º do art. 41 do Decreto-lei 167/67, excepcionada pelo § 3º do mesmo artigo: "La garanzia della cauzione è spesso del tutto illusoria, perché vi sono dei casi in cui il diritto eventuale alla restituzione e al risarcimento dei danni non può riparare l'accaduto, ormai irrimediabile".[38]

4.2 Execução de Cédula de Crédito Industrial – Decreto-lei 413/69

4.2.1 O art. 41 do Decreto-lei 413/69 não foi derrogado

A execução especial de cédula e nota[39] de crédito industrial – procedimento, aliás, aplicável à cédula e nota de crédito à exportação[40] e à cédula e nota de crédito comercial[41] – continua em vigor

37. Lutero de Paiva Pereira, *Financiamento e cédula de crédito rural*, p. 113. Lauro Muniz Barretto, *Financiamento agrícola e títulos de crédito rural*, v. 1, p. 191.
38. Enrico Tullio Liebman, "In tema di esecuzione provvisoria del decreto d'ingiunzione", *Rivista di Diritto Processuale*, v. 6, n. 2, 1951, p. 81.
39. Decreto-lei 413/69, art. 18: "Exceto no que se refere a garantias e à inscrição, aplicam-se à nota de crédito industrial as disposições deste decreto-lei sobre cédula de crédito industrial".
40. Lei 6.313/75, art. 3º: "Serão aplicáveis à Cédula de Crédito à Exportação e à Nota de Crédito à Exportação, respectivamente, os dispositivos do Decreto-lei n. 413, de 9 de janeiro de 1969, referente à Cédula de Crédito Industrial e à Nota de Crédito Industrial".
41. Lei 6.840/80, art. 5º: "Aplicam-se à Cédula de Crédito Comercial e à Nota de Crédito Comercial as normas do Decreto-lei n. 413, de 9 de janeiro de 1969, inclusive quanto aos modelos anexos àquele diploma, respeitadas, em cada caso, a respectiva denominação e as disposições desta lei".

após a promulgação do CPC/73?[42] Parte da doutrina[43] e da jurisprudência entende que sim, que esse procedimento especialíssimo é uma opção do credor, se não preferir ajuizar execução de título extrajudicial. Segundo esse posicionamento, a escolha desse procedimento obriga o réu a "impugnar" a ação nos próprios autos no prazo de 48 horas, sendo incabível a oposição de embargos do executado em dez dias. Vejamos alguns julgados exemplares nesse sentido:

"O credor de cédula de crédito industrial tem direito a procedimento especial para a cobrança da mesma, qual seja o previsto no art. 41, do Decreto-lei 413 de 1969, não tendo sido tal preceito revogado pelo Código de Processo Civil" (TJRJ, AC 6806, 5ª C.Cív., m.v., Des. Ebert Chamoun, j. 8.8.1978, *Revista de Processo* 16/280, ementa).

"Tratando-se de cobrança de cédulas de crédito industrial, o credor de tais títulos de crédito líquidos e certos tem direito ao procedimento especial do art. 41 do Decreto-lei 413/69" (TJRJ, AI 1339, Nova Iguaçu, 7ª C.Cív., v.u., rel. Des. Décio Cretton, j. 27.12.1977, *RT* 525/197).

"Dispõe o credor da cédula de crédito industrial de dois procedimentos distintos: o comum, disciplinado pelo Código de Processo Civil, e o especial, regulado pelo artigo 41 do Decreto-lei n. 413/69, visto não ter sido tal preceito revogado pelo estatuto processual vigente. Ao valer-se o credor do rito especial para a cobrança de cédula de crédito industrial, deve o executado observar a mesma correspondência, apresentando impugnação ao pedido, nos próprios autos, no prazo de 48 horas depois de feita a penhora, e não opor

---

42. Lamentando a inexistência de uma lei geral sobre as características essenciais dos títulos de crédito, Mauro Rodrigues Penteado critica veementemente a confusão gerada por essa série de remissões legais, a saber, da Lei 6.840/80 e da Lei 6.313/75 ao Decreto-lei 413/69, que por sua vez (art. 52) remete às normas de direito cambial ("Títulos de crédito no projeto de Código Civil", *Revista de Direito Mercantil* 100/31-32).

43. Rubens Requião defende a não revogação com base no art. 2º, § 1º, da LICC (*Curso de direito comercial*, cit., p. 548). Aramy Dornelles da Luz, quando advogado do Banco do Brasil em Porto Alegre, defendeu a tese de que o procedimento especialíssimo do art. 41 do Decreto-lei 413/69 não é incompatível com o CPC/73 porque não foi incorporado ao processo de execução: as cédulas de crédito industrial poderiam ser executadas como títulos extrajudiciais ou seguir o "tratamento privilegiado instituído no interesse do Poder Público" (Aramy Dornelles da Luz, "O Código de Processo Civil e a ação cabível para cobrança dos títulos de crédito industrial", *RT* 542/31) – leia-se: das instituições financeiras.

embargos do devedor, somente viáveis quando se cuida de processo comum de execução" (TAMG, AC 29406, Poços de Caldas, 2ª C.Cív., v.u., rel. Caetano Carelos, j. 21.3.1986, *RJTAMG* 26-27/220).

"A ação de cobrança de cédula de crédito industrial, de natureza executiva, segue rito especial estabelecido no Decreto-lei 413/69, não revogados os preceitos daquele decreto-lei na parte em que disciplina a execução da cédula. Para que tal ocorresse seria necessário que o Código de Processo Civil tivesse, conforme o art. 2º, § 1º, da Lei de Introdução ao Código Civil (Lei 4.657/42), expressamente declarado a revogação, pois com ela não é incompatível, nem regulou inteiramente a matéria de que trata a lei anterior. No item 3º de seu art. 41 mandava ele observar, quanto à penhora, o disposto nos arts. 927 e 948 do CPC de 1939, dispositivos que correspondem aos arts. 659 e 676 do atual diploma processual civil, mas no item 4º do mesmo art. 41 estipula dito Decreto-lei 413/69 que, 'feita a penhora, terão os réus, dentro de 48 (quarenta e oito) horas, prazo para impugnar o pedido'. Desse modo, se a penhora foi embargada após decorridas 48 horas, contadas da intimação, intempestiva terá sido a defesa" (1º TARJ, AC 69123, 2ª C.Cív., v.u., rel. Francisco Faria, j. 22.10.1981, *RT* 566/211).

Um dos argumentos aqui utilizados, em favor da manutenção dessa "via mais privilegiada", é incrivelmente o de que deve-se estar atento aos fins sociais da lei instituidora da cédula de crédito industrial (LICC, art. 5º): "(...) o Governo Federal, no afã de desenvolver a produção, financia a baixos custos programas de investimento em áreas prioritárias do interesse nacional. Esses baixos custos, por serem, às vezes, mais baixos que os verdadeiros custos do dinheiro, representam um ônus para o Poder Público que os subsidia com oneração de seu orçamento. Por essa razão, estuda mecanismos especiais para disciplinar as operações de crédito, tratando de proteger e garantir o imediato retorno desses recursos, estudando e propondo fórmulas ágeis de como exigir o adimplemento de seus mutuários, uma vez que a eficiência dessas devoluções é que assegurará o êxito do programa".[44]

Assim como na execução de cédula de crédito rural, acreditamos que as falácias desse tipo de discurso já foram devidamente desmas-

---

44. Aramy Dornelles da Luz, "O Código de Processo Civil e a ação cabível ...", cit., *RT* 542/31.

caradas na apreciação que fizemos das premissas políticas e econômicas do instituto, na seção 2.5.

O posicionamento doutrinário e jurisprudencial em favor da vigência do art. 41 do Decreto-lei 413/69 implica concordância com os privilégios processuais que essa norma confere ao credor por meio da sumarização formal de todo o procedimento.

Não que isso signifique pouco, pois o que se verifica é uma redução drástica de prazos: o executado é citado para pagar a dívida em 24 horas (art. 41, item 1º),[45] sob pena de penhora ou seqüestro de bens (item 2º),[46] após a qual o executado tem apenas 48 horas para "impugnar" o pedido (item 4º).[47] Findo este prazo, impugnado ou não o pedi-

45. Como bem observou Pontes de Miranda, esse prazo do item 1º "não colide com o do Código de 1973, art. 652" (Pontes de Miranda, *Comentários ao Código de Processo Civil*, t. 9, pp. 263 e 364). Mas é extremamente reduzido quando comparado com o prazo para contestação nas ações de conhecimento – e de certa forma, esse procedimento especialíssimo conjuga conhecimento com execução, tal qual a antiga "ação executiva" do CPC/39.

46. Com relação ao "seqüestro" dos bens, previsto no item 2º do art. 41, insurge-se Pontes de Miranda nos seguintes termos: "No art. 41, 2º, fala-se de seqüestro. Erradamente. A cultura jurídica de um povo é algo que se há de proteger contra a influência de sistemas jurídicos inferiores. De certo tempo para cá, leituras estrangeiras estão a perturbar, lamentavelmente, a terminologia jurídica brasileira, tesouro que se haveria de guardar e defender. O seqüestro supõe litigiosidade. É medida constritiva cautelar. Outra coisa é a medida constritiva executiva, que é início de execução, e não somente cautela. Os legisladores têm de empregar os termos jurídicos que o nível da civilização fixou. Não podem fazer tábua rasa da cultura e da ciência. Não podem chamar ferro ao ouro; nem seqüestro à penhora, nem ilha à península. O doutrinador pode ter de explicar a diferença entre o seqüestro e o depósito cautelar, trazendo à tona discussões de outrora, que já se desanuviaram. Não pode perder tempo com os que confundem com a penhora o seqüestro. Tais erros são imperdoáveis" (Pontes de Miranda, *Comentários ao Código de Processo Civil*, t. 9, p. 365). Com todo o respeito que merece o consagradíssimo autor, pena que não tenha ele demonstrado qualquer inconformismo contra as inconstitucionalidades do Decreto-lei 70/66, p. ex. (ver a "passividade" com que são analisados seus artigos em Pontes de Miranda, *Tratado das ações*, v. 7, p. 27; idem, *Comentários ao Código de Processo Civil*, t. 9, pp. 262 e 359-362), com a mesma veemência com que nos brindou com a presente crítica a uma questão meramente terminológica e conceitual.

47. A sumarização formal em relação à antiga ação executiva está bem clara no seguinte trecho: "O procedimento era bastante *sumário*, diferindo um pouco da ação executiva de então. Só para exemplificar, enquanto nesta o *prazo* para a contestação era de dez dias a partir da penhora, em se tratando da Cédula era de apenas quarenta e oito horas" (Albérico Teixeira dos Anjos, "Títulos de crédito industrial", *RF* 266/441 – grifos nossos).

do, o juiz "procederá a uma instrução sumária, facultando às partes a produção de provas, decidindo em seguida" (item 5º).

A mera exigüidade de prazos, como se sabe, não significa necessariamente que a cognição seja sumária.[48] A cognição sumária implica uma decisão sem autoridade de coisa julgada material,[49] o que não é o caso. A virtual incorporação da atividade cognitiva exauriente (os embargos à execução)[50] no próprio procedimento executivo (art. 41, item 5º) retira-lhe a característica de cognição rarefeita – presente apenas nas execuções cuja atividade cognitiva reside basicamente nos embargos à execução. Assim, tal procedimento apresenta uma cognição plena (eis que não há restrição quanto a questões que podem ser discutidas e resolvidas) e exauriente.

Por que exauriente? Porque, apesar de o processo de execução não fazer coisa julgada,[51] a presente "ação para cobrança da cédula de crédito industrial"[52] apresenta um conteúdo decisório muito mais pronunciado que, p. ex., a sentença declaratória da extinção da execução (CPC, art. 795). Não estamos levando em consideração a mera terminologia adotada pelo Decreto-lei 413/69 ("ação de cobrança"), mesmo porque o procedimento, longe de ser condenatório, é verdadeiramente executivo em sentido lato,[53] eis que nele mesmo já ocorre a própria penhora ou seqüestro dos bens (art. 41, item 2º).

48. Kazuo Watanabe, *Da cognição no processo civil*, pp. 86, 98-99.
49. Kazuo Watanabe, ob. cit., pp. 86 e 108.
50. Como disse Watanabe, a cognição nos embargos à execução pode ser considerada *plena*, quando analisada em termos estritamente processuais, em face de objeto litigioso já estabelecido, ou *parcial*, quando analisada a partir do plano do direito material, eis que não é discutida toda a realidade fática (Kazuo Watanabe, *Da cognição ...*, cit., p. 87).
51. Não se discorda que a sentença declaratória da extinção da execução (CPC, art. 795), por mais reduzido que seja seu conteúdo decisório (Cândido Rangel Dinamarco, *Execução civil*, cit., p. 161), é provimento jurisdicional (Enrico Tullio Liebman, *Eficácia e autoridade da sentença*, p. 63). A questão é que, no direito brasileiro, os comandos judiciais proferidos no processo de execução (salvo, obviamente, os proferidos nos embargos, como a sentença que os julga) não são aptos a adquirir a imutabilidade característica da coisa julgada material, visto que não decidem questão de mérito e, conseqüentemente, não desafiam ação rescisória (Ada Pellegrini Grinover, "Notas ao § 3º", in Enrico Tullio Liebman, *Eficácia e autoridade da sentença*, p. 70. Ver também Dinamarco, *Execução civil*, cit., p. 172).
52. É o nome dado pelo Capítulo VI do Decreto-lei 413/69. O item 7º do art. 41 também se refere a "ação de cobrança".
53. Ver a classificação proposta por Luiz Guilherme Marinoni, *Tutela inibitória*, pp. 397-409, especialmente, pp. 405-409. Quando Paulo Salvador Frontini opina

A virtual incorporação da atividade cognitiva (os embargos) no próprio procedimento executivo confere à decisão nele proferida (art. 41, item 5º) uma carga decisória suficiente para dizermos que se trata de decisão de mérito, sem previsão legal de outra decisão a ela posterior. O detalhe é que, como diria Dinamarco a propósito do processo de execução normal, "quanto mais intenso for o conteúdo decisório do ato do juiz executivo, tanto maior será a incidência das regras inerentes ao princípio do contraditório e à regularidade formal do procedimento".[54] Se o contraditório significa realmente dar à parte possibilidade de reação efetiva, fica difícil acreditar que o prazo de 48 horas para impugnar o pedido (art. 41, item 4º) mantenha a integridade de tal princípio.

A expressão "instrução sumária" (art. 41, item 5º), não significa que a cognição seja sumária. Se o *nomen juris* do rito fosse assim importante para a caracterização da cognição, o procedimento sumário também teria cognição sumária, o que não é verdade, eis que ao contrário deste tipo de cognição, tal procedimento faz coisa julgada.[55] O termo "instrução sumária" não está associado a qualquer disposição legal restritiva da cognição no plano vertical, pois não há indícios claros de que a decisão será fundada em juízo de probabilidade. Não sendo também ocioso, tal termo só deixa evidente que houve uma desmesurada aceleração do iter procedimental, técnica processual também chamada de "sumarização formal"[56] – o juízo "plenário rápi-

---

no sentido de que o art. 41 do Decreto-lei 413/69 "criou, em rito especial, uma ação de conhecimento, para cobrança da cédula de crédito industrial" ("Cédula de crédito comercial e nota de crédito comercial: dois novos títulos de crédito", *Revista de Direito Mercantil* 40/58), está, *data venia*, desconsiderando que a antiga ação executiva, no âmbito da qual o Decreto-lei 413/69 inseriu suas modificações, já continha um misto de cognição com execução, e era processo de execução, não de conhecimento (condenatório), pois levava – assim como o art. 41 do Decreto-lei 413/69 – não a uma sentença condenatória, mas a atos de disposição dos bens do devedor. Nesse sentido, ver o artigo de Albérico Teixeira dos Anjos, que reconhece no art. 41 do Decreto-lei 413/69 "uma ação *executiva*, com rito especialíssimo" ("Títulos de crédito industrial", *RF* 266/41, grifo nosso).
54. Cândido Rangel Dinamarco, *Execução civil*, cit., p. 162.
55. Kazuo Watanabe, *Da cognição* ..., cit., pp. 86, 98-99. Como é óbvio, a expressão "sumário" no caso desse procedimento refere-se à sua sumarização formal, e não à sumarização material, i.e, da cognição.
56. Kazuo Watanabe, *Da cognição* ..., cit., pp. 98-99. Ovídio Baptista da Silva, *Curso de processo civil*, v. 1, p. 115. Carlos Silveira Noronha, "Apontamentos históricos da tutela diferenciada", in *Processo civil: evolução e 20 anos de vigência,* p. 72.

do" de que fala Fairén Guillén[57] – que neste caso é incompatível com o princípio da isonomia entre as partes e com a disciplina do processo de execução do próprio CPC.

Com a reforma processual de 1994, chegou-se a cogitar que a instituição da audiência de conciliação (art. 331, cf. redação da Lei 8.952/94)[58] seria aplicável ao procedimento em questão, sendo sua designação necessária antes da audiência de "instrução sumária" (art. 41, item 5º). Todavia, o 1º TACívSP rechaçou essa tese, afirmando que a demanda por uma audiência de conciliação era uma mera filigrana jurídica e desnecessária nesse tipo de procedimento, não havendo revogação do art. 41, item 5º, pela nova redação do art. 331.[59]

Parece-nos, todavia, que o incabimento da audiência de conciliação ficaria mais patente se, em vez de a jurisprudência insistir em seguir o rito do art. 41, o considerasse simplesmente revogado pelo CPC/73, de modo a utilizar-se do processo de execução de título extrajudicial. Neste caso, ficaria mais óbvia ainda a inaplicabilidade da audiência de conciliação, posto se tratar de processo de execução.

Araken de Assis, *Manual do processo de execução*, p. 961. Carlos Alberto Álvaro de Oliveira, "Perfil dogmático da tutela de urgência", *Revista de Direito Processual Civil Genesis*, n. 5, p. 334.

57 Víctor Fairén Guillén, *El juicio ordinario y los plenarios rápidos*, passim. Idem, "El juicio ordinario, los plenarios rápidos y los sumarios", in *Estudios de derecho procesal*, pp. 373-400.

58 No anteprojeto oferecido a D. Pedro I, Epaminondas Americano também previu uma audiência de conciliação prévia, nos seguintes termos: "Indicação 4ª. A conciliação se fará por um dever do Juiz no ato de se pôr a ação em juízo, sem que para ela seja citado especialmente o Réu, ela não constituirá ação diversa, e a parte que for citada para uma ação deve subentender-se que também o foi para a conciliação. Indicação 5ª. Se o Juiz não fizer a conciliação por qualquer motivo, ou se a fizer, mas não constar do processo, este não será nulo por isto, e o Juiz julgará pela verdade sabida, fazendo a conciliação por palavra nas audiências" (Epaminondas Americano, *Projetos do novo código civil e criminal do Império do Brasil, oferecido ao Senhor D. Pedro I*, pp. 9-10). E assim comentou a ind. 5ª: "De outra sorte cairia o Legislador na incompatibilidade de multiplicar ações, e citações, quando pretende diminuí-las. E de alongar o curso das demandas, e intrincá-lo, quando pretende abreviar, e aclarar" (idem, ibidem, p. 10).

59. 1º TACívSP, AI 699.494-7, 11ª Câm., v.u., rel. Juiz Maia da Cunha, j. 21.11.1996, *RT* 741/285.

4.2.2 O art. 41 do Decreto-lei 413/69 foi derrogado

Por óbvio, as considerações acima a propósito da cognição na "ação de cobrança de cédula de crédito industrial" só são válidas se desconsiderarmos a jurisprudência que afirma a revogação de tal procedimento a partir da promulgação do CPC de Buzaid:

"Com o advento do Código de Processo Civil, suprimidas estão as execuções pelas leis especiais, anteriores a esse diploma e revogadas as normas que com ele conflitarem. A defesa do devedor em execução fundada no Decreto-lei 413/69 (cédula de crédito industrial) será aparelhada via embargos" (TAPR, Ac. 902, rel. Juiz Gilney Carneiro Leal, 2ª C.C., j. 30.10.1989).[60]

"Execução por título extrajudicial – Cédula de crédito industrial – Inexistência do procedimento previsto no Decreto-lei n. 413 de 1969, revogado pelo novo Código de Processo Civil – Sentença confirmada". Trecho do voto do relator: "O vigente Código Processual Civil, ao suprimir a ação executiva e o executivo fiscal, como ações autônomas, revogou todas as disposições relativas às diversas ações executivas, inclusive as disciplinadas por leis especiais. Ao que se depreende de uma leitura ao artigo 14 da Lei n. 6.014, de 27 de dezembro de 1973, o legislador só manteve em vigor a Lei 5.741, de 1º de dezembro de 1971, que regula a ação executiva hipotecária das entidades vinculadas ao Sistema Financeiro da Habitação, após alterar-lhe algumas disposições. Assim, não mais existe o procedimento previsto no Decreto-lei n. 413/1969, que se adaptará ao processo de execução do novo Código" (1º TACívSP, AC 214.556, Santo André, 2ª Câm., v.u., rel. Felizardo Calil, j. 22.10.1975, *JTA* 37/68).

O argumento fundamental no sentido da revogação do procedimento previsto no art. 41 do Decreto-lei 413/69 é o de que o fim da "ação executiva", do CPC/39, que mesclava cognição e execução, determinou o fim também das execuções especiais, com exceção da execução hipotecária judicial (Lei 5.741/71, por força da Lei 6.014/73).[61] Assim, o sistema de execução de título extrajudicial, no

---

60. Fonte: Lutero de Paiva Pereira, *Crédito rural interpretado pelos tribunais*, p. 61.

61. Em suma, o desaparecimento da antiga ação executiva do CPC/39 implicou a "revogação das ações especiais (executivas) previstas em leis extravagantes, entre as quais o art. 41 do DL n. 413/69" (Albérico Teixeira dos Anjos, "Títulos de crédito industrial", *RF* 266/441).

momento em que isola a cognição no nicho dos embargos, não só é incompatível com o procedimento especialíssimo do art. 41 do Decreto-lei 413/69, como também é muito mais efetivo que este.[62] Tal entendimento é compartilhado por Theodoro Jr., para quem a maior agilidade do sistema executivo do CPC/73 tornava injustificável a manutenção das execuções especiais.[63]

Em resposta àqueles que criticam a inefetividade relativa da ação do art. 41 do Decreto-lei 413/69 frente à execução do CPC/73, Aramy Dornelles da Luz afirma que a lentidão do Judiciário e o fato "de os embargos imporem uma instrução tão morosa quanto a instrução das ações executivas" do CPC/39, foram dois fatores que fulminaram "a força do título executivo, tal qual a antiga ação executiva".[64] Assim, o procedimento especialíssimo do art. 41 ainda teria razão de ser, enquanto "via exclusiva que se propõe a agilizar a satisfação da obrigação inadimplida".[65] Razão dromocrática de ser, convenhamos (sobre a dromocracia, ver seção 7.2.2).

Pontes de Miranda tenta adotar uma posição um tanto eclética, ao afirmar que os itens 1º e 2º do art. 41 estão em vigor e devem ser observados, mas que a impugnação (itens 4º a 6º) foi substituída pelos embargos (prazo de 10 dias, e não de 48 horas) e os efeitos do recurso (item 7º) devem obedecer à disciplina do CPC/73.[66] Tal posicionamento, ao impingir o sistema de embargos do executado a esse rito especialíssimo, em substituição à impugnação e instrução sumária nos próprios autos da ação (art. 41, itens 4º e 5º), transforma-o em

---

62. Albérico Teixeira dos Anjos, "Títulos de crédito ...", cit., *RF* 266/441-2. Embora normal no CPC/39, para Paulo Salvador Frontini, a "simbiose procedimental" de cognição e execução no mesmo processo, em que os embargos são diluídos no processo de execução, "é incompatível com a moderna sistematização do processo civil brasileiro, em que o processo de conhecimento e o de execução ganharam estruturas distintas, face às respectivas peculiaridades. (...) Ora, se o credor da Cédula de Crédito já dispõe de título executivo extrajudicial, equiparável à sentença de mérito condenatória (título executivo extrajudicial para cobrar quantia certa), por que ajuizar um processo de conhecimento? Não há motivo que justifique essa postura, que desconhece a evolução de que foi alvo o processo civil pátrio após a vigência do atual Código. Entendemos, pois, revogado o art. 41 do Decreto-lei 413 ("Cédula de crédito comercial ...", cit., *Revista de Direito Mercantil* 40/159).
63. Theodoro Jr., ob. cit., p. 277.
64. Aramy Dornelles da Luz, "O Código de Processo Civil ...", cit., *RT* 542/30.
65. Aramy Dornelles da Luz, ob. cit., p. 32.
66. Pontes de Miranda, *Comentários ao Código de Processo Civil*, t. 9, pp. 262-263 e 364.

verdadeira execução de título extrajudicial, pouco distinguindo-se da tese da ab-rogação pura e simples do art. 41 do Decreto-lei 413/69.

Em resumo: adotando-se a tese da ab-rogação ou da derrogação (Pontes de Miranda) do art. 41, está-se obrigando a submissão da cédula de crédito industrial ao procedimento de execução de título extrajudicial – qualificação esta, aliás, que ninguém nega à cédula industrial (Decreto-lei 413/69, art. 10).[67] Nada mais justo, em nome do princípio da igualdade entre os próprios credores e em nome do contraditório e da isonomia processual.

4.3 Execução hipotecária judicial – Lei 5.741/71

4.3.1 Ab-rogação e derrogações

Há quem entenda que a Lei 5.741/71 ab-rogou a execução extrajudicial do Decreto-lei 70/66.[68] Para a maioria, porém, o procedimento do Decreto-lei 70/66 não seria incompatível com o da Lei 5.741/71: trata-se de dois procedimentos distintos e passíveis de convivência simultânea no mesmo ordenamento, para a tutela da mesma espécie de litígio.[69] Esse ponto poderia ser sustentado até com base em lição de Chiovenda, para quem os procedimentos especiais "pueden existir o no respecto a la misma relación jurídica, según el tiempo y el lugar donde el proceso se desarrolla, cambiando con el cambiar del proceso el número y la especie de los 'medios posibles' para la obtención de los bienes, y las medidas procesales posibles".[70]

Acreditando-se nessa solução, ter-se-ia que o credor pode optar por 3 tipos de execução da cédula hipotecária: a execução de título

---

67. Ovídio Baptista da Silva, *Curso de processo civil*, v. 2, p. 35. Antonio Carlos Costa e Silva, *Tratado do processo de execução*, v. 2, pp. 104-105. Albérico Teixeira dos Anjos, "Títulos de crédito ...", cit., *RF* 266/442. Aramy Dornelles da Luz, "O Código de Processo Civil ...", cit., *RT* 542/29. TAMG, AC 29406, Poços de Caldas, 2ª C.Cív., v.u., rel. Caetano Carelos, j. 21.3.1986, *RJTAMG* 26-7/220-5. TJRJ, AI 1339, Nova Iguaçu, 7ª C.Cív., v.u., rel. Des. Décio Cretton, j. 27.12.1977, *RT* 525/197.
68. Érico Barone Pires, "Execução das hipotecas vinculadas ao Sistema Financeiro da Habitação – necessidade da avaliação", *Ajuris*, n. 19, jul./1980, p. 34.
69. Cristóvão Colombo dos Reis Miller, "Execução extrajudicial", *RT* 532/52.
70. Chiovenda, "De la acción nacida del contrato preliminar", in *Ensayos de derecho procesal civil*, v. 1, p. 221. Idem, *Principios de derecho procesal civil*, v. 1, p. 76.

extrajudicial (CPC, art. 585, III, c/c Decreto-lei 70/66, art. 29, *caput*), a execução hipotecária judicial (Lei 5.741/71) ou a execução extrajudicial (Decreto-lei 70/66, arts. 29 e ss.).[71] Todavia, entende Dora Martins de Carvalho que, ao permitir ao credor a possibilidade de optar entre a execução judicial e a extrajudicial, a lei fere o princípio da isonomia, pois "desiguala as partes, colocando ao arbítrio de uma delas uma opção que interessa também à outra".[72] Embora concorde com a constitucionalidade da execução extrajudicial, discorda dessa potestatividade da escolha.[73]

71. Pontes de Miranda, *Comentários ao Código de Processo Civil*, t. 9, p. 262. Pedro Vasconcellos, *Execução extrajudicial e judicial do crédito hipotecário no sistema financeiro da habitação*, p. 7. Araken de Assis, *Manual do processo de execução*, p. 703. Victor A. Bomfim Marins, "Da inconstitucionalidade do § 1º do art. 4º da Lei 5.741, de 1.12.1971", *JB*, n. 124, p. 17. Clóvis do Couto e Silva, "A fundamentação jurídica do mercado de capitais", *Revista do Ministério Público*, v. 1, n. 1, p. 27. Antonio Carlos Costa e Silva, *Tratado do processo de execução*, v. 2, p. 337. A "hipoteca popular" peruana também admite a venda judicial ou direta do imóvel quando o mutuário for inadimplente (Carlos Ferdinand Cuadros Villena, "La hipoteca popular", *Vox Juris*, v. 3, p. 102). "Para a cobrança de crédito hipotecário vinculado ao SFH pode o credor promover a execução extrajudicial, fundada no Decreto-lei 70/66, ou a judicial prevista na Lei 5.741/71" (1º TACívSP, AI 335.127, São José dos Campos, 7ª Câm., v.u., rel. Juiz Roberto Stucchi, j. 28.12.1984, *JB* 136/93-4). Nesse sentido: TARS, AI 183.050.574, Porto Alegre, 1ª C.Cív., v.u., rel. Juiz João Aymoré Barros Costa, j. 3.11.1983, *JB* 36/71-4 (esp. p. 73). Para José Vidal, todavia, a execução judicial de cédula hipotecária só pode ser realizada pela Lei 5.741/71, nunca pelo procedimento ordinário de execução de título extrajudicial, pois neste caso pode acontecer de o imóvel ser leiloado por preço inferior ao do saldo devedor, então a dívida não será quitada e o devedor ficará sem imóvel – e "o único a obter vantagens é o arrematante" (José Vidal, "A praça pública da Lei 5.741", *Revista de Processo* 23/147).

72. "Ao colocar o ingresso na via particular na dependência exclusiva do credor, sem estipulação prévia nesse sentido entre este e o devedor, o artigo que acaba de ser invocado trinca a igualdade contratual das partes, quando teria sido fácil manter a sua integridade, admitindo simplesmente que as partes acordassem na imediata venda particular do imóvel na falta de pagamento, já que podem acordar mais do que isso, a saber, a solução do seu litígio por um juízo particular (Código Civil, art. 1.037)" (Dora Martins de Carvalho, *A comercialização da hipoteca*, pp. 42-43).

73. Dora Martins de Carvalho, *A comercialização* ..., cit., pp. 44-45. No acórdão em que declarou a inconstitucionalidade da execução extrajudicial do Decreto-lei 70/66, o TARS entendeu ser constitucional o art. 29 desse diploma legal, "porque a simples possibilidade do credor optar por mais de uma forma de execução não importa, *ipso facto*, em lesão às garantias fundamentais referidas (veja-se, por exemplo, a situação do art. 615, I, do CPC)" (TARS, Incidente de Inconstitucionalidade na AC 189040938, Canoas, Órgão Especial, v.u., rel. Juiz Ivo Gabriel da Cunha, j. 1.6.1990, *JTARGS* 76/81-4 – citação à p. 83).

A doutrina e jurisprudência majoritárias entendem que a execução hipotecária judicial acha-se preservada pelo CPC/73 – tanto que a ele foi adaptada pela Lei 6.014/73.[74]

Mesmo que a execução hipotecária judicial não tenha sido ab-rogada pelo CPC/73, José Olympio de Castro Filho pondera que as normas procedimenais da Lei 5.741/71 "se acham derrogadas no que se mostram incompatíveis com o novo processo de execução unificado, no qual o Código incluiu a cobrança do crédito hipotecário (art. 585, III)".[75] Aliás, neste caso não teria nenhuma pertinência a alegação de que a Lei 5.741/71 traz somente normas de direito material (argumento utilizado no que se refere à possibilidade de venda antecipada de bens penhorados, em execução de cédula de crédito rural – ver seção 4.1.2), eis que como admitiu o próprio STF, "a Lei n. 5.741, de 1971, dispondo sobre a execução extrajudicial de créditos hipotecários vinculados ao Sistema Financeiro da Habitação é de caráter processual".[76]

A importância da tese da derrogação de pontos da Lei 5.741/71 está, obviamente, no questionamento que se costuma fazer a alguns pontos do procedimento, i.e., se colidem ou não com a normatividade do CPC/73, senão com a própria Constituição. Por exemplo: o prazo inicial para pagamento ou depósito do valor,[77] a citação por edi-

74. Carlos Roberto Lofego Caníbal, "As condições da ação e a execução hipotecária regida pela Lei 5.741/71", *Ajuris*, n. 30, 1984, p. 156. Cristóvão Colombo dos Reis Miller, "Execução extrajudicial", *RT* 532/52. José Vidal, "A praça pública da Lei 5.741", *Revista de Processo* 23/47. "Preliminarmente, parece-me que continua em plena vigência o processo especial da Lei 5.741, de 1.12.1971, face ao novo Código de Processo Civil, por força do artigo 271 desse diploma" (STF, RE 79255-GB, 2ª T., v.u., rel. Min. Cordeiro Guerra, j. 29.11.1974, *RTJ* 73/297). "O artigo 1.218 do Código de Processo Civil não revogou o artigo 7º da Lei n. 5.741/1971. A Lei n. 6.014/1973 adaptou ao Código várias leis, sendo que, entre elas, a Lei n. 5.741/1971, alterando a redação do artigo 5º (artigo 14). Adaptando-a, não a revogou. O artigo 1.218 do Código de Processo Civil refere-se a procedimentos regulados pelo Código de 1939, os quais são enumerados. Não abrange leis extravagantes, como a Lei n. 5.741/1971. Assim o artigo 7º não está revogado" (1ª TACívSP, AC 209.310, São Paulo, 2ª Câm., v.u., rel. Ferreira Prado, j. 22.4.1975, *JTA* 35/206).

75. José Olympio de Castro Filho, *Comentários ao Código de Processo Civil*, v. 10, pp. 391-392.

76. STF, RE 86.872-RJ, 1ª T., v.u., rel. Min. Cunha Peixoto, j. 15.4.1977, *Revista de Direito Imobiliário* 2/136.

77. Para Pontes de Miranda o prazo de 24 horas para pagamento ou depósito do valor (Lei 5.741/71, art. 3º) não colide com o do art. 652 do CPC (Pontes de Miranda, *Comentários ao Código de Processo Civil*, t. 9, pp. 263-264 e 366).

tal do executado que se achar fora da jurisdição da situação do imóvel,[78] o mandado de desocupação contra o devedor[79] ou quem quer que esteja na posse direta do imóvel.[80]

78. Para o 1º TACívSP, a citação por edital prevista no § 2º do art. 3º da Lei 5.741/71 é constitucional, porque, sendo o SFH destinado à aquisição da casa própria, "não se compreende que o beneficiário não seja localizado, nos casos de execução, no imóvel que adquiriu" (1º TACívSP, AI 205.486, São Paulo, 3ª Câm., v.u., rel. Juiz César de Moraes, j. 14.5.1975, *JB* 136/84-5).

79. "Sistema Financeiro da Habitação. Mandado de segurança. Execução hipotecária. Posse da coisa adjudicada. Imissão na posse (Lei n. 5.741/71, art. 4º, § 2º). Cláusula do devido processo legal (CF/88, art. 5º, LIV). Segundo a experiência constitucional norte-americana, em todo e qualquer procedimento, implicando privação de bens e direitos, se observam, obrigatoriamente, determinados princípios, como a oportunidade de se defender e de produzir prova, integrantes do conteúdo da genérica garantia do devido processo. Em princípio, ao adquirente de bem objeto de alienação coativa na demanda executória toca a ação de imissão na posse. Nada impede, todavia, o enxerto dessa ação na própria relação processual executiva, uma vez obedecida a garantia constitucional e oportunizada a defesa do possuidor. Impetração relevante e risco de ineficácia ulterior da medida" (TARS, MS 190149062, Porto Alegre, 3ª C.Cív., v.u., rel. Araken de Assis, j. 8.5.1991). "Execução hipotecária – Lei n. 5.741/71 – Desocupação do imóvel – Inconstitucionalidade: não ocorrência. Não é inconstitucional o artigo 4º, § 2º da Lei n. 5.741/71 que autoriza ordem de desocupação do imóvel pelo devedor do SFH. Utilidade da medida para exame do imóvel por possíveis interessados e observância do devido processo legal. Agravo provido" (TAPR, AI 193194081, Alvorada, 4ª C.Cív., v.u., rel. Moacir Leopoldo Haeser, j. 25.11.1993).

80. O § 1º do art. 4º da Lei 5.741/71 é uma verdadeira "violência sem rebuço", porque desconsidera os terceiros no imóvel, que são despejados sem serem parte no processo, embora possam estar ocupando legitimamente o imóvel (Victor A. Bomfim Marins, "Da inconstitucionalidade do § 1º do art. 4º ...", cit., *JB*, n. 124, pp. 17 e 21). Nesse sentido: "Execução hipotecária. Inconstitucionalidade do desapossamento previsto no art. 4º, § 1º, da Lei n. 5.741/71, porque não assegura a audiência internamente ao processo. Norma não recebida" (TARS, AI 190132035, Porto Alegre, 3ª C.Cív., v.u., rel. Araken de Assis, j. 28.11.1990). Ainda sobre o § 1º do art. 4º: "Penhora. Execução. Desocupação de imóvel hipotecado e penhorado. Art. 4º, § 1º da lei 5.741/71. Tratando-se de cobrança de crédito hipotecário vinculado ao Sistema Financeiro de Habitação, a execução deve fazer-se na conformidade do estabelecido na Lei 5.741, de 1º.12.1971, pouco importando que a penhora recaia em bem que se encontre com terceiro. E o que o art. 4º da lei aludida distingue é apenas encontrar-se ou não o imóvel na posse do executado, pois no primeiro caso o prazo para sua desocupação é de 30 dias e, no segundo caso, é ele de 10 dias, segundo dispõem os seus parágrafos 1º e 2º. Recurso Extraordinário não conhecido" (STF, RE 102522-SP, 2ª T., v.u., rel. Min. Aldir Passarinho, j. 5.11.1985, *DJU* I 4.4.1986, p. 4.758, *Ementário do STF* v. 1.413-03, p. 452).

4.3.2 Suspensividade dos embargos

Ao contrário da disciplina legal da execução de cédula de crédito industrial, aqui foi adotado para defesa o sistema de embargos à execução (Lei 5.741/71, art. 5º).[81] O prazo de 10 dias para oposição dos embargos à execução (Lei 5.741/71, art. 5º) é o mesmo adotado pelo art. 738 do CPC, com ele não colidindo.[82] A questão que se coloca é apenas a da suspensividade dos embargos, havendo jurisprudência em ambos os sentidos.

Jurisprudência contra a suspensividade dos embargos:

"Tratando-se de execução hipotecária fundada na Lei 5.741, de 1971, os embargos do executado não suspendem a execução na hipótese do art. 14 da Lei n. 6.014, de 1973" (1º TACívSP, AI 225.327, São Paulo, 5ª Câm., v.u., rel. Rodrigues Porto, j. 11.8.1976, *RT* 491/129).

"Execução – Lei 5.741, de 1º de dezembro de 1971 – Embargos – Suspensão para processamento de exceção de incompetência – Fundamento jurídico inexistente – Agravo desprovido para determinar o prosseguimento do feito" (1º TACívSP, AI 213.158, São Paulo, 6ª Câm., v.u., rel. Marzagão Barbuto, j. 1.7.1975, *JTA* 35/246).

"Agravo de instrumento – Embargos do devedor – Revogação de despacho anterior que atribuía efeito suspensivo à incidental – Admissibilidade – Lei 5.741, art. 5º, I e II. Tratando-se de embargos do devedor opostos em ação de execução hipotecária não há que se atribuir efeito suspensivo à incidental, salvo nos casos expressamente previstos no artigo 5º, incisos I e II, da Lei 5.741. Recurso improvido" (TAPR, AI 0052383700, 2ª C.Cív., v.u., rel. Irlan Arco-Verde, j. 19.8.1992, *DJPR* 25.9.1992).

"Execução especial (Lei n. 5.741/71). Embargos recebidos com efeito suspensivo. Falta, porém, de fundamentação nos inciso I e II do artigo 5º da Lei 5.741/71. Descabimento daquele efeito. Aplicação do parágrafo único do dispositivo. Agravo provido" (TARS, AI 190036160, Porto Alegre, 3ª C.Cív., v.u., rel. Araken de Assis, j. 2.5.1990).

---

81. Pontes de Miranda, *Comentários ao Código de Processo Civil*, t. 9, p. 264.
82. Pontes de Miranda, *Comentários ao Código de Processo Civil*, t. 9, p. 366. "O prazo para a defesa é de 10 dias (art. 3º, § 2º da Lei n. 5.741/71) e não de 15 dias" (TACívRJ, AC 68.109, 6ª Câm., v.u., rel. Juiz Arruda França, j. 15.3.1988, *JB* 136/69-70).

"A Lei n. 5.741, de 1971, foi editada para atender ao princípio da celeridade processual, tendo como objetivo a proteção ao financiamento de bens imóveis vinculados ao Sistema Financeiro da Habitação, ou seja, foi editada com o intuito de proteger todo um sistema com objetivos eminentemente sociais – financiamento da casa própria para as classes sociais menos favorecidas – hipótese em que deve preponderar o interesse coletivo sobre os interesses individuais. A considerar, ainda, o advento da Lei 8.953, de 1994, que acresceu ao art. 739 do CPC, o § 1º, prevendo que *os embargos serão sempre recebidos com efeito suspensivo*. Entretanto, no meu entender, face a natureza especial da Lei n. 5.741, de 1971, tal regra não se aplica ao caso presente, pois, conforme ensinamento clássico, a lei geral não revoga a especial" (TRF-4ª Reg., AI 95.04.08608-0-PR, Ac. 3ª T., v.u., *DJU* II 1.10.1997, *Coad/ADV* n. 81.344 – grifos no original).

Jurisprudência em favor da suspensividade dos embargos:

"Os embargos à execução, ainda que por título extrajudicial, têm sempre efeito suspensivo, em consonância à garantia inserida na Constituição Federal, não obstante o enunciado no art. 5º da Lei n. 5.741/71. (...) O juiz pode apreciar a constitucionalidade do parágrafo único do art. 5º da Lei 5.741/71. (...) É de se verificar, ainda, se a lei de 1971 prevaleceria sobre o CPC (de 1973) que atribui a todos os embargos efeito suspensivo. (...) De outra face, o caráter não suspensivo dos embargos implicaria na adoção do *solve et repete*, ou seja, pague primeiro o devedor e após, se quiser, venha discutir o contrato. Ora, a sistemática do solve et repete foi considerada por Baleeiro contrária à garantia contida no § 4º do art. 141 da Constituição de 1946 e esta garantia permanece reproduzida no § 4º do art. 153 da vigente Constituição (*Direito tributário brasileiro*, Rio, 1977, Forense, pp. 509-512). Assim, se à própria Fazenda, a doutrina não concede o privilégio do *solve et repete*, não seria de outorgá-lo a uma entidade privada" (TAMG, AC 30.998, Belo Horizonte, 3ª C.Cív., v.u., rel. Juiz Cunha Campos, j. 1.7.1986, *JB* 136/54).

"Execução de mútuo hipotecário do SFH. Execução provisória, que só se torna definitiva se não forem opostos embargos, ou após transitar em julgado a sentença que os tiver apreciado. Inteligência dos arts. 5º e 6º da Lei 5.741/71, e do art. 487 do CPC. Agravo improvido. (...) Por destituídas de praticidade e por conflitantes, não só com as normas e princípios gerais de processo, como com as disposições do art. 6º da própria lei n. 5.741/71, as regras do art. 5º do referido diploma legal não vêm tendo, nem podem encontrar aplicação. Ora, dispondo o art. 6º que só depois da rejeição dos embargos deva o Juiz ordenar a venda do imóvel hipotecado em praça pública, e por preço não inferior ao saldo devedor, a pretensa continuidade do processo de execução, no caso sob exame, independentemente do processamento e decisão dos embargos, só poderia levar ao praceamento do imóvel. E, assim, em afronta ao preceituado no art. 6º!" (TARS, AI 186.003.489, Alvorada, 3ª C.Cív., v.u., rel. Juiz Élvio Schuch Pinto, j. 5.2.1986, *JB* 136/74).

"Embargos do devedor – Lei n. 5.741/71 – Despacho inicial determinando a suspensão da execução – Fundamento da ação incidental não incluído dentre os que, por expressa disposição legal, devem imprimir-lhe tal efeito – Observância, no entanto, da regra geral do CPC – Nova redação aos arts. 739, § 1º, 741 e 791 – Tendência jurisprudencial confirmada – Agravo improvido" (TAPR, AI 0079003800, 6ª C.Cív., v.u., rel. Ruy Fernando de Oliveira, j. 26.6.1995, *DJPR* 4.8.1995).

"Agravo de instrumento – Execução hipotecária – Efeito suspensivo – Admissibilidade – Nova redação do artigo 739, § 1º, do Código de Processo Civil. Incluindo-se a discussão levantada nos embargos do devedor dentro das matérias questionáveis do artigo 741 do Código de Processo Civil, é de ser recebido no efeito suspensivo, pela disposição expressa do § 1º do art. 739 do Código de Processo Civil. Irrelevante que o despacho agravado seja anterior à vigência da Lei 8.953/94, posto que inexiste direito adquirido quanto a não suspensão da execução" (TAPR, AI 0081264200, 6ª C.Cív., v.u., rel. Hirose Zeni, j. 28.8.1995, *DJPR* 22.9.1995).

Não teceremos mais comentários sobre esse tópico porque acreditamos que a questão da suspensividade dos embargos já foi devidamente analisada na hipótese de execução de cédula de crédito rural (seções 4.1.2 e 4.1.3), guardadas as diferenças entre os dois ritos.

4.4 Execução de Cédula de Produto Rural – Lei 8.929/94

Ao contrário das cédulas e notas de crédito rural, industrial, comercial e à exportação, a cédula de produto rural (CPR), instituída pela Lei 8.929, de 22.8.1994 (*DOU* I, 3.8.1994, p. 12.645), não apresenta o mesmo rol de aberrações presentes nas execuções daquelas.

A CPR representa a "promessa de entrega de produtos rurais, com ou sem garantia cedularmente constituída" (Lei 8.929/94, art. 1º), e foi criada – em tese – com o objetivo de "livrar os ruralistas dos encargos dos empréstimos bancários" e dar "garantias real [penhor, hipoteca ou propriedade fiduciária] e pessoal [aval] pelo emitente ou por terceiro".[83] Vê-se, mais uma vez, o velho ranço de garantismo em favor da instituição financeira. Quando muito, em favor do investidor, que irá comprar a CPR Financeira no mercado de derivativos buscando liquidez,[84] não importa a que preço social.

O importante é que, estabelecendo que "para a cobrança da CPR, cabe ação executiva para entrega de coisa certa", o art. 15 da Lei 8.929/94 não traz qualquer inovação processual, qualquer limitação ao contraditório, ao contrário do Decreto-lei 167/67 e do Decreto-lei 413/69 – no art. 41 de ambos.

Seu maior problema é justamente o da hipótese de garantia por bens apenhados, que dá margem – como nos casos das cédulas de crédito rural e industrial – à prisão civil do devedor, equiparado a depositário infiel.[85] Mesmo assim é muito pouco, se comparamos com a *via crucis* pela qual passa o devedor nas hipóteses das demais cédulas.

Sem discutir quem foi privilegiado aqui com a ausência de maiores vantagens processuais para o credor, o importante é firmar que a

---

83. Fernando Mendonça, "Cédula de produto rural", in *Doutrina*, v. 1, p. 96.

84. CPR Financeira deve valorizar produtos, *Gazeta do Povo*, Curitiba, 4.1.2000, p. 13. Nessa breve notícia, ouve-se do presidente da Federação da Agricultura do Paraná (Faep), sr. Ágide Meneguette, que o produtor rural compromete no máximo 20% de sua safra com a CPR, pois a linha de financiamentos que oferece os juros mais baixos é a de empréstimos do governo federal, apesar da insuficiência da dotação orçamentária prevista para o custeio da safra (loc. cit.).

85. Lei 8.929/94, art. 7º: "§ 1º. Salvo se se tratar de títulos de crédito, os bens apenhados continuam na posse imediata do emitente ou do terceiro prestador da garantia, que responde por sua guarda e conservação como fiel depositário. § 2º. Cuidando-se de penhor constituído por terceiro, o emitente da cédula responderá solidariamente com o empenhador pela guarda e conservação dos bens. § 3º. Aplicam-se ao penhor constituído por CPR, conforme o caso, os preceitos da legislação sobre penhor, inclusive o mercantil, o rural e o constituído por meio de cédulas, no que não colidirem com os desta Lei".

Lei 8.929/94 mostra como é possível a execução de cédulas e notas de crédito simplesmente seguir o rito já previsto no CPC. A execução de CPR prova que, ao contrário de teses falaciosas já conhecidas, não é imprescindível a limitação ainda maior no contraditório; não é nenhuma sandice a incorporação desses procedimentos especialíssimos pela execução ordinária.[86]

---

86. Chiovenda fala sobre determinados procedimentos especiais que, com o tempo, "degeneraram" na prática sob o peso do procedimento ordinário (Chiovenda, *Principios de derecho procesal civil*, t. 2, p. 191). No caso dos procedimentos especialíssimos, sua incorporação pelo procedimento comum de execução, longe de ser uma "degeneração", configuraria o respeito verdadeiro pela Constituição.

5
LEILÕES EXTRAJUDICIAIS – DECRETO-LEI 21/66, DECRETO-LEI 70/66 E LEI 9.514/97

5.1 Paralelo dos leilões extrajudiciais. 5.2 Leilões extrajudiciais e princípios gerais do processo. 5.3 O discurso do SFH estampado na jurisprudência.

5.1 Paralelo dos leilões extrajudiciais

Mutatis mutandis, as mesmas críticas que podemos fazer ao procedimento do SFH (execução extrajudicial de cédula hipotecária) são extensivas ao procedimento extrajudicial do SFI, pois este caso, apesar de decorrente de alienação fiduciária de bem imóvel, assemelha-se muito mais ao DL 70/66 do que ao DL 911/69. Basta comparar os dois ritos. E é o que faremos.

Antes, porém, três breves observações: 1) o leilão de bens hipotecados à CEF em planos de assistência financeira a empresas (DL 21/66), da mesma forma que os leilões do SFH e SFI, também tem por objeto bens imóveis e pode ser realizado extrajudicialmente (DL 21/66, art. 6º, § 2º), e apesar de apresentar um parentesco um pouco mais distante em relação aos dois procedimentos acima, será aqui lembrado sempre que possível – o que não é muito freqüente eis que seu rito é extremamente simplório; 2) a venda extrajudicial de bem objeto de alienação fiduciária (DL 911/69, art. 2º), porque foge aos parâmetros dos procedimentos acima – eis que tem por objeto bens móveis e normalmente precisa de uma fase judicial, a busca e apreensão – será reservada à seção 6.7;[1] 3) os leilões extrajudiciais de mer-

---

1. "A diferença entre as regras da execução extrajudicial da alienação fiduciária em garantia e os princípios que comandam as execuções extrajudiciais das hipo-

cadorias depositadas em armazéns gerais e não retiradas no prazo (Dec. 1.102, de 21.11.1903, art. 10, § 1º), de mercadorias especificadas em *warrant* não pago no vencimento (Dec. 1.102/1903, art. 23, § 1º) e de quota de condômino inadimplente em incorporação imobiliária (Lei 4.591/64, art. 63), embora típicas hipóteses de leilões extrajudiciais, não serão aqui analisados por fugir ao âmbito da presente dissertação, voltada que está para os procedimentos especialíssimos criados exclusivamente para o atendimento célere de pretensões processuais das instituições financeiras. Todos eles, todavia, salvo pequenos detalhes aqui e ali, podem ser genericamente enquadrados na categoria de *execução extrajudicial*, ou *autotutela com função executiva satisfativa*.[2]

Quando o mutuário do SFH atrasa o pagamento em três ou mais prestações (Lei 8.004/90, art. 21), o credor poderá executar a cédula judicialmente, conforme a Lei 5.741/71, ou extrajudicialmente, conforme o DL 70/66 – é a execução extrajudicial, que nos interessa. No SFI não há estipulação de prestações atrasadas, como lemos na Lei 9.514/97, art. 26: "vencida e não paga, no todo ou em parte (...)". Isso significa que "a intimação só poderá ser expedida depois de decorrido o prazo de carência que haverá de ser estabelecido no contrato".[3] Além disso, a propriedade do imóvel consolida-se em nome do fiduciário instantaneamente, conforme o mesmo dispositivo. Na assistência financeira a empresas, quando vence o prazo máximo de 180 dias, sem que o mutuário haja cumprido a obrigação ou pago a dívida, a CEF já pode vender em leilão público os bens hipotecados (DL 21/66, art. 6º *caput* c/c art. 3º, I).

Quando optar pela execução extrajudicial, como o próprio nome já diz, o credor não precisará recorrer ao Judiciário. Estará livre da

---

tecas no âmbito estabelecido pelo DL 70, está em que, no primeiro caso, é o próprio credor quem aliena; e, no segundo, de regra, é um 'tertius', escolhido negocialmente, o denominado agente fiduciário, que não deve manter vínculo com o credor ou devedor" (Clóvis do Couto e Silva, "A fundamentação jurídica do mercado de capitais", *Revista do Ministério Público*, v. 1, n. 1, p. 27). O problema é que, na prática, esse *tertius* acaba se confundindo com o próprio credor (Dora Martins de Carvalho, *A comercialização da hipoteca*, pp. 44-45).

2. Girolamo Bongiorno, "Profili sistematici e prospettive dell'esecuzione forzata in autotutela", *Rivista Trimestrale di Diritto e Procedura Civile*, v. 42, n. 2, pp. 449-450.

3. Melhin Chalhub, "Mais garantia para o mercado de imóveis", *Revista do SFI*, n. 6, p. 33.

famosa lentidão do procedimento ordinário e da própria Justiça, e terá à sua disposição o procedimento mais efetivo que existe no CPC (o mesmo privilégio do fiduciário, no SFI). Basta que o credor formalize a solicitação de execução da dívida a um agente fiduciário (DL 70/66, art. 31). Na assistência financeira a empresas, basta que a CEF faça um simples requerimento, independente de "qualquer outra formalidade processual" (DL 21/66, art. 6º caput). Até mesmo Dora Martins de Carvalho, que defende a constitucionalidade da execução extrajudicial, questiona a legitimidade da intervenção do agente fiduciário, pois apesar de, pela proposta original do governo, ele ser encarado como um *tertius*, equidistante das partes, na prática ele se confunde com o credor, que assim se torna o executor particular do seu próprio crédito.[4]

E o que faz o agente fiduciário do SFH, que nesse caso se substitui ao próprio juiz? Ele, em 10 dias, notifica o devedor, por meio do Cartório de Títulos e Documentos, dando prazo de 20 dias para pagar as prestações atrasadas (DL 70/66, art. 31, § 1º), acrescidas das penalidades cabíveis, até o limite de 10% do contrato, mais a remuneração do agente fiduciário (DL 70/66, art. 34, I). No SFI, o fiduciário – também se substituindo ao juiz – requer ao oficial do Registro de Imóveis a intimação do fiduciante para que purgue a mora em 15 dias, acrescida de juros convencionais, penalidades e encargos contratuais, legais, tributos, contribuições condominiais, despesas de cobrança e de intimação (Lei 9.514/97, art. 26, § 1º). A notificação do devedor para purgar a mora em 15 dias se inspira no art. 1º do DL 745/69, que dispõe de notificação com prazo idêntico, para os compromissos de compra e venda de imóvel (art. 22 do DL 58/37).[5] Na assistência financeira a empresas, é o juiz togado que expede avisos e editais de publicidade do leilão, observados os requisitos dos arts. 962 e 964 do CPC/39, mas o leilão poderá ser extrajudicial, a requerimento do mutuário (DL 21/66, art. 6º caput e § 2º).

Mesmo após o prazo de 20 dias, até a assinatura do auto de arrematação, o devedor do SFH pode purgar o débito, que agora abrangerá também juros moratórios e correção monetária (DL 70/66, art. 34, II). Note-se que o devedor não é citado, não lhe é dada a oportunidade para se defender. Ele é apenas notificado para pagar o que deve.

---

4. Dora Martins de Carvalho, *A comercialização da hipoteca*, pp. 44-45.
5. José Antonio Michaluat, "Propriedade fiduciária e o papel dos registros", *Revista do SFI*, n. 6, p. 8.

Como se percebe facilmente, não há qualquer sinal de contraditório ou ampla defesa. Na assistência financeira a empresas, o mutuário nem sequer é citado – eis que os avisos e editais não são a ele dirigidos – e suas alegações só poderão ser apresentadas e conhecidas pelo juízo *após a realização do leilão*, i.e., na condição de embargos à arrematação (DL 21/66, art. 6º, § 1º, c/c CPC/39 art. 1.009, II, CPC/73 arts. 738 e 746).[6]

Se o devedor não pagar as prestações atrasadas, aí sim começa um verdadeiro pesadelo kafkiano, pois o agente fiduciário do SFH poderá publicar editais, intimar o devedor e efetuar em 15 dias o leilão extrajudicial do imóvel (DL 70/66, art. 32);[7] com a alienação do imóvel no leilão, emite-se uma carta de arrematação, em que a assinatura pelo devedor é irrelevante (DL 70/66, art. 37, § 1º), e que servirá para registro na matrícula do imóvel, no Registro de Imóveis (DL 70/66, art. 37, *caput*). No caso do SFI, não purgada a mora, o oficial do Registro de Imóveis promove o registro, na matrícula do imóvel, da consolidação da propriedade em nome do fiduciário (Lei 9.514/97, art. 26, § 7º); em seguida, o fiduciário tem 30 dias para promover o leilão extrajudicial do imóvel (Lei 9.514/97, art. 27, *caput*). E, no entanto, é preciso lembrar sempre o inciso LIV do art. 5º da CF: "ninguém será privado (...) de seus bens sem o devido processo legal", que é aquele em que "são assegurados o contraditório e ampla defesa" (inciso LV). Não havendo contraditório nem ampla defesa, não há devido processo legal, e, no entanto, o devedor perde seu imóvel.[8]

---

6. O art. 1.009, II, do CPC/39 – que é objeto de remissão expressa do DL 21/66, art. 6º, § 1º – dava o prazo de apenas 5 dias para o oferecimento de embargos à arrematação. Embora não negue vigência aos arts. 6º e 7º do DL 21/66, Pontes de Miranda faz uma pequena adaptação de prazos aos ditames do CPC/73, da seguinte forma: "A defesa do devedor é em ação de embargos, que hão de ser opostos no prazo de dez dias (Código de 1973, art. 738), contados após a assinatura do auto de arrematação (arts. 693 e 694), ou a publicação da sentença de adjudicação, ou de remição (cf. arts. 715, §§ 1º e 2º, e 790)" (Pontes de Miranda, *Comentários ao Código de Processo Civil*, t. 9, p. 262).

7. João Gonsalves Borges e Fábio Puccetti Vasconcellos chegam a concordar que o DL 70/66 deveria ser aperfeiçoado, mas sim para diminuir ainda mais os prazos de publicação dos editais (João Gonsalves Borge e Fábio Puccetti Vasconcellos, *Habitação para o desenvolvimento*, p. 135).

8. Em hipótese de embargos de terceiro já se pronunciou o STJ no sentido de que "o despojamento de bens tem por premissa contraditório regular, não se admitindo ato espoliativo sem qualquer defesa por parte do interessado" (STJ, REsp 57.461/SP, 4ª T., v.u., rel. Min. Sálvio de Figueiredo Teixeira, j. 26.8.1997, *DJU* I

Na execução extrajudicial do SFH, uma vez feito o registro na matrícula do imóvel, o adquirente do imóvel pode requerer em juízo a "imissão de posse" no mesmo (DL 70/66, art. 37, § 2º). Embora o CPC de 1973 tenha revogado o procedimento especial de imissão de posse, a jurisprudência majoritária[9] entende que esse procedimento específico, o previsto no DL 70/66, milagrosamente não foi revogado pelo CPC de 1973.[10] No SFI, tanto o adquirente do imóvel quanto o próprio fiduciário ou seu cessionário ou sucessores podem requerer a *reintegração na posse* do imóvel (Lei 9.514/97, art. 30).

Após entrar em juízo com o pedido de imissão de posse, o devedor do SFH é citado para em 48 horas provar que resgatou ou consignou judicialmente o valor do débito (DL 70/66, art. 37, § 3º). Não há dispositivo legal semelhante no que tange ao SFI. O legislador obvia-

---

29.9.1997, p. 48.208). Entendemos que tal ressalva é extensiva aos procedimentos em questão.

9. Exceção: "Há incompatibilidade entre o processo de imissão de posse previsto no Decreto-lei n. 70, de 1966, e o Código de Processo Civil vigente. Inexistindo rito especial para essa ação na lei processual vigente, deve ser observado o procedimento ordinário" (1º TACívSP, AC 237047, São José dos Campos, 2ª Câm., m.v., rel. Ferreira Prado, j. 9.11.1977, *RT* 510/140-2). A imissão na posse, se não revogada pelo CPC/73, pode ser considerada incabível quando tem por base título obtido por meio processual inconstitucional: "Imissão de posse – Decreto-lei 70/66. Não cabe imissão de posse com base em carta de Arrematação Extrajudicial. Inconstitucionalidade do procedimento. Precedentes da Corte. Apelo improvido" (TARS, AC 195174263, Canoas, 4ª C.Cív., v.u., rel. Márcio Oliveira Puggina, j. 14.12.1995). Há também quem considere que a própria execução extrajudicial foi revogada pelo CPC/73, p.ex., José Olympio de Castro Filho, *Comentários ao Código de Processo Civil*, v. 10, pp. 393 e 395. Em sentido contrário: Cristóvão Colombo dos Reis Miller, "Execução extrajudicial", *RT* 532/52-53.

10. *RF* 254/246, *RF* 260/223, *RTFR* 97/67, *RTFR* 122/99, *RTFR* 161/193, *RT* 496/88, *RT* 503/96, *RT* 565/130, *RJTJESP* 68/121, *JTA* 73/40, *JTA* 119/189, *Revista de Processo* 23/274. "Imissão na posse – Decreto-lei 70/66, artigo 37 §§ 2º e 3º. As disposições desse Decreto-lei, pertinentes à imissão na posse de quem adquiriu o imóvel hipotecado em leilão, não foram revogadas pelo vigente Código de Processo Civil" (STJ, REsp 6976-SP, 3ª T., v.u., rel. Min. Eduardo Ribeiro, j. 12.3.1991, *RSTJ* 20/394). "Imissão na posse – Decreto-lei 70/66. A ação de imissão na posse, de que cuidam os §§ 2 e 3 do Decreto-lei 70/66, não se confunde com a que vinha regulada nos artigos 381 a 383 do Código de Processo Civil de 39" (STJ, Ag. Reg. no AI 23787-RJ, 3ª T., v.u., rel. Min. Eduardo Ribeiro, j. 25.9.1992, *DJU* I 26.10.1992, p. 19.046). O "duvidoso" art. 37 do DL 70/66, nas palavras de José Ribeiro Leitão, sobrevive hoje como "pedido auto-executório da carta de arrematação", e não como imissão na posse (José Ribeiro Leitão, "Aspectos da teoria geral dos procedimentos especiais", *Revista de Doutrina e Jurisprudência*, n. 17, pp. 31-32).

mente olvidou o fato de que o prazo adequado para a defesa é um corolário do contraditório.[11] Façamos uma comparação de prazos para defesa: no procedimento ordinário, 15 dias (art. 297); na ação monitória, 15 dias (art. 1.102b); no processo cautelar, 5 dias (art. 802); aqui, no DL 70/66, 48 horas. É impressionante a velocidade que se pretendeu dar a esse procedimento. Detalhe: 48 horas para provar que já havia pago. Qualquer outra alegação em defesa do réu simplesmente é ignorada pelo DL 70/66. Tamanha é a limitação da cognição no plano horizontal,[12] impedindo que o réu discuta outros assuntos, que fica difícil chamar isso de "contestação". Na verdade, não há contestação. Há mera aquiescência. E aqui trazemos o magistério preciso de Watanabe: "Cabe deixar anotado, aqui, que as limitações ao direito do contraditório e, por via de conseqüência, da cognição do juiz, sejam estabelecidas em lei processual ou em lei material, se impossibilitam a efetiva tutela jurisdicional do direito contra qualquer forma de denegação da justiça, ferem o princípio da inafastabilidade do controle jurisdicional e por isso são inconstitucionais (ofensa ao § 4º do art. 153, CF)".[13]

Se o devedor do SFH não provar, nessas 48 horas, que já havia pago o débito, o juiz é praticamente obrigado a conceder a liminar de imissão de posse. É o que se depreende do § 3º do art. 37 do DL 70/66: "A concessão da medida liminar do parágrafo anterior só será negada se o devedor, citado, comprovar, no prazo de 48 horas, que resgatou ou consignou judicialmente o valor de seu débito (...)" etc. O mesmo ocorre no caso do SFI, conforme lemos no art. 30 da Lei 9.514/97: "É assegurada ao fiduciário (...) a reintegração na posse do imóvel, que será concedida liminarmente, para desocupação em sessenta dias (...)".

11. Sobre o direito a um prazo adequado, ver: Eduardo Couture, *Fundamentos del derecho procesal civil*, 3ª ed., p. 184; Ada Pellegrini Grinover, *As garantias constitucionais do direito de ação*, pp. 101-102, 110, 119-121; Carlos Alberto Alvaro de Oliveira, "O juiz e o princípio do contraditório", *Revista de Processo* 71/36; Arruda Alvim, *Manual de direito processual civil*, v. 1, pp. 284-285.
12. Utilizamos aqui a clássica terminologia de Kazuo Watanabe, *Da cognição no processo civil*, pp. 83 e ss.
13. Kazuo Watanabe, *Da cognição* ..., cit., p. 88. Pelo mesmo fundamento, José Olympio de Castro Filho duvida da constitucionalidade da execução extrajudicial do DL 70/66, pois "importa em retirar da apreciação do Poder Judiciário a lesão de direito individual (Constituição, art. 153, § 4º)" (José Olympio de Castro Filho, *Comentários ao Código de Processo Civil*, v. 10, p. 393). O artigo citado, com redação dada pela Emenda Constitucional 7/77, equivale ao atual inc. XXV do art. 5º da CF.

Ou seja: em ambos os casos, se o devedor não provar que pagou o débito, o juiz é obrigado a conceder a liminar. Se não conceder a liminar, estará violando literal disposição de lei (inconstitucional, é verdade): o § 3º do art. 37 do DL 70/66 (no caso do SFH) ou o art. 30 da Lei 9.514/97 (no caso do SFI). Pergunta-se: e o princípio da livre convicção do juiz? Será que o juiz não pode negar a liminar, por outra razão alegada pelo devedor? A nosso ver, é claro que sim, inclusive com fundamento na inconstitucionalidade na própria obrigatoriedade da concessão de liminar.

Sobre obrigatoriedade análoga, a da busca e apreensão de bem objeto de alienação fiduciária, ver a seção 6.4.

Com isso encerramos a exposição dos paralelos procedimentais. Vamos agora observar mais atentamente de que forma esses leilões extrajudiciais afrontam alguns dos princípios mais importantes do processo civil.

5.2 Leilões extrajudiciais e princípios gerais do processo

Como bem assinala Miranda Rosa, a normatização "revolucionária" do SFH levou à eliminação ou redução súbita de "garantias [inclusive processuais] importantes para os mutuários", sob o pretexto tipicamente tecnocrático de "'aperfeiçoar' o sistema e melhorar a credibilidade e a liquidez".[14]

Ao descrever sumariamente a "democracia restrita" pós-64, Florestan Fernandes rotula-a como *democracia meramente formal*, em que "a validade formal ou positiva e a fruição ou participação da ordem legal e política são coisas distintas: a eficácia dos direitos civis e das garantias políticas se regula, na prática, através de critérios extrajudiciários e extrapolíticos".[15] Parece que, nos leilões extrajudiciais, tal característica é levada "a ferro e fogo", eis que neles as garantias processuais não chegam a se regular por meio de "critérios extrajudiciários", mas efetivamente *se anulam* fora do Judiciário, de forma consentida pelo próprio ordenamento jurídico infraconstitucional. "(...) trata-se de procedimento criado pelo legislador-militar, Presidente da República, como se lê após a ementa, e em um momento autoritário".[16]

---

14. F. A. de Miranda Rosa, *Justiça e autoritarismo*, cit., pp. 56-57.

15. Florestan Fernandes, *A revolução burguesa no Brasil*, pp. 347-348.

16. José Ribeiro Leitão, "Aspectos da teoria geral dos procedimentos especiais", *Revista de Doutrina e Jurisprudência*, n. 17, p. 31.

Como já pudemos apontar brevemente quando da leitura do procedimento, parece estar claro que os leilões extrajudiciais em exame ferem, sim, o *princípio da igualdade*, pois, em vez de reforçar a posição da parte hipossuficiente, dão efetividade e celeridade descabidas à pretensão da parte economicamente mais forte, que é a instituição financeira.[17] Ferindo o princípio da igualdade, eles também não são *devido processo legal em sentido substantivo*, na medida em que fogem aos mínimos parâmetros de razoabilidade e racionalidade das normas jurídicas.[18]

Ademais, consoante lição da Profa. Ada Pellegrini Grinover, "ferem-se os institutos da unidade da jurisdição e da atribuição da função jurisdicional ao juiz constitucional; violam-se os postulados que garantem o direito de defesa, o contraditório, a produção das próprias razões, sem os quais não pode caracterizar-se o 'devido processo legal'".[19] Privar o devedor de seus bens por meio dessa verdadeira justiça de mão própria é violar o *princípio do devido processo legal*, na justa medida em que não se lhe garante o *contraditório* na presença de um *juiz natural* – qual seja, não há efetiva participação no processo.[20] Basicamente, é o mesmo vício que impregna a venda extrajudicial do SFI, onde também "não há previsão de observância de procedimento que atenda ao devido processo legal, com contraditório e ampla defesa, seja no âmbito administrativo, seja na esfera judicial", para a consumação máxima dos efeitos da mora.[21]

---

17. Luiz Guilherme Marinoni, "A tutela cautelar do direito ao devido processo legal", in *Efetividade do processo* ..., cit., p. 73.
18. Luiz Guilherme Marinoni, "A tutela cautelar do direito ao devido processo legal", in *Efetividade do processo* ..., cit., p. 74. Ver também Rogério Lauria Tucci e José Rogério Cruz e Tucci, *Devido processo legal e tutela jurisdicional*, p. 18.
19. Ada Pellegrini Grinover, *As garantias constitucionais do direito de ação*, p. 169. "(...) sem possibilidade de defesa, sem contraditório, sem fase de conhecimento, ainda que acidental, e sem via recursal" (Ada Pellegrini Grinover, "Deformalização do processo e deformalização das controvérsias", in *Novas tendências do direito processual*, pp. 199-200).
20. Luiz Guilherme Marinoni, "A tutela cautelar do direito ao devido processo legal", in *Efetividade do processo* ..., cit., p. 72. Inconstitucionalidade semelhante se verificava na antiga lei italiana de locações, na perícia extraprocessual necessária e vinculante, criticada por Mauro Cappelletti, "Derecho de acción y de defensa y función concretadora de la jurisprudencia constitucional", in *Proceso, ideologías, sociedad*, pp. 484-486.
21. Paulo Eduardo Fucci, "Aspectos da alienação fiduciária de coisa imóvel", *RT* 753/81.

Para o STJ, o devido processo legal "alberga" a execução extrajudicial do SFH, de modo que o exeqüente não está "na alcatifa de ente privilegiado diante dos princípios gerais da lei processual".[22] Se isso significa, por um lado, que essa execução "deve explicações" a esse princípio constitucional, significa também – infelizmente – que são compatíveis. De nossa parte, preferimos dizer que o devido processo legal *repele* qualquer tipo de execução extrajudicial.

Nenhuma dessas violações a princípios gerais do processo soaria "anormal" para Philippe Gérard, que já observou argutamente que, se o sistema jurídico nunca leva o princípio individualista da ampla defesa às últimas conseqüências em todos os casos, assim o faz por motivos notadamente ideológicos.[23] A qualificação da ampla defesa como princípio individualista se deve ao fato de que decorre de uma concepção de ato processual enquanto manifestação da vontade.[24] Todavia, é preciso averiguar com maior cuidado os atos processuais de defesa nos procedimentos especialíssimos. Neles, normalmente o elemento preponderante não é a *vontade* (ao estilo "livre arbítrio") de se defender, mas sim a *necessidade* – p.ex., de defender a casa própria (SFH), ou o imóvel ou equipamento de trabalho (cédulas de crédito), i.e., o próprio exercício de atividade econômica.

De qualquer forma, sendo vontade ou necessidade – conceitos completamente diversos –, o fato é que os meios de defesa estipulados pela legislação extravagante nos procedimentos especialíssimos são, de origem, inidôneos para o exercício do princípio da ampla defesa. E enquanto esse e os demais princípios violados estiverem em vigor no ordenamento jurídico brasileiro, *os procedimentos extrajudiciais do DL 21/66 (CEF), DL 70/66 (SFH) e da Lei 9.514/97 (SFI), podem ser considerados unilaterais*, e como tais – concluiríamos, com expressão de Fairén Guillén – *configuram uma verdadeira aberração.*[25]

22. STJ, REsp 37.792-7/RJ, 1ª T., v.u., rel. Min. Milton Luiz Pereira, j. 22.3.1995, *Revista de Direito Processual Civil Genesis*, n. 1, p. 228; também em *Boletim Informativo Bonijuris*, n. 325, p. 3.939.
23. Philippe Gérard, *Droit, égalité et idéologie: contribuition à l'étude critique des principes généraux du droit*, pp. 411 e ss.
24. "(...) l'atto processuale è una manifestazione di volontà" (Paolo D'Onofrio, *Commento al Codice di Procedura Civile*, v. 1, p. 200). "Todo acto procesal supone, por definición, una intervención de voluntad humana que produce una modificación de la realidad" (Jaime Guasp, *Derecho procesal civil*, p. 283). Nesse sentido: Ugo Rocco, *Trattato di diritto processuale civile*, v. 2, p. 260.
25. "Es, pues, el 'debido proceso legal', la expresión que también nos sirve para designar su 'forma', por lo que la conclusión en cuanto a la 'humanización' del pro-

"Inteiramente desvinculada das generosas razões que informam a tendência rumo à deformalização do processo e das controvérsias, a execução extrajudicial para o Sistema Financeiro da Habitação, prevista no Decreto-Lei 70, de 21.11.1966, e na Lei 5.741, de 1.12.1971, representa distorção de origem autoritária que não se coaduna com os princípios processuais brasileiros".[26]

Esses leilões extrajudiciais, a partir do momento em que consagram a autotutela – a justiça de mão própria – devidamente repudiada pelo Estado Democrático de Direito, violam frontalmente o *princípio da inafastabilidade da apreciação jurisdicional*.[27] É assim que entenderam os julgados cujas ementas transcrevemos a seguir:

1) do 1º TACívSP:

Súmula 39 do 1º TACívSP: "São inconstitucionais os artigos 30, parte final, e 31 a 38 do Decreto-lei 70, de 21.11.1996" (*JTA* 151/186).

"Inconstitucionalidade – Execução extrajudicial – Decreto-lei 70, de 1966 – Crédito hipotecário, em que a venda do bem é feita pelo agente fiduciário, sem possibilidade de defesa pelo devedor – Mono-

---

ceso es clara. Un proceso 'unilateral', es una aberración, no existe" (Victor Fairén Guillén, "La humanización del proceso: lenguaje, formas, contacto entre los jueces y las partes desde Finlandia hasta Grecia", *Revista de Processo* 14-15/154).

26. Ada Pellegrini Grinover, "Deformalização do processo e deformalização das controvérsias", in *Novas tendências do direito processual*, p. 199. "[A execução extrajudicial] (...) é, irrecusavelmente, iníqua, defeituosa e até mesmo acintosa, colocando ao arbítrio do credor hipotecário e seus agentes os maiores abusos, com irremediáveis prejuízos aos infelizes adquirentes de unidades do Sistema Nacional da Habitação, que são as pessoas pobres [em tese...]" (José Olympio de Castro Filho, *Comentários ao Código de Processo Civil*, v. 10, p. 394). O autor chama a execução extrajudicial de "monstruosa", "odiosa", e lamenta que ela contenha "nas suas raízes tantos e tamanhos erros, enganos e falta de visão da realidade" (idem, ibidem, pp. 394-395). A execução extrajudicial é "odienta", uma "institucionalização da violência e da arbitrariedade, mercê de procedimento inadequado e injusto, que feria direito individual na defesa do poder econômico e em detrimento do patrimônio particular, obtido à custa da poupança privada" (Érico Barone Pires, "Execução das hipotecas vinculadas ao Sistema Financeiro da Habitação – Necessidade da avaliação", *Ajuris*, n. 19, p. 34).

27. Ada Pellegrini Grinover, *As garantias constitucionais do direito de ação*, p. 169. Cândido Rangel Dinamarco, *Execução civil*, pp. 308-309. Luiz Guilherme Marinoni, "A tutela cautelar do direito ao devido processo legal", in *Efetividade do processo* ..., cit., p. 72. José Olympio de Castro Filho, *Comentários ao Código de Processo Civil*, v. 10, pp. 393-394.

pólio da Jurisdição Privativo do Poder Judiciário – Declaração de inconstitucionalidade dos artigos 30, parte final, e 31 a 38 do Decreto-lei 70, de 21.11.1996 – Votos vencedor e vencido" (1º TACívSP, Argüição de inconstitucionalidade 493.349-9/01, São Paulo, rel. s/direito a voto: Juiz Paulo Eduardo Razuk, j. 23.6.1994, *JTA* 151/186).

2) do TARS:

"Argüição de inconstitucionalidade. A execução especial prevista no Dec.-lei 70/66 é processo, submetida assim às normas constitucionais de natureza processual. Constituindo execução privada, realizada fora do Poder Judiciário, sem segurança do contraditório e ampla defesa, dita execução é incompatível com as garantias postas nos incs. XXXV, LIV e LV, da Constituição do Brasil de 1988. Incidente acolhido" (TARS, Incidente de Inconstitucionalidade na AC 189040938, Canoas, Órgão Especial, m.v., rel. Juiz Ivo Gabriel da Cunha, j. 1.6.1990, *JTARGS* 76/81).

"Sistema Financeiro de Habitação. Execução extrajudicial. Decreto-lei 70/66. Inconstitucionalidade. Princípio do devido processo legal. CF art. 5º, inc. LVI de 1998. Interpretação" (TARS, AC 189040983, Canoas, 3ª C.Cív., v.u., rel. Sérgio Gischkow Pereira, j. 25.10.1989).

"Execução hipotecária com base no Decreto-lei 70/66, prenunciada por notificação editalícia. Revela-se, presentemente, inconstitucional a execução alinhada segundo o rito extrajudicial do citado diploma, por ofender primados básicos dos direitos e garantias individuais, como o da apreciação pelo Poder Judiciário de procedimentos limitativos dos interesses das pessoas, o da garantia da ampla defesa em processo judicial e administrativo e o que exclui juízos ou tribunais de exceção. Notificação do devedor. O art. 31, § 2º, do Decreto-lei 70/66, impõe a notificação do mutuário devedor através de carta ou notificação feita judicialmente, ou por cartório de títulos e documentos. Apenas quando excluídas as possibilidades de cientificação da pessoa é que se permite a sua efetivação via edital publicado na imprensa. Ação cautelar para impedir o ajuizamento da execução extrajudicial procedente, em vista da iminência de se consumar ofensa ilegal aos interesses patrimoniais, e em razão da vulneração de cânones jurídicos e constitucionais. Apelo provido" (TARS, AC 191109115, Pelotas, 3ª C.Cív., v.u., rel. Arnaldo Rizzardo, j. 2.10.1991).

"Sistema Financeiro de Habitação. Execução hipotecária extrajudicial. Irregularidades procedimentais. Ofensa ao princípio do 'due process'. Incorporação ao débito cabível. O princípio do 'due process' pressupõe o controle judicial dos atos procedimentais (art. 5º, XXXV, da CF/88 e, ainda, art. 153, § 4º, da CF/69). O procedimento especial previsto no Decreto-lei 70/66, para a alienação do bem hipotecado, tem natureza eminentemente privada e, pela forma como praticado, ofendeu o princípio do contraditório e da ampla defesa. Vícios insanáveis e que concorrem à plena ineficácia do ato. Por sua vez, tendo o credor hipotecário concordado com a incorporação do débito, nos termos dos Decretos-leis 2.164/84 e 2.240/85, restou superada a discussão sobre a tempestividade do pedido do mutuário, principalmente quando condicionou o processamento administrativo da incorporação da dívida à desistência de mandado de segurança envolvendo o contrato. Recurso improvido" (TARS, AC 193084183, Canoas, 3ª C.Cív., v.u., rel. Aldo Ayres Torres, j. 16.6.1993).

3) de outros tribunais:

"Agravo – Medida cautelar – Sustação de praça – Execução extrajudicial – Crédito hipotecário – Decreto-Lei 70/66 – Inconstitucionalidade – Cláusulas contratuais – *Fumus boni juris* e *periculum in mora* – Índices adotados nos reajustes das prestações contratuais que compõem a dívida – Decisão mantida – Provimento negado. Revela-se cautelosa e adequada a decisão judicial que suspende a realização de praças em execução extrajudicial, ainda mais por se referir a discussão de matéria relevante que afeta a própria constituição do débito em cobrança. A medida, no delineamento das relações jurídicas, está em sintonia com a natureza preventiva que reveste a ação declaratória, notadamente considerando-se o obstáculo de questionável constitucionalidade. O Decreto-Lei 70/66 pretendeu partilhar a jurisdição entre credor e Judiciário na parte referente à execução, partilha essa inadmissível e contrária à Constituição. Se admitida fosse a execução extrajudicial, haveria um momento em que o devedor não poderia discutir o crédito; podia simplesmente pagá-lo, ficando impedido de apresentar suas provas e seus argumentos de defesa, quebrando, com isso, o princípio constitucional da jurisdição entregue ao Judiciário e do contraditório, pois haveria tratamento desigual às partes, dentro do processo. Desapareceria então o princípio do juiz natural, como também o do contraditório e do procedimento regular" (TJMS, AI 57.303-9, Campo Grande, 2ª T.Cív., v.u., rel. Des. José Augusto de Souza, *DJMS* 13.4.1998, p. 3).

"A execução extrajudicial prevista no Dec.-lei 70/66 não se amolda às garantias oriundas do devido processo legal, do Juiz natural, do contraditório e da ampla defesa, constantes do Texto Constitucional em vigor, pois é o próprio credor quem realiza a excussão do bem, subtraindo o monopólio da jurisdição do Estado, quando deveria ser realizada somente perante um Magistrado constitucionalmente investido na função jurisdicional, competente para o litígio e imparcial na decisão da causa. Arts. 31 a 38 do Dec.-lei 70/66 não recepcionados pela Constituição Federal de 1988, face os princípios insculpidos no art. 5º, incs. XXXV, LIII, LIV e LV, a determinar seja mantida a decisão que determinou a sustação do leilão designado em sede de execução extrajudicial" (TRF-3ª Reg., AI 96.03.058855-5-SP, 5ª T., v.u., rel. Juíza Suzana Camargo, j. 9.12.1996, *RT* 746/414).

"Cautelar. Liminar. Execução extrajudicial. Leilão. Suspensão. A execução extrajudicial prevista no DL 70/66 é de duvidosa constitucionalidade, por afrontar os princípios do juiz natural, do contraditório e do devido processo legal. A execução privada, sem controle judicial imediato e sem possibilidade de defesa direta, permitindo que o suposto devedor seja desapossado liminarmente do imóvel hipotecado, acarreta por si mesma, inequivocamente, risco de dano irreparável ou pelo menos de difícil reparação. Presentes os requisitos do *fumus boni juris* e do *periculum in mora*, incensurável a decisão que suspendeu o leilão particular do imóvel financiado" (TRF-4ª Reg., AI 92.04.31542-3-PR, 5ª T., v.u., rel. Juiz Amir José Finocchiaro Sarti, j. 27.6.1996, *Boletim Informativo Bonijuris*, n. 325, p. 3.936; também em *Revista de Direito Processual Civil Genesis* 7/144).[28]

5.3 O discurso do SFH estampado na jurisprudência

É óbvio que esse posicionamento jurisprudencial está longe de qualquer pretensão à unanimidade. A seguir, veremos uma ementa exemplar, em que transparece fielmente o discurso governamental do SFH, cujas falácias serão apontadas por letras entre colchetes, com as correspondentes anotações:

---

28. Ao que tudo indica, essa Turma do Tribunal mudou de orientação, cf. podemos ver: TRF-4ª Reg., AI 97.04.12092-3/PR, 3ª T., m.v., rel. Juiz Amir José Finocchiaro Sarti, j. 26.6.1997, *DJU* II 20.8.1997, p. 65.267; TRF-4ª Reg., AC 95.04.59728-9/RS, 3ª T., v.u., rela. Juíza Marga Barth Tessler, j. 26.6.1997, *DJU* II 20.8.1997, p. 65.253-4.

"Sistema Financeiro da Habitação. Execução extrajudicial. Decreto-Lei 70/66. Inadimplência. 1. Não é possível manter suspensa a execução extrajudicial quando os contratos estão sendo executados por inadimplência considerável e os autores demonstram intenção de discutir a sua constitucionalidade, sem se preocupar com o pagamento ou adaptar as suas prestações ao que entendem devido [a]. *2. A inércia e a inadimplência não outorgam o direito de impedir a execução do débito* [b], *pois o Sistema Financeiro da Habitação não foi criado em benefício dos mutuários insolventes* [c], *mas para assegurar o desenvolvimento dos objetivos do Programa Habitacional* [d], *tendo como alvo a Sociedade em seu todo* [e], *face ao interesse público na manutenção do Sistema* [f], *que deve prevalecer sobre o interesse individual dos agravados* [g]. 3. Agravo provido" (TRF-4ª Reg., AI 96.04.38224-1-PR, 4ª T., v.u., j. 30.9.1997, *DJU* II 18.2.1998, p. 533, grifo nosso).

Eis algumas breves anotações sobre as falácias apontadas:

a) se é indiscutível a inadimplência, é discutível o sistema de cálculo da dívida; ademais, mesmo que o mutuário não tivesse argumentos de ordem material – o que é pouco provável –, o contraditório deve ser ainda assim preservado, pois "el derecho de contradicción no se modifica por la circunstancia de que el demandado no tenga razón alguna para oponerse a la pretensión del demandante";[29]

b) mas também não outorgam o direito à autotutela, proibida constitucionalmente;

c) insolventes muitas vezes devido aos reajustes abusivos das prestações, acima do PES – isso sem falar no arrocho salarial, na política econômica recessiva e no conseqüente risco de eventual desemprego do mutuário;

d) não seriam os objetivos do sistema financeiro? aliás, como vimos na seção 2.3.1, o programa habitacional é um arremedo de solução a problemas que demandam na verdade uma ampla reforma urbana;

e) a "Sociedade em seu todo" recebe salários acima dos limites mínimos para adesão ao plano do SFH?

f) sistema... financeiro, é claro;[30]

---

29. Hernando Devis Echandía, "El derecho de contradicción", *Revista Iberoamericana de Derecho Procesal*, n. 3, p. 396.

30. O que importa na sigla SFH é a idéia de sistema voltado para o setor financeiro, não para a habitação, cuja inicial é deixada por último – ver apreciação de Marcuse a propósito das abreviaturas na seção 1.6.3.

g) aqui confunde-se interesse público ou coletivo com interesse das instituições financeiras, com nítido o propósito de contrapô-lo (com a vantagem retórica de envergar uma roupagem pseudo publicista) aos interesses individuais – que na verdade correspondem aos de um grupo de interessados consideravelmente maior que o número de instituições financeiras no país, apesar do poder político-econômico consideravelmente menor. Embora na ação e no caso, especificamente, se trate de interesse individual, uma pesquisa do número de inadimplentes revelaria que a quantidade de supostamente interessados não é de modo algum desprezível.

Aqui vão mais alguns exemplos no sentido da constitucionalidade da execução extrajudicial:

"'Data venia' do pensamento em contrário, é de se concluir pela 'constitucionalidade da execução extrajudicial', consagrada pelos arts. 31 a 38 do Decreto-lei 70, de 21.11.1966, a que se reporta a Lei 5.741, de 1.12.1971, eis que não vulnera o princípio consagrado pelo art. 153, § 4º, ou outro qualquer dispositivo da Emenda Constitucional 1, de 17.10.1969, não só pelos precedentes legislativos, como também porque o devedor hipotecário, sempre que entender violado o seu direito individual, poderá recorrer ao Poder Judiciário, propondo as ações competentes".[31]

"Recurso especial. Medida cautelar. Sustação de leilão em execução extrajudicial. Ausência de pressupostos. I – A confessada inadimplência do requerente autoriza o procedimento descrito no art. 31 e seguintes do Decreto-lei 70/66, cuja inconstitucionalidade tem sido afastada pelo Judiciário. II – Medida cautelar indeferida" (STJ, MC 288-DF, 2ª T., rel. Min. Antonio de Pádua Ribeiro, j. 5.3.1996, *DJU* I 25.3.1996, p. 8.559).

"Sistema Financeiro da Habitação. Execução extrajudicial. Hipoteca. Não é inconstitucional o processo de execução extraju-

---

31. Luís Renato Pedroso, "Constitucionalidade das execuções extrajudiciais no Sistema Financeiro da Habitação", *RT* 457/7. Também para Dora Martins de Carvalho não há quebra do princípio da "revisão judicial, pois não tranca, no caso de lesão de direito individual, o apelo ao Poder Judiciário, cujas portas continuam abertas para anulação de atos ilegais e indenização de prejuízos, bem como para prevenção destes mediante medidas adequadas" (Dora Martins de Carvalho, *A comercialização da hipoteca*, pp. 43-44). Ainda no sentido da constitucionalidade, ver TFR, AC 61.477-SP, 2ª T., v.u., rel. Min. Jesus Costa Lima, j. 14.2.1984, *JB* 136/42-44 (esp. p. 43); STJ, REsp 8625-RJ, 1ª T., v.u., rel. Min. Garcia Vieira, j. 27.4.1994, *DJU* I 30.5.1994, p. 13.460.

dicial da hipoteca, regulado nos arts. 31 a 38 do Dec.-lei 70, de 21.11.1966. Esse processo não suprime o controle judicial, previsto no art. 153, § 4º, da Constituição. Apenas institui uma deslocação do momento de atuação do Poder Judiciário. No sistema tradicional, ao Juiz se cometia em sua inteireza o processo de execução, e dentro deste se exauria a defesa do devedor, de caráter impediente. No novo procedimento, a defesa do devedor, de caráter rescindente, sucede ao último ato da execução, a entrega ao arrematante do bem excutido. No procedimento antigo, único, o receio de lesão ao direito do devedor tinha prevalência sobre o temor de lesão ao direito do credor. No novo procedimento, opcional, inverteu-se a ordem, deu-se prevalência à satisfação do crédito em atenção ao interesse social da manutenção da liquidez do Sistema Financeiro da Habitação. Igualmente inaceitáveis as alegações de ofensa ao art. 6º (independência dos poderes) e aos §§ 1º e 22 do art. 153 da Constituição (igualdade perante a lei e garantia do direito de propriedade)" (TFR, AMS 77.152-SP, 2ª T., v.u., rel. Min. Décio Miranda, j. 5.3.1976, *JB* 136/47 e *Revista de Direito Imobiliário* 1/106).

"São constitucionais as disposições do Decreto-Lei 70/66, que facultam a execução extrajudicial da hipoteca" (TFR, AMS 79.199, São Paulo, 2ª T., v.u., rel. Min. Carlos Mário Velloso, j. 1.4.1977, *JB* 22/128).

"A execução extrajudicial de que trata o Decreto-lei 70, de 1966, fica sujeita à apreciação do Poder Judiciário porque deste nenhuma alegação de lesão a direito individual pode ser subtraída (§ 4º do art. 153, da Constituição Federal) (EC 7, de 1977)" (TJSP, AC 45868-1, Guarulhos, 2ª C.Cív., v.u., rel. Des. Sydney Sanches, j. 3.8.1984, *JB* 92/222).

"Não é inconstitucional a venda de imóvel hipotecado com base no Decreto-Lei 70/66. Sendo possível a apreciação de sua legalidade pelo Judiciário desaparece a violação à Lei Maior. Ação anulatória improcedente" (1º TACívSP, AC 243634, São Paulo, 5ª Câm., v.u., rel. Toledo Piza, j. 26.4.1978, *JB* 41/281).

"Execução extrajudicial. Crédito hipotecário. Decreto-Lei 70/66. Não é inconstitucional a execução realizada segundo faculta o Decreto-lei 70/66, porque não veda ao devedor, que alega ter sido preterido em seus direitos, recorrer ao Judiciário" (TJPR, AC 121/76, Londrina, 1ª C.Cív., v.u., rel. Des. Ossian França, j. 27.6.1977, *JB* 41/193).

"Ação de imissão na posse com fulcro no Decreto-lei 70/66 – Pretensão de sua revogação pela Carta Magna – Inocorrência. O Decreto-lei 70/66 não veda a intervenção do Judiciário, sendo pois tal forma executiva um procedimento legal de excussão da garantia hipotecária, que o agente financiador exerce de forma exclusivamente administrativa, assegurando ao executado o acesso ao Judiciário expressamente; portanto, compatível com a nova Carta" (TAPR, AC 0055141100, 5ª C.Cív., v.u., rel. Cícero da Silva, j. 30.11.1994, *DJPR* 3.2.1995).

"A execução especial prevista no Decreto-lei 70/66, conforme reiterados julgados, não é inconstitucional" (TAPR, AC 0074479200, 7ª C.Cív., v.u., rel. Waldemir Luiz da Rocha, j. 28.8.1995, *DJPR* 15.9.1995).

O que se diz, resumidamente, em quase todos esses julgados que consideram constitucional a execução extrajudicial, é que não está suprimida a garantia de acesso à Justiça porque a parte pode discutir judicialmente a questão, seja na imissão de posse, seja ajuizando outro processo. Mas, nesse ponto, a resposta de Seabra Fagundes é simplesmente lapidar: para ele, a anteposição compulsória de um procedimento extrajudicial é uma afronta ao princípio da inafastabilidade do controle jurisdicional.[32] Referia-se o autor à liquidação extrajudicial de instituições financeiras, nas quais "se o que se quer ressalvar é a ação ordinária, nem por isso deixa de frustrar-se o direito dos credores, pois *o descompasso, no tempo, entre o processo extrajudicial e a tramitação da ação ordinária, tornará impraticável o apelo ao Poder Judiciário*".[33] Ademais, o controle judicial da execução extrajudicial do DL 70/66 na ação de imissão de posse "é insuficiente, porquanto a lide se circunscreve tão-só à verificação do preenchimento das formalidades legais, ficando a matéria restrita ao âmbito angusto da discussão sobre a posse".[34]

Em algumas oportunidades, a jurisprudência se limita a apenas "regulamentar" determinados pontos do procedimento, p.ex., o lugar do leilão, número de avisos ao devedor etc.

O STJ, p.ex., mesmo reconhecendo a "excepcional severidade" dessa via processual e o "desequilibrador protecionismo à entidade

---

32. "Onde se possa identificar um expediente para impedir, ou adiar indefinidamente, a formulação de pretensão jurídica perante a justiça, aí haverá, não apenas um atentado ao espírito do regime, senão a violação flagrante e frontal do preceito do art. 141, § 4º, da Lei Suprema" (Miguel Seabra Fagundes, "Bancos – Liquidação extrajudicial – Competência do Poder Judiciário", *RF* 173/107). O art. 141, § 4º, da Constituição de 1946, a que o autor se refere, dispõe que "a lei não poderá excluir da apreciação do Poder Judiciário qualquer lesão de direito individual".

33. Miguel Seabra Fagundes, "Bancos – Liquidação extrajudicial – Competência do Poder Judiciário", *RF* 173/110, grifo nosso.

34. Ada Pellegrini Grinover, "Deformalização do processo e ...", cit., p. 200.

mutuante", limitou-se a garantir o direito do executado à intimação dos editais do leilão, dando oportunidade à purgação da mora.[35] Provavelmente por esse motivo é que, no modelo de contrato de compra e venda de imóvel com alienação fiduciária (SFI), divulgado no Paraná pelo Sinduscon (Sindicato da Indústria da Construção Civil no Estado do Paraná), a cláusula n. 6.9, assim dispõe: "O devedor tem ciência inequívoca quanto à não necessidade de sua intimação pessoal da data de realização do leilão extrajudicial, razão pela qual, se houver interesse em seu acompanhamento, o devedor poderá solicitar, por escrito, informações junto ao credor, sem prejuízo, evidentemente, da continuidade plena do leilão extrajudicial". Com essa cláusula, procura-se, no SFI, driblar a exigência de intimação dos editais. Resta esperar que os tribunais rejeitem-na, por abusividade patente.

Diante de exemplos como essa jurisprudência do STJ acima citada, parece que os tribunais têm atendido, de certa forma, ao apelo de Dinamarco, para que, caso não considerem inconstitucional a execução extrajudicial, ao menos exerçam o controle judicial, inclusive no mérito (lisura da venda, realidade dos preços), o que poderia "tornar perdoável a outorga de poderes de expropriação a entidades privadas".[36] De fato, apesar de concordarmos, em termos práticos, com a posição equilibrada do ilustre processualista, acreditamos que o controle jurisdicional sobre os atos da execução extrajudicial, sem a declaração de sua inconstitucionalidade, infelizmente acaba por legitimá-la. Ademais, com o devido respeito, não cremos ser perdoável, em qualquer circunstância, a outorga de poderes "jurisdicionais" a instituições financeiras, para serem exercidos contra seus próprios clientes.

Por isso, o melhor remédio para as inconstitucionalidades flagrantes dos leilões extrajudiciais, conforme já havia colocado o Prof. Marinoni,[37] e reconhecido pela jurisprudência, é o pedido de suspensão liminar do leilão extrajudicial previsto no art. 6º do DL 21/66, no art.

---

35. STJ, REsp 37.792-7/RJ, 1ª T., v.u., rel. Min. Milton Luiz Pereira, j. 22.3.1995, *Revista de Direito Processual Civil Genesis*, n. 1, pp. 228 e 231; também em *Boletim Informativo Bonijuris*, n. 325, pp. 3.937 e 3.939. Sobre esse assunto, ver Araken de Assis, *Manual do processo de execução*, pp. 705-706. Sobre a notificação regular, ver ainda *JB* 41/279 e *JB* 92/222.
36. Cândido Rangel Dinamarco, *Execução civil*, pp. 309-310.
37. Luiz Guilherme Marinoni, "A tutela cautelar do direito ao devido processo legal", in *Efetividade do processo* ..., cit., p. 75. Registre-se que essa tese do prof. Marinoni, da cautelar de suspensão do leilão, foi anterior à reforma do Código ocorrida em 1994.

32 do DL 70/66 e no art. 27 da Lei 9.514/97.[38] É óbvio que a interrupção dos leilões extrajudiciais por meio de medidas cautelares ou tutela antecipatória só pode servir como modesto paliativo para o caso concreto. Sua concessão em massa nos referidos casos pode até acarretar argumentos no sentido de que "estará inviabilizado o programa habitacional", e que "será necessário aumentar as prestações de todos", sem nunca chegar à solução do problema da moradia no país (típico *trade-off*). Ou seja, a raiz do problema está fora do processo civil, fora mesmo do direito. Mas se não podemos chegar à justiça distributiva (moradia, e de qualidade, para todos), não podemos também abdicar da justiça comutativa (da concessão das referidas liminares nos casos levados a juízo), que ao menos já será um bom começo.[39]

---

38. Ressalte-se que, mesmo considerando constitucional a execução extrajudicial, a Exma. Juíza Luiza Dias Cassales (voto-vista) entendeu haver *in casu* o *fumus boni iuris* e o *periculum in mora* suficientes para a concessão da liminar (TRF-4ª Reg., AI 92.04.31542-3-PR, 5ª T., v.u., rel. Juiz Amir José Finocchiaro Sarti, j. 27.6.1996, *Revista de Direito Processual Civil Genesis*, n. 7, p. 145).

39. Apesar das ressalvas de Macpherson às limitações da justiça comutativa (Crawford Brough Macpherson, *Ascensão e queda da justiça econômica*, pp. 32 e ss.), máxime à sua impotência em sociedades vítimas de programas neoliberais de sucateamento do Estado-previdência keynesiano, onde a justiça comutativa das relações de consumo eventualmente acaba servindo como mero reboco ideológico.

6
BUSCA E APREENSÃO
NA ALIENAÇÃO FIDUCIÁRIA

6.1 Natureza da ação. 6.2 Inconstitucionalidade total do Decreto-lei 911/69. 6.3 Busca e apreensão: 6.3.1 A busca e apreensão é constitucional; 6.3.2 A busca e apreensão é inconstitucional. 6.4 Concessão obrigatória da liminar: 6.4.1 A concessão obrigatória da liminar é constitucional; 6.4.2 A concessão obrigatória da liminar é inconstitucional. 6.5 Limitação à contestação: 6.5.1 A limitação à contestação é constitucional; 6.5.2 A limitação à contestação é inconstitucional. 6.6 Efeito suspensivo do recurso. 6.7 Venda extrajudicial do bem.

6.1 Natureza da ação

Antes de explorar alguns pontos da busca e apreensão de bem objeto de alienação fiduciária, é preciso averiguar rapidamente a natureza dessa ação, apenas com o intuito de justificar o seu estudo em paralelo com as execuções judiciais especialíssimas.

A expressão "busca e apreensão" poderia dar a entender que se trata de medida cautelar, como aliás algumas sentenças chegaram a enunciar,[1] provavelmente por fruto da confusão que fizeram entre cautelaridade e antecipatoriedade. Não há dúvida de que se trata de medida de cunho nitidamente antecipatório,[2] visto que satisfativo da

---

1. Sentença da Juíza Federal Dra. Alda Maria Basto Caminha Ansaldi, 1ª Vara de SP, *RJ* 205/131; citação da p. 135. Sentença do Juiz de Direito Dr. Amilton Bueno de Carvalho, in *Direito alternativo na jurisprudência*, p. 103.
2. Nelson Nery Jr. e Rosa Maria Andrade Nery, *Código de processo civil comentado*, p. 1.273. "A outorga de medida de coerção *initio litis* de busca e apreensão de bem alienado fiduciariamente não é processo cautelar, mas sim antecipação

pretensão do autor, além de, ao contrário do processo cautelar ("instrumento do instrumento"), constituir processo autônomo, conforme estatui o art. 3º, § 6º, do Decreto-lei 911/69 e reafirmam a doutrina[3] e a jurisprudência.[4] A autonomia dessa busca e apreensão só é possível devido à cognição parcial que a preside,[5] pela qual inverte-se o ônus *do tempo* e *do ajuizamento* do processo, cabendo então ao devedor que se sentiu lesado "procurar os seus direitos" depois, em ação própria sob sua conta e risco.[6] Isso já é suficiente para reconhecer na autonomia e na cognição que a busca e apreensão de bem objeto de alienação fiduciária é "altamente benéfica às empresas de Crédito, Financiamento e Investimento, pois dá a esta ex-medida preparatória um caráter de ação independente, além de ter um processamento rápido".[7]

Para Pontes de Miranda, de modo geral "a *ação de busca-e-apreensão* é mandamental. Preponderantemente, a sua sentença nada declara; não condena; não constitui; não executa. A posse fica ao juízo, para que se dê à coisa o destino devido. A eficácia não vai além disso; de modo que os atos de disposição são apenas *ineficazes* se contravêm ao mandado".[8]

---

da tutela, fulcrada na verossimilhança do direito material invocado para a concessão da prestação jurisdicional, pois é postulada pelo vero proprietário" (TJDF, AI 4217-DF, 3ª T., rela. Des. Nancy Andrighi, *RJ* 195/147, ementa 7.709).

3. Rogério Lauria Tucci, "Ação de busca e apreensão de bens alienados fiduciariamente", *Revista de Processo* 47/145. Francisco dos Santos Amaral Neto, "Alienação fiduciária em garantia no direito brasileiro", *Revista de Direito Civil* 22/44. José Geraldo de Jacobina Rabello, "Alienação fiduciária em garantia", *RT* 693/79. Artur Oscar de Oliveira Deda, "Alienação fiduciária em garantia", *RF* 234/35.

4. "Extrai-se do perfil processual da ação de busca e apreensão, modelado em lei, que a mesma não se identifica com a medida preventiva cogitada no estatuto processual vigente, tratando-se de ação autônoma, sujeita a procedimento especial" (TFR, AC 68327-RJ, 5ª T., v.u., rel. Min. Sebastião Alves dos Reis, j. 30.11.1983, *RTFR* 149/77-83). Exceção: "Após concretizar-se a busca e apreensão, deverá o credor prosseguir com a ação de reintegração ou reivindicação, não podendo o Juiz desde logo reintegrar a financeira na posse definitiva do automóvel apreendido" (TJMG, AC 41.594, Belo Horizonte, 2ª C.Cív., m.v., rel. Des. Erotides Diniz, j. 1.4.1975, *JB* 17/103).

5. Kazuo Watanabe, *Da cognição no processo civil*, p. 87.

6. Essa inversão do ônus do ajuizamento do processo está clara em Antonio Delfim Netto, "Exposição de Motivos", cit., p. 583.

7. José A. F. Andrade, *Da alienação fiduciária em garantia*, p. 63.

8. Pontes de Miranda, *Tratado das ações*, t. 6, p. 435 – grifos no original.

Mas a busca e apreensão do Decreto-lei 911/69 consolida a propriedade e a posse plena e exclusiva nas mãos do credor (art. 3º, § 5º), o que lhe dá um caráter executivo em sentido lato.[9] Assim, a lição do inigualável mestre aqui não se aplica no que tange à mandamentalidade mas sim na rejeição de qualquer cautelaridade na medida.

6.2 Inconstitucionalidade total do Decreto-lei 911/69

Parece não haver dúvida de que a ação de busca e apreensão de bem objeto de alienação fiduciária continua vigente após a promulgação do CPC/73.[10] Por isso, nossa atenção se desloca para a discussão de sua inconstitucionalidade.

A jurisprudência e a doutrina têm sido praticamente unânimes em negar a inconstitucionalidade *in totum* da busca e apreensão de bem objeto de alienação fiduciária, por vício de formação (promulgação por Junta Militar, a exceção à exceção). Senão, vejamos:

"Alegação de inconstitucionalidade do Decreto-lei 911/69, por vícios em sua formação, baixado que foi pela Junta Militar que governou o Brasil, e afronta a diversos dispositivos da Carta Magna. Argüição bem afastada quanto ao vício de formação do Decreto-lei 911/69, porque, embora editado por Junta Militar, esta detinha na ocasião poderes legislativos, o que é aberrante da tradição jurídica brasileira, fundada na tripartição dos poderes, na época rompida por ato de força, mas foi convalidado pelo art. 181 da Constituição Federal de 1967, na redação que lhe deu a Emenda Constitucional 1, de 17.10.1969, referendando os atos excepcionais baixados na ocasião. Reconhecimento pela sentença, contudo, de inconstitucionalidade de diversos dispositivos do Dec.-lei 911/69 e, afinal, do próprio Decreto-lei" (TJSC, AC 37.729, Florianópolis, 4ª C.Cív., v.u., j. 2.4.1992, *JC* 70/228-35).

"Não é inconstitucional o Dec.-lei 911/69" (TAPR, AI 0081877900, 5ª C.Cív., v.u., j. 11.10.1995, *DJPR* 27.10.1995).

---

9. "A ação de busca e apreensão prevista no Decreto-lei 911/69 possui natureza autônoma e caráter executivo" (TARS, AI 195013404, Caxias do Sul, 2ª C.Cív., v.u., rel. João Pedro Freire, j. 16.3.1995). Nesse sentido: TARS, AI 194141891, Porto Alegre, 7ª C.Cív., v.u., rel. Vicente Barroco de Vasconcellos, j. 14.9.1994; TAPR, AI 0080107800, 3ª C.Cív., v.u., rel. Celso Guimarães, j. 15.8.1995, *DJPR* 1.9.1995.

10. José Olympio de Castro Filho, *Comentários ao Código de Processo Civil*, v. 10, p. 382.

"A atual ordem constitucional recepcionou o Dec.-lei 911/69, o qual contém as normas do devido processo legal relativo ao instituto da alienação fiduciária" (TJMS, AI 467943, m.v., j. 17.4.1996).[11]

No entanto, é preciso que se diga, e claramente – como o fez o Des. Isidoro Carmona, com relação ao Decreto-lei 3.365/41 –, que "o fato de ter-se aplicado a lei que veio do tempo da ditadura não justifica que se continue no erro de aplicar legislação derrogada, não mais vigorante".[12] Ademais, como já disse Habermas, "o que garante a justiça da lei é a gênese democrática".[13] Fica difícil acreditar que um decreto-lei baixado por junta militar apresenta uma gênese democrática...[14]

Nesse sentido, vale lembrar a doutrina e a jurisprudência que corajosamente têm discutido a constitucionalidade do Decreto-lei 911/69, por força de sua origem anti-democrática:

"O legislador militar tripartite ou tripessoal, em um momento institucional autoritário, querendo proteger o poder econômico, no mercado de capital, esqueceu-se do princípio constitucional da isonomia (art. 153, § 1º da Constituição), olvidou o princípio do equilíbrio das partes no processo (art. 125, I do CPC), desrespeitou a fisionomia específica de institutos do direito. (...) Vale dizer: o legislador teratológico, pensadamente, ignorou o direito material e o direito instrumental para ceder ao peso da conveniência puramente arbitrária".[15]

"O mecanismo criado pelo Dec.-lei 911, de 1969, para garantir os financiamentos de bens de consumo, *aliás de legalidade discutível*, só se aplica às entidades financeiras onde, evidentemente, não se incluem os consórcios. A alegação da apelante de que uma Instrução Normativa da Secretaria de Receita Federal estendeu aos Consórcios o mecanismo de proteção da alienação fiduciária só pode ter sido como válida *em um momento histórico como aquele em que foi editado, caracterizado pela tentativa de fragilização dos conceitos jurídicos*" (TJRJ, AC 2669/88, 8ª C.Cív., v.u., rel. Des. Carpena Amorim, j. 26.11.1988, ementa *Bonijuris* 2.405 – grifos nossos).

---

11. Ainda no sentido da constitucionalidade do Decreto-lei 911/69: Luiz Augusto Beck da Silva, "Alienação fiduciária em garantia", *RT* 688/58.
12. TJSP, AI 185.882-2, São Paulo, 10ª C.Cív., m.v., rel. Des. Isidoro Carmona, j. 21.11.1991, *RJTJSP* 135/273.
13. Jürgen Habermas, *Direito e democracia*, v. 1, p. 235.
14. Em sentido oposto entende o TJSC, *JC* 70/228.
15. José Ribeiro Leitão, "Aspectos da teoria geral dos procedimentos especiais", *Revista de Doutrina e Jurisprudência*, n. 17, pp. 33-34.

6.3 Busca e apreensão

6.3.1 A busca e apreensão é constitucional

Mesmo escapando à pecha de inconstitucionalidade por vício de formação, o Decreto-lei 911/69 não consegue fugir à discussão de suas inúmeras inconstitucionalidades pontuais. Deixando de lado aquelas que envolvem questões de direito material, a ação de depósito, a prisão civil do devedor, o art. 66, § 4º da Lei 4.728/65 cf. redação do art. 1º do Decreto-lei 911/69,[16] ou o art. 5º do Decreto-lei 911/69,[17] faremos aqui uma breve abordagem daquelas que são essenciais a um estudo processual da busca e apreensão.

O próprio procedimento, como um todo, de busca e apreensão de bem objeto de alienação fiduciária, já vem tendo sua constitucionalidade debatida há alguns anos. Parte da doutrina[18] e da jurisprudência[19] vem se pronunciando no sentido da constitucionalidade desse procedimento e negando a imposição do rito ordinário à hipótese, com base em suposta "tradição legislativa" e na tese das tutelas diferenciadas, p.ex.:

1) do TAPR:

"Agravo de instrumento – Despacho que, em face a consideração de inconstitucionalidade, recusa aplicação ao Decreto-lei 911/69. Liminar suprimida e ordem para observância do procedimento comum ordinário. Recurso provido. Tem-se entendido nesta corte, como posi-

---

16. Esse parágrafo, que de certa forma repete o art. 2º, *caput*, do Decreto-lei 911/69 – venda extrajudicial do bem – foi considerado pelo TJSC constitucional, "porque não violada a regra do devido processo legal ou a que proclama o princípio da isonomia" (TJSC, AC 37.729, Florianópolis, 4ª C.Cív., v.u., rel. Des. João José Schaefer, j. 2.4.1992, *JC* 70/228).

17. Com relação a esse artigo, assim se pronuncia Arnaldo Godoy: "Da referência à execução fiscal resulta que as unidades estatais poderão ser proprietários fiduciários. Não há outra interpretação possível. Rasga-se a igualdade, quando, ao que parece o legislador preocupa-se com mecanismos de proteção do capital do mais forte, não havendo, de resto, na mesma lei, mecanismos protetivos do devedor" (Arnaldo Godoy, "A igualdade no processo", *Revista de Processo* 76/208).

18. Luiz Augusto Beck da Silva, "Alienação fiduciária em garantia", *RT* 688/58.

19. Além dos julgados transcritos, mencione-se também: TJSC, AC 37.729, Florianópolis, 4ª C.Cív., v.u., rel. Des. João José Schaefer, j. 2.4.1992, *JC* 70/228-35; TRF-5ª Reg., AI 3563-PE, 2ª T., rel. Araken Mariz, *RJ* 218/147, ementa 10.022.

ção sólida, a constitucionalidade do Dec.-lei 911/69" (TAPR, AI 0077762400, 8ª C.Cív., v.u., j. 14.8.1995, *DJPR* 25.8.1995).

"Não é inconstitucional ou inadequado o procedimento sumarizado e especial da ação de busca e apreensão prevista no Decreto-lei 911/69, dada a peculiaridade da matéria, pelo que não se justifica a imposição do rito ordinário à mesma" (TAPR, AI 0077750400, 5ª C.Cív., v.u., j. 21.6.1995, *DJPR* 4.8.1995).

"A ação de busca-e-apreensão do Decreto-lei 911, de 1969, não é inconstitucional" (TAPR, MS 0062883500, 2º G.C.Cív., v.u., j. 7.6.1994, *DJPR* 26.8.9194).

2) do TARS:

"Não é inconstitucional o dispositivo do Decreto-lei 911/69 que permite, liminarmente, a busca e apreensão do bem alienado fiduciariamente. O princípio da ampla defesa já existia em Constituições pretéritas e, nem por isso os juristas aventaram a inconstitucionalidade do citado dispositivo e similares do CPC. Agravo de instrumento provido. Decisão que indeferiu a liminar de busca e apreensão cassada" (TARS, AI 191030964, Porto Alegre, 4ª C.Cív., v.u., rel. Armando Mário Bianchi, j. 2.5.1991).

"Não há inconstitucionalidade na previsão da concessão de liminar, pois presentes a fumaça de bom direito – direito de retomar a posse em razão da impontualidade do devedor – e perigo da demora – resguardo do bem alienado que, na verdade, pertence ao credor. *Não há quebra da tradição legislativa*, havendo idêntica medida prevista no Código de Processo Civil para a venda a crédito com reserva de domínio. Voto vencido que entende inconstitucional a previsão legislativa de liminar de busca e apreensão de bem alienado fiduciariamente" (TARS, AI 192239358, Santiago, 4ª C.Cív., m.v., rel. Moacir Leopoldo Haeser, j. 17.12.1992, grifo nosso).

"Não atenta contra qualquer princípio constitucional o procedimento previsto no art. 3º do Decreto-lei 911/69. Precipuamente no que diz com a *tutela diferenciada*, comum hoje, viável não sendo ao magistrado de primeiro grau instar a parte a modificação do rito, quanto o mais do processo. Segurança que se concede, ao efeito de assegurar-se a continuidade do rito" (TARS, MS 192051597, Porto Alegre, 7ª C.Cív., v.u., rel. Antonio Janyr Dall'Agnol Jr., j. 1.6.1992, grifo nosso).

"Busca e apreensão. Decreto-lei 911. Constitucionalidade. A concessão de liminar de busca e apreensão, conforme autorizado no artigo 3º do Decreto-lei 911/69, não afronta os princípios exarados nos incisos LIV e LV do artigo 5º da Carta Federal. Inconstitucionalidade inexistente por não afetado o direito ao contraditório e à ampla defesa. Decisão que, em ação de busca e apreensão, considerou inconstitucional o Decreto-lei 911/69. Agravo de instrumento provido" (TARS, AI 191044874, Porto Alegre, 1ª C.Cív., v.u., rel. Osvaldo Stefanello, j. 11.6.1991).

"Ação de busca e apreensão. Dec.-lei 911/69. Não se oferece inconstitucional a sumariedade cognitiva traçada pelo Dec.-lei 911/69, quanto à ação satisfativa nele prevista, sumariedade esta que ressalvou às vias próprias as exceções substanciais que o devedor tiver" (TARS, AC 195015045, Alegrete, 6ª C.Cív., rel. Arminio José Abreu Lima da Rosa, j. 20.4.1995).

"Alienação fiduciária. Busca e apreensão liminar (Decreto-lei 911/69, art. 3º, *caput*). Constitucionalidade. Voto vencido. Agravo provido" (TARS, AI 191148816, Porto Alegre, 7ª C.Cív., m.v., rel. Araken de Assis, j. 27.11.1991).

"É orientação predominante neste Tribunal ser constitucional o Decreto-lei 911/69" (TARS, AC 193203049, Tapes, 7ª C.Cív., v.u., rel. Flávio Pancaro da Silva, j. 15.12.1993).

3) do TJMS:

"Apelação cível. Busca e apreensão. Alienação fiduciária. Constitucionalidade do Decreto-lei 911/69. Carência afastada. A previsão de procedimento específico para a ação de busca e apreensão em caráter satisfativo, prevista no artigo 3º, do Decreto-lei 911/69, não viola o princípio constitucional do 'due process of law', visto que a garantia jurídica emerge da causa econômica resultante da utilização do bem antes de completar o seu pagamento. Ademais, a concessão da liminar fica adstrita à comprovação dos pressupostos da execução, ou seja, a cabal demonstração da existência do título e a inexecução do devedor" (TJMS, AC 404273, m.v., j. 8.11.1994, *RJTJMS* 101/53).

Com base na constitucionalidade do rito de busca e apreensão, a jurisprudência tem negado a possibilidade de sustação de seus efeitos mediante impetração de mandado de segurança[20] ou medida cautelar

---

20. "Comprovada a mora do devedor, a decisão que concede a liminar de busca e apreensão do bem alienado fiduciariamente, como no art. 3º, do Decreto-lei 911/69, não pode ser tipificada como ato ilegal ou de abuso de poder" (TAPR, MS 64402-8,

inominada, sob o argumento de que tais medidas inviabilizariam o acesso à justiça por parte das instituições financeiras: "Processual Civil. Cautelar inominada. Deferimento para impedir a retirada da posse da devedora de bens dados em alienação fiduciária. Impossibilidade na espécie. Restrição ao ajuizamento da ação de busca e apreensão. Art. 3º do Decreto-lei 911/69. Acesso à Justiça. Recurso provido. O poder cautelar geral atribuído ao juiz não pode ser absoluto, de molde a inviabilizar o princípio constitucional de acesso à tutela jurisdicional" (STJ, REsp 34.211-SC, 4ª T., v.u., j. 6.8.1996, *DJU* I 16.9.1996, p. 33.443, ementa *Bonijuris* 29.753).

Com todo o respeito, é de ressaltar que o caso é de acesso *das instituições financeiras* à justiça, e não de camadas mais pobres da população. Embora seja elogiável a preocupação do próprio Judiciário com o acesso à justiça, neste caso tal preocupação é no mínimo inócua, pois é óbvio que nem se comparam os obstáculos enfrentados pelos mais pobres e as instituições financeiras diante da máquina judiciária – se é que estas enfrentam problemas dessa ordem, e se é que realmente precisam de um Judiciário.

Há um julgado que merece exame apurado, pela sua elevada qualidade técnica (registre-se, inclusive, que seus enunciados são citados em outros pontos desta obra):

"Alienação fiduciária – Constitucionalidade do art. 3º do Decreto-lei 911/69. Antecipação da tutela. I. A outorga de medida de coerção *initio litis* de busca e apreensão de bem alienado fiduciariamente não é processo cautelar, mas sim antecipação da tutela, fulcrada na verossimilhança do direito material invocado para a concessão da prestação jurisdicional, pois é postulada pelo vero proprietário. II. *A tutela jurisdicional antecipada não ofende o devido processo legal nem o contraditório, porque a cognição exaustiva do objeto litigioso será feita a posteriori.* III. A redução dos limites cognitivos, contemplada no artigo 3º, § 2º, do Decreto-lei 911/69, não contém ofensa às garantias processuais da CF de 1988; o que ocorre na busca e apreensão é a aplicação da técnica de sumarização admitida nas tutelas diferenciadas. IV. *Os procedimentos injuncionais, com antecipações eficaciais da tutela jurídica, inclusive inaudita altera pars, constituem exceções válidas ao princípio do contraditório*" (TJDF, AI 4217-DF,

---

Ponta Grossa, 2º G.C.Cív., v.u., rel. Bonejos Demchuk, j. 3.5.1994, *DJPR* 20.5.1994, p. 38, ementa *Bonijuris* 19.807). Nesse sentido: 1º TACívSP, MS 401.818/4, 3ª C.Cív., v.u., rel. Ricardo Arcoverde Credie, j. 6.12.1988, ementa *Bonijuris* 2142.

3ª T., rel. Des. Nancy Andrighi, *RJ* 195/147, ementa 7.709 – sem grifos no original).

É preciso reconhecer, antes de tudo, o acerto da presente ementa em negar a cautelaridade da liminar de busca e apreensão e em afirmar que a tutela antecipatória não é, por si só, uma inconstitucionalidade – caso contrário o próprio art. 273 do CPC seria inconstitucional, o que configura uma tese absurda – ver seção 3.8.3. A redução nos limites cognitivos será estudada adiante.

O problema começa quando se fala em exceções válidas ao princípio do contraditório. É óbvio que a tutela antecipatória, inclusive *inaudita altera pars*, é possível. Se constitui ou não uma exceção ao contraditório (i.e., se o derroga no ponto) ou se constitui uma postecipação do contraditório, isso é matéria que a doutrina vem debatendo há muito tempo (ver seção 3.8.3). O que importa é verificar se as exceções ao contraditório (ou sua postecipação, não importa o nome) obedecem ao princípio da igualdade.

Parte da jurisprudência entende que sim, que a busca e apreensão respeita este princípio, como p.ex.:

"O Decreto-lei 911/69 não fere o princípio constitucional da igualdade de todos perante a lei, pois, nada mais faz que tratar desigualmente os desiguais, quando dá tratamento diferenciado ao devedor inadimplente, sendo a legitimidade de sua aplicação reconhecida por todos os Tribunais pátrios" (TJGO, AC 27099.3.188, 2ª C.Cív., v.u., rel. Des. Jalles Ferreira da Costa, j. 11.6.1992, *DJGO* 14.8.1992, p. 6).

"Não se mostra inconstitucional o art. 3º do Decreto-lei 911/69. O equívoco da tese está no fato de a busca e apreensão ser visualizada desde uma ótica puramente processual, desconsiderada a estrutura do instituto jurídico no aspecto material, e que importa em transmissão do domínio à credora fiduciária. Não se pode, sob pena de grave desvio de perspectiva, desconsiderar a estruturação do negócio jurídico de alienação fiduciária em segurança, que se passa no plano do direito material" (TARS, AC 193230836, Camaqua, 6ª C.Cív., m.v., rel. Moacir Adiers, j. 5.5.1994).

"Não há, assim, privilegiamento da credora fiduciária, senão que reconhecimento de faculdades próprias de quem, sendo proprietário, se veja em determinadas e expressas situações, que lhe autorizam o uso dessas mesmas faculdades. A situação jurídica da credora fiduciária é diversa da dos demais credores, e por decorrer de faculdade inerente ao seu domínio, a pretensão quanto à liminar apreensão do obje-

to não se constitui em quebra do princípio da isonomia. E por observado o devido processo legal, não viola também norma constitucional (art. 5º, inc. LIV, CF)" (TARS, AI 193047404, Porto Alegre, 6ª C.Cív., m.v., rel. Moacir Adiers, j. 15.12.1993).
"Agravo de instrumento. Alienação fiduciária em garantia. Busca e apreensão liminar. Não se atenta contra princípio constitucional de isonomia previsão legislativa de liminar em ação de natureza executiva e caráter sumário. Documentada a prova do negócio e literal evidência da mora, perfeitamente adequada a concessão de liminar em ação de busca e apreensão com base no Decreto-lei 911/69. Agravo improvido" (TARS, AI 194141891, Porto Alegre, 7ª C.Cív., v.u., rel. Vicente Barroco de Vasconcellos, j. 14.9.1994).
A resposta a todos esses argumentos – de constitucionalidade do procedimento e preservação do princípio da isonomia – será oferecida a seguir, pela doutrina mais avançada e por algumas sentenças colacionadas.

6.3.2 A busca e apreensão é inconstitucional

Para Rogério Lauria Tucci e José Rogério Cruz e Tucci, o Decreto-lei 911/69 delineia-se, à primeira vista, inconstitucional, pois "enquanto o litigante, normalmente, deve conformar-se com a lentidão do procedimento comum, as demandas mais sensíveis, que colocam em jogo os valores de maior interesse para as classes dominantes, escapam às agruras do rito procedimental e ineficiente, prolongado e, por isso mesmo (por que não dizer?...) desastroso".[21]
Vejamos outras críticas à constitucionalidade do instituto:
"Ao contrário do procedimento democrático e social dos Juizados de Pequenas Causas, que visa possibilitar ao mais humilde o acesso à justiça, determinados procedimentos visam atender interesses de grupos economicamente mais fortes. A ação de busca e apreensão de bens objeto de alienação fiduciária em garantia configura genuíno exemplo destes procedimentos. A legitimidade destes procedimentos, porém, deve ser aferida em vista da *substantive due process*, que permite o controle da consonância dos atos legislativos com os valores constitucionais. Aliás, a mesma tarefa pode ser realizada pelo princípio da igualdade (*equal protection of the laws*), que fulmi-

---

21. Rogério Lauria Tucci e José Rogério Cruz e Tucci, *Constituição de 1988 e processo*, p. 57.

na de morte qualquer ato que diferencie em desatenção aos valores consagrados pela Constituição."[22]
"É o direito a serviço do credor. É o direito a ombros dados com os desideratos do sistema, que, não bastasse os lucros colhidos, a par da exportação dos prejuízos sofridos no primeiro mundo – pagos pelos países da periferia do sistema – têm reconhecido também esse super direito. (...) A regra não é isonômica, contrariando, inclusive, o sistema como um todo, hoje mais arejado, especialmente com dispositivos processuais do Código de Defesa do Consumidor."[23]
"A liminar de busca e apreensão do bem alienado fiduciariamente com a tão-só prova da mora é modelo de eficiência administrativa, vindo do período autoritário que em nada dignifica o sistema jurídico brasileiro."[24]

Apesar de toda essa movimentação na doutrina mais recente, os Tribunais – como vimos acima (seção 6.3.1) – têm sido praticamente unânimes na adoção da tese da constitucionalidade do procedimento, salvo em duas exceções. Numa delas, incidentalmente à questão da prisão civil reconheceu-se que "a alienação fiduciária, na forma constante do Decreto-lei 911/69, em verdade, cerca-se de garantias excepcionais, mas em favor das financiadoras e de grupos 'poderosos'".[25]
A outra merece transcrição:

"Agravo de instrumento. Táxi. Mora do devedor. Indeferimento de liminar de busca e apreensão. Princípio do contraditório e da ampla defesa. Cunho satisfativo da liminar. 1. Não é de bom proceder determinar a busca e apreensão de bem alienado fiduciariamente, ainda quando em mora o devedor, sem que o mesmo tenha tido a oportunidade de apresentar sua defesa, o que constitui violação ao princípio do devido processo legal agasalhado na Constituição. 2. A concessão da liminar de busca e apreensão do veículo alienado, possui caráter satisfativo expressamente proibido pelo art. 1º, § 3º da Lei 8.437/92, e pode acarretar a privação do financiado, do único meio de subsistência seu e de sua família" (TRF-5ª Reg., AI 4956-PE, 2ª T., v.u., rel. José Delgado, j. 10.10.1995, *Revista de Direito Processual Civil Genesis* 1/248-9).

22. Luiz Guilherme Marinoni, *Novas linhas do processo civil*, p. 172.
23. Arnaldo Godoy, "A igualdade no processo", *Revista de Processo* 76/207.
24. Rui Portanova, *Princípios do processo civil*, p. 27.
25. TAMG, HC 183.038-2, Uberlândia, 2ª C.Crim., m.v., rela. Myriam Saboya, *DJMG* II 15.6.1995, ementa *Bonijuris* 23.760, trecho do voto da relatora.

Não obstante a louvável apreciação do instituto à luz do princípio da proporcionalidade (a possibilidade de privação do devedor e sua família de seu único meio de subsistência), a evidente violação do contraditório e da ampla defesa não se dá por causa do cunho de satisfatividade incompatível com a suposta cautelaridade. Ademais, a restrição do § 3º do art. 1º da Lei 8.437/92 – aliás, inconstitucional[26] – por força de técnica legislativa só se aplica a cautelares contra o Poder Público.

Vício semelhante encontramos em primeiro grau de jurisdição, onde é possível registrar mais decisões no sentido da inconstitucionalidade desse procedimento, das quais a seguir colacionamos alguns trechos:

"A Constituição Brasileira, dentre as garantias individuais, assegurou a amplitude da defesa como corolário do devido processo legal, em ordem a revogar a legislação extravagante que disciplinava em sentido contrário. Ausência de recepção, pela Carta da República, das disposições processuais contidas no Decreto-lei 911/69, assecuratórias de busca e apreensão com caráter autônomo e satisfativo. Indeferimento da inicial com base no artigo 295, inciso I, e seu parágrafo único, inciso III, combinadamente com o artigo 5º, incisos LIV e LV, da Constituição Federal" (Sentença do Juiz Federal Dr. Antonio Vital Ramos de Vasconcelos, 14ª Vara de São Paulo, *RJ* 183/143).

"De fato, com a nova Carta da República remanesceu, no particular, apenas a disciplinação do Processo Cautelar contida no CPC, exatamente por sua plena harmonia com a nova orientação constitucional. Daí o expresso reconhecimento de que as exceções processuais contempladas em legislação extravagante, retroinvocada, não se compatibilizam com a norma constitucional e foram por ela revogadas" (Sentença da Juíza Federal Dra. Alda Maria Caminha Ansaldi, 1ª Vara de São Paulo, *RJ* 205/131; citação da p. 135).

"Decretos-lei editados em época ditatorial para beneficiarem as empresas de crédito. Inconstitucionalidade. Se empresa creditícia quiser adiantar prestação jurisdicional, deverá utilizar as cautelares como qualquer outro litigante. Rito ordinário, prazo de 15 dias para

---

26. Luiz Guilherme Marinoni, "O direito à adequada tutela jurisdicional", *RT* 663/243. Pode-se dizer que a inconstitucionalidade da Lei 8.437/92 se projeta à Lei 9.494/97 (Luiz Guilherme Marinoni, *A antecipação da tutela*, pp. 210-211), que restringe a concessão de tutela antecipatória contra a Fazenda Pública, embora em ambos os casos o STF tenha se posicionado em sentido contrário.

contestação, sem limites de defesa do art. 3º § 2º do Dec.-Lei 911 e do Dec.-Lei 70/66" (Sentença do Juiz de Direito Dr. Amilton Bueno de Carvalho, in *Direito alternativo na jurisprudência*, p. 103).

Com todo o respeito que se deve inclusive à coragem desses juízes em se contrapor à jurisprudência majoritária, o problema de suas sentenças é considerar o provimento liminar da busca e apreensão de bem objeto de alienação fiduciária como medida cautelar – o que é justificável ante o fato de que foram proferidas antes da Reforma de 1994 –, quando na verdade, como vimos na seção 6.1, trata-se de medida executiva em sentido lato.

6.4 Concessão obrigatória da liminar

6.4.1 A concessão obrigatória da liminar é constitucional

Mesmo admitindo a suposta constitucionalidade do procedimento de busca e apreensão como um todo, é possível discutir outro ponto extremamente controverso que é a obrigatoriedade da concessão da liminar. A discussão é relativamente recente, eis que antes a doutrina simplesmente limitava-se a repetir as palavras do Decreto-lei 911/69, art. 3º, *caput*.[27]

Hoje, parte da jurisprudência continua repetindo a letra da lei, defendendo a sua constitucionalidade e negando possibilidade ao oferecimento e conhecimento da contestação antes do cumprimento da liminar, como nos exemplos a seguir:

1) dos TACívSP:

"Não é admissível a contestação sem a efetivação da busca e apreensão com fundamento em alienação fiduciária" (1º TACívSP, AI 291.631, São Paulo, 8ª Câm., v.u., j. 13.10.1981, *JB* 68/181-2).

"Cumprindo o credor, ou proprietário fiduciário, as exigências do artigo 3º, 'caput', do Decreto-lei 911 de 1969, a concessão da liminar será obrigatória, pois de sua execução dependerá o seguimento do processo. Não poderá existir o processo sem liminar" (1ºTACívSP, AI 239.549, São Paulo, 1ª Câm., v.u., j. 22.11.1977, *JB* 17/258-60).

---

27. Por exemplo: Orlando Gomes, *Alienação fiduciária em garantia*, p. 11. Oswaldo Optiz e Silvia C. B. Opitz, *Alienação fiduciária em garantia*, p. 236. José A. F. Andrade, *Da alienação fiduciária em garantia*, p. 62.

"Tratando-se de alienação fiduciária, nenhuma defesa poderá ser apreciada pelo juiz antes da apreensão liminar da coisa objeto da garantia" (2º TACívSP, AC 31219, São Paulo, 1ª Câm., v.u., j. 13.11.1975, *RT* 489/162-3).

"A ação de busca e apreensão possui caráter autônomo, iniciando-se com a apreensão liminar da coisa objeto da garantia fiduciária. Sem a execução da medida liminar, nenhuma defesa poderá ser apreciada pelo Juiz, mesmo que se verifique o comparecimento espontâneo do Réu em Juízo" (2º TACívSP, AC 31.219, São Paulo, 1ª Câm., v.u., j. 13.11.1975, *JB* 17/271-2).

2) do TAPR:

"1 – Não é inconstitucional do Dec.-lei 911/69. Por isso que, comprovada a mora ou inadimplemento do devedor, impõe-se a concessão da liminar requerida, que não fica ao arbítrio do juiz, dado que da execução dessa liminar depende a seqüência dos atos processuais. 2 – Em decorrência, a citação é ato posterior à execução da liminar" (TAPR, AI 0088239077, 7ª C.Cív., v.u., j. 25.3.1996, *DJPR* 12.4.1996).

"Estando presentes os requisitos exigidos pelo Decreto-lei 911/69, que não é inconstitucional e continua em vigor diante da nova Carta Magna, é de ser deferido pedido de busca e apreensão de bem alienado fiduciariamente" (TAPR, AI 0092440900, 2ª C.Cív., v.u., j. 7.8.1996, *DJPR* 13.9.1996).

"Não é inconstitucional o artigo 3º do Decreto-lei 911/69, de modo que, comprovada a mora e o inadimplemento do devedor, a liminar de busca e apreensão não pode deixar de ser concedida, porquanto a sua execução se constitui em requisito para o prosseguimento da ação" (TAPR, AC 0092950000, 2ª C.Cív., v.u., j. 11.9.1996, *DJPR* 4.10.1996).

3) do TARS:

"Agravo de instrumento. Alienação fiduciária. Liminar. Constitucionalidade. Presentes os requisitos do art. 3º do Decreto-lei 911/69 – que não é inconstitucional – a concessão da liminar é direito do credor fiduciário. Agravo provido" (TARS, AI 196007470, Santa Rosa, 7ª C.Cív., v.u., j. 13.3.1996).

4) do TJMS:

"Apelação cível. Ação de busca e apreensão. Alienação fiduciária. Indeferimento liminar da inicial pelo juiz 'a quo' sob o argumento de que o Decreto-lei 911/69 teria sido revogado pela Constituição Federal de 1988. Inocorrência. Sentença cassada. É totalmente incabível a rejeição do pedido inicial de busca e apreensão sob o fundamento de inconstitucionalidade do Decreto-lei 911/69. A nova Carta Constitucional não revogou o citado decreto-lei, que regula o procedimento da ação de busca e apreensão de bem objeto de alienação fiduciária. Cumpre ao juiz do feito tão-somente verificar se estão presentes os pressupostos legais para a concessão liminar e conseqüente prosseguimento do feito" (TJMS, AC 294920, m.v., j. 17.3.1992).

O interessante desses julgados é que, em nome da suposta constitucionalidade do Decreto-lei 911/69, esses Tribunais simplesmente obrigam o juiz a ser a "boca da lei" em relação à liminar de busca e apreensão. Com o devido respeito, a nosso ver o juiz pode sim negar a liminar, inclusive para apreciar melhor a suposta constitucionalidade: do diploma legal como um todo, do procedimento de busca e apreensão ou da própria obrigatoriedade na concessão da liminar.

Em alguns julgados, a não concessão da liminar chega a ser considerada um atentado contra o devido processo legal, por exemplo:

"Alienação fiduciária – Busca e apreensão – Liminar indeferida por violação à nova ordem constitucional – Descabimento – Constitucionalidade da medida – Violação ao princípio do devido processo legal – Agravo provido. Não há de se cogitar de inconstitucionalidade da liminar na ação de busca e apreensão decorrente de alienação fiduciária, de natureza executiva *latu sensu* que é, e em vista de que o procedimento executório é ditado pela natureza do crédito ou da garantia que se tutela. O indeferimento dessa liminar, quando presentes seus pressupostos legais, viola o processo legal de que dispõe o credor para fazer valer seus direitos, e do qual a liminar é condição de procedibilidade" (TAPR, AI 0080107800, 3ª C.Cív., v.u., j. 15.8.1995, *DJPR* 1.9.1995).

Com a devida vênia, parece-nos que há aí uma completa inversão de valores: vê-se *due process* onde não há e vice-versa.

Em sua famosa aula inaugural da cadeira de Semiologia Literária do Collège de France, em 7.1.1977, disse Roland Barthes que "a língua, como desempenho de toda linguagem, não é nem reacionária, nem progressista; ela é simplesmente: fascista; pois o fascismo não é impedir de dizer, é obrigar a dizer".[28] Sem comentários.

6.4.2 A concessão obrigatória da liminar é inconstitucional

Como diria Couture, "por la misma razón por la cual no se puede repeler de plano la demanda, no se puede repeler de plano la defensa".[29] No entanto, a concessão obrigatória da liminar fere de morte esse preceito. Daí a tese da inconstitucionalidade da concessão obrigatória da liminar, que vem tomando corpo a partir de um precedente importantíssimo do TARS, que a seguir transcrevemos, juntamente com outros julgados no mesmo sentido:

"Alienação fiduciária. Busca e apreensão (Decreto-lei 911/69, art. 3º, *caput*). Inconstitucionalidade da liminar obrigatória" (TARS, MS 190089151, Porto Alegre, 3ª C.Cív., m.v., rel. p/o acórdão: Araken de Assis, j. 28.11.1990, *JTARGS* 76/143-8). Do voto do relator extrai-se: "(...) o art. 3º, *caput*, do Decreto-lei 911/69 revela-se incompatível com o regime constitucional vigente em virtude do caráter inexorável da antecipação da eficácia. (...). Ademais, exsurge nítido do dispositivo legal em foco que a liminar tem caráter compulsório e inexorável, como resulta da redação do § 1º do artigo. Ora, semelhante liminar, que não outorga margem para o Juiz verificar seu requisito de admissibilidade, constitui séria e grave restrição às liberdades públicas e cerceamento notório da própria essência da atividade jurisdicional" (p. 146).

"Em contrato de alienação fiduciária (Decreto-lei 911/69) não há necessidade de liminar obrigatória, pois que ela é ilegal em face dos sistemas constitucional e processual civil do Brasil" (TARS, AI 195187240, Faxinal do Soturno, 9ª C.Cív., v.u., rel. João Adalberto Medeiros Fernandes, j. 13.2.1996).

"Com o advento da Constituição Federal de 1988, tornou-se inconstitucional o caráter compulsório da liminar de busca e apreensão na forma prevista no art. 3º, do Decreto-lei 911/69. Logo, para a

---

28. Roland Barthes, *Aula*, p. 14. Pior: tudo é linguagem, a ponto de ser possível definir a sociedade pela própria comunicação – de bens, mensagens e mulheres (Claude Lévi-Strauss, *Antropologia estrutural*, pp. 336 e ss.) –, mas a linguagem não é neutra (Roland Barthes, *O grão da voz*, p. 180).
29. Eduardo Couture, "Las garantías constitucionales del proceso civil", in *Estudios de derecho procesal civil*, v. 1, p. 47.

concessão dessa liminar, necessária se faz também a presença do requisito genérico do *periculum in mora*" (TAPR, AI 0077750400, 5ª C.Cív., v.u., rel. Valter Ressel, j. 21.6.1995, *DJPR* 4.8.1995).
Há no direito comparado uma situação semelhante à presente e que precisa ser mencionada. É o art. 648, 2º *comma*, do CPC italiano, que dispõe que o juiz deve, obrigatoriamente, conceder a execução provisória, em havendo caução idônea: "Deve in ogni caso concederla [a execução provisória], se la parte che l'ha chiesta offre cauzione per l'ammontare delle eventuali restituzioni, spese e danni".

Se num primeiro momento a jurisprudência da Corte Constitucional italiana, contra o preclaro magistério de Liebman,[30] tendia a afastar a inconstitucionalidade dessa obrigatoriedade,[31] em 4 maio 1984, com a *sentenza* n. 137, ela afastou-se de dois precedentes nesse sentido e acertadamente declarou a inconstitucionalidade desse dispositivo "nella parte in cui dispone che nel giudizio di opposizione il giudice istruttore, se la parte che ha chiesto l'esecuzione provvisoria del decreto di ingiuzione offre cauzione per l'ammontare delle eventuali restituzioni, spese e danni, debba e non già possa concederla solo dopo aver delibato gli elementi probatori di cui all'art. 648, comma primo, e la corrispondenza della offerta cauzione all'entità degli oggetti indicati nel comma secondo dello stesso art. 648".[32]

Sobre essa *sentenza*, há um interessante comentário de Edoardo Garbagnati, em que se critica o fato de a Corte Constitucional ter substituído a palavra "deve" por "può", em vez de simplesmente eliminar a expressão "in ogni caso". Segundo Garbagnati, ao assim fazer, a Corte exerceu uma atividade manipulativa-substitutiva inad-

---

30. "Il fatto è che si ritiene che il testo della legge ponta il giudice nell'assoluta necessità di concedere l'esecuzione provvisoria, quali che siano la natura e l'importanza delle ragioni dell'opponente: anche se si tratta di un contratto nullo o annullabile (ad es. per incapacità del contraente), anche se la prova scritta viene impugnata di falso, e persino se il giudice è incompetente! (...) [O juiz] non è mai una macchina automatica, e non deve mai essere posto nella condizione di provvedere meccanicamente, senza avere riguardo alla sua meditata convinzione di fare cosa giusta e opportuna" (Enrico Tullio Liebman, "In tema di esecuzione provvisoria del decreto d'ingiunzione", *Rivista di Diritto Processuale*, v. 6, n. 2, Padova, p. 81, 1951).
31. Ada Pellegrini Grinover, *As garantias constitucionais do direito de ação*, p. 109.
32. Marcello Iacobellis (org.), *Codice di procedura civile e leggi complementari*, p. 188.

missível, de modo que acabou ab-rogando o 2º *comma* inteiro.[33] Ver também, sobre a inconstitucionalidade dessa obrigatoriedade, o comentário de Cappelletti e a nota de Liebman a propósito de uma decisão do Tribunal de Milão, de 16 jan. 1954, em cuja ementa lê-se: "L'art. 648? cod. proc. civ., disponendo che il g.i. [juiz instrutor] 'deve in ogni caso' concedere la provvisoria esecuzione, non solo nega al g.i. ogni potere discrezionale, ma gli vieta altresì ogni indagine sulla sussistenza delle condizioni dalla legge richiste per l'ammissibilità del decreto ingiuntivo".[34]

Mesmo sem considerar inconstitucional a concessão obrigatória da liminar de busca e apreensão de bem objeto de alienação fiduciária, é preciso admitir que a contestação pode ser deduzida antes da execução da liminar quando houver questão de ordem pública que inviabilize o processo de busca e apreensão.[35] Mais que isso: para Luiz Augusto Beck da Silva, pode o juiz inclusive considerar "o prazo de cinco [dias] para o oferecimento da resposta para a mesma medida cautelar (e não mais apenas três) no CPC (arts. 802 c/c o 812, 839 e ss.), até porque o juiz não se exime de sentenciar ou despachar alegando lacuna ou obscuridade da lei, estando autorizado a recorrer à analogia (art. 126 do mesmo diploma), ou se o achar demasiado exíguo, face a ausência de ação principal, que se estenda ao requerido o prazo máximo (15 dias) atribuído ao rito ordinário".[36] O problema, neste caso, é que a autonomia da ação de busca e apreensão prevista no Decreto-lei 911/69 – já mencionada acima – poderia ser utilizada como argumento contrário a essa aplicação analógica de dispositivos concernentes ao processo comum de conhecimento e cautelar.

---

33. Edoardo Garbagnatti, "La dichiarazione d'incostituzionalità dell'art. 648, 2º comma, c.p.c.", *Rivista di Diritto Processuale*, v. 40, n. 1, pp. 3 e ss.

34. Mauro Cappelletti, "Sui poteri del giudice istruttore in tema di esecuzione provvisoria di decreto ingiuntivo", *Rivista di Diritto Processuale*, v. 9, n. 2, pp. 117-128. Enrico Tullio Liebman, "Il principio del contraddittorio e la Costituzione", *Rivista di Diritto Processuale*, v. 9, n. 2, p. 128.

35. Nelson Nery Jr. e Rosa Maria Andrade Nery, *Código de Processo Civil comentado*, p. 1.272.

36. Luiz Augusto Beck da Silva, "Alienação fiduciária em garantia" *RT* 688/59. Em sentido contrário, a jurisprudência tem negado que o CPC/73 impôs ao Decreto-lei 911/69 o prazo de cinco dias (do processo cautelar) para a contestação: "Busca e apreensão de bem alienado fiduciariamente. Prazo para contestação. Subsistência da regra contida no artigo 3º, § 1º, do Decreto-lei 911/69. Manutenção da decisão agravada" (1º TARJ, AI 17.629, Rio de Janeiro, 6ª C.Cív., v.u., rela. Juíza Aurea Pimentel Pereira, j. 6.9.1977, *JB* 17/141-2).

Como se sabe, parte da jurisprudência entende que não se deve de forma alguma negar a liminar ou manter o depósito com o réu porque ele já é o depositário, e, assim o fazendo, o juiz estaria tornando inócua a busca e apreensão.[37] Todavia, já há jurisprudência no sentido de que, mesmo considerando constitucional a busca e apreensão, o juiz pode permitir que permaneça na posse do devedor: os implementos agrícolas,[38] os bens essenciais à indústria,[39] táxi[40] e equipa-

37. "Na hipótese de busca e apreensão com fulcro no Decreto-lei 911/69, deferida a liminar o bem retorna à posse do credor, que pode até aliená-lo, de sorte que não se aplica a disposição do CPC, que permite ao juiz o depósito do bem com o devedor, inclusive porque, por força do contrato, depositário ele já o é, sendo certo que um dos objetivos dessa ação é modificar essa situação" (TJDF, AI 3854-DF, 2ª T., rel. Des. Nívio Gonçalves, *RJ* 184/84, ementa 6.499). "Não faz nenhum sentido deferir a busca-e-apreensão, decorrente de alienação fiduciária, e manter o devedor depositário do bem: há 'contradictio in se ipsa' em tal decisão, que frustra o objetivo da ação. A qualidade de depositário o devedor tinha antes de se tornar inadimplente, e perde ao tornar-se tal, e por isso é essencial à própria finalidade dessa ação. Pois a lei determina que, provando o credor a mora, a busca-e-apreensão lhe 'será concedida liminarmente', justamente para que possa promover a venda extrajudicial do bem (Decreto-lei 911, art. 2º, *caput*)" (TAPR, MS 0062883500, 2º G.C.Cív., v.u., rel. Ribas Malachini, j. 7.6.1994, *DJPR* 26.8.1994).
38. "Alienação fiduciária. Busca e apreensão. Permanência dos bens com o devedor. Não é ilegal a decisão judicial que permite permaneçam no trabalho da lavoura, enquanto tramita a ação de busca e apreensão, as máquinas alienadas fiduciariamente, se a perspectiva imediata é de perda total da lavoura" (STJ, REsp 89.588-RS, 4ª T., v.u., rel. Min. Ruy Rosado de Aguiar, j. 10.6.1996, *DJU* I 26.8.1996, p. 29.694, ementa *Bonijuris* 28.448).
39. Bens essenciais à indústria não podem ser objeto de alienação fiduciária e, conseqüentemente, não se sujeitam à busca e apreensão (TJSC, AI 8192, Blumenau, 1ª C.Cív., v.u., rel. Des. Carlos Prudêncio, j. 16.8.1994, *JC* 73/457).
40. "A CEF pretende, através do deferimento da liminar, a satisfação do débito haja vista que com a busca e apreensão do bem alienado, esgota-se o objeto da presente demanda antes mesmo do seu início, *privando-se o agravado de um bem que pode constituir o único meio de sobrevivência seu e de sua família inclusive para buscar os recursos necessários ao financiamento de sua defesa e mesmo os meios para saldar as suas obrigações.* Explicitando mais claramente: o indeferimento da liminar de busca e apreensão do bem, pouco ou nenhum prejuízo acarretará à agravante – CEF que em sendo vitoriosa na demanda terá a restituição do bem alienado fiduciariamente. O mesmo não se pode dizer do agravado caso tenha o seu veículo apreendido. *O prejuízo que tal ato lhe trará será sem dúvida muito mais danoso pois antes mesmo de ser declarado vencedor ou vencido após o julgamento da ação que contra si foi proposta, terá sofrido, antecipadamente, a sua punição*" (TRF-5ª Reg., AI 4956-PE, 2ª T., v.u., rel. José Delgado, j. 10.10.1995, *Revista de Direito Processual Civil Genesis* 1/248-9, trecho do voto do relator, grifos nossos).

mentos cuja retirada implicaria em danos maiores ao devedor e sua atividade econômica.[41] (Registre-se que nos casos de denegação da liminar, seria possível ao réu argüir em contra-razões ao agravo do autor a jurisprudência do STJ inadmitindo, por falta de interesse processual, o "efeito suspensivo ativo", de que tanto hoje se fala).[42]

Nestes julgados que mantêm excepcionalmente o réu com o depósito dos bens, há uma visível – e correta – tentativa de proteger a atividade econômico-profissional do devedor, como meio de inclusive ajudar no pagamento de seu próprio débito, em contraposição ao direito de a instituição financeira reaver imediatamente o bem às custas da ruína financeira do devedor. Típica aplicação do *princípio da proporcionalidade*.

Há, em sentido contrário a essa jurisprudência, um julgado que merece atenção:

"Dados vários bens em alienação fiduciária, uma vez inadimplido o contrato de mútuo, o deferimento liminar da busca e apreensão, com suporte no art. 3º do Dec.-lei 911, de 1969, é direito que o legislador ordinário atribui ao credor. Como esta norma específica não conflita com a proteção constitucional da liberdade profissional, o ato judicial que sofreu ataque através deste meio quase recursal não se reveste de ilegalidade e nem sequer posterga direito fundamental da impetrante. *Ainda não há em nosso direito positivo norma jurídica que, expressando a absoluta prevalência social do trabalho, venha a proscrever os interesses do capital, ou estabelecer o detrimento deste em relação àquele. E em última análise, este seria o fundamento,*

---

41. "Agravo de Instrumento. Alienação fiduciária. Busca e apreensão. Equipamentos plantados no piso, no forro e nas paredes, cuja retirada implicaria em danos ao edifício. Conveniência da não remoção imediata dos bens. Manutenção, em caráter excepcional e provisório, da medida adotada" (TJSC, *JC* 33/259, rel. Hélio Mosimann).

42. "Não há interesse processual em atribuir efeito suspensivo ao agravo de instrumento interposto contra decisão denegatória da busca e apreensão liminar do bem alienado fiduciariamente, *ut* art. 3º do Dec. lei 911/69. A eficácia suspensiva somente é viável em se tratando de decisão capaz de ser executada, não de decisão meramente negativa. A concessão de segurança com caráter recursal, isto é, para substituição de uma decisão por outra com conteúdo distinto, somente seria em tese admissível em se cuidando de ilegalidade manifesta e causadora de dano evidente e de difícil reparação, e incapaz de ser remediada pelos recursos processualmente previstos. Em princípio, o mandado de segurança não se constitui em sucedâneo recursal" (STJ, RMS 2441-6-SC, 4ª T., v.u., rel. Min. Athos Carneiro, j. 6.4.1993, *RSTJ* 47/544).

aliás metajurídico, em que a impetrante quer esteiar a sua pretensão. Prevalecesse o seu raciocínio, inviabilizar-se-iam quaisquer execuções ou cobranças a quem exercesse atividade profissional, comercial ou industrial" (1º TACívSP, MS 401.818/4, 3ª C.Cív., v.u., j. 6.12.1988, ementa *Bonijuris* 2.142 – sem grifo no original).

O interessante nessa ementa é que aí o ilustre relator reconhece, por via transversa, a destinação do procedimento especialíssimo em questão, qual seja: tutela dos interesses do capital – financeiro, é claro. Mas rotular o argumento do devedor de "metajurídico", além de denotar uma certa vinculação ao mito do discurso competente (já mencionado na seção 1.5), parece uma tentativa de lhe dar um cunho pejorativo, de inapreciabilidade pelo Judiciário – como se a defesa da constitucionalidade da busca e apreensão também não fosse embasada em toda uma argumentação metajurídica de proteção aos interesses das financeiras. A tese da suposta inviabilização de quaisquer execuções ou cobranças de quem exerce atividade profissional, que estaria por trás da defesa do devedor, ostenta tonalidades típicas de argumento *ad terrorem* (falácia não formal), pois não é de execuções ordinárias que se está tratando, mas de procedimentos voltados única e exclusivamente ao atendimento dos interesses das financeiras.

6.5 Limitação à contestação

6.5.1 A limitação à contestação é constitucional

Uma das mais flagrantes limitações no contraditório é a restrição que o art. 3º, § 2º do Decreto-lei 911/69 faz à contestação. Boa parte da jurisprudência, no entanto, vem entendendo que tal limitação é constitucional, "porque não violada a regra do devido processo legal ou a que proclama o princípio da isonomia".[43] Vejamos alguns julgados nesse sentido:

---

[43]. TJSC, AC 37.729, Florianópolis, 4ª C.Cív., v.u., rel. Des. João José Schaefer, j. 2.4.1992, *JC* 70/228. Do voto do relator extraímos: "O dispositivo inquinado de inconstitucional não exclui, entretanto, nem o contraditório, nem a ampla defesa. Limita-os, na verdade, mas a termos compatíveis com a natureza do procedimento. Se a posse do devedor se tornou ilegítima em face de seu inadimplemento em caso de busca e apreensão, o que lhe cumpre alegar e provar é precisamente que pagou o débito ou cumpriu suas obrigações". No mesmo sentido, TAMG, AC 156720-5, Belo Horizonte, 3ª C.Cív., v.u., rel. Ximenes Carneiro, j. 21.12.1992, *RJTAMG* 49/253-6.

"A redução dos limites cognitivos, contemplada no artigo 3º, § 2º, do Decreto-lei 911/69, não contém ofensa às garantias processuais da CF de 1988; o que ocorre na busca e apreensão é a aplicação da técnica de sumarização admitida nas tutelas diferenciadas" (TJDF, AI 4217-DF, 3ª T., rel. Des. Nancy Andrighi, RJ 195/147, ementa 7.709).

"Na alienação fiduciária, tendo sido citado o réu, compete-lhe contestar o pedido ou purgar a mora. No primeiro caso, sua defesa ficará restrita ao que dispõe o § 2º, do art. 3º, do Dec.-Lei 911/69. O estatuído no citado artigo não é inconstitucional, não restringindo o direito de ampla defesa ou o contraditório" (TJMS, AC 316870, m.v., j. 15.9.1992).

Apesar de reconhecer que é "sumaríssimo o rito processual" e "limitadíssimo o âmbito de defesa do devedor", Paulo Restiffe Neto – famoso especialista em alienação fiduciária – em nenhum momento reconhece que tal limitação do contraditório é inconstitucional.[44] Mais que isso: descontente com a limitação no contraditório que todo o procedimento de busca e apreensão de bem objeto de alienação fiduciária provoca, esse autor defendia a possibilidade de impugnação à contestação – essa mesma contestação limitada a dois pontos.[45] Tudo em nome do "contraditório", é claro – esse mesmo contraditório que é servido ao réu pela metade.

Com a devida vênia, é inacreditável como se pôde antever, no Decreto-lei 911/69, a presença de violação do contraditório em desfavor do autor. A proposta do autor, fulcrada numa concepção formalista de igualdade, só tende a aprofundar ainda mais a disparidade de armas no caso.

6.5.2 A limitação à contestação é inconstitucional

Ao contrário de tamanho otimismo com relação à constitucionalidade do dispositivo, é preciso reconhecer, com Waldirio Bulgarelli,

---

44. Paulo Restiffe Neto, *Garantia fiduciária*, p. 385.
45. "Entendemos que a réplica é cabível, devendo o juiz, em observância do contraditório e no benefício da instrução da causa, propiciar oportunidade ao autor para manifestar-se e oferecer contraprova que possa elidir pontos e documentos apresentados com a defesa. Aí, sim, se estiver em condições o processo de receber julgamento, proferirá o juiz sentença no qüinqüídio" (Paulo Restiffe Neto, *Garantia fiduciária*, pp. 380-381).

que "nunca se viu tão grande aparato legal concedido em favor de alguém contra o devedor".[46]

O CDC afirma que é um direito básico do consumidor "a facilitação da defesa dos seus direitos, inclusive com a inversão do ônus da prova..." (art. 6º, VIII). A palavra "inclusive" deixa claro que a inversão do ônus da prova não é o único modo de facilitar a defesa do consumidor em juízo, quando "for verossímil a alegação ou quando for ele hipossuficiente" (ainda art. 6º, VIII). Os procedimentos ditos especialíssimos, no entanto, estão longe de ser uma "facilitação" da defesa dos direitos do consumidor. Máxime a busca e apreensão de bem objeto de alienação fiduciária – caso típico de relação de consumo. Por isso, nessas hipóteses de verossimilhança das alegações ou hipossuficiência do consumidor (aqui na condição de réu), é preciso que o juiz ao menos "flexibilize" o rito (se ainda se recusar a considerá-lo inconstitucional), permitindo, no mínimo, uma defesa efetiva do consumidor/réu, aplicando mais incisivamente o princípio do contraditório.

Em resumo: enquanto o art. 6º, VIII do CDC fala em facilitação da defesa do consumidor em juízo, o Decreto-lei 911/69 faz exatamente o inverso: desmonta qualquer possibilidade de o réu armar suas trincheiras. Daí a importância da doutrina que vem afirmando – com acerto – que o § 2º do art. 3º do Decreto-lei 911/69 foi devidamente derrogado pela CF art. 5º, LV, *i.e.*, que o réu tem direito à ampla defesa:[47]

"No procedimento da busca e apreensão, o réu, na contestação, só poderá 'alegar o pagamento do débito vencido ou o cumprimento das obrigações contratuais' (art. 3º, § 2º, do Decreto-lei 911/69). O procedimento ora objeto da nossa análise, além de permitir a apreensão liminar do bem alienado fiduciariamente (art. 3º, *caput*), restringe a matéria de defesa; é óbvio que estas limitações da cognição, a primeira no sentido vertical e a segunda no horizontal, têm por fim único a construção de um procedimento que atenda aos interesses de uma determinada classe".[48]

"Agora, a Constituição não distingue área de atuação. Assim, aos litigantes, em processo judicial, seja ele cível, criminal ou administra-

---

46. Waldirio Bulgarelli, *Contratos mercantis*, p. 305.
47. José Geraldo de Jacobina Rabello, "Alienação fiduciária em garantia", *RT* 693/83.
48. Luiz Guilherme Marinoni, *A antecipação da tutela*, p. 29.

tivo, e aos acusados em geral, são assegurados o contraditório e ampla defesa, com meios e recursos a ela inerentes (art. 5º, LV, da CF). Em razão do exposto, se nos afigura inconstitucional o parágrafo 3º [na verdade, § 2º do art. 3º] do Decreto-lei 911/69 limitando ao réu, na contestação de ações de busca e apreensão de bem alienado fiduciariamente, somente alegação de pagamento".[49] "A norma restritiva do direito de defesa é inconstitucional, porque ofende a CF 5º LV. Não foi recepcionada pela CF de 1988. O réu pode alegar toda a matéria de defesa que teria contra o autor e não apenas as enumeradas na norma sob comentário".[50]

Timidamente, na jurisprudência vem despontando aos poucos o pronunciamento no sentido da inconstitucionalidade desse dispositivo. Por exemplo:

"A limitação de defesa prevista no art. 3º, § 2º do Decreto-lei 911/69 não mais se justifica, diante da regra constitucional da amplitude de defesa" (TARS, AC 195198635, São Borja, 9ª C.Cív., m.v., rel. Breno Moreira Mussi, j. 11.6.1996).

No acórdão que declarou inconstitucional a obrigatoriedade da concessão de liminar de busca e apreensão, até o voto vencido do Juiz João Sedīnei Ruaro reconheceu a inconstitucionalidade da limitação no contraditório:

"Ainda quanto ao princípio da ampla defesa, não vislumbro seja comprometido pelo fato de se conceder a busca e apreensão liminar sem prévia audiência da parte contrária, na medida em que tal deferimento fica condicionado ao atendimento, pelo autor, de rigorosos requisitos, cujo atendimento deve ser igualmente controlado pelo Juiz, assim como poderá ser controlado pelo réu a qualquer momento. *E este em sua contestação não precisa limitar a sua defesa à matéria prevista no § 2º do art. 3º, podendo o Juiz negar aplicação e eficácia à norma limitadora que não se compatibiliza com as garantias constitucionais e admitir a defesa que for pertinente*, podendo o devedor atacar o contrato, discutir o *quantum debeatur*, opor qualquer exceção extintiva, modificativa ou impeditiva do pedido, argüir vícios da pactuação, etc." (TARS, MS 190089151, Porto Alegre, 3ª C.Cív., m.v., rel. p/o acórdão: Araken de Assis, j. 28.11.1990,

---

49. Rui Portanova, *Princípios do processo civil*, p. 126.
50. Nelson Nery Jr. e Rosa Maria Andrade Nery, *Código de Processo Civil comentado*, p. 1.272.

JTARGS 76/143-8, trecho do voto vencido do Juiz Sedinei Ruaro, grifo nosso).[51]

Com isso entramos na matéria passível de contestação. Para esse Juiz, por exemplo, pode a contestação atacar o contrato,[52] discutir o *quantum debeatur*, argüir vícios na pactuação e exceções extintivas, modificativas ou impeditivas do direito do autor.

Há doutrina[53] e jurisprudência[54] que se limitam a repetir as palavras do Decreto-lei 911/69, art. 3º, § 2º. Mas há autores e julgados que vão um pouco além, afirmando o que o réu pode alegar em defesa:

1) exceções de incompetência, suspeição, impedimento, litispendência e coisa julgada, com efeito suspensivo (CPC art. 306);[55]

2) todas as preliminares do art. 301 do CPC;[56]

---

51. Nessa mesma linha: "Alienação fiduciária. (...) A busca e apreensão liminar, porque não definitiva ainda, não viola qualquer direito constitucional do fiduciante que pode ingressar no feito, contestando o pedido, oferecendo a mais ampla defesa" (TARS, AI 194005609, Esteio, 1ª C.Cív., v.u., rel. Heitor Assis Remonti, j. 1.3.1994).

52. Em sentido contrário: "Deixando de pagar as prestações vencidas, não pode o devedor opor-se à apreensão do veículo financiado sob alegação de nulidade do contrato de alienação fiduciária, pois sobre essa questão descabe discutir-se no processo da medida preventiva de busca e apreensão" (TJMG, AC 41.594, Belo Horizonte, 2ª C.Cív., m.v., rel. Des. Erotides Diniz, j. 1.4.1975, *JB* 17/103-5).

53. Oswaldo Optiz e Silvia C. B. Optiz, *Alienação fiduciária em garantia*, p. 240. Orlando Gomes, *Alienação fiduciária em garantia*, p. 119. Francisco dos Santos Amaral Neto, "Alienação fiduciária em garantia no direito brasileiro", *Revista de Direito Civil* 22/45. Marcelo Tescheiner Cavassani, "Princípios gerais de alienação fiduciária e a jurisprudência", *Revista de Direito Civil* 35/206.

54. TACívSP, AI 151384, São Paulo, 6ª Câm., v.u., rel. Carvalho Neves, j. 4.2.1971, *RT* 424/176.

55. Paulo Restiffe Neto, *Garantia fiduciária*, pp. 368-371. Pedro Cecílio Oliveira Neto, *Alienação fiduciária em garantia*, p. 49. Luiz Augusto Beck da Silva, "Alienação fiduciária em garantia", *RT* 688/58. José Geraldo de Jacobina Rabello, "Alienação fiduciária em garantia", *RT* 693/80. "Não há dúvida de que a defesa na ação de busca e apreensão, regulada pelo Dec.-lei n. 911/69 é de âmbito restrito. Todavia, há que ser entendido, o dispositivo questionado, como restrição de mérito, sem impedimento às exceções processuais e, entre elas, as condições da ação" (1º TACívSP, AC 242.085, Sertãozinho, 2ª Câm., v.u., rel. Juiz Oetterer Guedes, j. 6.6.1978, *JB* 17/260-1). "A defesa na ação de busca e apreensão regulada no Decreto-lei 911/69 é de âmbito restrito. Todavia, a restrição é pertinente ao mérito, sem impedimento às exceções processuais, inclusive às condições da ação" (TJSC, AC 18.089, Capinzal, 3ª C.Cív., v.u., rel. Des. Eduardo Luz, j. 11.5.1982, *JB* 68/168-70).

56. "... não existe causa obstativa ao exercício pleno da defesa, vez que a referida lei [Decreto-lei 911/69] não veda que o credor sustente toda a matéria enumerada no art. 301 do CPC" (TJES, AC 024920001252, Vitória, rel. Des. Arione Vasconcelos Ribeiro, j. 28.5.1996).

3) falsidade documental e preliminares fora do mérito,[57] tal como falta da primeira citação;[58]
4) demais casos de nulidade manifesta.[59]

Embora entendam ser desnecessária a instrução oral,[60] nem mesmo em audiência sumária,[61] sendo inaplicável à hipótese o princípio da oralidade,[62] alguns autores acham possível que o juiz ordene *ex officio* – porém motivadamente – a realização de diligências.[63] Há também julgados no sentido da possibilidade de requerer, na contestação, a produção de prova pericial.[64]

Apesar de entender que o Decreto-lei 911/69 apresenta "justas restrições quanto ao âmbito da defesa do financiado", Luiz Augusto Beck da Silva nega que o Judiciário possa restringir a garantia de ampla defesa, pois "nada mais plausível do que assegurar-lhe [ao financiado] amplitude em sua contestação, sem restrições, permanecendo o juiz livre na sua apreciação e pertinência".[65]

6.6 Efeito suspensivo do recurso

É preciso ter em conta as situações em que o cumprimento imediato ou não da decisão judicial causa prejuízos irreparáveis à outra parte, "para encontrar el equilibrio entre ellas y dar protección al interés que más lo requiera. Este criterio es el que abre el paso a una serie de excepciones por las cuales, en ciertos tipos de causas, el recurso se prevé sin efecto suspensivo (no suspensivo), sea o no sea devolutivo.

57. Paulo Restiffe Neto, *Garantia fiduciária*, p. 371.
58. Pedro Cecílio Oliveira Neto, *Alienação fiduciária em garantia*, p. 49.
59. Idem, ibidem.
60. Oswaldo Optiz e Silvia C. B. Optiz, *Alienação fiduciária em garantia*, p. 236.
61. No entanto... "Una ley que prive de audiencia, ya sea oral, ya sea escrita, es violatoria de la tutela constitucional del proceso" (Eduardo Couture, *Fundamentos del derecho procesal civil*, p. 156).
62. Paulo Restiffe Neto, *Garantia fiduciária*, p. 381.
63. Oswaldo Optiz e Silvia C. B. Optiz, *Alienação fiduciária em garantia*, p. 241. O fundamento legal para tais diligências estava, segundo os autores, nos arts. 112 e 117 do CPC/39.
64. "Acolhe-se a preliminar de cerceamento de defesa quando requerida a prova pericial na contestação, foi rejeitada na sentença, causando prejuízo ao apelante, anulando-a para propiciar a produção da referida prova" (TJES, AC 024920001252, Vitória, rel. Des. Arione Vasconcelos Ribeiro, j. 28.5.1996).
65. Luiz Augusto Beck da Silva, "Alienação fiduciária em garantia", *RT* 688/58-59.

Estas excepciones quedan al criterio del legislador, a cuyo fin éste echará mano a una selectiva protección de los bienes jurídicos comprometidos".[66] Nos casos dos procedimentos especialíssimos, proteção aos interesses das instituições financeiras tão-somente.

O art. 3º, § 5º do Decreto-lei 911/69 tem uma redação complicada: "A sentença, de que cabe apelação, apenas, no efeito devolutivo, não impedirá a venda extrajudicial..." Duas interpretações são possíveis: a de que a apelação nunca terá efeito suspensivo, e a de que o terá quando for interposta contra sentença de improcedência – e por isso essa sentença não impediria a venda extrajudicial do bem alienado fiduciariamente.

Restiffe Neto adota a segunda tese, entendendo que o efeito suspensivo se dá *secundum eventum litis*, somente quando se tratar de sentença de improcedência do pedido.[67] Todavia, tal interpretação fere a isonomia das partes, pois visa beneficiar sempre à instituição financeira, que terá o efeito suspensivo a seu bel-prazer, i.e., só quando lhe for favorável, e não o terá quando não o for.[68]

Ademais, como já salientou a jurisprudência, os casos de recebimento da apelação apenas no efeito devolutivo são unicamente os previstos no art. 520 do CPC.[69] Ou se recebe no efeito suspensivo quando a apelação se dirigir contra sentença de procedência do pedido (se for entendido que o sistema de suspensividade da apelação se estende do CPC aos procedimentos especialíssimos),[70] ou, eomo pre-

---

66. Jorge A. Clariá Olmedo, *Derecho procesal*, v. 2, p. 309.
67. Paulo Restiffe Neto, *Garantia fiduciária*, p. 403.
68. "Por que se concederia o privilégio somente ao proprietário fiduciário (credor), de ver a apelação da parte contrária recebida no efeito apenas devolutivo? Por que poderia o credor, *que perdeu a ação*, vender o bem para ressarcir-se do que entende lhe seja devido (contra o que diz a sentença) sem esperar o trânsito em julgado da sentença e o devedor fiduciante, *que ganhou a ação* não poderia recuperar a posse do bem alienado fiduciariamente desde logo?" (Nelson Nery Jr. e Rosa Maria Andrade Nery, *Código de processo civil comentado*, p. 1.273 – grifos no original).
69. TJSP, AI 264504, Santa Bárbara do Oeste, 4ª C.Cív., v.u., rel. Flavio Torres, j. 13.9.1977, *RJTJSP* 49/203. 2ª TACívSP, MS 16039, São Paulo, 6ª Câm., v.u., rel. Carvalho Pinto, j. 24.4.1974, *RF* 251/232.
70. Essa interpretação também seria impossível a partir da adoção da tese da inconstitucionalidade do art. 3º, § 5º, o que não é endossado pela jurisprudência: "Inconstitucionalidade afastada do § 5º do art. 3º do Dec.-lei 911, porque a par de não vislumbrada violação a normas constitucionais, senão que eventualmente contrariada regra do CPC, o processo não chegou à etapa de aplicação do dispositivo em apreço, não cabendo ao Juiz de primeiro grau declarar a inconstitucionalidade em tese de preceitos legais, mas apenas deixar de aplicá-los concretamente, quando os tenha

fere Nery Jr., se recebe sempre apenas no efeito devolutivo.[71] Este é o posicionamento do seguinte julgado:

"É óbvio que o processo relativo à ação autônoma de busca e apreensão, nos casos de alienação fiduciária em garantia, regula-se pela chamada legislação extravagante (Decreto-lei 911, de 1º de outubro de 1969). Tendo sido adaptado ao vigente Código de Processo Civil o artigo 3º parágrafo 5º, do referido estatuto legal, pela Lei 6.014, de 27 de dezembro de 1973, de sorte a ser previsto recurso ao segundo grau, apenas no efeito devolutivo, correto o decisório monocrático que assim recebeu a apelação interposta pela agravante quanto à sentença que decretou a extinção processual" (TJPR, AI 412/88, 3ª C.Cív., v.u., rel. Des. Renato Pedroso, j. 30.11.1988, ementa *Bonijuris* 2.255).

Neste caso, quando houver apelação contra a sentença de improcedência, a posse consolida-se nas mãos do devedor, revogando-se automaticamente a liminar concedida (Súmula 405/STF).[72]

6.7 Venda extrajudicial do bem

Pelo Decreto-lei 911/69, a sentença de procedência já é suficiente para consolidar a propriedade e a posse plena do bem nas mãos do credor, que poderá então aliená-lo extrajudicialmente.[73]

A venda extrajudicial, que é feita pelo próprio credor, discricionariamente, sem limite mínimo de preço e sem fiscalização judicial, gera preocupação e traz "risco de arbitrariedades".[74] De fato, como bem notou Clóvis do Couto e Silva, "no processo judicial, procura-se sempre proteger ao devedor, submetendo o bem à licitação pública, o

como afrontosos ao texto constitucional" (TJSC, AC 37.729, Florianópolis, 4ª C.Cív., v.u., rel. Des. João José Schaefer, j. 2.4.1992, *JC* 70/228-35).
71. Nelson Nery Jr., *Recursos no processo civil*, p. 380.
72. Idem, ob. e loc. cits.
73. "A venda prevista no art. 2º do Dec.-lei 911/69 só pode ocorrer depois de proferida a sentença que consolida a propriedade e a posse plena e exclusiva dos bens dados em garantia nas mãos do proprietário fiduciário" (TARS, AI 190088898, 1ª C.Cív., v.u., rel. Luiz Felipe Azevedo Gomes, j. 4.9.1990, *JTARGS* 77/98-100).
74. Cândido Rangel Dinamarco, *Execução civil*, p. 311. Tamanha discricionariedade, inclusive com relação ao limite mínimo de preço, justifica a observação de que "o direito do fiduciante ao saldo do bem vendido pela financeira, condicionado que está ao desconto de todo o rol de despesas, taxas, custas, comissões, etc., é praticamente inexistente" (Waldirio Bulgarelli, *Contratos mercantis*, p. 305).

que não acontece nos casos de execução extrajudicial da alienação fiduciária em garantia".[75] Por isso, merece aplausos o Juiz Sedinei Ruaro quando, em voto vencido no acórdão que declarou inconstitucional a obrigatoriedade da concessão de liminar de busca e apreensão, assim se pronunciou: "Sem dúvida que o aludido diploma legal, oriundo de período ditatorial, contém várias disposições de duvidosíssima constitucionalidade quando limita drasticamente a defesa do devedor (art. 3º, § 2º), quando autoriza a credora a cobrar seu crédito em procedimento fora de qualquer controle judicial, mediante alienação particular do bem apreendido, sem prévia avaliação e independentemente de leilão ou hasta pública (art. 2º, *caput*), *verdadeira autotutela sem a menor judicialização, a ferir frontalmente o princípio constitucional segundo o qual a lei não poderá excluir da apreciação do Poder Judiciário lesão ou ameaça a direito, e também o princípio previsto no citado art. 5º, XXXV e LIV, da Carta Magna, a vedar a privação da liberdade ou a perda dos bens sem o devido processo legal*" (TARS, MS 190089151, Porto Alegre, 3ª C.Cív., m.v., rel. p/o acórdão: Araken de Assis, j. 28.11.1990, *JTARGS* 76/143-8, trecho do voto vencido à p. 147, sem grifo no original).[76]

---

75. Clóvis do Couto e Silva, "A fundamentação jurídica do mercado de capitais", *Revista do Ministério Público*, v. 1, n. 1, jan./jun. 1973, p. 27.
76. Em sentido contrário, é evidente que há julgados que declaram o dispositivo constitucional, "porque não violada a regra do devido processo legal ou a que proclama o princípio da isonomia" (TJSC, AC 37.729, Florianópolis, 4ª C.Cív., v.u., rel. Des. João José Schaefer, j. 2.4.1992, *JC* 70/228).

7

EFICIÊNCIA E DEMOCRACIA NA REFORMA DO ESTADO E DO PROCESSO

7.1 Eficiência, tecnocracia e o taylorismo hoje: 7.1.1 Raízes do taylorismo; 7.1.2 A eficiência como categoria taylorista para o capitalismo; 7.1.3 O taylorismo de hoje: TQC e adjacências. 7.2 Sociedade dromocrática e antidemocrática: 7.2.1 Teoria da sociedade pós-industrial; 7.2.2 O culto à velocidade; 7.2.3 O tempo na globalização. 7.3 A reforma tecnocrática do aparelho do Estado: 7.3.1 A eficiência na tecnocracia; 7.3.2 A eficiência no programa tecnocrático de reforma do Estado. 7.4 Democracia x Mercado = Crise: 7.4.1 A convivência entre democracia e mercado; 7.4.2 A ofensiva neoliberal; 7.4.3 Orientação da reforma tecnocrática do Estado: mercado ou democracia?; 7.4.4 O direito como fruto da racionalidade política e econômica. 7.5 Direito Processual Civil e tempo. 7.6 Para finalizar: 7.6.1 Democracia e participação; 7.6.2 Democratização do gerenciamento; 7.6.3 Participação na administração pública; 7.6.4 Consumo da jurisdição e participação; 7.6.5 Participação no processo: o contraditório; 7.6.6 Participação na administração da justiça; 7.6.7 Pela democratização do processo civil.

Em todos os procedimentos que acabamos de ver nas seções 4, 5 e 6 está presente uma tensão fundamental entre eficiência e democracia. Qual seja: de um lado, a demanda pela celeridade do rito, de outro a demanda pela participação no contraditório.

É essa tensão que passaremos a explorar a partir de agora, desde suas origens gerenciais até chegar à reforma do Estado e do processo, ambas balizadas entre essas duas idéias-força.

7.1 Eficiência, tecnocracia e o taylorismo hoje

7.1.1 Raízes do taylorismo

A atribuição de um valor econômico ao tempo começou praticamente com os mercadores medievais, que atribuíam preço aos seus produtos conforme o tempo que levavam para fazer seus deslocamentos espaciais – as viagens entre os burgos.[1]

Não há como negar, contudo, que maior importância o tempo – e sua contagem – veio a ter somente com o capitalismo. Veja-se o significativo lema de Benjamin Franklin (1706-1790): "tempo é dinheiro". Esse notável pensador norte-americano, além de fazer suas famosas experiências com raios e descargas elétricas, editou de 1732 a 1757 um almanaque, o *Poor Richard's Almanac*, em que, sob o pseudônimo de Richard Saunders, compilou uma série de provérbios e ditados populares.[2] No último número desse almanaque, redigiu um prefácio em que reuniu os provérbios num discurso coerente, como se fosse pronunciado por um velho sábio a pessoas em um leilão, citando sempre o *Poor Richard*. Segundo o próprio autor, tal texto, sob o título *The Way to Wealth* ("O caminho para a riqueza") causou tanto furor que foi reeditado várias vezes, nos Estados Unidos, Inglaterra e França.[3]

Esse famoso texto sustenta, nas entrelinhas, que "tempo é dinheiro", como podemos perceber no seguinte trecho: "It would be thought a hard government that should tax its people one-tenth part of their *time* [grifo no original], to be employed in its service, but idleness taxes many of us much more, if we reckon all that is spent in absolute sloth or doing of nothing, with that which is spent in idle employments or amusements that amount to nothing. (...) If time be of all things the most precious, 'wasting of time must be', as Poor Richard says, 'the greatest prodigality'; since, as he elsewhere tells us, 'lost time is never found again', and what we call 'time enough! Always proves little enough'".[4]

---

1. David Harvey, *Condição pós-moderna*, p. 208.
2. Benjamin Franklin, *The Autobiography*, pp. 108-109.
3. Benjamin Franklin, ob. cit., p. 109. Como se não bastasse a repercussão desse texto em particular, imagine-se que repercussão teve sua "filosofia de vida" para toda uma geração de americanos, tendo sido "martelada" durante 25 anos seguidos, por meio do almanaque...
4. Benjamin Franklin, *The Autobiography*, pp. 203-204. Tradução livre: "Seria considerado um governo cruel aquele que tributasse seu povo em um décimo de seu

Toda essa "filosofia" de aproveitamento máximo do tempo foi ratificada pelo próprio autor em 1784, quando redigia sua famosa *Autobiografia*. Ali resolveu montar a sua própria enumeração de virtudes morais, com base nas leituras que fazia, chegando a 13 virtudes. A sexta virtude é sintomática: "6. *Industry – Lose no time; be always employ'd in something useful; cut off all unnecessary actions*".[5] O resultado desse tipo de pensamento é muito simples: com a futura divulgação dos relógios particulares, a pontualidade torna-se uma virtude, enquanto a perda de tempo é considerada um verdadeiro pecado.[6]

A valorização do tempo de certa forma atravessa o séc. XIX nas costas do utilitarismo de Bentham (1748-1832). Na condição de provável leitor do *Poor Richard's Almanac*, Bentham acaba fornecendo o fundamento filosófico e o instrumental teórico para condenar a ociosidade.[7] O autor, como é notório, considera que uma ação é *útil* quando ela "... tende a produzir ou proporcionar benefício, vantagem, prazer, bem ou felicidade (tudo isto, no caso presente, se reduz à

---

tempo, para ser empregado em seus serviços, mas a preguiça tributa muitos de nós em muito mais, se nós considerarmos tudo o que é gasto em ócio absoluto ou fazendo nada, em tarefas ociosas ou diversões que não acrescentam nada. (...) Se o tempo é o que há de mais precioso, 'perder tempo deve ser', como o Pobre Richard diz, 'a maior prodigalidade'; visto que, como ele nos diz alhures, 'tempo perdido não é nunca mais encontrado', e o que nós chamamos 'tempo suficiente [esgotado]! sempre prova ser pouco suficiente'". Nem mesmo o lazer escapa de Franklin, quando afirma que "leisure is time for doing something useful" (Benjamin Franklin, ob. cit., p. 206). Tradução livre: "O lazer é tempo de fazer alguma coisa de útil". Que o dirá Bentham, algum tempo depois... Em sentido diametralmente oposto, ver Paul Lafargue, *O direito à preguiça e outros textos*. Numa perspectiva crítica, ver Theodor W. Adorno, *Palavras e sinais*, pp. 70-82; Jean Baudrillard, *A sociedade de consumo*, pp. 162-163, e *A troca simbólica e a morte*, p. 28; Hygina Bruzzi de Melo, *A cultura do simulacro*, pp. 176-179; Roland Barthes, *O grão da voz*, p. 370; Robert Kurz, "A expropriação do tempo", *Folha de S.Paulo*, 3.1.1999, pp. 5-3; Grupo Krisis, *Manifesto contra o trabalho*.

5. Benjamin Franklin, ob. cit., p. 109. Tradução livre: "6. *Diligência*. – Não perca tempo; empregue-o sempre em algo de útil; elimine todas as ações desnecessárias". Aqui está, muito provavelmente, a inspiração de Bentham (algo de útil) e Taylor (supressão de atos desnecessários para a execução de uma tarefa). Os comentários sobre a sexta virtude se estendem pelas p. 96, 102, 108 e 109. A quinta virtude – "frugality" (frugalidade, parcimônia) – também dá apoio à sexta, quando ordena: "waste nothing" ("não desperdice nada", leia-se: muito menos o tempo).

6. George Woodcock, "A ditadura do relógio", in *Os grandes escritos anarquistas*, p. 123.

7. Basta verificar em Jeremy Bentham, *Uma introdução aos princípios da moral e da legislação*, pp. 19 e ss.

mesma coisa), ou (o que novamente equivale à mesma coisa) a impedir que aconteça o dano, a dor, o mal, ou a infelicidade para a parte cujo interesse está em pauta; se esta parte for a comunidade em geral, tratar-se-á da felicidade da comunidade, ao passo que, em se tratando de um indivíduo particular, estará em jogo a felicidade do mencionado indivíduo".[8]

Assim, se alguém argumentasse que o ócio do trabalhador lhe traz felicidade, a resposta seria que não é útil, pois não proporciona benefícios para a outra parte (o empregador) nem para a comunidade.[9] Como se não bastasse isso, ao tratar dos interesses pecuniários que movem algumas ações humanas, Bentham afirma que tais interesses podem ter um "sentido bom", quando caracterizados pela diligência (*industry*)[10] – que, como vimos, é exatamente o termo adotado e defendido como virtude por Benjamin Franklin.

A valorização do tempo chega ao séc. XX na forma truculenta do taylorismo. Para Frederick Taylor (1856-1915), na atividade industrial, quaisquer finalidades que não as da produção e da eficiência deveriam ser descartadas; assim é que nasceu a idéia de estudar cientificamente o tempo e a medida do trabalho; a base é o tempo necessário para a execução de uma tarefa.[11] Nessa concepção taylorista, "... o homem desaparecia, tendo sobrado apenas 'mãos' e 'coisas', que se distribuíam tomando como base um minucioso exame científico acompanhado de uma pormenorizada divisão do trabalho, na qual a mais insignificante unidade de movimento e a unidade de tempo

---

8. Jeremy Bentham, ob. cit., p. 4.
9. Da mesma forma, Taylor viria a ter uma concepção inacreditavelmente utópica (!) a esse respeito, entendendo que os interesses do capital e do trabalho devem convergir para a própria "eficiência nacional" (Frederick Winslow Taylor, *Princípios de administração científica*, pp. 30-31 *et passim*).
10. "Em um bom sentido, o interesse pecuniário se denomina, porém apenas em casos particulares, economia e frugalidade; em certos casos pode-se aplicar-lhe o termo diligência". Assim é que Bentham afirma que cultivar o terreno de uma pessoa (i.e.: *trabalho*, não ociosidade) em troca de dinheiro, é um típico caso de diligência, "sendo considerado no mínimo como inocente, senão meritório" (Jeremy Bentham, ob. cit., p. 33).
11. Frederick Winslow Taylor, ob. cit. O livro todo merece leitura (critica severamente a vadiagem e indolência do trabalhador, o que provavelmente mereceria os aplausos de Benjamin Franklin), mas as regras gerais para o estudo do tempo e dos movimentos necessários e inúteis, com a finalidade de padronização de métodos, estão concentradas nas pp. 107 e 108. Em defesa do controle dos tempos elementares, ver Jean-Paul Palewski, *A organização científica do trabalho*, pp. 37-40.

menor possível passaram a constituir a medida da contribuição de um homem ao trabalho".[12]

7.1.2 A eficiência como categoria taylorista para o capitalismo

Taylor foi, acima de tudo, um grande apologeta da eficiência, que ele vinculava direta e necessariamente à produtividade, à velocidade (eliminação de movimentos desnecessários, falhos e lentos) e à prosperidade: "Ninguém ousará negar que o indivíduo atinge sua maior prosperidade, isoladamente, quando alcança o mais alto grau de eficiência, isto é, quando diariamente consegue o máximo rendimento".[13]

A demanda por eficiência se espalhou, via Franklin, Bentham (em menor grau) e Taylor, por todo o mundo anglo-saxão, como observa Palewski: "Os anglo-saxões declararam, de maneira expressiva, que o trabalho devia ser *efficient* e denominaram *efficiency* ao conjunto de regras que permitem obter o máximo de rendimento dos indivíduos: existe uma eficiência coletiva. A arte de administrar compreende tanto uma quanto a outra".[14]

Em determinado momento histórico, e até hoje, o critério da eficiência tem servido para a crítica ao modo de produção socialista. Como bem aponta Jameson, a eficiência é uma norma internacional que, embora não muito relevante para países que operavam com base em princípios que não os do capitalismo global, deu ensejo à crítica à ineficiência do socialismo real ("fábricas arcaicas, uma tecnologia desajeitada e ultrapassada, métodos de produção dispendiosos"), crítica esta que foi uma das favoritas contra o "jumento soviético".[15]

A norma internacional da eficiência chega aos grotões da aldeia global quando "uma fábrica de sapatos operando de maneira totalmente satisfatória em alguma cidadezinha ou estado isolado, cujas necessidades ela está atendendo bem, subitamente se transforma em

---

12. Daniel Bell, *O advento da sociedade pós-industrial*, p. 390.
13. Frederick Winslow Taylor, ob. cit., pp. 30-31.
14. Jean-Paul Palewski, ob. cit., p. 66.
15. Fredric Jameson, *Espaço e imagem*, p. 86. Agora as baterias estão voltadas para Cuba – só para tomarmos um exemplo, vide João Batista Natali, "Sanções reforçam os efeitos da ineficiência socialista", *Folha de S.Paulo*, 20.3.1998, p. 1-20. Eficiência, estabilidade e crescimento econômico têm se mantido, de qualquer forma, no vocabulário básico da retórica desenvolvimentista (Martha Gimenez, *et alii*. "Income Inequality and Capitalist Development", in *Economic Development, Poverty, and Income Distribution*, p. 232).

um anacronismo virtualmente inaproveitável quando, absorvida por um sistema mais unificado, passa a ter de atingir os padrões da metrópole"[16] – vide as normas ISO, principalmente as da família 9000. É o que ocorreu com a entrada da URSS e de seus satélites no mercado mundial capitalista,[17] e é o que está ocorrendo hoje, com a globalização da economia de países periféricos, como o nosso.

7.1.3 O taylorismo de hoje: TQC e adjacências

Hoje não só encontramos seguidores fiéis de Taylor,[18] como também alguns similares japoneses mais sofisticados, ainda voltados à administração "científica" do tempo, rumo à eficiência, como o TQC (*total quality control,* ou "controle de qualidade total").

O taylorismo clássico enfrentava um problema sério: o controle de horário, como observa Woodcock, não implica necessariamente eficiência, pois o trabalho se dá a tal velocidade que a qualidade da mercadoria torna-se secundária.[19] Assim, para aprimorar a qualidade, sem descurar do controle do tempo, é que surge o TQC e programas afins.

Afinal, o que é o TQC? Segundo um de seus estudiosos, trata-se de um *"controle* [grifo nosso] exercido por todas as pessoas para a satisfação das necessidades de todas as pessoas".[20]

O TQC dá toda a ênfase na *qualidade,* assim considerada a conformidade às especificações, em relação a necessidades ou a certo

---

16. Fredric Jameson, ob. cit., p. 87.
17. Fredric Jameson, ob. cit., p. 87.
18. "O estudo de tempos objetiva incrementar a *eficiência* [grifo nosso] do trabalho através de mudanças nos movimentos necessários" (Argens Valente da Silva e Rubens Ricardo de Castro Coimbra, *Manual de tempos e métodos,* p. 44). Alec Mackenzie, *Armadilha do tempo,* ao tratar do "gerenciamento do tempo", traça técnicas para seu aproveitamento máximo, inclusive promovendo o autocontrole do empregado, sob a justificativa de evitar o *stress* (pp. 16-17) e de aumentar a produtividade pessoal (pp. 23 e ss.), além de aduzir trivialidades do tipo "depois que desperdiçamos o tempo, ele está perdido – e não pode ser recuperado" (p. 14). Aliás, ler essa última observação do autor é exemplo típico de desperdício de tempo.
19. George Woodcock, ob. cit., p. 123. Aliás, o próprio regime repressivo (político, mas também de trabalho), se assegura uma mão-de-obra de baixo custo, não assegura a sua qualidade (Caio Prado Jr., *A revolução brasileira,* pp. 266-267).
20. Vicente Falconi Campos, *TQC: controle de qualidade total,* p. 15. O exercício do controle por todas as pessoas lembra, de certa forma, o *panóptico benthamiano,* criticado por Foucault (*Vigiar e punir,* pp. 177 e ss.) e transfigurado em extraordinário conto de Ivan Ângelo ("A casa de vidro", in *Contos da repressão,* pp. 17-40).

uso.[21] O objetivo então é "satisfazer essas necessidades, com certeza, mas melhor que a concorrência, com algo mais de sedução",[22] pois a prioridade da empresa deve ser os consumidores.[23] Para atingir essa qualidade, desenvolve-se controles[24] de procedimentos padrões,[25] isto é: controle do tempo. O objetivo dessas técnicas japonesas de gestão industrial é sempre "reduzir o tempo (ocioso) de trabalho sem perder em qualidade".[26] Para isso, em nome do TQC criou-se uma "tecnologia da engenharia da qualidade" e outra do "controle do processo".[27] O que se percebe então é que "os operários permanecem sujeitos à *disciplina* gerencial e ao *controle* [grifos nossos], inclusive sobre a execução do trabalho".[28] Nada que Taylor não tenha abordado, com o estilo rude – porém franco – que lhe é peculiar.[29]

21. James Teboul, *Gerenciando a dinâmica da qualidade*, p. 32. "A qualidade consiste nas características do produto que vão ao encontro das necessidades dos clientes e dessa forma proporcionam a satisfação em relação ao produto" (J. M. Juran e Frank Gryna, *Controle da qualidade*, v. 1, p. 11). Sintomaticamente, Cláudia Costin, ao defender uma administração empresarial do Estado, também defende que a "satisfação do cliente" seja encarada como uma prioridade (Cláudia Costin, "O brasileiro como cliente", *Folha de S.Paulo*, 18.9.1998, p. 1-3).
22. James Teboul, ob. cit., p. 33.
23. Vicente Falconi Campos, ob. cit., p. 11. A priorização da figura do consumidor, quando transportada à Reforma do Estado, nos leva à figura do cidadão-consumidor (de serviços públicos), o que obviamente exclui da cidadania aqueles que não têm dinheiro para consumir – os excluídos de sempre (ver seção 7.6.4).
24. James Teboul, ob. cit., p. 102. Armand Feigenbaum, *Controle da qualidade total*, v. 2, p. 14.
25 James Teboul, ob. cit., p. 104.
26. José Henrique de Faria, *Tecnologia e processo de trabalho*, p. 83.
27. Armand Feigenbaum, ob. cit., pp. 123 e ss., 180 e ss., Vicente Falconi Campos, ob. cit., pp. 17 e ss., 41 e ss., "*Tecnologias* representam muito mais procedimentos metódico-racionais de comando de sistemas, ou organização ótima ou de otimização de processos finalísticos de transformação" (Hans Lenk, "Tecnocracia e tecnologia", in Hans-Peter Dreitzel *et alii*, *Tecnocracia e ideologia*, p. 122). Dentro desse conceito mais amplo, em gerenciamento empresarial "tecnologia" significa mais especificamente "o conjunto de conhecimentos aplicados a um determinado tipo de atividade" (José Henrique de Faria, ob. cit., p. 29).
28. José Henrique de Faria, ob. cit., p. 84. Como bem observa Faria, essas técnicas japonesas de gerenciamento exigem "muita disciplina e trabalho árduo por parte dos empregados" (p. 86), configurando formas claras de dominação do capital sobre o processo de trabalho (pp. 112-113).
29. Taylor também fala em padronização de métodos e de instrumentos em toda a sua obra, especialmente da pp. 106 à 109. Sobre os controles de resultados em Taylor, consultar também seu fiel seguidor, Jean-Paul Palewski, ob. cit., pp. 47-52.

Por mais que se queira escamotear os fatos, percebe-se que o TQC apresenta traços tayloristas na medida em que tem em mira uma produtividade[30] fulcrada na (e dependente da) mecanização do trabalho,[31] como podemos observar no seguinte trecho: "A experiência demonstra que atualmente os aperfeiçoamentos na produtividade dependem em grande parte do papel da qualidade nas ações de mecanização".[32] Assim é que o espectro de Taylor procura assombrar o serviço público federal: pegando carona em programas como o TQC, que depois servirão de base para reformas do aparelho do Estado,[33] inclusive do Judiciário.[34]

30. Produtividade é a "eficácia com a qual recursos aplicados – pessoal, materiais, maquinaria, informações – na planta são traduzidos em resultados de produção para o consumidor" (Armand Feigenbaum, ob. cit., p. 268). O transplante dessas concepções gerenciais para a administração pública só pode privilegiar o cidadão-consumidor, ou "cidadão-cliente", deixando de lado os excluídos, é claro – ver seção 7.6.4.
31. Mecanização e eletronificação é o "uso progressivo de equipamentos e dispositivos de redução e de aperfeiçoamento do trabalho, sendo a automação a forma mais avançada" (Armand Feigenbaum, ob. cit., p. 268). Nada muito distante dos objetivos de Taylor, como a própria simplificação de movimentos (Frederick Winslow Taylor, ob. cit., pp. 80-82, p.ex.).
32. Armand Feigenbaum, ob. cit., p. 268. A título de comparação, veja-se esse trecho de Taylor: "... o objetivo mais importante de ambos, trabalhador e administração, deve ser a formação e aperfeiçoamento do pessoa da empresa, de modo que os homens possam executar em ritmo mais rápido e com maior eficiência os tipos mais elevados de trabalho, de acordo com suas aptidões naturais" (Frederick Winslow Taylor, ob. cit., p. 31).
33. Antes mesmo de existir o TQC, Palewski já lamentava que, em vez de aplicar literalmente a "arte administrativa e da organização científica do trabalho" ao serviço público, a França tenha buscado na política – note-se: outra temporalidade – as condições necessárias a uma boa administração pública (Jean-Paul Palewski, ob. cit., pp. 108-109). Mais recentemente, em livro publicado com o apoio do governo federal (gestão Collor de Mello), José A. Monteiro, em defesa da aplicação do TQC no serviço público, surpreendentemente afirmou que "não acreditamos em enxugamento da máquina, até porque a diminuição de funcionários e de órgãos não melhora a qualidade dos serviços. Mais apropriado seria uma lubrificação, reparo de peças, mudanças de combustível e boa manutenção. Isso faz uma máquina ser produtiva" [!!!] (José A. Monteiro, *Qualidade total no serviço público*, p. 4). Como mostra Foucault, a comparação com a máquina denota a importância que se deu à *disciplina* (Michel Foucault, *Vigiar e punir*, cit., p. 147).
34. Estamos nos referindo à possibilidade de aplicação de critérios e métodos de gerenciamento empresarial e da sociologia das organizações no aparelho Judiciário, possibilidade essa já aventada por vários autores e bem resumida por Renato Treves, "Una ricerca sociologica sull'amministrazione della giustizia in Italia", *Rivista di*

Mesmo a qualidade, tão propalada pelos corifeus do TQC e afins, soa hoje como uma farsa. Tendo em vista o excessivo aumento demográfico nos países periféricos e a necessidade do modelo capitalista de economia continuar vendendo produtos – para isso gerando obsolescência prematura nos mesmos (isso é qualidade?)[35] – a tese de que a qualidade é um real objetivo do mercado parece um tanto ingênua. Apesar de ingênua, tal tese é forte o suficiente para estimular o fetiche do consumo (atendendo ao ideal de sucesso, estilo "American way of life"),[36] controlar o método de trabalho e, por conseqüência, o operariado – a nosso ver, o real objetivo desses programas de gerenciamento.

Como vimos, no TQC as palavras-chave são sempre qualidade, método (controles e procedimentos), tecnologia e consumo. Mas nada impede que com elas sejam amalgamadas as idéias de eficiência (sempre subjacente à qualidade) e "modernidade". Em um trabalho que clama por *qualidade* e *tecnologia* como pontos estratégicos para a *modernização* do país, coincidentemente publicado pela Fundação Roberto Marinho, Marcelo Amoroso Lima junta todos os conceitos no mesmo "balaio", o que é bastante significativo: "A *qualidade* na criação e desenvolvimento de bens e serviços se traduz por gerar com *eficiência* os resultados *tecnológicos* de que o *cliente* [consumo] necessita. (...) A abordagem nipo-americana de *controle* de qualidade total (...) parece ter feito seu caminho, pelo menos no discurso dos dirigentes, enquanto imperativo para uma gestão *moderna*" [grifos nossos].[37]

Diritto Processuale, v. 20, pp. 234 e ss. A tese da qualidade total no Judiciário é defendida expressamente por Jônatas Luiz Moreira de Paula, *Uma crítica à jurisdição civil brasileira*, pp. 152 e ss. Sua adoção pelo TER-PR levou esta Corte a obter o certificado ISO 9000, motivo de orgulho expresso em carta aos funcionários (datada de 23.11.1999) onde, sob o título de *Identidade Institucional*, o que mais se destaca é a ênfase à qualidade e eficiência: "somos um órgão que pesta serviços públicos eficientes..."; "a visão do Tribunal Regional Eleitoral do Paraná é tornar-se reconhecido nacionalmente pela importância e excelência de suas contínuas atividades... buscar ser modelo de eficiência, qualidade..."; "o desempenho do servidor deste Tribunal deverá se pautar... com vistas a alcançar a excelência... através dos valores... que compartilhados, fazem de nós o referencial de excelência da Justiça Eleitoral". Nada mal! Antes isso do que o modelo administrativo cartorialista, cuja única "excelência" encontra-se no pronome de tratamento exigido por seus beneficiários...

35. David Harvey, *Condição pós-moderna*, pp. 258-259.
36. "É no caráter fetichista que se refugia, no capitalismo, a utopia do qualitativo" (Theodor W. Adorno, *Minima moralia*, p. 104).
37. Marcelo Amoroso Lima, "Qualidade e tecnologia: binômio estratégico para a modernização do Brasil", in Juarez Cavalcanti Bezerra *et alii*, *Gerenciamento da qualidade*, p. 46.

Além dos inconfundíveis traços tayloristas, o TQC apresenta forte influência do método cartesiano.[38] É de se lembrar, porém, que nem sempre o método cartesiano é motivo de orgulho. Como já dissemos na seção 1.5, o escritor argentino Ricardo Piglia, por exemplo, em seu espetacular romance *Respiração artificial*, sustenta que o *"Mein Kampf* [de Hitler] era uma espécie de avesso perfeito ou de continuação apócrifa do *Discurso do método*", visto que não passa de "uma flexão final na evolução do subjetivismo racionalista inaugurado por Descartes".[39] O eixo de ambos é a obstinação em torno de um objetivo. Como vimos, no caso do TQC, há uma certa obstinação pela qualidade, a justificar a rigidez de métodos etc.[40] Sem comentários.

Quando falamos em TQC e afins, estamos também nos referindo a programas auxiliares de implantação do controle de qualidade total, como o 5S.[41] Basta verificar o que significam os cinco "S" do nome, que vem do japonês: *seiki* (organização, classificação), *seiton* (ordenação, sistematização), *seiso* (limpeza, zelo, inspeção), *seiketsu* (asseio, higiene, padronização), e finalmente, *shitsuke* (*disciplina*).[42] Todos esses elementos, segundo Haroldo Ribeiro, contribuem para a otimização do tempo, em maior ou menor grau.[43]

Outrossim, não podemos esquecer que normas de padronização da qualidade, como as da ISO (*International Organization for Standardization*), decorrem diretamente dessas demandas por eficiência que embasam também o TQC. Estamos falando, evidentemente, da ISO 9000, cujo objetivo básico é certificar a gestão de qualidade e garantia de qualidade, justificada pela globalização da economia – é

---

38. As influências de Taylor e Descartes no TQC é admitida expressamente por Vicente Falconi Campos, ob. cit., p. 13.
39. Ricardo Piglia, *Respiração artificial*, pp. 174-175. Sobre o assunto esplanou também o prof. Luís Alberto Santos, da UFMG (Luís Alberto B. Santos, *Nação, horror, razão*, Comunicação apresentada no colóquio nacional As Luzes da Arte, Belo Horizonte, UFMG, 19.9.1997). Registre-se que o raciocínio é tipicamente adorniano.
40. Para alcançar a qualidade é preciso método e rigor, como admite Marcelo Amoroso Lima, ob. cit., p. 39.
41. Haroldo Ribeiro, *5S: a base da qualidade total*, p. 15.
42. Haroldo Ribeiro, ob. cit., pp. 17-18.
43. Contribuem em maior grau para a otimização do tempo a ordenação (*seiton*), o asseio (*seiketsu*) e – é claro – a disciplina (*shitsuke*) (Haroldo Ribeiro, ob. cit., p. 19). A vinculação do gerenciamento do tempo com a disciplina não difere em nada dos 5 S do taylorismo.

claro.⁴⁴ Todavia, a ISO 9000 não visa apenas fornecer o controle de qualidade de produção e expedição, "mas também reduzir *desperdício* [inclusive de tempo, por óbvio], *tempo* de paralisação da máquina e *ineficiência* da mão-de-obra, provocando, por conseguinte, aumento da *produtividade*" [grifos nossos].⁴⁵

Como podemos perceber, a ISO 9000 vincula eficiência com produtividade – tal qual ocorre em Taylor e no TQC. Na verdade, a eficiência é considerada uma *medida de produtividade* do *processo*, no seguinte sentido: mais eficiente é o processo que se utiliza de menos recursos para maior produtividade.⁴⁶ O problema é que, numa economia recessiva como a nossa, a tendência de governo e empresas é diminuir recursos (humanos), quando muito mantendo a produção. Ou seja: o importante hoje não tem sido o aumento da produção, mas a demissão em massa.

O que verificamos em todos esses programas de gerenciamento de tempo e qualidade é a entronização do controle do tempo na vida social, mais especificamente no trabalho. O relógio mecânico, ao permitir a mensuração e quantificação do tempo, não só operou a separação entre tempo e espaço (separação esta que é fundadora da modernidade, além de pressuposto imprescindível à organização racionalizada),⁴⁷ como também permitiu um potencial controle sobre o futuro⁴⁸ e, principalmente, possibilitou que o tempo pudesse ser transformado em mercadoria – como aliás, foi.⁴⁹ Ademais, é possível,

---

44. Jorge Pedreira de Cerqueira e Márcia Copello Martins, *O sistema ISO 9000 na prática*, pp. 20-21.
45. Brian Rothery, *ISO 9000*, p. 6.
46. Jorge Pedreira de Cerqueira, Márcia Copello Martins, ob. cit., p. 14. Os autores fazem uma distinção entre eficiência, eficácia e efetividade. Ao contrário da eficiência, a eficácia é considerada uma *medida de qualidade* do *produto*, no seguinte sentido: mais eficaz é o produto mais adequado ao fim que se destina e isento de defeitos. Por sua vez, efetividade é a combinação entre eficiência do processo e eficácia do produto (Jorge Pedreira de Cerqueira e Márcia Copello Martins, ob. cit., p. 15).
47. Anthony Giddens, *As conseqüências da modernidade*, pp. 24 e 28. Ver também David Harvey, *Condição pós-moderna*, p. 235.
48. David Harvey, *Condição pós-moderna*, pp. 228-229.
49. George Woodcock, ob. cit., p. 122. "O tempo seccionável, abstrato e cronometrado torna-se assim homogêneo do sistema do valor de troca, no qual se integra como qualquer outro objeto. Transformado em objeto de cálculo temporal, pode e deve cambiar-se por qualquer outra mercadoria (sobretudo o dinheiro)" (Jean Baudrillard, *A sociedade de consumo*, p. 162). Sob o signo da mercadoria, o tempo se acumula como dinheiro, assim como o amor se torna prostituição (Jean Baudrillard,

segundo David Harvey, obter lucro tão-somente alterando a definição, as qualidades e/ou o uso do tempo; daí a importância que assume a eficiência e o "tempo de giro do capital" (tempo de produção associado ao tempo de circulação da troca, que, quanto menor, mais lucro proporciona).[50] Em última análise, o enquadramento rigoroso e preciso do tempo acabou beneficiando também as atividades financeiras, com sua vasta rede informacional interligada, funcionando dia e noite, sem respeitar a menor regra jurídica.[51]

Já havia percebido Marx, em 1847, que, ao igualar o tempo de trabalho de cada homem, não estamos mais dizendo que "uma hora de um homem equivale à hora de outro homem mas, antes, que um homem de uma hora equivale a outro homem de outra hora", donde chega-se a uma conclusão assustadora: "O tempo é tudo, o homem não é nada; é quando muito a carcaça do tempo".[52]

É preciso lembrar, com Foucault, da importância que tem a *disciplina* em toda essa filosofia (e conjunto de técnicas gerenciais) de aproveitamento do tempo, quer fixando rigidamente os horários, quer prescrevendo rigidamente os procedimentos, elaborando temporalmente os atos com máxima precisão.[53]

A troca simbólica e a morte, p. 112). A transformação do tempo em mercadoria não é nem um pouco absurda se consideramos que "o tempo, assim como o espaço, é um recurso, portanto um trunfo. Em outros termos, na qualidade de noção relativa [ao contrário do tempo real, astronômico, trata-se do "tempo social da ação", inventado pelos atores sociais], ele está integrado em toda estratégia. Com freqüência é até mesmo um elemento essencial. O tempo pode compensar momentaneamente uma carência de energia ou de informação" (Claude Raffestin, *Por uma geografia do poder*, p. 49). "A invenção de pesos e medidas facilita o roubo" (Chuang-Tzu, *A via de Chuang-Tzu*, p. 90).
50. David Harvey, *Condição pós-moderna*, pp. 209, 257 e ss.
51. Milton Santos, *A natureza do espaço*, p. 160.
52. Karl Marx, *Miséria da filosofia*, p. 43.
53. Michel Foucault, *Vigiar e punir*, cit., pp. 136 e ss. "O ato é decomposto em seus elementos; é definida a posição do corpo, dos membros, das articulações; para cada movimento é determinada uma direção, uma amplitude, uma duração; é prescrita sua ordem de sucessão. *O tempo penetra o corpo, e com ele todos os controles minuciosos do poder* [grifo nosso]" (idem, ibidem, p. 138). Nessa mesma linha de controle ver o interessantíssimo conto de Edgar Allan Poe, "O diabo no campanário". "Para controlar uma pessoa não basta impor regras sobre como usar seu corpo. Importante também é delimitar em que tempo, em que prazos o corpo deve ser usado" (Roberto A. R. Aguiar, *Direito, poder e opressão*, p. 111). Bem próximo a esse inferno disciplinar (parecido com o mundo administrado, descrito por Adorno), é o tratamento taylorista que podemos encontrar, hoje, nas empresas aéreas. No

Como disse Foucault, "a disciplina não é mais simplesmente uma arte de repartir os corpos, de extrair e *acumular o tempo deles*, mas de compor forças para obter um aparelho *eficiente*" [grifos nossos].[54] Procedimento semelhante foi adotado por Sade, em *Os 120 Dias de Sodoma*,[55] cujo planejamento de todos os movimentos faz do divino marquês um precursor do executivo moderno, segundo Adorno.[56] A essa disciplina de trabalho o TQC, como vimos, chama de *controle*.

De qualquer forma, é preciso ressaltar que em todas essas tecnologias de gerenciamento empresarial – taylorismo, TQC etc. – observa-se a vitória do modelo tecnocrático, em que, segundo Daniel Bell, "as metas passaram a ser apenas a eficiência e a produção": "Elas se transformaram em meios e existem por si mesmas. O modelo tecnocrático foi oficialmente estabelecido por ser o modelo da eficiência – de produção, de programa, de 'fazer com que as coisas sejam realizadas'. Por esses motivos, o modelo tecnocrático está destinado a difundir-se pela nossa sociedade".[57]

Essa mesma ideologia tecnocrática[58] está presente no programa de reforma do aparelho do Estado, agora também reforçado pelos

---

Curso básico para agente de tráfego de uma companhia aérea brasileira, encontramos determinações disciplinares que se aproximam demais dos exemplos de Foucault. Principalmente no que tange à aparência pessoal, em que a companhia diz como deve se apresentar a maquilagem, as unhas, os cabelos, a pele do rosto, o alinhamento das sobrancelhas, o perfume, bigode, costeletas, peso, esparadrapos (devem ser transparentes), etc. (pp. 35-38). Quanto à postura: "manter o semblante suavizado através do sorriso, não apoiar o rosto nas mãos, (...) não levar objetos à boca, (...) moderar os gestos mesmo que seja uma pessoa expansiva". Chegam às raias do ridículo as instruções para o caminhar do funcionário: "não andar ou estar com as mãos nos bolsos, não saltitar (!), não balançar o corpo (!), não jogar os braços (!!), não acompanhar pessoas com olhar insistente (!!), não chamar com acenos" (p. 39, verdadeiramente antológica).
54. Michel Foucault, *Vigiar e punir*, cit., p. 147. "Se tivéssemos de eleger um objeto que simbolizasse todo o opróbrio, toda a devastadora miséria a que desceu o homem no meu, no nosso tempo, nenhum outro haveria como o relógio-de-ponto, vergonha mecânica e elétrica de elevado preço, que assinala entradas e saídas, carimba de vermelho (como mancha de sangue) os minutos de atraso, coloca o homem como um autômato, medroso e desbriado" (Marques Rebelo, *O Trapicheiro*, p. 277).
55. Donatien-Alphonse-François, Marquês de Sade, *Os 120 dias de Sodoma*.
56. *Apud* Sérgio Paulo Rouanet, "O desejo libertino entre o Iluminismo e o Contra-Iluminismo", in *O desejo*, p. 185.
57. Daniel Bell, ob. cit., p. 393.
58. Entenda-se por ideologia tecnocrática aquela "centrada na idéia da eficiência e neutralidade garantidas pela competência técnica, desde que protegida das pres-

pilares de uma sociedade que demanda eficiência e velocidade: a sociedade pós-industrial, ou dromocrática.

7.2 Sociedade dromocrática e antidemocrática

7.2.1 Teoria da sociedade pós-industrial

Em 1973, com a publicação de *The Coming of Post-Industrial Society*, Daniel Bell, então professor de sociologia da Universidade de Harvard, fez teorizações e previsões que ainda hoje são discutidas, a propósito da chamada "sociedade pós-industrial".[59] Por vezes incluído entre os pós-modernos (em sua ala mais à direita, se assim podemos dizer),[60] Bell faz não só a descrição, mas também a apologia de uma sociedade capitalista que, embora tenha vingado (em parte) nas potências centrais, obviamente não teve o mesmo êxito nos bolsões de miséria e nos países periféricos.

Apesar dessas restrições, não podemos deixar de mencionar que, para Bell, há três fases básicas no desenvolvimento da sociedade: a pré-industrial, a industrial e a pós-industrial. A sociedade pré-industrial é marcada pelo setor primário da economia (extrativo e agropecuário), a industrial é caracterizada pelo setor secundário (manufatureiro) e na pós-industrial a prioridade é dos setores terciário (*transportes* e utilidade), quaternário (comércio, finanças, seguro e bens imóveis) e quinário (saúde, educação, pesquisa, governo e lazer).[61] Enquanto a tecnologia pré-industrial é baseada na matéria-prima, a industrial é baseada na energia, e a pós-industrial, na *infor-*

---

sões políticas" (Eli Diniz, "Em busca de um novo paradigma: a reforma do Estado no Brasil dos anos 90", *São Paulo em Perspectiva*, v. 10, n. 4, out./dez. 1996, p. 20). Ver também Jorge Wilheim, *O substantivo e o adjetivo*, p. 41.

59. A propósito dos debates sobre a sociedade pós-industrial, vide Jürgen Frank, "A sociedade pós-industrial e seus teóricos", in Hans-Peter Dreitzel *et alii*, *Tecnocracia e ideologia*.

60. A expressão "pós-moderno de direita", que se ajusta muito bem a Daniel Bell, está em Sérgio Paulo Rouanet, "Do moderno ao pós-moderno", *Tempo Brasileiro*, n. 84, jan./mar. 1986, p. 92. Daniel Bell é considerado um dos referenciais mais importantes de integração de todos os "pós" (Italo Moriconi, *A provocação pós-moderna*, pp. 26 e ss.), embora o que ele tem a oferecer seja um falso pós-moderno (idem, ibidem, p. 30). O problema é que, paradoxalmente, os teóricos pós-modernos aceitam as teses de Bell, apesar de suas posições serem de hostilidade em relação ao pós-moderno em geral (Sérgio Paulo Rouanet, *As razões do Iluminismo*, p. 236).

61. Daniel Bell, ob. cit., p. 139.

mação, que "passa a representar o recurso central e, no seio das organizações, uma fonte de poder".[62]

É claro que não é nosso objetivo resumir a obra de Bell, cujo modelo de sociedade pós-industrial é altamente excludente.[63] Queremos apenas apontar dois aspectos interessantes na caracterização que o autor faz da sociedade pós-industrial (como grifamos acima): os transportes e a informação, que dão bem a idéia de importância do tempo, da velocidade.[64]

Todavia, o mais importante a ser analisado na obra de Bell é a evolução do problema do tempo (e da eficiência) nos três tipos de sociedade.

Na sociedade pré-industrial, o ritmo da existência é modelado por contingências naturais, como as estações do ano, o tipo do solo, a quantidade de chuvas etc.; logo, "a sensação do tempo é a da *durée*, o de momentos longos e breves, e o ritmo do trabalho varia com as estações e com as intempéries".[65]

Na sociedade industrial e em seu universo técnico, racionalizado, cronometrado e programado, "a máquina predomina, os ritmos de vida são mecanicamente regulados: o tempo é cronológica, mecânica e uniformemente dividido".[66] Nesse tipo de sociedade, "O critério da *techne* é a *eficiência* [grifo nosso], e a maneira de viver é moldada

---

62. Daniel Bell, ob. cit., pp. 139 e 149.

63. A priorização da informação leva à valorização do profissional (informado, é claro), que se destaca do "populacho" não instruído (mão-de-obra não qualificada), e com ele conflita no seio da organização e da comunidade (Daniel Bell, ob. cit., p. 149). Aliás, o TQC é construído justamente em função dessa exclusão, pois proclama que o desempenho das empresas depende cada vez mais da qualidade do trabalho humano e da utilização de seu potencial (Marcelo Amoroso Lima, ob. cit., p. 46). Ademais, é bom recordar que a qualificação e formação profissional, inclusive a escola, longe de serem "investimentos disfarçados", são na verdade uma "relação social de domesticação e de controle", pela qual o capital sacrifica parte de sua maisvalia para melhor reproduzir sua hegemonia (Jean Baudrillard, *A troca simbólica e a morte*, p. 28). Na base de toda essa crítica está o fato de que a formação (qualificação) profissional nada mais faz do que *ajustar* as pessoas ao existente, que se impõe ao trabalhador-educando com o seu "peso imensurável do obscurecimento da consciência" crítica (Theodor Adorno, *Educação e emancipação*, pp. 143 *et passim*).

64. Daniel Bell, ob. cit., pp. 139 e 148. Apesar de os princípios axiais da economia não serem mais a terra e a limitação de recursos (típico pré-industrial), mas sim a centralidade e codificação do conhecimento teórico, note-se que os bens imóveis ainda estão presentes no setor quaternário da sociedade pós-industrial.

65. Daniel Bell, ob. cit., p. 146.

66. Daniel Bell, ob. cit., p. 147.

pela Economia; como extrair a maior quantidade de energia de uma dada unidade de recurso natural (...). As palavras de ordem são maximização e otimização, numa cosmologia derivada do engenhoso cálculo de Jeremy Bentham".[67]

Na sociedade pós-industrial, a prioridade dada à profissionalização, à qualificação profissional (mais uma vez a "qualidade") e à informação, a nosso ver, reforça ainda mais a tecnocracia nascente da sociedade industrial,[68] de modo que a velocidade adquire maior importância ainda.

Diante de tamanha importância da velocidade, o direito – que tem um tempo próprio – na sociedade pós-industrial não é mais o único ou o mais importante meio de transformação ou controle social.[69]

7.2.2 O culto à velocidade

David Harvey aponta que no centro da modernidade capitalista existe uma tendência à aceleração do ritmo dos processos econômicos e da vida social; daí os conflitos entre empregadores e empregados a respeito do ritmo, intensidade e extensão da jornada de trabalho, além da velocidade e robotização das linhas de montagem.[70] De fato, não há como negar que hoje, mais do que nunca, "o interesse das grandes empresas é economizar tempo, aumentando a velocidade da circulação".[71]

Devido a essa vinculação entre aceleração da vida social e modo de produção capitalista é que podemos observar que "o tempo é, hoje, uma função da velocidade e evidentemente perceptível apenas em termos de ritmo, ou velocidade enquanto tal".[72] A velocidade assume importância tal a ponto de a sociedade ser chamada, por Paul Virilio, de *sociedade dromocrática*, i.e., tentada a adorar a velocidade.[73]

A sociedade dromocrática – uma sociedade, diga-se, nem um pouco democrática – é aquela em que "a violência da velocidade tor-

---
67. Idem.
68. Ver como é discutido o tema em Daniel Bell, ob. cit., pp. 377 e ss.
69. Renato Treves, "L'amministrazione della giustizia in Italia: bilancio di una indagine", *Rivista di Diritto Processuale*, v. 27, n. 1, p. 96.
70. David Harvey, *Condição pós-moderna*, pp. 212-213.
71. Milton Santos, *A natureza do espaço*, cit., p. 270.
72. Fredric Jameson, *As sementes do tempo*, p. 24.
73. Milton Santos, *Técnica, espaço, tempo*, pp. 29-30. Há uma crítica ao delírio dromocrático de Virilio em Milton Santos, *A natureza do espaço*, cit., p. 260.

nou-se, simultaneamente, o lugar e a lei, o destino e a destinação do mundo".[74] Baudrillard localiza algo semelhante na América das *freeways* que cortam os desertos (a ausência de paisagem), onde "A velocidade é criadora de objetos puros, ela própria é um objeto puro, pois que *apaga o solo e as referências territoriais* [grifo nosso], pois que refaz o curso do tempo para o anular, pois que vai mais rápida do que a sua própria causa e reconstitui-lhe o curso para a aniquilar. A velocidade é o triunfo do efeito sobre a causa, *o triunfo da instantaneidade sobre o tempo como profundidade* [grifo nosso], o triunfo da superfície e da objetividade pura sobre a profundidade do desejo. A velocidade cria um espaço iniciático que pode implicar a morte e do qual a única regra consiste em apagar os vestígios".[75]

Com a vitória da velocidade (instantaneidade) sobre o espaço e sobre o tempo, cria-se a cidade inospitaleira de que fala Barcellona: os homens "disseminados nos 'subúrbios' e reunificados pela interdependência sistêmica e pelas novas 'mídias': um espaço sem limites, vivido como pura velocidade das colocações".[76] Uma gigantesca cidade totalmente interligada por redes de computadores e de comunicação de massa, onde o espaço não faz mais diferença, mas apenas o tempo (ou a sua supressão: a velocidade, a eficiência) importa.

A supervalorização da informação, e da velocidade na informação – o que foi de certa forma "previsto" por Bell e teorizado depois por Milton Santos,[77] e que hoje chega ao ponto máximo no ciberespaço da Internet, com seu (por que não?) cibertempo – leva-nos a uma sociedade em que a TV deixa de ser um aparelho ideológico do Estado,[78] passando o Estado a ser o aparelho ideológico do mercado midiático.[79] É nessa sociedade que o Estado vai perdendo importância para o mercado, ou melhor: para a "liberdade ditatorial do mercado",[80] tanto que

---

74. Paul Virilio, *Velocidade e política*, p. 137.
75. Jean Baudrillard, *América*, p. 11. Ver também David Harvey, *Condição pós-moderna*, p. 263. Gilles Deleuze, Félix Guattari, *O anti-Édipo*.
76. Pietro Barcellona, *O egoísmo maduro e a insensatez do capital*, p. 99.
77. Basta consultar Milton Santos, *Técnica, espaço, tempo*, cit., p. 30 *et passim*, sobre a conjugação de velocidade, informação, obsolescência prematura dos bens, o efêmero e o império da imagem, tudo em relação ao meio técnico informacional.
78. Louis Althusser, *Aparelhos ideológicos de Estado*, pp. 68, 78 *et passim*.
79. Régis Debray, *O Estado sedutor*, p. 89. Ver também: Guy Debord, *A sociedade do espetáculo*. Roger-Gérard Schwartzenberg, *O Estado espetáculo*. Anselm Jappe, *Guy Debord*.
80. Guy Debord, ob. cit., p. 11.

o cidadão (político) cuja assembléia era a nação transforma-se no telespectador (infrapolítico), cuja assembléia é o mercado.[81] Mais recentemente, troca-se o telespectador pelo internauta e continua-se com o mesmo problema: o de que nessa sociedade midiática, do espetáculo, a justiça acaba sendo fagocitada "por los medios de comunicación, vaciados de contenido como espectáculo".[82]

7.2.3 O tempo na globalização

Com o fenômeno da globalização e seus fortes indícios de que a história do capitalismo é caracterizada pela aceleração do ritmo de vida, Harvey constata uma *compressão do tempo*, pela qual "os horizontes temporais se reduzem a um ponto em que só existe o presente (o mundo do esquizofrênico)".[83] É nessa compressão temporal que a efemeridade se instala inclusive nas relações de trabalho (já marcadas pela automação),[84] quando "as empresas subcontratam ou recorrem a práticas flexíveis de admissão para compensar os custos potenciais de desemprego provocado por futuras mudanças do mercado" – aí está a recentíssima Lei 9.601, de 21.1.1998, regulamentando o trabalho temporário.[85]

Na economia globalizada, a temporalidade dos organismos sociais adquire traços de dinamismo crescente, eis que "são capazes de conectar o local e o global de formas que seriam impensáveis em sociedades mais tradicionais, e, assim fazendo, afetam rotineiramente a vida de milhões de pessoas".[86]

Todavia, essa aceleração, ou compressão do tempo, não se aplica a toda a sociedade, pois há temporalidades hegemônicas e não hegemônicas: "as primeiras são o vetor da ação dos agentes hegemônicos da economia, da política e da cultura, da sociedade enfim. Os outros agentes sociais, hegemonizados pelos primeiros, devem contentar-se de tempos mais lentos".[87]

---

81. Régis Debray, ob. cit., p. 70.
82. Luis Alberto Warat, *Por quien cantan las sirenas*, p. 154.
83. David Harvey, *Condição pós-moderna*, p. 219. Ver Fredric Jameson, "Pós-modernidade e sociedade de consumo", *Novos Estudos Cebrap*, n. 12, São Paulo, jun./1985, p. 22.
84. Boaventura de Sousa Santos, *Pela mão de Alice*, pp. 290-291.
85. David Harvey, *Condição pós-moderna*, p. 263.
86. Anthony Giddens, ob. cit., p. 28.
87. Milton Santos, *Técnica, espaço, tempo*, cit., pp. 31-32, 45-47 e *A natureza do espaço*, cit., p. 270.

"Hoje, a classe política vive atascada nos problemas e nas soluções de curto prazo, segundo a temporalidade própria dos ciclos eleitorais, nos países centrais, ou dos golpes e contra-golpes, nos países periféricos. Por outro lado, *uma parte significativa da população nos países centrais vive dominada pela temporalidade cada vez mais curta e obsolescente do consumo* [mais uma vez o consumo], *enquanto uma grande maioria da população dos países periféricos vive dominada pelo prazo imediato e pela urgência da sobrevivência diária*" [grifo nosso].[88]

Mas talvez o mais importante a destacar é que, conforme a análise de Boaventura de Sousa Santos, a transnacionalização da economia conduz necessariamente à "erosão da eficácia do Estado na gestão macro-econômica".[89] Ou seja: "o mercado é tornado tirânico e o Estado tende a ser impotente".[90] Será necessário dar exemplos desse discurso?

7.3 A reforma tecnocrática do aparelho do Estado

7.3.1 A eficiência na tecnocracia

Interessante notar como eficiência e tecnocracia[91] se confundem. Em 1981, Luiz Carlos Bresser Pereira – quando obviamente não era ministro ainda, nem sequer do governo Sarney – é que fez essa ligação com notável clareza. Ao definir o termo "tecnoburocracia" (por

---

88. Boaventura de Sousa Santos, *Pela mão de Alice*, cit., p. 320.
89. Boaventura de Sousa Santos, *Pela mão de Alice*, cit., pp. 290-229 (Fernando Henrique Cardoso, "FHC analisa conseqüências da globalização", *Folha de S.Paulo*, 21.2.1996, p. 1-6).
90. Milton Santos, *Técnica, espaço, tempo,* cit., p. 33. A finalidade do Estado – em tese a proteção da sociedade – passou a ser a defesa exclusiva do mercado; a excrescência tornou-se então um "adversário que aos poucos está se tornando pior do que o próprio mercado" (Carlos Heitor Cony, "Sociedade e mercado", *Folha de S.Paulo*, 11.1.2000, p. 1-2).
91. Tecnocracia no sentido de "dominação política exercida por determinados grupos de pessoas, profissionalmente qualificadas" (Günter Ropohl, "Avaliação da discussão alemã sobre a tecnocracia", in Hans-Peter Dreitzel *et alii, Tecnocracia e ideologia*, p. 68). "A noção de tecnocracia envolve, fundamentalmente, o conjunto de técnicos (economistas, engenheiros, agrônomos, geólogos, urbanistas, arquitetos, educadores, calculistas, cartógrafos, desenhistas, estatísticos etc.) que exercem as principais atividades no processo de elaboração, execução e controle do plano" (Octavio Ianni, *Estado e planejamento econômico no Brasil*, p. 315). Tecnocracia também pode significar o "predominio assoluto, sopravvalutazione del processo tec-

ele preferido ao termo "tecnocracia"),⁹² o autor afirma que se trata de "um sistema político administrado segundo critérios de *racionalidade* ou *eficiência* [grifos nossos]", sistema "no qual o poder é legítimo na medida em que suas origens sejam ou pretendam ser técnicas".⁹³ Bresser Pereira faz questão de demonstrar, em um só parágrafo, a vinculação estreita entre tecno(buro)cracia, eficiência, racionalismo e utilitarismo: "O *utilitarismo* característico do *racionalismo* tecnoburocrático é claramente verificável através do objetivo político básico visado pela tecnoburocracia: a *eficiência*. O primeiro e mais importante objetivo a ser alcançado por um sistema tecnoburocrático é a eficiência econômica, é a maximização dos resultados em relação aos recursos empregados, é o aumento da produtividade de trabalhadores, administradores, máquinas e recursos naturais. Para o tecnoburocrata, ato racional e ato eficiente são sinônimos. Se ato racional é o ato coerente com os fins visados e se ato eficiente é o que maximiza resultados em relação a um determinado esforço realizado, ato racional e ato eficiente são sinônimos para a ideologia tecnoburocrática. O critério de *racionalidade* de um ato está em sua *eficiência econômica*, em sua *utilidade*. (...) Os objetivos econômicos são, na prática, colocados acima de todos os demais. É difícil para o homem comum e particularmente para o tecnoburocrata imaginar que possa haver outros valores, eventualmente maiores, a serem atingidos, como a liberdade, o amor, a beleza, a verdade, a justiça, a realização pessoal" [grifos nossos].⁹⁴

nico, automatizzazione e disumanizzazione di esso" (Giuseppe Maggiore, "Estetica del diritto", in *Scritti giuridici in onore di Francesco Carnelutt*, v. 1, p. 281).
92. Segundo o autor, tecnocracia carrega a conotação positiva da palavra "técnica", que tem sido sinônimo de "bom", principalmente "em um mundo dominado cada vez mais pela ideologia racionalista tecnoburocrática". Tecnoburocracia, ao contrário, apesar da carga negativa da palavra "burocracia" ("vulgarmente confundida com ineficiência e papelada"), exprime melhor a idéia de "sistema político em que o poder estará situado nas mãos de técnicos burocráticos", aí incluídos expressamente os "administradores burocráticos civis ou militares" (Luiz Carlos Bresser Pereira, *A sociedade estatal e a tecnoburocracia*, p. 88). Ver Caio Prado Jr., *A revolução brasileira*, p. 263. Sobre a distinção entre tecnocracia e burocracia, ver Carlos Estevam Martins, *Tecnocracia e capitalismo*, pp. 28 e ss.
93. Luiz Carlos Bresser Pereira, loc. cit. Eficiência desenvolvimentista, diga-se de passagem (Luiz Carlos Bresser Pereira, "O novo modelo brasileiro de desenvolvimento", *Dados*, n. 11, p. 138). O autor teria sido mais feliz se tivesse utilizado, em vez do verbo pretender, o verbo *to pretend* – fingir.
94. Luiz Carlos Bresser Pereira, *A sociedade estatal e a tecnoburocracia*, pp. 97-98.

Segundo Bresser Pereira, o tecnoburocrata, com medo de discutir valores (pois tem horror a ideologias),[95] submete todos os valores não econômicos ao pressuposto único e necessário do *desenvolvimento econômico* (*i.e.*, aumento da eficiência)[96] – típico *trade-off*.[97] Esses valores seriam mera decorrência da eficiência, que tem por pressupostos a segurança, ordem e autoridade, em nome dos quais podem ser tranqüilamente sacrificadas a liberdade e a justiça social.[98]

Outro valor tido em alta conta pelos tecnoburocratas, segundo Bresser Pereira, é o *consumo* em massa, pelo qual eles alienam a população – reduzindo todas as aspirações humanas ao mero consumo – e justificam a existência da tecnoburocracia, típico sistema de dominação e privilégio.[99]

95. A ideologia do horror às ideologias está presente no discurso da suposta apoliticidade e autonomia do governo autoritário (Carlos Estevam Martins, *Tecnocracia e capitalismo*, pp. 122, 130). O governo Médici, p.ex., considerava-se acima das pressões políticas e econômicas, sem compromissos com qualquer grupo ou classe (Emílio Garrastazu Médici, *O jogo da verdade*, pp. 23-24. *Metas e Bases para a Ação de Governo*, p. 3. Antonio Delfim Netto, "Análise do momento brasileiro", *Revista de Finanças Públicas*, n. 275, p. 3. Florestan Fernandes, *A ditadura em questão*, pp. 16-17). A sociedade é arbitrariamente tratada como uma totalidade, sem divisão em classes e interesses (Vera Lúcia Ferrante, *FGTS: ideologia e repressão*, p. 328). É para esse tipo de governo, bem ao gosto da elite militar – apolítico e sem compromissos de legitimição política – que os tecnocratas "proclamavam seus desinteressados serviços à nação" (Thomas Skidmore, *Brasil: de Castelo a Tancredo*, pp. 275 e 212-213).

96. "... o desenvolvimento econômico consiste num processo pelo qual a quantidade de bens e serviços produzidos [*produtividade*] por uma coletividade [*mão-de-obra*] na unidade de tempo [*eficiência*], tende a crescer mais rapidamente do que ela [*eficiência*]" (Antonio Delfim Netto, *Planejamento para o desenvolvimento econômico*, p. 17). Luiz Carlos Bresser Pereira, "O novo modelo brasileiro de desenvolvimento", *Dados*, n. 11, p. 138.

97. Luiz Carlos Bresser Pereira, *A sociedade estatal e a tecnoburocracia*, pp. 98-99. Sobre a priorização do desenvolvimento econômico pelas equipes tecnocráticas no poder após 1964, ver seção 2. Sobre *trade-off*, ou troca compensatória, como elemento típico do liberalismo (e neo), consultar o atualíssimo ensaio "O liberalismo como *trade-offs*", de C. B. Macpherson, *Ascensão e queda da justiça econômica*, pp. 65-78. Para o ex-primeiro-ministro da Itália, Romano Prodi – que se diz amigo do Presidente Fernando Henrique –, parece que realmente a eficiência é o pressuposto da justiça social. Construção típica de tecnoburocrata, diria Bresser Pereira, nos idos de 1981. Senão, vejamos suas próprias palavras: "O que está em jogo no momento não é a *justiça social*, mas a *eficiência* [grifos nossos] e a capacidade do Estado em promovê-la" (Romano Prodi, "É hora de mudar", *Veja*, 4.3.1998, p. 12).

98. Luiz Carlos Bresser Pereira, *A sociedade estatal e a tecnoburocracia*, p. 103.

99. Luiz Carlos Bresser Pereira, *A sociedade estatal e a tecnoburocracia*, p. 102. A priorização do consumo cria a figura do cidadão-consumidor (ver seção

Para finalizar a descrição da tecnoburocracia, vale lembrar que ela, na condição de oligarquia, apresenta uma visão de mundo autoritária, em que "a legitimação do poder político está no conhecimento técnico, na competência".[100] Como o tecnocrata – *tal qual o magistrado brasileiro* – não admite interferência ou controle extratécnico sobre suas atividades (o que revela sua tendência antidemocrática), está vinculado à "lógica dos fatos" e procura a independência de todo o universo político, *i.e.*, também da legitimação democrática.[101] Em outras palavras, os tecnocratas "... julgam sempre haver descoberto soluções tecnicamente perfeitas e que as interferências 'políticas' que lhes forçam a atender a problemas locais e particularistas são, por definição, execráveis. Talvez sejam, mas com freqüência é no legislativo do sistema em desenvolvimento e não entre os burocratas que a questão 'desenvolvimento para quê' é proposta".[102]

No regime militar pós-64, a aliança (de interdependência) entre militares e tecnocratas foi o mais importante elo na estrutura desenvolvimentista-repressiva do milagre brasileiro, pois permitia aos militares mostrar *eficiência* na gestão (econômica) do país, e permitia aos tecnocratas se manter no poder e aplicar sua política econômica sem ter de discuti-la publicamente, vê-la questionada ou submetê-la ao crivo do voto popular.[103] O tecnocrata "... sempre coloca como requisito para o seu ingresso na arena política a condição de que sejam mantidas sob estrito controle as forças potencialmente contes-

---

7.6.4), que exclui da cidadania aqueles que não têm condições econômicas de pagar pelo serviço. A priorização do consumo, principalmente de bens duráveis, promovida pelos tecnocratas no período do "milagre" brasileiro, está detalhada na seção 2.6.

100. Luiz Carlos Bresser Pereira, *A sociedade estatal e a tecnoburocracia*, p.
100. Buzaid, tomando por exemplo o Judiciário, chegou a defender veementemente uma racionalização da representação popular no Legislativo e no Executivo "para torná-la efetiva", e "de modo que permita selecionar os mais capazes para exercerem o poder em nome do povo" (Alfredo Buzaid, "Rumos políticos da Revolução brasileira", *Arquivos do Ministério da Justiça*, n. 113, p. 25), leia-se, os tecnocratas.

101. Hans Lenk, ob. cit., p. 125. Jorge Wilheim, *O substantivo e o adjetivo*, 2ª ed., p. 41.

102. Michael Mezey, "O poder decisório do Legislativo nos sistemas políticos em desenvolvimento", in *O Legislativo e a tecnocracia*, p. 80.

103. Thomas Skidmore, *Brasil: de Castelo a Tancredo*, 4ª ed., pp. 183, 217 e 220. Octavio Ianni, *A ditadura do grande capital*, p. 29. Richard Falk, "Militarisation and Human Rights in the Third World", in *The Political Economy of Development and Underdevelopment*, 3ª ed., pp. 453-454.

tatórias de sua suposta autoridade técnico-científica. Em outras palavras, o tecnocrata só se sente à vontade quando se encontra ilhado, quando entre ele e a sociedade se interpõe a camada protetora representada por um aparelho de Estado forte".[104] Com isso há duas conseqüências: os tecnocratas acabam perfazendo um grupo permanentemente ligado ao poder (enquanto os políticos são temporários)[105] e, não precisando prestar contas a ninguém, perdem qualquer senso de responsabilidade.[106] Essa postura gerou o antagonismo crescente de setores mais conservadores que apoiavam, a princípio, o movimento de 1964.[107]

Da mesma forma que o tecnocrata se isola sob o manto da neutralidade da ciência e da técnica, o Judiciário se isola sob o manto da neutralidade da atividade jurisdicional, para fugir à sua responsabilidade política.[108] A desnecessidade de legitimação política para qualquer operador jurídico (juiz, promotor, advogado) atuar no processo abre as portas deste para a tomada tecnocrática de decisões. A mentalidade tecnocrática invade o Judiciário com o apoio de três pilares do processo civil: a) a *capacidade postulatória*, que se traduz na inacessibilidade do leigo ao trâmite processual, aos "debates" que se desenrolam por escrito, e aos próprios autos;

104. Carlos Estevam Martins, *Tecnocracia e capitalismo*, p. 86.
105. Miguel Reale Jr., "Estado de Direito e tecnocracia", in *VII Conferência Nacional da Ordem dos Advogados do Brasil*, p. 508. Isso é possível para o tecnocrata porque ele sempre encontrará justificativa para qualquer política econômica, servindo-se para isso do mesmo jargão técnico (Carlos Lacerda, *Depoimento*, pp. 333-334). A essa linguagem técnica, que erige teorias inteiras, ramos do conhecimento humano e práticas sociais (inclusive as dos tribunais) à condição de verdadeiras religiões, Adorno chamou de *Jargon der Eigentlichkeit* – jargão da autenticidade (Theodor W. Adorno, *La ideología como lenguaje*).
106. Miguel Reale Jr., "Estado de Direito e tecnocracia", in *VII Conferência Nacional da Ordem dos Advogados do Brasil*, p. 508. Da sua irresponsabilidade decorre o seu poder (Carlos Lacerda, *Depoimento*, p. 397).
107. Fora o já citado ex-governador da Guanabara (Carlos Lacerda, *Depoimento*, pp. 331-334 e 397), temos os seguintes exemplos: de Eugênio Gudin, Min. da Fazenda de Café Filho e o verdadeiro "guru" liberal monetarista dos ministros da área econômica pós-64: "Os 'técnicos' são de grande valor em seus respectivos setores. Mas isso não os habilita para os misteres do Governo de um país" (Eugênio Gudin, *Para um Brasil melhor*, p. 79). De Herbert Levy, banqueiro e deputado da UDN, em discurso na Câmara dos Deputados contra Roberto Campos: "Os técnicos devem ser ouvidos e prestigiados. Mas não podem sentar-se na cadeira dos estadistas e decidir por eles" (Luís Viana Filho, *O governo Castelo Branco*, p. 217).
108. Ver L. A. Becker, "O mito da neutralidade do juiz", *Revista Quaestio Iuris*, v. 1, n. 1, jan./abr. 1997.

b) a *coisa julgada*, que confere a "tranqüilidade" requerida pela tecnocracia; ela traz consigo a indiscutibilidade da decisão judicial pelo leigo (daí a máxima "decisão judicial não se discute, se cumpre",[109] que procura encobrir o problema da crise de legitimidade política do Judiciário e a conseqüente crise de imperatividade da decisão judicial – ver seção 3.3), a possibilidade de seu questionamento apenas dentro de parâmetros estritamente estabelecidos (sistema recursal) e só mediante peças subscritas por determinados atores sociais com competência técnica para tal (o advogado, o promotor, o procurador);

c) a *violação do contraditório*, pois se, por um lado, o tecnocrata não admite contradição, contestação, questionamento aos seus planos, por outro lado, ele preza a efetividade/eficiência, que pode ser obtida a fórceps, amputando o contraditório; assim o contraditório vê-se limitado nos procedimentos especialíssimos em exame.

Do ponto de vista da organização do próprio Judiciário, a adoção do modelo tecnoburocrático é dialeticamente causa e conseqüência da disseminação da ideologia tecnocrática pela qual restringe-se o exercício da magistratura apenas àqueles que têm forte formação técnica, para o ingresso e ascensão na carreira, e exclui-se o leigo da atividade judicante (salvo as excepcionalíssimas hipóteses dos Juizados Especiais e do Tribunal do Júri – ver seção 7.6.6).

O modelo tecnoburocrático de Judiciário, segundo Zaffaroni, provoca uma "burocratização subjetiva" (deterioração burocratizante a nível pessoal) dos juízes, como mecanismo de fuga desse ambiente; e dessa burocratização subjetiva decorre: 1) a ritualização do comportamento (que consiste em "cumprir de modo reiterativo, obsessivo e submisso as mesmas formas, esquecendo ou relegando os conteúdos e objetivos da função");[110] 2) a fuga consciente ou inconsciente das decisões suscetíveis de gerar conflitos (*v.g.*, apelando para conflitos de competência ou questiúnculas procedimentais); 3) a progressiva perda da originalidade e da criatividade, desde o concurso público à ascen-

---

109. Não se pode esquecer que o tecnocrata procura ter a "garantia de ser ouvido e obedecido sem questionamentos" (Carlos Estevam Martins, *Tecnocracia e capitalismo*, p. 86).
110. Note-se a proximidade entre a crítica que Zaffaroni faz à ritualização do comportamento e a crítica que Foucault faz ao chamado *poder disciplinar*. É justamente com a importância dada ao mero procedimento pela processualística recente e nem tanto que se revela, conforme Foucault, a invasão do Judiciário pelo poder disciplinar: "um poder modesto [micropoder], desconfiado, que funciona a modo de uma

são hierárquica, de modo a assegurar que "o operador que chega à cúpula esteja completamente incapacitado para inovar".[111]

economia calculada, mas permanente", por meio de "humildes modalidades, procedimentos menores" (Michel Foucault, *Vigiar e Punir*, p. 153). Sobre esse micropoder disciplinar no Judiciário, há uma Resolução de n. 177, do Conselho de Justiça Federal, de 26.9.1996 (*DJU* I, 8.10.1996, p. 38.051) que "institui o sistema de capa e numeração únicas para autuação dos feitos contenciosos ajuizados na 1ª instância da Justiça Federal, para tramitação em nível de Primeiro e Segundo Graus de Jurisdição, a ser implementado através do Código de Barras". Essa Resolução determina rigidamente quais as cores que as capas dos autos devem ter, etc. Tudo para um funcionamento célere, bem mecanizado, da Justiça, independentemente do conteúdo de suas decisões, é claro. Tal detalhamento lembra, e muito, os exemplos de Foucault, sobre como disciplinar os "corpos dóceis", na escola, no quartel, no ambiente de trabalho, detalhando todos os movimentos – sobre esse assunto, mas numa perspectiva frankfurtiana, ver Theodor W. Adorno e Max Horkheimer, *Dialética do Esclarecimento*, pp. 215-220; Paulo Ghiraldelli Jr., *O Corpo de Ulisses: modernidade e materialismo em Adorno e Horkheimer*; e "O destino dos impulsos e o programa social da modernidade", *São Paulo em Perspectiva*, v. 8, n. 2, São Paulo, pp. 84-91, abr./jun. 1994. Nada de anormal, se considerada a tendência brasileira ao ritualismo, registrada por Roberto Damatta, *A casa e a rua*, 4ª ed., pp. 67 e ss., e *Carnavais, malandros e heróis*, 5ª ed., pp. 37 e ss., 59 e ss., 77 e ss. Mesmo que um ritualismo "afrouxado" (Sérgio Buarque de Holanda, *Raízes do Brasil*, 6ª ed., pp. 110-111), o que importa é que *o ritual surge quando o dominador não pode ser vencido pelo dominado* (Lucien Goldmann, "Estrutura: realidade humana e conceito metodológico", in *A controvérsia estruturalista*, p. 126), i.e., *o ritual consolida a desigualdade*. Registre-se aqui a distinta posição de Lévi-Strauss, para quem, no ritual, parte-se de uma situação de dissociação (entre o sacerdote e os fiéis) para uma de comunhão (todos são "vencedores"), ao contrário do jogo, cujo caráter é eminentemente disjuntivo (Claude Lévi-Strauss, *O pensamento selvagem*, pp. 48-49, e *Minhas palavras*, 2ª ed., p. 251).

111. Eugenio Raúl Zaffaroni, *Poder Judiciário*, pp. 158-159. Sobre a burocratização do Judiciário, ver ainda: Vittorio Denti, "Dottrine del processo e riforme giudiziarie tra Illuminismo e codificazioni", *Rivista di Diritto Processuale*, v. 36, n. 2, pp. 219 e ss.; Mirjan Damaska, *I volti della giustizia e del potere*, pp. 52 e ss.; Luigi Paolo Comoglio, Corrado Ferri e Michele Taruffo, *Lezioni sul processo civile*, p. 288; Renato Treves, "Una ricerca sociologica sull'amministrazione della giustizia in Italia", *Rivista di Diritto Processuale*, v. 20, pp. 237-238; Ada Pellegrini Grinover, "Deformalização do processo e deformalização das controvérsias", in *Novas tendências do direito processual*, p. 177; José Reinaldo de Lima Lopes, "Uma introdução à história social e política do processo", in *Fundamentos de história do direito*, pp. 249 e ss. José de Albuquerque Rocha, *Estudos sobre o Poder Judiciário*, pp. 44, 121 *et passim*; Aurélio Wander Bastos, *Conflitos sociais e limites do Poder Judiciário*, pp. 114 e ss. Adolfo Gelsi Bidart, "Proceso y época de cambio", *Revista Iberoamericana de Derecho Procesal*, n. 2, pp. 259-260, e "Proceso y garantía de derechos humanos", *Revista Iberoamericana de Derecho Procesal*. n. 4, p. 606. Sobre a "indolência mental" e a resistência a mudanças, por parte de setores da magistratura que discordam de inovações legislativas, ver José Carlos Barbosa Moreira, "O Poder

É importante lembrar que a burocratização do Judiciário, visceralmente vinculada à autonomização e codificação do direito processual,[112] e incentivada pela Revolução Francesa, teve o claro objetivo Judiciário e a efetividade da nova Constituição", *Revista de Direito da Procuradoria-Geral de Justiça*, v. 30, jul./dez. 1989, p. 102; Virgilio Andrioli, "Abrogazione del Codice di Procedura Civile?", *Rivista di Diritto Processuale*, v. 1, n. 1, pp. 151-152. A cultura tecnoburocratizante das carreiras judiciais está visível nos discursos que elogiam o fato de que o Judiciário "procurou racionalizar-se, assegurando uma representação do povo qualitativamente excelente, porque escolhida mediante concurso de provas e títulos"; "esta racionalização do Poder Judiciário não nasceu por acaso nem por encanto; foi o resultado de um paciente processo de aperfeiçoamento da instituição, reclamado pela natureza da atividade jurisdicional e dignidade dos seus órgãos" (Alfredo Buzaid, "Rumos políticos da Revolução brasileira", *Arquivos do Ministério da Justiça*, n. 113, mar./1970, pp. 12-13 e 25). Não se discute aqui que o concurso público serve como "garanzia di professionalità" (Andrea Proto Pisani, *Lezioni di diritto processuale civile*, 2ª ed., p. 11), mas sim o fato de que é elemento imprescindível à formação de uma estrutura hierárquica tecnoburocratizante, à qual pode-se criticar a partir de, p.ex., Roberto Kant de Lima, "Sincretismo jurídico ou mera esquizofrenia? A lógica judicial da excludência e a organização judiciária brasileira", in *Lições alternativas de direito processual*, pp. 190 e ss. Ademais, "le funzioni del giudicare e dell'accusare non sono neutrali, non sono meccaniche, ma si risolvono in un'attività di carattere professionale e nella gestione di un potere politico: come tali vanno organizzate. Perciò un reclutamento mediante concorso ('tecnico-burocratico') è un controsenso" (Massimo Nobili, "Modernità di un antico sistema giudiziario", *Rivista Trimestrale di Diritto e Procedura Civile*, v. 34, n. 3, pp. 1.069). Ainda no sentido de que o recrutamento por concurso é tipicamente burocrático, ver Vittorio Denti, "Crisi della giustizia e crisi della società", *Rivista di Diritto Processuale*, v. 38, n. 4, p. 586. O discurso de modernização e racionalização tecnoburocrática do Judiciário é exemplo concreto de que, realmente, faltam aos juristas "as bases filosóficas, sociológicas e psicológicas e, sobretudo, deontológicas, éticas, para poderem vantajosamente enfrentar os perigos da sociedade tecnocrática" (A. F. Cesarino Jr., "O jurista na era tecnocrática", *Revista da Faculdade de Direito*, v. 64, 1969, p. 197) – isso quando não são, eles mesmos, os tecnocratas. Sobre a burocratização do direito em geral, ver Manuel Segura Ortega, "La racionalidad del derecho: sistema y decisión", *Boletim da Faculdade de Direito*, v. 71, p. 157. Na Itália, o art. 107, 3º *comma* ("I magistrati si distinguono fra loro soltanto per diversità di funzioni") pode até soar como repúdio do sistema de ordenamento judiciário hierárquico-burocrático piramidal (Andrea Proto Pisani, *Lezioni di diritto processuale civile*, 2ª ed., p. 13), mas não é esse o modelo adotado na prática, e sim o modelo tecnoburocrático (Luigi Paolo Comoglio, Corrado Ferri e Michele Taruffo, *Lezioni sul processo civile*, pp. 14-15; Massimo Nobili, "Modernità di un antico sistema giudiziario", *Rivista Trimestrale di Diritto e Procedura Civile*, v. 34, n. 3, pp. 1.067 e ss.; Renato Treves, "Una ricerca sociologica sull'amministrazione della giustizia in Italia", *Rivista di Diritto Processuale*, v. 20, p. 241).

112. Vittorio Denti, "Dottrine del processo e riforme giudiziarie tra Illuminismo e codificazioni", *Rivista di Diritto Processuale*, v. 36, n. 2, pp. 228 e ss.

de promover um mais rígido controle da jurisdição pela burguesia triunfante.[113]

Voltando ao movimento de 1964: no plano discursivo, a aliança entre militares e tecnocratas foi amparada pela associação feita entre Executivo e tecnocratas ("técnica, racionalidade, eficiência, profissionalismo") de um lado, Legislativo e políticos ("discussões demoradas e inúteis, amadorismo") de outro.[114] O corpo de tecnocratas floresceu a partir do momento em que a complexidade dos problemas exigia um grupo de *experts* com competência e conhecimento suficiente para tomar decisões cada vez mais técnicas e racionais[115] – assim também o direito e o processo, com o monopólio técnico dos operadores jurídicos.

Difundia-se a idéia de que a atividade legislativa era mais bem executada pelo Executivo e seus tecnocratas do que pelo Legislativo com suas discussões intermináveis.[116] O desenvolvimento econômico – e a tecnocracia – precisava de um Executivo forte e de um

---

113. Sergio Chiarloni, *Introduzione allo studio del diritto processuale civile*, p. 56.
114. Octavio Ianni, *Estado e planejamento econômico no Brasil*, pp. 236 e 245. Richard Falk, "Militarisation and Human Rights in the Third World", in *The Political Economy of Development and Underdevelopment*, 3ª ed., pp. 452-454. Alexandre de S. C. Barros, "Representatividade burocrática e eficiência parlamentar", in *O Legislativo e a tecnocracia*, pp. 204-205. Carlos Lacerda, *Depoimento*, p. 331. Miguel Reale Jr., "Estado de Direito e tecnocracia", in *VII Conferência Nacional da Ordem dos Advogados do Brasil*, 1978, p. 508. Paulo Eduardo Arantes, "Entrevista", *Trilogia*, n. 10, set./1998, p. 15. "Tratava-se de substituir o 'político' pelo 'técnico', a 'demagogia' pela 'ciência', o 'carisma' pela 'eficácia'" (Octavio Ianni, *A ditadura do grande capital*, pp. 29-30). A tecnocracia poderia promover a separação entre a objetividade econômica e a "metafísica" política (Eugênio Gudin, *Para um Brasil melhor*, p. 120). Nem mesmo Roberto Campos aceita – embora provoque – a análise do Legislativo em termos de relação custo-benefício, que levaria, invariavelmente, ao seu descarte puro e simples pela demanda das forças de mercado pela eficiência (Roberto Campos, "O Poder Legislativo e o desenvolvimento", *O Legislativo e a tecnocracia*, p. 35).
115. Miguel Reale Jr., "Estado de Direito e tecnocracia", in *VII Conferência Nacional da Ordem dos Advogados do Brasil*, 1978, p. 507.
116. Carlos A. Astiz, "O papel atual do Congresso brasileiro", in *O Legislativo e a tecnocracia*, pp. 6 e 9. Observando a tendência ao fortalecimento do Executivo nas "democracias ocidentais", Roberto Campos, em seminário promovido pelo Instituto de Pesquisas, Estudos e Assessoria do Congresso em set./1973, afirma que isso decorre da "grande *tecnificação* do processo decisório" – "através da criação de uma nova tecnologia de decisão, intelecualizada e automática" – e da "*velocidade* de comunicações e de decisão exigida na economia moderna" (Roberto Campos, *O Brasil e o mundo em transformação*, pp. 8 e 26 – grifos nossos).

Legislativo fraco.[117] O discurso relegava a segundo plano a atividade política institucional,[118] que poderia questionar os problemas políticos gerados pelo próprio planejamento tecnocrático.[119] Com isso, ocorreu um processo de deterioração funcional: o Congresso perdeu progressivamente as características de órgão de proposição legislativa, de controle, de legitimidade e de debate, tornando-se inútil[120] – perfil esse, aliás, considerado adequado aos países em desenvolvimento,[121] onde o papel do Legislativo é irrelevante nos processos decisórios mais importantes.[122] Ocorreu também, como

117. Robert A. Packenham, "Como o Legislativo ajuda ou não o desenvolvimento", in *O Legislativo e a tecnocracia*, pp. 240, 242 e ss. Roberto Campos, "A moldura política nos países em desenvolvimento", in *A nova economia brasileira*, p. 213. Lourival Vilanova, "Proteção jurisdicional dos direitos numa sociedade em desenvolvimento", in *IV Conferência Nacional da Ordem dos Advogados do Brasil*, 1970, pp. 142 e ss., 152. O Executivo forte e o Legislativo fraco são exigências do sistema político-administrativo tecnocrático, fundado na grande empresa, como condição para o desenvolvimento econômico (Miguel Reale Jr., "Estado de Direito e tecnocracia", in *VII Conferência Nacional da Ordem dos Advogados do Brasil*, 1978, pp. 507, 508-510). Ainda sobre tecnocracia e hipertrofia do Executivo, ver os textos apresentados no "Seminário sobre Legislativo e Desenvolvimento" (ago./1974), reunidos em *O Legislativo e a tecnocracia*. Curiosamente, alguns apologetas do regime viam na centralização política nas mãos do Presidente da República um freio à implantação de um autêntico Estado tecnocrático, pois "possibilita ao chefe do Executivo sobrepor-se a um governo de técnicos e utilizar a colaboração destes com vistas aos superiores objetivos nacionais" (José Pedro Galvão de Sousa, *O Estado tecnocrático*, pp. 109-111). Outros negavam a existência de uma tecnocracia brasileira com base no sistema jurídico nacional: "Não é possível elite dirigente tecnocrática ou elite de economistas (...) sem a mediação da forma jurídica e do poder, para atuar no mundo social" (Lourival Vilanova, ob. cit., p. 150). Contra, vendo no Brasil pós-64 um sistema tecnocrático já implantado: Cândido Mendes, "O Congresso brasileiro pós-64: um Legislativo para a tecnocracia?", in *O Legislativo e a tecnocracia*, p. 124. Não podiam eles perceber que a tomada do poder pela tecnocracia poderia se materializar mediante uma aliança entre tecnocratas e militares.

118. Luís Roberto Barroso, *O direito constitucional e a efetividade de suas normas*, 2ª ed., p. 37. Carlos Estevam Martins, *Tecnocracia e capitalismo*, pp. 125-126.

119. P.ex., por Antonio Delfim Netto, *Planejamento para o desenvolvimento econômico*, p. 85.

120. Carlos A. Astiz, "O papel atual do Congresso brasileiro", in *O Legislativo e a tecnocracia*, pp. 27 e ss. Octavio Ianni, *A ditadura do grande capital*, p. 149. Ver seção 2.7.1.

121. Roberto Campos, "O Poder Legislativo e o desenvolvimento", in *O Legislativo e a tecnocracia*, pp. 39 e ss.

122. Michael Mezey, "O poder decisório do Legislativo nos sistemas políticos em desenvolvimento", in *O Legislativo e a tecnocracia*, p. 43.

bem observa Miguel Reale Jr., um processo de despolitização da esfera pública e tecnificação da política: as questões político-econômicas saíram da esfera política, para serem tratadas com "esotérica tecnicidade"[123] – da mesma forma, frise-se, que as questões jurídicas se mantiveram afastadas da esfera política, sob o manto da tecnicidade.[124] A tecnocracia exige um regime autoritário, desmobilizador das fontes de energia política da sociedade.[125] Como "o sistema democrático nem sempre garante a tomada do poder pelos tecnicamente mais competentes", fica claro que *tecnoburocracia não combina com democracia*.[126] Nesse ponto, devemos observar que o programa de reforma do aparelho do Estado segue o padrão de intervenção tecnocrática, pois, tal como o Plano Collor, "privilegia a mudança induzida pela via administrativa, descartando a via política, esta percebida como portadora de vícios e perversões capazes de comprometer a perfeição, virtude e eficácia do enfoque técnico".[127]

A *eficiência* está muito presente no programa de reforma do aparelho do Estado, principalmente no conceito de contrato de gestão e

123. Miguel Reale Jr., "Estado de Direito e tecnocracia", in *VII Conferência Nacional da Ordem dos Advogados do Brasil*, 1978, p. 508.
124. Segundo Mirjan Damaska, no sistema continental europeu (*civil law*), os juízes são praticamente proibidos de politizar ou "eticizzare" as questões que são a eles submetidas (Mirjan Damaska, *I volti della giustizia e del potere*, p. 129), numa clara demonstração de tecnoburocratização de suas atividades.
125. Carlos Estevam Martins, ob. cit., p. 86.
126. Luiz Carlos Bresser Pereira, *A sociedade estatal e a tecnoburocracia*, p. 100. Thomas Skidmore, *Brasil: de Castelo a Tancredo*, 4ª ed., p. 220. Veja-se o seguinte trecho do Prof. Buzaid: "Para realizar o bem comum a democracia moderna procura tecnicizar as funções do Estado, substituindo os políticos empíricos por políticos capazes, geralmente economistas e professores [tecnocratas], que se preocupam em preparar o plano de desenvolvimento" (Alfredo Buzaid, "Rumos políticos da Revolução brasileira", *Arquivos do Ministério da Justiça*, n. 113, mar./1970, p. 18). A tecnocracia, com sua arrogância científica (*pedantocracia*, na feliz expressão de Sergio Cotta), é incompatível com a democracia (Miguel Reale Jr., "Estado de Direito e tecnocracia", in *VII Conferência Nacional da Ordem dos Advogados do Brasil*, 1978, p. 509). "(...) faz parte da definição de qualquer veredito técnico-científico o fato de que ele não pode ser legitimamente contestado por quem quer que não disponha dos títulos oficialmente reconhecidos que consagram a competência profissional" (Carlos Estevam Martins, ob. cit., p. 86). Isso está claro na aliança entre tecnocratas e militares, que ocorreu a partir do movimento de 1964 e na tecnoburocracia judiciária, como já verificamos nesta mesma seção.
127. Eli Diniz, ob. cit., p. 19.

em sua respectiva avaliação de desempenho – *i.e.*, eficiência.[128] As agências executivas, p. ex., têm por finalidade, explicitamente, "ampliar a *eficiência* na utilização de recursos públicos, [e] melhorar o *desempenho* e a *qualidade* dos serviços prestados" [grifos nossos].[129] Justamente nessas agências, o contrato de gestão tem por metas a *satisfação* do cliente – o "cidadão-consumidor" (ver seção 7.6.4) – e a *qualidade* dos serviços,[130] além de supor uma avaliação de desempenho da entidade.[131] Já na lei das organizações sociais, o contrato de gestão também está fundado em "avaliação de *desempenho* (...), indicadores de *qualidade* e *produtividade*" [grifos nossos].[132]

Como se percebe há, não apenas nas entrelinhas, mas também nas linhas mesmas do Programa, uma ênfase declarada na eficiência. Afinal, o que mudou no pensamento de Bresser Pereira, além do fato de ele próprio ter-se tornado um tecnocrata?[133] Vejamos.

7.3.2 A eficiência no programa tecnocrático de reforma do Estado

Nas palavras de Skinner, "o mais seguro indício de que uma sociedade realmente passou a dominar um novo conceito está no

---

128. Veja-se a CF/88, art. 37, § 8º, II (cf. redação da Emenda Constitucional 19/98, art. 3º).
129. Decreto 2.488, de 2.2.1998, art. 1º. Isso está claro no discurso do assessor de assuntos políticos do Ministério da Administração e Reforma do Estado, Ciro Campos Fernandes, quando vê nas agências uma "revolução gerencial" rumo à "eficiência" ("Autarquias vão ser transformadas em agências", *Gazeta do Povo*, 26.11.1997, p. 5).
130. Essas metas estão no Decreto 2.487, de 2.2.1998, art. 4º, § 1º – são as alíneas *a* e *c*.
131. Lei 9.649, de 27.5.1998, art. 52, § 1º; ver também Decreto 2.487, de 2.2.1998, art. 3º, § 1º e art. 4º, I e III, além dos parágrafos.
132. Lei 9.636, de 15.5.1998, art. 7º, I.
133. Tecnocratas não são apenas os técnicos especialistas guindados a uma posição executiva (Jorge Wilheim, *O substantivo e o adjetivo*, 2ª ed., p. 41), mas também "os políticos que se utilizam dos meios da tecnologia organizacional para a informação, a prognose, o planejamento e a decisão", enfim, "que usa instrumentos e processos de comando racional-tecnológicos (técnicos e organizacionais)" (Hans Lenk, ob. cit., p. 129). Logo, Ministro de Estado também pode ser um tecnocrata. Para uma distinção entre tecnocrata e tecnólogo, que está além dos objetivos desse trabalho, ver Carlos Estevam Martins, *Tecnocracia e capitalismo*, pp. 17-18. São também considerados tecnocratas os "economistas, administradores, engenheiros, estatísticos, educadores, sociólogos, jornalistas e outros" (Octavio Ianni, *A ditadura do grande capital*, p. 29), dentre os quais, por que não dizer, advogados.

desenvolvimento de um novo vocabulário, em termos do qual esse conceito pode então ser articulado e discutido de público".[134] Assim é que o jargão da administração de empresas é lentamente implantado no Ministério da Administração e Reforma do Estado, infiltrando-se expressões como "eficiência" e "qualidade total",[135] que, soando agradavelmente nos ouvidos leigos, vão se imiscuindo e se impondo no discurso teórico, inclusive o do operador do direito. Fiquemos com o termo "eficiência", cuja adoção pelo governo federal é mais gritante.

Segundo Emir Sader, o verdadeiro objetivo da reforma do aparelho do Estado é o corte de gastos – e, conseqüentemente, de direitos –, e não a *qualidade* do serviço público.[136] Logo, o apelo à eficiência poderia ser considerado meramente retórico. Mas vamos fingir que isso não é verdade, caso contrário não poderemos analisar o discurso da reforma.

No Plano Diretor da Reforma do Estado[137] e em outros documentos e textos,[138] na descrição das metas a serem alcançadas pela refor-

134. Quentin Skinner, *As fundações do pensamento político moderno*, p. 620.
135. Vide, p. ex., José A. Monteiro, *Qualidade total no serviço público*, cit. Além disso, veja-se a implantação do Plano de Qualidade para a Administração Pública (PQAP) em todos os órgãos da administração (Cláudia Costin, "A redescoberta do Estado", *Folha de S.Paulo*, 27.7.1998, p. 1-3), que se resume a mandar todos os servidores públicos federais para outra sigla muito parecida com essa...
136. Emir Sader, "O Estado imoral", *Folha de S.Paulo*, 14.12.1997, p. 1-3.
137. *Plano diretor da reforma do aparelho do Estado*, pp. 10, 15, 17 *et passim*.
138. Luiz Carlos Bresser Pereira, *Crise econômica e reforma do Estado no Brasil*, *passim*, e "Da administração pública burocrática à gerencial", *Revista do Serviço Público*, v. 120, n. 1, jan./abr. 1996, pp. 26 e ss. Ainda, "Reforma social-democrática", *Folha de S.Paulo*, 17.10.1997, p. 1-3. "A orientação de um Estado que faça sentido tem de ser, permanentemente, a plena satisfação do cidadão. E para isso é necessário ter todo o tempo na cabeça uma palavra-chave: eficiência" (Cláudia Costin, "A reinvenção do Estado", *Gazeta do Povo*, 18.7.1998, p. 6). A argumentação em torno da eficiência do serviço público vem de longa data, mais precisamente do regime militar, antes e depois da implantação da reforma administrativa do DL 200, de 25.2.1967, e AI-8, de 2.4.1969 (José Américo de Almeida, "A revolução de março e seus antecedentes históricos", in Humberto de Alencar Castello Branco *et alii*, *A revolução de 31 de março*, p. 50. Humberto de Alencar Castello Branco, "Discurso no Ministério da Fazenda", in *A revolução de 31 de março*, p. 246; idem, "Mensagem presidencial de 1967 ao Congresso Nacional", in *Mensagens presidenciais*, p. 76. Luís Viana Filho, *O governo Castelo Branco*, pp. 480-484. Antonio Delfim Netto, "Análise do momento brasileiro", *Revista de Finanças Públicas*, n. 275, set./1968, p. 3. Hélio Beltrão, *A revolução e o desenvolvimento*, p. 32; idem, *Reforma administrativa*, p. 71, e "Coordenação da atividade econômica", *Revista de Finanças Públicas*, n. 257, mar./1967, p. 7. Emílio Garrastazu Médici, *A compreensão do povo*, p. 19, e "Mensagem presi-

ma do aparelho do Estado, utiliza-se com freqüência o apelo à eficiência: a administração burocrática é lenta e ineficiente,[139] por conta do controle dos procedimentos, enquanto a administração pública gerencial (a do "cidadão-cliente") deve ter por objetivo a maior eficiência, por conta do controle dos resultados.[140] Aliás, com a aprovação da Emenda Constitucional 19, de 4.6.1998, a reforma do aparelho do Estado conseguiu implantar no *caput* do art. 37 da CF/88, dentre os princípios que devem reger a atuação da administração pública, o princípio da eficiência.[141]

Se programas partidários fossem levados a sério nesse país (o que, aliás, poderia ser uma catástrofe), diríamos que a exigência de eficiência, do plano de reforma do aparelho do Estado, parece ter sido decalcada diretamente do Programa do PFL, em que consta o seguinte objetivo: "reorganização da administração pública, tendo em vista um maior padrão de *eficiência* [grifo nosso]".[142] O Programa do PSDB, por sua vez, fala apenas em eficiência nas atividades das empresas estatais, ressalvando porém que "a gestão da área estatal da economia precisa ser realmente pública, isto é, aberta ao controle da sociedade".[143] Não é preciso muito esforço para descobrir qual desses dois objetivos foi adotado como *slogan* governamental.

dencial de 1972 ao Congresso Nacional", in *Mensagens presidenciais*, 1979, pp. 135-136. Roberto Campos, *A lanterna na popa*, p. 697).
139. Sobre as supostas origens históricas da ineficiência do serviço público brasileiro, ver Sérgio Buarque de Holanda, *Raízes do Brasil*, 6ª ed., p. 56.
140. Cláudia Costin, "O brasileiro como cliente", *Folha de S.Paulo*, 18.9.1998, p. 1-3. Diga-se de passagem, o controle de resultados é, conforme Eugène Enriquez, um dos modos de controle social mais sutis que existem, visto que é feito pela competição econômica, sendo o seu fundamento o sucesso nos negócios e na vida, considerado indispensável para grupos, organizações ou indivíduos continuarem a competir, sem serem desacreditados pelo sistema (Eugène Enriquez, *Da horda ao Estado*, p. 285). Estendendo-se a todos os domínios, a competição (econômica, social, esportiva, política etc.) faz com que todos os competidores acreditem que têm chance de fazer parte do seleto grupo dos vencedores. Ao final, "os vencidos só podem se agarrar a si mesmos, pois no começo tinham as mesmas chances que os outros. Nenhuma comiseração para com eles, às vezes piedade, às vezes até mesmo desprezo" (Eugène Enriquez, loc cit.). Ver também Jean Baudrillard, *A troca simbólica e a morte*, p. 78.
141. Veja-se o art. 37 da CF/88, cf. EC-19/98 art. 3º. Airton Rocha Nobrega, "O princípio constitucional de eficiência", *Gazeta do Povo*, 21.9.1998, p. 14. Heraldo Garcia Vitta, "Eficiência e a discrição", *O Estado do Paraná*, 14.11.1999, Caderno Direito e Justiça, p. 6.
142. *Manifesto, programa e estatuto* (PFL), p. 7.
143. *Manifesto, programa, diretrizes e estatuto* (PSDB), p. 15.

Como bem coloca Przeworski, sob o ponto de vista da eficiência, o processo democrático de tomada de decisões perde para o processo informado pelos princípios do mercado.[144] Assim, a reforma do aparelho do Estado acaba sendo conduzida como se eficiência na administração da crise de governabilidade e consolidação da democracia fossem alvos contraditórios e incompatíveis (o que é uma ideologia).[145] Conseqüentemente, "em franco desacordo com a dinâmica democratizante", o Estado – segundo Eli Diniz (professora de economia da UFRJ) – prioriza a agenda minimalista dos programas de estabilização econômica, relegando a segundo plano os projetos voltados à diminuição das desigualdades sociais, acentuando "as tensões com os requisitos da institucionalização da democracia" e o divórcio entre Estado e sociedade civil.[146]

O que se verifica hoje é uma crescente demanda (ideologicamente dirigida) pela celeridade, tanto do processo legislativo quanto do processo jurisdicional. Talvez essa demanda dirigida exclusivamente à celeridade seja algum indício de que estamos longe de uma sociedade *democrática*, e mais próximos de uma sociedade *dromocrática*, na feliz expressão de Paul Virilio. O apelo à velocidade (*dromos*), o apelo à eficiência, tendem a minar os fundamentos da democracia. Mas se a democracia tem os seus ônus (o que é discutível, como bem coloca Przeworsky), cumpriria aos democratas aceitá-los.

7.4 Democracia x Mercado = Crise

7.4.1 A convivência entre democracia e mercado

Em nossa pesquisa sobre eficiência, taylorismo e tecnocracia ficou claro como esses três conceitos conflitam abertamente com a noção de democracia. Isso não ocorre por acaso. Na verdade, percebe-se que, no cerne da discussão sobre eficiência, tecnocracia e taylorismo em face dos valores democráticos, está a evidente tensão entre mercado e processos democráticos de alocação de recursos.

Por isso mesmo, em nosso estudo é fundamental explorar essa tensão entre democracia (Estado, política)[147] e mercado (capital, eco-

---

144. Adam Przeworsky, *Estado e Economia no Capitalismo*, pp. 26 e ss.
145. Eli Diniz, ob. cit., p. 17.
146. Eli Diniz, ob. cit., pp. 13 e 15.
147. Considere-se democracia o sistema social em que "nenhum grupo obtém, *a priori*, privilégios particulares de poder" (Claus Offe, "Dominação política e estruturas de classes", in Winfried Vogt, *et alii, Estado e capitalismo*, p. 107).

nomia, modo de produção capitalista).[148] Diante dessa tensão, a questão fundamental, muito bem colocada por Adam Przeworski, é muito simples (porém complicada para ser respondida): a democracia é possível no modo de produção capitalista?[149]

Não só Przeworski, mas também Claus Offe aponta para o conflito entre capitalismo e democracia no seio do Estado, que se explica pelas quatro determinações funcionais que o autor percebe no *Welfare State* keynesiano (WSK): a privatização da produção, a dependência dos impostos, a acumulação como ponto de referência e a legitimação democrática.[150] São essas determinações que sujeitam o Estado capitalista a uma dupla determinação do poder político: "segundo sua *forma* institucional, este poder é determinado pelas regras do governo democrático-representativo, [enquanto que] segundo o seu *conteúdo*, é determinado pelo desenvolvimento e pelos requisitos do processo de acumulação".[151] Dessa forma, no WSK "o Estado não mais representa o 'outro lado' da esfera da circulação de mercadorias, mas sim seu próprio meio-ambiente, através do qual surgem os instrumentos reguladores ativos que garantem sua eficiência".[152]

Offe observa também que, com base tanto em Marx quanto em Stuart Mill, é possível pressupor uma tensão entre a sociedade de mercado e a democracia política, eis que tanto para o liberalismo clássico quanto para o marxismo clássico era absolutamente inconcebível uma compatibilidade continuada do capitalismo

---

148. Em Macpherson a tensão mercado-democracia está também presente, e é fundamental em sua obra *Ascensão e queda da justiça econômica*. O próprio termo "justiça econômica" pressupõe os dois pólos: de um lado a democracia ("justiça"), e de outro, o mercado ("econômica"). Octavio Ianni acusa ser a tecnoestrutura estatal ("uma estrutura de poder largamente apoiada em novas organizações burocráticas, dispondo dos recursos específicos de um certo tipo de pensamento técnico-científico", dentre as quais poderíamos exemplificar com o Banco Central, o Incra, a Cohab) a esfera de poder onde se verifica o intercâmbio e a metamorfose entre o político e o econômico (Octavio Ianni, *Estado e planejamento econômico no Brasil*, pp. 315-316).
149. Adam Przeworsky, *Estado e economia...*, cit.
150. A expressão é adotada por Claus OFFE, *Problemas estruturais do Estado capitalista*, pp. 355 e ss.
151. Claus Offe, *Problemas...*, cit., pp. 123-125.
152. Claus Offe, "Dominação política...", cit., p. 133.

com a democracia, o que só foi possível com a emergência dos partidos políticos de massa (e da competição partidária)[153] e do WSK.[154]

Mas voltemos à questão levantada por Przeworski, sobre a possibilidade da convivência de democracia e capitalismo no WSK. Ela se coloca pelo seguinte motivo: para o autor, o binômio democracia-capitalismo, inserido no WSK, é composto por um compromisso que combina a propriedade privada dos meios de produção com a democracia política.[155] Por esse compromisso, assentado nos alicerces ideológicos e políticos fornecidos pelo keynesianismo,[156] fica estabelecido que os detentores dos instrumentos de produção deverão consentir com a apropriação privada do estoque de capital (capitalismo), ao passo em que os detentores dos instrumentos produtivos deverão consentir com a democracia, i.e., o estabelecimento de instituições políticas "que permitem a outros grupos apresentar eficazmente suas reivindicações quanto à alocação de recursos e à distribuição do produto".[157]

O problema é que a convivência de democracia política e mercado não é nem um pouco pacífica, pois os objetivos do capital (crescimento econômico e aumento da produtividade) não se harmonizam facilmente com os objetivos dos trabalhadores (proteção dos empregos existentes).[158] Nesse ambiente, o projeto neoliberal visa permitir que o mercado determine amplamente a alocação de recursos, retirando tal poder da espacialidade estatal.[159]

7.4.2 A ofensiva neoliberal

O que faz a ofensiva de direita (o neoliberalismo) é ameaçar esse compromisso,[160] utilizando um instrumental extraído da teoria econô-

---

153. Em um texto publicado pela primeira vez em 1969, Offe entendia que "os partidos políticos, os parlamentos, e até mesmo o instituto das eleições gerais [leia-se, portanto: a democracia] representam os mais importantes instrumentos estatais para a manutenção da lealdade das massas, necessária à estabilidade do sistema global do capitalismo tardio" (Claus Offe, "Dominação política...", cit., p. 139).
154. Claus Offe, *Problemas...*, cit., pp. 358-360.
155. Adam Przeworski, *Capitalismo e social-democracia*, p. 17.
156. Adam Przeworski, *Capitalismo...*, cit., p. 244.
157. Adam Przeworski, *Capitalismo...*, cit., p. 243.
158. Adam Przeworski, *Capitalismo...*, cit., p. 254.
159. Adam Przeworski, *Capitalismo...*, cit., p. 256.
160. Adam Przeworski, *Capitalismo...*, cit., p. 17.

mica de cunho técnico,[161] do qual temos algumas das teses mais freqüentemente ouvidas na contemporaneidade, p. ex.:

1) *sobre o mercado*: "o mercado aloca recursos para todos os usos mais eficientemente do que as instituições políticas"; "no mercado as decisões são tomadas a todo o momento" e chegam mais rapidamente a seus destinatários, pois "a informação é barata e flui constantemente";[162]

2) *sobre a democracia*: o processo democrático (político) é necessariamente defeituoso e inferior ao mercado devido a suas imperfeições; o Estado é uma fonte de ineficiência e "os cidadãos são racionalmente ignorantes e manipuláveis"; "a alocação de recursos resultante do processo democrático é inferior à do mercado, em bases outras que não a da eficiência"; logo, "a política é um desperdício", devendo-se, portanto, simplesmente rejeitar o processo democrático.[163]

Esse tipo de discurso, de denúncia ao caráter conflituoso e ineficiente do processo democrático, por um lado leva a colocações estapafúrdias por parte de instituições financeiras – p.ex., a defesa do fechamento do Congresso[164] ou das eleições indiretas – quando bem

---

161. Adam Przeworski, *Capitalismo...*, cit., p. 241. "Contudo, as teorias econômicas são racionalizações dos interesses políticos de classes e grupos conflitantes, e como tal devem ser tratadas. Por trás de alternativas econômicas espreitam visões da sociedade, modelos de cultura e investidas em direção ao poder. Projetos econômicos implicam projetos políticos e sociais" (idem, ibidem, p. 243).

162. Adam Przeworski, *Estado e economia...*, cit., pp. 26, 29-30.

163. Adam Przeworski, *Estado e economia...*, cit., pp. 26, 29, 33 e 35.

164. Em entrevista a Elio Gaspari, o dirigente do Banco Mercantil de São Paulo, quando perguntado sobre o que faria para reduzir os gastos do setor público, se fosse Presidente da República, respondeu simplesmente que "fecharia o Congresso por 30 ou 45 dias. O tempo suficiente para promulgar a reforma da Previdência, a reforma tributária e a reforma política" (Gastão Vidal, "Banqueiro quer fechamento do Congresso", *Folha de S.Paulo*, 4.10.1998, p. 2-8). Bravata ou não, acompanhada ou não pela opinião de outros banqueiros, o fato é que tal sandice pode perfeitamente corporificar a prescindibilidade da democracia para o mercado. Tanto isso é verdade que, em pronunciamento feito no I Encontro Nacional dos Investidores Institucionais (Rio de Janeiro, 2.6.1982), o Presidente da Associação Brasileira das Entidades de Crédito Imobiliário e Poupança (Abecip) deixou bem claro que, em sua opinião, o mercado financeiro forte é pressuposto para a democracia – logo, a democracia não é pressuposto para o mercado: "A Democracia pressupõe um mercado financeiro e de capitais forte e de características nacionais, em que o fluxo de recursos se faça de maneira racional, contemplando as oportunidades e necessidades das diversas regiões e setores, no curto, médio e longo prazo" (Luís Alfredo Stockler, "Democracia precisa de um mercado financeiro forte", *Revista Abecip*, n. 25,

se sabe que o conflito é inevitável num ambiente democrático – e o Legislativo é sua arena.[165, 166]

Cria-se, por outro lado, um verdadeiro "mito do mercado", pelo qual faz-se acreditar na premissa de que livre mercado é sinônimo de democracia[167] e justiça social.[168] Em vez de adotar a postura de "não demonizar o Estado, mas desmitificar a eficiência do mercado",[169] o período atual fica então caracterizado pelo predomínio inquestionável e sem precedentes do princípio do mercado, que extravasou da economia para colonizar o princípio do Estado e o da comunidade (esfera pública não estatal), sendo que as transformações que daí decorrem, no mercado e na comunidade, repercutem no Estado segundo uma lógica autônoma, própria dele.[170]

Bresser Pereira, ao falar do neoliberalismo, adota uma postura um tanto transigente. Apesar de admitir que o neoliberalismo é "uma proposta pouco ou nada realista de reduzir o Estado ao mínimo, voltando assim ao Estado Liberal", e "uma utopia da direita", na mesma página deixa transparecer sua admiração pelo modelo ("o neoliberalismo é uma crítica, *às vezes brilhante* [grifo nosso], ao capitalismo social"), e aproveita para desqualificar os adversários do neoliberalismo utilizando termos pejorativos ("esquerda arcaica latino-america-

jun./1982, p. 33). Note-se que há menção à *racionalidade* do fluxo de recursos, e não à sua alocação por força de decisões tomadas democraticamente – algo simplesmente inaceitável para o mercado financeiro.

165. A frase de Eugênio Gudin – representante legítimo, já falecido, dos interesses das grandes corporações – é antológica nesse sentido: "A democracia não foi inventada para as massas" (Eugênio Gudin, *Para um Brasil melhor*, p. 89).

166. Austin Ranney, "A vulnerabilidade dos legislativos e seu significado para o desenvolvimento político", in *O Legislativo e a tecnocracia*, pp. 118-121.

167. Fernando Celso Uchôa Cavalcanti e Pedro Celso Uchôa Cavalcanti, *Primeiro cidadão, depois consumidor*, pp. 23 e ss.

168. A ministra Cláudia Costin confessa que "erra quem pensa que o mercado, só e por si só, é capaz de realizar as aspirações de justiça social que devem nortear a ação dos homens em sua busca permanente de felicidade" (Cláudia Costin, "A redescoberta do Estado", *Folha de S.Paulo*, 27.7.1998, p. 1-3).

169. Luiz Eduardo Wanderley, "Rumos da ordem pública no Brasil", *São Paulo em Perspectiva*, v. 10, n. 4, out./dez. 1996, p. 102. O próprio ex-Min. Bresser Pereira, já admitiu que "o mercado é ineficaz ou impróprio para desenvolver certos tipos de atividades", como as relativas à saúde e educação básicas (Luiz Carlos Bresser Pereira, "Mercado é ineficaz, diz Bresser", *Folha de S.Paulo*, 1º.3.1998, p. 1-8).

170. Boaventura de Sousa Santos, "O social e o político na transição pós-moderna", *Lua Nova*, n. 31, pp. 194-196, de 181-207.

na").[171] Essa postura – que no fundo é neoliberal – invariavelmente acaba transparecendo no programa de reforma do aparelho do Estado por ele arquitetada e em curso de implementação.

Se para Touraine a fórmula neoliberal ("ridícula e brutalmente desmentida pelos fatos") não cria um tipo estável de sociedade pois não passa de um choque, uma transição, "uma destruição dos modos não econômicos de gestão da economia",[172] para Przeworski a ofensiva de direita, em suas palavras, é tão ampla que constitui muito mais que uma mera reorientação da política econômica, tratando-se, na verdade, de uma autêntica revolução burguesa com um projeto próprio para uma nova sociedade, cuja caracterização seria de fato tenebrosa (uma sociedade assumidamente excludente), mas, acima de tudo, marcada por um ponto importantíssimo: o mercado assumiria o encargo da legitimação política.[173]

Tal modelo de sociedade pode ser implantado pela força da ditadura e da repressão política (como no Chile),[174] ou mesmo sem rupturas políticas, em pleno ambiente democrático (precisamos dar exemplos?),[175] mas de qualquer forma acaba provocando depois o rompimento do sistema democrático. Isso ocorre porque a fraqueza externa do Estado que voluntariamente faz pose de "vítima" da globalização e do neoliberalismo é apenas aparente: na verdade, segundo Boaventura de Sousa Santos, ele torna-se cada vez mais autoritário.[176] Esse autoritarismo "... é produzido em parte pela própria congestão institucional da burocracia do Estado e em parte, e um tanto paradoxalmente, pelas próprias políticas do Estado no sentido de devolver à sociedade civil competências e funções que assumiu no

---

171. Luiz Carlos Bresser Pereira, *Crise econômica...*, cit., p. 317.
172. Alain Touraine, "A situação pós-liberal", *Folha de S.Paulo*, 8.10.1995, p. 5-7.
173. Adam Przeworski, *Capitalismo...*, cit., pp. 258-259.
174. Adam Przeworski, *Capitalismo...*, cit., p. 259.
175. Offe acreditava, já nos anos 80, que os ataques neoconservadores ao WSK surtiriam efeito, não por trazer argumentos "verdadeiros", mas por constituir "uma fórmula política altamente eficaz e autoconfirmatória com a qual se podem formar maiorias eleitorais (...) [daí a possibilidade de sua implantação em regime democrático]. Como fórmula, somente pode ser desafiada por uma esquerda democrática que avance de suas posições defensivas tradicionais e adote novos conceitos, metas e estratégias, cujas linhas gerais atualmente permanecem, em grande medida, indefinidas" (Claus Offe, *Capitalismo desorganizado*, 2ª ed., p. 317).
176. O aumento do autoritarismo se dá na forma de "microdespotismos burocráticos da mais variada ordem, combinado com a ineficiência do Estado" (Boaventura de Sousa Santos, "O social e o político...", cit., p. 196).

segundo período [com o nome de WSK] e que agora parece estrutural e irremediavelmente incapaz de exercer e desempenhar".[177]

É o caso típico das privatizações e da criação das organizações sociais, no âmbito da reforma do aparelho do Estado.[178]

7.4.3 Orientação da reforma tecnocrática do Estado: mercado ou democracia?

Przeworski, ao final de *Estado e economia no capitalismo*, tendo em vista que "uma democracia processualmente perfeita no campo político não resolve os problemas derivados das desigualdades econômicas", estabelece aqueles que seriam os requisitos mínimos para uma "democracia madura": instituições eleitorais participativas, "instituições estatais responsivas à democracia *e mecanismos de alocação de recursos que obedeçam ao processo democrático*".[179]

No entanto, podemos observar facilmente que a prioridade máxima do Plano de reforma do aparelho do Estado é a orientação das reformas para o mercado: "a economia deve ser fortemente voltada para o mercado, isto é, deve ser o mais competitiva possível, interna e externamente".[180]

Essa é uma das teses centrais que constam do Plano Diretor de Reforma do Estado, e que é repetida em outros documentos do Ministério: a da *orientação das reformas para o mercado* – tanto que a chamada "administração gerencial" acaba sendo nada mais que um eufemismo para *administração empresarial*.[181] Segundo Miguel Reale Jr.,

---

177. Boaventura de Sousa Santos, 'O social e o político..", cit., p. 196.
178. "... o ataque frontal por parte do Governo à 'ineficiência' do setor estatal visa antes legitimar a escalada das propostas privatizantes do que melhorar os serviços públicos" (Rosélia Piquet, "Descaminhos da moderna industrialização brasileira", in *Brasil: território da desigualdade*, p. 40).
179. Adam Przeworski, *Estado*..., cit., p. 134.
180. Luiz Carlos Bresser Pereira, *Crise econômica*..., cit., p. 50.
181. O próprio ministro reconhece isso, ao afirmar que é gerencial porque "busca inspiração da administração das empresas privadas" (Luiz Carlos Bresser Pereira, "Reforma social-democrática", cit., p. 1.3). Ver também Luiz Carlos Bresser Pereira, "Da administração pública burocrática à gerencial", cit., pp. 32 e ss. Apesar de considerar "questionáveis" as comparações entre governos e empresas, a Min. Cláudia Costin entende haver similaridades entre a administração pública e a empresarial, de modo que não seria inapropriado encarar o cidadão como um cliente: o cidadão-cliente (Cláudia Costin, "A redescoberta do Estado", *Folha de S.Paulo*, 27.7.1998, p. 1-3, e "O brasileiro como cliente", *Folha de S.Paulo*, 27.7.1998, p. 1-

é a administração do Estado como uma grande Empresa que exige um Executivo forte, "decisões técnicas, geradas dentro da organização burocrática", e uma "programação planejada, em busca da *eficiência*, valor-meio transformado em valor-fim".[182] Com isso não estamos querendo separar hermeticamente a espacialidade pública (administração do aparelho do Estado) da espacialidade privada (administração empresarial), negando as recíprocas interferências:[183] estamos apenas apontando para o fato de que a importação de uma administração empresarial está longe de ser uma democratização do aparelho do Estado, pois é evidente que a lógica (a temporalidade e a tomada de decisões) do mercado não é, necessariamente, democrática. Por exemplo: alguém discute democraticamente as decisões tomadas pela matriz da rede de lanchonetes McDonald's? No entanto, são inegavelmente eficientes. O que preocupa é a possibilidade de a administração empresarial do aparelho de Estado brasileiro transformá-lo num McDonald's gigante e grotesco: menos ineficiente que hoje, mas bastante autoritário. (O *fast food* político já está aí: é o voto).[184]

3). E aqui recolocamos a crítica à figura do cidadão-consumidor, a ser explorada na seção 7.6.4.
182. Miguel Reale Jr., "Estado de Direito e tecnocracia", in *VII Conferência Nacional da Ordem dos Advogados do Brasil*, 1978, p. 507 – grifo no original.
183. Foi a advertência que nos fez a Dra. Cláudia Costin, atual Ministra da Administração Federal e Reforma do Estado, que por ocasião de sua presença em Curitiba, após a palestra *A reforma do Estado no Brasil*, viu em nossa apreciação da "administração empresarial" um cunho pejorativo (palestra proferida no *workshop* sobre Reforma do Aparelho do Estado, 24.11.1997). O problema é que, como bem observou um livre-docente da Faculdade de Educação da USP, não ver diferença alguma entre projetos políticos e empresariais é um equívoco inaceitável: "A idéia de cidadania exige que se distingam de modo perspícuo projetos nacionais de projetos empresariais. (...) Se a caracterização da qualidade como satisfação do cliente pode ser suficiente para uma empresa, certamente não o é para um país. (...) Valores como competitividade ou êxito a qualquer custo devem ser mitigados ou substituídos por outros, como negociação das metas, entendimento mútuo, fusão de horizontes" (Nílson José Machado, "O brasileiro como cidadão", *Folha de S.Paulo*, 30.10.1998, p. 1-3).
184. A esse regime de transformação do candidato em um produto e de incentivo ao consumo do voto (transformação do eleitor-cidadão em cidadão-consumidor – seção 7.6.4) Milton Santos chama de *democracia de mercado* (Milton Santos, "Um lugar para o homem no mundo", *Folha de S.Paulo*, 13.10.1996, p. 5-11). Trata-se de uma democracia meramente formal, pois o exercício da cidadania resume-se ao preenchimento de uma cédula a cada eleição, ao contrário de uma democracia efetiva, que demanda uma sociedade de pessoas emancipadas (Theodor Adorno, *Educação e emancipação*, pp. 141-142). Ver também Jean Baudrillard, *A troca simbólica e a morte*, p. 89

Será que, em vez de orientada para o mercado, essa reforma não deveria ser *orientada para a democracia* (o que, aliás, distinguiria melhor a posição social-democrata da neoliberal)?[185] Isto é: não está faltando à autoproclamada abordagem "social-liberal"[186] da tensão democracia/mercado uma melhor definição do caráter democrático dos mecanismos de alocação de recursos (p. ex.: orçamento participativo)? Vejamos alguns pontos da reforma:

1) com relação às agências executivas, não há qualquer menção relevante no que diz respeito a mecanismos democráticos de composição e deliberação (ver Lei 9.649/98, arts. 51 e 52, e Decretos 2.487 e 2.488 de 3.2.1998);[187]

---

185. Com o exclusivo objetivo de cortar gastos – e conseqüente destituição de direitos –, a reforma do aparelho do Estado se desliga completamente dos objetivos da democracia e justiça social (Emir Sader, "O Estado imoral", *Folha de S.Paulo*, 14.12.1997, p. 1-3). Nada de anormal nisso, tendo-se em conta que a prática autoritária brasileira bem demonstra uma vinculação entre os projetos de modernização conservadora e os de reorganização – autoritária, é claro – do aparelho estatal (ver Antonio Carlos Wolkmer, *Ideologia, Estado e direito*, p. 117).

186. O termo "social-liberal" é defendido ardorosamente por Bresser Pereira, como aquele a definir um Estado que "teria não apenas o papel político liberal clássico de garantir a propriedade e os contratos, e o papel social-democrático de promoção do bem-estar e de afirmação dos direitos sociais, mas também um papel econômico, particularmente na área da política industrial e do comércio exterior orientada para a promoção das exportações" (Luiz Carlos Bresser Pereira, *Crise econômica...*, cit., p. 51). Assim, esse Estado seria "uma espécie de síntese ou de compromisso entre os direitos individuais, assegurados pelo Estado e viabilizados inicialmente pelo próprio Estado, mas, no final deste século, cada vez mais assegurados pelas organizações públicas não-estatais" (idem, ibidem, p. 21). Preocupado com terminologia, a ponto de explicar que social-liberal não é liberal-social (idem, ibidem, p. 317), estranhamente Bresser Pereira, afirma que social-democrata e social-liberal são sinônimos (idem, ibidem, p. 49 *et passim*) – o que significa igualar liberalismo com democracia. Para esclarecer as dúvidas, consta que o Presidente Fernando Henrique Cardoso teria perguntado ao Deputado Inocêncio de Oliveira – considerado um "ideólogo do social-liberalismo", enquanto doutrina do Partido da Frente Liberal (e no entanto Bresser Pereira, se considera ideólogo de outro partido...) – qual é afinal a diferença entre social-democracia e social-liberalismo, ao que respondeu Sua Excelência, o deputado pernambucano: "É quase a mesma coisa, Presidente. A diferença é que o social-liberalismo é mais ágil, discute menos" ("Social-Liberalismo é mais ágil", *Folha de S.Paulo*, 12.8.1998, p. 1-4). Se pensarmos em termos de democracia *versus* efetividade...

187. Marcos Alonso Nunes, por exemplo, restringe-se apenas à estabilidade dos mandatos (Marcos Alonso Nunes, *Agências executivas: estratégias de reforma administrativa*, p. 25).

2) com relação às organizações sociais, a composição do conselho de administração (Lei 9.636/98, art. 3º, I) atenderá, no frigir dos ovos, aos interesses do governo[188] – que não se confunde com democracia; a participação popular na esfera pública é encarada mais como distribuição de ônus para entidades da sociedade civil do que criação de mecanismos democráticos de alocação de recursos;[189] ademais, o controle externo de resultados será feito por tecnocratas (Lei 9.636/98, art. 8º, § 2º),[190] sob o pretexto de se alcançar a eficiência;[191]

3) com relação aos futuros órgãos reguladores do Estado, o processo de escolha de seus dirigentes teoricamente deve levar em conta a competência técnica – mais uma vez, tecnocratas.[192] Percebe-se, assim como no ponto anterior, que a "lógica da tecnocracia" não só ainda não foi rompida (na expressão de Cláudia Costin),[193] como a reforma também parece não romper. Ao menos teoricamente, porque de fato pode ser que a lógica da tecnocracia seja rompida sim, mas

---

188. Carlos Francisco Bandeira Lins, "As 'organizações sociais' e o governo", *Folha de S.Paulo*, 13.11.1997, p. 1-3, e "Os donos da bola", *Folha de S.Paulo,* 8.12.1997, p. 1-3. Opinião semelhante é a da professora de economia da UFPR: Ana Lúcia Jansen de Mello de Santana, "O projeto de organizações sociais", *Gazeta do Povo*, 9.12.1997, p. 6. Em sentido contrário: Mohamed Kheder Zeyn, "Ganhos para a democracia", *Folha de S.Paulo, 8.12.1997,* p. 1-3. Segundo o professor de sociologia da PUC/SP, Luiz Eduardo Wanderley, enquanto, por um lado, "a participação de representantes governamentais nos vários Conselhos existentes, com poucas exceções, não tem contribuído para fortalecer verdadeiramente o âmbito público", por outro lado, a presença da sociedade nos Conselhos da Seguridade Social, Criança e Adolescente etc., enfrenta "dificuldades de representatividade e legitimidade entre si e de convivência com os membros governamentais" (Luiz Eduardo Wanderley, ob. cit., p. 102).

189. Basta verificar em Paulo Modesto, *Reforma administrativa e marco legal das organizações sociais no Brasil*, Texto apresentado no II Congresso Interamericano sobre a Reforma do Estado e da Administração Pública – CLAD, out./1997, pp. 10 e ss.

190. Paulo Modesto, ob. cit., p. 7.

191. Interessante notar que a eficiência e a produtividade são também encontradas por ninguém menos que Francis Fukuyama justamente nessas "instituições intermediárias" entre o Estado e a família, em sua obra *Confiança: as virtudes sociais e a criação da prosperidade* (ver Fareed Zakaria, "Sociedades com fins lucrativos", *Folha de S.Paulo*, 19.1.1997, p. 5-12).

192. João Geraldo Piquet Carneiro, *O novo modelo de órgão regulador*, pp. 4-5. Sérgio Henrique Hudson de Abranches, *Reforma regulatória e reforma do Estado*, p. 17.

193. Cláudia Costin, *A reforma do Estado no Brasil*, Palestra proferida no *workshop* sobre Reforma do Aparelho do Estado, 24.11.1997.

para voltarmos à administração pública patrimonialista – haja vista os indícios de loteamento de cargos nas agências reguladoras,[194] que, previstas para serem os novos centros do poder político e econômico do Estado,[195] não têm estrutura suficiente para fiscalizar os serviços privatizados, cujos dados são fornecidos (sem questionamento) pelas próprias concessionárias do serviço público.[196] Para o então Min. da Administração e Reforma do Estado (Bresser), o setor público não estatal deve ser controlado pelo Estado (que obviamente não se confunde com democracia) e pelo *mercado*, às vezes chamado eufemisticamente de sociedade civil,[197] sem garantias de que serviria para a auto-organização dos excluídos.[198] Essa estratégia apresenta sinais de ser, acima de tudo, uma imposição de um governo "esclarecido", baseada num pacto político assumidamente excludente.[199]

194. Raymundo Costa e Asdrúbal Figueiró, "FHC loteia agências de infraestrutura", *Folha de S.Paulo*, 7.12.1997, p. 1-6. O fato recebe inclusive a crítica de Roberto Campos, para quem as agências deveriam ser compostas pelos mais experientes representantes do setor privado (Roberto Campos, "Cuidado com os dinossauros...", *Folha de S.Paulo*, 18.1.1998, p. 1-4) – leia-se: tecnocratas, como ele mesmo havia sido. De fato, é preciso tomar muito cuidado com esse tipo de dinossauro.
195. Cláudia Trevisan, "Agências são os novos centros de poder", *Folha de S.Paulo*, 19.1.1998, p. 1-7.
196. Marta Salomon, "Controle de agências é quase inexistente", *Folha de S.Paulo*, 20.8.1999, p. 1-3 Além de estrutura, falta vontade política de fiscalizar – mas sobra eficiência na defesa dos aumentos de tarifa (Marilena Lazzarini, "Omissão", *Folha de S.Paulo*, 18.12.1999, p. 1-3).
197. Luiz Carlos Bresser Pereira, *Crise econômica*..., cit., pp. 286 e 292. É claro que mercado e sociedade civil não se confudem, como podemos perceber em Leonardo Avritzer, "Além da dicotomia Estado/mercado", *Novos Estudos Cebrap*, n. 36, pp. 213-22. Sociedade civil "é a esfera da interação social entre a economia e o Estado, composta principalmente de esfera íntima (família), esfera associativa (especialmente associações voluntárias), movimentos sociais e formas de comunicação pública" (Liszt Vieira, "Sociedade civil e espaço global", *São Paulo em Perspectiva*, v. 10, n. 4, out./dez. 1996, p. 107).
198. Tarso Genro, "O novo espaço público", *Folha de S.Paulo*, 9.6.1996, p. 5-3.
199. A exclusão é reconhecida pelo próprio ministro (*Crise econômica*..., cit., p. 311) e também pelo Presidente Fernando Henrique, em discurso pronunciado na Índia (Fernando Henrique Cardoso, "FHC discute as conseqüências da globalização", *Folha de S.Paulo*, 28.1.1996, p. 1-8). Como bem percebeu Leda Maria Paulani (professora de economia da USP), o modelo de Estado desse programa de reformas não foi feito para os excluídos (Leda Maria Paulani, "A fraqueza da social-democracia", *Folha de S.Paulo*, 8.12.1996, p. 5-3).

7.4.4 O direito como fruto da racionalidade política e econômica

Como surge no encontro da espacialidade privada com a pública, o direito está embebido tanto de racionalidade política quanto de racionalidade econômica, eis que, dialeticamente, o direito também determina a política e a economia, da mesma forma que é por elas determinado.[200] É o direito que vai expressar a formação do Império globalizado, segundo Antonio Negri.[201] Como já vimos, há um descompasso entre a velocidade da decisão democrática e da decisão do mercado. No centro desse descompasso está o direito, que é chamado para resolver a incompatibilidade entre a tomada democrática de decisões e a dirigida pelos princípios do mercado.

Para resumir, podemos dizer que no Estado capitalista encontramos as seguintes tensões, que são paralelas: a) mercado / democracia; b) espacialidade privada / espacialidade pública; c) acumulação / legitimação; d) racionalidade econômica / racionalidade política; e) eficiência / legalidade.[202]

---

200. "A situação econômica é a base, mas os diversos elementos da superestrutura – as formas políticas da luta de classes e seus resultados, a saber, as constituições estabelecidas uma vez ganha a batalha pela classe vitoriosa; as formas jurídicas e mesmo os reflexos de todas essas lutas reais no cérebro dos participantes, as teorias políticas jurídicas, filosóficas, as concepções religiosas e seu desenvolvimento ulterior em sistemas dogmáticos – exercem igualmente sua ação sobre o curso das lutas hitóricas e, em muitos casos, determinam de maneira preponderante sua *forma*" (Friedrich Engels, "Engels a Joseph Bloch", in *Cartas filosóficas e outros escritos*, p. 34 – grifo no original). "Deve-se também ter em conta que o direito é uma esfera que ao mesmo tempo determina e é determinada pelo campo social, político, econômico etc., atuantes num dado momento, por meio de um processo dialético, diacrônico e não linear de implicações" (Ricardo Marcelo Fonseca, "Notas sobre a construção de um discurso historiográfico jurídico", *Revista da Faculdade de Direito*, n. 28, p. 255). Ver também Guennadi Avanésov E. Konstantin Igóshev, *Normas sociales y modo de vida*, p. 143; Vladímir Tumánov, *O pensamento jurídico burguês contemporâneo*, pp. 130-131; O. Zhidkov, V. Chirkin e Yu Yudin, *Fundamentos de la teoría socialista del Estado y del derecho*, pp. 233-234; Kazimierz Grzybowski, *Soviet Legal Institutions*, pp. 54-56.

201. "(...) o indicador da constituição do Império é ligado, em primeiro lugar, pelo direito. É o direito que expressa a lógica da grande transformação em ato – especialmente o direito internacional (...). Mas também o direito do mercado e das empresas capitalistas, na complexidade das relações que este mantém, hegemonicamente, com a produção e a circulação das mercadorias (...). É a este movimento, e à tendência que podemos ler em seu interior, que chamamos de Império" (Antonio Negri, "Estados chegam à era do Império", *Folha de S.Paulo*, 20.10.1997, p. 5-3).

202. Sobre essa última tensão, ver Celso Fernandes Campilongo, "O Judiciário e a democracia no Brasil", *Revista USP*, n. 21, mar./maio 1994, p. 123.

O direito está não só no epicentro da tensão entre racionalidade política (espacialidade pública) e racionalidade econômica (espacialidade privada), mas também no centro desse verdadeiro turbilhão de conflitos estruturais do Estado capitalista. A tensão entre as espacialidades revela também uma tensão entre temporalidades (do Estado e do mercado).[203] E se há um descompasso entre as velocidades da decisão democrática e da decisão do mercado, no centro desse descompasso também está o direito, que é chamado para resolver a incompatibilidade entre a tomada democrática de decisões e a dirigida pelos princípios do mercado.

7.5 Direito Processual Civil e tempo

Não é apenas em relação ao direito em geral que o tempo tem inegável importância.[204] Nas palavras de Carnelutti, "il valore, che il tempo ha nel processo, è immenso e, in gran parte, sconosciuto. Non sarebbe azzardato paragonare il tempo a un nemico, contro il quale il giudice lotta senza posa".[205] De fato, a preocupação com a demora do – e a chicana[206] no – processo civil brasileiro não é novidade. Veja-

---

203. Afinal, "a cada momento mudam juntos o tempo, o espaço e o mundo" (Milton Santos, *Técnica, espaço, tempo*, cit., p. 41).
204. "A estreita relação entre o direito e o tempo já se insinua na normatividade enquanto transposição temporal, e até mesmo já no caráter do direito enquanto estrutura de expectativas – mas apenas se insinua, permanecendo inicialmente impenetrável" (Niklas Luhmann, *Sociologia do direito*, v. 2, p. 166). "History and time are central in both legal and ecclesiastical doctrine" (Costas Douzinas, Ronnie Warrington e Shaun McVeigh, *Postmodern Jurisprudence*, p. 175). "Il tempo esercita la sua influenza sui rapporti giuridici, come su tutte le cose umane" (Ugo Rocco, *Trattato di diritto processuale civile*, v. 2, p. 196). Ver também Fernando J. López de Zavalía, "Reflexiones sobre el tiempo en el derecho", *Revista Jurídica* 25/15-45; Adolfo Gelsi Bidart, "El tiempo y el proceso", *Revista de Processo* 23/100; José Rogério Cruz e Tucci, *Tempo e processo*, pp. 20 e ss.
205. Francesco Carnelutti, *Diritto e processo*, p. 354. "Questo fattore tempo deve essere tenuto in conto dal legislatore, sotto molteplici aspetti" (Antonio Segni e Sergio Costa, "Procedimento civile", in *Novissimo Digesto Italiano*, v. 13, p. 1.030). "El proceso, obra o institución humana, pensada y realizada y actuada luego por hombres, no puede escapar a la ley de temporalidad propia de todo lo humano" (Adolfo Gelsi Bidart, "El tiempo y el proceso", *Revista de Processo* 23/101). Ver também José Rogério Cruz e Tucci, *Tempo e processo*, passim.
206. Em 1825, na 3ª "preposição" introdutória ao seu projeto de código civil e criminal do Império, Epaminondas Americano proclama que "as boas Leis, são aquelas que preenchem o seu fim, e atalham a malícia dos Litigantes, do Juiz, e Oficiais

mos o seguinte exemplo de preocupação com a demora do processo civil: "Continuam os embaraços sentidos geralmente neste ramo de serviço público: consistem eles em morosidade no andamento dos feitos, na dificuldade de conciliar muitas de nossas disposições Legislativas, e na divergência de opinião dos Juízes em vários objetos, em que se há de recorrer à Legislação subsidiária. Mas é tão difícil arriscar uma reforma em objetos tais, que parece preferível ir providenciando lentamente a alguma falta, que mais sensível apareça".

Esse diagnóstico preciso e atual da lentidão do processo civil brasileiro é uma anotação que o Visconde de Ourém fez em seu relatório sobre os problemas da "administração da justiça civil". Foi escrito em maio de 1840 e encontra-se hoje na seção de manuscritos da Biblioteca Nacional,[207] à disposição de quem acha que a morosidade da justiça é um problema recente.

Algum tempo depois, em crônica escrita em 7.1.1915, sob o título de "A Lei", o notável escritor Lima Barreto referia-se a uma "viasacra da justiça, que talvez o próprio Cristo não percorresse com resignação".[208]

Porém, se não é recente, hoje o problema é muito mais complexo, como prova o Prof. Cruz e Tucci em abalizado estudo sobre a repercussão do tempo no processo, com uma fundamentada crítica à lentidão do processo civil e penal.[209]

Não basta, contudo, lutar contra o tempo abstratamente, como se fosse um inimigo, como propugnou Carnelutti.[210] O decurso do tempo, no processo, é inelutável, eis que a própria palavra "processo" dá justamente a idéia de decurso – de atos processuais, fases proces-

de justiça, ou fazenda" (Epaminondas Americano, *Projetos do novo código civil e criminal do Império do Brasil, oferecido ao Senhor D. Pedro I*, p. 7).

207. José Carlos de Almeida Areias, Barão e Visconde de Ourém, *Notas sobre a organização judiciária e código civil*, autógrafo, 1864, 9 p.

208. Lima Barreto, "A lei", *Crônicas escolhidas*, p. 84.

209. José Rogério Cruz e Tucci, *Tempo e processo*. Ver também Mauro Cappelletti e Vincenzo Vigoriti, "I diritti costituzionali delle parti nel processo civile italiano", *Rivista di Diritto Processuale*, v. 26, n. 4, pp. 629 e 650.

210. Athos Gusmão Carneiro, *Da antecipação de tutela no processo civil*, p. 2. "Aunque el hombre verifica, en su diaria experiencia existencial, su imposibilidad de dominio sobre el tiempo, procura, al menos: a) prever su desarrollo, b) ampliar o reducir – modificar – el lapso necesario, c) programarlo, distribuyéndolo para su mejor utilización, d) obtener algún resultado que escape a la pura fugacidad, que tenga cierta perduración, a través del transcurso inevitable" (Adolfo Gelsi Bidart, "El tiempo y el proceso", *Revista de Processo* 23/102).

suais e em última análise, de tempo.²¹¹ Por isso há que pensar a questão da efetividade (ou eficiência) do processo.

Ao criticar a tese luhmanniana da legitimação pelo procedimento, Fernando José Bronze afirma que ela é incompatível com um autêntico Estado de Direito porque, entre outros motivos, promove a substituição da "justeza" de uma decisão pela sua "eficiência", como critério para a sua aceitação (legitimação).²¹² "A história ensina, porém, que sempre que se privilegia a eficiência das instituições resulta decaí-

211. "Se il lettore riflette come il processo costituisca una catena di atti, i quali, necessariamente, si susseguono nel tempo e sia, d'altra duplice contrastante necessità del far presto e del far bene, si convincerà facilmente della somma importanza che ha il regolamento del tempo negli atti processuali" (Francesco Carnelutti, *Processo di esecuzione*, v. 3, p. 268, e *Diritto e processo*, pp. 17-18; ver também pp. 2-3). O tempo tem importância no processo pois este "consta di una serie di fatti ed atti, regolati nelle forme e nel tempo dalle norme processuali" (Ugo Rocco, *Trattato di diritto processuale civile*, v. 2, p. 197). "Il procedimento, come serie di atti, collegati ad un fine, non può avere uno svolgimento istantaneo" (Antonio Segni e Sergio Costa, "Procedimento civile", in *Novissimo Digesto Italiano*, v. 13, p. 1.030). "... la duración es algo necesario en toda actividad y en toda obra humana, máxime cuando se realiza paulatina y no instantáneamente. Nos estamos refiriendo, no a la permanencia futura del resultado, sino al proceso en sí, que requiere un lapso de cierta prolongación para actuarse, que no puede realizarse en un instante único" (Adolfo Gelsi Bidart, "El tiempo y el proceso", *Revista de Processo* 23/110; nesse sentido: idem, "Conciliación y proceso", in *Participação e processo*, p. 255). "O tempo em processo tem relevantíssima importância, pois que o processo é um movimento, atos que se sucedem. Da sucessão é que origina a noção de tempo" (Alfredo de Araújo Lopes da Costa, *Direito processual civil brasileiro*, v. 1, p. 332). Ver, ainda nesse sentido: José Rogério Cruz e Tucci, *Tempo e processo*, pp. 27-28; José Frederico Marques, *Instituições de direito processual civil*, v. 2, p. 351; Ovídio Baptista da Silva, *Curso de Processo Civil*, v. 1, pp. 157-158, e "Processo de conhecimento e procedimentos especiais", *Ajuris* 57/7; Jorge A. Clariá Olmedo, *Derecho procesal*, v. 2, p. 97. Mesmo em termos filosóficos, as relações no tempo são chamadas mais propriamente de "processo" (Caio Prado Jr., *Dialética do conhecimento*, t. 1, p. 13). É preciso notar, porém, que essa duração "fisiológica", inerente ao processo, é característica dos procedimentos de cognição plena e exauriente (Andrea Proto Pisani, *Lezioni di diritto processuale civile*, pp. 605 e 651). Daí a necessidade, mais uma vez, de repensar o paradigma do procedimento único ordinário – ver seção 3.6.

212. Fernando José Bronze, *A metodonomologia entre a semelhança e a diferença*, p. 346. Ver, p. ex., em Niklas Luhmann, *Legitimação pelo procedimento*, pp. 98-100, como a aceitação da decisão independe de sua "justeza", o que, aliás, é admitido sem maiores constrangimentos por seus seguidores (João Maurício Adeodato, "A legitimação pelo procedimento juridicamente organizado", *Revista Brasileira de Filosofia*, n. 153, p. 21). No entanto, a demanda pela justiça rápida e barata não pode descurar da justeza de suas decisões (Mauro Cappelletti, *Acesso à justiça*, p. 164).

da a liberdade ética da pessoa".[213] Por exemplo: na Alemanha nazista, os tribunais e juízes eram eficientíssimos na aplicação da lei.[214] Para tentar conciliar a efetividade do processo com a justeza da decisão, e evitar a "tecnocratização" do processo civil, a doutrina mais abalizada tem afirmado, como o Prof. Marinoni, que acima da idéia de efetividade "existe outro valor muito mais relevante, que é o da 'igualdade real'".[215] Em outras palavras, não se pode pensar o valor "efetividade do processo" como um fim em si mesmo, mas como um meio para tentar uma aproximação da igualdade real (valor "justiça social") – a prática inversa leva a distorções, como os procedimentos especialíssimos em exame, que, ao colocar a efetividade como um fim em si, acabam reforçando processualmente a desigualdade material entre as partes.

Daí a necessidade de pensar a distribuição do ônus do tempo do processo, como técnica processual conducente ao fim "igualdade",

213. Fernando José Bronze, ob. cit., p. 352. "... il legislatore ordinario non è più libero di configurare la disciplina legale del processo sulla sola base di criteri di opportunità o di efficienza", pois a sua discricionariedade está atada, no mínimo, aos valores constitucionais (Luigi Paolo Comoglio, Corrado Ferri e Michele Taruffo, *Lezioni sul processo civile*, p. 21). Mas a responsabilidade do legislador não exime a do profissional do direito, que deve sempre prezar "por um sistema jurídico que antes de ser eficaz para o mercado e para a produção, seja sobretudo *justo* para os cidadãos" (Ricardo Marcelo Fonseca, "Trabalho e cidadania", *Boletim Legislação Trabalhista Bonijuris*, n. 206, 30.7.1998, p. 2.491 – grifo no original).

214. "(...) eu me lembro de ver uma cena de documentário em que não apareciam corpos empilhados nem fornos crematórios mas que era terrível de outra maneira: a cena de um réu sendo humilhado por um juiz nazista. Um homem preso por alguma ofensa ao poder, diante do seu último recurso contra a prepotência de um sistema, descobrindo uma justiça que marcava sua adesão ao sistema ostentando a prepotência. Descobrindo-se perdido. Não era denúncia ou uma simples reportagem, era um filme de propaganda nazista, feito para dar satisfação a um *público impaciente com firulas jurídicas e a lentidão da justiça*. Feito para mostrar que *a eficiência também chegava aos tribunais*, que os juízes também estavam afinados com os novos tempos. Muitas vezes se abusa da analogia nazista, recorrendo-se a comparações descabidas, mas toda vez que vejo um ato de prepotência, mesmo contra criminosos provados, ou ouço alguém propor uma sumarização dos ritos da justiça, me lembro daquela cena. O que se quer, claro, é uma justiça aparelhada, ágil e eficiente no melhor sentido – no de garantir justiça, não o de desprezar direitos para mostrar resultados a um público assustado..." (Luiz Fernando Veríssimo, "Eficiência", *Gazeta do Povo*, 30.11.1999, p. 18).

215. Luiz Guilherme Marinoni, *A antecipação da tutela*, p. 22. "O processo não pode ser pensado à distância da premissa de que o poder tem por fim remover os obstáculos que impedem o pleno desenvolvimento da pessoa humana" (loc. cit.).

sem descurar do meio "efetividade".[216] Tal posicionamento reconhece a devida importância do tempo para o processo, sem perder de vista o objetivo de distribuí-lo *equanimemente*: "É chegado o momento do 'tempo do processo' tomar o seu efetivo lugar dentro da ciência processual, pois este não pode deixar de influir sobre a elaboração dogmática preocupada com a construção do processo justo ou com aquele destinado a realizar concretamente os valores e os princípios contidos na Constituição da República".[217]

Como já dissemos, a temporalidade é distinta no mercado e no Estado. A alteração do ritmo da temporalidade do mercado (o aumento da velocidade) refletiu na demanda pela eficiência do Estado (e do processo civil).[218]

Assim, a demanda pela efetividade na reforma do processo civil pode ser considerada uma projeção (de matiz tecnocrático) da demanda por eficiência na reforma do aparelho do Estado.[219] Essa demanda pela efetividade do processo civil deve ser encarada com cautela, para

---

216. Luiz Guilherme Marinoni, *Tutela antecipatória, julgamento antecipado e execução imediata da sentença*, pp. 26 e ss. Joan Picó I Junoy, *Las garantías constitucionales del proceso*, pp. 39 e ss., 69 e ss. 118 e ss. Athos Gusmão Carneiro, *Da antecipação de tutela no processo civil*, pp. 5 e ss. Ovídio Baptista da Silva, "Processo de conhecimento e procedimentos especiais", *Ajuris* 57/7. Há outras técnicas de redução do custo do tempo do processo, a saber: adoção de tutelas diferenciadas, deformalizadas ao máximo, para determinadas categorias de controvérsia, especialmente as que envolvem interesses coletivos ou difusos; criação de juizados espr ociais dotados de procedimentos mais simples e menos onerosos, para controvérsias de menor valor econômico; utilização de expedientes endoprocessuais capazes de favorecer, de início, a conciliação; e ampliação das hipóteses de inversão do ônus da prova e de julgamento por eqüidade (Luigi Paolo Comoglio, Corrado Ferri e Michele Taruffo, *Lezioni sul processo civile*, p. 73). É claro que essas técnicas devem ser sempre ponderadas com os valores constitucionais, caso contrário elas desembocam justamente nos procedimentos especialíssimos.

217. Luiz Guilherme Marinoni, *Tutela antecipatória, julgamento antecipado e execução imediata da sentença*, p. 16.

218. Segundo Liebman, o progresso tecnológico imprimiu uma nova velocidade às relações sociais e econômicas, que é também exigida do processo civil (Enrico Tullio Liebman, "Per uno nuovo Codice di Procedura Civile", *Rivista di Diritto Processuale*, v. 37, n. 1, p. 27).

219. "... con le trasformazioni della società, nuove e potenti esigenze sono andate emergendo, anche nel campo delle strutture e delle garanzie processuali: esigenze una volta ignorate di rapidità e di efficienza" etc. (Mauro Cappelletti e Vincenzo Vigoriti, "I diritti costituzionali delle parti nel processo civile italiano", *Rivista di Diritto Processuale*, v. 26, n. 4, p. 649).

não criar uma teratologia processual instantânea e sem garantias,[220] e para não beneficiar exclusivamente os setores que já dispõem de privilégios e regalias em excesso no direito brasileiro.[221] E são justamente esses setores que mais têm reclamado da lerdeza de nosso Judiciário,[222] devido ao descompasso óbvio existente entre a temporalidade do processo judicial e a temporalidade do "mundo real", p.ex., das transações econômicas.[223] Na verdade, a inefetividade do procedimento ordinário e a ineficiência do Judiciário são extremamente úteis aos setores econômicos mais fortes, pois servem de pretexto para que as classes mais próximas ao poder possam pressionar o legislador (*lobbies*) em favor da criação de tutelas diferenciadas e meios alternativos de solução de conflitos.[224] Tendo essas

220. "La realizzazione del processo *rapido* è da intendersi *cum grano salis*. La rapidità, in materia processuale, se è spinta oltre un certo limite, degenera in assenza di garanzie, in mancanza di serietà, in negazione della giustizia" (Carlo Molinari, "Un'esperienza fallita", *Rivista di Diritto Processuale*, v. 1, n. 1, p. 179). De fato, é preciso "un proceso más rápido, sin caer en la arbitrariedad" (Adolfo Gelsi Bidart, "Proceso y época de cambio", *Revista Iberoamericana de Derecho Procesal*, n. 2, p. 280), pois "o problema da Justiça não se reduz ao aspecto da *rapidez*, mas investe de modo necessário a *qualidade* da prestação jurisdicional" (José Carlos Barbosa Moreira, "As bases do direito processual civil", in *Temas de direito processual civil*, p. 14). "Queremos sim, uma justiça rápida; mas não é só isso que queremos: queremos uma justiça melhor. Então, ao lado da problemática atinente à duração dos processos, é preciso não esquecer outros tipos de questões que se põem à nossa consideração e à nossa reflexão. Antes de mais nada, a própria qualidade da prestação jurisdicional" e o acesso à justiça (José Carlos Barbosa Moreira, "A efetividade do processo de conhecimento", *Revista de Processo* 74/128).
221. Tal cautela está presente na obra do Prof. Marinoni, que, ao defender explicitamente o princípio da efetividade do processo, ressalva as situações em que o procedimento foi construído com o objetivo explícito de favorecer a determinados grupos (Luiz Guilherme Marinoni, *A antecipação da tutela*, cit., p. 20).
222. O porta-voz é Roberto Campos, para quem o Judiciário seria, dos três poderes, "talvez o mais rotineiro e *ineficiente*. (...) não se modernizou em seus processos, e como profere julgamentos tardios, mais nega justiça que distribui justiça" (Roberto Campos, *Um projeto político para o Brasil*, p. 5 – grifo nosso). Não é questão de discordar do diagnóstico, mas dos motivos que o movem.
223. Sobre esse descompasso, ver Celso Fernandes Campilongo, "O Judiciário e a democracia no Brasil", *Revista USP*, n. 21, p. 123; José Rogério Cruz e Tucci, *Tempo e processo*, pp. 26 e ss.
224. "... una macchina giudiziaria inefficiente è funzionale agli interessi delle classi che detengono il potere, specialmente quando esse siano riuscite ad organizzare procedure privilegiate per la tutela dei loro maggiori interessi" (Giovanni Verde, *Profili del processo civile: parte generale*, p. 8). Dentre os setores que se beneficiam da inefetividade do procedimento ordinário, Chiarloni enumera os seguintes: institui-

tutelas diferenciadas à sua disposição, as classes detentoras do poder político e econômico podem se dar ao luxo de manter um processo ordinário inefetivo, para a tutela dos direitos que lhes são contrários (p.ex., tutela dos direitos de segurados, dos clientes de bancos etc.).[225] Assim, quando se diz que o processo civil brasileiro foi feito para beneficiar o réu, principalmente o réu que não tem razão,[226] está-se

ções financeiras, seguradoras, indústrias, corporações de advogados e a própria "burocrazia giudiziaria" (Sergio Chiarloni, *Introduzione allo studio del diritto processuale civile*, pp. 64 e ss.).

225. Sergio Chiarloni, *Introduzione allo studio del diritto processuale civile*, pp. 64 e ss. Luiz Guilherme Marinoni, *Novas linhas do processo civil*, pp. 171-172, e "Tutelas diferenciadas e realidade social", in *Lições alternativas de direito processual*, pp. 133-134. "O processo tem sido ineficiente para atender os pleitos da grande maioria da população que, muitas vezes, vê em lide suas necessidades de trabalho, habitação, saúde, educação e alimentação" (Rui Portanova, *Princípios do processo civil*, p. 27). Seguindo o raciocínio que Giovanni Verde usa para ironizar a pluralização de tutelas diferenciadas, "... se il codice vigente non è in grado di assicurare una buona amministrazione della giustizia e se, ciononostante, esso continua a rimanere in vigore, vuol dire che serve al ceto dominante", i.e., é porque "è un raffinato strumento di mistificazione, emanato nell'interesse esclusivo delle classi dominante" (Giovanni Verde, *Profili del processo civile: parte generale*, p. 8). O procedimento ordinário é um luxo a que nem todos podem se dar: à sua beleza e justeza paga-se com sacrifício de tempo, dinheiro e talento (Mauro Cappelletti, *Acesso à justiça*, pp. 164-165). O procedimento de cognição plena e exauriente é, enfim, um instrumento sofisticado que tem um custo muito alto para as partes e para a administração da justiça (Andrea Proto Pisani, *Appunti sulla giustizia civile*, pp. 316 e 434, e *Lezioni di diritto processuale civile*, pp. 605 e 651).

226. Luiz Guilherme Marinoni, *Tutela antecipatória, julgamento antecipado e execução imediata da sentença*, pp. 16-17, 20-21 *et passim*. José Roberto dos Santos Bedaque, *Direito e processo*, p. 102. Sérgio Gilberto Porto, "Recursos: reforma e ideologia", *Revista de Direito Processual Civil Genesis*, n. 2, p. 399. A necessidade de se servir do processo – devido à proibição da autotutela – causa normalmente um dano marginal ao autor que tem razão (Andrea Proto Pisani, *Lezioni di diritto processuale civile*, p. 651). Em outro sentido, Roberto A. R. Aguiar entende que, "mesmo no caso em que o tempo juridicamente corre a favor de uma pessoa, sempre algo de negativo também vai acontecer para ela" (Roberto A. R. Aguiar, *Direito, poder e opressão*, p. 116). Vejamos agora uma lição antiga, de Paula Batista: "O autor tem naturais vantagens sobre o réu; assim, ao passo que aquele vem a juízo livremente, já preparado, este é o perturbado em seu repouso, e o que fica mais exposto a uma condenação injusta, pelo que precisa de largos meios de defesa" (Francisco de Paula Batista, *Compendio de theoria e pratica de processo civil comparado com o commercial*, p. 39). Paula Batista falava sobre as ações possessórias e petitórias, e seus argumentos denunciam a concepção nitidamente individualista do conflito de interesses, incompatível com as demandas atuais, contra grandes corporações ou contra a Fazenda Pública. Mesmo assim, nas demandas em que o réu é hipossuficiente em relação

falando, na verdade, do procedimento ordinário, reservado prioritariamente para essas causas em que o réu faz parte de um setor economicamente influente.

"Partindo-se da premissa de que os detentores do poder costumam conseguir legislações que bem tutelam seus interesses, parece estranho que os interessados na dinamicidade da economia deixem de lado a lentidão da justiça civil. Tal contradição é apenas aparente: o procedimento ordinário não constitui óbice às aspirações da classe dominante porque esta tem a seu dispor procedimentos especiais, ou seja, procedimentos adequados à tutela dos seus interesses".[227]

Desse modo, as instituições financeiras, descontentes com a morosidade do Judiciário brasileiro, obtêm e lançam mão de instrumentos mais eficientes, como os *procedimentos especialíssimos* em exame, principalmente os extrajudiciais (CEF, SFH e SFI), além, obviamente, de sua justiça paralela e particular que é a mediação e a arbitragem.[228]

ao autor, como nos casos dos procedimentos especialíssimos em exame, a vetusta lição do pioneiro mestre mostra-se atualíssima, não pelos motivos que expôs, mas pela desigualdade existente entre litigantes habituais e eventuais.

227. Luiz Guilherme Marinoni, "Observações a partir de uma visão da ideologia no processo civl", *Revista Jurídica* 7/135. Ver também Luiz Guilherme Marinoni, "Tutelas diferenciadas e realidade social", in *Efetividade do processo e tutela de urgência*, pp. 1 e ss. O capitalismo suporta tranqüilamente o procedimento ordinário porque o empresário, o proprietário e o profissional liberal têm os procedimentos especiais à sua disposição; para esses privilegiados "la giustizia civile funziona poiché solo raramente hanno occasione di doversi servire del processo ordinario, ed in questi casi residuali, trattandosi di soggetti economicamente forti possono sopportare, senza eccessivo danno, le conseguenze della sua abnorme durata; ma, giunti a questo punto, non è possibile non constatare che questi soggetti appartengono – guarda caso – proprio a quella classe che da oltre un secolo detiene il potere dello Stato: talché non può non sorgere quanto meno il sospetto che il mantenimento del processo ordinario di cognizione in uno stato di disfunzione cronica, sia frutto quanto meno del colpevole disinteresse della classe politica al mutamento della situazione di fatto, dato che di questo mutamento finirebbero per giovarsi fondamentalmente soggetti reali diversi dagli attuali detentori del potere politico" (Andrea Proto Pisani, *Appunti sulla giustizia civile*, pp. 17-18 e 40).

228. Ver Sergio Chiarloni, *Introduzione allo studio del diritto processuale civile*, pp. 54 e ss.; José de Albuquerque Rocha, "Lei de arbitragem: reflexões críticas", *Revista de Direito Processual Civil Genesis*, n. 7, pp. 25 e ss., 28-29; José Carlos Barbosa Moreira, "Privatização do processo?", *Revista de Direito Processual Civil Genesis*, n. 8, p. 370; Roberto Portugal Bacellar, "Alerta sobre a reforma do Judiciário", *Gazeta do Povo*, 26.9.1998, p. 6; Carlos Roberto Scalassara, *Juízos arbitrais, mediação e conflitos*, Comunicação apresentada no V Encontro da Rede Autônoma

"In altre parole, le classi abienti non hanno bisogno di un processo ordinario funzionale ed efficiente, perché possono risolvere le loro questioni fuori dal processo (ad es., col ricorso alle procedure arbitrali) ovvero fuori dal processo ordinario (ad es., col ricorso a procedure celeri per la tutela dei diritti di credito – si pensi alla procedura monitoria di cui agli artt. 633 ss. c.p.c. – o del diritto di proprietà – si pensi alla procedura di sfratto di cui agli artt. 657 ss. c.p.c.)".[229]

É o que já observava Dominique Charvet, em outra realidade (a França pós-maio de 68), como resultado de semelhante crise do Judi-

---

de Advogados Populares do Paraná, Umuarama, 8.3.1997. Registre-se que, além mesmo da mediação e da arbitragem, o sistema financeiro tem no cadastro de inadimplentes da Serasa (Centralização de Serviços dos Bancos S/A) um verdadeiro "Tribunal" particular, em que o suposto devedor é inscrito sem direito ao contraditório ou à ampla defesa, sem considerar a existência de discussão judicial da dívida; ademais, às vezes a pena de não-acesso a todos os serviços bancários, é imposta para "retaliar" clientes que demandam no Judiciário contra a instituição financeira ("Os Bancos também perdem", *Carta Maior*, n. 2/3, fev./mar. 1998, p. 3). Por todas essas facilidades que as instituições financeiras dispõem em termos de equivalentes jurisdicionais, não nos seduz a arbitragem enquanto possível instrumento de pacificação de conflitos dos novos movimentos sociais, como transparece em: Wilson Ramos Filho, *Pluralismo jurisdicional*, pp. 128 e ss.; Mauro Cappelletti, "Os métodos alternativos de solução de conflitos no quadro do movimento universal de acesso à justiça", *Revista de Processo* 74/87-88; Antonio Carlos Wolkmer, *Pluralismo jurídico*, pp. 277-278. A nosso ver, a defesa da jurisdicionalidade e da efetividade da arbitragem é uma tese que poderá servir mais aos setores já privilegiados pela estrutura sócio-econômica brasileira do que aos grupos marginalizados – organizados e desorganizados. Afinal, segundo o próprio Mauro Cappelletti, enquanto as elites fogem da demora do processo com a arbitragem, os pobres simplesmente se resignam diante da macroscópica denegação de justiça do Estado (Mauro Cappelletti, "Dictamen iconoclástico sobre la reforma del proceso civil italiano", in *Proceso, ideologías, sociedad*, p. 278). Sobre o instituto da *arbitrazh* – arbitragem pública, para dirimir conflitos econômicos entre órgãos e empresas estatais (art. 163 da revogada Constituição de 1977 da URSS) – no antigo sistema soviético e em seus satélites, ver René David, *Les donnés fondamentales du droit soviétique*, pp. 287 e ss., e *Os grandes sistemas do direito contemporâneo*, pp. 229 e ss., 243-244; V. I. Terebilov, *O sistema judicial soviético*, pp. 113 e ss.; Kazimierz Grzybowski, *Soviet Legal Institutions*, pp. 86-87, 97-99; Tamara Abova, "Arbitraje del Estado", in V. Kudriavtsev, S. Ivanov e V. Tumanov, *El derecho en el socialismo desarrollado*, pp. 114-118; Mirjan Damaska, *I volti della giustizia e del potere*, pp. 336-337; Nikolái Maléin, *La legislación civil y la defensa de los derechos personales en la URSS*, pp. 247-248; V. Tadevosián, "Processo civil soviético", in *Princípios de processo civil da URSS e das Repúblicas federadas*, pp. 71 e ss., 125 e ss.; V. N. Kudriavtsev, A. I. Lukianov e G. J. Shajnazarov (orgs.), *Constitución del país de los soviets: diccionario*, pp. 16-18.

229. Giovanni Verde, *Profili del processo civile: parte generale*, p. 8.

ciário: "Os detentores do poder de Estado levantaram, com efeito, nestes últimos anos a constatação da falência da instituição judiciária: ineficácia técnica [como veremos abaixo], perda de confiança, contestação interna. Os setores mais avançados da classe dominante tenderiam para alguns a dispensar provavelmente este modo arcaico de regulação dos conflitos para substituí-lo por outros mais dignos de crédito ou mais dificilmente contestáveis num primeiro momento".[230]

Assim é que – nas palavras de Clóvis do Couto e Silva – as execuções extrajudiciais vêm assumindo, mais e mais, "no direito do mercado de capitais, aspectos relevantes, outorgando maior número de faculdades ao credor", de modo que "A tendência que se observa na legislação sobre o mercado de capitais é a de permitir que as execuções se realizem dentro do possível, de modo extrajudicial. Nas vendas de coisas móveis aos consumidores utiliza-se praticamente sempre a alienação em garantia. Por igual, no regime de construções no Sistema Financeiro da Habitação, permite-se a execução extrajudicial das hipotecas.[231]

É exatamente essa tendência de extrajudicialização de execuções de créditos que pleiteia Girolamo Bongiorno, para quem um Judiciário ineficiente e um Estado fraco, como os atuais, exigem uma ampliação da possibilidade de executar extrajudicialmente os créditos, ou melhor: as situações subjetivas de função ou conteúdo patrimonial.[232]

Não bastasse tudo isso, a morosidade do Judiciário serve de justificativa até para o modesto crescimento industrial brasileiro, pois em tese provoca taxas de juros maiores. É o que afirma o Sr.

230. Dominique Charvet, "Crise da Justiça, crise da Lei, crise do Estado?", in *O Estado em crise*, p. 250. É importante ressaltar que o escape à lentidão do Judiciário não foi um subterfúgio exclusivo do modo de produção capitalista, sendo também possível, em determinadas situações, no antigo processo civil soviético: "Un procès judiciaire n'est pas le seul moyen de résoudre les contestations. Ce moyen coûteux et lent peut, le cas échéant, être remplacé par d'autres, plus expéditifs, qui sont à la disposition de la société" (René David, *Les données fondamentales du droit soviétique*, p. 171).

231. Clóvis do Couto e Silva, "A fundamentação jurídica do mercado de capitais", *Revista do Ministério Público*, v. 1, n. 1, jan./jun. 1973, p. 27.

232. "Si aggiunga che nell'attuale situazione di agonia della nostra giustizia, che coinvolge uomini e strutture, con conseguente disaffezione dalle forme 'ufficiali' del processo esecutivo giurisdizionale, è fuori dalla realtà continuare a parlare di potere superiore ed esclusivo dello Stato, diretto ad assicurare, attraverso la propria organizzazione e la propria forza, una effettiva tutela dei diritti di credito; mentre la cronica inefficienza dei procedimenti giurisdizionali (spesso provocata da eccesso di

Otto Steiner Júnior, diretor do Banco Noroeste e diretor jurídico da Febraban: "A *ineficiência* da Justiça produz insegurança na hora de reaver o dinheiro e faz com que os bancos emprestem com taxas maiores".[233] Nessa mesma linha de raciocínio, o economista Marcel Domingos Solimeo, diretor do Instituto de Economia da Associação Comercial de São Paulo, afirma que "a demora do Judiciário em decidir questões relevantes na área econômica" gera uma insegurança, que aumenta os "custos de transação" da atividade econômica e dificulta o desenvolvimento.[234] Pena que essa ineficiência do Judiciário e que a inefetividade do procedimento ordinário nunca sejam questionadas pela Febraban quando se trata, p.ex., de ação

garantismo) ci offre un sistema che inganna i cittadini, creando illusioni e aspettative che i giudici non sono più in grado di onorare. (...) quando lo Stato è assente e l'attività giudiziaria rimane paralizzata per l'impossibilità per i giudici professionali di svolgere la funzione giurisdizionale, non rimane altra scelta che attribuire al creditore determinati poteri-mezzo, affini all'azione esecutiva e coordinati al diritto da tutelare, che gli consentano di conseguire direttamente l'esecuzione per via di difesa privata" (Girolamo Bongiorno, "Profili sistematici e prospettive dell'esecuzione forzata in autotutela", *Rivista Trimestrale di Diritto e Procedura Civile*, v. 42, n. 2, pp. 481 e ss.).

233. *Apud*, Altair Thury Filho, "O preço da ação", *Veja*, 25.2.1998, p. 23 – grifo nosso.

234. Marcel Domingos Solimeo, "Instituições e desenvolvimento", *Gazeta do Povo*, 17.8.1998, p. 25. "Quanto mais claros e protegidos os direitos dos agentes econômicos, mais baixos serão os 'custos de transação' e, portanto, maior será o desenvolvimento. Isso envolve não apenas a Constituição, as leis e regulamentos como a forma como o governo e o sistema político atuam na preservação do sistema jurídico e como o Poder Judiciário atua para garantir os direitos" (loc. cit.). Em suma, o que o ilustre economista está dizendo é que no Brasil não pode haver desenvolvimento sem que o ordenamento jurídico e o Judiciário estejam inteiramente disponíveis para atender tão-somente aos interesses dos agentes econômicos. Entretanto, como bem colocou Franco Cipriani, é óbvio que a lentidão do processo não impede o desenvolvimento da economia nacional; caso contrário, era possível alguém achar que a Itália, que tem um dos processos mais lentos do mundo, e a Albânia, que tem um dos mais rápidos (dura em média dois meses), têm seus dados econômicos sistematicamente trocados por alguma conspiração internacional... (ver Franco Cipriani, *Ideologie e modelli del processo civile*, p. 34). Contra o raciocínio de Cipriani, veja-se o seguinte trecho de Liebman: "... l'economia di un paese deve trovare nell'amministrazione della giustizia uno dei suoi strumenti normali, perché una sana produzione e circolazione dei beni esige scadenze fisse e termini conosciuti, sanzionati da adempimenti esatti o da succedanei equivalenti giurisdizionali. Se questi vengono a mancare o il segnono in tempi lunghissimi, tutti i meccanismi dell'economia s'inceppano e si fermano" (Enrico Tullio Liebman, "Per uno nuovo Codice di Procedura Civile", *Rivista di Diritto Processuale*, v. 37, n. 1, p. 28).

ordinária em que se pleiteia o índice correto da correção monetária das cadernetas de poupança, expurgado indevidamente pelo chamado "Plano Verão", ou de ação de dano moral movida contra instituição financeira.

Ineficiência e insegurança, como sempre, são as palavras-chave do discurso dos bancos, inclusive do Banco Mundial,[235] do Banco Interamericano de Desenvolvimento (BID) e da agência americana de apoio ao desenvolvimento (USAID), que – segundo Boaventura de Sousa Santos –, sob o lema da maior eficiência e acessibilidade ao Judiciário, oculta objetivos globais que "... são muito simplesmente a criação de um sistema jurídico e judicial adequado à nova economia mundial de raiz neoliberal, um quadro legal e judicial que favoreça o comércio, o investimento e o sistema financeiro. *Não se trata pois de fortalecer a democracia mas sim de fortalecer o mercado.* O que está em causa é a reconstrução da capacidade reguladora do Estado pós-ajustamento estrutural. Uma capacidade reguladora que se afirma pela capacidade do Estado para arbitrar, por meio dos tribunais, os conflitos entre os agentes econômicos".[236]

Nesses termos, do ponto de vista das instituições financeiras, a solução do mercado para a ineficiência obviamente passa pela retirada de garantias processuais das mãos dos clientes dos bancos: é o fim do contraditório e da ampla defesa, principalmente nos procedimentos especialíssimos, além da mediação e da arbitragem. No entanto, como bem observou Enrique Vescovi, o plano de "organizar un proceso más ágil, más efectivo, más moderno, no es óbice para reconocer que deben respectarse las fundamentales garantías del debido proceso", como o contraditório.[237]

235. Para os consultores do Banco Mundial, um sistema judiciário eficiente e que garanta a previsibilidade (às empresas) das suas decisões proporciona uma economia estruturada. Por isso os investimentos estrangeiros tendem a fugir da América Latina, onde as decisões judiciais são demoradas e de rara previsibilidade (Luís Costa Pinto, "Lentidão preocupa ministro", *Folha de S.Paulo*, 3.11.1997, p. 1-10).
236. Boaventura de Sousa Santos, "Os tribunais e a globalização", *O Estado de S.Paulo*, 9.11.1996, p. A-2 – grifo nosso. A ideologia subjacente a esses objetivos é a de que "a idéia de justiça é uma velharia, é um arcaísmo metafísico, populista e assim por diante. A sociedade deve funcionar para garantir o equilíbrio econômico e não para ser justa, não para distribuir justiça, não para promover a igualdade entre os cidadãos" (Paulo Eduardo Arantes, "Entrevista", *Trilogia*, n. 10, set./1998, p. 15).
237. Enrique Vescovi, *Elementos para una teoría general del proceso civil latinoamericano*, p. 20.

O que está escrito nas entrelinhas do discurso das agências internacionais, dos grandes grupos econômicos e das instituições financeiras em geral é o seguinte: ou nos garantem procedimentos especialíssimos (como os acima lembrados) e métodos excepcionais de solução de controvérsias (como os procedimentos especialíssimos, de preferência extrajudiciais, além da mediação e da arbitragem), para fugirmos do ineficiente Judiciário brasileiro, ou aumentamos as taxas de juros e inibimos o crescimento industrial. Em uma expressão: *trade-off*.

A reclamação das instituições financeiras também se volta contra o despreparo técnico dos juízes – mais uma vez, meio técnico e tempo, categorias importantes para a compreensão da situação, como bem demonstrou Milton Santos.

Veja-se, por exemplo, a seguinte notícia divulgada sem alarde, em discreta nota estampada na capa da *Gazeta do Povo*, mais uma vez com declarações do Sr. Steiner Júnior:

"Acuados pelo aumento do número de processos na Justiça, os bancos contra-atacam. Segundo o diretor jurídico da Federação Brasileira das Associações de Bancos (Febraban), Otto Steiner Júnior, os juízes não têm preparo técnico suficiente para julgar questões relativas ao funcionamento do mercado financeiro, o que dá margem a decisões equivocadas sobre a cobrança de juros ou a fixação de indicadores para a correção dos empréstimos".[238]

Traduzindo: para a Febraban, o Judiciário não está preparado tecnicamente para aplicar os índices "corretos" de correção monetária e juros, entendendo-se por "corretos" aqueles que melhor atendem aos interesses das instituições financeiras. Por isso o despreparo técnico dos juízes é o maior argumento em favor da privatização da justiça, que hoje recebe eufemisticamente o nome de arbitragem.[239] Se o juiz "não sabe" aplicar os índices "corretos", chamem um árbitro ("confiável", é claro) para que o faça.

---

238. "Para bancos, juízes não conhecem base do setor financeiro", *Gazeta do Povo*, 7.12.1997, p. 1.
239. Segundo Henrik Lidblom há uma diferença entre privatização da justiça e privatização intraprocessual: "la privatizzazione della giustizia significa, tra l'altro, che le corti non operano in posizione di monopolio", enquanto na privatização intraprocessual "le parti processuale hanno pieno imperio circa le domande presentate" (Henrik Lidblom, "La privatizzazione della giustizia: osservazioni circa alcuni recenti sviluppi nel diritto processuale americano e svedese", *Rivista Trimestrale di Diritto e Procedura Civile*, v. 49, n. 4, pp. 1.399-1.400).

Esse argumento, de apelo ao suposto conhecimento técnico, sem dúvida ajudou a insuflar no país a chamada "Operação Arbiter", deflagrada pelo Instituto Liberal de Pernambuco no final de 1991, com o apoio da Fiesp e do então senador Marco Maciel.[240] Essa operação fez parte de um verdadeiro pacote de investimentos, promovidos pelas já citadas agências internacionais (Usaid, BID e Banco Mundial) em vários países no sentido de aprimorar a legislação da arbitragem, para possibilitar uma melhor inserção deles no processo de globalização da economia – eufemismo que traduz a maior receptividade de seus ordenamentos à chegada das grandes corporações multinacionais em seus domínios.[241] Não há nessa "globalização do processo" nenhuma novidade. Só para citarmos um exemplo: em 1918, em retribuição ao apoio brasileiro às nações aliadas na I Guerra Mundial, grandes companhias inglesas fizeram uma excelente proposta de ampla renovação do arsenal bélico brasileiro, porém com uma cláusula considerada "inaceitável" por Nilo Peçanha, então Min. das Relações Exteriores: jurisdição privilegiada.[242] Hoje, em vez de criar jurisdições especiais, com as quais negar-se-ia "importancia a los jueces ordinarios, considerándolos como no aptos para juzgar de ciertas relaciones, lo que sería injusto y erróneo",[243] o legislador brasileiro prefere criar procedimentos[244]

---

240. Carlos Alberto Carmona, *Arbitragem e processo*, pp. 21-23. Não é à toa que a arbitragem é considerada a resposta do liberalismo à crise do Judiciário (José de Albuquerque Rocha, "Lei de arbitragem: reflexões críticas", *Revista de Direito Processual Civil Genesis*, n. 7, p. 26). Crise parcial, é claro, diante das controvérsias que interessam, pois quando se trata de procedimentos especialíssimos não há crise nenhuma...
241. Boaventura de Sousa Santos, "Os tribunais e a globalização", *O Estado de S.Paulo*, 9.11.1996, p. A-2; Roberto Portugal Bacellar, "Alerta sobre a reforma do Judiciário", *Gazeta do Povo*, 26.9.1998, p. 6. O problema é que, como bem observou José de Albuquerque Rocha, "em países dilacerados por violentos contrastes econômicos, sociais e culturais, a aplicação irrestrita da arbitragem, tal como delineada na lei brasileira, corre sério risco de transformar-se em mais um instrumento de aniquilamento dos direitos dos mais fracos pelos mais fortes, ou no retorno puro e simples ao regime da autotutela" (José de Albuquerque Rocha, "Lei de arbitragem: reflexões críticas", *Revista de Direito Processual Civil Genesis*, n. 7, p. 27).
242. Amado Luiz Cervo e Clodoaldo Bueno, *História da política exterior do Brasil*, p. 195.
243. Giuseppe Chiovenda, "Las reformas procesales y las corrientes del pensamiento moderno", in *Ensayos de derecho procesal civil*, v. 2, p. 167.
244. "Las diferencias de rito procesal, además, no deben promover el desgajamiento de jurisdicciones especiales, sino que deben de insertarse en la ordinaria; la idea progresiva científicamente es de la unidad de la jurisdicción. Aparte quedan, naturalmente, las razones políticas o de otra índole que puedan basar tales jurisdiccio-

especialíssimos – inclusive alguns extrajudiciais – e aceitar a jurisdicionalidade da arbitragem,[245] num sinal claro de inaptidão do pro-

nes especiales; y aparte también el examen del caso en que, bajo capa y amparo de modificaciones de carácter técnico, en realidad lo que se altere sean las premisas políticas del proceso" (Víctor Fairén Guillén, "Una perspectiva histórica del proceso: la 'litis contestatio' y sus consecuencias", in *Estudios de derecho procesal*, pp. 52-53).

Segundo Comoglio, Ferri e Taruffo, os procedimentos especiais podem ser considerados "vias alternativas" de solução de controvérsias (ADR) em relação ao procedimento ordinário, mas não em relação à jurisdição estatal, obviamente (Luigi Paolo Comoglio, Corrado Ferri e Michele Taruffo, *Lezioni sul processo civile*, p. 138). Por seu lado, Denti reforça o contraste entre tutelas diferenciadas e ADR, quando afirma que aquelas pressupõem o reconhecimento do primado da solução estatal das controvérsias (Vittorio Denti, "Valori costituzionali e cultura processuale", *Rivista di Diritto Processuale*, v. 39, n. 3, pp. 453-454). Mesmo assim, pode-se dizer que apenas um pequeno passo separa a pluralidade de ritos da pluralidade de jurisdições (Federico Carpi, "*Flashes* sulla tutela giurisdizionale differenziata", *Rivista Trimestrale di Diritto e Procedura Civile*, v. 34, n. 1, p. 238), até porque no entreguerras a questão da pluralidade de procedimentos era confundida com a da pluralidade de jurisdições: "l'atteggiamento negativo verso la 'specialità' delle giurisdizioni (atteggiamento condiviso, come è noto, da Chiovenda) si traduceva nella prospettazione di un modello processuale rigido, cui facevano da supporto i pilastri del sistema concettuale, dall'azione alla cosa giudicata" (Vittorio Denti, "Il processo di cognizione nella storia delle riforme", *Rivista Trimestrale di Diritto e Procedura Civile*, v. 47, n. 3, p. 813).

245. Para Carlos Alberto Carmona, o fato de que a Lei da Arbitragem torna desnecessária a homologação judicial do laudo pericial (Lei 9.307/96, art. 31) é suficiente para caracterizar a jurisdicionalidade da arbitragem, mesmo prevendo que "certamente surgirão críticas, especialmente de processualistas ortodoxos que não conseguem ver atividade processual – e muito menos jurisdicional – fora do âmbito da tutela estatal estrita", o que configuraria uma "idéia tacanha de jurisdição" (Carlos Alberto Carmona, *Arbitragem e processo*, p. 38), digna de uma "corrente privatista" (Wilson Ramos Filho, *Pluralismo jurisdicional*, p. 142). No entanto, para Chiovenda, não é a desnecessidade de homologação judicial do laudo arbitral que confere um suposto caráter jurisdicional à arbitragem, porque "... los árbitros no reciben de la ley *ningún poder*. (...) Puede existir una ley que no exija ni siquiera la sentencia o decreto de ejecutoriedad del laudo (...). Pero ni aún en esta ley el laudo y el arbitraje tendría carácter jurisdicional, a menos que los árbitros tuvieran los *poderes jurisdiccionales*" (Giuseppe Chiovenda, *Principios de derecho procesal civil*, t. 1, pp. 145-146). Ninguém, em sã consciência, é favorável à ortodoxia com que determinados juristas se apegam às lições mais vetustas, por mais clássico que seja o paradigma adotado. Todavia, *in casu*, a lição chiovendiana, ou sua adoção hoje, está longe de ser "tacanha" ou "privatista", porque nos remete a um binômio sempre atual e de ordem pública: o de *poder* e *jurisdição* (basta recordar Cândido Rangel Dinamarco, *A instrumentalidade do processo*, pp. 77 e ss.). E mais que isso, no trecho acima Chiovenda reafirma a inextricabilidade desses dois elementos, qual seja: não há jurisdição sem poder. A normatização da arbitragem normalmente não admite que o árbitro tenha poderes para expedir medidas coercitivas ou cautelares – no Brasil, Lei 9.307/96, art.

cedimento ordinário para tutelar certos direitos de certos setores econômicos.[246] A demanda por efetividade também costuma açoitar – e com estardalhaço – o processo penal. Está na ordem do dia, juntamente com a exigência de pressa na cassação de deputados, expulsão de membros de partidos e cassação de registros no CREA. De fato, a imprensa vem sempre acusando o processo penal e todos esses processos administrativos de favorecer a impunidade, e assim os jornalistas e políticos oportunistas investem suas armas contra o princípio do contraditório e da ampla defesa. Parece haver uma ânsia pelo espetáculo do castigo.[247]

Em menor grau, costuma-se cobrar velocidade também da justiça eleitoral, principalmente no que tange à apuração de votos. Daí a informatização das eleições, com instalação de urnas eletrônicas que, diga-se de passagem, talvez venham a acabar com o sigilo do voto (já que o eleitor tem a urna liberada apenas quando o mesário coloca uma determinada senha; pode-se até imaginar um cadastro dos eleitores por voto dado, de grande utilidade para contratações etc., pois o índice de

22, § 4º; na Itália art. 818 do CPC (Andrea Proto Pisani, *Lezioni di diritto processuale civile*, p. 864; Luigi Paolo Comoglio, Corrado Ferri e Michele Taruffo, *Lezioni sul processo civile*, p. 150). O problema é que, ao reconhecer, por um lado, que "o árbitro não tem poder de coerção" (Carmona, ob. cit., p. 215), e ao defender, por outro lado, uma adequação do conceito – "em crise já há muitos anos" – de jurisdição à realidade (idem, ibidem, p. 39), o Prof. Carmona praticamente nos obriga a retroceder a um conceito de jurisdição enquanto mera declaração. Em outras palavras, a adequação do conceito de jurisdição, para que incorpore uma figura (árbitro) sem poderes de coação, significa retirar da jurisdição qualquer noção de poder de império, o que nos remete ao Direito Romano, como já vimos na seção 3.6. Pior é que, para escaparmos à vinculação entre a tese da jurisdicionalidade da arbitragem e a concepção "emasculada" de jurisdição, teríamos de conceber o árbitro com poderes coercitivos, o que com certeza amplia ainda mais a possibilidade de abusos por parte de grandes grupos econômicos etc. A pergunta que se impõe nesse momento é a seguinte: se não há jurisdição sem poder (Chiovenda), um conceito mais adequado ao momento atual (Carmona) admitiria que há jurisdição onde há poder... *econômico*?

246. "É claro que o arbitramento, ou a arbitragem, sob qualquer de suas formas conhecidas, inclusive o sistema do Juízo Arbitral, é instrumento de solução de conflitos com a aplicação das normas de direito vigente em determinada sociedade, e que os que se utilizam dele são, sempre, ou quase sempre, pessoas ou organizações elevadamente situadas na escala econômica e social. (...) O custo do arbitramento é, seguramente, superior aos recursos normais dos menos favorecidos em matéria econômica" (F. A. de Miranda Rosa, *Sociologia do direito*, p. 197).

247. Friedrich Nietzsche, *A genealogia da moral*, p. 74.

confiabilidade do cidadão deve depender do partido em que vota...) e inaugurar uma fase de fraudes cibernéticas, dificilmente fiscalizáveis. Cobra-se velocidade inclusive do processo legislativo. Assim é que o Congresso Nacional vem aprovando leis sem maiores discussões ou retoques para evitar um trâmite mais demorado (retorno do projeto à casa de onde saiu), com a promessa de veto presidencial e de correções via decreto regulamentador ou medida provisória. Em passado não muito remoto, a "lentidão legislativa" deu origem à cobrança de prazos compulsórios para a apreciação de projetos de lei do Executivo, dando origem ao decreto-lei pós-64 e à discussão sumaríssima da CF/67, conforme já vimos na seção 2.[248]

No entanto, o que nos interessa é a incidência dessa demanda por efetividade no processo civil, que é instigado a apresentar eficiência por motivos notadamente econômicos. Basta notar como vem sendo realçada – com toda a razão – a importância da tutela antecipatória na reforma do processo civil.

É evidente que a tutela antecipatória não significa privilégio para uma determinada classe,[249] e não é isso que se discute no momento. Importa observar é que a relevância do instituto hoje é justamente o sinal do valor extraordinário que a velocidade e a eficiência (e efetividade) assumem na sociedade e nos meios jurídicos.

Outro sinal é a ação monitória. Poderíamos até discutir se não há privilégio nesse tipo de procedimento, diante da enorme quantidade de ações monitórias ajuizadas por instituições financeiras contra particulares, ressuscitando o cheque prescrito, os juros prescritos e a duplicata sem aceite, p. ex. – o que, aliás, mereceria uma pesquisa nas varas cíveis.[250] Entretanto, não é esse o propósito do presente trabalho.

248. Daí as exortações revolucionárias tipicamente dromocráticas, como a seguinte: "Tudo terá de ser realizado dentro da *organização democrática que é bela, mas lenta*" (José Américo de Almeida, "A revolução de março e seus antecedentes históricos", in Humberto de Alencar Castello Branco et alii, *A revolução de 31 de março*, p. 49 – grifo nosso).
249. Luiz Guilherme Marinoni, *Tutela antecipatória, julgamento antecipado e execução imediata da sentença*, p. 57.
250. Nunca é demais lembrar o fato de que o procedimento monitório, em sua origem, veio para atender basicamente a exigências específicas do empresariado e dos profissionais liberais, conforme se lê no CPC italiano art. 633, 634 e 636 (Andrea Proto Pisani, *Appunti sulla giustizia civile*, pp. 17, 322, 435-436, e *Lezioni di diritto processuale civile*, p. 610; Luigi Paolo Comoglio, Corrado Ferri e Michele Taruffo, *Lezioni sul processo civile*, pp. 236-237).

7.6 Para finalizar

7.6.1 Democracia e participação

Diante de toda a problemática exposta, parece não haver como transigir com os valores democráticos. "(...) a democracia implica um tempo de Eros, ou seja uma sociedade de compromisso com a vida que não compactua com uma subjetividade instituída a partir de um modelo de racionalidade tecnocrática que decide entre o bem e o mal".[251] Para escapar desse modelo de racionalidade tecnocrática, a princípio é preciso pensar numa *ordem econômica* que compatibilize justiça social (o justo, o jurídico) e desenvolvimento (o eficiente, o técnico).[252] De qualquer forma, não se pode abrir mão da democracia, seja ela a democratização do gerenciamento, da administração pública ou do processo. E por democratização entenda-se *participação*.[253] É preciso "democratizar a democracia" por meio da participação, isto é, otimizar a participação dos cidadãos nos processos de decisão.[254] Na verdade, a democracia "ou é participativa ou não é nada".[255]

7.6.2 Democratização do gerenciamento

A democratização do gerenciamento não deve ser confundida com "gestão participativa" (segundo José Henrique de Faria, equivocadamente chamada de "democracia industrial").[256] Na condição de mero compromisso entre os gestores (representantes do capital) e par-

---

251. José Luis Bolzan de Morais, *A subjetividade do tempo*, p. 107.
252. "A complexidade das relações sociais no nosso tempo vem reclamando enfaticamente a adoção de soluções normativas que impõem a superação de uma falsa oposição entre o técnico e o jurídico, a fim de que nem a eficiência econômica se produza sem atenção aos padrões de justiça, nem esta venha a ser produzida, apenas e sempre, com sacrifício da eficiência que só a aprimora" (Eros Roberto Grau, *Elementos de direito econômico*, p. 57).
253. "(...) la partecipazione indica e realizza il 'prender parte', ad un processo di decisione, di soggetti diversi da quelli ai quali un ordinamento attribuisce istituzionalmente la competenza a provvedere e che ordina (organizza) stabilmente per questo scopo" (Mario Nigro, "Il nodo della partecipazione", *Rivista Trimestrale di Diritto e Procedura Civile*, v. 34, n. 1, p. 226).
254. José Joaquim Gomes Canotilho, *Direito constitucional*, 5ª ed., pp. 414, 420-421, 430 e ss. José Joaquim Calmon de Passos, "Democracia, participação e processo", in *Participação e processo*, pp. 92-94.
255. Norberto Bobbio, *A era dos direitos*, p. 151.
256. Vide, p. ex., C. B. Macpherson, ob. cit., pp. 53-63.

cela dos trabalhadores (comissões de fábrica e sindicatos), a gestão participativa não significa a democratização nem a socialização do processo de trabalho, mas apenas uma estratégia de poder, de atualização do "esquema de dominação sobre a organização e as ações políticas dos trabalhadores".[257]

7.6.3 Participação na administração pública

Em diapasão um tanto diferente, a democratização da administração pública passa, com certeza, pela construção de uma responsabilidade pela coisa pública,[258] mas aqui sempre com a *participação*, seja ela: em Câmaras Setoriais, lutas sindicais, movimentos sociais, fóruns sobre habitação, direitos humanos, meio ambiente, saúde, qualidade de vida, além do famoso orçamento participativo.[259] A participação popular na administração pública pode se dar inclusive por via judicial – p.ex., pela ação popular, ou por meio das ações coletivas.[260] De qualquer forma, a palavra-chave é sempre *participação*: "A reforma democrática decisiva para a sociedade brasileira é viabilizar a participação constante de milhões de pessoas na vida política da nação, não na condição de eleitores eventuais, mas de cidadãos informados e conscientes, de agentes na constituição de sujeitos coletivos e na construção de novas relações de poder".[261]

---

257. José Henrique de Faria, ob. cit., pp. 114-115.
258. *Respo*nsabilidade inclusive no sentido de dar *respo*stas às demandas populares, responder por si e perante a coletividade (Jacques Derrida, *Paixões*, p. 29 *et passim*).
259. Luiz Eduardo Wanderley, ob cit., p. 53. Ainda sobre a participação popular na administração pública, ver Salvador M. Dana Montaño, "La importancia de la participación política", *Revista Jurídica*, v. 24, pp. 115-118; Maria Sylvia Zanella Di Pietro, "Participação popular na administração pública", *Revista Trimestral de Direito Público* 1/127-39.
260. Maria Sylvia Zanella Di Pietro, "Participação popular na administração pública", *Revista Trimestral de Direito Público* 1/137-138. Luiz Guilherme Marinoni, "Tutelas diferenciadas e realidade social", in *Lições alternativas de direito processual*, p. 142. Elival da Silva Ramos, "O direito de ação como direito político", in *Participação e processo*, pp. 150 e ss. Antônio Magalhães Gomes Filho, "Ações populares e participação política", in *Participação e processo*, pp. 180 e ss. Interessante notar que, para o sistema *civil law*, as ações coletivas podem representar um risco de "indevida" politização da administração da justiça (Mirjan Damaska, *I volti della giustizia e del potere*, p. 204).
261. José Corrêa Leite, "Reformas democráticas e contra-reformas neoliberais", *São Paulo em Perspectiva*, v. 10, n. 4, out./dez. 1996, p. 36.

Devemos concordar com Luiz Eduardo Wanderley que a reforma do aparelho do Estado "não pode ser determinada apenas por razões de *eficácia e eficiência* [grifo nosso], com objetivos de equilibrar custos e benefícios" – ainda que algo nesse sentido também seja necessário –, mas deve priorizar a *participação democrática* na gestão da coisa pública, principalmente nos Conselhos, que deveriam ter sua representatividade ampliada "para os setores excluídos e as massas desorganizadas".[262] Isto é: deve-se repensar a reforma do aparelho do Estado, agora em conexão com os valores democráticos, pois como diria Eli Diniz, "é imprescindível compatibilizar eficiência do Estado e aprimoramento da democracia".[263] A par da democratização do Estado, não se pode descurar da democratização – também imprescindível – da própria sociedade civil.[264]

7.6.4 Consumo da jurisdição e participação

O problema é que a democratização da administração pública e da própria sociedade civil enfrenta um poderoso inimigo na figura deprimente do cidadão-consumidor ou cidadão-cliente, noção esta que, presa à pouco democrática "sociedade de consumo" atual,[265] prioriza o consumo do serviço, de modo que exclui aqueles que não podem pagar por ele. No entanto, o exercício da cidadania não deveria reduzir-se à prestação de um serviço (jurisdicional) a um cliente (jurisdicionado).[266] Esse é o equívoco de quem, tal qual a Min. Cláudia Costin (da Administração e Reforma do Estado), confunde exercício da cidadania com o desfrute dos serviços oferecidos (mal e porcamente) pelo Estado, promovendo, em nome do discurso da qualidade, uma "fantástica torção semântica" a transubstanciar o vassalo (cliente) em senhor (consumidor).[267]

262. Luiz Eduardo Wanderley, ob. cit., pp. 102-103.
263. Eli Diniz, ob. cit., pp. 23-24.
264. Luiz Eduardo Wanderley, ob. cit., pp. 96 e 101.
265. Sobre o assunto, consultar Jean Baudrillard, *A sociedade de consumo*.
266. "(...) não se pode reduzir a condição do cidadão à de usuário de serviços públicos, situando os seus anseios de participação nos limites estreitos da satisfação do cliente. A amplitude dos direitos do cidadão nem de longe pode ser identificada com a mera garantia dos direitos do consumidor" (Nílson José Machado, "O brasileiro como cidadão", *Folha de S.Paulo*, 30.10.1998, p. 1-3).
267. Cláudia Costin, "O brasileiro como cliente", *Folha de S.Paulo*, 18.9.1998, p. 1-3. Crítica em: Nílson José Machado, "O brasileiro como cidadão", *Folha de S.Paulo*, 30.10.1998, p. 1-3; Fernando Celso Uchôa Cavalcanti e Pedro Celso Uchôa Cavalcanti, *Primeiro cidadão, depois consumidor*.

No processo civil, a antinomia entre produtores (legislador, juiz, administrador) e consumidor (o jurisdicionado), embora utilizada por Cappelletti com propósitos muito mais nobres,[268] pode ajudar a reforçar, em sua "prospettiva dei consumatori", uma idéia de "consumidor da justiça" desvinculada do exercício da cidadania, mas próxima ao neoliberal cidadão-cliente ou cidadão-consumidor; ao promover uma antinomia entre consumidor e "produtores" da justiça (legislador, juiz e administrador), pode também superestimar o papel das necessidades de consumo de modo a sinalizar um retorno ao velho pólo metodológico – afinal, a ação simboliza, muito melhor que a jurisdição, a busca da satisfação das necessidades egoísticas do consumidor. E no entanto, como percebemos claramente em seu estudo,[269] não era essa, definitivamente, a intenção do ilustre processualista. Digamos que, nesse caso, infelizmente, a criatura pode escapar ao controle do criador, e, de instrumento do *cidadão*, pode transformar-se em instrumento do *cliente*, no sentido depreciativo lembrado por Nílson José Machado: o cliente, do latim *cliens, clientis*, que era o "apaniguado", o "protegido" de um senhor, donde a expressão altamente pejorativa "clientelismo", enquanto prática política estabelecida nessas condições.[270]

No processo civil, a figura do consumidor do serviço jurisdicional confunde-se com a do cidadão que pleiteia ou defende seus direitos em juízo, anulando-a: só se obtém então a prestação quando for possível *pagar* por ela – afinal, não existe relação de consumo sem o dispêndio de valores. Do cidadão que *cobra* a prestação jurisdicional a que tem direito, chega-se à triste figura do consumidor que precisa *comprá-la*, a ela só tendo o direito após pagar o preço – custas e despesas, emolumentos, honorários, fora outros gastos "por fora" nos cartórios.[271]

---

268. Mauro Cappelletti, "Accesso alla giustizia come programma di riforma e come metodo di pensiero", *Rivista di Diritto Processuale*, v. 37, n. 2, pp. 244-245.
Ver também Mauro Cappelletti, "Problemas de reforma do processo civil nas sociedades contemporâneas", in *O processo civil contemporâneo*, p. 15; Boaventura de Sousa Santos, "Da microeconomia à microsociologia da tutela judicial", *Justiça e Democracia*, n. 1, jan./jun. 1996, p. 76.
269. Mauro Cappelletti, "Accesso alla giustizia come programma di riforma e come metodo di pensiero", *Rivista di Diritto Processuale*, v. 37, n. 2, p. 245.
270. Nílson José Machado, "O brasileiro como cidadão", *Folha de S.Paulo*, 30.10.1998, p. 1-3.
271. Keith S. Rosenn, *O jeito na cultura jurídica brasileira*, pp. 93, 95-96.
Artur Stamford da Silva, "Procedimentos estatais e procedimentos para-estatais: uma descrição da práxis forense em Pernambuco", in Sociedade Brasileira para o Progresso da Ciência, *Anais do 45ª reunião anual da SBPC*, 1993, p. 115. Para mais críticas

7.6.5 Participação no processo: o contraditório

A cidadania – ao contrário do consumo ou do clientelismo – implica um direito político de influir no processo de tomada de decisões. No processo civil, esse direito de influir na decisão é traduzido no princípio do contraditório. De fato, é unânime a doutrina ao confirmar que a parte tem o direito de poder influir no resultado do processo, ajudando na reconstrução dos fatos.[272] Trata-se do inegável direito à participação no procedimento.[273] A esse direito de participação no processo, para influir no seu resultado, corresponde o princípio do contraditório.[274] E é esse direito que os procedimentos especialíssimos têm o costume de limitar.

Segundo Fazzalari, são objetivos do contraditório, enquanto participação: tornar transparente a atividade do órgão judicial, evitar lesões injustas ou reações subseqüentes ao provimento judicial, mais demoradas e dispendiosas, e, *last but not least*, "attuare una concreta e non episodica partecipazione dei cittadini al governo della cosa pubblica".[275]

A participação é a essência do contraditório, que é mais uma exigência política da democracia que uma categoria jurídica.[276] Segundo

ao sistema cartorário: José de Albuquerque Rocha, *Teoria geral do processo*, pp. 75-77. José Reinaldo de Lima Lopes, "Uma introdução à história social e política do processo", in *Fundamentos de história do direito*, pp. 274-275.
 272. José Carlos Barbosa Moreira, "A garantia do contraditório", in *Temas de direito processual civil*, 3ª série, p. 65. "(...) o processo não será um verdadeiro processo enquanto não proteger as partes, no sentido de lhes dar a oportunidade de sustentarem suas razões, de produzirem sua defesa, de apresentarem suas provas, de influírem sobre o convencimento do juiz" (Ada Pellegrini Grinover, *O processo em sua unidade*, v. 2, p. 60).
 273. Mario Nigro, "Il nodo della partecipazione", *Rivista Trimestrale di Diritto e Procedura Civile*, v. 34, n. 1, p. 231. Cândido Rangel Dinamarco, *Execução civil*, pp. 118-119; também *A instrumentalidade do processo*, pp. 131 e ss., e "O futuro do direito processual civil", *RF* 336/29-30, 37 e 41. "(...) a participação *no e através do* procedimento já não é tanto um instrumento funcional da democratização, *mas uma dimensão intrínseca complementadora, integradora e garantidora do direito material*" (José Joaquim Calmon de Passos, *Direito, poder, justiça e processo*, p. 78 – grifos no original).
 274. Luiz Guilherme Marinoni, *Novas linhas do processo civil*, pp. 159 e ss. Cândido Rangel Dinamarco, "O princípio do contraditório", *Revista da Procuradoria-Geral do Estado de São Paulo*, n. 19, 1981/1982, pp. 22, 31-32.
 275. Elio Fazzalari, "Procedimento e processo (teoria generale)", in *Enciclopedia del Diritto*, v. 35, p. 820.
 276. Cândido Rangel Dinamarco, *Execução civil*, p. 119. "O contraditório constitui uma *exigência política* do processo (garantida constitucionalmente), enquanto a

Edoardo Ricci, "i principi del contraddittorio e della difesa sono ricollegati a scelte di superiore dignità etica e politica".[277] A vinculação entre contraditório e democracia é de tal modo patente que podese dizer até mesmo que, mais que um princípio processual, o contraditório é um "apanágio do regime democrático",[278] e, como tal, "não dispõe de espaço cultural ou político nas ditaduras".[279]

Assim, em nome da democratização da relação processual,[280] o processo deve ser estruturado contraditoriamente,[281] de modo que o diálogo judicial – interditado nos procedimentos especialíssimos – possa configurar uma "autêntica garantia de democratização do processo".[282]

7.6.6 Participação na administração da justiça

Todavia, é preciso reconhecer que contraditório não é sinônimo de democracia plena. O contraditório mistificado pelo CPC/73 equivale, sim, à democracia formal mistificada pela CF/69, sob a qual aquele foi promulgado.[283] Assim como a democracia formal é maleá-

---

relação jurídica processual é a *instrumentalização jurídica* do contraditório" (Cândido Rangel Dinamarco, *Litisconsórcio*, p. 189 – grifos no original). "El derecho de contradicción está vinculado inseparablemente con el principio político del respeto a la libertad individual que orienta y fundamenta todo el sistema de la democracia política y con el no menos importante de la igualdad de las personas ante la Ley" (Hernando Devis Echandía, "El derecho de contradicción", *Revista Iberoamericana de Derecho Procesal*, n. 3, p. 397). Ver também Mauro Cappelletti, "Constitucionalismo moderno e o papel do Poder Judiciário na sociedade contemporânea", *Revista de Processo* 60/115.

277. Edoardo Ricci, "Garanzie costituzionali del processo nel diritto francese", *Rivista di Diritto Processuale*, v. 23, p. 249.

278. Rui Portanova, *Motivações ideológicas da sentença*, p. 118.

279. Jonathas Silva, "Acesso à propriedade urbana", in Ordem dos Advogados do Brasil, *X Conferência Nacional da Ordem dos Advogados do Brasil*, 1984, pp. 567-568.

280. Domingos Sávio Dresch da Silveira, "Considerações sobre as garantias constitucionais do acesso ao Judiciário e do contraditório", in *Elementos para uma nova teoria geral do processo*, p. 62.

281. "O processo, como conjunto de atos, deve ser estruturado contraditoriamente, como imposição do devido processo legal que é inerente a todo sistema *democrático* onde os direitos do homem encontrem garantias eficazes e sólidas" (José Frederico Marques, *Instituições de direito processual civil*, v. 2, p. 112 – grifo nosso).

282. Carlos Alberto Alvaro de Oliveira, *Do formalismo no processo civil*, p. 168.

283. Basta recordar que, outorgada pela Junta Militar, a EC-1/69 trazia a irônica afirmação de que "todo o poder emana do povo" (art. 1º, § 1º).

vel aos rompantes autoritários,[284] o contraditório entronizado pelo CPC é impotente – ou melhor: é fragilizado por boa parte da doutrina e da jurisprudência – diante dos procedimentos especialíssimos em exame. Por esse motivo, dentre outros (p.ex., a compatibilidade ideológica já mencionada na seção 2.7.2), o CPC não foi capaz – na ótica de algumas correntes doutrinárias e jurisprudenciais – de revogar esses procedimentos, que não chegaram a ultrapassar os limites da compatibilidade técnica com o princípio do contraditório formal e restrito. E assim a democracia formal e o contraditório formal acabam servindo, ao final, como tapume a camuflar, respectivamente, as arbitrariedades na política e a inacessibilidade do leigo aos postos monopolizadores do poder jurisdicional.

Por isso a democratização do processo civil não pode ser pensada sem levar em conta o objetivo maior da participação popular na administração da justiça.[285] Aliás, de nada adianta falar em aumento

284. Fora os exemplos caseiros dos AIs e DLs, é preciso lembrar que a ascensão de Hitler e Mussolini se deu sob o manto da democracia formal.
285. Mauro Cappelletti, "Giudici laici: alcune ragioni actuali per una loro maggiore utilizzazione in Italia", *Rivista di Diritto Processuale*, v. 34, n. 4, pp. 704 e ss. Luiz Guilherme Marinoni, *Novas linhas do processo civil*, pp. 159 e ss. Alessandro Pizzorusso, "Partecipazione popolare e funzione giurisdizionale", in *Participação e processo*, pp. 24 e ss. Aloísio Surgik, *Temas críticos de direito à luz das fontes*, pp. 231-247. Max Weber, *Economía y sociedad*, pp. 530-531, 656 e ss. F. A. de Miranda Rosa, *Justiça e autoritarismo*, pp. 66-70. Michel Foucault, "Sobre a justiça popular", in *Microfísica do poder*, 4ª ed., pp. 39-68. Sobre a participação popular na administração da justiça italiana, ver os artigos 102, 2º e 3º *commi*, 106, 2º e 3º *commi*, e 108, 2º *comma*, e também: Andrea Proto Pisani, *Lezioni di diritto processuale civile*, 2ª ed., pp. 11-12; Vittorio Denti, "Giudice onorario e giudice monocratico nella riforma della giustizia civile", *Rivista di Diritto Processuale*, v. 33, n. 4, pp. 617-619; Giorgio Ghezzi, "La partecipazione popolare all'amministrazione della giustizia", *Rivista Trimestrale di Diritto e Procedura Civile*, v. 31, pp. 95-150. Sobre a participação popular na administração da justiça penal, durante a resistência contra o fascismo na Itália, ver Francesco Rigano, "Partecipazione popolare e giustizia penale nella Resistenza", *Rivista Trimestrale di Diritto e Procedura Civile*, v. 34, n. 2, pp. 594-614. Sobre a participação popular na administração da justiça portuguesa, angolana e iuguslava, ver a interessante coletânea Luís Catarino *et alii*, *A participação popular na administração da Justiça*. Sobre a participação popular na administração da Justiça da ex-URSS e seus ex-satélites, ver os arts. 152, 154 e 155 da Constituição de 1977, arts. 7º, 19 a 37 dos Fundamentos da Legislação da URSS e das Repúblicas Federadas sobre o Sistema Judicial e art. 8º dos Fundamentos do Procedimento Judicial Civil da URSS e das Repúblicas Federadas (URSS. *Fundamentos de la legislación de la URSS y de las Repúblicas Federadas*, pp. 159-160, 164, 167-173 e 246), além dos seguintes textos: V. I. Terebilov, *O sistema judicial soviético*, pp. 38-

dos poderes do juiz sem que esse fortalecimento seja acompanhado de uma democratização do Judiciário.[286] E essa democratização só é possível mediante um maior grau de *participação*, imprescindível para quem pretende conferir legitimação democrática a "un poder cuyo origen no es directamente popular".[287]

As hipóteses de participação popular na administração da justiça brasileira são simplesmente excepcionalíssimas – quando não inócuas. Excepcionalíssimas porque a Lei 9.099/95, que poderia ser uma brecha na muralha tecnoburocrática que protege a administração da justiça, dá preferência aos bacharéis em direito, para o cargo de conciliador, e aos advogados com mais de cinco anos de experiência, para o cargo de juiz leigo (art. 7º). No regime da Lei 7.244/84, reguladora dos Juizados de Pequenas Causas, havia quem defendesse[288] e quem criticasse[289] a possibilidade de o leigo atuar como conciliador ou árbitro (arts. 6º e 7º). Essa divergência é um reflexo de disputa semelhante existente na doutrina italiana.[290]

40, 42-49; René David, *Les données fondamentales du droit soviétique*, pp. 274 e ss., e *Os grandes sistemas do direito contemporâneo*, pp. 222 e ss., 236-237, 244-245; Mirjan Damaska, *I volti della giustizia e del potere*, pp. 326, 334-335; Nikolái Maléin, *La legislación civil y la defensa de los derechos personales en la URSS*, pp. 235-236; V. K. Poutchinski, "Princípios de processo civil da URSS e das Repúblicas federadas", in *Princípios de processo civil da URSS e das Repúblicas federadas*, pp. 41-43; V. N. Kudriavtsev, A. I. Lukianov e G. J. Shajnazarov (orgs.), *Constitución del país de los soviets: diccionario*, pp. 302 e ss. Sobre a participação popular na administração da justiça chinesa, ver: Shao Chuan Leng, *Justiça popular na China*; Huang Feng, "L'organizzazione giudiziaria in Cina", *Rivista Trimestrale di Diritto e Procedura Civile*, v. 42, n. 4, pp. 1.161-1.167. Para restrições à participação popular na administração da justiça, ver Giuseppe Tarzia, "Giudice professionale e giudice laico", *Rivista di Diritto Processuale*, v. 35, n. 3, pp. 448 e ss.

286. Ver Joaquim de Arruda Falcão, "Cultura jurídica e democracia: a favor da democratização do Judiciário", in *Direito, cidadania e participação*, pp. 3-20.

287. Roberto O. Berizonce, "La participación popular en la Justicia", *Revista Jurídica*, v. 28, n. 2, p. 112. "Un principio democrático preside también la formación de los funcionarios jurisdiccionales como la de los demás funcionarios públicos; es el mismo principio que se manifiesta en la forma representativa parlamentaria, en la tendencia a la descentralización administrativa y a la vigorización de las autonomías locales. '*Self government*', o sea la *participación más o menos directa de los gobernados en el gobierno de la cosa pública*" (Giuseppe Chiovenda, *Principios de derecho procesal civil*, t. 1, p. 381 – grifos no original).

288. Cândido Rangel Dinamarco, *Manual das pequenas causas*, p. 11.

289. Rogério Lauria Tucci, *Manual do Juizado de Pequenas Causas*, pp. 76-78.

290. Para ensaios amplamente favoráveis à utilização de juizes leigos, ver ~~ppelletti, "Giudici laici: alcune ragioni actuali per una loro maggiore uti-

É óbvio que não estamos aqui considerando a hipótese pífia dos juízes de paz, de cuja eleição direta (CF art. 98, II) nunca tivemos ciência e cuja competência é irrelevante – salvo se forem tomadas iniciativas mais corajosas no âmbito de Estados e municípios,[291] o que é pouco provável. Da mesma forma, a finada representação classista, que nem sequer pode ser considerada participação popular – diante dos notórios descalabros em sua escolha –, a não ser que a administração da Justiça do Trabalho se resuma a chamar o reclamante e o reclamado na sala de espera.

Segundo Vittorio Denti, a participação popular pode seguir três modelos: participação como instrumento de garantia (modelo liberal), de transformação ou de controle.[292] Mas as experiências alemã e austríaca, p.ex., mostram que a participação de juízes leigos no processo do trabalho "non svolge più un ruolo fondamentale, né di controllo, né di partecipazione effettiva", não sendo possível considerá-las nem sequer "espressione del principio democratico della partecipazione popolare all'amministrazione della giustizia".[293] O mesmo se diga dos juízes classistas no Brasil, que também não seguiam nenhum dos três modelos apontados por Den-

---

lizzazione in Italia", *Rivista di Diritto Processuale*, v. 34, n. 4, pp. 698-713, e "Os métodos alternativos de solução de conflitos no quadro do movimento universal de acesso à justiça", *Revista de Processo* 74/88 e ss.; Alessandro Pizzorusso, "Partecipazione popolare e funzione giurisdizionale", in *Participação e processo*, pp. 30 e ss. A posição de Cappelletti recebeu ressalvas no comentário de Giuseppe Tarzia, "Giudice professionale e giudice laico", *Rivista di Diritto Processuale*, v. 35, n. 3, pp. 438-453. Sobre a participação de "juízes leigos" – jurados – no processo civil norte-americano, ver Jacinta Paroni Rumi, "Giudice 'laico' e 'due process' nell'esperienza americana", *Rivista Trimestrale di Diritto e Procedura Civile*, v. 32, pp. 1.645-1.659; no processo civil inglês, ver Luigi Moccia, "L'esperienze inglese della partecipazione dei laici all'amministrazione della giustizia", *Rivista di Diritto Processuale*, v. 33, n. 4, pp. 741-764. Sobre o papel dos juízes leigos no direito francês, ver Guido Fanfani, "Giudice laico e giurisdizioni speciali in Francia", *Rivista Trimestrale di Diritto e Procedura Civile*, v. 37, n. 3, pp. 936-965. Sobre a evolução do juiz leigo até chegar à profissionalização do Judiciário, ver José Reinaldo de Lima Lopes, "Uma introdução à história social e política do processo", in *Fundamentos de história do direito*, pp. 249 e ss.

291. Antonio Carlos Wolkmer, *Pluralismo jurídico*, p. 269.
292. Vittorio Denti, "Giudice onorario e giudice monocratico nella riforma della giustizia civile", *Rivista di Diritto Processuale*, v. 33, n. 4, pp. 616-617.
293. Ulrich Runggaldier, "Partecipazione popolare e giustizia del lavoro in Austria e Germania", *Rivista Trimestrale di Diritto e Procedura Civile*, v. 34, n. 4, pp. 1.494-1.495.

ti, até serem definitivamente sepultados pela providencial EC-24, de 9.12.1999.

O que vem acontecendo com os juízes de paz e a fal(ec)ida representação classista, como modelos brasileiros de simular uma participação popular de leigos na Justiça, na verdade é um padrão típico do sistema europeu continental (*civil law*), no qual os juízes leigos são colocados em posições inócuas de poder.[294] Na Itália, até há quem defenda a ampliação da competência dos juízes de paz,[295] mas o problema é que lá os juízes de paz não são leigos nem eleitos: devem ser formados em direito e nomeados pelo Presidente da República, cf. a Lei n. 374/91, art. 4º e 5º, n. 1, "g".[296]

Por fim, precisamos apontar que o discurso segundo o qual a arbitragem é uma forma de participação "popular" contradiz a sua própria destinação precípua, que é a de dirimir conflitos no comércio internacional.[297] Em outras palavras, parece-nos que a composição de um órgão por técnicos escolhidos mediante critérios meritocráticos – para dizer o menos – está longe de configurar uma *participação democrática*. Democracia não se confunde com meritocracia.

294. "Nella misura in cui partecipano all'attività decisionale, i laici sono relegati in ruoli relativamente innocui: una vigorosa diffesa dei loro indipendenti punti di vista è subito stigmatizzata come un'arrogante esibizione di dilettantismo" (Mirjan Damaska, *I volti della giustizia e del potere*, p. 129).
295. P.ex., Franco Cipriani, *Ideologie e modelli del processo civile*, pp. 161-162.
296. Modestino Acone, "Il giudice di pace (dal dibattito culturale alla legge istitutiva)", *Rivista di Diritto Processuale*, v. 47, n. 4, pp. 1.096-1.120. Nicola Picardi, "Il giudice di pace in Italia alla ricerca di un modello", *Rivista di Diritto Processuale*, v. 48, n. 3, pp. 656-694. Andrea Proto Pisani, *Lezioni di diritto processuale civile*, 2ª ed., pp. 16-17. Luigi Paolo Comoglio, Corrado Ferri e Michele Taruffo, *Lezioni sul processo civile*, pp. 121 e ss. Sobre a participação de juízes honorários na administração da justiça italiana, ver Giorgio Ghezzi, "La partecipazione popolare all'amministrazione della giustizia", *Rivista Trimestrale di Diritto e Procedura Civile*, v. 31, *passim*; Vincenzo Vigoriti, "A favore del giudice onorario elettivo: spunti e proposte per una riforma", *Rivista Trimestrale di Diritto e Procedura Civile*, v. 32, pp. 357-373; Vittorio Denti, "Giudice onorario e giudice monocratico nella riforma della giustizia civile", *Rivista di Diritto Processuale*, v. 33, n. 4, pp. 609-630; Alessandro Pizzorusso, "Giudice onorario e giudice monocratico", *Rivista di Diritto Processuale*, v. 32, n. 2, pp. 257-269; Giuseppe Tarzia, "Il giudice onorario nel processo civile", *Rivista di Diritto Processuale*, v. 32, n. 2, pp. 270-286; Alberto Crespi, "Il giudice onorario in materia penale", *Rivista di Diritto Processuale*, v. 32, n. 2, pp. 287-294.
297. Carlos Alberto Carmona, "Arbitragem e jurisdição", in *Participação e ~~so~~, p. 305. Roberto O. Berizonce, "La participación popular en la Justicia", *dica* 28 (2)/116-117.

7.6.7 Pela democratização do processo civil

Mas uma reforma democratizante do Judiciário também não é tudo. É preciso pensar formas de democratizar o processo civil,[298] e não de exclusivamente dromocratizá-lo mediante reformas tecnocráticas.[299] Se hoje ele é lento, não é por causa de um suposto excesso de "democratismo", mesmo porque ainda há verdadeiros nichos de autoritarismo no processo civil e no Judiciário, principalmente se considerarmos o fato de que o corpo do nosso CPC é de 1973 (pleno período de repressão política), o modelo tecnoburocrático de composição do Judiciário brasileiro[300] e seu autoritarismo estrutural e operacional interno, a plasmar um rito processual intimamente autoritário.[301]

Assim, a luta pela efetividade do processo, que não pode descurar da luta pela sua democratização, deve passar fatalmente pelo banimento, por inconstitucionalidade, dos procedimentos especialíssimos dos DL 70/66 e 911/69, por exemplo.

Por outro lado, não se pode cair no equívoco de confundir lentidão com democracia – como também não se confunde democracia com ineficiência.[302] O fato de o processo civil ser, apesar das refor-

298. Como o fizeram, à sua época – e inigualavelmente –, Calamandrei (*Processo e democrazia*) e Cappelletti (*Proceso, ideologías, sociedad*). "(...) los países democráticos, a diferencia de los totalitarios, no se han dado, aún, fórmulas procesales suficientemente precisas como para que pueda afirmarse que constituyen el fiel reflejo de sus Constituciones" (Eduardo Couture, "Las garantías constitucionales del proceso civil", in *Estudios de derecho procesal civil*, v. 1, p. 20).

299. "(...) a par da maior *eficiência* do aparelho judicial estatal, mostra-se desejável hoje o desiderato de obter-se índice sempre mais intenso de *democratização* do processo" (Carlos Alberto Alvaro Oliveira, *Do formalismo no processo civil*, p. 126 – grifos nossos). "O sistema judicial precisa ser radicalmente reformado para responder às aspirações democráticas dos cidadãos cada vez mais sujeitos ao abuso de poder por parte de agentes econômicos muito mais poderosos. Se essa reforma política e democrática não tiver lugar, o vazio que a sua ausência produzirá será certamente preenchido por uma *reforma tecnocrática* virada para servir preferencialmente os interesses da economia global" (Boaventura de Sousa Santos, "Os tribunais e a globalização", *O Estado de S.Paulo*, 9.11.1996, p. A-2 – grifo nosso).

300. Eugenio Raúl Zaffaroni, *Poder Judiciário*, pp. 124 e ss., 141 e ss., *et passim*. Para uma análise histórica da burocracia no aparelho judiciário brasileiro, ver Stuart B. Schwartz, *Burocracia e sociedade no Brasil Colonial*.

301. F. A. de Miranda Rosa, *Justiça e autoritarismo*, cit., p. 60.

302. Muito pelo contrário: o autoritarismo do Estado neoliberal se verifica também na ineficiência burocrática (Boaventura de Sousa Santos, "O social e o político...", cit., p. 196). Por isso mesmo, setores da oposição também ostentam um discurso pela efetividade do processo, como o fez um candidato derrotado à Presidência

mas, atado à morosidade natural do procedimento ordinário não nos permite defendê-lo como sendo democrático, visto que respeitador do contraditório e da ampl(íssim)a defesa. Ele é essencialmente autoritário, e por isso mesmo é que sobrevive entre nós. Isso merece uma breve explicação.

Apenas em termos ideais poderíamos dizer que "o processo judicial é, em si, uma prática democrática",[303] eis que os procedimentos especialíssimos fogem a essa regra. Se "a igualdade das partes, as diversas oportunidades para alegar e provar o que lhes convenha, a recíproca fiscalização, o formalismo dos atos processuais eliminam privilégios e a todos submetem igualmente às determinações da lei",[304] é preciso que se reconheça que os procedimentos especialíssimos:

1) aumentam a desigualdade entre as partes (ao favorecer juridicamente a parte que já é mais forte economicamente);

2) não garantem uma "recíproca fiscalização" (eis que em alguns casos o réu é chamado a ter um papel de mero espectador – da sua própria derrota judicial, é claro); e

3) eliminam formalismos em proveito de uma maior celeridade que beneficia justamente um setor econômico já privilegiado (no caso do SFI e do SFH, chegando a eliminar o próprio "formalismo" do ingresso no Judiciário).

---

da República, em debate na OAB/DF (cf. "Lula critica lentidão do Poder Judiciário", *Folha de S.Paulo*, 28.7.1998, p. 1-9).
303. F. A. de Miranda Rosa, *Justiça e autoritarismo*, p. 77.
304. F. A. de Miranda Rosa, *Justiça e autoritarismo*, cit., p. 77.

8
CONSIDERAÇÕES FINAIS

Tal como o Prof. Marinoni, "pensamos que não é o caso de reprisar as várias conclusões a que chegamos no curso do trabalho, mas sim de reafirmar, através de uma tarefa de síntese, as principais propostas" da dissertação.[1] Nossas considerações finais não significam uma abdicação das conclusões parciais sobre assuntos conexos ou componentes do raciocínio que nos trouxe até aqui, as quais fazemos questão de ratificar neste momento. Se a pesquisa em ramos conexos ao direito processual civil e ao próprio direito pareceu um tanto excessiva, ela se justifica, no mínimo, pelo seguinte fato: buscamos evitar a todo o custo as afirmações gratuitas e primárias que pululam, no discurso jurídico, a propósito dos objetivos e resultados econômicos e políticos de tal e qual instituto.

Com a presente dissertação, queremos denunciar que há, no ordenamento jurídico brasileiro, determinados instrumentos financeiros *e seus respectivos procedimentos especialíssimos* que:

1) Apresentam uma gênese normativa de *inspiração tecnoburocrática*, e, portanto, antidemocrática, dromocrática – pautada pelos valores da técnica, da eficiência, da racionalidade e da cientificidade – e por isso são compatíveis com o "espírito" (leia-se: ideologia) do CPC/73, que é exatamente o mesmo. A inspiração tecnoburocrática se reflete, no processo civil, na utilização de técnicas de especialização procedimental em que proliferam mecanismos inconstitucionais de obtenção de maior celeridade no processamento (efetividade). E qual é a importância de denunciar a ideologia tecnocrática de um procedimento? Simples: tecnoburocracia significa cultura antidemocrática.

---

1. Luiz Guilherme Marinoni, *Tutela inibitória*, p. 429.

2) Têm um substrato ideológico marcado indelevelmente pela *atmosfera desenvolvimentista* do período em que foram "decreto-legislados", quando não se ignora que essa mesma mentalidade desenvolvimentista vinculou, por interdependência, o crescimento econômico e a modernização conservadora com o recrudescimento da concentração de riquezas (desnível sócio-econômico) e a centralização do poder político (autoritarismo), enquanto condições imprescindíveis para o desenvolvimento (doutrina do desenvolvimento com segurança). Aí está a importância em denunciar o substrato ideológico desenvolvimentista subjacente a um procedimento: o desenvolvimento é pugnado à custa de um processo de concentração de capital. Mesmo não sendo o fator preponderante do processo de concentração de riquezas no país, os procedimentos especialíssimos dão a sua humilde contribuição, ajudando a alimentá-lo, dentro do seu restritíssimo campo de atuação: o âmbito processual.

Com esses dois motivos em mente, mostra-se impossível sustentar, por razões extrajurídicas, a manutenção dos procedimentos especialíssimos no ordenamento brasileiro, apesar de sua inconstitucionalidade e incompatibilidade (mais técnica que ideológica) com o CPC/73. A eventual ausência deles não é motivo bastante para, p.ex., uma recessão ou depressão econômica – como a atual, aliás –, mas sim para um processo civil mais equânime. Assim, não há como, extrajuridicamente, escapar da revogação dos procedimentos especialíssimos.

Há uma manifesta desigualdade de tratamento processual a situações diversas de direito material, desigualdade essa que se manifesta na conformidade de qual setor econômico será favorecido. Se for para tutelar direitos de instituições financeiras, o legislador é extremamente prestativo ao criar procedimentos especialíssimos, de celeridade indiscutível, obtida quase sempre às custas do contraditório. Agora, se for para tutelar, p.ex., direitos da personalidade, muitas vezes a única solução é o lentíssimo procedimento ordinário, no qual o titular do direito tem, no máximo, uma única esperança: a tutela antecipatória. Como bem sintetizou Rui Portanova, "Se os pleitos populares não têm logrado eficiência no processo, disso não podem se queixar instituições mais poderosas e quem se beneficia de valores capitalistas. O processo tem sido econômico do ponto de vista da eficiência para as financeiras, bancos e locadores".[2]

---

2. Rui Portanova, *Princípios do processo civil*, p. 27.

No famoso monólogo "Valsa n. 6", de Nelson Rodrigues, há um momento em que a personagem desce à platéia e, escolhendo um espectador a esmo, faz a seguinte divagação: "Sei que as pessoas usam rosto... Cada perfil tem dois lados e... Então, como é que o senhor não usa duas faces?"[3] Parece-nos que é exatamente esse o problema crucial do processo civil, no que tange aos procedimentos especialíssimos. Ninguém nega que a ação tem dois lados, ninguém nega que é preciso tutelar tanto a propriedade quanto a personalidade, mas o processo – esse provecto senhor que dorme na platéia – insiste em não usar as duas faces. Insiste em não reconhecer o outro lado da ação, ou as outras situações de direito material carentes de tutela efetiva. Enquanto isso, no palco (ou picadeiro?) a vida passa.

Assim, dois direitos muitas vezes contrapostos no caso concreto, como o direito de propriedade (ou de crédito) e o direito à moradia, são sempre tratados pelo nosso sistema processual de modo a recrudescer a desigualdade social. Basta notar que ao latifundiário – produtivo ou não – é conferida a ação possessória, com liminar *inaudita altera parte* ou em audiência de justificação de posse, sem questionamentos com relação ao cumprimento da função social da propriedade. À instituição financeira são conferidos todos os procedimentos especialíssimos de que tratamos. Já o direito à moradia está despido de quaisquer privilégios processuais, seja quando estiver no pólo ativo (eis que não há no direito positivo tutela diferenciada para ele), seja quando estiver no pólo passivo, quando seus titulares são freqüentemente expulsos da terra sem qualquer atenção ao princípio da proporcionalidade.

Nem sempre a demora do processo atinge os setores menos privilegiados da população, mas, pelo contrário, os "protege" em determinados procedimentos cuja celeridade depende de sua flagrante inconstitucionalidade, como é o caso dos procedimentos especialíssimos em exame. Obviamente, não é por isso que *todo* o processo civil deve continuar moroso. Não queremos negar o valor *eficiência*, mas não queremos também que ele obscureça o valor *democracia* – o mesmo se aplica à falsa antítese entre desenvolvimento e justiça social. Por isso, é preciso que se vincule a necessária aceleração do processo com a não menos necessária extinção de tais ritos, que só favorecem o privilégio e a concentração da renda, na justa (?) medida em que violam frontalmente o princípio da isonomia.

---

3. Nelson Rodrigues, "Valsa n. 6", in *Teatro completo*, p. 402.

Antes pudesse todo o processo civil ser efetivo para todos. Como não é isso que ocorre, não podemos concordar com a transformação da efetividade num privilégio das instituições financeiras.

É preciso confessar que hoje as certezas são quase uma impossibilidade, como vem colocando a filosofia, em teses recepcionadas, em linhas gerais, pelos processualistas mais avançados. Mesmo assim, praticamente não temos dúvidas, ao final dessa dissertação, de que as regalias aqui estudadas devem ser sumariamente eliminadas do ordenamento processual civil brasileiro, para que seus beneficiários juntem-se aos demais mortais e passem a depender também da execução de título extrajudicial, tal qual regulada pelo CPC. Assim, com a pressão desses grupos econômicos (que, reconheça-se a verdade, sabem fazê-la), talvez haja vontade política (eufemismo para *lobby*) suficiente para que uma reforma posterior torne o processo civil mais efetivo *para todos*.

ÍNDICE ALFABÉTICO-REMISSIVO

ABREVIATURAS – falsificação do significado, *1.6.3*, *5.3*
ABUSO DO DIREITO DE DEFESA, *3.8*
AÇÃO – enquanto pólo metodológico do processo, *7.6.4*
AÇÃO ACIDENTÁRIA, *3.8.2*
AÇÃO CAUTELAR, *3.4*, *5.1*
– prazo para defesa, *5.1*
AÇÃO DE ALIMENTOS, *3.7.1*
AÇÃO DE DIREITO MATERIAL, *3.5*
AÇÃO DIRETA DE INCONSTITUCIONALIDADE POR OMISSÃO, *3.8*
AÇÃO MONITÓRIA, *3.8*, *3.8.3*, *7.5*
– prazo para defesa, *5.1*
AÇÃO POPULAR, *7.6.3*
AÇÃO POSSESSÓRIA
– com pólo passivo multitudinário, *2.1.3*
– e defesa da propriedade, *3.7*, *3.7.2*, *8*
– fruto de conveniência tradicional, *3.7*, *3.7.1*
AÇÃO PROCESSUAL
– autonomia, *3.6*
– enquanto pólo metodológico do processo, *3.6*

ACESSO À JUSTIÇA – por parte das instituições financeiras, *3.3*, *6.3.1*
ACTIO E OBLIGATIO, *3.6*
ADEQUAÇÃO DO PROCEDIMENTO AO DIREITO MATERIAL, *3.5*
ADMINISTRAÇÃO PÚBLICA
– burocrática, *7.3.2*
– gerencial (empresarial), *7.3.2*, *7.4.3*
– patrimonialista, *7.4.3*
ADR, ver "*Alternative dispute resolution*"
AGÊNCIAS EXECUTIVAS, *7.3.1*, *7.4.3*
AGÊNCIAS REGULADORAS, *7.4.3*
AGENTE FIDUCIÁRIO, *5.1*
AGRICULTURA
– formação de preços na indústria, *2.4.2*
– promoção do seu progresso técnico, *2.4*
AGRO-EXPORTAÇÃO, *2.4.2*
ALIENAÇÃO FIDUCIÁRIA (ver também "Busca e apreensão"), *2.2*, *2.6*
– de bem imóvel, ver "SFI"
– e escoamento da produção industrial de bens duráveis, *2.6*

– e o "Milagre brasileiro", *2.6*
– inconstitucionalidade total, *6.2*
ALTERNATIVE DISPUTE RESOLUTION (ADR), *3.3, 7.5*
AMPLA DEFESA, *5.2, 7.5*
– perfil individualista, *5.2*
APLICAÇÃO DIRETA DA NORMA CONSTITUCIONAL, *3.8.1*
APOSENTADO, *3.9*
ARBITRAGEM, *3.3, 7.5, 7.6.6*
ARBITRAZH, *7.5*
ARGUMENTO AD TERROREM, *6.4.2*
ARGUMENTO DE AUTORIDADE, *1.4*
ARROCHO SALARIAL, *2.3.1, 2.5.3, 2.6*
ASSISTÊNCIA FINANCEIRA DA CEF ÀS EMPRESAS, *2.2*
ATO PROCESSUAL – manifestação da vontade ou da necessidade, *5.2*
ATOS INSTITUCIONAIS, *1.4, 2.2*
AUTOCONSTRUÇÃO DE MORADIAS, *2.3.1*
AUTOMÓVEIS, indústria de, *2.6*
AUTONOMIA DOS RAMOS JURÍDICOS, inclusive o processual, *3.6*
AUTOPRODUÇÃO DE ASSENTAMENTOS, *2.3.1*
AUTORITARISMO E DESENVOLVIMENTO, *2.5.2*
AUTORITARISMO NO BRASIL, *2.1.2, 2.5.2*
AUTORITARISMO NO PROCESSO CIVIL, *2.1.2, 2.1.5*
AUTOTUTELA
– do direito à terra, *3.3*
– executiva privada, *3.2, 3.3, 5*
– justiça de mão própria, *5.2, 5.3*
AVALIAÇÃO DE DESEMPENHO, *7.3.1*

BEM-ESTAR, *2.4*
BENS DURÁVEIS, estímulo à produção e aquisição de, *2.2, 2.5.3, 2.6, 2.7.1*
– e concentração de renda, *2.7.1*
BNH (Banco Nacional da Habitação), ver "SFH (Sistema Financeiro da Habitação)"
BOUCHE DE LA LOI, *3.6, 6.4.1*
BUROCRATIZAÇÃO DO JUDICIÁRIO, *7.3.1*
BUROCRATIZAÇÃO SUBJETIVA DO JUIZ, *7.3.1*
BUSCA E APREENSÃO de bem objeto de alienação fiduciária (ver também "Alienação fiduciária"), *2.6, 6*
– apelação, efeito suspensivo, *6.6*
– audiência sumária, *6.5.2*
– autonomia, *6.1, 6.4.2*
– bens essenciais à indústria, *6.4.2*
– concessão obrigatória da liminar, constitucionalidade, *6.4.1*
– concessão obrigatória da liminar, inconstitucionalidade, *6.4.2*
– consolidação da propriedade, *6.7*
– contestação, prazo adequado, *6.4.2*
– contraditório, *6.3.2, 6.5.1, 6.5.2*
– depósito do bem com o réu, *6.4.2*
– devido processo legal, *6.4.1*
– diligências, determinação *ex officio* de, *6.5.2*
– e princípio da proporcionalidade, *6.4.2*
– efeito suspensivo *secundum eventum litis*, *6.6*
– equipamentos de retirada danosa, *6.4.2*
– exceções, oposição com efeito suspensivo, *6.5.2*

ÍNDICE ALFABÉTICO-REMISSIVO 439

- falsidade documental, argüição pelo réu, *6.5.2*
- fruto de conveniência arbitrária, *3.7.1*
- implementos agrícolas, *6.4.2*
- impugnação à contestação, *6.5.1*
- instrução oral, *6.5.2*
- isonomia, *6.3.1*, *6.3.2*, *6.5.1*, *6.6*
- liminar, *6.3*
- limitação à contestação, constitucionalidade, *6.5.1*
- limitação à contestação, inconstitucionalidade, *6.5.2*
- natureza executiva e antecipatória, *6.1*
- nulidades, argüição pelo réu, *6.5.2*
- oralidade, princípio da, *6.5.2*
- preliminares, argüição em contestação, *6.5.2*
- procedimento, constitucionalidade, *6.3.1*
- procedimento, inconstitucionalidade, *6.3.2*
- prova pericial, requerimento do réu, *6.5.2*
- sustação dos efeitos, *6.3.1*
- táxi, *6.3.2*, *6.4.2*

CALCULABILIDADE, *3.6*
CÂMARAS SETORIAIS, *7.6.3*
CAPACIDADE POSTULATÓRIA, *7.3.1*
CAPITALISMO
- autoritário, *2.7.1*
- burocrático, *2.5.1*
- dependente, *2.2*
- e democracia, *7.4*
- monopolista ou oligopolista, *2.2*
CAPITALIZAÇÃO DO CAMPO, *2.4*
CARTESIANISMO E NAZISMO, *7.1.3*

CARTÓRIOS, *7.6.4*
CASA PRÓPRIA, ver "Moradia"
CASTIGO, *7.5*
CÉDULA DE CRÉDITO À EXPORTAÇÃO, *4.2.1*
- nota de crédito à exportação, *4.2.1*
CÉDULA DE CRÉDITO COMERCIAL, *4.2.1*
- nota de crédito comercial, *4.2.1*
CÉDULA DE CRÉDITO INDUSTRIAL (ver também "Crédito industrial"), *2.5.3*, *4.2*
- nota de crédito industrial, *4.2.1*
- título executivo extrajudicial, *4.2.2*
CÉDULA DE CRÉDITO RURAL (ver também "Crédito rural"), *2.4*, *4.1*
- cédula rural hipotecária, *4.1.3*, *4.1.4*
- cédula rural pignoratícia, *4.1.1*, *4.1.4*
- cédula rural pignoratícia e hipotecária, *4.1.1*, *4.1.2*, *4.1.3*, *4.1.4*
- demonstrativo da evolução da dívida, *4.1.1*
- duplicata rural, *4.1*
- nota promissória rural, *4.1*
- testemunhas, *4.1.1*
- título executivo extrajudicial, *4.1.1*
CÉDULA DE PRODUTO RURAL, *4.4*
- execução, *4.4*
- garantismo em favor da instituição financeira, *4.4*
- liquidez, *4.4*
- prisão civil
CÉDULA HIPOTECÁRIA, *4.3*
CENTRALIZAÇÃO POLÍTICA DO ESTADO, *2.1.5*, *2.2*, *2.3.3*, *2.4.2*, *2.5.1*, *2.5.2*, *2.7.1*

CHECKS AND BALANCES, ver "Tripartição dos poderes"
CHEQUE PRESCRITO, *7.5*
CHICANA, *4.1.2*, *7.5*
CIDADÃO-CONSUMIDOR, *7.1.3*, *7.3.1*, *7.6.4*
CIENTIFICIDADE DO DIREITO E DO PROCESSO, mito da, *1.5*, *2.7.3*
CIENTIFICISMO PROCESSUAL, *2.7.3*
CINCO S, *7.1.3*
CIVIL LAW, *3.6*, *7.3.1*, *7.6.3*, *7.6.6*
CLASS ACTIONS, *3.7.2*, *7.6.3*
CLASSIFICAÇÕES EM GERAL, *3.4*
CLIENTELISMO, *7.6.4*
CODIFICAÇÃO, *2.1.5*, *2.7.1*, *2.7.2*, *2.7.3*
 – e autoritarismo, *2.7.2*, *2.7.3*
 – e manutenção de leis esparsas, *2.7.2*
 – e o "Milagre brasileiro", *2.7.3*
 – e tecnoburocracia, *2.7.3*
 – simbologia do poder, *2.7.2*
COGNIÇÃO ADEQUADA, *3.5*
COGNIÇÃO PARCIAL, *3.2*
COGNIÇÃO SUMÁRIA, *3.2*
COGNITIO EXTRA ORDINEM, *3.3*
COHAB (Companhia de Habitação Popular), *2.3.1*
COISA JULGADA, *7.3.1*
COLONIZAÇÃO, *1.6.3*
COMISSÕES DE FÁBRICA, *7.6.2*
COMMON LAW, *3.6*
COMPLETUDE DO ORDENAMENTO, mito da, *2.1.5*, *3.8*
COMPROMISSO DE COMPRA E VENDA DE IMÓVEL, notificação do devedor, *5.1*
CONCENTRAÇÃO DE PODER POLÍTICO, ver "Centralização política do Estado"

CONCENTRAÇÃO DE RIQUEZAS, *2.5.2*, *2.5.4*
CONCENTRAÇÃO FUNDIÁRIA E DE RENDA, *1.6.3*, *1.6.4*
CONCENTRAR PARA DESENVOLVER, *2.7.1*
CONCILIAÇÃO, *3.3*, *3.4*, *3.8*, *4.2.1*
CONCILIADOR, *7.6.6*
CONCORRÊNCIA DESLEAL, *3.7.2*
CONCURSO PÚBLICO PARA A MAGISTRATURA, e tecnoburocracia, *7.3.1*
CONFLITOS FUNDIÁRIOS, *1.2*
CONGLOMERADOS FINANCEIRO-INDUSTRIAIS, *2.2*
CONSELHO da Seguridade Social, da Criança e Adolescente etc., *7.4.3*, *7.6.3*
CONSIGNAÇÃO EM PAGAMENTO, *3.2*
CONSTITUCIONALISMO FORMAL, *2.3*
CONSTRUÇÃO CIVIL, *2.3.1*, *2.6*
CONSUMO
 – e tecno(buro)cracia, *7.3.1*
 – sociedade de, *2.6*
 – supérfluo, *2.7.1*
CONTRADITÓRIO, *3.4*, *3.8.3*, *5.2*, *7.3.1*, *7.5*, *7.6.5*
 – derrogação em procedimentos especiais, *3.8.3*
 – e democracia, *7.6.5*
 – e democracia formal, *7.6.6*
 – exceções válidas ao princípio, *6.3.1*
 – formal, *7.6.6*
 – inderrogabilidade, *3.8.3*
 – limitações, *3.8.3*
 – postecipação necessária e postecipação eventual, *3.4*, *3.8.3*, *6.3.1*
 – prazo adequado, *5.1*

ÍNDICE ALFABÉTICO-REMISSIVO 441

- submissão das tutelas diferenciadas, *3.8.1*
CONTRATO DE GESTÃO, *7.3.1*
CONTROLE, ver "TQC"
CONTROLE DE RESULTADOS, *7.3.2, 7.4.3*
CORREÇÃO MONETÁRIA, índices corretos de, *7.5*
CORTIÇO, *2.3.1, 3.3*
CRÉDITO INDUSTRIAL (ver também "Cédula..." e sua "Execução"), *2.5.3*
- e concentração do capital, *2.5.3*
- e contenção dos meios de pagamento, *2.5.3*
- e preparação do "Milagre", *2.5.3*
CRÉDITO RURAL (ver também "Cédula..." e sua "Execução"), *2.4*
- e concentração fundiária, *2.4.2, 2.4.3*
- e desigualdade social, *2.4.3*
- objetivos, *2.4.1*
- refinanciamento com fins políticos, *2.4.2*
- resultados, *2.4.2, 2.4.3*
CRÉDITOS DO SETOR FINANCEIRO, efetividade de sua cobrança, ver "Efetividade do processo"
CRISES DO JUDICIÁRIO (imperatividade, credibilidade e legitimidade política), *3.3, 7.3.1*

DANO MORAL, *7.5*
DECRETO-LEI, *1.6.3, 2.2, 2.3, 2.3.3, 2.8*
DEFASCISTIZZAZIONE DO PROCESSO CIVIL, *2.1.5, 2.10*
DEFORMALIZAÇÃO, *2.1.3*
DEMOCRACIA
- e contraditório, *7.6.5*
- e eficiência, *7.6.3*

- e ineficiência, *7.6.7*
- e mercado, *7.4*
- e meritocracia, *7.6.6*
- formal, *7.6.6*
- plebiscitária ou do consenso, *2.7.1*
- social, *2.7.1*
DEMOCRATIZAÇÃO
- da relação processual, *7.6.5*
- da sociedade civil, *7.6.3*
- do Estado, *7.6.3*
- do gerenciamento, *7.6.2*
- do Judiciário, *7.6.6*
- do processo civil, *7.6.5, 7.6.7*
- e participação, *7.6.1*
DEPENDÊNCIA TECNOLÓGICA, ver "Importação de tecnologia"
DESAPROPRIAÇÃO, *3.9*
DESCENTRALIZAÇÃO ADMINISTRATIVA, *2.5.1*
DESEMPREGO, *2.3.1, 2.4.2, 2.5.3*
DESENVOLVIMENTISMO, *1.6.3, 2.2, 2.4, 2.7.1*
DESENVOLVIMENTO
- com segurança, *2.2, 2.3.1, 2.3.3, 2.5.1, 2.5.2*
- como fator de legitimação do poder, *2.7.1, 7.3.1*
- conceito, *7.3.1*
- e concentração de renda, *2.7.1*
- e democracia, *2.5.2, 2.7.1*
- e expansão do crédito ao consumidor, *2.7.1*
- e justiça social, *7.6.1, 8*
- e processo civil, *7.5*
- e tecno(buro)cracia, *2.7.1, 7.3.1*
- mito do, *2.4*
DESFORÇO POSSESSÓRIO, *3.2, 3.3*
DESIGUALDADE, ver "Concentração" e "Igualdade"
- absoluta e relativa, *3.8.2*
- de procedimento e no procedi-

mento, *3.8.2, 8*
- regional, *2.4.2, 2.5.3, 2.7.1*
DESOBEDIÊNCIA CIVIL, *3.3*
DESPREPARO TÉCNICO DOS JUÍZES, *7.5*
DEVIDO PROCESSO LEGAL, *3.8.1, 5.1, 5.2*
- em sentido substantivo, *5.2, 6.3.2*
DIREITO À DIGNIDADE, *3.9*
DIREITO À JURISDIÇÃO, por parte do réu, *3.9*
DIREITO À MORADIA, ver "Moradia"
DIREITO À PREGUIÇA, *7.1.1*
DIREITO À REFORMA AGRÁRIA, ver "Reforma agrária"
DIREITO À SUBSISTÊNCIA DIGNA, *3.9*
DIREITO DE PROPRIEDADE, *8*
DIREITO DE RETENÇÃO, *3.2*
DIREITO DE REUNIÃO, *3.7.2*
DIREITO, POLÍTICA E ECONOMIA, *7.4.4*
DIREITOS DA PERSONALIDADE, *3.7.2, 3.9, 8*
DIREITOS TRANSINDIVIDUAIS, *3.9*
DIRIGENTE SINDICAL, reintegração, *3.7.2*
DISCIPLINA, *7.1.3, 7.3.1*
DISCURSO
- científico, *1.5*
- competente, mito do, *1.5, 6.4.2*
- jurídico, *1.4, 1.5*
DROMOCRACIA, *2.1.5, 2.3, 2.3.3, 2.5.3, 2.7.1, 2.7.3, 2.9, 4.2.2, 7.2.2, 7.3.2*
DUELISMO PROCESSUAL, *2.1.4*
DUPLICATA SEM ACEITE, *7.5*

ECOLOGISTAS, *3.3*

EFEITO SUSPENSIVO ATIVO, *6.4.2*
EFETIVIDADE DO PROCESSO, *3.6, 7.5*
- para o setor financeiro, *1.6.3, 1.6.4, 2.6, 3.8.2, 5.2, 6.1*
- seletiva, *3.9*
EFICIÊNCIA
- da justiça nazista, *7.5*
- e democracia, *7.6.3*
- e eficácia, *7.1.3*
- e efetividade, *7.1.3*
- e Estado de Direito, *7.5*
- e justiça social, *7.3.1*
- e tecnocracia, *7.1.3*
- fetichismo da, *2.5.3, 2.6, 2.7.1, 2.7.3, 7*
- princípio constitucional da, *7.3.2*
ELEIÇÃO INDIRETA, *2.5.1*
ELEIÇÕES, *7.5*
EMBARGOS À EXECUÇÃO, sistema de, *2.7.2*
EMPRESA RURAL, modernização, *2.4*
ENSINO JURÍDICO CONFORMISTA, *1.5*
EQUIVALENTES JURISDICIONAIS, ver "*Alternative dispute resolution*"
ERRADICAÇÃO DA POBREZA, *2.1.5*
ESCRAVIDÃO, *1.6.3*
ESG (Escola Superior de Guerra), *2.2, 2.4, 2.5.2, 2.7.1*
ESPECIALISTA, mito do, *1.4, 1.5*
ESPECULAÇÃO IMOBILIÁRIA, *1.6.2, 2.3.1*
ESPETÁCULO, *7.2.2*
- do castigo, *7.5*
ESTABILIDADE NO EMPREGO, ver "Reintegração..."
ESTADO INDUSTRIAL, *3.6*

ÍNDICE ALFABÉTICO-REMISSIVO 443

ESTADO NOVO, *2.1.2, 2.1.5*
ESTATÍSTICA, fetichismo tecnocrático da, *1.6.1*
EXCLUÍDOS, *3.3, 7.4.3, 7.6.3*
EXCLUSÃO DA APRECIAÇÃO JURISDICIONAL, *2.2, 2.3.3, 2.5.4, 2.7.1, 2.8*
EXCLUSÃO SOCIAL DOS BENEFÍCIOS DO DESENVOLVIMENTO, *2.4.2*
EXECUÇÃO DE CÉDULA DE CRÉDITO INDUSTRIAL, *4.2*
– ação executiva, *4.2.1*
– audiência de conciliação, *4.2.1*
– cognição plena e exauriente, *4.2.1*
– coisa julgada material, *4.2.1*
– contraditório, *4.2.1, 4.2.2*
– direito potestativo do exeqüente à escolha do procedimento, *4.2.1*
– embargos à execução, *4.2.2*
– ideologia desenvolvimentista, *4.2.1*
– "impugnação" em *48* horas, *4.2.1*
– instrução sumária, *4.2.1*
– isonomia, *4.2.1, 4.2.2*
– procedimento especialíssimo, tese da revogação, *4.2.2*
– procedimento especialíssimo, tese da vigência, *4.2.1*
– seqüestro, *4.2.1*
– sumarização formal do procedimento, *4.2.1*
EXECUÇÃO DE CÉDULA DE CRÉDITO RURAL, *4.1*
– alienação judicial, *4.1.4*
– arrematação, *4.1.4*
– bens penhorados de fácil deterioração, depreciação, avariados ou de guarda dispendiosa, *4.1.4*

– caução, dispensa da, *4.1.5*
– chicana, *4.1.2*
– cognição rarefeita, *4.1*
– "contestação", *4.1*
– contraditório, *4.1, 4.1.2, 4.1.3, 4.1.4*
– e o problema da concentração da propriedade, *1.6.1, 1.6.3*
– efeito suspensivo dos embargos, *4.1.2, 4.1.3, 4.1.4*
– embargos de cognição plena, *4.1*
– ideologia desenvolvimentista, *4.1.2*
– isonomia, *4.1, 4.1.3, 4.1.5*
– providências cautelares urgentes, *4.1.3, 4.1.4*
– venda antecipada, circunstâncias especiais de, *4.1.4*
– venda antecipada, fundamentação relevante para seu pedido, *4.1.4*
– venda antecipada, impossibilidade da, *4.1.3*
– venda antecipada, impossibilidade em cédula rural hipotecária, *4.1.4*
– venda antecipada, oitiva prévia do executado, *4.1.4*
– venda antecipada, possibilidade da, *4.1.2*
EXECUÇÃO DE TÍTULO EXTRAJUDICIAL, *3.7.2, 8*
– cédula de crédito industrial, *4.1.3*
– cédula de crédito rural, *4.2.2*
– cédula de produto rural, *4.4*
– cédula hipotecária, *4.3.1*
EXECUÇÃO EXTRAJUDICIAL DE CÉDULA HIPOTECÁRIA, *4.3.1, 5*
– aberração jurídica, *5.2*
– caracterização como processo, *3.1*

- carta de arrematação, *5.1*
- concessão obrigatória da liminar, *5.1* (ver também *6.4*)
- devido processo legal, *5.2*
- direito potestativo do exeqüente à escolha do procedimento, *4.3.1*, *5.1*
- e o princípio da proporcionalidade, *3.9*
- e o problema da moradia, *1.6.1*
- editais do leilão, *5.1*
- imissão de posse, *5.1*
- imissão de posse, citação do devedor na, *5.1*
- imissão de posse, contestação do réu na, *5.1*
- intimação dos editais, *5.3*
- isonomia, *5.2*
- justiça de mão própria, *5.2*, *5.3*
- limitação horizontal da cognição, *5.1*
- notificação do devedor, *5.1*
- procedimento, *5.1*
- purgação da mora, *5.1*
- suspensão liminar do leilão, *5.3*

EXECUÇÃO HIPOTECÁRIA JUDICIAL, *4.3*
- citação por edital, *4.3.1*
- direito potestativo do exeqüente à escolha do procedimento, *4.3.1*
- e o princípio da proporcionalidade, *3.9*
- e o problema da moradia, *1.6.1*
- efeito suspensivo dos embargos, *4.3.2*
- embargos à execução, *4.3.2*
- mandado de desocupação contra o executado, *4.3.1*
- mandado de desocupação contra terceiros, *4.3.1*
- pagamento ou depósito do valor, *4.3.1*

EXECUÇÃO PROVISÓRIA (Itália) – concessão obrigatória diante de caução idônea, *6.4.2*
EXERCÍCIO ARBITRÁRIO DAS PRÓPRIAS RAZÕES, *3.3*
ÊXODO RURAL, *2.3.1*, *2.4.2*
EXTRAJUDICIALIDADE DE PARTE DO PROCEDIMENTO, *3.2*

FASCISMO JUDICIAL (Itália), *2.1.2*, *2.1.5*
FAVELA
- favelização, *2.4.2*
- movimento de moradores, *3.3*
- retorno à, *2.3.1*
FEBRE LEGIFERANTE, *2.6*
FGTS (Fundo de Garantia por Tempo de Serviço), *2.6*
FIAT IUSTITIA ET PEREAT MUNDUS, *3.6*
FILTRAGEM CONSTITUCIONAL
- das tutelas diferenciadas, *3.8.1*
- do CPC, *2.1.5*
FINANCIAMENTO, fortalecimento de seus mecanismos, *2.2*
FORMALISMO PROCESSUAL, *2.1.2*, *2.1.3*
FRAUDE ELEITORAL ELETRÔNICA, *7.5*
FUNÇÃO SOCIAL DA PROPRIEDADE, *8*

GARANTIA DE EMPREGO, ver "Reintegração..."
GARANTIAS PROCESSUAIS PARA AS INSTITUIÇÕES FINANCEIRAS, *2.7.1*, *2.9*, *5.2*, *6.3.2 et passim*
GLOBALIZAÇÃO, *7.2.2*
- do processo civil, *7.5*

ÍNDICE ALFABÉTICO-REMISSIVO 445

GREVE, 3.3
HABITAÇÃO, ver "Moradia"
HIPOTECA POPULAR (Peru), 2.3.1, 4.3.1
HISTORICIDADE DO DIREITO PROCESSUAL, 2.1.1
HOMOLOGAÇÃO DE LAUDO ARBITRAL, 7.5
IBAD (Instituto Brasileiro de Ação Democrática), 2.2
IDEOLOGIA, 3.7.2
IGUALDADE, 3.3, 3.8.1, 3.8.2
 – de procedimento e no procedimento, 3.8.2
 – formal, 2.1.4, 2.7.3, 3.7
 – real, 7.5
IMPARCIALIDADE, mito da, 1.4
IMPERIUM, 3.6
IMPORTAÇÃO DE TECNOLOGIA, 2.4.2, 2.5.3
IMPOSSIBILIDADE JURÍDICA DO PEDIDO, 2.1.5
INCRA (Instituto Nacional de Colonização e Reforma Agrária), 1.6.3
INDIVIDUALISMO, 2.1.4
INDUSTRIALIZAÇÃO BRASILEIRA, 2.5.3
 – e urbanização descontrolada, 2.5.3
INSTITUIÇÕES FINANCEIRAS, 2.2
 – privilégios no Brasil, 3.7.2
INSTRUÇÃO E EXCLUSÃO, 7.2.1
INTERDICTA, 3.6
INTERDISCIPLINARIDADE, virtudes e riscos da, 1.4, 1.5, 8
INTERPRETAÇÃO
 – retrospectiva da CF, 2.8
 – teleológica, 3.7.2
IPES (Instituto de Pesquisas e Estudos Sociais), 2.2, 2.4, 2.6

ISO (*International Organization for Standardization*) 9000, 7.1.2, 7.1.3
ISONOMIA, ver "Igualdade"
IUDEX, 3.3, 3.6
IUS CIVILE, 3.6
IUS DARE, 3.6
IUS DICERE, 3.6
JARGÃO DA AUTENTICIDADE, 7.3.1
JUIZ CLASSISTA, 7.6.6
JUIZ DE PAZ, 3.3, 7.6.6
JUIZ LEIGO, 7.6.6
JUIZ NATURAL, 5.2
JUIZADOS DE PEQUENAS CAUSAS, 7.6.6
JUIZADOS ESPECIAIS, 3.3, 7.6.6
JUÍZO PLENÁRIO RÁPIDO, 3.2, 3.4, 4.2.1
JÚRI, 3.3
JURISDIÇÃO, 7.5
 – enquanto mera declaração, 3.6, 7.5
 – voluntária, ver "Procedimentos especiais de jurisdição voluntária"
JURISDIÇÕES ESPECIAIS NA ITÁLIA, 3.3
JURISDIÇÕES PRIVILEGIADAS, 3.3, 7.5
JUROS
 – ameaça de aumento da taxa, 7.5
 – índices corretos, 7.5
 – prescritos, 7.5
JUSTIÇA COMUTATIVA, limitações, 5.3
JUSTIÇA DESPORTIVA, 3.3
JUSTIÇA ELEITORAL, 7.5
JUSTIÇA SOCIAL
 – e desenvolvimento, 7.6.1, 8
 – e eficiência, 7.3.1
JUSTIFICAÇÃO DE POSSE, 3.8.3, 8

LATIFÚNDIO, *1.6.3, 3.9*
LATIFÚNDIO PRODUTIVO, desapropriação, *2.4*
LAUDO ARBITRAL, *7.5*
LAZER, *7.1.1*
LEGALIDADE FORMAL, *2.3*
LEGALISMO SOCIALISTA, *1.5, 2.7.2*
LEGITIMAÇÃO PELO PROCEDIMENTO, *7.5*
LEILÃO EXTRAJUDICIAL DE BENS HIPOTECADOS À CEF, *5*
– avisos e editais do leilão, *5.1*
– caracterização como processo, *3.1*
– embargos à arrematação, *5.1*
– embargos à arrematação, prazo para oposição, *5.1*
– procedimento, *5.1*
– suspensão liminar, *5.3*
LEILÃO EXTRAJUDICIAL DE IMÓVEL OBJETO DE ALIENAÇÃO FIDUCIÁRIA, *5*
– caracterização como processo, *3.1*
– concessão obrigatória da liminar, *5.1* (ver também *6.4*)
– devido processo legal, *5.2*
– e o problema da moradia, *1.6.1*
– intimação do fiduciante, *5.1*
– procedimento, *5.1*
– reintegração de posse, *5.1*
– suspensão liminar, *5.3*
LEILÃO EXTRAJUDICIAL DE MERCADORIAS DEPOSITADAS EM ARMAZÉNS, *3.2, 5.1*
LEILÃO EXTRAJUDICIAL DE MERCADORIAS ESPECIFICADAS EM *WARRANT*, *3.2, 5.1*
LEILÃO EXTRAJUDICIAL DE QUOTA DE CONDÔMINO INADIMPLENTE, *3.2, 5.1*

LIBERDADE SINDICAL, *3.7.2*
LINGUAGEM, *6.4.1*
LIQUIDAÇÃO EXTRAJUDICIAL DE FINANCEIRAS, inconstitucionalidade, *3.2, 5.3*
LITIGÂNCIA HABITUAL E EVENTUAL, *3.8.2*
LITIGIOSIDADE CONTIDA, *3.3*
LITIS CONTESTATIO, *3.3*
LOBBY, *7.5, 8*
LÓGICA PARACONSISTENTE, *3.6*

MAGIS IMPERII QUAM IURISDICIONIS, *3.6*
MANDADO DE INJUNÇÃO, *3.8*
MARTÍRIO DOS INADIMPLENTES, *2.3.1*
MEDIAÇÃO, *7.5*
MEDIDA PREVENTIVA ATÍPICA, mistificação da, *3.6*
MEIO AMBIENTE, direito à higidez do, *3.3, 3.9*
MERCADO E DEMOCRACIA, *7.4*
MERCADO DE CAPITAIS, *2.2*
MERITOCRACIA, *7.6.6*
METAS E BASES PARA A AÇÃO DE GOVERNO (*1970-73*), *2.2, 2.7.2*
METROPOLIZAÇÃO E SEGREGAÇÃO, *2.3.1*
MIGRAÇÃO, *2.5.3*
MILAGRE BRASILEIRO (*1969-1974*), *1.6.3, 2.6, 2.7.1, 2.7.3*
MISSIONES IN POSSESSIONEM, *3.6*
MITO, *3.6*
MODERNIZAÇÃO TECNOLÓGICA CONSERVADORA DA INDÚSTRIA, *2.5.3*
MODERNIZAÇÃO TECNOLÓGICA CONSERVADORA DO LATIFÚNDIO, *2.4*
MONISMO JURÍDICO, *3.3*

ÍNDICE ALFABÉTICO-REMISSIVO 447

MONOCULTURA DE EXPORTA-
ÇÃO, *2.4.2*
MONOPÓLIO ESTATAL
– da jurisdição, *3.3, 5.2*
– das telecomunicações, *3.3*
– do petróleo, *3.3*
MONOPÓLIO TÉCNICO DOS OPE-
RADORES JURÍDICOS, *7.3.1,
7.6.6*
MORADIA NO BRASIL, ver também
"SFH"
– desigualdade social no acesso à
casa própria, *1.6.2, 1.6.4*
– direito de moradia, *3.3, 3.9, 8*
– escassez e precariedade, *1.6.2,
1.6.4*
– financiamento, *2.3.1*
– mito da casa própria, *2.3.1*
MOROSIDADE DO PROCESSO
CIVIL, *7.5*
MUNDO JURÍDICO, *3.6*

NEOLIBERALISMO, *7.4.2, 7.4.3*
– e social-liberalismo, *7.4.3*
NEOTRIBALIZAÇÃO DA SOCIE-
DADE, *3.3*
NEUTRALIDADE
– da ciência e da técnica, *1.5,
7.3.1*
– do Judiciário, *1.4, 7.3.1*
– do processo, *1.2, 2.1.1, 2.1.5*
NORMALIDADE E DESVIO, *3.1*
NORMAS PROCESSUAIS EXTRA-
VAGANTES, *1.6.3*
– poder derrogatório do CPC/73,
1.6.3
NORMATIZAÇÃO DA ECONOMIA,
2.3.3
NOTA DE CRÉDITO (rural, industrial
etc.), ver "Cédula de crédito..."
NOVOS DIREITOS, *3.9*
NOVOS MOVIMENTOS SOCIAIS,
3.3, 7.5, 7.6.3
NUNCIAÇÃO DE OBRA NOVA,
3.2, 3.7.2

OBJETIVIDADE, falácia da, *1.5*
OBRIGAÇÃO PASSIVA UNIVER-
SAL, *3.6*
OCIOSIDADE, *7.1.1*
OCUPAÇÃO, *3.3*
OLIGOPÓLIOS, *2.5.3*
ÔNUS
– do ajuizamento do processo,
inversão, *6.1*
– do tempo do processo, inversão,
6.1, 7.5
OPERAÇÃO *ARBITER*, *7.5*
ORÇAMENTO PARTICIPATIVO,
7.4.3, 7.6.3
ORDÁLIAS, *2.1.4*
*ORDO IUDICIORUM PRIUATO-
RUM*, *3.6*
ORGANIZAÇÕES SOCIAIS, *7.3.1,
7.4.3*

PACOTE DE ABRIL de *1977, 2.5.1*
PAEG (Programa de Ação Econômica
do Governo, *1964-66*), *2.2, 2.5.2,
2.5.3*
PANÓPTICO, *7.1.3*
PARCERIA & MERCADO, projeto,
2.4
PARIDADE DE ARMAS, ver "Igualdade"
PARNASIANISMO PROCESSUAL,
2.7.3
PARTICIPAÇÃO POPULAR, ver
"Democratização"
– na administração da justiça,
7.6.6
– na administração pública, *7.6.3*
– na composição do Judiciário,
3.3

– na Justiça do Trabalho, *7.6.6*
– nas decisões judiciais, *3.3*
– no procedimento, *7.6.5*
PASSEATA, *3.3*
PAUPERIZAÇÃO DA POPULAÇÃO RURAL, *2.4.2*
PED (Programa Estratégico de Desenvolvimento, *1968-70*), *2.2*, *2.5.2*
PENHOR LEGAL, *3.2*
PERÍCIA EXTRAPROCESSUAL VINCULANTE (Itália), *5.2*
PERIFERIZAÇÃO DAS POPULAÇÕES CARENTES, *2.3.1*, *2.5.3*
PES (Plano de Equivalência Salarial), *2.9*
PFL (Partido da Frente Liberal), *7.3.2*
PIB (Produto Interno Bruto)
– limitações, *2.7.1*
– manipulação fraudulenta, *2.7.1*
PLANEJAMENTO ECONÔMICO NO BRASIL, *2.2*
– e participação popular, *2.3.2*
– e tecnocracia, *2.3.2*
– mito de sua neutralidade técnica, *2.3.2*
PLANEJAMENTO URBANO
– e segregação, *2.3.1*
– mito de sua neutralidade técnica, *2.3.2*
PLANO COLLOR, *7.3.1*
PLANO DE QUALIDADE PARA A ADMINISTRAÇÃO PÚBLICA, *7.3.2*
PLANO DECENAL (*1967-76*), *2.2*, *2.5.2*
PLANO DIRETOR DA REFORMA DO ESTADO, *7.3.2*, *7.4.3*
PLANO VERÃO, *7.5*
PLURALISMO JURÍDICO E JURISDICIONAL, *3.3*
PODER DISCIPLINAR, *7.3.1*
PODER EXECUTIVO, hipertrofia,
2.3.3, *2.7.1*, *7.3.1*
PODER LEGISLATIVO, emasculação, *2.7.1*
PODERES DO JUIZ, *7.5*, *7.6.6*
POLÍTICA AGRÍCOLA, *2.4*, *2.4.1*
– e tecnocracia, *2.4*
POLITIZAÇÃO DO PROCESSO CIVIL, *2.1.5*
PÓS-MODERNIDADE, DIREITO E ESTADO, *3.3*
PÓS-MODERNO DE DIREITA, *7.2.1*
POSITIVISMO, crítica à postura do, *1.5*
PRAETOR, *3.3*, *3.6*
PRAZO ADEQUADO, *5.1*
PRESUNÇÃO DE CONSTITUCIONALIDADE, *2.8*, *3.8.1*
PRESUNÇÃO PROFESSORAL dos juristas codificadores, *2.7.3*
PRETENSÃO À TOTALIDADE, ver "Totalidade"
PREVISIBILIDADE, *3.6*
PRINCÍPIO DA ADEQUAÇÃO, ver "Adequação do procedimento ao direito material"
PRINCÍPIO DA EFICIÊNCIA, ver "Eficiência"
PRINCÍPIO DA IDENTIDADE, *3.6*
PRINCÍPIO DA IGUALDADE, ver "Igualdade"
PRINCÍPIO DA INAFASTABILIDADE DO CONTROLE JURISDICIONAL, *2.3.3*, *2.7.1*, *5.2*, *5.3*
PRINCÍPIO DA INEVITABILIDADE, *3.3*
PRINCÍPIO DA ISONOMIA, ver "Igualdade"
PRINCÍPIO DA PROBABILIDADE, *3.8.3*
PRINCÍPIO DA PROPORCIONALIDADE, *3.8.3*, *3.9*, *6.4.2*, *8*
PRINCÍPIO DA REALIDADE, *3.6*

ÍNDICE ALFABÉTICO-REMISSIVO 449

PRINCÍPIO DISPOSITIVO (ACU-
SATÓRIO), *2.1.4*, *2.1.5*
PRINCÍPIO DO CONTRADITÓRIO,
ver "Contraditório"
PRINCÍPIO DO PRAZER, *3.6*
PRINCÍPIO E NORMA, *3.8.1*
PRINCÍPIOS INFORMATIVOS DO
PROCESSO, *3.8*
PRINCÍPIO INQUISITÓRIO, *2.1.2*,
2.1.5
PRISÃO CIVIL, *1.7*, *3.9*
PRIVATIZAÇÃO INTRAPROCES-
SUAL, *2.1.5*
PROCEDIMENTO E PROCESSO,
3.1
PROCEDIMENTO ORDINÁRIO
– finalidade, *7.5*
– marginalização, *3.6*, *3.8*
– prazo para contestação, *5.1*
– pretensão totalizante, *2.1.5*
– universalização, *3.6*
PROCEDIMENTO SUMÁRIO, *3.7*
PROCEDIMENTOS ESPECIAIS, ver
"Tutelas diferenciadas"
PROCEDIMENTOS ESPECIAIS DE
JURISDIÇÃO VOLUNTÁRIA,
3.8
– e contraditório, *3.8*
PROCEDIMENTOS
ESPECIALÍSSIMOS, *7.5*, *7.6.7*, *8*
et passim
– conceito, *1.1*
– e contraditório, *3.8.3*
– poder derrogatório dos códigos,
1.6.3, *2.7.2*
PROCESSO CIVIL
– autoritarismo estrutural e operacional interno, *7.6.7*
– caráter lúdico (agonístico), *2.1.4*
– caráter mágico, *2.1.4*
– como instrumento de concentração do capital, *1.3*, *8*

– como instrumento de consecução dos objetivos do Estado,
2.1.5
– como instrumento de inefetivação de direitos, *3.5*
– como instrumento ético, *2.7.3*
– como instrumento técnico, *2.7.3*
– como produto cultural e histórico, *2.7.3*
– dimensão histórica, *2.1.1*
– dimensão política, *2.1.1*, *2.7.3*
– dromocratização, *2.7.3*
– e ideologia, *3.7.2*
– e industrialização oligopolizada
do Brasil, *2.7.3*
– racionalização, *2.7.3*
– publicismo e privatismo, *2.1.2*
PROCESSO CIVIL SOCIALISTA
– deformalizado, *2.1.2*
– inquisitório, *2.1.2*
PROCESSO DE CONHECIMENTO,
mistificação, *1.6.3*
PROCESSO E PROCEDIMENTO,
3.1
PROCESSO LEGISLATIVO
– aceleração, *2.2*, *2.7.3*, *7.5*
– e tecnocracia, *2.3.3*, *2.7.3*
PROCESSO PENAL, *7.5*
PROCESSO TRABALHISTA, *3.7.2*
PRODUTIVIDADE
– da política urbana, *2.3.1*
– do judiciário, *2.4*
– fetichismo da, *2.4*, *7.1.3*
– industrial, *2.5.3*
– rural, *1.6.3*, *2.4*, *2.4.1*
PROGRAMA HABITACIONAL,
2.3.1
– e participação popular, *2.3.2*
– e tecnocracia, *2.3.2*
– mito de sua neutralidade técnica, *2.3.2*
PROGRAMAS PARTIDÁRIOS, *7.3.2*

PROTERRA (Programa de Redistribuição de Terras e de Estímulo à Agro-Indústria do Norte e Nordeste), *2.4.1*
PROVIMENTO *INAUDITA ALTERA PARTE*, *3.8.3*
PSDB (Partido da Social-Democracia Brasileira), *7.3.2*
PUEBLOS JÓVENES, *2.3.1*

QUALIDADE E QUANTIDADE, 2.4
QUALIDADE TOTAL, ver "TQC"
QUALIFICAÇÃO PROFISSIONAL, *7.2.1*
QUOD NON EST IN ACTIS NON EST IN MUNDO, *3.6*

RACIONALIDADE INSTRUMENTAL, *1.5*
RACIONALIZAÇÃO DA ECONOMIA, *2.2*, *2.6*
RACIONALIZAÇÃO DO PROCESSO CIVIL, *2.7.3*
RACISMO, *3.7*
RAZÕES DE ESTADO, *2.7.1*
RECESSO DO CONGRESSO, *2.3*, *2.5.1*, *2.5.2*, *2.6*, *2.7.1*
RECURSO EXTRAORDINÁRIO, *3.8.1*
– ofensa direta e frontal à Constituição, *3.8.1*
REFORMA AGRÁRIA, *1.6.3*, *2.4*, *2.4.1*
– direito à reforma agrária, *3.3*, *3.9*
– e tecnocracia, *2.4*
REFORMA DO APARELHO DE ESTADO, *7.3*, *7.4.3*
– orientação para o mercado, *7.4.3*
– tecnoburocrática, *7.4.3*
REFORMA URBANA, *2.3.1*
REINTEGRAÇÃO DE EMPREGA-

DO ESTÁVEL NO EMPREGO, *3.7.2*
REPRESENTAÇÃO CLASSISTA, ver "Juiz classista"
RESPONSABILIDADE
– pela coisa pública, *7.6.3*
– política e social do jurista/processualista, *1.2*, *1.3*, *7.3.1*
RESTITUTIONES IN INTEGRUM, *3.6*
REVOLUÇÃO FRANCESA, *3.6*, *3.7.2*
REVOLUÇÃO INDUSTRIAL, *3.7.2*
REVOLUÇÕES BRASILEIRAS, *2.1.2*
RITO SUMÁRIO DE DESAPROPRIAÇÃO, *3.9*
RITUALISMO, *7.3.1*

SALAZARISMO, *2.1.5*
SATELITISMO, *2.5.2*
SATISFAÇÃO DO CLIENTE, *7.1.3*
SEGURANÇA JURÍDICA, *2.6*, *3.6*
SEGURANÇA NACIONAL
– conceito, amplitude, *2.2*, *2.5.2*
– doutrina da, ver "Desenvolvimento com segurança"
– responsabilidade individual, *2.5.2*
SEM-TERRA, *3.3*
SEM-TETO, *3.3*, *3.9*
SEPARAÇÃO ENTRE COGNIÇÃO E EXECUÇÃO, *3.6*
SEPARAÇÃO ENTRE TRABALHO INTELECTUAL E MANUAL, *3.6*
SERASA (Centralização de serviços dos Bancos S/A), *7.5*
SESMARIAS, *1.6.3*
SFH (Sistema Financeiro da Habitação), ver também as execuções à disposição, *1.6.3*, *2.3.1*, *2.6*

ÍNDICE ALFABÉTICO-REMISSIVO 451

- consolidação da propriedade, *5.1*
- degradação do padrão de vida do mutuário, *2.3.1*
- destinação à classe média, *2.3.1*
- discurso oficial, *5.3*
- e concentração do capital, *2.3.1*
- e dromocracia, *2.9*
- e Sistema Financeiro da Habitação, *2.9*
- e Sistema Financeiro Imobiliário, *2.9*
- elitização do programa, *2.3.1*
- funções econômicas, *2.3.1*
- funções políticas, *2.3.1*
- ideologia, *5.3*
- inadimplência coletiva, *2.3.1*
- intimação do devedor, *5.3*
- reajustes, *2.9*
- SFI (Sistema Financeiro Imobiliário), *2.9*

SINDICATOS, *7.6.2*
SOCIAL-LIBERALISMO, *7.4.3*
SOCIEDADE CIVIL
- democratização, *7.6.3*
- e mercado, *7.4.3*

SOCIEDADE DE CONSUMO, *7.6.4*
SOCIEDADE PÓS-INDUSTRIAL, *7.2.1*
STIPULACIONES PRAETORIAE, *3.6*
SUBDESENVOLVIMENTO INDUSTRIALIZADO, ver "Capitalismo dependente"
SUMARIZAÇÃO FORMAL DO PROCEDIMENTO, *3.2*

TAYLORISMO, *7.1*
TECNICISMO DO PROCESSUALISTA E DO PROCESSO, *1.5*, *2.7.3*
- e autoritarismo, *2.7.3*

TECNO(BURO)CRACIA, *2.2*, *2.3.1*, *2.3.2*, *2.3.3*, *2.7.1*, *7.1.3*, *7.3*

- conceito, *7.3.1*
- e democracia, *2.7.1*
- e desenvolvimento econômico, *2.7.1*, *7.3.1*
- e desnecessidade de legitimação política, *7.3.1*
- e eficiência, *7.3.1*
- e Judiciário, *7.3.1*
- e processo civil, *2.7.2*, *2.7.3*, *7.3.1*
- e qualidade, *7.3.1*
- e racionalidade, *7.3.1*
- e reforma do Estado, *7.3*, *7.4.3*
- e utilitarismo, *7.3.1*
- ideologia tecnocrática, *7.1.3*, *7.3.1*

TECNOLOGIA, *7.1.3*
TEMPO, *7*
- aproveitamento máximo, *7.1.1*
- controle, *7.1.3*
- do processo, distribuição, *7.5*
- e globalização, *7.2.3*
- e processo civil, *7.5*
- livre, *7.1.1*
- mensuração, *7.1.3*
- na sociedade dromocrática, *7.2.2*
- na sociedade pós-industrial, *7.2.1*
- transformação em mercadoria, *7.1.3*
- valor econômico, *7.1.1*

TEORIA DO BOLO, *2.4.1*, *2.5.2*, *2.7.1*
TEORIA E PRÁTICA DO PROCESSO, *1.3*
TÍTULO EXECUTIVO EXTRAJUDICIAL, situações privilegiadas, *3.7.2*
TÍTULOS DE CRÉDITO, teoria dos, *3.7.2*
TOTALIDADE, pretensões totalitárias à, *1.4*, *2.1.5*, *2.7.1*, *2.7.2*

TRABALHO TEMPORÁRIO, *7.2.3*
TRADE-OFF, *2.3.1*, *2.5.2*, *2.6*, *2.7.1*,
   2.9, *4.1.2*, *5.3*, *7.3.1*, *7.5*
TRIBUNAIS DE CONTAS, *3.3*
TRIBUNAL MARÍTIMO, *3.3*
TRIPARTIÇÃO DOS PODERES, *2.2*,
   2.3.3, *2.7.1*
TQC (*Total Quality Control*), *7.1.3*
– no Judiciário, *7.1.3*
– no serviço público, *7.1.3*
TUTELA ANTECIPATÓRIA, *6.3.1*,
   7.5, *8*
TUTELAS DIFERENCIADAS, *3*, *7.5*
– classificações, *3.4*
– conceito, *3.1*
– e contraditório, *3.8.3*
– e devido processo legal, *3.8.1*
– e igualdade, *3.8.2*
– e marxismo, *3.8*
– e procedimentos especiais, *3.1*
– e procedimentos especialíssimos, *3.1*
– fetichismo, *3.8*
– inconstitucionalidades possíveis, *3.8.1*
– pluralidade *versus* unicidade procedimental, *3.5*, *3.7.2*

– razões para sua criação, *3.7*
– taxionomia, *3.1*
– técnicas de especialização, *3.2*

URNA ELETRÔNICA, *7.5*
USUCAPIÃO URBANA, *2.3.1*
UTILITARISMO, *7.1.1*
UTOPIA DA PLURALIDADE DE PROCEDIMENTOS, *3.8*
UTOPIA DO PROCEDIMENTO ÚNICO, *3.6*
UTOPIAS EM GERAL, *3.8*

VALORES E BENS JURÍDICOS, *2.9*, *3.9*
VAZIOS URBANOS, *1.6.2*
VELOCIDADE, *7.2.2*
VENDA EXTRAJUDICIAL DE BEM OBJETO DE ALIENAÇÃO FIDUCIÁRIA, *3.2*, *5.1*, *6.7*
VERDADE, descoberta da, *3.6*
VIAS ALTERNATIVAS DE PACIFICAÇÃO SOCIAL, ver "*Alternative dispute resolution*"

WELFARE STATE KEYNESIANO, *7.4.1*, *7.4.2*

ÍNDICE ONOMÁSTICO

ABOVA, Tamara, *7.5*
ABRANCHES, Sérgio Henrique Hudson de, *7.4.3*
ACONE, Modestino, *7.6.6*
ADEODATO, João Maurício, *7.5*
ADORNO, Theodor Wiesengrund, *1.2*, *1.3*, *1.4*, *1.5*, *2.1.5*, *2.3.3*, *2.7.1*, *2.7.3*, *3.1*, *3.4*, *3.6*, *3.7*, *3.7.2*, *3.8*, *7.1.1*, *7.1.3*, *7.2.1*, *7.3.1*, *7.4.3*
AFONSO, Miguel Reis, *2.3.1*
AGILSON, Pedro, *3.3*
AGUIAR, Roberto A.R., *1.2*, *7.1.3*, *7.5*
AGUIAR BARROS, João Manoel de, *2.1.4*, *3.7*
ALBUQUERQUE, Manoel Maurício de, *1.6.3*, *2.2*, *2.3.1*, *2.4*, *2.4.1*, *2.4.2*, *2.6*, *2.7.1*
ALBUQUERQUE LIMA, Afonso, *2.4.2*
ALCALÁ-ZAMORA Y CASTILLO, Niceto, *3.8.3*
ALEIXO, Pedro, *2.7.2*
ALFONSIN, Jacques Távora, *2.3.1*, *3.9*
ALLENDE, Salvador, *2.1.3*
ALLORIO, Enrico, *1.3*, *2.1.1*, *2.1.2*, *2.1.5*, *2.7.3*, *3.6*, *3.8.3*
ALMEIDA, José Américo de, *2.3.3*, *7.3.2*, *7.5*

ALSINA, Hugo, *2.1.5*
ALTHUSSER, Louis, *1.4*, *7.2.2*
ALTMAN, Fábio, *2.5.1*
AMARAL NETO, Francisco dos Santos, *2.2*, *2.6*, *6.1*, *6.5.2*
AMARAL SANTOS, Moacyr, *2.1.2*, *2.1.4*, *3.8.3*, *4.1.1*, *4.1.2*, *4.1.4*
AMERICANO, Epaminondas, *1.5*, *2.1.3*, *4.2.1*, *7.5*
ANDOLINA, Italo, *3.8.3*
ANDRADE, José A.F., *2.6*, *6.1*, *6.4.1*
ANDRADE GIL, Otto de, *2.3.3*
ANDRÉ, Adélio Pereira, *3.3*, *3.7*
ANDRINI, Simona, *2.1.4*
ANDRIOLI, Virgilio, *2.1.5*, *3.2*, *7.3.1*
ÂNGELO, Ivan, *7.1.3*
ANICHINI, Ugolino, *3.8.3*
ANJOS, Albérico Teixeira dos, *2.5.3*, *4.2.1*, *4.2.2*
APOSTOLOVA, Bistra Stefanova, *3.3*
ARANTES, Paulo Eduardo, *2.7.1*, *7.3.1*, *7.5*
ARANTES, Rogério Bastos, *3.3*
ARENHART, Sérgio Cruz, *3.6*
ARMELIN, Donado, *3.5*, *3.8.1*
ARNAUD, André-Jean, *3.3*, *3.7*
ARRUDA ALVIM NETTO, José Manoel de, *2.4*, *3.6*, *4.1.1*, *4.1.2*, *4.1.3*, *4.1.4*, *5.1*

ARRUDA JÚNIOR, Edmundo Lima de, *1.5*, *3.3*
ASSIS, Araken de, *3.2*, *4.1*, *4.2.1*, *4.3.1*, *5.3*
ASSIS, Jacy de, *2.7.2*
ASSIS, José Carlos de, *2.2*, *2.4.1*, *2.4.2*, *2.5.2*, *2.5.3*, *2.6*, *2.7.1*, *3.2*
ASTIZ, Carlos A., *2.2*, *2.5.1*, *2.7.1*, *7.3.1*
AVANÉSOV, Guennadi, *7.4.4*
AVRITZER, Leonardo, *7.4.3*
AYARRAGARAY, Carlos A., *2.1.2*
AZEREDO SANTOS, Teóphilo, *2.4*, *2.5.3*
AZEVEDO, Plauto Faraco de, *3.8.1*
BACELLAR, Roberto Portugal, *7.5*
BACH, Johann Sebastian, *3.8*
BACHELARD, Gaston, *1.1*, *1.3*, *3.6*
BACON, Francis, *3.6*
BADARÓ, Ramagem, *2.7.3*
BAER, Werner, *2.4.2*, *2.5.2*, *2.5.3*, *2.6*, *2.7.1*
BAKUNIN, Mikhail, *1.2*, *2.5.2*
BALDEZ, Miguel Lanzellotti, *1.6.3*, *2.3.1*, *3.3*, *3.7*
BAPTISTA DA SILVA, Ovídio Araújo, *1.3*, *2.1.1*, *2.7.3*, *3.2*, *3.5*, *3.6*, *3.7*, *3.7.2*, *3.8*, *4.1.1*, *4.2.1*, *4.2.2*, *7.5*
BARBOSA, Claudia Maria, *3.6*
BARBOSA, Rui, *2.2*
BARBOSA MOREIRA, José Carlos, *1.2*, *1.3*, *1.5*, *2.1.2*, *2.1.4*, *2.7.3*, *2.8*, *3.1*, *3.5*, *3.6*, *3.7*, *3.8.1*, *3.8.2*, *7.3.1*, *7.5*, *7.6.5*
BARCELLONA, Pietro, *7.2.2*
BARRETO, Lauro Muniz, *3.7.2*, *4.1*, *4.1.4*, *4.1.5*
BARROS, Alexandre de S.C., *2.3.1*, *7.3.1*

BARROS, Hamilton de Moraes e, *2.1.5*, *2.7.2*, *3.6*, *3.7.2*
BARROSO, Luís Roberto, *1.6.3*, *2.2*, *2.3.3*, *2.5.1*, *2.7.1*, *7.3.1*
BARTHES, Roland, *1.4*, *1.5*, *3.4*, *3.6*, *3.7.2*, *3.8*, *6.4.1*, *7.1.1*
BASBAUM, Leôncio, *1.6.3*, *2.2*, *2.3*, *2.3.3*, *2.4.1*, *2.5.1*, *2.5.3*, *2.7.3*
BASTOS, Aurélio Wander, *3.3*, *7.3.1*
BATTAGLIA, Felice, *1.5*
BAUDRILLARD, Jean, *1.4*, *1.5*, *2.1.4*, *2.4*, *2.6*, *3.1*, *3.6*, *3.7*, *7.1.1*, *7.1.3*, *7.2.1*, *7.2.2*, *7.3.2*, *7.4.3*, *7.6.4*
BECKER, Alfredo Augusto, *3.6*
BEDAQUE, José Roberto dos Santos, *1.2*, *2.7.3*, *3.5*, *3.6*, *3.8*, *3.9*, *7.5*
BELL, Daniel, *2.1.3*, *7.1.1*, *7.1.3*, *7.2.1*
BELTRÃO, Hélio, *2.2*, *2.5.1*, *2.5.2*, *2.5.3*, *7.3.2*
BENJAMIM, Antonio Herman, *3.9*
BENJAMIN, Walter, *1.3*, *1.4*, *2.2*
BENTHAM, Jeremy, *7.1.1*, *7.1.2*, *7.2.1*
BERIZONCE, Roberto O., *7.6.6*
BIDART CAMPOS, Germán J., *3.6*, *3.8.1*, *3.9*
BIONDI, Biondo, *2.1.1*
BISOGNI, Lígia Cristina de Araújo, *2.6*
BLANK, Gilda, *2.3.1*
BLAY, Eva Alterman, *2.3.1*
BOBBIO, Norberto, *3.3*, *7.6.1*
BOLAFFI, Gabriel, *1.6.2*, *2.3.1*
BONAPARTE, Napoleão, *2.7.2*
BONAVIDES, Paulo, *3.9*
BONDUKI, Nabil, *2.3.1*
BONGIORNO, Girolamo, *3.2*, *3.3*, *3.9*, *5.1*, *7.5*
BORGES, João Gonsalves, *2.3.1*, *5.1*
BORGES, Jorge Luis, *3.4*

ÍNDICE ONOMÁSTICO 455

BOSSO, Márcia Andrade Gomes, *3.9*
BOURDIEU, Pierre, *1.2*, *1.5*, *2.1.3*, *3.3*
BOUVERESSE, Jacques, *1.4*
BRATOUS, S. N., *1.5*
BRESSER PEREIRA, Luiz Carlos, *2.2*, *2.3.1*, *2.5.3*, *2.7.1*, *7.3.1*, *7.3.2*, *7.4.2*, *7.4.3*
BRETONE, Mario, *3.3*, *3.6*
BRICMONT, Jean, *1.4*
BRIMO, Albert, *1.4*
BRONZE, Fernando José, *7.5*
BUARQUE DE HOLANDA, Sérgio, *1.6.3*, *3.6*, *7.3.1*, *7.3.2*
BUENO, Clodoaldo, *7.5*
BULGARELLI, Waldirio, *3.7.2*, *4.1*, *6.5.2*, *6.7*
BUZAID, Alfredo, *2.1.5*, *2.2*, *2.3.3*, *2.5.2*, *2.6*, *2.7.1*, *2.7.2*, *2.7.3*, *4.1.2*, *4.2.2*, *7.3.1*

CABRAL, Nazaré da Costa, *2.9*
CAFÉ FILHO, João, *2.5.2*, *7.3.1*
CALAMANDREI, Piero, *1.2*, *1.3*, *1.4*, *2.1.1*, *2.1.2*, *2.1.4*, *2.1.5*, *2.7.3*, *3.2*, *3.6*, *3.7*, *3.7.2*, *3.8.3*, *7.6.7*
CALMON DE PASSOS, José Joaquim, *1.2*, *1.5*, *2.1.1*, *2.7.3*, *3.7*, *7.6.1*, *7.6.5*
CAMMARATA, Angelo Ernando, *2.1.2*
CAMPILONGO, Celso Fernandes, *1.2*, *2.7.3*, *7.4.4*, *7.5*
CAMPOS, Benedicto de, *2.1.1*, *2.1.5*, *2.3.1*, *2.7.3*, *3.7*
CAMPOS, Francisco, *2.1.2*, *2.1.5*, *2.2*
CAMPOS, Roberto de Oliveira, *1.6.3*, *2.2*, *2.3*, *2.3.1*, *2.3.3*, *2.4*, *2.4.1*, *2.5.1*, *2.5.2*, *2.6*, *2.7.1*, *7.3.1*, *7.3.2*, *7.4.3*, *7.5*
CAMPOS, Vicente Falconi, *7.1.3*
CANGUILHEM, Georges, *3.1*

CANÍBAL, Carlos Roberto Lofego, *4.3.1*
CANO, Wilson, *2.5.3*
CANOSA, Romano, *2.1.2*, *2.1.5*
CANOTILHO, José Joaquim Gomes, *2.4.1*, *3.3*, *3.8.1*, *3.9*, *7.6.1*
CAPELLA, Juan Ramón, *1.2*, *1.5*, *3.7*
CAPPELLETTI, Mauro, *1.2*, *1.5*, *2.1.2*, *2.1.3*, *2.1.4*, *2.1.5*, *2.2*, *2.7.3*, *3.3*, *3.5*, *3.6*, *3.7*, *3.8*, *3.8.1*, *3.8.2*, *3.8.3*, *3.9*, *5.2*, *6.4.2*, *7.5*, *7.6.4*, *7.6.5*, *7.6.6*, *7.6.7*
CARDOSO, Fernando Henrique, *2.2*, *2.4.2*, *2.5.3*, *7.2.3*, *7.4.3*
CARDOSO, Miriam Limoeiro, *2.4*
CARFORA, Francesco, *2.1.2*
CARLSON, David Gray, *3.3*
CARMONA, Carlos Alberto, *2.1.1*, *7.5*, *7.6.6*
CARMONA, Isidoro, *6.2*
CARNACINI, Tito, *2.1.3*, *2.7.3*
CARNEIRO, Athos Gusmão, *3.8.3*, *7.5*
CARNEIRO, Maria Francisca, *1.2*, *1.4*, *1.5*, *2.4*, *3.6*, *3.7*
CARNELUTTI, Francesco, *1.3*, *1.4*, *1.5*, *2.1.4*, *2.7.3*, *3.1*, *3.2*, *3.6*, *3.8*, *3.8.3*, *7.5*
CARPI, Federico, *2.1.3*, *3.5*, *3.8*, *3.8.3*, *7.5*
CARRIÓ, Genaro R., *1.4*, *3.4*
CARVALHO, Amilton Bueno de, *6.1*, *6.3.2*
CARVALHO, Dora Martins de, *2.3.1*, *3.2*, *4.3.1*, *5.1*
CARVALHO, Eduardo Guimarães de, *3.3*
CARVALHO, Gabriel J. de, *2.9*
CARVALHO, Rejane Vasconcelos Accioly, *2.4*, *2.4.1*, *2.4.2*
CASTELLO BRANCO, Humberto de

Alencar, *1.6.3*, *2.2*, *2.3.1*, *2.3.3*,
2.4, *2.4.1*, *2.5.2*, *2.5.4*, *2.6*,
2.7.1, *7.3.2*
CASTELLS, Manuel, *2.2*, *2.3.1*
CASTRO, Maria da Glória Lins da
  Silva, *3.8.3*
CASTRO FILHO, José Olympio de,
  2.3.1, *3.8.2*, *4.1.2*, *4.3.1*, *5.1*,
  5.2, *6.2*
CATARINO, Luís, *7.6.6*
CAVALCANTI, Fernando Celso
  Uchôa, *7.4.2*, *7.6.4*
CAVALCANTI, Pedro Celso Uchôa,
  7.4.2, *7.6.4*
CAVASSANI, Marcelo Tescheiner,
  6.5.2
CERNICCHIARO, Luiz Vicente, *3.3*
CERQUEIRA, Jorge Pedreira de,
  7.1.3
CERVO, Amado Luiz, *7.5*
CESARINO JR., A.F., *7.3.1*
CESTARI, Maria Cristina C., *3.8*
CHALHUB, Melhin, *2.9*, *5.1*
CHARVET, Dominique, *7.5*
CHAUÍ, Marilena, *1.5*, *3.7.2*
CHERKEZIAN, Henry, *2.3.1*
CHESTERTON, Gilbert Keith, *1.4*
CHIARLONI, Sergio, *1.5*, *2.1.4*,
  2.3.1, *2.7.3*, *3.6*, *3.7*, *3.7.2*, *3.8*,
  7.3.1, *7.5*
CHIOVENDA, Giuseppe, *1.2*, *1.3*,
  1.5, *1.6.3*, *2.1.1*, *2.1.2*, *2.1.3*,
  2.1.4, *2.1.5*, *2.7.3*, *2.8*, *2.10*,
  3.3, *3.6*, *3.7*, *3.7.2*, *3.8*, *4.3.1*,
  4.4, *7.5*, *7.6.6*
CHIRKIN, V., *1.5*, *2.1.1*, *2.7.2*, *3.7*,
  7.4.4
CHUANG-TZU, *7.1.3*
CINTRA JÚNIOR, Dyrceu Aguiar
  Dias, *3.9*
CIPRIANI, Franco, *1.2*, *2.1.2*, *2.1.5*,
  2.7.3, *2.10*, *7.5*, *7.6.6*

CLARIÁ OLMEDO, Jorge A., *1.5*,
  2.7.2, *6.6*, *7.5*
COELHO, Fábio Ulhoa, *3.6*, *3.7*
COELHO, Franklin Dias, *2.3.1*
COHN, Gabriel, *3.7.2*
COIMBRA, Rubens Ricardo de Castro, *7.1.3*
COLESANTI, Vittorio, *2.1.3*, *3.1*, *3.7*,
  3.8, *3.8.1*, *3.8.3*
COLLOR DE MELLO, Fernando
  Affonso, *7.1.3*
COMOGLIO, Luigi Paolo, *2.1.2*,
  2.1.3, *2.1.5*, *2.7.2*, *2.7.3*, *3.1*,
  3.2, *3.3*, *3.5*, *3.6*, *3.7*, *3.7.1*,
  3.7.2, *3.8*, *3.8.1*, *3.8.3*, *3.9*,
  7.3.1, *7.5*, *7.6.6*
COMPARATO, Fábio Konder, *1.2*,
  3.3, *3.8.2*, *3.9*
CONFORTO, Paulo, *3.3*
CONY, Carlos Heitor, *7.2.3*
CORACINI, Maria José, *1.4*
CORAZZA, Marta, *2.9*
CORDEIRO DE FARIAS, Osvaldo,
  2.5.2
CORNELL, Drucilla, *3.3*
CORRADINI, Domenico, *1.5*
COSTA, Octávio Pereira da, *2.2*, *2.4.1*
COSTA, Raymundo, *7.4.3*
COSTA, Sergio, *2.1.3*
COSTA E SILVA, Antonio Carlos,
  4.1.1, *4.2.2*, *4.3.1*
COSTA E SILVA, Artur da, *2.2*, *2.4*,
  2.5.1, *2.5.2*, *2.5.3*, *2.5.4*, *2.6*,
  2.7.1
COSTALDELLO, Ângela Cássia, *2.3.1*
COSTIN, Cláudia, *7.1.3*, *7.3.2*, *7.4.2*,
  7.4.3, *7.6.4*
COTTA, Sergio, *3.3*, *7.3.1*
COUTO E SILVA, Clóvis do, *2.2*, *3.2*,
  3.7.2, *4.3.1*, *5.1*, *6.7*, *7.5*
COUTO E SILVA, Golbery, *2.1.5*, *2.2*,
  2.3.3, *2.4*, *2.4.1*, *2.5.2*

ÍNDICE ONOMÁSTICO 457

COUTURE, Eduardo, *2.1.1, 2.1.4, 2.1.5, 2.7.3, 3.5, 3.6, 3.7, 3.8.1, 3.8.3, 5.1, 6.4.2, 7.6.7*
COVAS, Mário, *2.2*
CRESPI, Alberto, *7.6.6*
CRESPI, Franco, *3.6*
CROCHÍK, José Leon, *1.2, 3.8*
CRUZ E TUCCI, José Rogério, *2.7.3, 3.7.2, 3.8.3, 6.3.2, 7.5*
CUCHE, Paul, *3.6, 3.7*
CUNHA, Luiz Alexandre Gonçalves, *2.1.2, 2.2, 2.4, 2.4.1, 2.4.2*
CUNHA, Sérgio Sérvulo da, *2.1.3, 3.9*
DA COSTA, Newton Carneiro Affonso, *3.6*
DALI, Salvador, *3.4*
DALLARI, Dalmo de Abreu, *3.3*
DAMASKA, Mirjan, *2.1.1, 2.1.2, 2.1.3, 2.1.5, 2.7.2, 3.3, 3.7, 7.3.1, 7.5, 7.6.3, 7.6.6*
DAMATTA, Roberto, *2.1.3, 2.4, 7.3.1*
DAMÉ, Luiza, *2.4.2*
DANTAS NETO, Antônio da Costa, *2.6, 2.9*
DAVID, René, *3.8.2, 7.5, 7.6.6*
DE LA RÚA, Fernando, *2.2, 2.7.3*
DE MAIO, Giuseppe, *2.1.3*
DEBORD, Guy, *7.2.2*
DEBRAY, Régis, *7.2.2*
DEDA, Artur Oscar de Oliveira, *6.1*
DEL VECCHIO, Giorgio, *3.8.2*
DELEUZE, Gilles, *2.3.1, 2.4, 7.2.2*
DELFIM NETTO, Antonio, *1.6.3, 2.2, 2.3.2, 2.4, 2.4.2, 2.5.1, 2.5.2, 2.5.3, 2.6, 2.7.1, 6.1, 7.3.1, 7.3.2*
DELGADO, Guilherme da Costa, *2.4.2*
DELLA VOLPE, Galvano, *3.7*
DENTI, Vittorio, *2.1.1, 2.1.2, 2.1.3, 2.1.5, 2.7.2, 3.3, 3.6, 3.8, 7.3.1, 7.5, 7.6.6*
DEODATO, Alberto, *2.2, 2.3, 2.3.3, 2.5.1*
DEODORO DA FONSECA, Manuel, *2.5.1*
DERRIDA, Jacques, *1.5, 3.3, 3.8, 7.6.3*
DESCARTES, René, *7.1.3*
DESCOVI, Regina C. Balieiro, *2.5.3*
DI PIETRO, Maria Sylvia Zanella, *7.6.3*
DIAS, Francisco Mauro, *2.5.2*
DINAMARCO, Cândido Rangel, *1.4, 2.1.3, 2.3.1, 2.7.3, 3.1, 3.2, 3.3, 3.6, 3.8.1, 3.8.3, 4.1.2, 4.2.1, 5.2, 5.3, 6.7, 7.5, 7.6.5, 7.6.6*
DINIZ, Eli, *7.1.3, 7.3.2, 7.6.3*
D'ONOFRIO, Paolo, *2.7.2, 5.2*
DOTTI, Rogéria Fagundes, *3.8.1*
DOUZINAS, Costas, *1.4, 3.3, 7.5*
DREIFUSS, René Armand, *2.2, 2.3.1, 2.3.2, 2.5.2, 2.6*

ECHANDÍA, Hernando Devis, *2.1.2, 5.3, 7.6.5*
EDELMAN, Bernard, *1.2*
ÉLER, Karen, *1.5*
ENGELS, Friedrich, *1.5, 2.1.1, 2.7.2, 3.3, 3.6, 3.7, 3.8, 7.4.4*
ENRIQUEZ, Eugène, *7.3.2*
ERIBON, Didier, *1.5, 3.6*
EVANS, Peter, *2.2*
EVERS, Tilman, *2.3.2*

FABRÍCIO, Adroaldo Furtado, *3.6, 3.7, 3.7.2, 3.8*
FACHIN, Luiz Edson, *2.3.1, 2.4*
FAIGENBAUM, Armand, *7.1.3*
FAIRÉN GUILLÉN, Víctor, *1.5, 2.1.1, 2.1.3, 3.2, 3.4, 3.7, 3.8.1, 4.2.1, 5.2, 7.5*
FALCÃO, Joaquim de Arruda, *1.5, 2.3.1, 2.3.2, 7.6.6*

FALCÃO, Raimundo Bezerra, *2.9*
FALETTO, Enzo, *2.2*, *2.4.2*, *2.5.3*
FALK, Richard, *2.2*, *2.5.2*, *2.7.1*, *7.3.1*
FANFANI, Guido, *7.6.6*
FAORO, Raymundo, *1.5*
FARIA, José Eduardo, *1.2*, *1.5*, *2.1.2*, *3.3*
FARIA, José Henrique de, *7.1.3*, *7.6.2*
FARRET, Ricardo L., *2.3.1*
FAZZALARI, Elio, *1.5*, *2.1.1*, *2.7.3*, *3.6*, *3.8*, *3.8.1*, *7.6.5*
FENG, Huang, *7.6.6*
FERNANDES, Ciro Campos, *7.3.1*
FERNANDES, Florestan, *1.5*, *1.6.3*, *2.1.2*, *2.2*, *2.4.1*, *2.4.2*, *2.5.1*, *2.5.2*, *2.5.3*, *2.7.1*, *2.7.3*, *5.2*, *7.3.1*
FERRANTE, Vera Lúcia, *2.2*, *2.3.2*, *7.3.1*
FERRAZ JÚNIOR, Tércio Sampaio, *1.4*, *3.3*
FERREIRA FILHO, Manoel Caetano, *2.1.5*, *2.2*
FERREIRA FILHO, Manoel Gonçalves, *2.7.1*
FERRI, Corrado, *2.1.2*, *2.1.3*, *2.1.5*, *2.7.2*, *2.7.3*, *3.1*, *3.2*, *3.3*, *3.5*, *3.6*, *3.7*, *3.7.2*, *3.8*, *3.8.1*, *3.8.3*, *3.9*, *7.3.1*, *7.5*, *7.6.6*
FIGUEIREDO, João Baptista de Oliveira, *2.2*, *2.3.1*
FIGUEIREDO, Vilma, *2.2*, *2.4*, *2.5.2*
FIGUEIRÓ, Asdrúbal, *7.4.3*
FILGUEIRAS, Otto, *3.9*
FISHLOW, Albert, *1.6.3*, *2.3.1*, *2.3.2*, *2.4.1*, *2.4.2*, *2.5.2*, *2.5.3*, *2.7.1*
FLEISCHFRESSER, Vanessa, *2.4.2*, *2.4.3*
FONSECA, Jairo Simon, *2.2*
FONSECA, Maria Guadalupe Piragibe da, *2.3.1*, *2.4*, *3.3*

FONSECA, Ricardo Marcelo, *1.3*, *2.1.1*, *2.2*, *7.4.4*, *7.5*
FOUCAULT, Michel, *3.1*, *3.4*, *7.1.3*, *7.3.1*, *7.6.6*
FOWLER, Marcos Bittencourt, *1.2*, *1.4*, *1.6.3*, *2.1.1*, *3.7*, *3.9*
FRANK, Jürgen, *7.2.1*
FRANKLIN, Benjamin, *7.1.1*, *7.1.2*
FREDERICO, Celso, *2.1.2*
FREITAS, Juarez, *3.8.1*
FREUD, Sigmund, *1.1*, *2.4*, *3.6*
FREYRE, Gilberto, *2.4.2*, *2.5.3*
FROMM, Erich, *2.6*
FRONTINI, Paulo Salvador, *4.2.1*, *4.2.2*
FROSINI, Vittorio, *1.4*
FUCCI, Paulo Eduardo, *5.2*
FUKUYAMA, Francis, *7.4.3*
FURNO, Carlo, *2.1.1*, *3.6*
FURTADO, Antônio Augusto Mariante, *1.4*, *1.5*
FURTADO, Celso, *1.6.3*, *2.2*, *2.4*, *2.4.2*, *2.4.3*, *2.5.2*, *2.5.3*, *2.7.1*, *2.7.3*

GALGANO, Francesco, *2.7.2*, *2.7.3*, *3.7*
GARBAGNATI, Edoardo, *3.8.1*, *6.4.2*
GARCIA, Luis Alberto Pereira, *2.7.1*
GARCIA, Marcos, *2.3.1*, *2.9*
GARCIA, Othon M., *1.5*
GASPARI, Elio, *7.4.2*
GEDIEL, José Antônio Peres, *1.6.2*, *2.1.3*, *2.3.1*, *3.9*
GEIGER, Pedro Pinchas, *2.5.3*
GEISEL, Ernesto, *2.4.2*, *2.5.2*, *2.6*
GELSI BIDART, Adolfo, *1.5*, *2.1.1*, *2.1.3*, *2.1.5*, *2.2*, *2.3.2*, *2.8*, *3.5*, *3.8.1*, *7.3.1*, *7.5*
GENRO, Tarso Fernando, *1.2*, *3.7*, *7.4.3*
GÉRARD, Philippe, *5.2*

ÍNDICE ONOMÁSTICO 459

GHEZZI, Giorgio, *7.6.6*
GHIRALDELLI JÚNIOR, Paulo, *7.3.1*
GIDDENS, Anthony, *7.1.3, 7.2.3*
GIMENEZ, Martha, *2.2, 2.4.1, 2.4.2, 2.5.3, 2.7.1, 7.1.2*
GINI, Corrado, *1.6.3*
GODOY, Arnaldo, *2.1.3, 3.7, 6.3.1, 6.3.2*
GODOY, Mario Aguirre, *1.3*
GOLDMANN, Lucien, *7.3.1*
GOLDSMITH, Raymond, *2.4.2*
GOMBRICH, Ernst Hans, *3.4*
GOMES, Orlando, *2.4, 6.4.1, 6.5.2*
GOMES, Roberto, *1.1*
GOMES FILHO, Antônio Magalhães, *7.6.3*
GOULART, João Belchior Marques, *1.6.3, 2.2, 2.4*
GRANDI, Dino, *2.1.5*
GRASSO, Edoardo, *2.1.4, 2.7.2, 3.8.3*
GRAU, Eros Roberto, *1.5, 2.3.1, 2.4, 7.6.1*
GREENBERG, Edward, *2.7.1*
GRINOVER, Ada Pellegrini, *1.5, 2.1.3, 2.1.5, 2.2, 2.7.1, 2.7.3, 3.3, 3.5, 3.8.1, 3.8.3, 3.9, 4.2.1, 5.1, 5.2, 5.3, 6.4.2, 7.3.1, 7.6.5*
GRYNA, Frank, *7.1.3*
GRZYBOWSKI, Kazimierz, *2.1.1, 2.1.2, 2.1.5, 2.7.2, 7.4.4, 7.5*
GUASP, Jaime, *2.1.3, 2.1.5, 2.7.2, 3.1, 3.4, 3.7, 3.7.1, 3.8, 5.2*
GUATTARI, Félix, *2.3.1, 7.2.2*
GUDIN, Eugênio, *2.2, 2.3.3, 2.5.1, 2.5.2, 7.3.1, 7.4.2*
GUERRA FILHO, Willis Santiago, *3.3, 3.5, 3.8, 3.9*
GUIMARÃES, Mário Kruel, *2.4.2*
GUIMARÃES ROSA, João, *1.2, 1.4*
GURGEL, José Alfredo Amaral, *2.5.2, 2.6*

GURVIC, Mark A., *2.1.2, 2.1.5, 3.6, 3.8.2, 3.8.3*

HABERMAS, Jürgen, *1.2, 2.7.1, 2.7.3, 3.5, 6.2*
HABSCHEID, Walther J., *3.6*
HALL, Clarence, *2.2, 2.3, 2.4.1, 2.5.1*
HARVEY, David, *1.6.2, 2.3.1, 7.1.1, 7.1.3, 7.2.2, 7.2.3*
HEGEL, Georg Wilhelm Friedrich, *2.1.3, 2.1.5, 2.7.2*
HEIDEGGER, Martin, *3.6*
HEINEN, Milton Inácio, *2.4, 3.9*
HERKENHOFF, João Baptista, *2.1.2, 2.7.3*
HESPANHA, Benedito, *2.1.3, 2.7.3*
HITLER, Adolph, *1.5, 7.1.3, 7.6.6*
HOFFMANN, Rodolfo, *1.6.3, 2.7.1*
HORKHEIMER, Max, *1.5, 3.4, 3.6, 7.3.1*
HORTA, Oscar Pedroso, *2.7.3*
HOYOS, Arturo, *3.8.1, 3.8.3*
HUIZINGA, Johan, *1.4, 2.1.4*
HUXLEY, Aldous, *3.8*

IACOBELLIS, Marcello, *6.4.2*
IANNI, Octavio, *1.6.3, 2.1.2, 2.2, 2.3.1, 2.3.2, 2.4, 2.4.1, 2.4.2, 2.4.3, 2.5.1, 2.5.2, 2.5.3, 2.5.4, 2.7.1, 2.7.3, 7.3.1, 7.4.1*
IGÓSHEV, Konstantin, *7.4.4*
IHERING, Rudolf von, *3.7*

JACQUES, Paulino, *2.2, 2.3.3, 2.7.1*
JAGUARIBE, Helio, *2.5.1, 2.10*
JÁLFINA, Raísa, *2.7.2*
JAMESON, Fredric, *7.1.2, 7.2.2, 7.2.3*
JAPPE, Anselm, *7.2.2*
JOHNSON, Lyndon Baines, *2.5.2*
JURAN, J.M., *7.1.3*

KAFKA, Franz, *1.5*

KANDIR, Antonio, *2.2*, *2.5.1*, *2.7.1*
KANT DE LIMA, Roberto, *1.4*, *2.1.3*, *3.7*, *7.3.1*
KASPRZAK, Susana Gasparovic, *2.4*
KAUTSKY, Karl, *3.3*, *3.7*
KENNEDY, John Fitzgerald, *2.5.2*
KIRCHMANN, Julius Hermann von, *1.5*
KIRCHNER, Lineu Walter, *3.9*
KLEIN, Lucia Maria Gomes, *2.2*, *2.3.3*, *2.5.1*, *2.5.2*, *2.7.1*
KOWARICK, Lúcio, *1.6.2*, *1.6.3*, *2.3.1*, *2.3.2*, *2.4.2*, *2.5.2*, *2.5.3*
KRAMER, Dora, *2.5.1*
KUBITSCHEK DE OLIVEIRA, Juscelino, *2.4*, *2.5.3*, *2.7.1*
KUDRIAVTSEV, Vladimir, *1.3*, *1.4*
KURZ, Robert, *7.1.1*
KUTAFIN, Oleg, *3.8.1*

LACAN, Jacques, *1.5*
LACERDA, Carlos, *2.2*, *2.5.2*, *2.6*, *7.3.1*
LACERDA, Galeno, *3.5*
LAFARGUE, Paul, *7.1.1*
LAFER, Celso, *2.2*, *2.5.2*, *2.7.1*
LAGO, Luiz Aranha Corrêa do, *2.3.1*, *2.5.2*, *2.6*, *2.7.1*
LANGONI, Carlos Geraldo, *1.6.3*, *2.3.1*, *2.4*, *2.4.1*, *2.4.2*, *2.4.3*, *2.5.1*, *2.5.3*, *2.6*, *2.7.1*
LARENZ, Karl, *3.7.2*, *3.8.1*, *3.9*
LAURIA TUCCI, Rogério, *2.7.3*, *3.6*, *3.8.3*, *6.1*, *6.3.2*, *7.6.6*
LAZZARINI, Marilena, *7.4.3*
LEFEBVRE, Henry, *2.3.1*, *2.5.3*
LEIBNIZ, Gottfried Wilhelm, *3.6*
LEITÃO, José Ribeiro, *3.2*, *3.4*, *3.5*, *3.7.1*, *5.1*, *5.2*, *6.2*
LEITE, José Corrêa, *7.6.3*
LEMINSKI, Paulo, *2.6*
LENG, Shao Chuan, *7.6.6*

LENK, Hans, *7.1.3*, *7.3.1*
LEONARDO, Rodrigo Xavier, *1.1*, *3.1*, *3.6*, *3.7*, *3.8*, *3.8.1*
LÉVI-STRAUSS, Claude, *1.5*, *3.4*, *3.5*, *3.6*, *6.4.1*, *7.3.1*
LEVY, Herbert, *7.3.1*
LIDBLOM, Henrik, *2.1.3*, *2.1.5*, *3.3*, *7.5*
LIEBMAN, Enrico Tullio, *2.1.2*, *2.1.3*, *2.1.5*, *3.6*, *3.8*, *3.8.3*, *4.1.5*, *4.2.1*, *6.4.2*, *7.5*
LIMA, Alcides de Mendonça, *2.7.3*, *3.8*
LIMA, Marcelo Amoroso, *7.1.3*
LIMA, Paulo Butti de, *1.4*
LIMA BARRETO, Afonso Henriques de, *7.5*
LINDGREN, Carlos Ernesto da Silva, *2.3.1*
LINS, Carlos Francisco Bandeira, *7.4.3*
LIPARI, F.G., *3.3*
LIRA, Gerson, *3.5*
LIRA, Ricardo Pereira, *2.3.1*
LOBÃO, Manoel de Almeida e Sousa, dito de, *3.6*
LOBO DA COSTA, Moacir, *2.7.2*, *2.7.3*
LOEHR, William, *2.4.2*, *2.7.1*
LOJKINE, Jean, *2.3.1*, *2.3.2*
LOPES, Inês, *2.4.1*
LOPES, José Reinaldo de Lima, *2.1.1*, *3.3*, *7.3.1*, *7.6.4*, *7.6.6*
LOPES, José Sérgio Leite, *1.6.1*, *2.3.1*, *2.4.2*, *2.5.2*, *2.5.3*
LOPES, Juarez R. Brandão, *2.4.2*
LOPES DA COSTA, Alfredo de Araújo, *7.5*
LÖWY, Michel, *2.1.2*
LUDWIG, Celso, *2.1.5*
LUHMANN, Niklas, *7.5*
LUKÁCS, Georg, *3.6*

ÍNDICE ONOMÁSTICO

LUKIANOV, A.I., *7.5*, *7.6.6*
LUZ, Aramy Dornelles da, *2.5.2*, *4.2.1*, *4.2.2*
LYRA FILHO, Roberto, *1.5*
LYRA TAVARES, Aurélio de, *2.2*, *2.3*, *2.3.3*, *2.4*, *2.4.2*, *2.5.1*, *2.5.2*, *2.5.4*, *2.6*, *2.7.1*

MACHADO, Nílson José, *7.4.3*, *7.6.4*
MACHADO, Roberto, *1.4*
MACHADO DE ASSIS, Joaquim Maria, *1.1*, *3.1*
MACHADO GUIMARÃES, Luiz, *2.1.2*, *2.1.5*
MACIEL, Lisâneas, *2.7.3*
MACIEL, Marco, *7.5*
MACKENZIE, Alec, *7.1.3*
MACPHERSON, Crawford Brough, *2.7.1*, *4.1.2*, *5.3*, *7.3.1*, *7.4.1*, *7.6.2*
MADUEÑO, Denise, *2.4.2*
MAFFESOLI, Michel, *3.3*
MAGGIORE, Giuseppe, *2.7.3*, *7.3.1*
MAGNOLI, Demétrio, *2.5.2*
MALAN, Pedro Sampaio, *1.6.3*
MALÉIN, Nikolái, *2.1.2*, *3.8.2*, *7.5*, *7.6.6*
MAMEDE, Gladston, *1.4*, *1.5*
MANDRIOLI, Crisanto, *3.7.2*
MANFREDINI, Giuseppe, *1.5*, *3.8*
MARCATO, Antonio Carlos, *3.2*, *3.7*
MARCUSE, Herbert, *1.3*, *1.6.3*, *3.3*, *3.6*
MARÍAS, Javier, *3.3*
MARICATO, Erminia, *2.3.1*
MARINONI, Luiz Guilherme, *1.1*, *1.2*, *1.3*, *1.5*, *2.1.1*, *2.1.3*, *2.7.3*, *3.3*, *3.4*, *3.5*, *3.6*, *3.7.2*, *3.8*, *3.8.1*, *3.8.2*, *3.8.3*, *4.2.1*, *5.2*, *5.3*, *6.3.2*, *6.5.2*, *7.5*, *7.6.3*, *7.6.4*, *7.6.5*, *7.6.6*, *8*
MARINS, Victor Azi Bomfim, *4.3.1*

MARKUSEN, Ann, *2.7.1*
MARQUES, José Frederico, *2.1.5*, *2.7.2*, *7.5*, *7.6.5*
MARQUES, Nilson, *1.6.3*, *3.9*
MARQUES REBELO, Eddy Dias da Cruz, dito, *1.3*, *1.4*, *1.6.3*, *7.1.3*
MARTINETTO, Giuseppe, *3.8.3*
MARTINS, André Saboia, *1.6.2*, *2.3.1*
MARTINS, Carlos Estevam, *1.4*, *1.5*, *2.3.2*, *7.3.1*
MARTINS, Fran, *2.5.2*, *4.1.2*
MARTINS, Márcia Copello, *7.1.3*
MARTINS, Pedro Batista, *2.1.5*, *2.7.3*
MARTINS, Soveral, *1.2*, *3.7.2*
MARTONE, Celso L., *2.2*, *2.5.3*
MARX, Karl, *1.5*, *2.1.1*, *2.1.5*, *2.7.2*, *3.6*, *3.7*, *3.8*, *7.1.3*, *7.4.1*
MATOS, Olgária Chain Féres, *3.8*
MATTIROLO, Luigi, *2.1.3*, *3.8.3*
MAYER, Thomas, *2.7.1*
MAZZARELLA, Ferdinando, *1.5*, *3.8.3*
McNAMARA, Robert, *2.5.2*
McVEIGH, Shaun, *1.4*, *3.3*, *7.5*
MÉDICI, Emílio Garrastazu, *1.6.3*, *2.1.2*, *2.2*, *2.3.1*, *2.4*, *2.4.2*, *2.5.2*, *2.5.4*, *2.6*, *2.7.1*, *2.7.2*, *2.7.3*, *7.3.1*, *7.3.2*
MEGGIOLARO, Amelia Maria, *1.6.2*
MEIRA MATTOS, Carlos, *2.2*, *2.5.2*, *2.5.3*
MELIS, Guido, *2.3.1*
MELLO, Marco Aurélio, *2.2*, *3.8.1*
MELO, Hygina Bruzzi de, *7.1.1*
MENDES, Cândido, *2.2*, *2.3.3*, *2.6*, *2.7.1*, *2.7.2*, *7.3.1*
MENDONÇA, Fernando, *4.4*
MENEZES CORDEIRO, António Manuel da Rocha e, *3.6*
MENGER, Anton, *1.4*, *2.1.2*, *3.3*, *3.7*
MENGONI, Luigi, *1.2*
MEZAN, Renato, *1.1*

MEZEY, Michael, *7.3.1*
MIAILLE, Michel, *1.2*, *2.1.2*, *3.4*
MICHALUAT, José Antonio, *2.9*, *5.1*
MICHELI, Gian Antonio, *2.1.1*, *3.2*, *3.3*
MILL, John Stuart, *7.4.1*
MILLAR, Robert Wyness, *3.8.3*
MILLER, Cristóvão Colombo dos Reis, *4.3.1*, *5.1*
MIRANDA, José Carlos, *2.3.2*
MIRANDA ROSA, Felippe Augusto de, *2.1.3*, *2.1.5*, *2.2*, *2.3.3*, *2.6*, *2.7.1*, *2.7.2*, *2.7.3*, *2.8*, *2.10*, *5.2*, *7.5*, *7.6.6*, *7.6.7*
MOCCIA, Luigi, *7.6.6*
MODESTO, Paulo, *7.4.3*
MOLINARI, Carlo, *2.1.2*, *2.1.3*, *2.1.5*, *2.7.3*, *7.5*
MONTAÑO, Salvador M. Dana, *7.6.3*
MONTEIRO, João, *1.3*, *1.4*, *1.5*, *2.1.2*, *2.1.5*
MONTEIRO, José A., *7.1.3*, *7.3.2*
MONTESANO, Luigi, *2.1.3*, *2.1.5*, *3.1*, *3.6*, *3.8*
MONTESQUIEU, Charles-Louis de Secondat, Barão de La Brède e, *2.1.4*, *3.6*
MORAES FILHO, Evaristo de, *2.7.2*
MORAIS, José Luis Bolzan de, *7.6.1*
MOREIRA, Sandra, *2.3.1*, *2.3.2*, *2.4*
MOREIRA, Vital, *2.2*, *3.6*
MOREIRA ALVES, José Carlos, *2.6*
MOREIRA ALVES, Márcio, *2.5.1*
MOREIRA ALVES, Maria Helena, *1.6.3*, *2.2*, *2.3*, *2.3.1*, *2.3.3*, *2.4.2*, *2.5.1*, *2.5.2*, *2.5.3*, *2.7.1*, *2.7.2*
MOREIRA DE PAULA, Jônatas Luiz, *1.2*, *1.3*, *1.5*, *2.1.2*, *3.3*, *3.7*, *3.7.2*, *7.1.3*
MORICONI, Italo, *7.2.1*
MORO, Sérgio Fernando, *2.8*, *3.8.1*

MORTARA, Lodovico, *2.1.1*, *2.8*
MOTTI, Giuseppe, *3.8.3*
MOURA, Alexandrina Sobreira de, *2.3.1*
MOURÃO FILHO, Olympio, *2.2*, *2.3.3*, *2.5.1*, *2.5.4*, *2.6*, *2.7.1*
MULLER-PLATENBERG, Carlita, *2.3.2*
MUNHOZ NETO, Alcides, *2.2*
MUNIZ, Jaqueline, *2.1.3*
MUSSE, Ricardo, *2.1.1*
MUSSOLINI, Benito, *2.1.5*, *7.6.6*

NAPPI, Giambattista, *3.4*, *3.8.3*
NAPPI, Giuseppe, *3.4*, *3.8.3*
NASCIMENTO SILVA, Luiz Gonzaga, *2.3.1*
NASI, Antonio, *3.1*, *3.4*, *3.8*, *3.8.3*
NATALI, João Batista, *1.6.3*
NEDER, Gislene, *1.4*
NEGRI, Antonio, *7.4.4*
NERY, Rosa Maria Andrade, *6.1*, *6.4.2*, *6.5.2*, *6.6*
NERY JÚNIOR Nelson, *6.1*, *6.4.2*, *6.5.2*, *6.6*
NEWTON, John, *2.7.1*
NIETZSCHE, Friedrich, *7.5*
NIGRO, Mario, *7.6.1*, *7.6.5*
NOBILI, Massimo, *7.3.1*
NOBREGA, Airton Rocha, *7.3.2*
NORGAARD, Margaret, *1.5*
NORONHA, Carlos Silveira, *3.2*, *3.6*, *4.2.1*
NUNES, Marcos Alonso, *7.4.3*

OFFE, Claus, *7.4.1*, *7.4.2*
OLDEBRECHTS-TYTECA, Lucie, *1.4*
OLIVEIRA, Carlos Alberto Alvaro de, *1.1*, *1.3*, *2.1.2*, *2.1.3*, *2.1.5*, *2.7.3*, *2.10*, *3.8.2*, *3.8.3*, *4.1.3*, *4.2.1*, *5.1*, *7.6.5*, *7.6.7*

ÍNDICE ONOMÁSTICO 463

OLIVEIRA, Dennisson de, *2.3.1*
OLIVEIRA, Flávio Luís de, *1.1*, *3.9*
OLIVEIRA, Inocêncio de, *7.4.3*
OLIVEIRA, José Lopes de, *2.3.1*
OLIVEIRA, Lauro Laertes de, *3.9*
OLIVEIRA, Malu, *3.3*
OLIVEIRA, Marcelo Andrade Cattoni de, *3.5*
OLIVEIRA, Naia, *1.6.2*
OLIVEIRA, Rildo Marques de, *2.3.1*
OLIVEIRA NETO, Pedro Cecílio, *6.5.2*
ONDEI, Emilio, *2.1.2*, *2.1.5*, *3.8.3*
OPTIZ, Oswaldo, *6.4.1*, *6.5.2*
OPTIZ, Silvia C.B., *6.4.1*, *6.5.2*
ORTEGA, Manuel Segura, *2.1.3*, *7.3.1*
ORWELL, George, *2.3*
OURÉM, José Carlos de Almeida Areias, barão e visconde de, *7.5*

PACKENHAM, Robert A., *7.3.1*
PALEWSKI, Jean-Paul, *7.1*
PASUKANIS, Eugeny Bronislano- vich, *1.2*, *1.5*, *3.7*
PAULA BATISTA, Francisco de, *7.5*
PAULANI, Leda Maria, *7.4.3*
PEÇANHA, Nilo, *7.5*
PEDROSO, Luís Renato, *3.2*, *5.3*
PEIXOTO, Floriano Vieira, *2.5.1*
PENTEADO, Mauro Rodrigues, *2.5.2*, *4.2.1*
PEREIRA, Lutero de Paiva, *4.1.5*, *4.2.2*
PEREIRA, Odon, *2.3.1*
PEREIRA, Potiguara Acácio, *1.2*, *1.5*, *3.7*
PERELMAN, Chaïm, *1.4*
PERLINGIERI, Pietro, *3.8.1*
PERUZZO, Dilvo, *2.3.1*
PESSOA, Álvaro, *1.2*, *2.3.1*
PESSOA, Mário, *2.2*, *2.5.2*

PICARDI, Nicola, *2.7.2*, *3.1*, *3.4*, *3.6*, *7.6.6*
PICÓ I JUNOY, Joan, *2.1.3*, *3.8.3*, *7.5*
PIERANGELI, José Henrique, *2.1.5*, *2.7.2*
PIGLIA, Ricardo, *1.5*
PIMENTEL, Wellington Moreira, *3.8*
PINHEIRO, José Ernanne, *1.2*
PINHEIRO MACHADO, Luiz Carlos, *2.4*, *2.4.2*
PINSKY, Jaime, *1.6.3*, *3.6*
PINTO, Luís Costa, *7.5*
PIRES, Érico Barone, *4.3.1*, *5.2*
PIRES, Sady Dornelles, *2.4*, *2.5.2*, *4.1.1*, *4.1.2*
PIQUET, Rosélia, *2.3.1*, *2.7.1*, *7.4.2*
PIQUET CARNEIRO, João Geraldo, *2.5.1*, *7.4.3*
PIZZORUSSO, Alessandro, *7.6.6*
POE, Edgar Allan, *7.1.3*
PONTES, Marcelo, *1.2*
PONTES DE MIRANDA, Francisco Cavalcanti, *2.1.1*, *2.1.3*, *2.2*, *2.3.3*, *2.5.1*, *2.7.1*, *3.4*, *3.7*, *4.1*, *4.1.3*, *4.1.4*, *4.2.1*, *4.2.2*, *4.3.1*, *4.3.2*, *5.1*, *6.1*
PORTANOVA, Rui, *2.1.3*, *3.3*, *3.7*, *3.8.1*, *3.9*, *6.3.2*, *6.5.2*, *7.5*, *7.6.5*, *8*
PORTO, Sérgio Gilberto, *7.5*
PORTO ROSA, Antonio Jurandy, *3.9*
POUTCHINSKI, V.K., *1.5*, *2.1.2*, *2.1.5*, *3.8.2*, *7.6.6*
PRADO JR., Caio, *1.4*, *1.6.3*, *2.2*, *2.4*, *2.5.1*, *2.5.2*, *2.5.3*, *2.6*, *2.7.1*, *7.1.3*, *7.3.1*, *7.5*
PRATA, Edson, *2.7.3*
PRESSBURGER, T. Miguel, *1.2*, *2.2*, *3.5*
PRODI, Romano, *7.3.1*
PROTO PISANI, Andrea, *1.1*, *1.2*, *1.5*, *1.6.3*, *2.1.1*, *2.1.2*, *2.1.3*,

2.1.5, 3.1, 3.3, 3.5, 3.6, 3.7,
3.7.2, 3.8, 3.8.1, 3.8.2, 3.8.3,
7.3.1, 7.5, 7.6.6
PRZEWORSKI, Adam, 2.7.1, 7.3.2,
7.4.1, 7.4.2, 7.4.3
PUCCINI, Giacomo, 1.5
PUGGINA, Márcio Oliveira, 1.4

QUADROS, Jânio da Silva, 2.7.3
QUEIROZ, Maria Isaura Pereira, 2.4,
2.4.2, 2.5.3

RABELLO, José Geraldo de Jacobina,
6.1, 6.5.2
RADBRUCH, Gustav, 3.6
RAFFESTIN, Claude, 7.1.3
RAMALHETE, Clóvis, 1.6.2, 2.4
RAMOS, Elival da Silva, 7.6.3
RAMOS FILHO, Wilson, 3.3, 7.5
RANIS, Gustav, 2.7.1
RANNEY, Austin, 7.4.2
RATTNER, Henrique, 2.4, 2.5.3
RAWLS, John, 2.3.1
RAZUK, Paulo Eduardo, 3.2
REALE, Miguel, 2.2, 2.3, 2.3.3, 2.4.2,
2.5.1, 2.5.2, 2.6, 2.7.1, 2.7.2,
2.7.3
REALE JÚNIOR, Miguel, 2.5.2,
2.7.1, 7.3.1, 7.4.3
REDENTI, Enrico, 2.1.3
REICH, Wilhelm, 1.2, 1.3, 1.4, 1.5
REIS, Alberto dos, 1.1, 3.7, 3.7.1
RENNER, Karl, 1.5, 2.10
REQUIÃO, Rubens, 2.2, 4.1.2, 4.2.1
RESTIFFE NETO, Paulo, 2.6, 6.5.1,
6.5.2, 6.6
REZEK, Francisco, 2.10
REZENDE, Vera, 2.3.2
RIBEIRO, Ana Clara Torres, 2.3.1
RIBEIRO, Haroldo, 7.1.3
RIBEIRO, Ivan, 2.4, 2.4.1, 2.4.2
RIBEIRO, Vera Lúcia Santos, 2.3.1

RICCI, Edoardo, 2.1.5, 2.7.3, 7.6.5
RICCIARDI, Mario, 1.4
RICUPERO, Rubens, 1.6.3
RIGANO, Francesco, 7.6.6
RIPERT, Georges, 1.5
ROCHA, Fernando Antônio Nogueira
Galvão da, 3.9
ROCHA, José de Albuquerque, 1.2,
2.1.5, 2.8, 3.3, 3.7, 3.8.1, 7.3.1,
7.5, 7.6.4
ROCHA, Leonel Severo, 2.2, 2.3.3,
2.5.1, 2.6, 2.7.1, 2.10
ROCCO, Ugo, 3.1, 3.2, 3.4, 3.8, 3.8.3,
5.2, 7.5
RODOTÀ, Stefano, 2.1.2, 2.1.5, 2.7.2,
2.7.3
RODRIGUES, Domingos Pereira, 3.3
RODRIGUES, Horácio Wanderlei, 1.5
RODRIGUES, Nelson, 1.5, 1.6.1, 8
ROGOZINSKI, Jacob, 3.3
ROMANO, Bruno, 1.4, 3.3
ROMERO MONTES, Francisco
Javier, 3.8.2
ROPOHL, Günter, 7.3.1
ROSENFELD, Michael, 3.3
ROSENN, Keith S., 7.6.4
ROTHERY, Brian, 7.1.3
ROUANET, Sérgio Paulo, 3.6, 7.1.3,
7.2.1
RUARO, João Sedinei, 6.5.2
RUEDA, Juan Carlos Carrasco, 1.6.2,
2.3.1
RUIZ, Urbano, 3.9
RUMI, Jacinta Paroni, 7.6.6
RUNGGALDIER, Ulrich, 7.6.6

SACHS, Céline, 1.6.2, 2.3.1
SADE, Donatien-Alphonse-François,
Marquês de, 3.4, 7.1.3
SADEK, Maria Tereza, 3.3
SADER, Emir, 2.1.2, 7.3.2, 7.4.3
SALOMÃO, Marta, 7.4.3

ÍNDICE ONOMÁSTICO

SALUTATI, Colucio, *3.3*
SANTANA, Ana Lúcia Jansen de Mello de, *7.4.3*
SANTOS, Boaventura de Sousa, *1.4, 2.4.2, 3.3, 3.7.2, 7.2.3, 7.4.2, 7.5, 7.6.4, 7.6.7*
SANTOS, Carlos Nelson Ferreira dos, *2.3.1*
SANTOS, Edson Luiz da Silva dos, *2.4, 3.6*
SANTOS, Luís Alberto, *7.1.3*
SANTOS, M. Coutinho dos, *2.4*
SANTOS, Milton, *7.1.3, 7.2.2, 7.2.3, 7.4.3, 7.4.4, 7.5*
SANVICENTE, Antonio Zoratto, *2.2*
SARNEY, José Ribamar Ferreira de Araújo Costa, dito, *2.5.2*
SATTA, Salvatore, *1.5, 2.1.3, 3.1, 3.8, 3.8.3, 3.9*
SAULE JÚNIOR, Nelson, *2.3.1*
SCALASSARA, Carlos Roberto, *7.5*
SCARAMUZZA NETO, Mário João, *3.3*
SCHEUERMAN, William, *2.1.4*
SCHMIDT, Benício, *2.3.1*
SCHUH, G. Edward, *2.4.1*
SCHWARTZ, Stuart B., *7.6.7*
SCHWARTZENBERG, Roger-Gérard, *7.2.2*
SCIARRETTA, Toni, *1.6.3, 2.4*
SEABRA FAGUNDES, Miguel, *2.2, 3.2, 5.3*
SEGNI, Antonio, *2.1.3, 7.5*
SEIXAS MEIRELLES, Henrique da Silva, *1.2, 1.4, 2.1.2*
SEKULIC, Adriana, *2.3.1*
SEMAMA, Paolo, *1.4*
SERRA, José, *1.6.3, 2.7.1*
SHAJNAZAROV, G.J., *7.5, 7.6.6*
SHOOYANS, Michel, *2.5.2, 2.6*
SIDOU, J.M. Othon, *3.8.1*
SILVA, Argens Valente da, *7.1.3*
SILVA, Artur Stamford da, *7.6.4*
SILVA, Carlos Medeiros, *2.2, 2.3.3, 2.5.2, 2.7.2*
SILVA, Celso Ribeiro da, *3.8.3*
SILVA, Jonathas, *2.3.1, 7.6.5*
SILVA, José Afonso da, *2.3.3, 2.4, 2.5.1, 2.5.2, 2.8*
SILVA, José F. Graziano da, *1.6.3*
SILVA, Luiz Augusto Beck da, *6.2, 6.3.1, 6.4.2, 6.5.2*
SILVA, Maria Ozanira da Silva e, *2.3.1*
SILVA JARDIM, Afranio, *2.1.2*
SILVA PACHECO, José da, *2.1.2, 2.5.2, 2.7.3*
SILVEIRA, Domingos Sávio Dresch da, *3.8.1, 7.6.5*
SILVEIRA, Patrícia Azevedo da, *1.2, 3.8.1*
SIMAS, Mario, *2.1.3*
SIMÕES, Carlos, *2.7.2*
SIMONSEN, Mário Henrique, *1.6.3, 2.2, 2.5.2, 2.5.3, 2.6, 2.7.1*
SINGER, Paul Israel, *1.6.3, 2.2, 2.3.1, 2.4, 2.4.2, 2.5.2, 2.5.3, 2.6, 2.7.1*
SIQUEIRA CASTRO, Carlos Roberto de, *3.4, 3.7, 3.8.1*
SKIDMORE, Thomas, *1.6.3, 2.2, 2.3, 2.3.1, 2.3.3, 2.4.2, 2.5.1, 2.5.2, 2.5.3, 2.5.4, 2.6, 2.7.1, 7.3.1*
SKINNER, Quentin, *7.3.2*
SMITH, Adam, *2.3.1*
SMITH, David, *3.3*
SOARES, Fernando Luso, *2.1.2, 2.1.3, 2.1.5*
SOKAL, Alan, *1.4*
SOLIMEO, Marcel Domingos, *2.9, 7.5*
SOLMI, Arrigo, *2.1.2*
SORJ, Bernardo, *2.4.2, 2.4.3*

SOTTO MAIOR NETO, Olympio de
  Sá, *3.9*
SOUSA, José Pedro Galvão de, *2.2*,
  2.5.2, *7.3.1*
SOUTO, Cláudio, *1.2*, *1.4*, *2.1.3*
SOUZA, Carlos Aurélio Mota de,
  2.7.3
SOUZA, Luiz Sérgio Fernandes, *1.4*
SOUZA JÚNIOR, José Geraldo de,
  1.2
SPESSART, Stefanie, *2.3.2*
STEINER JÚNIOR, Otto, *7.5*
STEPAN, Alfred, *2.2*, *2.4.1*, *2.5.1*,
  2.5.2
STOCKLER, Luís Alfredo, *2.9*, *7.4.2*
STORPER, Michael, *2.5.3*
STRECK, Lenio Luiz, *3.6*
STUCKA, Petr Ivanovich, *1.2*, *1.5*
SURGIK, Aloísio, *1.5*, *3.3*, *3.6*, *7.6.6*

TADEVOSIÁN, V., *7.5*
TANAKA, Kotaro, *2.7.3*
TARELLO, Giovanni, *1.2*, *1.3*, *1.5*,
  2.1.2, *2.1.5*, *2.7.2*, *3.3*, *3.6*
TARUFFO, Michele, *1.4*, *2.1.2*, *2.1.3*,
  2.1.5, *2.7.2*, *2.7.3*, *3.1*, *3.2*, *3.3*,
  3.5, *3.6*, *3.7*, *3.7.2*, *3.8*, *3.8.1*,
  3.8.3, *3.9*, *7.3.1*, *7.5*, *7.6.6*
TARZIA, Giuseppe, *1.5*, *2.1.5*, *7.6.6*
TAVARES, Maria da Conceição,
  1.6.3, *2.2*, *2.4.1*, *2.4.2*, *2.5.2*,
  2.5.3, *2.6*, *2.7.1*, *3.2*
TAYLOR, Frederick Winslow, *7.1*
TEBOUL, James, *7.1.3*
TEIXEIRA, Marco Antonio, *3.9*
TEIXEIRA, Sálvio de Figueiredo,
  2.7.2, *2.7.3*
TELLES JR., Alcides, *1.4*
TEPEDINO, Gustavo, *2.4*, *3.8.1*, *3.9*
TEPEDINO, Maria Celina, *3.8.1*, *3.9*
TEREBILOV, V.I., *3.8.2*, *7.5*, *7.6.6*
THEODORO JÚNIOR, Humberto,

3.2, *3.6*, *3.7*, *3.7.1*, *3.8.1*, *3.8.3*,
  4.1.1, *4.1.3*, *4.1.4*, *4.2.2*
TINELLI, Arthur Carlos, *1.6.3*
TOLEDO, José Roberto de, *1.6.3*
TOLIPAN, Ricardo, *1.6.3*
TORNAGHI, Hélio, *2.1.3*
TOURAINE, Alain, *7.4.2*
TREVES, Renato, *1.4*, *1.5*, *7.1.3*,
  7.2.1, *7.3.1*
TREVISAN, Cláudia, *7.4.3*
TROBERG, Peter, *2.9*
TUMÁNOV, Vladímir, *1.4*, *7.4.4*

UNABOMBER, Theodor Kaczynski,
  dito, *1.5*

VARGAS, Getúlio Dornelles, *2.1.5*
VALLADARES, Licia do Prado,
  2.3.1, *2.9*
VARELLA, Marcelo Dias, *2.4*
VASCONCELLOS, Fábio Puccetti,
  2.3.1, *5.1*
VASCONCELLOS, Pedro, *2.3.1*,
  4.3.1
VAZ, Lilian Fessler, *2.3.1*
VEBLEN, Thorstein, *2.7.1*
VELHO, Otávio Guilherme, *1.6.1*,
  2.1.2, *2.2*, *2.7.1*
VELLOSO, Carlos Mário da Silva,
  2.1.2, *2.7.3*
VELLOSO, João Paulo dos Reis, *2.2*,
  2.4, *2.4.2*, *2.5.3*, *2.6*
VERDE, Giovanni, *2.1.5*, *2.7.2*, *3.6*,
  3.7, *3.7.2*, *3.8*, *7.5*
VERÍSSIMO, Luiz Fernando, *7.5*
VESCOVI, Enrique, *7.5*
VIANA FILHO, Luís, *2.2*, *2.3*, *2.3.1*,
  2.3.3, *2.4*, *2.4.1*, *2.5.2*, *2.6*,
  7.3.1, *7.3.2*
VIANNA, Godofredo Mendes, *2.1.2*
VIDAL, Gastão, *7.4.2*
VIDAL, José, *4.3.1*

ÍNDICE ONOMÁSTICO 467

VIDIGAL, Luís Eulálio de Bueno, *2.2*
VIEIRA, Antônio, *3.3*
VIEIRA, Liszt, *7.4.3*
VIEIRA-GALLO, José Antonio, *2.1.3*
VIGORITI, Vincenzo, *2.1.4*, *3.7*, *3.8.1*, *3.9*, *7.5*, *7.6.6*
VILANOVA, Lourival, *2.2*, *2.3.2*, *2.7.1*, *3.6*, *7.3.1*
VILLENA, Carlos Ferdinand Cuadros, *2.3.1*, *4.3.1*
VINCENT, Jean, *3.6*, *3.7*
VIRILIO, Paul, *7.2.2*, *7.3.2*
VISHINSKI, Andrei, *1.5*
VITTA, Heraldo Garcia, *7.3.2*
VON ZUBEN, Aluízio, *1.4*
VOUGA, Cláudio, *1.5*

WALD, Arnoldo, *2.2*, *2.3.2*, *2.5.2*
WAMBIER, Luís Rodrigues, *2.2*, *2.6*, *2.7.3*
WANDERLEY, Luiz Eduardo, *7.4.2*, *7.4.3*, *7.6.3*
WARAT, Luis Alberto, *1.2*, *1.3*, *1.4*, *3.3*, *7.2.2*
WARRINGTON, Ronnie, *1.4*, *3.3*, *7.5*
WATANABE, Kazuo, *2.2*, *2.7.1*, *2.8*, *3.2*, *3.3*, *3.5*, *3.7.1*, *3.7.2*, *3.8.1*, *3.8.3*, *4.1*, *4.2.1*, *5.1*, *6.1*
WEBER, Max, *2.1.2*, *2.1.5*, *3.6*, *3.8.2*, *7.6.6*
WEHR, Paul, *2.4.2*, *2.5.3*
WELLS, John, *1.6.3*, *2.7.1*
WILHEIM, Jorge, *2.3.1*, *2.3.2*, *7.1.3*, *7.3.1*
WILL, João Manuel de Sousa, *2.4*, *2.4.2*
WOLKMER, Antonio Carlos, *1.6.3*, *2.1.2*, *3.3*, *7.4.3*, *7.5*, *7.6.6*
WOODCOCK, George, *7.1.1*, *7.1.3*

YUDIN, Yu., *1.5*, *2.1.1*, *2.7.2*, *3.7*, *7.4.4*

ZAFFARONI, Eugenio Raúl, *1.4*, *2.1.4*, *2.1.5*, *2.7.2*, *7.3.1*, *7.6.7*
ZAKARIA, Fareed, *7.4.3*
ZAVALÍA, Fernando J. López de, *7.5*
ZAVASCKI, Teori Albino, *3.8.3*
ZEYN, Mohamed Kheder, *7.4.3*
ZHIDKOV, O., *1.5*, *2.1.1*, *2.7.2*, *3.7*, *7.4.4*

ÍNDICE DE NORMAS

LEGISLAÇÃO BRASILEIRA

CONSTITUIÇÃO DE 1937, *2.2*, *2.3.3*

CONSTITUIÇÃO DE 1946, *2.3.3*
- 141, *4.3.2*
- 141, § 4º, *5.3*

CONSTITUIÇÃO FEDERAL DE 1967, *2.3.3*, *2.5.4*, *2.7.1*, *2.7.2*
- exposição de motivos, *2.2*, *2.3.3*, *2.5.2*, *2.7.2*, *7.3.1*
- 54, *2.2*
- 58, *2.3.3*
- 76, *2.5.1*
- 89, *2.5.2*
- 150, § 4º, *2.3.3*
- 157, caput, *2.7.1*
- 157, V, *2.7.1*
- 173, III, *2.2*, *2.3.3*, *2.5.2*

"CONSTITUIÇÃO FEDERAL" DE 1969, *2.6*, *2.7.1*, *2.7.2*
- 1º, § 1º, *7.6.6*
- 6º, *5.3*
- 8º, V, *2.5.2*
- 51, *2.2*
- 55, *2.3.3*
- 74, *2.5.1*

- 86, *2.5.2*
- 153, § 1º, *5.3*, *6.2*
- 153, § 4º, *2.7.1*, *4.3.2*, *5.1*, *5.2*, *5.3*
- 153, § 22, *5.3*
- 160, caput, *2.7.1*
- 181, *2.2*, *2.7.1*, *6.2*
- 181, I, *2.7.1*
- 181, III, *2.7.1*
- 182, *2.7.1*
- 182, parágrafo único, *2.7.1*

CONSTITUIÇÃO FEDERAL DE 1988, *2.8*
- 3º, III, *2.1.5*, *3.8.2*
- 5º, caput, *3.3*
- 5º, I, *3.8.2*
- 5º, VI, *1.3*
- 5º, XXV, *5.1*
- 5º, XXXV, *3.3*, *3.5*, *5.2*, *6.7*
- 5º, LIII, *3.3*, *5.2*
- 5º, LIV, *4.3.1*, *5.1*, *5.2*, *6.3.1*, *6.3.2*, *6.7*
- 5º, LV, *5.1*, *5.2*, *6.3.1*, *6.3.2*, *6.5.2*
- 5º, LVI, *3.3*, *5.2*
- 37, caput (cf. EC-19/98), *7.3.2*
- 37, § 8º, II (cf. EC-19/98), *7.3.1*
- 62, *2.3.3*

ÍNDICE DE NORMAS 469

- 71, *3.3*
- 73, *3.3*
- 98, II, *7.6.6*
- 150, II, *3.3*
- 185, II, *2.4*
- 185, parágrafo único, *2.4*
- 186, *2.4*
- 217, § 1º, *3.3*

ATO INSTITUCIONAL n. 1, de
9.4.1964, *2.7.1*
- preâmbulo, *2.2*
- 2º, *2.5.1*
- 3º, parágrafo único, *2.2*
- 4º, caput, *2.2*

ATO INSTITUCIONAL n. 2, de
27.10.1965, *2.2*, *2.3*, *2.7.1*
- preâmbulo, *2.5.2*
- 5º, *2.2*
- 9º, *2.5.1*
- 19, I, *2.2*, *2.3*
- 21, *2.2*
- 30, *2.2*, *2.3.3*
- 31, parágrafo único, *2.3*

ATO INSTITUCIONAL n. 4, de
7.12.1966, *2.3.3*

ATO INSTITUCIONAL n. 5, de
13.12.1968, *1.6.3*, *2.2*, *2.5.1*, *2.5.2*, *2.7.1*
- 2º, *2.5.2*
- 2º, § 1º, *2.5.2*, *2.6*

ATO INSTITUCIONAL n. 8, de
2.4.1969, *7.3.2*

ATO INSTITUCIONAL n. 12, de
31.8.1969, *2.5.4*
- 1º, *2.5.4*, *2.6*
- 2º, *2.5.4*

- 5º, *2.5.4*

ATO INSTITUCIONAL n. 13, de
5.9.1969, *2.6*

ATO INSTITUCIONAL n. 14, de
5.9.1969, *2.6*

ATO INSTITUCIONAL n. 15, de
9.9.1969, *2.6*

ATO INSTITUCIONAL n. 16, de
14.10.1969, *2.7.1*

ATO INSTITUCIONAL n. 17, de
14.10.1969, *2.2*, *2.7.1*

ATO COMPLEMENTAR n. 23, de
20.10.1966
- considerandos, *2.3*
- 1º, *2.3*
- 2º, *2.3*

ATO COMPLEMENTAR n. 38, de
13.12.1968, *2.5.2*

ATO COMPLEMENTAR n. 72, de
15.10.1969, *2.7.1*

ATO COMPLEMENTAR n. 102, de
1º.4.1977, *2.5.1*

ATO COMPLEMENTAR n. 103, de
14.4.1977, *2.5.1*

ATO COMPLEMENTAR n. 107, de
26.7.1977, *2.5.1*

EMENDA CONSTITUCIONAL n. 1,
de 17.10.1969, ver "Constituição
Federal de 1969"

EMENDA CONSTITUCIONAL n. 7,
de 13.4.1977, *5.1*

EMENDA CONSTITUCIONAL n. 8,
de 13.10.1978, *1.6.3*

EMENDA CONSTITUCIONAL n.
11, de 13.10.1978, *2.8*
art. 3º, *2.8*

EMENDA CONSTITUCIONAL n. 8,
de 15.8.1995, *3.3*

EMENDA CONSTITUCIONAL n. 9,
de 9.11.1995, *3.3*

EMENDA CONSTITUCIONAL n.
19, de 4.6.1998
art. 3º, *7.3.1*, *7.3.2*

EMENDA CONSTITUCIONAL n.
24, de 9.12.1999, *7.6.6*

CÓDIGO DE PROCESSO CIVIL
(DL 1.608/39), *2.1.2*, *2.1.5*, *2.7.1*,
2.7.2, *2.7.3*, *2.10*, *4.1*
– exposição de motivos, *2.1.2*,
2.1.5
– 112, *6.5.2*
– 117, *6.5.2*
– 289, *4.1.1*
– 704, *4.1.4*
– 705, *4.1.4*
– 927, *4.2.1*
– 948, *4.2.1*
– 962, *5.1*
– 964, *5.1*
– 1.009, II, *5.1*

CÓDIGO DE PROCESSO CIVIL
(Lei 5.869/73), *1.6.3*, *2.1.2*, *2.7.2*,
2.7.3, *2.10*

– exposição de motivos do anteprojeto
– n. 6, *2.1.5*, *2.7.2*
– n. 7, *2.1.5*, *2.7.3*
– n. 8, *2.7.3*
– n. 10, *2.1.5*, *2.7.3*
– n. 13, *2.7.3*
– n. 24, *4.1.2*
– exposição de motivos do projeto
– n. 1, *2.1.5*, *2.7.3*
– n. 2, *2.7.3*
– n. 4, *2.1.5*, *2.7.3*
– n. 5, *2.7.3*
– n. 18, *4.1.2*
– n. 24, *2.7.2*
– 125, I, *6.2*
– 126, *6.4.2*
– 271, *4.3.1*
– 273, *3.6*, *6.3.1*
– 273, II, *3.8*
– 295, I, *6.3.2*
– 295, parágrafo único, III, *6.3.2*
– 297, *5.1*
– 301, *6.5.2*
– 306, *6.5.2*
– 331 (cf. Lei 8.952/94), *3.4*, *3.8*,
4.2.1
– 487, *4.3.2*
– 520, *6.6*
– 529, V, *4.1.3*
– 585, II, *4.1.1*
– 585, III, *4.3.1*
– 585, VII, *4.1*, *4.1.1*
– 615, I, *4.3.1*
– 615, III, *4.1.4*
– 652, *4.2.1*, *4.3.1*
– 659, *4.2.1*
– 676, *4.2.1*
– 686, *4.1.3*, *4.1.4*
– 670, *4.1.3*, *4.1.4*
– 670, parágrafo único, *4.1.4*
– 693, *5.1*

ÍNDICE DE NORMAS 471

- 694, *5.1*
- 715, § 1º, *5.1*
- 715, § 2º, *5.1*
- 738, *4.3.2*, *5.1*
- 739, § 1º (cf. Lei 8.953/94), *4.1.3*, *4.3.2*
- 741 (cf. Lei 8.953/94), *4.3.2*
- 746, *5.1*
- 790, *5.1*
- 791, I (cf. Lei 8.953/94), *4.1.3*
- 793, *4.1.3*, *4.1.4*
- 795, *4.2.1*
- 798, *3.6*
- 802, *5.1*, *6.4.2*
- 812, *6.4.2*
- 816, *4.1.1*
- 839, *6.4.2*
- 890, §§ (cf. Lei 8.951/94), *3.2*
- 928, *3.8.3*
- 935, *3.2*
- 1.102b, *5.1*
- 1.113, *4.1.3*, *4.1.4*
- 1.113, § 2º, *4.1.4*
- 1.218, *4.3.1*

CÓDIGO CIVIL (Lei 3.071/16)
- 75, *3.5*, *3.9*
- 119, *3.2*
- 502, *3.2*
- 516, *3.2*
- 558, *3.2*
- 772, *3.2*
- 776, *3.2*
- 1.037, *4.3.1*
- 1.279, *3.2*

CÓDIGO DE DEFESA DO CONSUMIDOR (Lei 8.078/90)
- art. 6º, VIII, *6.5.2*

CÓDIGO PENAL (DL 1.608/39), *2.7.2*

- 345, *3.3*

CÓDIGO PENAL (DL 1.004/69, revogado pela Lei 6.578/78), *2.7.2*

CÓDIGO DE PROCESSO PENAL (DL 3.689/41), *2.7.2*

CÓDIGO PENAL MILITAR (DL 1.001/69), *2.7.2*

CÓDIGO DE PROCESSO PENAL MILITAR (DL 1.002/69), *2.7.2*

CÓDIGO TRIBUTÁRIO NACIONAL (Lei 5.172/66), *2.7.2*

CÓDIGO ELEITORAL (Lei 4.737/65), *2.7.2*

CÓDIGO DE TRÂNSITO NACIONAL (Lei 5.108/66, revogada pela Lei 9.503/97), *2.7.2*

CÓDIGO BRASILEIRO DO AR (DL 32/66, revogado pela Lei 7.565/86), *2.7.2*

CÓDIGO DE ÉTICA E DISCIPLINA DA OAB, de 13.2.1995, *1.3*

CONSOLIDAÇÃO DAS LEIS DO TRABALHO (DL 5.452/43), *2.7.2*
- 659, IX, *3.7.2*
- 659, X, *3.7.2*

LEI DE INTRODUÇÃO AO CÓDIGO CIVIL (DL 4.657/42)
- 2º, § 1º, *1.6.3*, *4.1.2*, *4.1.3*, *4.2.1*
- 2º, § 2º, *1.6.3*
- 5º, *4.1.2*, *4.2.1*

LEI COMPLEMENTAR 76, de
8.7.1993 (desapropriação), *3.9*

LEI COMPLEMENTAR 88, de
23.12.1996 (rito sumário de desapropriação), *3.9*

LEI 2.180, de 5.2.1954 (Tribunal Marítimo)
– 1º, *3.3*

LEI 4.380, de 21.8.1964 (BNH), *2.3.1*
– 1º, *2.3.1*

LEI 4.504, de 30.11.1964 (Estatuto da Terra)
– 1º, § 1º, *2.4*
– 4º, IX, *1.6.3*

LEI 4.591, de 16.12.1964 (condomínios e incorporações)
– 63, *3.2, 5.1*

LEI 4.595, de 31.12.1964 (instituições financeiras), *2.2*
– 17, *2.2*

LEI 4.728, de 14.7.1965 (mercado de capitais), *2.2*
– 66, *2.6, 3.9*
– 66, § 4º, *6.3.1*

LEI 4.829, de 5.11.1965 (crédito rural)
– 1º, *2.4*
– 3º, III, *2.4.2*
– 3º, IV, *2.4*

LEI 5.741, de 1º.12.1971 (execução hipotecária), *1.6.3, 2.3.1, 2.7.1, 4.2.2, 4.3, 5.1*
– 3º, *4.3.1*

– 3º, § 2º, *4.3.1, 4.3.2*
– 4º, § 1º, *4.3.1*
– 4º, § 2º, *4.3.1*
– 5º, *4.3.1, 4.3.2*
– 5º, I, *4.3.2*
– 5º, II, *4.3.2*
– 6º, *4.3.2*

LEI 6.014, de 27.12.1973 (adaptação do CPC a leis anteriores), *4.2.2, 4.3.1, 6.6*
– 14, *4.3.1, 4.3.2*

LEI 6.024, de 13.3.1974 (liquidação extrajudicial de financeiras), *3.2*

LEI 6.313, de 16.12.1975 (cédula de crédito à exportação)
– 3º, *4.2.1*

LEI 6.840, de 3.11.1980 (cédula de crédito comercial)
– 5º, *4.2.1*

LEI 7.244, de 7.11.1984 (pequenas causas)
– 2º, *2.1.3*
– 6º, *7.6.6*
– 7º, *7.6.6*

LEI 8.004, de 14.3.1990 (SFH)
– 21, *5.1*

LEI 8.437, de 30.6.1992 (cautelares contra o Poder Público), *2.2*
– 1º, § 3º, *6.3.2*

LEI 8.541, de 23.12.1992 (imposto de renda)
– 7º, *3.3*

LEI 8.929, de 22.8.1994 (cédula de

ÍNDICE DE NORMAS 473

produto rural), *4.4*
– 1º, *4.4*
– 7º, *4.4*
– 15, *4.4*

LEI 8.951, de 13.12.1994 (reforma do CPC, consignação em pagamento), *3.2*

LEI 8.952, de 13.12.1994 (reforma do CPC, audiência de conciliação), *3.4, 3.8, 4.2.1*

LEI 8.953, de 13.12.1994 (reforma do CPC, execução), *4.1.3, 4.3.2*

LEI 9.099, de 26.9.1995 (juizados especiais)
– 2º, *2.1.3*
– 7º, *7.6.6*

LEI 9.245, de 26.12.1995 (procedimento sumário), *3.7*

LEI 9.270, de 17.4.1996 (reintegração de dirigente sindical), *3.7.2*

LEI 9.279, de 14.5.1996 (lei da propriedade industrial)
– 209, *3.7.2*

LEI 9.307, de 23.9.1996 (arbitragem)
– 22, § 4º, *7.5*
– 31, *7.5*

LEI 9.494, de 10.9.1997 (tutela antecipatória contra a Fazenda Pública), *2.2, 6.3.2*

LEI 9.514, de 20.11.1997 (SFI), *2.1.3, 2.9, 3.2, 5*
– 26, *5.1*

– 26, § 1º, *5.1*
– 26, § 7º, *5.1*
– 27, *5.1, 5.3*
– 30, *5.1*

LEI 9.601, de 21.1.1998 (trabalho temporário), *7.2.3*

LEI 9.636, de 15.5.1998 (organizações sociais)
– 3º, I, *7.4.3*
– 7º, I, *7.3.1*
– 8º, § 2º, *7.4.3*

LEI 9.649, de 27.5.1998 (Presidência da República e Ministérios)
– 51, *7.4.3*
– 52, *7.4.3*
– 52, § 1º, *7.3.1*

DECRETO-LEI 58, de 10.12.1937 (loteamento e venda de terrenos)
– 22, *5.1*

DECRETO-LEI 3.365, de 21.6.1941 (desapropriação), *6.2*

DECRETO-LEI 21, de 17.9.1966 (financiamento da CEF), *1.6.3, 2.1.3, 2.2, 3.2, 3.7, 3.8.2, 5*
– 3º, I, *5.1*
– 6º, *5.3*
– 6º, caput, *5.1*
– 6º, § 1º, *5.1*
– 6º, § 2º, *5.1*
– 7º, *5.1*

DECRETO-LEI 70, de 21.11.1966 (cédula hipotecária), *1.6.3, 2.1.3, 2.3, 2.3.1, 2.7.1, 3.1, 3.2, 3.7.2, 3.8.2, 4.2.1, 4.3.1, 5, 7.6.7*
– 29, *4.3.1*

- 30, *5.2*
- 31, *5.1*, *5.2*, *5.3*
- 31, § 1º, *5.1*
- 31, § 2º, *5.2*
- 32, *5.1*, *5.3*
- 34, I, *5.1*
- 34, II, *5.1*
- 37, *caput*, *5.1*
- 37, § 1º, *5.1*
- 37, § 2º, *5.1*
- 37, § 3º, *5.1*
- 38, *5.2*, *5.3*

DECRETO-LEI 167, de 14.2.1967
(cédula rural), *1.6.3*, *2.4*, *2.5.2*, *3.7*, *3.7.2*, *4.1*
- 10, *4.1.1*
- 14, *4.1.1*
- 17, *3.9*
- 41, *4.1*
- 41, *caput*, *4.1*, *4.1.1*
- 41, § 1º, *4.1*, *4.1.2*, *4.1.3*, *4.1.4*, *4.1.5*
- 41, § 2º, *4.1.3*
- 41, § 3º, *4.1.4*, *4.1.5*
- 44, *4.1*
- 52, *4.1*
- 55, *4.1.4*
- 56, *4.1.4*
- 71, *3.2*
- 75, *3.9*

DECRETO-LEI 200, de 25.2.1967
(reforma administrativa), *2.5.1*, *7.3.2*
- 7º, *2.5.2*

DECRETO-LEI 413, de 9.1.1969
(cédula industrial), *1.6.3*, *2.5.2*, *3.7.2*, *3.8.2*, *4.2*
- 18, *4.2.1*
- 41, *4.2*
- 41, item 1º, *4.2.1*, *4.2.2*
- 41, item 2º, *4.2.1*, *4.2.2*
- 41, item 3º, *4.2.1*
- 41, item 4º, *4.2.1*, *4.2.2*
- 41, item 5º, *4.2.1*, *4.2.2*
- 41, item 6º, *4.2.2*
- 41, item 7º, *4.2.1*, *4.2.2*
- 52, *4.2.1*
- 58, *3.2*

DECRETO-LEI 745, de 7.8.1969
(compromisso de compra e venda)
- 1º, *5.1*

DECRETO-LEI 911, de 1º.10.1969
(alienação fiduciária), *1.6.3*, *2.5.4*, *3.7.2*, 6, *7.6.7*
- exposição de motivos, *2.6*, *6.1*
- 1º, *6.3.1*
- 2º, *3.2*, *5.1*, *6.7*
- 3º, *6.3.1*
- 3º, *caput*, *6.4*
- 3º, § 2º, *6.5*
- 3º, § 5º, *6.6*
- 3º, § 6º, *6.1*
- 4º, *3.9*
- 5º, *6.3.1*

DECRETO-LEI 1.179, de 6.7.1971
(Proterra), *2.4.1*

MEDIDA PROVISÓRIA 1.671, de 24.6.1998 (alterações no SFH), *2.9*

DECRETO 1.102, de 21.11.1903
(armazéns gerais)
- 10, § 1º, *3.2*, *5.1*
- 23, § 1º, *3.2*, *5.1*

DECRETO 2.181, de 20.3.1997 (Sistema Nacional de Defesa do Consumidor), *3.9*

ÍNDICE DE NORMAS 475

DECRETO 2.487, de 2.2.1998 (contrato de gestão), *7.4.3*
– 3º, § 1º, *7.3.1*
– 4º, I, *7.3.1*
– 4º, III, *7.3.1*
– 4º, § 1º, *a* e *c*, *7.3.1*

DECRETO 2.488, de 2.2.1998 (agências executivas), *7.4.3*
– 1º, *7.3.1*

RESOLUÇÃO n. 91, de 16.6.1970 (tramitação dos projetos de Códigos no Congresso), *2.7.3*

RESOLUÇÃO n. 177, do Conselho de Justiça Federal, de 26.9.1996 (autuação), *7.3.1*

PROJETO DE LEI 5.788/90 (Estatuto da Cidade), *2.3.1*

PROJETO EVARISTO DE MORAES FILHO (Código do Trabalho), *2.7.2*

PROJETO FREDERICO MARQUES (CPP), *2.7.2*

PROJETO MIGUEL REALE (CC), *2.7.2*

ANTEPROJETO EPAMINONDAS AMERICANO (Brasil, 1825)
– preposição 1ª, *1.5*
– preposição 3ª, *7.5*
– indicação 4ª, *4.2.1*
– indicação 5ª, *4.2.1*
– indicação 89, *2.1.3*

ANTEPROJETO PEDRO ALEIXO (Constituição), *2.7.2*

SÚMULA 405 do STF, *6.6*

SÚMULA 39 do 1º TACív.SP, *5.2*

LEGISLAÇÃO ITALIANA

CONSTITUIÇÃO DO REINO DA ITÁLIA
– 68, *3.3*

CONSTITUIÇÃO DA REPÚBLICA (Itália, 1948)
– 3º, 1º e 2º *commi*, *3.8.2*
– 24, *3.6*
– 101, 1º *comma*, *3.3*
– 102, 2º *comma*, *3.3*, *7.6.6*
– 102, 3º *comma*, *7.6.6*
– 103, 1º *comma*, *3.3*
– 103, 2º *comma*, *3.3*
– 106, 2º *comma*, *7.6.6*
– 106, 3º *comma*, *7.6.6*
– 107, 3º *comma*, *7.3.1*
– 108, 2º *comma*, *7.6.6*
– 113, *3.3*
– 125, 2º *comma*, *3.3*
– disposição transitória VI, *3.3*

CÓDIGO DE PROCESSO CIVIL (Itália, 1865), *2.1.2*, *2.1.5*

CÓDIGO DE PROCESSO CIVIL (Itália, 1942), *2.1.2*, *2.1.5*, *2.7.2*, *2.7.3*, *2.10*
– *Relazione al Re* (exposição de motivos), *2.1.2*, *2.1.5*
– 101, *3.8.3*
– 633, *7.5*
– 634, *7.5*
– 636, *7.5*
– 648, 2º *comma*, *4.1.5*, *6.4.2*
– 657, *7.5*

– 700, *3.6*
– 818, *7.5*

CÓDIGO CIVIL (Itália, 1942), *2.7.2*
– 1.438, *3.3*

CÓDIGO PENAL (Itália, 1930), *2.7.2*
– 392, *3.3*
– 393, *3.3*

CÓDIGO DE PROCESSO PENAL (Itália, 1930), *2.7.2*

LEI 374, de 21.11.1991 (juiz de paz)
– 4º, *7.6.6*
– 5º, n. 1, g, *7.6.6*

LEGISLAÇÃO DA ANTIGA URSS

CONSTITUIÇÃO DA URSS (URSS, 1977)
– 152, *7.6.6*
– 154, *7.6.6*
– 155, *7.6.6*
– 156, *3.8.2*
– 163, *7.5*

FUNDAMENTOS DA LEGISLAÇÃO SOBRE O SISTEMA JUDICIAL, de 25.12.1958 (URSS e Repúblicas Federadas)
– 2º, *2.1.5*
– 5º, *3.8.2*
– 7º, *7.6.6*
– 19, *7.6.6*
– 37, *7.6.6*

FUNDAMENTOS DO PROCEDIMENTO JUDICIAL CIVIL, de 8.12.1961 (URSS e Repúblicas Federadas)
– 2º, *2.1.5*
– 8º, *7.6.6*
– 24, *3.8.2*

LEGISLAÇÃO PORTUGUESA

CONSTITUIÇÃO DA REPÚBLICA PORTUGUESA (1976)
– 21, *3.3*

CÓDIGO DE PROCESSO CIVIL (Portugal, 1939), *2.1.2*, *2.1.5*
– 265-A, *3.5*

OUTROS PAÍSES

CÓDIGO FREDERICIANO (Prússia), *2.1.2*

CÓDIGO DE PROCESSO CIVIL (Peru, 1993)
– 6º (título preliminar), *3.8.2*

NORMAS INTERNACIONAIS

PACTO DE SÃO JOSÉ DA COSTA RICA (aprovado, no Brasil, pelo Decreto 678, de 6.11.1992)
– 7º, *3.8.1*

RESOLUÇÃO 77 DA COMISSÃO DE DIREITOS HUMANOS DA ONU, de 10.3.1993 (despejos forçados), *3.9*

REFERÊNCIAS BIBLIOGRÁFICAS

ABOVA, Tamara. "Arbitraje del Estado". In KUDRIAVTSEV, V.; IVANOV, S.; TUMANOV, V. (orgs.) *El derecho en el socialismo desarrollado*, 2ª ed. Moscou, Ciencias Sociales Contemporáneas, pp. 114-118, 1982.

ABRANCHES, Sérgio Henrique Hudson de. *Reforma regulatória e reforma do Estado.* s/ed., mimeo., s/d.

ACONE, Modestino. "Il giudice di pace (dal dibattito culturale alla legge istitutiva)". *Rivista di Diritto Processuale*, v. 47, n. 4, Padova, pp. 1.096-1.120, 1992.

ADEODATO, João Maurício. "A legitimação pelo procedimento juridicamente organizado". *Revista Brasileira de Filosofia*, São Paulo, n. 153, pp. 19-34, 1989.

ADORNO, Theodor W. *Dialéctica negativa.* Madrid, Taurus, 1975.

_____. *Sociologia.* São Paulo, Ática, 1994.

_____. *Educação e emancipação.* Rio de Janeiro, Paz e Terra, 1995.

_____. *et alii. La personalidad autoritaria.* Buenos Aires, Editorial Proyección, 1965.

_____. "Estudio cualitativo de las ideologías", in *La personalidad autoritaria.* pp. 565-729, 1965.

_____. *Filosofia da nova música.* 2ª ed. São Paulo, Perspectiva, 1989.

_____. "Gegen die Notstandsgesetze", in *Gesammelte Schriften.* Frankfurt, Suhrkamp, 1986. v. 20, t. 1, pp. 396-397.

_____. *La ideología como lenguaje.* Madrid, Taurus, 1971.

_____. "La sociología y la investigación empírica", in *Sociológica.* pp. 273-294.

_____. "Los tabús sexuales y el Derecho hoy", in *Intervenciones: nueve modelos de crítica.* Caracas, Monte Ávila, 1969. pp. 91-115.

_____. *Minima moralia.* 2ª ed. São Paulo, Ática, 1993.

_____. *Palavras e sinais.* Petrópolis, Vozes, 1995.

_____. *Prismas.* São Paulo, Ática, 1998.

_____. "Sobre a lógica das ciências sociais", in *Sociologia.* pp. 46-61.

_____, e HORKHEIMER, Max. *Sociológica.* Madrid, Taurus, 1966.

_____, e _____. *Dialética do Esclarecimento*. Rio de Janeiro, Zahar, 1985.
AFONSO, Miguel Reis. "Financiamento", in PALUMBO, Adriana Poci; PEREIRA, Marcia Accorsi; BALTRUSIS, Nelson (orgs.). *Direito à moradia: uma contribuição para o debate*. São Paulo, Paulinas, 1992. pp. 95-98.
AGUIAR, Roberto A. R. *A crise da advocacia no Brasil*. São Paulo, Alfa-Omega, 1991.
_____. *Direito, poder e opressão*. 3ª ed. São Paulo, Alfa-Omega, 1990.
AGUIAR BARROS, João Manoel de. "A ilusão operária no paraíso do direito". *Educação & Sociedade*, n. 15, São Paulo, pp. 5-19, ago./1983.
ALBUQUERQUE, Manoel Maurício de. *Pequena História da formação social brasileira*. 4ª ed. Rio de Janeiro, Graal, 1986.
ALBUQUERQUE LIMA, Afonso. "O desenvolvimento regional como fator de unidade nacional". *Revista do Clube Militar*, n. 176, Rio de Janeiro, pp. 12-15, jun./1970.
ALCALÁ-ZAMORA Y CASTILLO, Niceto. "Intervenção", in COUTURE, Eduardo. *Interpretação das leis processuais*. 4ª ed. Rio de Janeiro, Forense, 1994. pp. 59-68.
ALFONSIN, Jacques Távora. "Sistema de propriedade e reforma urbana". *Revista de Direito Civil*, n. 41, São Paulo, pp. 94-101, jul./set. 1987.
ALLORIO, Enrico. *Problemi di diritto*. v. 2, Milano, Giuffrè, 1957.
_____. "Allarme per la giustizia civile", in *Problemi di diritto*. pp. 433-452.
_____. "Diritto alla difesa e diritto al gravame". *Rivista di Diritto Processuale*, v. 30, Padova, pp. 662-667, 1975.
_____. "Giustizia e processo nel momento presente". *Rivista di Diritto Processuale Civile*, v. 16, n. 1, Padova, pp. 220-231, 1939.
_____. "La scienza, la pratica, il buonsenso e il processo civile", in *Problemi di diritto*. pp. 453-473.
_____. "Significato della storia nello studio del diritto processuale". *Rivista di Diritto Processuale Civile*, v. 15, n. 1, Padova, pp. 185-201, 1938.
_____. "Verso il nuovo processo civile", in *Problemi di diritto*. pp. 397-410.
ALMEIDA, José Américo de. "A revolução de março e seus antecedentes históricos", in CASTELLO BRANCO, Humberto de Alencar *et alii*. *A revolução de 31 de março*. Rio de Janeiro, Biblioteca do Exército, 1966. pp. 35-51.
ALSINA, Hugo. "El nuevo regimen procesal en Brasil". *RF* 81/308-314, fev. 1940.
ALTHUSSER, Louis. *Aparelhos ideológicos de Estado*. 3ª ed. Rio de Janeiro, Graal, 1987.
ALTMAN, Fábio. "O dia do AI-5". *Época*, São Paulo, 7.9.1998. pp. 74-86.
AMARAL NETO, Francisco dos Santos. "Alienação fiduciária em garantia no direito brasileiro". *Revista de Direito Civil*, n. 22, São Paulo, pp. 36-49, out./dez. 1982.
AMARAL SANTOS, Moacyr. "Alienação antecipada de bens penhorados". *Revista de Processo*, n. 2, São Paulo, pp. 273-276, abr./jun. 1976.

REFERÊNCIAS BIBLIOGRÁFICAS 479

_____. "Contraditório", in *Enciclopédia Saraiva do Direito*. São Paulo, Saraiva, 1977. v. 19, pp. 118-119.

_____. *Prova judiciária no cível e comercial*. v. 1. São Paulo, Max Limonad, s/d.

AMERICANO, Epaminondas. *Projetos do novo código civil e criminal do Império do Brasil, oferecido ao Senhor D. Pedro I*. Maranhão, Typographia Nacional, 1825.

ANDOLINA, Italo Augusto. "Il modello costituzionale del processo civile". *Revista de Direito Processual Civil Genesis*, n. 4, Curitiba, pp. 142-157, jan./abr. 1997.

ANDRADE, José A. F. *Da alienação fiduciária em garantia*. São Paulo, Leud, 1970.

ANDRADE GIL, Otto de. "Os decretos-leis na Constituição de 1967". *Arquivos do Ministério da Justiça*, n. 107, Rio de Janeiro, pp. 1-9, set./1968.

ANDRÉ, Adélio Pereira. *Defesa dos direitos e acesso aos tribunais*. Lisboa, Horizonte, 1980.

ANDRINI, Simona. "Huizinga et le droit: le procès et le jeu en Italie", in OST, François, KERCHOVE, Michael van de (orgs.). *Le jeu: un paradigme pour le droit*. Paris, LGDJ, 1992. pp. 49-65.

ANDRIOLI, Virgilio. "Abrogazione del Codice di Procedura Civile?" *Rivista di Diritto Processuale*, v. 1, n. 1, Padova, pp. 150-164, 1946.

_____. *Appunti di diritto processuale civile*. Napoli, Jovene, 1964.

ÂNGELO, Ivan. "A casa de vidro", in LUCAS, Fábio (org.). *Contos da repressão*. Rio de Janeiro, Record, 1987. pp. 17-40.

ANICHINI, Ugolino. "Contraddittorio", in *Nuovo Digesto Italiano*. Torino, Utet, 1938. v. 3, pp. 1.143-1.147.

ANJOS, Albérico Teixeira dos. "Títulos de crédito industrial". *RF*, v. 266, Rio de Janeiro, pp. 437-442, abr./jun. 1979.

APOSTOLOVA, Bistra Stefanova. *Poder Judiciário: do moderno ao contemporâneo*. Porto Alegre, Fabris, 1998.

ARANTES, Paulo Eduardo. "Entrevista". *Trilogia*, n. 10, Curitiba, pp. 12-16, set./1998.

ARENHART, Sérgio Cruz. "A verdade substancial". *Revista de Direito Processual Civil Genesis*, n. 3, Curitiba, pp. 685-695, set./dez. 1996.

ARMELIN, Donaldo. "Tutela jurisdicional diferenciada", in MARINONI, Luiz Guilherme (org.). *O processo civil contemporâneo*. Curitiba, Juruá, 1994. pp. 103-115.

ARNAUD, André-Jean. *O direito traído pela filosofia*. Porto Alegre, Fabris, 1991.

_____. "A importância do elemento formal na igualdade jurídica", in *O direito traído pela filosofia*. pp. 205-218.

_____. "O juiz e o auxiliar judiciário na aurora do pós-modernismo". *Ajuris*, n. 53, Porto Alegre, pp. 223-237, 1991.

_____. "Repensar um direito para a época pós-moderna", in *O direito traído pela filosofia*. pp. 245-248.

ARRUDA ALVIM, José Manuel de. "Cédula de crédito rural – Sua cobrança – Exe-

cução fundada em título extrajudicial segundo o novo Código de Processo Civil".
RF, v. 246, Rio de Janeiro, pp. 333-340, abr./jun. 1974.

_____. *Manual de direito processual civil.* v. 1. 4ª ed. São Paulo, Ed. RT, 1992.

_____. *Tratado de direito processual civil.* v. 1. 2ª ed. São Paulo, Ed. RT, 1990.

ARRUDA JR., Edmundo Lima de. *Direito e século XXI.* Rio de Janeiro, Luam, 1997.

_____. *Ensino jurídico e sociedade.* São Paulo, Acadêmica, 1989.

ASSIS, Araken de. *Manual do processo de execução.* 4ª ed. São Paulo, Ed. RT, 1997.

ASSIS, Jacy de. "Procedimentos especiais". *Revista do Curso de Direito da Universidade Federal de Uberlândia*, v. 10, n. 1-2, Uberlândia, pp. 23-49, 1981.

ASSOCIAÇÃO AMERICANA DE JURISTAS. *A legitimação social do Poder Judiciário.* Porto Alegre, mimeo, 1995.

ASTIZ, Carlos A. "O papel atual do Congresso brasileiro", in MENDES, Cândido (org.). *O Legislativo e a tecnocracia.* Rio de Janeiro, Imago, 1975. pp. 5-30.

AVANÉSOV, Guennadi; IGÓSHEV, Konstantin. *Normas sociales y modo de vida.* Moscou, Progresso, 1983.

AVRITZER, Leonardo. "Além da dicotomia Estado/mercado". *Novos Estudos Cebrap*, n. 36, São Paulo, pp. 213-222, jul./1993.

AYARRAGARAY, Carlos A. "La estructura totalitaria del Código Federiciano". *Revista Iberoamericana de Derecho Procesal*, n. 3, Madrid, pp. 473-500, 1961.

AZEREDO SANTOS, Theóphilo. *Manual dos títulos de crédito.* Rio de Janeiro, CEA, 1971.

AZEVEDO, Plauto Faraco de. "Juiz e direito rumo a uma hermenêutica material". *Ajuris*, n. 43, Porto Alegre, pp. 30-45, jul./1988.

BACELLAR, Roberto Portugal. "Alerta sobre a reforma do Judiciário". *Gazeta do Povo*, Curitiba, 26 set./1998. pp. 6.

BACHELARD, Gaston. *A epistemologia.* Lisboa, Ed. 70, 1990.

_____. *Filosofia do novo espírito científico: a filosofia do não.* 2ª ed. Lisboa, Presença, 1976.

BACON, Francis. *Ensaios.* Lisboa, Guimarães, 1952.

BADARÓ, Ramagem. *Comentários ao Código Penal Militar de 1969.* v. 1. São Paulo, Juriscredi, 1972.

BAER, Werner. *A economia brasileira.* São Paulo, Nobel, 1996.

_____. *A industrialização e o desenvolvimento econômico do Brasil.* 2ª ed. Rio de Janeiro, FGV, 1975.

_____. "O crescimento brasileiro e a experiência do desenvolvimento", in ROETT, Riordan (org.). *O Brasil na década de 70.* Rio de Janeiro, Zahar, 1978. pp. 65-92.

_____, e GEIGER, Pedro Pinchas. "Industrialização, urbanização e a persistência das desigualdades regionais no Brasil", in *Dimensões do desenvolvimento brasileiro.* pp. 65-150.

BAER, Werner, GEIGER, Pedro Pinchas, e HADDAD, Paulo Roberto (orgs.). *Dimensões do desenvolvimento brasileiro*. Rio de Janeiro, Campus, 1978.
BAKUTIN, Mikhail. *Marxismo e filosofia da linguagem*. São Paulo, Hucitec, 1992.
_____. "A Igreja e o Estado", in WOODCOCK, George (org.). *Os grandes escritos anarquistas*. Porto Alegre, L&PM, 1990. pp. 75-81.
BALDEZ, Miguel Lanzellotti. "Solo urbano; reforma, propostas para a Constituinte". *Revista de Direito da Procuradoria-Geral*, v. 38, Rio de Janeiro, pp. 104-120, 1986.
BAPTISTA DA SILVA, Ovídio. *Curso de processo civil*. v. 1. 2ª ed. Porto Alegre, Fabris, 1991.
_____. *Curso de processo civil*. v. 2. Porto Alegre, Fabris, 1990.
_____. *Jurisdição e execução*. São Paulo, Ed. RT, 1996.
_____. *Procedimentos especiais*. 2ª ed. Rio de Janeiro, Aide, 1993.
_____. "Processo de conhecimento e procedimentos especiais". *Ajuris*, n. 57, Porto Alegre, pp. 5-17, mar. 1993.
BARBOSA, Claudia Maria. "Lógica e direito", in ROCHA, Leonel Severo (org.). *Paradoxos da auto-observação*. Curitiba, JM, 1997. pp. 67-92
BARBOSA, Rui. *Conferência às classes armadas*. Rio de Janeiro, Casa de Rui Barbosa, 1949.
BARBOSA MOREIRA, José Carlos. "A efetividade do processo de conhecimento". *Revista de Processo*, n. 74, São Paulo, pp. 126-137, abr./jun. 1994.
_____. "A estrutura do novo Código de Processo Civil". *RF*, v. 246, Rio de Janeiro, pp. 34-42, abr./jun. 1974.
_____. "A função social do processo civil moderno e o papel do juiz e das partes na direção e na instrução do processo", in *Temas de direito processual civil*. 3ª série. São Paulo, Saraiva, 1984. pp. 43-56.
_____. "A garantia do contraditório", in *Temas de direito processual civil*. 3ª série. São Paulo, Saraiva, 1984. pp. 65-77.
_____. "As bases do direito processual civil", in *Temas de direito processual civil*. São Paulo, Saraiva, 1977. pp. 3-15.
_____. "Dimensiones sociales del proceso civil". *Revista de Processo*, n. 45, São Paulo, pp. 137-144, jan./mar. 1987.
_____. "La igualdad de las partes en el proceso civil". *Revista de Processo*, n. 44, São Paulo, pp. 176-185, out./dez. 1986.
_____. "Les principes fondamentaux de la procédure civile dans la nouvelle Constitution brésilienne", in *Temas de direito processual civil*. 5ª série. São Paulo, Saraiva, 1994. pp. 39-47.
_____. "Notas sobre o problema da "efetividade" do processo", in *Temas de direito processual civil*. 3ª série. São Paulo, Saraiva, 1984. pp. 27-42.
_____. "O Poder Judiciário e a efetividade da nova Constituição". *Revista de Direito da Procuradoria-Geral de Justiça*, v. 30, Rio de Janeiro, pp. 100-107, jul./dez. 1989.
_____. "Prefácio", in CASTRO MENDES, Aluisio Gonçalves de. *Competência cível da Justiça Federal*. São Paulo, Saraiva, 1998. pp. XI-XIII.

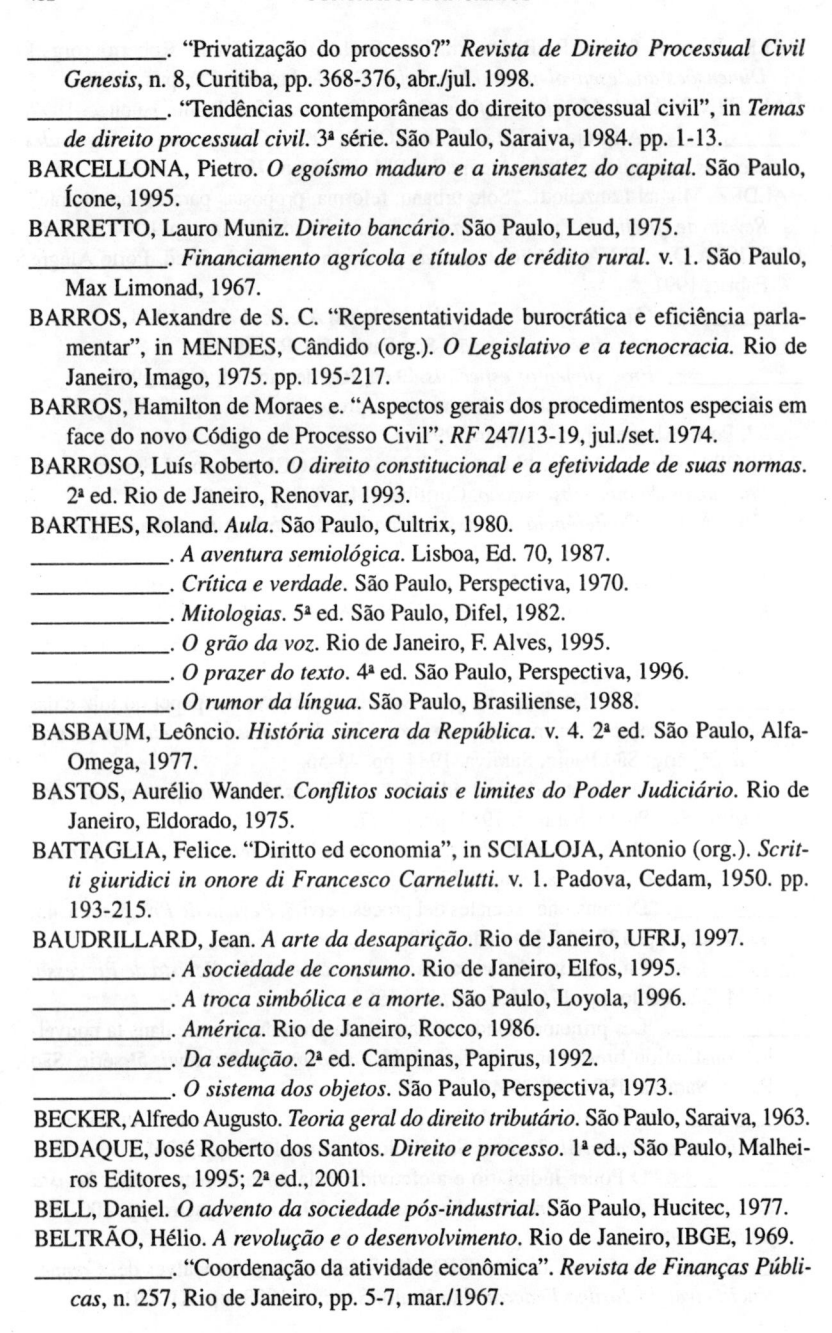

_____. "Privatização do processo?" *Revista de Direito Processual Civil Genesis*, n. 8, Curitiba, pp. 368-376, abr./jul. 1998.

_____. "Tendências contemporâneas do direito processual civil", in *Temas de direito processual civil*. 3ª série. São Paulo, Saraiva, 1984. pp. 1-13.

BARCELLONA, Pietro. *O egoísmo maduro e a insensatez do capital*. São Paulo, Ícone, 1995.

BARRETTO, Lauro Muniz. *Direito bancário*. São Paulo, Leud, 1975.

_____. *Financiamento agrícola e títulos de crédito rural*. v. 1. São Paulo, Max Limonad, 1967.

BARROS, Alexandre de S. C. "Representatividade burocrática e eficiência parlamentar", in MENDES, Cândido (org.). *O Legislativo e a tecnocracia*. Rio de Janeiro, Imago, 1975. pp. 195-217.

BARROS, Hamilton de Moraes e. "Aspectos gerais dos procedimentos especiais em face do novo Código de Processo Civil". *RF* 247/13-19, jul./set. 1974.

BARROSO, Luís Roberto. *O direito constitucional e a efetividade de suas normas*. 2ª ed. Rio de Janeiro, Renovar, 1993.

BARTHES, Roland. *Aula*. São Paulo, Cultrix, 1980.

_____. *A aventura semiológica*. Lisboa, Ed. 70, 1987.

_____. *Crítica e verdade*. São Paulo, Perspectiva, 1970.

_____. *Mitologias*. 5ª ed. São Paulo, Difel, 1982.

_____. *O grão da voz*. Rio de Janeiro, F. Alves, 1995.

_____. *O prazer do texto*. 4ª ed. São Paulo, Perspectiva, 1996.

_____. *O rumor da língua*. São Paulo, Brasiliense, 1988.

BASBAUM, Leôncio. *História sincera da República*. v. 4. 2ª ed. São Paulo, Alfa-Omega, 1977.

BASTOS, Aurélio Wander. *Conflitos sociais e limites do Poder Judiciário*. Rio de Janeiro, Eldorado, 1975.

BATTAGLIA, Felice. "Diritto ed economia", in SCIALOJA, Antonio (org.). *Scritti giuridici in onore di Francesco Carnelutti*. v. 1. Padova, Cedam, 1950. pp. 193-215.

BAUDRILLARD, Jean. *A arte da desaparição*. Rio de Janeiro, UFRJ, 1997.

_____. *A sociedade de consumo*. Rio de Janeiro, Elfos, 1995.

_____. *A troca simbólica e a morte*. São Paulo, Loyola, 1996.

_____. *América*. Rio de Janeiro, Rocco, 1986.

_____. *Da sedução*. 2ª ed. Campinas, Papirus, 1992.

_____. *O sistema dos objetos*. São Paulo, Perspectiva, 1973.

BECKER, Alfredo Augusto. *Teoria geral do direito tributário*. São Paulo, Saraiva, 1963.

BEDAQUE, José Roberto dos Santos. *Direito e processo*. 1ª ed., São Paulo, Malheiros Editores, 1995; 2ª ed., 2001.

BELL, Daniel. *O advento da sociedade pós-industrial*. São Paulo, Hucitec, 1977.

BELTRÃO, Hélio. *A revolução e o desenvolvimento*. Rio de Janeiro, IBGE, 1969.

_____. "Coordenação da atividade econômica". *Revista de Finanças Públicas*, n. 257, Rio de Janeiro, pp. 5-7, mar./1967.

_____. *Reforma administrativa*. Brasília, Imprensa Nacional, 1967.
BENJAMIM, Antonio Herman. "Bancos entram na mira do Procon". Entrevista. *Carta Maior*, n. 8, São Paulo, pp. 4-5, ago./1997.
BENJAMIN, Walter. "Crítica da violência – crítica do poder", in *Documentos de cultura, documentos de barbárie*. São Paulo, Cultrix, 1986. pp. 160-175.
_____. *Sobre arte, técnica, linguagem e política*. Lisboa, Relógio d'Água, 1992.
BENTHAM, Jeremy. *Uma introdução aos princípios da moral e da legislação*. São Paulo, Nova Cultural, 1989.
BERIZONCE, Roberto O. "La participación popular en la Justicia". *Revista Jurídica*, v. 28, n. 2, San Miguel de Tucumán (Argentina), pp. 109-118, 1990.
BIDART CAMPOS, Germán J. "El derecho a la jurisdicción en Argentina". *Revista Iberoamericana de Derecho Procesal*, n. 4, Madrid, pp. 611-647, 1964.
BIONDI, Biondo. *Scienza giuridica come arte del giusto*. Napoli, Jovene, 1950.
BISOGNI, Lígia Cristina de Araújo. "Da alienação fiduciária em garantia". *Revista de Direito Civil*, n. 42, São Paulo, pp. 100-114, out./dez. 1987.
BLANK, Gilda. "Brás de Pina: experiência de urbanização de favela", in VALLADARES, Licia do Prado (org.). *Habitação em questão*. 2ª ed. Rio de Janeiro, Zahar, 1981. pp. 93-124.
BLAY, Eva Alterman. "Habitação: a política e o habitante", in *A luta pelo espaço*. Petrópolis, Vozes, 1978. pp. 75-86.
BOBBIO, Norberto. *A era dos direitos*. Rio de Janeiro, Campus, 1992.
BOLAFFI, Gabriel. "A questão urbana". *Novos Estudos Cebrap*, v. 2, n. 1, São Paulo, pp. 61-68, abr./1983.
_____. "Para uma nova política habitacional e urbana", in VALLADARES, Licia do Prado (org.). *Habitação em questão*. 2ª ed. Rio de Janeiro, Zahar, 1981. pp. 167-196.
_____. "Planejamento urbano". *Novos Estudos Cebrap*, v. 1, n. 4, São Paulo, pp. 50-53, nov./1982.
BONAVIDES, Paulo. "O princípio constitucional da proporcionalidade e a proteção dos direitos fundamentais". *Revista da Faculdade de Direito da UFMG*, v. 34, n. 34, Belo Horizonte, pp. 275-291, 1994.
BONDUKI, Nabil. *Origens da habitação social no Brasil*. São Paulo, Estação Liberdade, 1998.
BONGIORNO, Girolamo. "Profili sistematici e prospettive dell'esecuzione forzata in autotutela". *Rivista Trimestrale di Diritto e Procedura Civile*, v. 42, n. 2, Milano, pp. 444-484, 1988.
BORGES, João Gonsalves; VASCONCELLOS, Fábio Puccetti. *Habitação para o desenvolvimento*. Rio de Janeiro, Bloch, 1974.
BOURDIEU, Pierre. "A força do direito: elementos para uma sociologia do campo jurídico", in *O poder simbólico*. Rio de Janeiro, Difel, 1989. pp. 208-254.
BOUVERESSE, Jacques. "Um mundo de preconceitos filosóficos". Entrevista a Vladimir Safatle. *Folha de S.Paulo*, 16.1.2000. Caderno "Mais!", pp. 30-31.

BRATOUS, S. N. *As idéias de Lenin acerca do direito soviético e da legalidade socialista*. Coimbra, Centelha, 1976.

BRESSER PEREIRA, Luiz Carlos. *A sociedade estatal e a tecnoburocracia*. São Paulo, Brasiliense, 1981.

_____. *Crise econômica e reforma do Estado no Brasil*. São Paulo, Ed. 34, 1996.

_____. "Da administração pública burocrática à gerencial". *Revista do Serviço Público*, v. 120, n. 1, Brasília, jan./abr. 1996, pp. 9-44.

_____. *Estado e subdesenvolvimento industrializado*. 2ª ed. São Paulo, Brasiliense, 1981.

_____. "Mercado é ineficaz, diz Bresser". Entrevista a Marcos Augusto Gonçalves e Vinicius Torres Freire. *Folha de S.Paulo*, 1º.3.1998. p. 1-8.

_____. "O novo modelo brasileiro de desenvolvimento". *Dados*, n. 11, Rio de Janeiro, pp. 122-145, 1973.

_____. "Reforma social-democrática". *Folha de S.Paulo*, 17.10.1997. p. 1-3.

BRETONE, Mario. *História do direito romano*. Lisboa, Estampa, 1990.

BRIMO, Albert. *Les grands courants de la philosophie du droit*. 3ª ed. Paris, A. Pedone, 1978.

BRONZE, Fernando José. *A metodonomologia entre a semelhança e a diferença*. Coimbra, Coimbra ed., 1994.

BUARQUE DE HOLANDA, Sérgio. *Raízes do Brasil*. 6ª ed. Rio de Janeiro, J. Olympio, 1971.

BULGARELLI, Waldírio. "Aspectos jurídicos dos títulos de crédito rural". *RT* 453/11-22, jul./1973.

_____. *Contratos mercantis*. 5ª ed. São Paulo, Atlas, 1990.

BUZAID, Alfredo. A missão da Faculdade de Direito na conjuntura política atual". *Revista da Faculdade de Direito*, v. 63, São Paulo, pp. 71-112, 1968.

_____. "A renovação da ordem jurídica positiva". *Arquivos do Ministério da Justiça*, n. 118, Rio de Janeiro, pp. 1-22, jun./1971.

_____. *Anteprojeto de Código de Processo Civil*. Rio de Janeiro, s/n, 1964.

_____. "Discurso", in ORDEM DOS ADVOGADOS DO BRASIL. *IV Conferência Nacional da Ordem dos Advogados do Brasil*. São Paulo, OAB, 1970. pp. 64-65.

_____. "Exposição de motivos", in SENADO FEDERAL (Brasil). *Código de Processo Civil: histórico da lei*. v. 1, t. 1. Brasília, Subsecretaria de Edições Técnicas, 1974.

_____. "Rumos políticos da Revolução brasileira". *Arquivos do Ministério da Justiça*, n. 113, Rio de Janeiro, pp. 3-27, mar./1970.

CABRAL, Nazaré da Costa. "O princípio da desregulação e o setor bancário". *Revista da Faculdade de Direito da Universidade de Lisboa*, v. 38, n. 2, Lisboa, pp. 411-484, 1997.

CALAMANDREI, Piero. *Studi sul processo civile*. Padova, Cedam, v. 5, 1947; v. 6 1957.

_____. "El proceso como situación jurídica", in *Estudios sobre el proceso civil*. Buenos Aires, Editorial Bibliográfica Argentina, 1945. pp. 213-224.
_____. *Eles, os juízes, vistos por um advogado*. São Paulo, Martins Fontes, 1995.
_____. "Il giudice e lo storico", in *Studi sul processo civile*. v. 5, pp. 27-51.
_____. "Il processo come giuoco", in *Studi sul processo civile*. v. 6, pp. 43-71.
_____. "La relatività del concetto d'azione", in *Studi sul processo civile*. v. 5, pp. 1-26.
_____. *Processo e democrazia*. Padova, Cedam, 1954.
_____. "Processo e giustizia", in ASSOCIAZIONE ITALIANA FRA GLI STUDIOSI DEL PROCESSO CIVILE. *Atti del Congresso Internazionale di Diritto Processuale Civile*. Padova, Cedam, 1953. pp. 9-23.
_____. "Rassegna di letteratura e legislazioni stranieri". *Rivista di Diritto Processuale Civile*, v. 16, n. 1, Padova, pp. 293-302, 1939.
_____. "Rassegna di letteratura e legislazioni stranieri". *Rivista di Diritto Processuale Civile*, v. 19, n. 1, Padova, pp. 279-294, 1942.
CALMON DE PASSOS, José Joaquim. "Democracia, participação e processo", in GRINOVER, Ada Pellegrini, DINAMARCO, Cândido Rangel, e WATANABE, Kazuo (orgs.). *Participação e processo*. São Paulo, Ed. RT, 1988. pp. 83-97.
_____. "Dimensão política do processo: direito, poder e justiça", in *Livro de estudos jurídicos*. v. 5. Rio de Janeiro, IEJ, 1992. pp. 321-338.
_____. *Direito, poder, justiça e processo*. Rio de Janeiro, Forense, 1999.
_____. "Função social do processo". *Revista de Direito Processual Civil Genesis*, n. 7, Curitiba, pp. 35-46, jan./mar. 1998.
CAMMARATA, Angelo Ernando. "Formalismo giuridico", in *Enciclopedia del diritto*. v. 17. Milano, Giuffrè, 1968. pp. 1.013-1.024.
CAMPILONGO, Celso Fernandes. "O Judiciário e a democracia no Brasil". *Revista USP*, n. 21, São Paulo, pp. 116-125, mar./maio 1994.
CAMPOS, Benedicto de. *A questão da constituinte*. São Paulo, Alfa-Omega, 1985.
_____. *Constituição de 1988: uma análise marxista*. São Paulo, Alfa-Omega, 1990.
_____. *O Ministério Público e o novo Código de Processo Civil*. São Paulo, Ed. RT, 1976.
CAMPOS, Francisco. *Projeto de Código de Processo Civil: exposição de motivos*. Rio de Janeiro, Imprensa Nacional, 1939.
CAMPOS, Roberto. *A lanterna na popa*. Rio de Janeiro, Topbooks, 1994.
_____. "A moldura política nos países em desenvolvimento", in _____, e SIMONSEN, Mário Henrique. *A nova economia brasileira*. Rio de Janeiro, Biblioteca do Exército, 1975. pp. 211-121.
_____. "A opção política brasileira", in *A nova economia brasileira*. Rio de Janeiro, Biblioteca do Exército, 1975. pp. 223-257.
_____. "As grandes transformações", in SIMONSEN, Mário Henrique, e

CAMPOS, Roberto. *Formas criativas no desenvolvimento brasileiro*. Rio de Janeiro, Apec, 1975. pp. 27-51.
_____. "Cuidado com os dinossauros...". *Folha de S.Paulo*, 18.1.1998. p. 1-4.
_____. *Ensaios imprudentes*. Rio de Janeiro, Record, 1987.
_____. *O Brasil e o mundo em transformação*. Brasília, Ipeac, 1973.
_____. "O Poder Legislativo e o desenvolvimento", in MENDES, Cândido (org.). *O Legislativo e a tecnocracia*. Rio de Janeiro, Imago, 1975. pp. 31-41.
_____. "Quem tem medo de Virginia Woolf?" *Folha de S.Paulo*, 14.5.1995. p. 1-4.
_____. *Um projeto político para o Brasil*. s/ed., mimeo, s/d.
CAMPOS, Vicente Falconi. *TQC: controle de qualidade total*. Belo Horizonte, Fundação Christiano Otoni, 1992.
CANGUILHEM, Georges. *Ideologia e racionalidade nas ciências da vida*. Lisboa, Ed. 70, s/d.
_____. *O normal e o patológico*. 2ª ed. Rio de Janeiro, Forense Universitária, 1982.
CANÍBAL, Carlos Roberto Lofego. "As condições da ação e a execução hipotecária regida pela Lei 5741/71". *Ajuris*, n. 30, Porto Alegre, pp. 156-158, mar. 1984.
CANO, Wilson. *Raízes da concentração industrial em São Paulo*. 2ª ed. São Paulo, T. A. Queiroz, 1981.
CANOSA, Romano. "Giuristi e ideologia corporativa in Italia sotto il fascismo". *Rivista Trimestrale di Diritto e Procedura Civile*, v. 40, n. 4, Milano, pp. 1.277-1.322, 1986.
CANOTILHO, José Joaquim Gomes. *Direito constitucional*. 5ª ed. Coimbra, Almedina, 1991.
_____. "O direito constitucional entre o moderno e o pós-moderno". *Revista Brasileira de Direito Comparado*, n. 9, Rio de Janeiro, pp. 76-90, 1990.
CAPELLA, Juan Ramón. *Los ciudadanos siervos*. 2ª ed. Madrid, Trotta, 1993.
_____. *Sobre a extinção do direito e a supressão dos juristas*. Coimbra, Centelha, 1977.
CAPPELLETTI, Mauro. *Proceso, ideologías, sociedad*. Buenos Aires, Ejea, 1974.
_____. "Accesso alla giustizia come programma di riforma e come metodo di pensiero". *Rivista di Diritto Processuale*, v. 37, n. 2, Padova, pp. 233-245, 1982.
_____. *Acesso à justiça*. Porto Alegre, Fabris, 1988.
_____. "Algunas reflexiones sobre el rol de los estudios procesales en la actualidad". *Revista de Processo* 64/145-157, out./dez. 1991.
_____. "Apuntes para una fenomenología de la justicia en el siglo XX". *Revista de Processo*, n. 71, São Paulo, pp. 84-120, jul./set. 1993.
_____. "Aspectos sociales y políticos del procedimiento civil", in *Proceso, ideologías, sociedad*. pp. 33-90.
_____. "Constitucionalismo moderno e o papel do Poder Judiciário na sociedade contemporânea". *Revista de Processo* 60/110-117, out./dez. 1990.

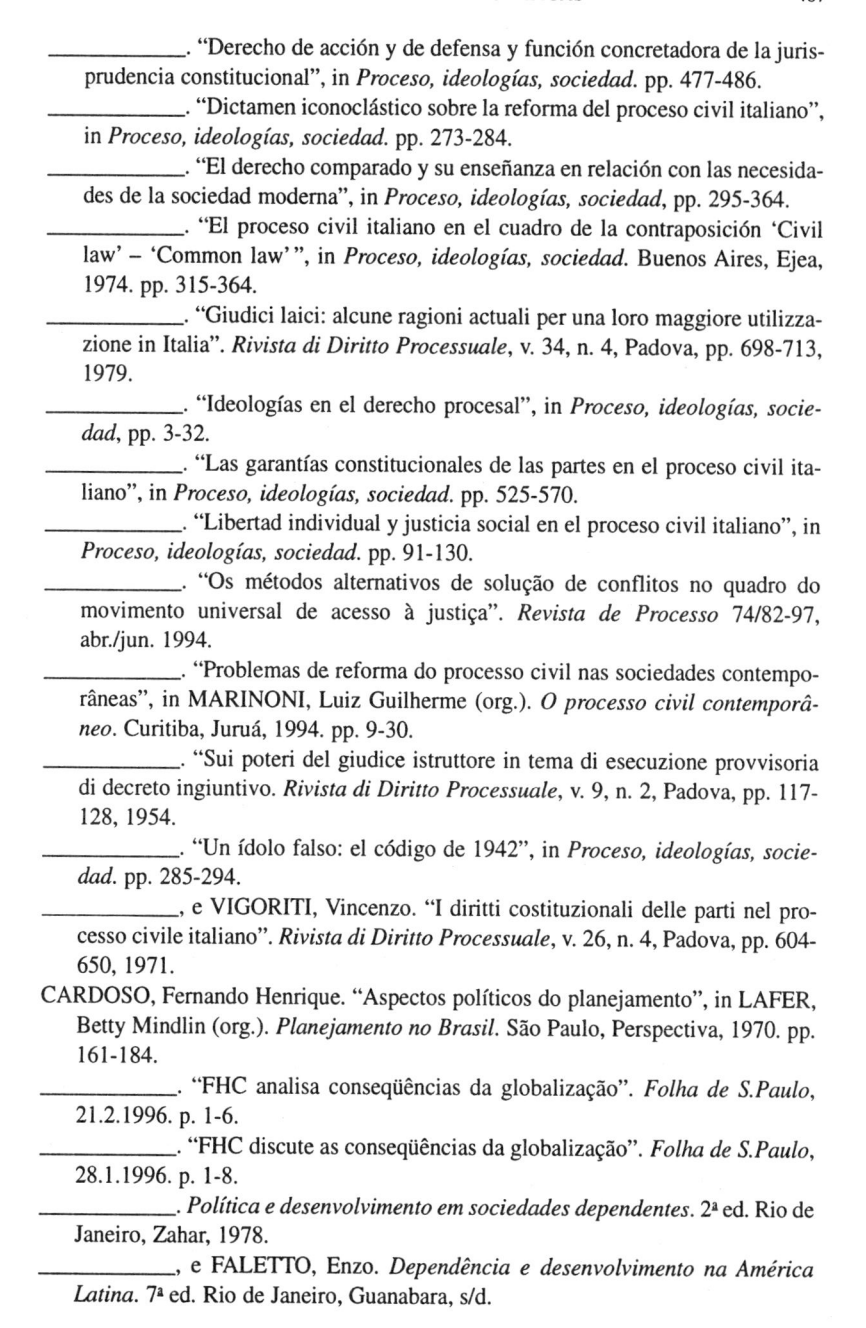

_____. "Derecho de acción y de defensa y función concretadora de la jurisprudencia constitucional", in *Proceso, ideologías, sociedad*. pp. 477-486.

_____. "Dictamen iconoclástico sobre la reforma del proceso civil italiano", in *Proceso, ideologías, sociedad*. pp. 273-284.

_____. "El derecho comparado y su enseñanza en relación con las necesidades de la sociedad moderna", in *Proceso, ideologías, sociedad*, pp. 295-364.

_____. "El proceso civil italiano en el cuadro de la contraposición 'Civil law' – 'Common law' ", in *Proceso, ideologías, sociedad*. Buenos Aires, Ejea, 1974. pp. 315-364.

_____. "Giudici laici: alcune ragioni actuali per una loro maggiore utilizzazione in Italia". *Rivista di Diritto Processuale*, v. 34, n. 4, Padova, pp. 698-713, 1979.

_____. "Ideologías en el derecho procesal", in *Proceso, ideologías, sociedad*, pp. 3-32.

_____. "Las garantías constitucionales de las partes en el proceso civil italiano", in *Proceso, ideologías, sociedad*. pp. 525-570.

_____. "Libertad individual y justicia social en el proceso civil italiano", in *Proceso, ideologías, sociedad*. pp. 91-130.

_____. "Os métodos alternativos de solução de conflitos no quadro do movimento universal de acesso à justiça". *Revista de Processo* 74/82-97, abr./jun. 1994.

_____. "Problemas de reforma do processo civil nas sociedades contemporâneas", in MARINONI, Luiz Guilherme (org.). *O processo civil contemporâneo*. Curitiba, Juruá, 1994. pp. 9-30.

_____. "Sui poteri del giudice istruttore in tema di esecuzione provvisoria di decreto ingiuntivo. *Rivista di Diritto Processuale*, v. 9, n. 2, Padova, pp. 117-128, 1954.

_____. "Un ídolo falso: el código de 1942", in *Proceso, ideologías, sociedad*. pp. 285-294.

_____, e VIGORITI, Vincenzo. "I diritti costituzionali delle parti nel processo civile italiano". *Rivista di Diritto Processuale*, v. 26, n. 4, Padova, pp. 604-650, 1971.

CARDOSO, Fernando Henrique. "Aspectos políticos do planejamento", in LAFER, Betty Mindlin (org.). *Planejamento no Brasil*. São Paulo, Perspectiva, 1970. pp. 161-184.

_____. "FHC analisa conseqüências da globalização". *Folha de S.Paulo*, 21.2.1996. p. 1-6.

_____. "FHC discute as conseqüências da globalização". *Folha de S.Paulo*, 28.1.1996. p. 1-8.

_____. *Política e desenvolvimento em sociedades dependentes*. 2ª ed. Rio de Janeiro, Zahar, 1978.

_____, e FALETTO, Enzo. *Dependência e desenvolvimento na América Latina*. 7ª ed. Rio de Janeiro, Guanabara, s/d.

CARDOSO, Miriam Limoeiro. *Ideologia do desenvolvimento: Brasil JK JQ*. 2ª ed. Rio de Janeiro, Paz e Terra, 1978.

CARFORA, Francesco. "Dibattimento", in *Il Digesto Italiano*. v. 9, t. 2. Torino, Utet, 1898-1901, pp. 242-311.

CARMONA, Carlos Alberto. "Arbitragem e jurisdição", in GRINOVER, Ada Pellegrini, DINAMARCO, Cândido Rangel, e WATANABE, Kazuo (orgs.). *Participação e processo*. São Paulo, Ed. RT, 1988. pp. 296-307.

_____. *Arbitragem e processo*. São Paulo, Malheiros Editores, 1998.

_____. "Considerações sobre a evolução conceitual do processo". *Revista de Processo* 57/39-54, jan./mar. 1990.

CARNACINI, Tito. "Tutela giurisdizionale e tecnica del processo", in CARNELUTTI, Francesco *et alii*. *Studi in onore di Enrico Redenti*. v. 2. Milano, Giuffrè, 1951. pp. 693-772.

CARNEIRO, Athos Gusmão. *Da antecipação de tutela no processo civil*. Rio de Janeiro, Forense, 1998.

CARNEIRO, Maria Francisca. *Avaliação do dano moral e discurso jurídico*. Porto Alegre, Fabris, 1998.

_____. "Considerações sobre direito e linguagem". *Boletim Informativo Bonijuris*, n. 328, Curitiba, pp. 4.007-4.110, 10 jan. 1998.

_____, e PEREIRA, Potiguara Acácio. "Considerações sobre o sujeito de direito". *Revista da Faculdade de Direito*, n. 30, Curitiba, pp. 235-256, 1998.

_____ *et alii*. *Teoria e prática da argumentação jurídica*. Curitiba, Juruá, 1999.

CARNELUTTI, Francesco. "Arte del derecho", in *Estudios de derecho procesal*. v. 1. Buenos Aires, Ejea, 1952. pp. 11-37.

_____. *Diritto e processo*. Napoli, Morano, 1958.

_____. "Giuoco e processo". *Rivista di Diritto Processuale*, v. 6, n. 1, Padova, pp. 101-111, 1951.

_____. *Istituzioni del processo civile italiano*. v. 1 e 3. 5ª ed. Roma, Foro Italiano, 1956.

_____. "Lineamenti della riforma del processo civile di cognizione", in *Studi di diritto processuale*. v. 4. Padova, Cedam, 1939. pp. 333-429.

_____. *Processo di esecuzione*. v. 3. Padova, Cedam, 1931.

_____. *Sistema del diritto processuale civile*. v. 3. Padova, Cedam, 1939.

CARPI, Federico. "Flashes sulla tutela giurisdizionale differenziata". *Rivista Trimestrale di Diritto e Procedura Civile*, v. 34, n. 1, Milano, pp. 237-242, 1980.

_____, COLESANTI, Vittorio, e TARUFFO, Michele. *Commentario breve al Codice di Procedura Civile*. Padova, Cedam, 1984.

CARRIÓ, Genaro R. *Notas sobre derecho y lenguaje*. Buenos Aires, Abeledo-Perrot, 1990.

CARVALHO, Amilton Bueno de (org.). *Direito alternativo na jurisprudência*. São Paulo, Acadêmica, 1993.

CARVALHO, Dora Martins de. *A comercialização da hipoteca*. Tese (Livre-docência em Direito Comercial). Faculdade de Direito, Universidade do Estado da Guanabara, 1970.

CARVALHO, Eduardo Guimarães de. *O negócio da terra*. Rio de Janeiro, UFRJ, 1991.

_____. "Sensibilidade legal: a resolução de conflitos e o pluralismo jurídico", in PIQUET, Rosélia, e RIBEIRO, Ana Clara Torres (orgs.). *Brasil: território da desigualdade*. Rio de Janeiro, Zahar, 1991. pp. 156-163.

CARVALHO, Gabriel J. de. "Juros tendem a cair com redução do risco". *Folha de S.Paulo*, 5.7.1998. p. 2-7.

_____. "Novo SFH exige cautela do mutuário". *Folha de S.Paulo*, 5.7.1998. p. 2-1.

CARVALHO, Rejane Vasconcelos Accioly. *Justiça social e acumulação capitalista*. Fortaleza, UFC, 1982.

CASTELLO BRANCO, Humberto de Alencar. "Assunção da Presidência da República", in _____ *et alii*. *A revolução de 31 de março*. Rio de Janeiro, Biblioteca do Exército, 1966. pp. 30-34.

_____. "Discurso na Assembléia Legislativa do Estado do Rio", in *A revolução de 31 de março*. Rio de Janeiro, Biblioteca do Exército, 1966. pp. 214-244.

_____. "Discurso no Ministério da Fazenda", in *A revolução de 31 de março*. pp. 245-266.

_____. *Discursos*. 3 v. Rio de Janeiro, Secretaria de Imprensa, s/d.

_____. "Estatuto da Terra – Mensagem Presidencial". *Arquivos do Ministério da Justiça*, n. 93, Rio de Janeiro, pp. 123-137, mar. 1965.

_____. "Mensagem presidencial de 1965 ao Congresso Nacional", in CÂMARA DOS DEPUTADOS. *Mensagens presidenciais*. Brasília, Centro de Documentação e Informação, 1979. pp. 35-41.

_____. "Mensagem presidencial de 1966 ao Congresso Nacional", in CÂMARA DOS DEPUTADOS. *Mensagens presidenciais*. Brasília, Centro de Documentação e Informação, 1979. pp. 42-66.

_____. "Mensagem presidencial de 1967 ao Congresso Nacional", in CÂMARA DOS DEPUTADOS. *Mensagens presidenciais*. Brasília, Centro de Documentação e Informação, 1979. pp. 67-80.

_____. "O Plano Decenal e os grupos de coordenação", in MINISTÉRIO DO PLANEJAMENTO E COORDENAÇÃO ECONÔMICA. *Plano Decenal de desenvolvimento econômico e social: siderurgia e metais não-ferrosos*. Rio de Janeiro, Epea, 1966. pp. 21-26.

CASTELLS, Manuel. *A questão urbana*. Rio de Janeiro, Paz e Terra, 1983.

CASTRO FILHO, José Olympio de. *Comentários ao Código de Processo Civil*. 2ª ed. Rio de Janeiro, Forense, 1980. v. 10.

CASTRO, Maria da Glória Lins da Silva. "Os mitos do processo". *Revista Brasileira de Direito Processual*, n. 51, Uberaba, pp. 73-92, 1985.

CATARINO, Luís *et alii*. *A participação popular na administração da Justiça*. Lisboa, Horizonte, 1982.

CAVALCANTI, Fernando Celso Uchôa, e CAVALCANTI, Pedro Celso Uchôa. *Primeiro cidadão, depois consumidor*. Rio de Janeiro, Civilização Brasileira, 1994.

CAVASSANI, Marcelo Tescheiner. "Princípios gerais de alienação fiduciária e a jurisprudência". *Revista de Direito Civil*, n. 35, São Paulo, pp. 196-210, jan./mar. 1986.

CERQUEIRA, Jorge Pedreira de, e MARTINS, Márcia Copello. *O sistema ISO 9000 na prática*. São Paulo, Pioneira, 1996.

CERVO, Amado Luiz, e BUENO, Clodoaldo. *História da política exterior do Brasil*. São Paulo, Ática, 1992.

CESARINO JR., A. F. "O jurista na era tecnocrática". *Revista da Faculdade de Direito*, v. 64, São Paulo, pp. 189-206, 1969.

CESTARI, Maria Cristina C. "Princípios informativos do processo", in OLIVEIRA, Carlos Alberto Alvaro de (org.). *Elementos para uma nova teoria geral do processo*. Porto Alegre, Livraria do Advogado, 1997. pp. 40-54.

CHALHUB, Melhin. "Mais garantia para o mercado de imóveis". *Revista do SFI*, n. 6, São Paulo, pp. 30-33, 1998.

CHARVET, Dominique. "Crise da Justiça, crise da Lei, crise do Estado?", in POULANTZAS, Nicos (org.). *O Estado em crise*. Rio de Janeiro, Graal, 1977. pp. 240-272.

CHAUÍ, Marilena. *Cultura e Democracia*. 5ª ed. São Paulo, Cortez, 1990.

_____. *O que é ideologia*. 38ª ed. São Paulo, Brasiliense, 1994.

CHERKEZIAN, Henry, e BOLAFFI, Gabriel. "Os caminhos do mal-estar social: habitação e urbanismo no Brasil". *Novos Estudos Cebrap*, n. 50, São Paulo, pp. 125-147, mar. 1998.

CHIARLONI, Sergio. *Introduzione allo studio del diritto processuale civile*. Torino, Giappichelli, 1975.

_____. *Misure coercitive e tutela dei diritti*. Milano, Giuffrè, 1980.

CHIOVENDA, Giuseppe. *Ensayos de derecho procesal civil*. Buenos Aires, Ejea, 1949.

_____. "Acciones sumarias. La sentencia de condena con reserva", in *Ensayos de derecho procesal civil*. v. 1, pp. 227-261.

_____. "Cosa juzgada y preclusión", in *Ensayos de derecho procesal civil*. v. 3, pp. 223-290.

_____. "De la acción nacida del contrato preliminar", in *Ensayos de derecho procesal civil*. v. 1, pp. 205-225.

_____. "Del sistema en los estudios del proceso civil", in *Ensayos de derecho procesal civil*. v. 1, pp. 375-389.

_____. "El estado actual de proceso civil en Italia y el proyecto Orlando de reformas procesuales", in *Ensayos de derecho procesal civil*. v. 2, pp. 175-218.

_____. "La acción en el sistema de los derechos", in *Ensayos de derecho procesal civil*. v. 1, pp. 3-130.

_____. "Las formas en la defensa judicial del derecho", in *Ensayos de derecho procesal civil*. v. 2, pp. 123-154.

_____. "Las reformas procesales y las corrientes del pensamiento moderno", in *Ensayos de derecho procesal civil*. v. 2, pp. 155-173.

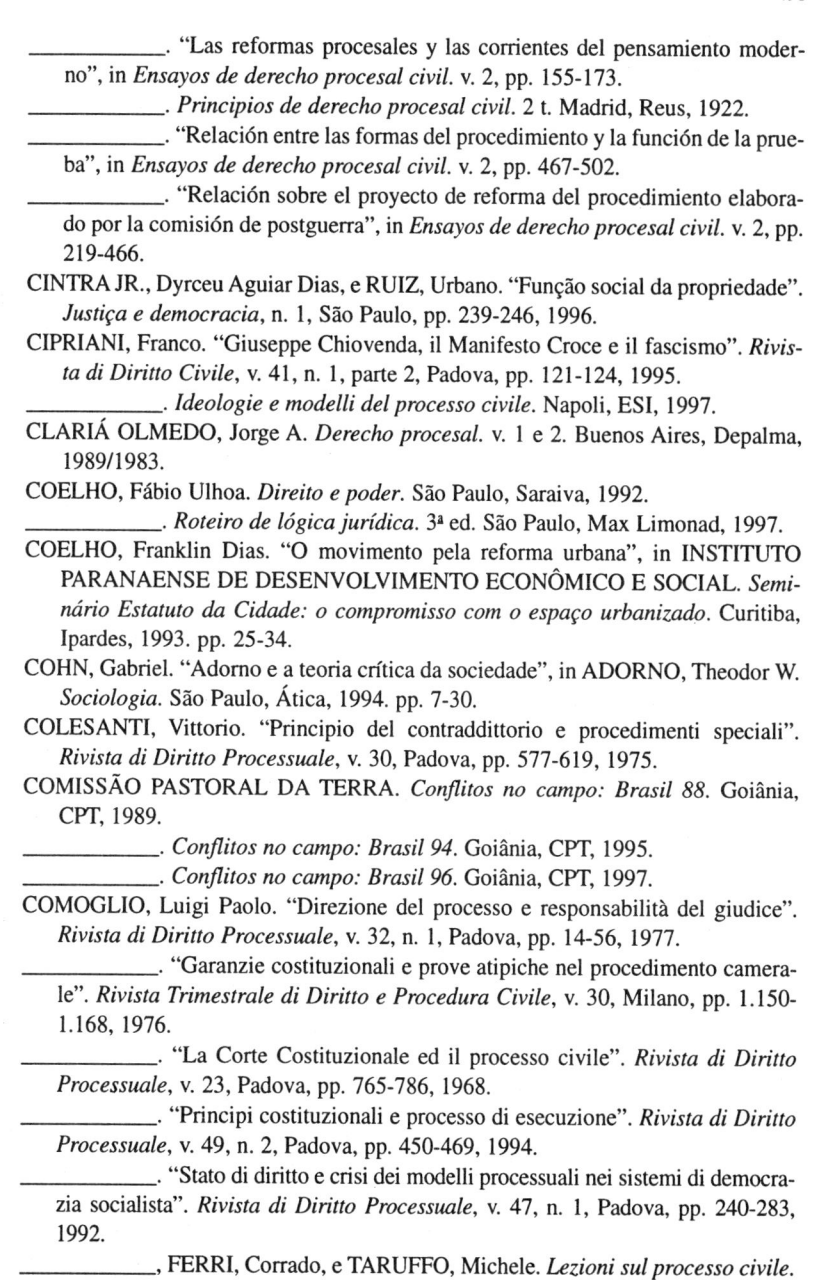

_____. *Principios de derecho procesal civil*. 2 t. Madrid, Reus, 1922.

_____. "Relación entre las formas del procedimiento y la función de la prueba", in *Ensayos de derecho procesal civil*. v. 2, pp. 467-502.

_____. "Relación sobre el proyecto de reforma del procedimiento elaborado por la comisión de postguerra", in *Ensayos de derecho procesal civil*. v. 2, pp. 219-466.

CINTRA JR., Dyrceu Aguiar Dias, e RUIZ, Urbano. "Função social da propriedade". *Justiça e democracia*, n. 1, São Paulo, pp. 239-246, 1996.

CIPRIANI, Franco. "Giuseppe Chiovenda, il Manifesto Croce e il fascismo". *Rivista di Diritto Civile*, v. 41, n. 1, parte 2, Padova, pp. 121-124, 1995.

_____. *Ideologie e modelli del processo civile*. Napoli, ESI, 1997.

CLARIÁ OLMEDO, Jorge A. *Derecho procesal*. v. 1 e 2. Buenos Aires, Depalma, 1989/1983.

COELHO, Fábio Ulhoa. *Direito e poder*. São Paulo, Saraiva, 1992.

_____. *Roteiro de lógica jurídica*. 3ª ed. São Paulo, Max Limonad, 1997.

COELHO, Franklin Dias. "O movimento pela reforma urbana", in INSTITUTO PARANAENSE DE DESENVOLVIMENTO ECONÔMICO E SOCIAL. *Seminário Estatuto da Cidade: o compromisso com o espaço urbanizado*. Curitiba, Ipardes, 1993. pp. 25-34.

COHN, Gabriel. "Adorno e a teoria crítica da sociedade", in ADORNO, Theodor W. *Sociologia*. São Paulo, Ática, 1994. pp. 7-30.

COLESANTI, Vittorio. "Principio del contraddittorio e procedimenti speciali". *Rivista di Diritto Processuale*, v. 30, Padova, pp. 577-619, 1975.

COMISSÃO PASTORAL DA TERRA. *Conflitos no campo: Brasil 88*. Goiânia, CPT, 1989.

_____. *Conflitos no campo: Brasil 94*. Goiânia, CPT, 1995.

_____. *Conflitos no campo: Brasil 96*. Goiânia, CPT, 1997.

COMOGLIO, Luigi Paolo. "Direzione del processo e responsabilità del giudice". *Rivista di Diritto Processuale*, v. 32, n. 1, Padova, pp. 14-56, 1977.

_____. "Garanzie costituzionali e prove atipiche nel procedimento camerale". *Rivista Trimestrale di Diritto e Procedura Civile*, v. 30, Milano, pp. 1.150-1.168, 1976.

_____. "La Corte Costituzionale ed il processo civile". *Rivista di Diritto Processuale*, v. 23, Padova, pp. 765-786, 1968.

_____. "Principi costituzionali e processo di esecuzione". *Rivista di Diritto Processuale*, v. 49, n. 2, Padova, pp. 450-469, 1994.

_____. "Stato di diritto e crisi dei modelli processuali nei sistemi di democrazia socialista". *Rivista di Diritto Processuale*, v. 47, n. 1, Padova, pp. 240-283, 1992.

_____, FERRI, Corrado, e TARUFFO, Michele. *Lezioni sul processo civile*. Bologna, Il Mulino, 1996.

COMPARATO, Fábio Konder. "A propriedade ou a vida". *Folha de S.Paulo*, 25.12.1990, p. 1-3.

_____. "Precisões sobre os conceitos de lei e de igualdade jurídica". *RT* 750/11-19, abr. 1998.

CONY, Carlos Heitor. "Sociedade e mercado". *Folha de S.Paulo*, 11.1.2000. p. 1-2.

CORAZZA, Marta. "A linguagem do novo sistema". *Revista do SFI*, n. 6, São Paulo, pp. 44-47, 1998.

CORNELL, Drucilla, ROSENFELD, Michael, e CARLSON, David Gray (orgs.). *Deconstruction and the Possibility of Justice*. London, Routledge, 1992.

CORACINI, Maria José. *Um fazer persuasivo: o discurso subjetivo da ciência*. São Paulo, Educ, 1991.

CORRADINI, Domenico. "Crítica del politicismo y del juridicismo". *Crítica Jurídica*, n. 4, Puebla (México), pp. 7-30, maio 1986.

COSTA, Octávio Pereira da. "Compreensão da revolução brasileira", in CASTELLO BRANCO, Humberto de Alencar *et alii*. *A revolução de 31 de março*. Rio de Janeiro, Biblioteca do Exército, 1966. pp. 61-83.

COSTA, Raymundo, e FIGUEIRÓ, Asdrúbal. "FHC loteia agências de infra-estrutura". *Folha de S.Paulo*, 7.12.1997. p. 1-6.

COSTA E SILVA, Antonio Carlos. *Tratado do processo de execução*. v. 2. São Paulo, Sugestões Literárias, 1976.

COSTA E SILVA, Artur da. "Desenvolvimento a serviço do progresso social". *Revista de Finanças Públicas*, n. 269, Rio de Janeiro, pp. 2-14, mar. 1968.

_____. "Mensagem presidencial de 1968 ao Congresso Nacional", in CÂMARA DOS DEPUTADOS. *Mensagens presidenciais*. Brasília, Centro de Documentação e Informação, 1979. pp. 83-117.

_____. "Mensagem presidencial de 1969 ao Congresso Nacional", in CÂMARA DOS DEPUTADOS. *Mensagens presidenciais*. Brasília, Centro de Documentação e Informação, 1979. pp. 118-121.

COSTALDELLO, Ângela Cássia. "Estatuto da Cidade: aspectos jurídicos e constitucionalidade", in Instituto Paranaense de Desenvolvimento Econômico e Social. *Seminário Estatuto da Cidade: o compromisso com o espaço urbanizado*. Curitiba, Ipardes, 1993. pp. 3-14.

_____. *O parcelamento e a edificação compulsórios como limitações à propriedade privada imobiliária*. Dissertação (Mestrado em Direito do Estado). Setor de Ciências Jurídicas, Universidade Federal do Paraná, 1990.

COSTIN, Cláudia. "A redescoberta do Estado". *Folha de S.Paulo*, 27.7.1998. p. 1-3.

_____. *A reforma do Estado no Brasil*. Palestra proferida no *workshop* sobre Refoma do Aparelho do Estado, Curitiba, UFPR, 24.11.1997.

_____. "A reinvenção do Estado". *Gazeta do Povo*, Curitiba, 18.7.1998. p. 6.

_____. "O brasileiro como cliente". *Folha de S.Paulo*, 18.9.1998. p. 1-3.

COTTA, Sergio. "La litigiosità odierna: considerazioni giuridico-culturali". *Rivista Trimestrale di Diritto e Procedura Civile*, v. 37, n. 3, Milano, pp. 772-809, 1983.

COURTIS, Christian. "El derecho en escena: reproducción del sentido en teatro y derecho". *No Hay Derecho*, n. 11, Buenos Aires, pp. 17-18, out./1994.

COUTO E SILVA, Clóvis do. "A fundamentação jurídica do mercado de capitais". *Revista do Ministério Público*, v. 1, n. 1, Porto Alegre, pp. 13-32, jan./jun. 1973.

_____. *Comentários ao Código de Processo Civil*. v. 10, t. 1. São Paulo, Ed. RT, 1977.

COUTO E SILVA, Golbery do. *Conjuntura política nacional: o Poder Executivo*. 2ª ed. Rio de Janeiro, J. Olympio, 1981.

_____. *Geopolítica do Brasil*. 4ª ed. Rio de Janeiro, J. Olympio, 1981.

_____. *Planejamento estratégico*. 2ª ed. Brasília, UnB, 1981.

COUTURE, Eduardo. *Estudios de derecho procesal civil*. v. 1. Buenos Aires, Ediar, 1948.

_____. "Algunas nociones fundamentales del derecho procesal del trabajo", in *Estudios de derecho procesal civil*. v. 1. pp. 269-288.

_____. *Fundamentos del derecho procesal civil*. 3ª ed. Buenos Aires, Depalma, 1993.

_____. "Inconstitucionalidad por privación de la garantía del debido proceso", in *Estudios de derecho procesal civil*. v. 1. pp. 191-202.

_____. *Interpretação das leis processuais*. 4ª ed. Rio de Janeiro, Forense, 1994.

_____. "La justicia inglesa", in *Estudios de derecho procesal civil*. v. 1. pp. 143-175.

_____. "Las garantías constitucionales del proceso civil", in *Estudios de derecho procesal civil*. v. 1. pp. 17-95.

_____. "Trayectoria y destino del derecho procesal civil hispanoamericano", in *Estudios de derecho procesal civil*. v. 1. pp. 289-342.

COVAS, Mário. "A aliança deve ser ampliada". Entrevista a Dora Kramer. *Jornal do Brasil*, Rio de Janeiro, 6.12.1998. p. 12.

CRESPI, Alberto. "Il giudice onorario in materia penale". *Rivista di Diritto Processuale*, v. 32, n. 2, Padova, pp. 287-294, 1977.

CRESPI, Franco. "Ausencia de fundamento y proyecto social", in VATTIMO, Gianni, e ROVATTI, Pier Aldo (orgs.). *El pensamiento débil*. Madrid, Cátedra, 1995. pp. 340-363.

CROCHÍK, José Leon. *Preconceito, indivíduo e cultura*. São Paulo, Robe, 1995.

CRUZ E TUCCI, José Rogério. *Tempo e processo*. São Paulo, Ed. RT, 1998.

CUCHE, Paul, e VINCENT, Jean. *Procédure civile et commerciale*. Paris, Dalloz, 1958.

CUNHA, Luiz Alexandre Gonçalves. *O crédito rural e a modernização da agricultura paranaense*. Dissertação (Mestrado em História do Brasil). Faculdade de História da Universidade Federal do Paraná, 1986.

CUNHA, Sérgio Sérvulo da. "A nova proteção possessória", in CHAGAS, Sílvio Donizete (org.) *Lições de Direito Civil Alternativo*. São Paulo, Acadêmica, 1994. pp. 38-56.

_____. *Direito à moradia*. "Comunicação" apresentada ao Congresso de Direito Civil Alternativo, realizado em Blumenau, em abr. 1994.

_____. "Ação possessória contra réu inominado", in VARELLA, Marcelo Dias (org.). *Revoluções no campo jurídico*. Joinville, Oficina, 1998. pp. 291-296.

D'ONOFRIO, Paolo. Codice di Procedura Civile e leggi speciali", in ASSOCIAZIONE ITALIANA FRA GLI STUDIOSI DEL PROCESSO CIVILE. *Atti del Congresso Internazionale di Diritto Processuale Civile*. Padova, Cedam, 1953. pp. 225-227.

_____. *Commento ao Codice di Procedura Civile*. v. 1 e 2. Torino, Utet, 1953.

DA COSTA, Newton C. A. *Ensaio sobre os fundamentos da lógica*. 2ª ed. São Paulo, Hucitec, 1994.

DALI, Salvador. *Diário de um gênio*. Rio de Janeiro, Paz e Terra, 1989.

DALLARI, Dalmo de Abreu. "Crise da Justiça é de cúpula". Entrevista a Jorgemar Felix. *Jornal do Brasil*, Rio de Janeiro, 14.5.1995. p. 12.

DAMASKA, Mirjan. *I volti della giustizia e del potere*. Bologna, Il Mulino, 1991.

DA MATTA, Roberto. *A casa e a rua*. 4ª ed. Rio de Janeiro, Guanabara, 1991.

_____. *Carnavais, malandros e heróis*. 5ª ed. Rio de Janeiro, Guanabara, 1990.

DAMÉ, Luiza, e MADUEÑO, Denise. "Governo favorece ruralista para retomar a votação". *Folha de S.Paulo*, 5.11.1998. p. 1-4.

DANTAS NETO, Antônio da Costa. *O SFI e seu funcionamento*. Palestra realizada no Sinduscon, Curitiba, em 31 ago. 1998.

DAVID, René. *Les données fondamentales du droit soviétique*. Paris, LGDJ, 1954.

_____. *Os grandes sistemas do direito contemporâneo*. São Paulo, Martins Fontes, 1986.

DE LA RÚA, Fernando. "Sobre la jurisdicción, la acción y el proceso comun: garantías constitucionales", in SENDRA, Vicente Gimeno *et alii*. *Estudios de derecho procesal en honor de Víctor Fairén Guillén*. Valencia, Tirant lo Blanch, 1990. pp. 157-168.

DE MAIO, Giuseppe. *Manuale teorico pratico di procedura civile*. Roma, Ateneo, 1948.

DEBORD, Guy. *A sociedade do espetáculo*. Rio de Janeiro, Contraponto, 1997.

DEBRAY, Régis. *O Estado sedutor*. Petrópolis, Vozes, 1994.

DEDA, Artur Oscar de Oliveira. "Alienação fiduciária em garantia". *RF* 234/28-37, abr./jun. 1971.

DEL VECCHIO, Giorgio. "Igualdade e desigualdade perante a Justiça". *Revista da Faculdade de Direito*, v. 61, n. 1, São Paulo, pp. 26-43, 1966.

DELEUZE, Gilles. *Nietzsche e a filosofia*. Porto, Rés, s/d.

_____, e GUATTARI, Félix. *O anti-Édipo*. Lisboa, Assírio & Alvim, 1995.

DELFIM NETTO, Antonio. "Análise do momento brasileiro". *Revista de Finanças Públicas*, n. 275, Rio de Janeiro, pp. 2-4, set./1968.

_____. "Convocação para o desenvolvimento". *Revista de Finanças Públicas*, n. 257, Rio de Janeiro, pp. 2-4, mar. 1967.

_____. "Crescer é concentrar". Entrevista. *Veja*, São Paulo, 7.6.1972. pp. 72-74.

_____. "Exposição de Motivos", in RESTIFFE NETO, Paulo. *Garantia fiduciária*. São Paulo, Ed. RT, 1975. pp. 581-583.

_____. *Planejamento para o desenvolvimento econômico*. São Paulo, Pioneira, 1966.

DELGADO, Guilherme da Costa. *Capital financeiro e agricultura no Brasil*. São Paulo, Ícone, 1985.

DELLA VOLPE, Galvano. *Crítica da ideologia contemporânea*. Lisboa, Estampa, 1974.

DENTI, Vittorio. "Crisi della giustizia e crisi della società". *Rivista di Diritto Processuale*, v. 38, n. 4, Padova, pp. 585-597, 1983.

_____. "Dottrine del processo e riforme giudiziarie tra Illuminismo e codificazioni". *Rivista di Diritto Processuale*, v. 36, n. 2, Padova, pp. 217-231, 1981.

_____. "Giudice onorario e giudice monocratico nella riforma della giustizia civile". *Rivista di Diritto Processuale*, v. 33, n. 4, Padova, pp. 609-630, 1978.

_____. "I procedimenti non giudiziali di conciliazione come istituzioni alternative". *Rivista di Diritto Processual*, v. 35, n. 3, Padova, pp. 410-437, 1980.

_____. "Il processo di cognizione nella storia delle riforme". *Rivista Trimestrale di Diritto e Procedura Civile*, v. 47, n. 3, Milano, pp. 805-816, 1993.

_____. "Il ruolo del giudice sul processo civile tra vecchio e nuovo garantismo". *Rivista Trimestrale di Diritto e Procedura Civile*, v. 38, n. 3, Milano, pp. 726-740, 1984.

_____. "Questioni rilevabili d'ufficio e contraddittorio". *Rivista di Diritto Processuale*, v. 23, Padova, pp. 217-231, 1968.

_____. "Una pagina ignorata di Chiovenda 'politico'". *Rivista Trimestrale di Diritto e Procedura Civile*, v. 50, n. 4, Milano, pp. 1.243-1.246, 1996.

_____. "Valori costituzionali e cultura processuale". *Rivista di Diritto Processuale*, v. 39, n. 3, Padova, pp. 443-464, 1984.

DEODATO, Alberto. "Sobre as revoluções brasileiras", in CASTELLO BRANCO, Humberto de Alencar *et alii*. *A revolução de 31 de março*. Rio de Janeiro, Biblioteca do Exército, 1966. pp. 273-279.

DERRIDA, Jacques. "Estrutura, signo e jogo no discurso das ciências humanas", in MACKSEY, Richard, e DONATO, Eugenio (orgs.). *A controvérsia estruturalista*. São Paulo, Cultrix, 1976. pp. 260-284.

_____. *Paixões*. Campinas, Papirus, 1995.

_____ *et alii*. *La faculté de juger*. Paris, Minuit, 1985.

DESCOVI, Regina C. Balieiro. *Urbanização e acumulação: um estudo sobre a cidade de São Carlos*. São Carlos, UFSCar, 1987.

DI PIETRO, Maria Sylvia Zanella. "Participação popular na administração pública". *Revista Trimestral de Direito Público* 1/127-139, jan./mar. 1993.

DIAS, Francisco Mauro. "O Poder de Polícia, o desenvolvimento e a segurança nacional". *Revista de Direito da Procuradoria-Geral de Justiça*, v. 11, Rio de Janeiro, pp. 99-124, jan./jul. 1980.

DINAMARCO, Cândido Rangel. *A instrumentalidade do processo*. 4ª ed. São Paulo, Malheiros Editores, 1994; 10ª ed., 2002.

_____. *Execução civil*. 3ª ed. São Paulo, Malheiros Editores, 1993; 8ª ed., 2002.

_____. *Fundamentos do processo civil moderno*. 2 v. São Paulo, Ed. RT, 1986; 5ª ed.,Malheiros Editores, 2002.

_____. *Litisconsórcio*. 2ª ed. São Paulo, Ed. RT, 1986; 6ª ed., Malheiros Editores, 2001.

_____. *Manual das pequenas causas*. São Paulo, Ed. RT, 1986; 2ª ed. (com o título *Manual dos Juizados Cíveis*), São Paulo, Malheiros Editores, 2001.

_____. "O futuro do direito processual civil". *RF*, v. 336, Rio de Janeiro, pp. 27-45, out./dez. 1996.

_____. "O princípio do contraditório". *Revista da Procuradoria-Geral do Estado de São Paulo*, n. 19, pp. 21-38, 1981/1982.

DINIZ, Eli. "Em busca de um novo paradigma: a reforma do Estado no Brasil dos anos 90". *São Paulo em Perspectiva*, v. 10, n. 4, São Paulo, pp. 13-26, out./dez. 1996.

DOTTI, Rogéria Fagundes. "A crise do processo de execução". *Revista de Direito Processual Civil Genesis*, n. 2, Curitiba, pp. 373-394, maio/ago. 1996.

DOUZINAS, Costas, WARRINGTON, Ronnie, e McVEIGH, Shaun. *Postmodern jurisprudence*. London, Routledge, 1991.

DREIFUSS, René Armand. *1964: a conquista do Estado*. 3ª ed. Petrópolis, Vozes, 1981.

DUARTE, Francisco Carlos. "O (des)amparo processual dos direitos fundamentais dos trabalhadores rurais sem-terra", in VARELLA, Marcelo Dias (org.). *Revoluções no campo jurídico*. Joinville, Oficina, 1998. pp. 137-157.

ECHANDÍA, Hernando Devis. "El derecho de contradicción". *Revista Iberoamericana de Derecho Procesal*, n. 3, Madrid, pp. 393-420, 1963.

_____. "Facultades y deberes del juez en el moderno proceso civil". *Revista Iberoamericana de Derecho Procesal*, n. 3, Madrid, pp. 393-452, 1968.

EDELMAN, Bernard. *O direito captado pela fotografia*. Coimbra, Centelha, 1976.

ENGELS, Friedrich. *Anti-Dühring*. 3ª ed. Rio de Janeiro, Paz e Terra, 1979.

_____. "Engels a Joseph Bloch", in *Cartas filosóficas e outros escritos*. pp. 34-36.

_____. "Engels a Konrad Schmidt", in *Cartas filosóficas e outros escritos*. pp. 37-41.

_____, e KAUTSKY, Karl. *O socialismo jurídico*. São Paulo, Ensaio, 1991.

_____, e MARX, Karl. *Cartas filosóficas e outros escritos*. São Paulo, Grijalbo, 1977.

_____. "Del socialismo utópico al socialismo científico" – "Prólogo a la edición inglesa", in MARX, Karl, e ENGELS, Friedrich. *Obras escogidas*. v. 2. Moscou: Ediciones en Lenguas Estrangeiras, 1952. pp. 84-144.

ENRIQUEZ, Eugène. *Da horda ao Estado*. Rio de Janeiro, Zahar, 1991.

EVANS, Peter. *A tríplice aliança*. Rio de Janeiro, Zahar, 1980.
EVERS, Tilman, MULLER-PLANTENBERG, Carlita, e SPESSART, Stefanie. "Movimentos de bairro e Estado: lutas na esfera da reprodução na América Latina", in MOISÉS, José Álvaro *et alii. Cidade, povo e poder.* Rio de Janeiro, Paz e Terra, 1982. pp. 110-164.

FABRÍCIO, Adroaldo Furtado. "Justificação teórica dos procedimentos especiais". *RF* 330/3-14, abr./jun. 1995.
FACHIN, Luiz Edson. "O regime jurídico da propriedade no Brasil contemporâneo e o desenvolvimento econômico-social". *Revista do IAP*, n. 21, Curitiba, pp. 189-198, 1993.

_____, e CARNEIRO, Maria Francisca. *Aspectos da avaliação institucional dos programas de pós-graduação*". Estudo apresentado à Diretoria do Conpedi e ao Comitê de Direito da Capes. s/ed., mimeo, 1997.
FAIRÉN GUILLÉN, Víctor. *Estudios de derecho procesal*. Madrid, RDP, 1955.

_____. *El juicio ordinario y los plenarios rápidos*. Barcelona, Bosch, 1953.

_____. "El juicio ordinario, los plenarios rapidos y los sumarios", in *Estudios de derecho procesal*. pp. 373-400.

_____. "La humanización del proceso: lenguaje, formas, contacto entre los jueces y las partes desde Finlandia hasta Grecia. *Revista de Processo* 14/15/127-171, abr./set. 1979.

_____. "Principios básicos para un proyectado 'Código-tipo' para los países iberoamericanos y sus relaciones con los derechos fundamentales". *Revista de Derecho Procesal*, n. 1, Madrid, pp. 7-28, 1990.

_____. "Una perspectiva histórica del proceso: la 'litis contestatio' y sus consecuencias", in *Estudios de derecho procesal*. pp. 13-57.
FALCÃO, Joaquim de Arruda (org.). *Conflitos de direito de propriedade*. Rio de Janeiro: Forense, 1984.

_____. "Cultura jurídica e democracia: a favor da democratização do Judiciário", in LAMOUNIER, Bolívar, WEFFORT, Francisco C., e BENEVIDES, Maria Victoria (orgs.). *Direito, cidadania e participação*. São Paulo, T. A. Queiroz, 1981. pp. 3-20.

_____. "O advogado, a cultura jurídica e o acesso ao sistema judiciário". *RF* 272/41-50, out./dez. 1980.
FALCÃO, Raimundo Bezerra. *Hermenêutica*. São Paulo, Malheiros Editores, 1997.
FALK, Richard. "Militarisation and Human Rights in the Third World", in WILBER, Charles (org.). *The Political Economy of Development and Underdevelopment*. 3ª ed. New York, Random House, 1984. pp. 451-460.
FANFANI, Guido. "Giudice laico e giurisdizioni speciali in Francia". *Rivista Trimestrale di Diritto e Procedura Civile*, v. 37, n. 3, Milano, pp. 936-965, 1983.
FAORO, Raymundo. "A injustiça nos tribunais". *Humanidades*, n. 13, Brasília, pp. 12-17, 1987.

FARIA, José Eduardo (org.). *Direito e justiça: a função social do Judiciário*. São Paulo, Ática, 1989.
_____. *Direito e economia na democratização brasileira*. São Paulo, Malheiros Editores, 1993.
_____. "Formalismo jurídico", in MARTINS, José de Souza *et alii*. *Discutindo a assessoria popular*. v. 2. Rio de Janeiro, Iajup, 1992. pp. 18-35.
_____. *Justiça e conflito*. São Paulo, Ed. RT, 1991.
_____. "O desafio do Judiciário". *Revista USP*, n. 21, São Paulo, pp. 46-57, mar./maio 1994.
FARIA, José Henrique de. *Tecnologia e processo de trabalho*. Curitiba, UFPR, 1992.
FAZZALARI, Elio. "L'esperienza del processo nella cultura contemporanea". *Rivista di Diritto Processuale*, v. 20, Padova, pp. 10-30, 1965.
_____. *Note in tema di diritto e processo*. Milano, Giuffrè, 1957.
_____. "Procedimento e processo (teoria generale)", in *Enciclopedia del Diritto*. v. 35. Milano, Giuffrè, 1986. pp. 819-836.
_____. "Processo (teoria generale)", in *Novissimo Digesto Italiano*. v. 13. Torino, Utet, 1966. pp. 1.067-1.076.
FEIGENBAUM, Armand. *Controle da qualidade total*. v. 2. São Paulo, Makron Books, 1994.
FENG, Huang. "L'organizzazione giudiziaria in Cina". *Rivista Trimestrale di Diritto e Procedura Civile*, v. 42, n. 4, Milano, pp. 1.161-1.167, 1988.
FERNANDES, Florestan. *A ditadura em questão*. 2ª ed. São Paulo, T. A. Queiroz, 1982.
_____. *A revolução burguesa no Brasil*. Rio de Janeiro, Zahar, 1975.
FERRANTE, Vera Lúcia. *FGTS: ideologia e repressão*. São Paulo, Ática, 1978.
FERRAZ JR., Tércio Sampaio. *Direito, retórica e comunicação*. 2ª ed. São Paulo, Saraiva, 1997.
_____. "O oficial e o inoficial: ensaio sobre a diversidade de universos jurídicos temporal e espacialmente concomitantes", in FALCÃO, Joaquim de Arruda (org.). *Conflitos de direito de propriedade*. Rio de Janeiro, Forense, 1984. pp. 103-124.
FERREIRA FILHO, Manoel Gonçalves. *Comentários à Constituição Brasileira*. v. 3. São Paulo, Saraiva, 1975.
FERRI, Corrado. "Sull'effettività del contraddittorio". *Rivista Trimestrale di Diritto e Procedura Civile*, v. 42, n. 3, Milano, pp. 780-795, 1988.
FIGUEIREDO, Vilma. *Desenvolvimento dependente brasileiro*. Rio de Janeiro, Zahar, 1978.
FILGUEIRAS, Otto. "A justiça e a revolução". *Sem Terra*, n. 2, São Paulo, pp. 3-17, out./dez. 1997.
FISHLOW, Albert. "A distribuição de renda no Brasil", in TOLIPAN, Ricardo, e TINELLI, Arthur Carlos (orgs.). *A controvérsia sobre distribuição de renda e desenvolvimento*. 2ª ed. Rio de Janeiro, Zahar, 1978. pp. 159-189.
_____. "Depois de crescer, distribuir". *Veja*, São Paulo, 7.6.pp. 70-71.

_____. "Distribuição de renda no Brasil – Um novo exame". *Dados*, n. 11, Rio de Janeiro, pp. 10-80, 1973.

FLEISCHFRESSER, Vanessa. *Modernização tecnológica da agricultura*. Curitiba, Concitec, 1988.

FONSECA, Jairo Simon, e SANVICENTE, Antonio Zoratto. "A concentração do sistema bancário comercial brasileiro". *Revista Brasileira de Mercado de Capitais*, v. 3, n. 9, Rio de Janeiro, pp. 433-455, set./dez. 1977.

FONSECA, Maria Guadalupe Piragibe da. "A situação de conflito como o lugar do direito", in SOCIEDADE BRASILEIRA PARA O PROGRESSO DA CIÊNCIA. *Anais da 43ª reunião anual da SBPC*. Rio de Janeiro, UFRJ, 1991. pp. 202-203.

_____. "Ordem e não-ordem: uma contradição aparente – Estudo sobre a regulação jurídica em comunidade de excluídos", in SOCIEDADE BRASILEIRA PARA O PROGRESSO DA CIÊNCIA. *Anais da 44ª reunião anual da SBPC*. São Paulo, USP, 1992. pp. 238.

FONSECA, Ricardo Marcelo. "Notas sobre a construção de um discurso historiográfico jurídico". *Revista da Faculdade de Direito*, Curitiba, n. 28, pp. 249-259, 1994/95.

_____. "Trabalho e cidadania". *Boletim Legislação Trabalhista Bonijuris*, n. 206, Curitiba, pp. 2491, 30 jul. 1998.

FOUCAULT, Michel. *As palavras e as coisas*. São Paulo, Martins Fontes, 1995.

_____. *Doença mental e psicologia*. 4ª ed. Rio de Janeiro, Tempo Brasileiro, 1991.

_____. *História da loucura*. 5ª ed. São Paulo, Perspectiva, 1997.

_____. *Nietzsche, Freud & Marx*. São Paulo, Princípio, 1997.

_____. *Resumo dos Cursos do Collège de France*. Rio de Janeiro, Zahar, 1997.

_____. "Sobre a justiça popular", in *Microfísica do poder*. 4ª ed. Rio de Janeiro, Graal, 1984. pp. 39-68.

_____. *Vigiar e punir*. 11ª ed. Petrópolis, Vozes, 1994.

FOWLER, Marcos Bittencourt. *A legitimação para agir do Ministério Público na ação civil pública*. Dissertação (Mestrado em Direito das Relações Sociais). Faculdade de Direito da Universidade Federal do Paraná, 1997.

_____. "Ações possessórias". Palestra proferida na Universidade Federal do Paraná (Curitiba), em 18 de julho de 1997, no Curso de Extensão sobre Procedimentos Especiais.

_____. "Comunicação" apresentada no VIII Encontro da Rede Autônoma de Advogados Populares do Paraná, Ponta Grossa, 18 abr. 1997.

_____. "O Ministério Público e os conflitos fundiários", in VARELLA, Marcelo Dias (org.). *Revoluções no campo jurídico*. Joinville, Oficinas, 1998. pp. 221-241.

_____. "Questão fundiária e Ministério Público". *Revista de Direito Processual Civil Genesis*, n. 3, Curitiba, pp. 779-786, set./dez. 1996.

FRANK, Jürgen. "A sociedade pós-industrial e seus teóricos", in DREITZEL, Hans-

Peter et alii. *Tecnocracia e ideologia*. Rio de Janeiro, Tempo Brasileiro, 1975. pp. 85-120.

FRANKLIN, Benjamin. *The Autobiography*. 6ª ed. New York, Pocket Books Inc., 1941.

FREDERICO, Celso. "Florestan jornalista". *Jornal de Resenhas*, São Paulo, 12 set. 1998. pp. 3.

FREITAS, Juarez. *A substancial inconstitucionalidade da lei injusta*. Petrópolis, Vozes, 1989.

_____. "Hermenêutica jurídica: o juiz só aplica a lei injusta se quiser". *Ajuris*, n. 40, Porto Alegre, pp. 39-52, jul. 1987.

FREUD, Sigmund. *Além do princípio do prazer*. Rio de Janeiro, Imago, 1977. ed. standard brasileira das obras psicológicas completas de Sigmund FREUD, v. 18.

_____. *Formulações sobre os dois princípios do funcionamento mental*. Rio de Janeiro, Imago, 1977. ed. standard brasileira das obras psicológicas completas de Sigmund FREUD, v. 12.

_____. *O mal-estar na civilização*. Rio de Janeiro, Imago, 1974. ed. standard brasileira das obras psicológicas completas de Sigmund FREUD, v. 21.

FREYRE, Gilberto. *Casa-grande & senzala*. 21ª ed. Rio de Janeiro, J. Olympio, 1981.

_____. *Ordem e progresso*. 4ª ed. Rio de Janeiro, Record, 1990.

FROMM, Erich. *Ter ou Ser?* 4ª ed. Rio de Janeiro, Zahar, 1982.

FRONTINI, Paulo Salvador. "Cédula de crédito comercial e nota de crédito comercial: dois novos títulos de crédito". *Revista de Direito Mercantil* 40/154-159, out./dez. 1980.

FROSINI, Vittorio. "La parola del diritto e le sue trasformazione linguistiche". *Rivista Trimestrale di Diritto e Procedura Civile*, v. 47, n. 2, Milano, pp. 423-438, 1993.

FUCCI, Paulo Eduardo. "Aspectos da alienação fiduciária de coisa imóvel". *RT* 753/80-83, jul. 1998.

FUNDAÇÃO GETÚLIO VARGAS. "Comunicação ao Seminário sobre Legislativo e Desenvolvimento", in MENDES, Cândido (org.). *O Legislativo e a tecnocracia*. Rio de Janeiro, Imago, 1975. pp. 253-266.

FURNO, Carlo. *Contributo alla teoria della prova legale*. Padova, Cedam, 1940.

FURTADO, Antônio Augusto Mariante. *Direito, fraude e respeito mútuo*. Rio de Janeiro, Luam, 1997.

FURTADO, Celso. *Análise do "modelo" brasileiro*. 7ª ed. Rio de Janeiro, Paz e Terra, 1982.

_____. "Brasil: da República oligárquica ao Estado militar", in *Brasil: tempos modernos*. 3ª ed. Rio de Janeiro, Paz e Terra, 1979. pp. 1-23.

_____. *Desenvolvimento e subdesenvolvimento*. 3ª ed. Rio de Janeiro, Fundo de Cultura, 1965.

_____. *O Brasil pós-"milagre"*. 6ª ed. Rio de Janeiro, Paz e Terra, 1981.

_____. *O mito do desenvolvimento econômico*. Rio de Janeiro, Paz e Terra, 1974.

GALGANO, Francesco. *Diritto privato*. 8ª ed. Padova, Cedam, 1994.
GARBAGNATI, Edoardo. "Il giudice di fronte alla legge ingiusta", in ASSOCIAZIONE ITALIANA FRA GLI STUDIOSI DEL PROCESSO CIVILE. *Atti del Congresso Internazionale di Diritto Processuale Civile*. Padova, Cedam, pp. 275-287, 1953.

_____. "La dichiarazione d'incostituzionalità dell'art. 648, 2º comma, c.p.c.". *Rivista di Diritto Processuale*, v. 40, n. 1, Padova, pp. 1-14, 1985.

GARCIA, Luis Alberto Pereira. *Uma análise crítica do uso do PNB como indicador de desenvolvimento*. Monografia (Especialização em Teoria Econômica). Faculdade de Economia da Universidade Federal do Paraná, 1989.

GARCIA, Marcos. "Inside". *Revista do SFI*, n. 6, São Paulo, p. 29, 1998.

GARCIA, Othon M. *Comunicação em prosa moderna*. 9ª ed. Rio de Janeiro, FGV, 1981.

GEDIEL, José Antônio Peres (org.). *Mediações fundiárias*. Curitiba, UFPR, 1998.

GELSI BIDART, Adolfo. "Conciliación y proceso", in GRINOVER, Ada Pellegrini, DINAMARCO, Cândido Rangel, e WATANABE, Kazuo (orgs.). *Participação e processo*. São Paulo, Ed. RT, 1988. pp. 253-261.

_____. "El tiempo y el proceso". *Revista de Processo* 23/100-121, jul./set. 1981.

_____. "Incidencia constitucional sobre el proceso". *Revista de Processo* 30/193-205, abr./jun. 1983.

_____. "La garantía procesal de los derechos humanos en el Pacto de San José de Costa Rica". *Cuadernos de la Facultad de Derecho y Ciencias Sociales*, n. 9, Montevideo, pp. 39-51, 1989.

_____. "La humanización del proceso". *Revista de Processo* 9/105-151, abr./jun. 1983.

_____. "Proceso y época de cambio". *Revista Iberoamericana de Derecho Procesal*, n. 2, Madrid, pp. 257-281, 1968.

_____. "Proceso y garantía de derechos humanos". *Revista Iberoamericana de Derecho Procesal*, n. 4, Madrid, pp. 585-606, 1968.

_____. "Tutela procesal 'diferenciada'". *Revista de Processo* 44/100-105, out./dez. 1986.

GENRO, Tarso. *Introdução crítica ao direito*. Porto Alegre, Fabris, 1988.

_____. "O novo espaço público". *Folha de S.Paulo*, 9.6.1996. p. 5-3.

_____. "Pensar o direito no socialismo", in *Quatro ensaios marxistas*. Porto Alegre, Tchê, 1986. pp. 13-28.

GÉRARD, Philippe. *Droit, égalité et idéologie: contribuition à l'étude critique des principes généraux du droit*. Bruxelles, Facultés Universitaires Saint-Louis, 1981.

GHEZZI, Giorgio. "La partecipazione popolare all'amministrazione della giustizia". *Rivista Trimestrale di Diritto e Procedura Civile*, v. 31, Milano, pp. 95-150, 1977.

GHIRALDELLI JR., Paulo. *O Corpo de Ulisses: modernidade e materialismo em Adorno e Horkheimer*. São Paulo, Escuta, 1996.

_____. "O destino dos impulsos e o programa social da modernidade". *São Paulo em Perspectiva*, v. 8, n. 2, São Paulo, pp. 84-91, abr./jun. 1994.

GIDDENS, Anthony. *As conseqüências da modernidade.* São Paulo, Unesp, 1991.

GIMENEZ, Martha *et alii.* "Income Inequality and Capitalist Development", in LOEHR, William, e POWELSON, John (orgs.). *Economic Development, Poverty, and Income Distribution.* Boulder, Colorado, Wetview, 1977. pp. 231-265.

GODOY, Arnaldo. "A igualdade no processo". *Revista de Processo* 76/200-208, out./dez. 1994.

_____. "Da citação e da identificação do pólo passivo da lide nas ações de reintegração de posse propostas contra invasores do MST". *Ajuris*, n. 62, Porto Alegre, pp. 253-267, nov. 1994.

GODOY, Mario Aguirre. "La Teoría General del Proceso y la enseñanza del Derecho Procesal". *Revista Iberoamericana de Derecho Procesal*, n. 1, Madrid, pp. 93-106, 1968.

GOLDMANN, Lucien. "Estrutura: realidade humana e conceito metodológico", in MACKSEY, Richard, e DONATO, Eugenio (orgs.). *A controvérsia estruturalista.* São Paulo, Cultrix, 1976. pp. 113-138.

GOLDSMITH, Raymond. *Brasil 1850-1984.* São Paulo, Harbra, 1986.

GOMBRICH, Ernst Hans. *Norma e forma.* São Paulo, Martins Fontes, 1990.

GOMES, Orlando. *Alienação fiduciária em garantia.* São Paulo, Ed. RT, 1970.

_____. *Direito e desenvolvimento.* Salvador, Universidade da Bahia, 1961.

GOMES, Roberto. *Crítica da razão tupiniquim.* 5ª ed. São Paulo, Cortez, 1982.

GOMES FILHO, Antônio Magalhães. "Ações populares e participação política", in GRINOVER, Ada Pellegrini, DINAMARCO, Cândido Rangel, e WATANABE, Kazuo (orgs.). *Participação e processo.* São Paulo, Ed. RT, 1988. pp. 180-189.

GRASSO, Edoardo. "Il processo esecutivo nelle prospettive della ricodificazione". *Rivista di Diritto Processuale*, v. 40, n. 3, Padova, pp. 520-551, 1985.

_____. "La collaborazione nel processo civile". *Rivista di Diritto Processuale*, v. 21, Padova, pp. 580-601, 1966.

GRAU, Eros Roberto. *Direito urbano.* São Paulo, Ed. RT, 1983.

_____. *Direito, conceitos e normas jurídicas.* São Paulo, Ed. RT, 1988.

_____. *Elementos de direito econômico.* São Paulo, Ed. RT, 1981.

GRINOVER, Ada Pellegrini. "A conciliação extrajudicial no quadro participativo", in *Participação e processo.* São Paulo, Ed. RT, 1988. pp. 277-295.

_____. *As garantias constitucionais do direito de ação.* São Paulo, Ed. RT, 1973.

_____. "Deformalização do processo e deformalização das controvérsias", in *Novas tendências do direito processual.* Rio de Janeiro, Forense Universitária, 1990. pp. 175-201.

_____. "O princípio da ampla defesa. *Revista da Procuradoria-Geral do Estado de São Paulo*, n. 19, pp. 19-20, 1981/1982.

_____. *O processo em sua unidade.* v. 2. Rio de Janeiro, Forense, 1984.

_____. *Os princípios constitucionais e o Código de Processo Civil*. São Paulo, Bushatsky, 1975.

GRUPO KRISIS. *Manifesto contra o trabalho*. Petrópolis, Vozes, 1999.

GRZYBOWSKI, Kazimierz. *Soviet Legal Institutions*. Ann Arbor, University of Michigan Press, 1962.

GUASP, Jaime. *Derecho procesal civil*. 2ª ed. Madrid, Instituto de Estudios Políticos, 1961.

_____. "Reducción y simplificación de los procesos civiles especiales", in ASSOCIAZIONE ITALIANA FRA GLI STUDIOSI DEL PROCESSO CIVILE. *Atti del Congresso Internazionale di Diritto Processuale Civile*. Padova, Cedam, 1953. pp. 298-308.

GUDIN, Eugênio. *Para um Brasil melhor*. Rio de Janeiro, Apec, s/d.

GUERRA FILHO, Willis Santiago. *Autopoiese do direito na sociedade pós-moderna*. Porto Alegre, Livraria do Advogado, 1997.

_____. "Direitos fundamentais, processo e princípio da proporcionalidade", in *Dos direitos humanos aos direitos fundamentais*. Porto Alegre, Livraria do Advogado, 1997. pp. 11-29.

_____. "Judiciário e conflitos sociais (na perspectiva da pós-modernidade)". *Revista de Processo* 70/135-142, abr./jun. 1993.

_____. "Princípio do contraditório e eficácia ultra-subjetiva da sentença". *Revista de Direito Processual Civil Genesis*, n. 3, Curitiba, pp. 712-720, set./dez. 1996.

_____. "Sobre o princípio da proporcionalidade". *Anuário do Mestrado em Direito*, n. 6, Recife, pp. 255-269, 1993.

_____. "Uma nova perspectiva constitucional: processo e constituição". *Revista da Faculdade de Direito*, n. 30, Curitiba, pp. 285-294, 1998.

GUIMARÃES, Mário Kruel. *Crédito rural: enfoques da política agrária brasileira*. São Paulo, Criadores, 1974.

GUIMARÃES ROSA, João. *Grande sertão: veredas*. 19ª ed. Rio de Janeiro, 1985.

_____. *Tutaméia*. 7ª ed. Rio de Janeiro, Nova Fronteira, 1985.

GURGEL, José Alfredo Amaral. *Segurança e democracia: uma reflexão política sobre a doutrina da Escola Superior de Guerra*. Rio de Janeiro, Biblioteca do Exército, 1975.

GURVIC, Mark A. "Profili generali del processo civile sovietico". *Rivista di Diritto Processuale*, v. 31, n. 1, Padova, pp. 18-40, 1976.

GUZMÁN, Ramón Antonio. "La música y el derecho: una comparación". *Revista de Derecho Puertorriqueño*, v. 32, n. 1-3, Ponce, pp. 75-79, 1992.

HABERMAS, Jürgen. *Dialética e hermenêutica*. Porto Alegre, L&PM, 1987.

_____. *Direito e democracia*. v. 1. Rio de Janeiro, Tempo Brasileiro, 1997.

_____. *Técnica e ciência como "ideologia"*. Lisboa, Ed. 70, 1994.

HABSCHEID, Walther J. "As bases do direito processual civil". *Revista de Processo* 11-12/117-145, jul./dez. 1978.

HALL, Clarence W. *A nação que se salvou a si mesma.* Rio de Janeiro, Biblioteca do Exército, 1978.

HARVEY, David. *A justiça social e a cidade.* São Paulo, Hucitec, 1980.

_____. *Condição pós-moderna.* 5ª ed. São Paulo, Loyola, 1992.

HEGEL, Georg Wilhelm Friedrich. *Princípios da filosofia do direito.* 3ª ed. Lisboa, Guimarães, 1986.

HEIDEGGER, Martin. *Conferências e escritos filosóficos.* São Paulo, Abril Cultural, 1979.

HEINEN, Milton Inácio. *A política agrária na CF/88.* Comunicação apresentada no Seminário "A Proteção Jurídica do Povo da Terra", São Paulo, 15 a 17 dez. 1995.

_____. "Entraves jurídicos à reforma agrária". *Pastoral da Terra,* n. 143, Goiânia, pp. 18-19, jun. 1997.

HERKENHOFF, João Baptista. *"Como aplicar o direito.* 2ª ed. Rio de Janeiro, Forense, 1986.

_____. *O direito dos códigos e o direito da vida.* Porto Alegre, Fabris, 1993.

_____. *O direito processual e o resgate do humanismo.* Rio de Janeiro, Thex, 1997.

HESPANHA, Benedito. *Tratado de teoria do processo.* v. 1. Rio de Janeiro, Forense, 1986.

HOFFMANN, Rodolfo. *Distribuição de renda: medidas de desigualdade e pobreza.* São Paulo, Edusp, 1998.

_____. "Tendências da distribuição da renda no Brasil e suas relações com o desenvolvimento econômico", in TOLIPAN, Ricardo, e TINELLI, Arthur Carlos (orgs.). *A controvérsia sobre distribuição de renda e desenvolvimento.* 2ª ed. Rio de Janeiro, Zahar, 1978. pp. 105-123.

_____, e SILVA, José F. Graziano da, "A estrutura agrária brasileira", in CONTADOR, Cláudio Roberto (org.). *Tecnologia e desenvolvimento agrícola.* Rio de Janeiro, Ipea, 1975. pp. 233-265.

HOYOS, Arturo. "La garantía constitucional del debido proceso legal". *Revista de Processo* 47/43-91, jul./set. 1987.

HUIZINGA, Johan. *Homo Ludens.* São Paulo, Perspectiva, 1988.

IACOBELLIS, Marcello (org.). *Codice di procedura civile e leggi complementari.* Napoli, Esselibri, 1998.

IANNI, Octavio. *A classe operária vai ao campo.* São Paulo, Cebrap, 1976. caderno n. 24.

_____. *A ditadura do grande capital.* Rio de Janeiro, Civilização Brasileira, 1981.

_____. *Ditadura e agricultura.* Rio de Janeiro, Civilização Brasileira, 1979.

_____. *Estado e capitalismo: estrutura social e industrialização no Brasil.* Rio de Janeiro, Civilização Brasileira, 1965.

_____. *Estado e planejamento econômico no Brasil.* Rio de Janeiro, Civilização Brasileira, 1971.

REFERÊNCIAS BIBLIOGRÁFICAS 505

_____. *Industrialização e desenvolvimento social no Brasil*. Rio de Janeiro, Civilização Brasileira, 1963.

_____. *O ciclo da revolução burguesa*. Petrópolis, Vozes, 1984.

_____. *Origens agrárias do Estado brasileiro*. São Paulo, Brasiliense, 1984.

IHERING, Rudolf von. *A teoria simplificada da posse*. São Paulo, Bushatsky, 1976.

_____. *Posse e interditos possessórios*. Salvador, Progresso, 1959.

JACQUES, Paulino, "O direito constitucional brasileiro e a Revolução de 1964". *Arquivos do Ministério da Justiça*, n. 110, Rio de Janeiro, pp. 1-27, jun. 1969.

_____. "Os fundamentos filosófico-jurídicos da normatividade revolucionária e a sua hierarquização". *Arquivos do Ministério da Justiça*, n. 109, Rio de Janeiro, pp. 1-5, mar. 1969.

JAGUARIBE, Helio, "Estabilidade social pelo colonial-fascismo", in FURTADO, Celso (org.). *Brasil: tempos modernos*. 3ª ed. Rio de Janeiro, Paz e Terra, 1979. pp. 25-47.

JÁLFINA, Raísa, "Codificación: necesidad e importancia", in KUDRIAVTSEV, V., IVANOV, S., e TUMANOV, V. (orgs.) *El derecho en el socialismo desarrollado*. Moscou, Ciencias Sociales Contemporáneas, 1982. pp. 20-27.

JAMESON, Fredric. *As sementes do tempo*. São Paulo, Ática, 1997.

_____. *Espaço e imagem*. 2ª ed. Rio de Janeiro, UFRJ, 1995.

_____. "Pós-modernidade e sociedade de consumo". *Novos Estudos Cebrap*, n. 12, São Paulo, pp. 16-26, jun. 1985.

JAPPE, Anselm. *Guy Debord*. Petrópolis, Vozes, 1999.

JURAN, J. M., e GRYNA, Frank. *Controle da qualidade*. v. 1. São Paulo, Makron Books, 1991.

KANDIR, Antonio. *Brasil século XXI*. São Paulo, Atlas, 1994.

KANT DE LIMA, Roberto, "Por uma antropologia do direito, no Brasil", in FALCÃO, Joaquim de Arruda (org.). *Pesquisa científica e direito*. Recife, Massangana, 1983. pp. 89-116.

_____. "Sincretismo jurídico ou mera esquizofrenia? A lógica judicial da excludência e a organização judiciária brasileira", in RODRIGUES, Horácio Wanderlei (org.). *Lições alternativas de direito processual*. São Paulo, Acadêmica, 1995. pp. 159-197.

KASPRZAK, Susana Gasparovic. *Uma avaliação do desenvolvimento rural no Estado do Paraná*. Monografia (Especialização em Teoria Econômica). Faculdade de Economia da Universidade Federal do Paraná, 1989.

KIRCHMANN, Julius Hermann von, "El carácter a-científico de la llamada ciencia del derecho", in SAVIGNY, Friedrich K. von, *et alii*. *La Ciencia del Derecho*. Buenos Aires, Losada, 1949. pp. 247-286.

KLEIN, Lucia Maria Gomes. "A nova ordem legal e suas repercussões sobre a esfera política". *Dados*, n. 10, Rio de Janeiro, pp. 154-165, 1973.

KOWARICK, Lúcio. *A espoliação urbana*. Rio de Janeiro, Paz e Terra, 1979.

_____. *Estratégias do planejamento social no Brasil*. São Paulo, Cebrap, 1976. caderno n. 2.

_____. "O preço do progresso: crescimento econômico, pauperização e espoliação urbana", in MOISÉS, José Álvaro *et alii*. *Cidade, povo e poder.* Rio de Janeiro, Paz e Terra, 1982. pp. 30-48.

KRAMER, Dora. "Abre as asas sobre nós". *Jornal do Brasil*, Rio de Janeiro, 8 dez. 1998. pp. 2.

KUDRIAVTSEV, Vladimir. "La ciencia juridica sovietica hoy", in *El derecho en el socialismo desarrollado*. 2ª ed. Moscou, Ciencias Sociales Contemporáneas, 1983. pp. 11-19.

_____, LUKIANOV, A. I., e SHAJNAZAROV, G. J. (orgs.). *Constitución del país de los soviets: diccionario*. Moscou, Progreso, 1982.

KURZ, Robert. "A expropriação do tempo". *Folha de S.Paulo*, 3.1.1999. p. 5-3.

KUTAFIN, Oleg. "Acción directa e indirecta de las normas constitucionales", in KUDRIAVTSEV, V., IVANOV, S., e TUMANOV, V. (orgs.) *El derecho en el socialismo desarrollado*. 2ª ed. Moscou, Ciencias Sociales Contemporáneas, 1983. pp. 85-95.

LACAN, Jacques. *Escritos*. Rio de Janeiro, Zahar, 1998.

LACERDA, Carlos. *Depoimento*. Rio de Janeiro, Nova Fronteira, 1978.

_____. *Palavras e ação*. Rio de Janeiro, Record, 1965.

LACERDA, Galeno. *Comentários ao Código de Processo Civil*. 2ª ed. v. 8, t. 1. Rio de Janeiro, Forense, 1981.

LAFARGUE, Paul. *O direito à preguiça e outros textos*. Lisboa, Estampa, 1977.

LAFER, Celso. *O sistema político brasileiro*. São Paulo, Perspectiva, 1975.

LAGO, Luiz Aranha Corrêa do. "A retomada do crescimento e as distorções do 'milagre'", in ABREU, Marcelo de Paiva (org.). *A ordem do progresso*. Rio de Janeiro, Campus, 1992. pp. 233-294.

LANGONI, Carlos Geraldo. *A economia da transformação*. Rio de Janeiro, Biblioteca do Exército, 1976.

_____. *A política econômica do desenvolvimento*. Rio de Janeiro, FGV/Apec, 1978.

_____. *Distribuição de renda e desenvolvimento econômico do Brasil*. 2ª ed. Rio de Janeiro, Expressão e Cultura, 1978.

_____. *Distribuição de renda*. Brasília, Ipeac, 1973.

_____. "Distribuição de renda: resumo da evidência". *Dados*, n. 11, Rio de Janeiro, pp. 81-121, 1973.

LARENZ, Karl. *Metodologia da ciência do direito*. 2ª ed. Lisboa, Calouste Gulbenkian, 1989.

LAURIA TUCCI, Rogério. "Ação de busca e apreensão de bens alienados fiduciariamente". *Revista de Processo* 47/140-155, jul./set. 1987.

_____. " 'Ius dicere'", in *Temas e problemas de direito processual*. São Paulo, Saraiva, 1983. pp. 99-101.

_____. *Manual do Juizado de Pequenas Causas*. São Paulo, Saraiva, 1985.

_____, e CRUZ E TUCCI, José Rogério. *Constituição de 1988 e processo*. São Paulo, Saraiva, 1989.

_____, _____. *Devido processo legal e tutela jurisdicional*. São Paulo, Ed. RT, 1993.

LAZZARINI, Marilena. "Omissão". *Folha de S.Paulo*, 18.12.1999. p. 1-3.

LEFEBVRE, Henry. *O direito à cidade*. São Paulo, Moraes, 1991.

LEIBNIZ, Gottfried Wilhelm. *Novos ensaios sobre o entendimento humano*. 2ª ed. São Paulo, Abril Cultural, 1984.

LEITÃO, José Ribeiro. "Aspectos da teoria geral dos procedimentos especiais". *Revista de Doutrina e Jurisprudência*, n. 17, Brasília, pp. 27-41, abr. 1985.

LEITE, José Corrêa, "Reformas democráticas e contra-reformas neoliberais". *São Paulo em Perspectiva*, v. 10, n. 4, São Paulo, pp. 27-36, out./dez. 1996.

LEMINSKI, Paulo. *Agora é que são elas*. São Paulo, Brasiliense, 1984.

LENG, Shao Chuan. *Justiça popular na China*. Coimbra, Centelha, 1976.

LENK, Hans. "Tecnocracia e tecnologia", in DREITZEL, Hans-Peter *et alii*, *Tecnocracia e ideologia*. Rio de Janeiro, Tempo Brasileiro, 1975. pp. 121-144.

LEONARDO, Rodrigo Xavier. "O paradigma da efetividade do processo e os procedimentos especiais: uma abordagem crítica". *Revista Jurídica Themis*, n. 10, Curitiba, pp. 67-83, 1997/1998.

LÉVI-STRAUSS, Claude. *A oleira ciumenta*. São Paulo, Brasiliense, 1986.

_____. *Antropologia estrutural*. 4ª ed. Rio de Janeiro, Tempo Brasileiro, 1991.

_____. *Minhas palavras*. 2ª ed. São Paulo, Brasiliense, 1991.

_____. *O pensamento selvagem*. Campinas, Papirus, 1989.

_____, e ERIBON, Didier. *De perto e de longe*. Rio de Janeiro, Nova Fronteira, 1990.

LIDBLOM, Henrik. "La privatizzazione della giustizia: osservazioni circa alcuni recenti sviluppi nel diritto processuale americano e svedese". *Rivista Trimestrale di Diritto e Procedura Civile*, v. 49, n. 4, Milano, pp. 1.385-1.402, 1995.

LIEBMAN, Enrico Tullio. *Corso di diritto processuale civile*. Milano, Giuffrè, 1952.

_____. *Eficácia e autoridade da sentença*. 3ª ed. Rio de Janeiro, Forense, 1984.

_____. "Il principio del contraddittorio e la Costituzione". *Rivista di Diritto Processuale*, v. 9, n. 2, Padova, pp. 128-129, 1954.

_____. "In tema di esecuzione provvisoria del decreto d'ingiunzione". *Rivista di Diritto Processuale*, v. 6, n. 2, Padova, pp. 80-82, 1951.

_____. *Lezioni di diritto processuale civile*. v. 2. Milano, Giuffrè, 1951.

_____. *Manuale di diritto processuale civile*. v. 1. 2ª ed. Milano, Giuffrè, 1957.

_____. "Per uno nuovo Codice di Procedura Civile". *Rivista di Diritto Processuale*, v. 37, n. 1, Padova, pp. 25-29, 1982.

_____. *Processo de execução*. 4ª ed. Trad. de Cândido Rangel Dinamarco, Forense, 1980.

_____. "Storiografia giuridica 'manipolata'". *Rivista di Diritto Processuale*, v. 29, Padova, pp. 100-123, 1974.

LIMA BARRETO. "A lei", in *Crônicas escolhidas*. São Paulo, Ática, 1995. pp. 83-84.

LIMA, Alcides de Mendonça. "Os princípios informativos no Código de Processo Civil". *Revista de Processo* 34/9-19, abr./jun. 1984.

LIMA, Marcelo Amoroso. "Qualidade e tecnologia: binômio estratégico para a modernização do Brasil", in BEZERRA, Juarez Cavalcanti *et alii*. *Gerenciamento da qualidade*. Rio de Janeiro, Fundação Roberto Marinho, 1993. pp. 22-49.

LIMA, Paulo Butti de. *L'inchiesta e la prova: immagine storiografica, pratica giuridica e retorica nella Grecia Classica*. Torino, Einaudi, 1999.

LINDGREN, Carlos Ernesto da Silva. *Temas de planejamento*. Rio de Janeiro, Interciência, 1978.

LINS, Carlos Francisco Bandeira. "As 'organizações sociais' e o governo". *Folha de S.Paulo*, 13.11.1997. p. 1-3.

_____. "Os donos da bola". *Folha de S.Paulo*, 8.12.1997. p. 1-3.

LIPARI, F. G. *Lezioni di diritto processuale civile*. Padova, Cedam, 1957.

LIRA, Gerson. "Evolução da teoria da ação: ação material e ação processual", in OLIVEIRA, Carlos Alberto Alvaro de (org.). *Elementos para uma nova teoria geral do processo*. Porto Alegre, Livraria do Advogado, 1997. pp. 127-141.

LIRA, Ricardo Pereira. "Planejamento urbano", in ORDEM DOS ADVOGADOS DO BRASIL. *XV Conferência Nacional da Ordem dos Advogados do Brasil*. Foz do Iguaçu, OAB, 1994. pp. 493-502.

LOBÃO, Manoel de Almeida e Sousa, dito de. *Tractado pratico compendiario de todas as acções summarias*. t. 1. Lisboa, Imprensa Nacional, 1842.

LOBO DA COSTA, Moacir. *Breve notícia histórica do direito processual civil brasileiro*. São Paulo, Ed. RT, 1970.

LOEHR, William. "Economic Underdevelopment and Income Distribution", in *Economic Development, Poverty, and Income Distribution*. Boulder, Colorado, Wetview, 1977. pp. 3-29.

LOJKINE, Jean. *O Estado capitalista e a questão urbana*. 2ª ed. São Paulo, Martins Fontes, 1997.

LOPES, José Reinaldo de Lima. *Responsabilidade civil do fabricante e a defesa do consumidor*. São Paulo, Ed. RT, 1992.

_____. "Uma introdução à história social e política do processo", in WOLKMER, Antonio Carlos (org.). *Fundamentos de história do direito*. Belo Horizonte, Del Rey, 1996. pp. 247-278.

LOPES, José Sérgio Leite. "Sobre o debate da distribuição da renda", in TOLIPAN, Ricardo, e TINELLI, Arthur Carlos (orgs.). *A controvérsia sobre distribuição de renda e desenvolvimento*. 2ª ed. Rio de Janeiro, Zahar, 1978. pp. 288-317.

LOPES, Juarez R. Brandão. *Do latifúndio à empresa*. São Paulo, Cebrap, 1976. caderno n. 26.

LOPES DA COSTA, Alfredo de Araújo. *Direito processual civil brasileiro*. v. 1. Rio de Janeiro, Konfino, 1946.
LÖWY, Michel. *Romantismo e messianismo*. São Paulo, Perspectiva, 1990.
LUDWIG, Celso. *A alternatividade jurídica na perspectiva da libertação: uma leitura a partir da filosofia de Enrique Dussel*. Dissertação (Mestrado em Direito). Faculdade de Direito, Universidade Federal do Paraná, 1993.
LUHMANN, Niklas. *Legitimação pelo procedimento*. Brasília, UnB, 1980.
_____. *Sociologia do direito*. v. 2. Rio de Janeiro, Tempo Brasileiro, 1985.
LUKÁCS, Georg. *História e consciência de classe*. 2ª ed. Rio de Janeiro, Elfos, 1989.
LUZ, Aramy Dornelles da. "O Código de Processo Civil e a ação cabível para cobrança dos títulos de crédito industrial". *RT* 542/29-32, dez. 1980.
LYRA FILHO, Roberto. "A nova filosofia jurídica". *Humanidades*, n. 11, Brasília, pp. 39-42, 1986/1987.
_____. *Para um direito sem dogmas*. Porto Alegre, Fabris, 1980.
_____. *Por que estudar direito, hoje?* Brasília, Nair, 1984.
LYRA TAVARES, Aurélio de. "A contra-revolução do Brasil", in CASTELLO BRANCO, Humberto de Alencar *et alii*. *A revolução de 31 de março*. Rio de Janeiro, Biblioteca do Exército, 1966. pp. 104-127.
_____. *O Brasil de minha geração*. v. 2. Rio de Janeiro, Biblioteca do Exército, 1977.
_____. *Segurança nacional*. 2ª ed. Rio de Janeiro, MEC, 1965.

MACHADO, Nílson José, "O brasileiro como cidadão". *Folha de S.Paulo*, 30.10.1998. p. 1-3.
MACHADO, Roberto. *Nietzsche e a verdade*. 2ª ed. Rio de Janeiro, Rocco, 1985.
MACHADO DE ASSIS. *O alienista*. 29ª ed. São Paulo, Ática, 1998.
_____. "Teoria do medalhão", in *Os melhores contos de Machado de Assis*. 3ª ed. São Paulo, Global, 1986. pp. 21-29.
MACHADO GUIMARÃES, Luiz. "Processo autoritário e regime liberal", in *Estudos de direito processual civil*. Rio de Janeiro, Editora Jurídica e Universitária, 1969. pp. 128-136.
MACKENZIE, Alec. *Armadilha do tempo*. São Paulo, Makron Books, 1991.
MACPHERSON, Crawford Brough. *Ascensão e queda da justiça econômica*. Rio de Janeiro, Paz e Terra, 1991.
MAFFESOLI, Michel. *A transfiguração do político: a tribalização do mundo*. Porto Alegre, Sulina, 1997.
_____. *Tempo das tribos: o declínio do individualismo nas socieddes de massa*. Rio de Janeiro, Forense Universitária, 1987.
MAGGIORE, Giuseppe. "Estetica del diritto", in SCIALOJA, Antonio (org.). *Scritti giuridici in onore di Francesco Carnelutti*. Padova, Cedam, 1950. v. 1, pp. 275-294.
MAGNOLI, Demétrio. *O que é geopolítica*. 3ª ed. São Paulo, Brasiliense, 1991.

MALAN, Pedro, e WELLS, John, "Distribuição de renda e desenvolvimento econômico no Brasil", in TOLIPAN, Ricardo, e TINELLI, Arthur Carlos (orgs.). *A controvérsia sobre distribuição de renda e desenvolvimento*. 2ª ed. Rio de Janeiro, Zahar, 1978. pp. 241-262.

MALÉIN, Nikolái. *La legislación civil y la defensa de los derechos personales en la URSS*. Moscou, Progreso, 1985.

MAMEDE, Gladston. "Gramática translingüística do processo". *Revista de Informação Legislativa*, n. 113, Brasília, pp. 447-460, jan./mar. 1992.

_____. *Semiologia e direito: tópicos para um debate referenciado pela animalidade e pela cultura*. Belo Horizonte, Editorial 786, 1995.

MANDRIOLI, Crisanto. "L'esecuzione specifica dell'ordine di reintegrazione nel posto di lavoro". *Rivista di Diritto Processuale*, v. 30, Padova, pp. 9-36, 1975.

MANFREDINI, Giuseppe. *Programma del corso di Diritto Giudiziario Civile*. v. 1. Padova, F. Sacchetto, 1884.

MARCATO, Antonio Carlos. *Procedimentos especiais*. 3ª ed. São Paulo, Ed. RT, 1990; 9ª ed., Malheiros Editores, 2001.

MARCUSE, Herbert. *Eros e civilização*. 3ª ed. Rio de Janeiro, Zahar, 1968.

_____. *Ideologia da sociedade industrial*. 3ª ed. Rio de Janeiro, Zahar, 1969.

_____. *O fim da utopia*. Rio de Janeiro, Paz e Terra, 1969.

_____. *Psicanálise e política*. 2ª ed. Lisboa, Moraes, 1980.

MARÍAS, Javier. "A ilegitimidade atual da Justiça". *Folha de S.Paulo*, 26.5.1996. p. 5-14.

MARICATO, Erminia. "Política urbana e de habitação social". *Praga*, n. 6, São Paulo, pp. 67-77, set. 1998.

MARINONI, Luiz Guilherme. *A antecipação da tutela*. 3ª ed. São Paulo, Malheiros Editores, 1997; 6ª ed., 2000.

_____. *Efetividade do processo e tutela de urgência*. Porto Alegre, Fabris, 1994.

_____. *A crise do processo civil clássico*. Palestra proferida na UFPR, em 7.5.1997.

_____. "A técnica da cognição e a construção de procedimentos adequados à tutela dos direitos", in *Efetividade do processo e tutela de urgência*. pp. 11-26.

_____. "A tutela antecipatória não é tutela cautelar", in *Efetividade do processo e tutela de urgência*. pp. 51-56.

_____. "A tutela cautelar do direito ao devido processo legal", in *Efetividade do processo e tutela de urgência*. pp. 71-76.

_____. "Efetividade do processo e tutela antecipatória", in *O processo civil contemporâneo*. Curitiba, Juruá, 1994. pp. 116-123.

_____. *Novas linhas do processo civil*. São Paulo, Ed. RT, 1993; 4ª ed., Malheiros Editores, 2000.

_____. "O direito à adequada tutela jurisdicional". *RT* 663/243-247, jan. 1991.

_____. "Observações a partir de uma visão da ideologia no processo civil". *Revista Jurídica*, n. 7, Curitiba, pp. 135-138, 1993.

_____. *Tutela antecipatória, julgamento antecipado e execução imediata da sentença*. 2ª ed. São Paulo, Ed. RT, 1998.

_____. *Tutela cautelar e tutela antecipatória*. São Paulo, Ed. RT, 1992.

_____. *Tutela inibitória*. São Paulo, Ed. RT, 1998.

_____. "Tutelas diferenciadas e realidade social", in RODRIGUES, Horácio Wanderlei (org.). *Lições alternativas de direito processual*. São Paulo, Acadêmica, 1995. pp. 132-143.

_____. "Tutelas diferenciadas e realidade social", in *Efetividade do processo e tutela de urgência*. Porto Alegre, Fabris, 1994. pp. 1-10.

MARINS, Victor A. Bomfim. "Da inconstitucionalidade do parágrafo 1º do art. 4º da Lei 5.741, de 1.12.1971". *JB*, n. 124, Curitiba, pp. 17-21, 1987.

MARQUES, José Frederico. *Ensaio sobre a jurisdição voluntária*. 2ª ed. São Paulo, Saraiva, 1959.

_____. *Instituições de direito processual civil*. v. 2. Rio de Janeiro, Forense, 1958.

MARQUES, Nilson. *Direito agrário*. 2ª ed. São Paulo, Pró-Livro, 1978.

_____. *O elemento social da posse*. São Paulo, Leud, 1983.

MARQUES REBELO. *O Trapicheiro*. 2ª ed. Rio de Janeiro, Nova Fronteira, 1984.

MARTINETTO, Giuseppe. "Contraddittorio (principio del)", in *Novissimo Digesto Italiano*. Torino, Utet, 1959. v. 4, pp. 458-461.

MARTINS, André Saboia. *Proteção jurídica e/ou rebelião? Justiça, lei e força frente ao direito à moradia no Brasil*. Comunicação apresentada no Projeto Apoio Jurídico Popular, Curitiba, 18 out. 1995.

MARTINS, Carlos Estevam. *Tecnocracia e capitalismo*. São Paulo, Brasiliense, 1974.

MARTINS, Fran. *Títulos de crédito*. v. 2. Rio de Janeiro, Forense, 1980.

MARTINS, Pedro Batista. *Comentários ao Código de Processo Civil*. v. 1. Rio de Janeiro, Forense, 1940.

MARTINS, Soveral. *Processo e direito processual*. v. 1. Coimbra, Centelha, 1985.

MARTONE, Celso L. "Análise do Plano de Ação Econômica do Governo", in LAFER, Betty Mindlin (org.). *Planejamento no Brasil*. São Paulo, Perspectiva, 1970. pp. 69-89.

MARX, Karl, "Crítica ao Programa de Gotha", in *Obras escolhidas*. v. 2, pp. 203-234.

_____. *Crítica da filosofia do direito de Hegel*. 2ª ed. Lisboa, Presença, 1983.

_____. *Miséria da filosofia*. Porto, Escorpião, 1976.

_____. "Prefácio" à "Contribuição à crítica da economia política", *Obras escolhidas*. v. 1, pp. 300-303.

_____, e ENGELS, Friedrich. *Obras escolhidas*. São Paulo, Alfa-Omega, s/d.

_____, e _____. *A ideologia alemã: Feuerbach*. São Paulo, Grijalbo, 1977.

MATOS, Olgária. *Os arcanos do inteiramente outro*. 2ª ed. São Paulo, Brasiliense, 1995.

MATTIROLO, Luigi. *Istituzioni di diritto giudiziario civile italiano*. Torino, F. Bocca, 1888.

_____. *Trattato di diritto giudiziario civile italiano*. v. 2. 5ª ed. Torino, F. Bocca, 1902.

MAZZARELLA, Ferdinando. "Proposte alternative per un discorso sulla scienza del diritto e del processo". *Rivista di Diritto Processuale*, v. 32, n. 4, Padova, pp. 635-662, 1977.

_____. "Sul contraddittorio nel processo esecutivo". *Rivista di Diritto Civile*, v. 25, n. 5, Padova, pp. 623-645, 1979.

McNAMARA, Robert. *A essência da segurança*. São Paulo, Ibrasa, 1968.

MÉDICI, Emílio Garrastazu. *A compreensão do povo*. Brasília, Imprensa Nacional, 1974.

_____. *A verdadeira paz*. Brasília, Imprensa Nacional, 1971.

_____. "Mensagem presidencial de 1970 ao Congresso Nacional", in CÂMARA DOS DEPUTADOS. *Mensagens presidenciais*. Brasília, Centro de Documentação e Informação, 1979. pp. 125-128.

_____. "Mensagem presidencial de 1972 ao Congresso Nacional", in CÂMARA DOS DEPUTADOS. *Mensagens presidenciais*. Brasília, Centro de Documentação e Informação, 1979. pp. 135-138.

_____. *Nova consciência de Brasil*. Brasília, Imprensa Nacional, 1970.

_____. *O jogo da verdade*. 2ª ed. Brasília, Imprensa Nacional, 1970.

_____. *O sinal do amanhã*. 2ª ed. Brasília, Imprensa Nacional, 1973.

_____. *Os anônimos construtores*. Brasília, Imprensa Nacional, 1973.

_____. *Os vínculos da fraternidade*. Brasília, Imprensa Nacional, 1973.

MEGGIOLARO, Amelia Maria *et alii*. *Baixa renda: um problema habitacional em Petrópolis*. Rio de Janeiro, Cátedra, 1980.

MEIRA MATTOS, Carlos de. "7 anos de Revolução: nossa viabilidade para grande potência". *Revista do Clube Militar*, n. 183, Rio de Janeiro, pp. 3-6, mar. 1971.

_____. *A geopolítica e as projeções do poder*. Rio de Janeiro, Biblioteca do Exército, 1977.

_____. "Doutrina política revolucionária Brasil-potência". *Revista do Clube Militar*, n. 174, Rio de Janeiro, pp. 16-18, abr. 1970.

MELIS, Guido, "L'amministrazione", in ROMANELLI, Raffaele (org.). *Storia dello Stato italiano*. Roma, Donzelli, 1995. pp. 187-251.

MELO, Hygina Bruzzi de. *A cultura do simulacro*. São Paulo, Loyola, 1988.

MENDES, Cândido. "O Congresso brasileiro pós-64: um Legislativo para a tecnocracia?", in *O Legislativo e a tecnocracia*. Rio de Janeiro, Imago, 1975. pp. 123-156.

MENDONÇA, Fernando. "Cédula de produto rural", in TUBENCHLAK, James (org.). *Doutrina*. Rio de Janeiro, ID, 1996. v. 1, pp. 96-104.

MENEZES CORDEIRO, António Manuel da Rocha e. *Da boa fé no direito civil*. v. 1. Coimbra, Almedina, 1984.

MENGER, Anton. *El dereho civil y los pobres*. Buenos Aires, Atalaya, 1947.

MENGONI, Luigi. "Ancora sul metodo giuridico". *Rivista Trimestrale di Diritto e Procedura Civile*, v. 38, n. 2, Milano, pp. 321-341, 1984.

MEZAN, Renato. *Freud, pensador da cultura*. 3ª ed. São Paulo, Brasiliense, 1985.

MEZEY, Michael. "O poder decisório do Legislativo nos sistemas políticos em desenvolvimento", in MENDES, Cândido (org.). *O Legislativo e a tecnocracia*. Rio de Janeiro, Imago, 1975. pp. 43-81.

MIAILLE, Michel. *Introdução crítica ao direito*. Lisboa, Estampa, 1989.

MICHALUAT, José Antonio. "Propriedade fiduciária e o papel dos registros". *Revista do SFI*, n. 6, São Paulo, pp. 7-8, 1998.

MICHELI, Gian Antonio. *Corso di diritto processuale civile*. v. 1. Milano, Giuffrè, 1959.

_____. *L'onere della prova*. Padova, Cedam, 1966.

MILLAR, Robert Wyness. *Los principios formativos del procedimiento civil*. Buenos Aires, Ediar, 1959.

MILLER, Cristóvão Colombo dos Reis. "Execução extrajudicial". *RT* 532/47-53, fev. 1980.

MIRANDA, José Carlos. "Política industrial", in II JORNADA UNIVERSITÁRIA PARANAENSE DE ECONOMIA BRASILEIRA. *O modelo brasileiro de desenvolvimento*. Curitiba, UFPR, 1980. pp. 11-15.

MIRANDA ROSA, F. A. de. *Justiça e autoritarismo*. Rio de Janeiro, Zahar, 1985.

_____. *Patologia social*. 2ª ed. Rio de Janeiro, Zahar, 1973.

_____. *Sociologia do direito*. 9ª ed. Rio de Janeiro, Zahar, 1992.

MOCCIA, Luigi. "L'esperienze inglese della partecipazione dei laici all'amministrazione della giustizia". *Rivista di Diritto Processuale*, v. 33, n. 4, Padova, pp. 741-764, 1978.

MODESTO, Paulo. *Reforma administrativa e marco legal das organizações sociais no Brasil*. Texto apresentado no II Congresso Interamericano sobre a Reforma do Estado e da Administração Pública – CLAD, out. 1997.

MOLINARI, Carlo. "Un'esperienza fallita". *Rivista di Diritto Processuale*, v. 1, n. 1, Padova, pp. 165-181, 1946.

MONTAÑO, Salvador M. Dana. "La importancia de la participación política". *Revista Jurídica*, v. 24, San Miguel de Tucumán (Argentina), pp. 115-118, 1973.

MONTEIRO, João. *Programma do curso de processo civil*. v. 1. 2ª ed. São Paulo, Duprat & Comp., 1905.

MONTEIRO, José A. *Qualidade total no serviço público*. 2ª ed. Brasília, QA&T, 1991.

MONTESANO, Luigi. "'Culto della personalità', 'prodotti organici' e 'pappagalli lusingatori' di Chiovenda in un libro recente". *Rivista di Diritto Processuale*, v. 47, n. 1, Padova, pp. 284-295, 1992.

_____. "Luci ed ombre in leggi e proposte di 'tutele differenziate' nei processi civili". *Rivista di Diritto Processuale*, v. 34, n. 4, Padova, pp. 592-603, 1979.

_____. "Questioni attuali su formalismo, antiformalismo e garantismo". *Rivista Trimestrale di Diritto e Procedura Civile*, v. 44, n. 1, Milano, pp. 1-14, 1990.

MONTESQUIEU, Charles-Louis de Secondat, barão de La Brède e. *Do espírito das leis*. São Paulo, Abril Cultural, 1973.

MORAIS, José Luis Bolzan de. *A subjetividade do tempo*. Porto Alegre, Livraria do Advogado, 1998.

MOREIRA, Sandra. *Habitação e participação popular*. Monografia (Graduação em Ciências Sociais). Universidade Federal do Paraná, 1989.

MOREIRA, Vital. *A ordem jurídica do capitalismo*. Lisboa, Caminho, 1987.

MOREIRA ALVES, José Carlos. *Da alienação fiduciária em garantia*. 2ª ed. Rio de Janeiro, Forense, 1979.

MOREIRA ALVES, Maria Helena. *Estado e oposição no Brasil*. Petrópolis, Vozes, 1984.

MOREIRA DE PAULA, Jônatas Luiz. *Uma crítica à jurisdição civil brasileira*. Tese (Doutorado em Direito das Relações Sociais). Setor de Ciências Jurídicas da Universidade Federal do Paraná, 1998.

MORICONI, Italo. *A provocação pós-moderna*. Rio de Janeiro, Diadorim, 1994.

MORO, Sérgio Fernando. *Legislação suspeita?: Afastamento da presunção de constitucionalidade da lei*. Curitiba, Juruá, 1998.

MORTARA, Lodovico. *Commentario del Codice e delle Leggi di procedura civile*. v. 1. 5ª ed. Milano, F. Vallardi, 1923.

MOTTI, Giuseppe. "Contraddittorio (diritto processuale civile)", in *Enciclopedia Forense*. Milano, F. Vallardi, 1958. v. 2, pp. 569-571.

MOURA, Alexandrina Sobreira de. *Terra de mangue*. Recife, Massangana, 1990.

MOURÃO FILHO, Olympio. *Memórias*. 2ª ed. Porto Alegre, L&PM, 1978.

MUNHOZ NETO, Alcides. "O Estado de direito e a segurança nacional", in ORDEM DOS ADVOGADOS DO BRASIL. *VII Conferência Nacional da Ordem dos Advogados do Brasil*. Curitiba, OAB, 1978. pp. 291-312.

MUNIZ, Jaqueline. *Violência e política no Rio de Janeiro*. Rio de Janeiro, Relume Dumará, 1996.

MUSSE, Ricardo. "A metafísica de Lukács". *Jornal de Resenhas*, São Paulo, 12.9.1998. pp. 10.

NAPPI, Giuseppe e Giambattista. *Commentario al Codice di Procedura Civile*. v. 1, t. 2; v. 2, t. 1. Milano, Società Editrice Libraria, 1941/1942.

NASCIMENTO SILVA, Luiz Gonzaga. "A política habitacional e o processo de desenvolvimento econômico do Brasil", in ORDEM DOS ADVOGADOS DO BRASIL. *IV Conferência Nacional da Ordem dos Advogados do Brasil*. São Paulo, OAB, 1970. pp. 241-249.

NASI, Antonio. "Contraddittorio (principio del)", in *Enciclopedia del Diritto*. Milano, Giuffrè, 1961. v. 9, pp. 720-728.

NATALI, João Batista. "Brasil é o país mais desigual da AL, diz BID". *Folha de S.Paulo*, 14.11.1998. p. 1-10.

_____. "Sanções reforçam os efeitos da ineficiência socialista". *Folha de S.Paulo*, 20.3.1998. p. 1-20.
NEDER, Gizlene. *Discurso jurídico e ordem burguesa no Brasil*. Porto Alegre, Fabris, 1995.
NEGRI, Antonio. "Estados chegam à era do Império". *Folha de S.Paulo*, 20.10.1997. p. 5-3.
NERY JR., Nelson. *Recursos no processo civil*. 4ª ed. São Paulo, Ed. RT, 1997.
_____, e NERY, Rosa Maria Andrade. *Código de processo civil comentado*. 3ª ed. São Paulo, Ed. RT, 1997.
NIETZSCHE, Friedrich. *A genealogia da moral*. Rio de Janeiro, Tecnoprint, s/d.
NIGRO, Mario. "Il nodo della partecipazione". *Rivista Trimestrale di Diritto e Procedura Civile*, v. 34, n. 1, Milano, pp. 225-236, 1980.
NOBILI, Massimo. "Modernità di un antico sistema giudiziario". *Rivista Trimestrale di Diritto e Procedura Civile*, v. 34, n. 3, Milano, pp. 1.065-1.071, 1980.
NOBREGA, Airton Rocha. "O princípio constitucional de eficiência". *Gazeta do Povo*, Curitiba, 21.9.1998. p. 14.
NORONHA, Carlos Silveira. "Apontamentos históricos da tutela diferenciada", in CRUZ E TUCCI, José Rogério (org.). *Processo civil: evolução e 20 anos de vigência*. São Paulo, Saraiva, 1995. pp. 57-75.
NUNES, Marcos Alonso. *Agências executivas: estratégias de reforma administrativa*. Brasília, MARE/ENAP, 1997.

OFFE, Claus. *Capitalismo desorganizado*. 2ª ed. São Paulo, Brasiliense, 1994.
_____. "Dominação política e estruturas de classes", in VOGT, Winfried *et alii*. *Estado e capitalismo*. Rio de Janeiro, Tempo Brasileiro, 1980. pp. 107-139.
_____. *Problemas estruturais do Estado capitalista*. Rio de Janeiro, Tempo Brasileiro, 1984.
OLIVEIRA, Carlos Alberto Alvaro de. "A garantia do contraditório". *Revista de Direito Processual Civil Genesis*, n. 10, Curitiba, pp. 667-680, out./dez. 1998.
_____. *Do formalismo no processo civil*. São Paulo, Saraiva, 1997.
_____. "Perfil dogmático da tutela de urgência". *Revista de Direito Processual Civil Genesis*, n. 5, Curitiba, pp. 324-343, maio/ago. 1997.
_____. "Procedimento e ideologia no direito brasileiro atual". *Ajuris*, n. 33, Porto Alegre, pp. 79-85, mar./1985.
OLIVEIRA, Dennisson de. *A ação dos agentes do Estado na experiência de Planejamento de Curitiba*. Palestra proferida no Curso de Direitos Urbanos e Assessoria Jurídica Popular, Projeto Xapinhal, Curitiba, 30.8.1993.
OLIVEIRA, Flávio Luís de. "A antecipação da tutela na ação de investigação de paternidade cumulada com alimentos". *Revista de Direito Processual Civil Genesis*, n. 4, Curitiba, pp. 184-193, jan./abr. 1997.
_____. "As tutelas diferenciadas e o sistema de produção capitalista". *Revista da Faculdade de Direito*, n. 29, Curitiba, pp. 175-188, 1986.

OLIVEIRA, José Lopes de. "BNH quer facilitar mais o acesso à casa própria". Entrevista a Rui Rocha. *Revista Abecip*, n. 25, Rio de Janeiro, pp. 7-10, jun./1982.

OLIVEIRA, Malu, e AGILSON, Pedro. "Aqui vacilou, dançou". *IstoÉ*, São Paulo, 31.8.1994. pp. 76-81.

OLIVEIRA, Marcelo Andrade Cattoni de. *Tutela jurisdicional e Estado democrático de direito*. Belo Horizonte, Del Rey, 1998.

OLIVEIRA, Naia. *Vazios urbanos em Porto Alegre: uso capitalista do solo e implicações sociais*. Porto Alegre, FEE, 1989.

OLIVEIRA, Rildo Marques de. "Cortiços: a solução de uma solução", in PALUMBO, Adriana Poci, PEREIRA, Marcia Accorsi, e BALTRUSIS, Nelson (orgs.). *Direito à moradia: uma contribuição para o debate*. São Paulo, Paulinas, 1992. pp. 76-86.

OLIVEIRA NETO, Pedro Cecílio. *Alienação fiduciária em garantia*. São Paulo, Leud, 1975.

ONDEI, Emilio. "Liberalismo o autoritarismo processuale?", *Rivista di Diritto Processuale*, v. 7, n. 1, Padova, pp. 178-187, 1952.

OPTIZ, Oswaldo, e OPITZ, Silvia C. B. *Alienação fiduciária em garantia*. 2ª ed. Rio de Janeiro, Borsoi, 1971.

ORTEGA, Manuel Segura. "La racionalidad del derecho: sistema y decisión". *Boletim da Faculdade de Direito*, v. 71, Coimbra, pp. 145-164.

ORWELL, George. *1984*. 15ª ed. São Paulo, Cia. Editora Nacional, 1982.

OURÉM, José Carlos de Almeida Areias, barão e visconde de. *Notas sobre a organização judiciária e código civil*. s/l., autógrafo, 1864.

PACKENHAM, Robert A. "Como o Legislativo ajuda ou não o desenvolvimento", in MENDES, Cândido (org.). *O Legislativo e a tecnocracia*. Rio de Janeiro, Imago, 1975. pp. 235-247.

PALEWSKI, Jean-Paul. *A organização científica do trabalho*. São Paulo, Difel, 1971.

PASUKANIS, Eugeny Bronislanovich. "La teoria generale del diritto e il marxismo", in CERRONI, Umberto (org.). *Teorie sovietiche del diritto*. Milano, Giuffrè, 1964. pp. 75-238.

PAULA BATISTA, Francisco de. *Compendio de theoria e pratica de processo civil comparado com o commercial*. 3ª ed. Recife, Livraria Academica, 1872.

PAULANI, Leda Maria. "A fraqueza da social-democracia". *Folha de S.Paulo*, 8.12.1996. p. 5-3.

PEDROSO, Luís Renato. "Constitucionalidade das execuções extrajudiciais no Sistema Financeiro da Habitação". *RT* 457/19-27, nov./1973.

PENTEADO, Mauro Rodrigues. "Títulos de crédito no projeto de Código Civil". *Revista de Direito Mercantil*, n. 100, pp. 24-48, out./dez. 1995.

PEREIRA, Lutero de Paiva. *Crédito rural interpretado pelos tribunais*. Curitiba, Juruá, 1993.

_____. *Financiamento e cédula de crédito rural*. Curitiba, Juruá, 1990.

PEREIRA, Odon *et alii.* "O direito à habitação". *Folhetim*, n. 202, São Paulo, 30.11.1980, pp. 8-11.
PERELMAN, Chaïm, e OLDEBRECHTS-TYTECA, Lucie. *Tratado da argumentação.* São Paulo, Martins Fontes, 1996.
PERLINGIERI, Pietro. "Norme costituzionali e rapporti di diritto civile", in *Scuole tendenze e metodi.* Napoli, ESI, 1989. pp. 108-134.
PERUZZO, Dilvo. *Habitação: controle e espoliação.* São Paulo, Cortez, 1984.
PESSOA, Álvaro. "O uso do solo em conflito – a visão institucional", in FALCÃO, Joaquim de Arruda (org.). *Conflitos de direito de propriedade.* Rio de Janeiro, Forense, 1984. pp. 185-216.
PESSOA, Mário. *O direito da segurança nacional.* Rio de Janeiro, Biblioteca do Exército, 1971.
PICARDI, Nicola. "I processi speciali". *Rivista di Diritto Processuale,* v. 37, n. 4, Padova, pp. 700-764, 1982.
_____. "Il giudice di pace in Italia alla ricerca di un modello". *Rivista di Diritto Processuale,* v. 48, n. 3, Padova, pp. 656-694, 1993.
PICÓ I JUNOY, Joan. *Las garantías constitucionales del proceso.* Barcelona, Bosch, 1997.
PIGLIA, Ricardo. *Respiração artificial.* São Paulo, Iluminuras, 1987.
PIMENTEL, Wellington Moreira. *Comentários ao Código de Processo Civil.* v. 3. São Paulo, Ed. RT, 1979.
PINHEIRO MACHADO, Luiz Carlos. "Crédito rural e progresso técnico", in CÂMARA DOS DEPUTADOS (Brasil). *Anais do Simpósio sobre o crédito rural e a Nova República.* Brasília, Coordenação de Publicações, 1986. pp. 53-67.
PINHEIRO, José Ernanne *et alii* (orgs.). *Ética, justiça e direito.* Petrópolis, Vozes, 1996.
PINSKY, Jaime. *Escravidão do Brasil.* 3ª ed. São Paulo, Global, 1984.
PINTO, Luís Costa. "Lentidão preocupa ministro". *Folha de S.Paulo,* 3.11.1997. p. 1-10.
PIQUET CARNEIRO, João Geraldo. *O novo modelo de órgão regulador.* Brasília, mimeo., 1996.
PIQUET, Rosélia. "Descaminhos da moderna industrialização brasileira", in *Brasil: território da desigualdade.* Rio de Janeiro, Zahar, 1991. pp. 33-43.
_____, e RIBEIRO, Ana Clara Torres (orgs.). *Brasil: território da desigualdade.* Rio de Janeiro, Zahar, 1991.
PIRES, Érico Barone. "Execução das hipotecas vinculadas ao Sistema Financeiro da Habitação – necessidade da avaliação". *Ajuris,* n. 19, Porto Alegre, pp. 34-36, jul./1980.
PIRES, Sady Dornelles. "Cédula de crédito rural". *RT* 606/35-47, abr./1986.
PIZZORUSSO, Alessandro. "Giudice onorario e giudice monocratico". *Rivista di Diritto Processuale,* v. 32, n. 2, Padova, pp. 257-269, 1977.
_____. "Partecipazione popolare e funzione giurisdizionale", in GRINO-

VER, Ada Pellegrini, DINAMARCO, Cândido Rangel, e WATANABE, Kazuo (orgs.). *Participação e processo*. São Paulo, Ed. RT, 1988. pp. 24-36.

POE, Edgar Allan. "O gato preto", in *Contos*. São Paulo, Ed. Três, 1974. pp. 172-182.

PONTES, Marcelo. "A devassa que não foi feita". *Jornal do Brasil*, Rio de Janeiro, 28.11.1993. p. 2.

PONTES DE MIRANDA, Francisco Cavalcanti. *Comentários à Constituição de 1967 com a Emenda n. 1, de 1969*. 2ª ed. t. 6. São Paulo, Ed. RT, 1972.

_____. *Comentários ao Código de Processo Civil*. t. 3, 9, 10 e 13. Rio de Janeiro, Forense, 1974/1976/1976/1977.

_____. "Habeas corpus", in ORDEM DOS ADVOGADOS DO BRASIL. *VII Conferência da Ordem dos Advogados do Brasil*. Curitiba, OAB, 1978. pp. 279-289.

_____. *Tratado das ações*. t. 6 e 7. São Paulo, Ed. RT, 1976/1978.

_____. *Tratado de direito privado*. v. 1. Rio de Janeiro, Borsoi, 1954.

PORTANOVA, Rui. *Motivações ideológicas da sentença*. Porto Alegre, Livraria do Advogado, 1992.

_____. "Princípio igualizador", in RODRIGUES, Horácio Wanderley (org.). *Lições alternativas de direito processual*. São Paulo, Acadêmica, 1995. pp. 198-211.

_____. *Princípios do processo civil*. Porto Alegre, Livraria do Advogado, 1995.

PORTO ROSA, Antonio Jurandy. *Os Sem-Terra e a função social da propriedade*. Comunicação apresentada no Seminário A Proteção Jurídica do Povo da Terra, São Paulo, 15 a 17.12.1995.

PORTO, Sérgio Gilberto. "Recursos, reforma e ideologia". *Revista de Direito Processual Civil Genesis*, n. 2, Curitiba, pp. 395-402, maio/ago. 1996.

POUTCHINSKI, V. K. "Princípios de processo civil da URSS e das Repúblicas federadas", in TEREBILOV, V. e TADEVOSIÁN, V. *Princípios de processo civil da URSS e das Repúblicas federadas*. Coimbra, Centelha, 1978. pp. 23-61.

PRADO JR., Caio. "'Post scriptum' em 1976", in *História econômica do Brasil*. 30ª ed. São Paulo, Brasiliense, 1984. pp. 343-356.

_____. *A revolução brasileira*. 6ª ed. São Paulo, Brasiliense, 1978.

_____. *Dialética do conhecimento*. t. 2. 5ª ed. São Paulo, Brasiliense, 1969.

_____. *História e desenvolvimento*. 3ª ed. São Paulo, Brasiliense, 1989.

PRATA, Edson. *História do processo civil e sua projeção no direito moderno*. Rio de Janeiro, Forense, 1987.

PRESSBURGER, T. Miguel. "A burguesia suporta a ilegalidade?", in VIEIRA-GALLO, José Antonio. *O sistema jurídico e o socialismo*. Rio de Janeiro, Iajup, 1989. pp. 4-15.

_____. *Direitos e demandas coletivas*. Comunicação apresentada ao II Simpósio de Teoria Jurídica e Práticas Sociais, Rio de Janeiro, 1989.

_____. *O direito como instrumento de mudança social*. Comunicação apre-

sentada ao Laboratório de Estudos Jurídicos e Sociais do Centro de Ciências Jurídicas e Econômicas da UFRJ, Rio de Janeiro.
PRODI, Romano. "É hora de mudar". Entrevista a Laurentino Gomes. *Veja*, São Paulo, 4.3.1998, pp. 9-13.
PROTO PISANI, Andrea. *Appunti sulla giustizia civile*. Bari, Cacucci, 1982.
_____. *Lezioni di diritto processuale civile*. 2ª ed. Napoli, Jovene, 1996.
PRZEWORSKI, Adam. *Capitalismo e social-democracia*. São Paulo, Companhia das Letras, 1989.
_____. *Estado e Economia no Capitalismo*. Rio de Janeiro, Relume Dumará, 1995.
PUGGINA, Márcio Oliveira. "Deontologia, magistratura e alienação". *Ajuris*, n. 59, Porto Alegre, pp. 169-198, 1993.

QUEIROZ, Maria Isaura Pereira de. "Dialética do rural e do urbano", in BLAY, Eva Alterman (org.). *A luta pelo espaço*. Petrópolis, Vozes, 1978. pp. 21-73.

RABELLO, José Geraldo de Jacobina. "Alienação fiduciária em garantia". *RT* 693/77-92, jul./1993.
RADBRUCH, Gustav. *El espirítu del derecho inglés*. Madrid, Revista de Occidente, 1958.
RAFFESTIN, Claude. *Por uma geografia do poder*. São Paulo, Ática, 1993.
RAMALHETE, Clóvis. "Problemas da urbanização da sociedade brasileira", in ORDEM DOS ADVOGADOS DO BRASIL. *Anais da V Conferência Nacional da Ordem dos Advogados do Brasil*. Rio de Janeiro, OAB, 1974. pp. 227-254.
RAMOS, Elival da Silva. "O direito de ação como direito político", in GRINOVER, Ada Pellegrini, DINAMARCO, Cândido Rangel, e WATANABE, Kazuo (orgs.). *Participação e processo*. São Paulo, Ed. RT, 1988. pp. 150-165.
RAMOS FILHO, Wilson. *Pluralismo jurisdicional*. Dissertação (Mestrado em Direito). Setor de Ciências Jurídicas e Sociais, Universidade Federal do Paraná, 1996.
RANIS, Gustav. "Growth and distribution: trade-offs or complements?", in LOEHR, William, e POWELSON, John P. (orgs.). *Economic Development, Poverty, and Income Distribution*. Boulder, Colorado, Wetview, 1977. pp. 41-59.
RANNEY, Austin. "A vulnerabilidade dos legislativos e seu significado para o desenvolvimento político", in MENDES, Cândido (org.). *O Legislativo e a tecnocracia*. Rio de Janeiro, Imago, 1975. pp. 101-122.
RATTNER, Henrique. *Industrialização e concentração econômica em São Paulo*. Rio de Janeiro, FGV, 1972.
REALE, Miguel. *A revolução e a democracia*. 2ª ed. São Paulo, Convívio, 1977.
_____. *Política de ontem e de hoje*. São Paulo, Saraiva, 1978.
_____. "Revolução e normalidade constitucional", in CASTELLO BRANCO, Humberto de Alencar *et alii*. *A revolução de 31 de março*. Rio de Janeiro, Biblioteca do Exército, 1966. pp. 280-297.
REALE JR., Miguel. "Estado de Direito e tecnocracia", in ORDEM DOS ADVO-

GADOS DO BRASIL. *VII Conferência Nacional da Ordem dos Advogados do Brasil.* Curitiba, OAB, 1978. pp. 503-517.

_____. "Liberdade e segurança nacional", in ORDEM DOS ADVOGADOS DO BRASIL. *VIII Conferência Nacional da Ordem dos Advogados do Brasil.* Manaus, OAB, 1980. pp. 291-304.

REDENTI, Enrico. "Atti processuali civili", in *Scritti e discorsi giuridici di un mezzo secolo.* Milano, Giuffrè, 1962. v. 1, pp. 423-490.

REICH, Wilhelm. *Psicologia de massa do fascismo.* Porto, Escorpião, 1974.

REIS, Alberto dos. *Codigo de Processo Civil anotado.* v. 2. 3ª ed. Coimbra, Coimbra Ed., 1949.

_____. *Processos especiais.* v. 1 Coimbra, Coimbra Ed., 1982.

RENNER, Karl. *The Institutions of Private Law.* London, Routledge, 1949.

REQUIÃO, Rubens. *Curso de direito comercial.* 6ª ed. São Paulo, Saraiva, 1976.

RESTIFFE NETO, Paulo. *Garantia fiduciária.* São Paulo, Ed. RT, 1975.

REZENDE, Vera. *Planejamento urbano e ideologia.* Rio de Janeiro, Civilização Brasileira, 1982.

RIBEIRO, Haroldo. *5S: a base da qualidade total.* 8ª ed. Salvador, Casa da Qualidade, 1994.

RIBEIRO, Ivan. "Agricultura, agonia da modernização". *Novos Estudos Cebrap,* v. 2, n. 3, São Paulo, pp. 54-63, nov./1983.

_____. "Política agrícola", in II JORNADA UNIVERSITÁRIA PARANAENSE DA ECONOMIA BRASILEIRA. *O modelo brasileiro de desenvolvimento.* Curitiba, UFPR, 1980. pp. 4-10.

RIBEIRO, Vera Lúcia Santos. "O processo de tramitação do Estatuto da Cidade", in INSTITUTO PARANAENSE DE DESENVOLVIMENTO ECONÔMICO E SOCIAL. *Seminário Estatuto da Cidade: o compromisso com o espaço urbanizado.* Curitiba, Ipardes, 1993. pp. 15-24.

RICCI, Edoardo. "Garanzie costituzionali del processo nel diritto francese". *Rivista di Diritto Processuale,* v. 23, Padova, pp. 232-257, 1968.

_____. "Piero Calamandrei e la dottrina processualcivilistica del suo tempo". *Rivista di Diritto Processuale,* v. 42, n. 4, Padova, pp. 805-827, 1987.

RICCIARDI, Mario. "Sulla rilevanza della teoria degli atti linguistici per i giuristi". *Rivista Trimestrale di Diritto e Procedura Civile,* v. 51, n. 1, Milano, pp. 227-236, 1997.

RICOEUR, Paul. *Interpretação e ideologias.* Rio de Janeiro, Francisco Alves, 1977.

RICUPERO, Rubens. "Injustiça ou desordem?", *Folha de S.Paulo,* 11.4.1998. p. 2-2.

_____. "Os pobres entre nós. *Folha de S.Paulo,* 24.10.1998. p. 2-2.

RIGANO, Francesco. "Partecipazione popolare e giustizia penale nella Resistenza". *Rivista Trimestrale di Diritto e Procedura Civile,* v. 34, n. 2, Milano, pp. 594-614, 1980.

RIPERT, Georges. *Aspectos jurídicos do capitalismo moderno.* Rio de Janeiro, Borsoi, s/d.

ROCCO, Ugo. *Trattato di diritto processuale civile*. v. 2; v. 5; v. 6, t. 1; v. 6, t. 2. Torino, Utet, 1957/1960/1962/1964.

ROCHA, Fernando Antônio Nogueira Galvão da. "Reintegração de posse, ocupações coletivas e Ministério Público", in *XI Congresso Nacional do Ministério Público*, livro de teses. Goiânia, Cerne, 1996. v. 2, pp. 607-620.

ROCHA, José de Albuquerque. *Estudos sobre o Poder Judiciário*. São Paulo, Malheiros Editores, 1995.

_____. "Lei de arbitragem: reflexões críticas". *Revista de Direito Processual Civil Genesis*, n. 7, Curitiba, pp. 23-34, jan./mar. 1998.

_____. *Teoria geral do processo*. 2ª ed. São Paulo, Saraiva, 1991; 5ª ed., Malheiros Editores, 2001.

ROCHA, Leonel Severo. "Os senhores da lei", in *Epistemologia jurídica e democracia*. São Leopoldo, Unisinos, 1998. pp. 101-127.

RODOTÀ, Stefano. "Le libertà e i diritti", in ROMANELLI, Raffaele (org.). *Storia dello Stato Italiano*. Roma, Donzelli, 1995. pp. 301-363.

RODRIGUES, Domingos Pereira, e CONFORTO, Paulo. "Ocupar não é invadir", in PALUMBO, Adriana Poci, PEREIRA, Marcia Accorsi, e BALTRUSIS, Nelson (orgs.). *Direito à moradia*, uma contribuição para o debate. São Paulo, Paulinas, 1992. pp. 87-92.

RODRIGUES, Horácio Wanderlei. *Ensino jurídico: saber e poder*. São Paulo, Acadêmica, 1988.

RODRIGUES, Nelson. *A cabra vadia: novas confissões*. São Paulo, Companhia das Letras, 1995.

_____. "Valsa n. 6", in *Teatro completo*. Rio de Janeiro, Nova Aguilar, 1993. pp. 395-430.

ROGOZINSKI, Jacob. "Desconstruir a Lei?", *Kriterion*, v. 34, n. 87, Belo Horizonte, pp. 70-94, jan./jul. 1993.

ROMANO, Bruno. *Discorso e diritto*. Roma, Bulzoni, 1993.

_____. "Funzioni e senso del diritto nel moderno". *Rivista Internazionale di Filosofia del Diritto*, n. 73, Milano, pp. 512-525, jul./set. 1996.

_____. "Relazione e diritto nel postmoderno". *Rivista Internazionale di Filosofia del Diritto*, n. 71, Milano, pp. 735-747, 1988.

ROMERO MONTES, Francisco Javier. "Expectativas y desilusiones del nuevo Codigo Procesal Civil". *Vox Juris*, v. 5, Lima, pp. 339-360, 1995.

ROPOHL, Günter. "Avaliação da discussão alemã sobre a tecnocracia", in DREITZEL, Hans-Peter *et alii*. *Tecnocracia e ideologia*. Rio de Janeiro, Tempo Brasileiro, 1975. pp. 48-69.

ROSENN, Keith S. *O jeito na cultura jurídica brasileira*. Rio de Janeiro, Renovar, 1998.

ROTHERY, Brian. *ISO 9000*. São Paulo, Makron Books, 1993.

ROUANET, Sérgio Paulo. *As razões do Iluminismo*. São Paulo, Companhia das Letras, 1987.

_____. "Do moderno ao pós-moderno". *Tempo Brasileiro*, n. 84, Rio de Janeiro, pp. 86-98, jan./mar. 1986.

_____. "O desejo libertino entre o Iluminismo e o Contra-Iluminismo", in NOVAES, Adauto (org.). *O desejo*. São Paulo, Companhia das Letras, 1990. pp. 167-196.

RUEDA, Juan Carlos Carrasco. *Habitação de interesse social no Rio de Janeiro: causas do déficit habitacional para os setores de baixa renda*. Monografia (Especialização em Antropologia social) – Departamento de Antropologia, Universidade Federal do Paraná, 1988.

RUMI, Jacinta Paroni. "Giudice 'laico' e 'due process' nell'esperienza americana". *Rivista Trimestrale di Diritto e Procedura Civile*, v. 32, Milano, pp. 1.645-1.659, 1978.

RUNGGALDIER, Ulrich. "Partecipazione popolare e giustizia del lavoro in Austria e Germania". *Rivista Trimestrale di Diritto e Procedura Civile*, v. 34, n. 4, Milano, pp. 1.474-1.495, 1980.

SACHS, Céline. *São Paulo: políticas públicas e habitação popular*. São Paulo, Edusp, 1999.

SADE, Donatien-Alphonse-François, marquês de. *Os 120 dias de Sodoma*. São Paulo, Hemus, 1969.

SADEK, Maria Tereza, e ARANTES, Rogério Bastos. "A crise do Judiciário e a visão dos juízes". *Revista USP*, n. 21, São Paulo, pp. 34-45, mar./maio 1994.

SADER, Emir. "Democratizar a terra". *Jornal de Resenhas*, São Paulo, 11.4.1997. p. 6.

_____. "O Estado imoral". *Folha de S.Paulo*, 14.12.1997. p. 1-3.

SALOMON, Marta. "Controle de agências é quase inexistente". *Folha de S.Paulo*, 20.8.1999. p. 1-3.

SALUTATI, Colucio. "O direito de resistência", in SOUZA JR., José Geraldo de (org.). *O Direito achado na rua*. Brasília, UnB, 1987. pp. 80-82.

SANTANA, Ana Lúcia Jansen de Mello de. "O projeto de organizações sociais". *Gazeta do Povo*, Curitiba, 9.12.1997. p. 6.

SANTOS, Boaventura de Sousa. "Da microeconomia à microssociologia da tutela judicial". *Justiça e Democracia*, n. 1, São Paulo, pp. 65-92, jan./jun. 1996.

_____. "Introdução à sociologia da administração da Justiça", in FARIA, José Eduardo (org.). *Direito e Justiça*. São Paulo, Ática, 1989. pp. 39-65.

_____. "Notas sobre a história jurídico-social de Pasárgada", in SOUZA JR., José Geraldo de (org). *O Direito achado na rua*. Brasília, UnB, 1987.

_____. *O discurso e o poder*. Porto Alegre, Fabris, 1988.

_____. "O Estado, o direito e a questão urbana", in FALCÃO, Joaquim de Arruda (org.). *Conflitos de direito de propriedade*. Rio de Janeiro, Forense, 1984. pp. 1-77.

_____. "O social e o político na transição pós-moderna". *Lua Nova*, São Paulo, n. 31, pp. 181-207, 1993.

_____. "Os tribunais e a globalização". *O Estado de S.Paulo*, 9.11.1996. p. A-2.

_____. *Pela mão de Alice: o social e o político na pós-modernidade*. São Paulo, Cortez, 1995.
SANTOS, Carlos Nelson Ferreira dos. "Velhas novidades nos modos de urbanização brasileiros", in VALLADARES, Licia do Prado (org.). *Habitação em questão*. 2ª ed. Rio de Janeiro, Zahar, 1981. pp. 17-47.
SANTOS, Edson Luiz da Silva dos. *Função social da propriedade: uma fábula para o vazio*. Comunicação apresentada no VII Encontro da Rede de Advogados Populares do Paraná, em Cascavel, 14.9.1997.
SANTOS, Luís Alberto B. *Nação, horror, razão*. Comunicação apresentada no colóquio nacional As Luzes da Arte, Belo Horizonte, UFMG, 19.9.1997.
SANTOS, M. Coutinho dos. *Crédito, investimentos e financiamentos rurais*. Rio de Janeiro, Freitas Bastos, 1972.
SANTOS, Milton. *A natureza do espaço*. 2ª ed. São Paulo, Hucitec, 1997.
_____. *Técnica, espaço, tempo*. 3ª ed. São Paulo, Hucitec, 1997.
_____. "Um lugar para o homem no mundo". Entrevista a Fernando Conceição. *Folha de S.Paulo*, 13.10.1996. p. 5-11.
SATTA, Salvatore. *Commentario al Codice di Procedura Civile*. v. 1. Milano, F. Vallardi, 1959.
_____. *Diritto processuale civile*. 10ª ed. Padova, Cedam, 1987.
_____. "La tutela del diritto nel processo", in ASSOCIAZIONE ITALIANA FRA GLI STUDIOSI DEL PROCESSO CIVILE. *Atti del Congresso Internazionale di Diritto Processuale Civile*. Padova, Cedam, 1953. pp. 79-89.
SAULE JR., Nelson. "Direito e reforma urbana", in CHAGAS, Sílvio Donizete (org.). *Lições de direito civil alternativo*. São Paulo, Acadêmica, 1994. pp. 21-37.
_____. *Novas perspectivas do direito urbanístico*. Porto Alegre, Fabris, 1997.
SCALASSARA, Carlos Roberto. *Juízos arbitrais, mediação e conflitos*. Comunicação apresentada no V Encontro da Rede Autônoma de Advogados Populares do Paraná, Umuarama, 8.3.1997.
SCHEUERMAN, William. *Between the Norm and the Exception: The Frankfurt School and the Rule of Law*. Cambridge, Mass., MIT, 1997.
SCHMIDT, Benício, e FARRET, Ricardo L. *A questão urbana*. Rio de Janeiro, Zahar, 1986.
SCHOOYANS, Michel. *Destin du Brésil: la technocratie militaire et son idéologie*. Gembloux, Bélgica, Duculot, 1973.
SCHUH, G. Edward. "A modernização da agricultura brasileira", in CONTADOR, Cláudio Roberto (org.). *Tecnologia e desenvolvimento agrícola*. Rio de Janeiro, Ipea, 1975. pp. 7-87.
SCHWARTZ, Stuart B. *Burocracia e sociedade no Brasil Colonial*. São Paulo, Perspectiva, 1979.
SCHWARTZENBERG, Roger-Gérard. *O Estado espetáculo*. Rio de Janeiro, Difel, 1978.
SCIARRETTA, Toni. "Latifúndio se mantém em 10 anos". *Folha de S.Paulo*, 19.12.1998. p. 1-7.

SEABRA FAGUNDES, Miguel. "Bancos – Liquidação extrajudicial – Competência do Poder Judiciário". *RF* 173/107-112, set./out. 1957.

_____. "Direitos do homem, a ordem pública e a segurança nacional", in ORDEM DOS ADVOGADOS DO BRASIL. *V Conferência Nacional da Ordem dos Advogados do Brasil*. Rio de Janeiro, OAB, 1974. pp. 143-152.

_____. *O controle dos atos administrativos pelo Poder Judiciário*. 6ª ed. São Paulo, Saraiva, 1984.

SEGNI, Antonio, e COSTA, Sergio. "Procedimento civile", in *Novissimo Digesto Italiano*. Torino, Utet, 1966. v. 13, pp. 1.027-1.064.

SEIXAS MEIRELES, Henrique da Silva. *Marx e o direito civil*. Coimbra, Almedina, 1990.

SEKULIC, Adriana. "Antiga favela passa por valorização imobiliária". *Gazeta do Povo*, Curitiba, 25 jul./1998. p. 3.

SEMAMA, Paolo. *Linguagem e poder*. Brasília, UnB, 1981.

SERRA, José. "A reconcentração da renda", in TOLIPAN, Ricardo, e TINELLI, Arthur Carlos (orgs.). *A controvérsia sobre distribuição de renda e desenvolvimento*. 2ª ed. Rio de Janeiro, Zahar, 1978. pp. 263-288.

_____. "A reconcentração da renda, crítica a algumas interpretações". *Estudos Cebrap*, n. 5, São Paulo, pp. 131-155, jul./set. 1973.

_____. *Brasil sem milagres*. São Paulo, Klaxon, 1986.

SIDOU, J. M. Othon. *Processo civil comparado*. Rio de Janeiro, Forense Universitária, 1997.

SILVA, Argens Valente da, e COIMBRA, Rubens Ricardo de Castro. *Manual de tempos e métodos*. São Paulo, Hemus, [1985?].

SILVA, Artur Stamford da. "Procedimentos estatais e procedimentos paraestatais: uma descrição da práxis forense em Pernambuco", in SOCIEDADE BRASILEIRA PARA O PROGRESSO DA CIÊNCIA. *Anais da 45ª reunião anual da SBPC*. Recife, UFPE, 1993. pp. 115.

SILVA, Carlos Medeiros. "Exposição de motivos". *Arquivos do Ministério da Justiça*, n. 100, Rio de Janeiro, pp. 64-71, dez./1966.

SILVA, Celso Ribeiro da. "O contraditório no processo de execução". *Justitia*, v. 66, São Paulo, pp. 63-79, jul./set. 1969.

SILVA, Jonathas. "Acesso à propriedade urbana", in ORDEM DOS ADVOGADOS DO BRASIL. *X Conferência Nacional da Ordem dos Advogados do Brasil*. Recife, OAB, 1984. pp. 567-581.

SILVA, José Afonso da. *Aplicabilidade das normas constitucionais*. 3ª ed. São Paulo, Malheiros Editores, 1998; 5ª ed., 2001.

_____. *Curso de direito constitucional positivo*. 14ª ed. São Paulo, Malheiros Editores, 1997; 19ª ed., 2001.

SILVA, Luiz Augusto Beck da. "Alienação fiduciária em garantia". *RT* 688/50-59, fev./1993.

SILVA, Maria Ozanira da Silva e. *Política habitacional brasileira*. São Paulo, Cortez, 1989.

SILVA JARDIM, Afranio. *Da publicização do processo civil*. Rio de Janeiro, Liber Juris, 1982.
SILVA PACHECO, José da. *Evolução do processo civil brasileiro*. Rio de Janeiro, Borsoi, 1972.
SILVEIRA, Domingos Sávio Dresch da. "Considerações sobre as garantias constitucionais do acesso ao Judiciário e do contraditório", in OLIVEIRA, Carlos Alberto Alvaro de (org.). *Elementos para uma nova teoria geral do processo*. Porto Alegre, Livraria do Advogado, 1997. pp. 55-66.
SILVEIRA, Patrícia Azevedo da. "Processo civil contemporâneo: elementos para um novo paradigma processual", in OLIVEIRA, Carlos Alberto Alvaro de (org.). *Elementos para uma nova teoria geral do processo*. Porto Alegre, Livraria do Advogado, 1997. pp. 11-23.
SIMAS, Mario. "Reforma agrária, trabalho e Justiça". *Folha de S.Paulo*, 15.4.1997. p. 1-3.
SIMÕES, Carlos. *Direito do trabalho e modo de produção capitalista*. São Paulo, Símbolo, 1979.
SIMONSEN, Mário Henrique. *Brasil 2002*. Rio de Janeiro, Biblioteca do Exército, 1973.
_____. *Ensaios sobre economia e política econômica*. Rio de Janeiro, Apec, 1971.
_____. "Os desafios do desenvolvimento", in CAMPOS, Roberto. *A nova economia brasileira*. Rio de Janeiro, Biblioteca do Exército, 1975. pp. 175-209.
SINGER, Paul. *A crise do "milagre"*. 5ª ed. Rio de Janeiro, Paz e Terra, 1977.
_____. "Desenvolvimento e repartição de renda no Brasil", in TOLIPAN, Ricardo, e TINELLI, Arthur Carlos (orgs.). *A controvérsia sobre distribuição de renda e desenvolvimento*. 2ª ed. Rio de Janeiro, Zahar, 1978. pp. 73-104.
_____. *Dominação e desigualdade*. Rio de Janeiro, Zahar, 1981.
_____. *Economia política da urbanização*. 10ª ed. São Paulo, Brasiliense, 1985.
_____. *O "milagre brasileiro"*: causas e conseqüências. Curitiba, FAE-UFPR, 1973.
_____. *Repartição da renda*. 2ª ed. Rio de Janeiro, Zahar, 1986.
SIQUEIRA CASTRO, Carlos Roberto de. "O princípio da isonomia e as classificações legislativas". *Revista de Direito da Procuradoria-Geral de Justiça*, v. 11, Rio de Janeiro, pp. 74-98, jan./jul. 1980.
SKIDMORE, Thomas. *Brasil: de Castelo a Tancredo*. 4ª ed. Rio de Janeiro, Paz e Terra, 1991.
SKINNER, Quentin. *As fundações do pensamento político moderno*. São Paulo, Companhia das Letras, 1996.
SMITH, Adam. *A riqueza das nações*. v. 2. São Paulo, Abril Cultural, 1983.
SOARES, Fernando Luso. "A decisão sobre a prova em juízo nos direitos brasileiro e português". *Revista de Direito Processual Civil Genesis*, n. 2, Curitiba, pp. 443-450, maio/ago. 1996.

SOKAL, Alan, e BRICMONT, Jean. *Imposturas intelectuais*. Rio de Janeiro, Record, 1999.

SOLIMEO, Marcel Domingos. "Instituições e desenvolvimento". *Gazeta do Povo*, Curitiba, 17.8.1998. p. 25.

SONTAG, Susan. *Contra a interpretação*. Porto Alegre, L&PM, 1987.

SORJ, Bernardo. *Estado e classes sociais na agricultura brasileira*. 2ª ed. Rio de Janeiro, Guanabara, 1986.

SOULIER, Gérard. "Le théâtre et le procès", in OST, François, e VAN DE KERCHOVE, Michel (orgs.). *Le jeu: un paradigme pour le droit*. Paris, LGDJ, 1992. pp. 17-34.

SOUSA, José Pedro Galvão de. *O Estado tecnocrático*. São Paulo, Saraiva, 1973.

SOUTO, Cláudio. "Magistratura brasileira e ideologia formalista". *Seqüência*, n. 19, Florianópolis, pp. 9-36, dez./1989.

SOUZA, Carlos Aurélio Mota de. *Poderes éticos do juiz*. Porto Alegre, Fabris, 1987.

SOUZA, Luiz Sérgio Fernandes. *O papel da ideologia no preenchimento das lacunas no direito*. São Paulo, Ed. RT, 1993.

SOUZA JR., José Geraldo de. "Função social do advogado", in *O Direito achado na rua*. Brasília, UnB, 1987. pp. 131-134.

STEPAN, Alfred. *Os militares na política*. Rio de Janeiro, Artenova, 1975.

STOCKLER, Luís Alfredo. "Democracia precisa de um mercado financeiro forte". *Revista Abecip*, n. 25, Rio de Janeiro, pp. 32-33, jun./1982.

STORPER, Michael. "A industrialização e a questão regional no Terceiro Mundo", in VALLADARES, Licia, e PRETECEILLE, Edmond (orgs.). *Reestruturação urbana*. São Paulo, Nobel, 1990. pp. 120-147.

STRECK, Lenio Luiz. "A necessária constitucionalização do direito". *Revista do Direito*, n. 9/10, Santa Cruz do Sul, pp. 51-67, jan./dez. 1998.

STUCKA, Petr Ivanovich. *Direito e luta de classes*. São Paulo, Acadêmica, 1988.

SURGIK, Aloísio. *Lineamentos do processo civil romano*. Curitiba, Livro é Cultura, 1990.

_____. *Temas críticos de direito à luz das fontes*. Curitiba, HDV, 1986.

TADEVOSIÁN, V. "Processo civil soviético", in TEREBILOV, V., POUTCHINSKI, V. K., e _____. *Princípios de processo civil da URSS e das Repúblicas federadas*. Coimbra, Centelha, 1978. pp. 63-129.

TANAKA, Kotaro. "O direito e a técnica". *RF* 119/35-39, set./out. 1948.

TARELLO, Giovanni. "Formalismo", in *Novissimo Digesto Italiano*. Torino, Utet, 1961. v. 7, pp. 571-580.

_____. "L'opera di Giuseppe Chiovenda nel crepuscolo dello stato liberale", in *Materiali per una storia della cultura giuridica*. Bologna, Il Mulino, 1973. v. 3, t. 1, pp. 681-787.

_____. *Storia della cultura giuridica moderna*. Bologna, Il Mulino, 1976.

TARUFFO, Michele. "Introduzione all'edizione italiana", in DAMASKA, Mirjan. *I volti della giustizia e del potere*. Bologna, Il Mulino, 1991. pp. 9-21.

TARZIA, Giuseppe. "Crisi e riforma del processo civile". *Rivista di Diritto Processuale*, v. 46, n. 3, Padova, pp. 632-642, 1991.
_____. "Giudice professionale e giudice laico". *Rivista di Diritto Processuale*, v. 35, n. 3, Padova, pp. 438-453, 1980.
_____. "Il giudice onorario nel processo civile". *Rivista di Diritto Processuale*, v. 32, n. 2, Padova, pp. 270-286, 1977.
TAVARES, Maria da Conceição. *Acumulação de capital e industrialização no Brasil*. Campinas, Unicamp, 1985.
_____. *Da substituição de importações ao capitalismo financeiro*. 11ª ed. Rio de Janeiro, Zahar, 1983.
_____. "Distribuição de renda, acumulação e padrões de industrialização", in TOLIPAN, Ricardo, e TINELLI, Arthur Carlos (orgs.). *A controvérsia sobre distribuição de renda e desenvolvimento*. 2ª ed. Rio de Janeiro, Zahar, 1978. pp. 36-69.
_____, e ASSIS, José Carlos de. *O grande salto para o caos*. 2ª ed. Rio de Janeiro, Zahar, 1986.
TAYLOR, Frederick Winslow. *Princípios de administração científica*. 7ª ed. São Paulo, Atlas, 1970.
TEBOUL, James. *Gerenciando a dinâmica da qualidade*. Rio de Janeiro, Qualitymark, 1991.
TEIXEIRA, Sálvio de Figueiredo. "A efetividade do processo e a reforma processual", in CRUZ E TUCCI, José Rogério (org.). *Processo civil: evolução e 20 anos de vigência*. São Paulo, Saraiva, 1995. pp. 229-243.
_____. "A nova etapa da reforma processual". *Revista de Direito Processual Civil Genesis*, n. 3, Curitiba, pp. 681-684, set./dez. 1996.
TELLES JR., Alcides. *Discurso, linguagem e justiça*. São Paulo, 1986.
TEPEDINO, Gustavo. "A nova propriedade". *RF* 306/73-78, 1989.
_____. "Contorni della proprietà nella Costituzione brasiliana del 1988". *Rassegna di diritto civile*, n. 1, Napoli, pp. 96-119, 1991.
TEPEDINO, Maria Celina. "A caminho de um Direito Civil Constitucional". *Revista de Direito Civil*, São Paulo, n. 65. pp. 21-32, jul./set. 1993.
TEREBILOV, V. I. *O sistema judicial soviético*. Moscou, Progresso, 1998.
THEODORO JR., Humberto. "A execução da cédula rural hipotecária e a venda antecipada dos bens gravados", in *Execução: direito processual civil ao vivo*. Rio de Janeiro, Aide, 1991. v. 3, pp. 274-298.
_____. *A execução de sentença e a garantia do devido processo legal*. Rio de Janeiro, Aide, 1987.
_____. "A garantia fundamental do devido processo legal e o exercício do poder de cautela no direito processual civil". *RT* 665/11-22, mar./1991.
_____. *Curso de direito processual civil*. v. 3. Rio de Janeiro, Forense, 1989.
_____. "Princípios gerais do direito processual civil". *Revista de Processo* 23/173-191, jul./set. 1981.
_____. *Processo de execução*. 14ª ed. São Paulo, Leud, 1990.
THURY FILHO, Altair. "O preço da ação. *Veja*, São Paulo, 25.2.1998, pp. 23-24.

TODOROV, Tzvetan. *Simbolismo e interpretação*. Lisboa, Ed. 70, 1980.
TOLEDO, José Roberto de. "Desigualdade é recorde no país". *Folha de S.Paulo*, 10.9.1998. p. 1-8.

_____. "País entra no *'ranking'* que mede pobreza". *Folha de S.Paulo*, 11.7.1999. p. 1-14.

TOLIPAN, Ricardo, e TINELLI, Arthur Carlos (orgs.). *A controvérsia sobre distribuição de renda e desenvolvimento*. 2ª ed. Rio de Janeiro, Zahar, 1978.

TORNAGHI, Hélio. *Comentários ao Código de Processo Civil*. v. 2. São Paulo, Ed. RT, 1975.

TOURAINE, Alain. "A situação pós-liberal". *Folha de S.Paulo*, 8.10.1995. p. 5-7.

TREVES, Renato. "L'amministrazione della giustizia in Italia: bilancio di una indagine". *Rivista di Diritto Processuale*, v. 27, n. 1, Padova, pp. 81-96, 1972.

_____. "Una ricerca sociologica sull'amministrazione della giustizia in Italia". *Rivista di Diritto Processuale*, v. 20, Padova, pp. 231-253, 1965.

TREVISAN, Cláudia. "Agências são os novos centros de poder". *Folha de S.Paulo*, 19.1.1998. p. 1-7.

TROBERG, Peter. "Protection des consommateurs et coordination bancaire", in *Direito bancário: Actas do Congresso Comemorativo do 150º Aniversário do Banco de Portugal*. Coimbra, Coimbra ed., 1997. pp. 101-110.

TUMÁNOV, Vladímir. *O pensamento jurídico burguês contemporâneo*. Lisboa, Caminho, 1984.

UNABOMBER, Theodor Kaczynski, dito. *Manifesto do Unabomber: o futuro da sociedade industrial*. Lisboa, Fenda, 1997.

VALLADARES, Licia do Prado. "Estudos recentes sobre a habitação no Brasil", in *Repensando a habitação no Brasil*. Rio de Janeiro, Zahar, 1983. pp. 21-77.

_____. *Passa-se uma casa: análise do programa de remoção de favelas do Rio de Janeiro*. 2ª ed. Rio de Janeiro, Zahar, 1980.

VARELLA, Marcelo Dias. "Por uma visão ainda que dogmática da propriedade", in *Revoluções no campo jurídico*. Joinville, Oficinas, 1998. pp. 199-219.

_____. *A função social da propriedade*. Conferência proferida no VI Encontro da Rede de Advogados Populares do Paraná, Maringá, 14.6.1997.

VASCONCELLOS, Pedro. *Execução extrajudicial e judicial do crédito hipotecário no sistema financeiro da habitação*. Rio de Janeiro, F. Alves, 1976.

VATTIMO, Gianni. *Más allá de la interpretación*. Barcelona, Paidós, 1995.

VAZ, Lilian Fessler. "Moradia em tempos modernos", in PIQUET, Rosélia, e RIBEIRO, Ana Clara Torres (orgs.). *Brasil: território da desigualdade*. Rio de Janeiro, Zahar, 1991. pp. 134-142.

VEBLEN, Thorstein. *A teoria da classe ociosa*. São Paulo, Abril Cultural, 1980.

VELHO, Otávio Guilherme. *Sociedade e agricultura*. Rio de Janeiro, Zahar, 1982.

VELLOSO, Carlos Mário da Silva. "Como eliminar a lentidão da Justiça?", *Folha de S.Paulo*, 4.10.1998. p. 1-3.

REFERÊNCIAS BIBLIOGRÁFICAS 529

VELLOSO, João Paulo dos Reis. "Novo modelo de desenvolvimento para o Brasil", in *Desenvolvimento, tecnologia e governabilidade*. São Paulo, Nobel, 1994. pp. 15-60.

_____. *O último trem para Paris*. Rio de Janeiro, Nova Fronteira, 1986.

VERDE, Giovanni. *Profili del processo civile: Parte generale*. 2ª ed. Napoli, Jovene, 1988.

VERÍSSIMO, Luiz Fernando. "Eficiência". *Gazeta do Povo*, Curitiba, 30.11.1999. p. 18.

VESCOVI, Enrique. *Elementos para una teoría general del proceso civil latinoamericano*. México, Unam, 1978.

VIANNA, Godofredo Mendes. *Formas processuaes: necessidade de sua simplificação*. Maranhão, Teixeira, 1908.

VIANA FILHO, Luís. *O governo Castelo Branco*. Rio de Janeiro, J. Olympio, 1975.

VIDAL, Gastão. "Banqueiro quer fechamento do Congresso". Entrevista a Elio Gaspari. *Folha de S.Paulo*, 4.10.1998. p. 2-8.

VIDAL, José. "A praça pública da Lei 5.741". *Revista de Processo* 23/147-148, jul./set. 1981.

VIDIGAL, Luís Eulálio de Bueno. "Francisco Campos e a Constituição de 1937". *Revista da Faculdade de Direito*, v. 63, São Paulo, pp. 169-178, 1968.

VIEIRA, Antônio. *Sermões patrióticos*. Rio de Janeiro, Biblos, 1933.

VIEIRA, Liszt. "Sociedade civil e espaço global". *São Paulo em Perspectiva*, v. 10, n. 4, São Paulo, pp. 107-119, out./dez. 1996.

VIEIRA-GALLO, José Antonio. *O sistema jurídico e o socialismo*. Rio de Janeiro, Iajup, 1989.

VIGORITI, Vincenzo. "A favore del giudice onorario elettivo: spunti e proposte per una riforma". *Rivista Trimestrale di Diritto e Procedura Civile*, v. 32, Milano, pp. 357-373, 1978.

_____. "Garanzie costituzionali della difesa nel processo civile". *Rivista di Diritto Processuale*, v. 20, Padova, pp. 516-533, 1965.

VILANOVA, Lourival. *As estruturas lógicas e o sistema do direito positivo*. São Paulo, Max Limonad, 1997.

_____. "Proteção jurisdicional dos direitos numa sociedade em desenvolvimento", in ORDEM DOS ADVOGADOS DO BRASIL. *IV Conferência Nacional da Ordem dos Advogados do Brasil*. São Paulo, OAB, 1970. pp. 134-153.

VILLENA, Carlos Ferdinand Cuadros. "La hipoteca popular". *Vox Juris*, v. 3, Lima, pp. 89-102, 1993.

VIRILIO, Paul. *Velocidade e política*. São Paulo, Estação Liberdade, 1996.

VISHINSKI, Andrei. "Problemi del diritto e dello Stato in Marx", in CERRONI, Umberto (org.). *Teorie sovietiche del diritto*. Milano, Giuffrè, 1964. pp. 239-296.

VON ZUBEN, Aluízio. "O mito da imparcialidade". *Revista do TRT da 9ª Região*, v. 21, n. 1, Curitiba, pp. 97-108, jan./jun. 1996.

VOUGA, Cláudio. "O tribunal dos fatos". *Jornal de Resenhas*, São Paulo, 12.9.1998. p. 2.

WALD, Arnoldo. "O direito do desenvolvimento". *Arquivos do Ministério da Justiça*, n. 103, Rio de Janeiro, pp. 1-16, set./1967.
WAMBIER, Luís Rodrigues. "Reflexões sobre o crédito, seu usuário e o credor". *Gazeta do Povo*, Curitiba, 9.11.1998. p. 15.
_____. "Sociedade e reforma da lei". *Gazeta do Povo*, Curitiba, 22.10.1998. p. 6.
WANDERLEY, Luiz Eduardo. "Rumos da ordem pública no Brasil". *São Paulo em Perspectiva*, v. 10, n. 4, São Paulo, p. 102, out./dez. 1996.
WARAT, Luis Alberto. "Ética, direitos humanos e transmodernidade". *Humanidades*, n. 21, Brasília, pp. 25-27, 1989.
_____. *Introdução geral ao direito*. v. 1/3. Porto Alegre, Fabris, 1994/1997.
_____. *Manifestos para uma ecologia do desejo*. São Paulo, Acadêmica, 1990.
_____. *Mitos e teorias na interpretação da lei*. Porto Alegre, Síntese, 1979.
_____. *O direito e sua linguagem*. 2ª ed. Porto Alegre, Fabris, 1995.
_____. "O lugar da fala: digna voz da majestade", in FALCÃO, Joaquim de Arruda (org.). *Pesquisa científica e direito*. Recife, Massangana, 1983. pp. 77-88.
_____. *Por quien cantan las sirenas*. Florianópolis, Unoesc, 1996.
WATANABE, Kazuo. *Controle jurisdicional e mandado de segurança contra atos judiciais*. São Paulo, Ed. RT, 1980.
_____. *Da cognição no processo civil*. São Paulo, Ed. RT, 1987.
_____. "Disposições gerais", in GRINOVER, Ada Pellegrini *et alii*. *Código Brasileiro de Defesa do Consumidor*. 3ª ed. Rio de Janeiro, Forense Universitária, 1993. pp. 494-533.
_____. "Filosofia e características básicas do Juizado Especial de Pequenas Causas", in *Juizado Especial de Pequenas Causas*. São Paulo, Ed. RT, 1986. pp. 1-7.
WEBER, Max. *Economía y sociedad*. México, Fondo de Cultura Económica, 1984.
_____. *Ensaios de sociologia*. Rio de Janeiro, Zahar, s/d.
WEHR, Paul. "Intermediate Technology and Income Distribution in Developing Nations", in LOEHR, William, e POWELSON, John P. (orgs.). *Economic Development, Poverty, and Income Distribution*. Boulder, Colorado, Wetview, 1977. pp. 289-307.
WELLS, John. "Distribuição de rendimentos, crescimento e a estrutura de demanda no Brasil na década de 60", in TOLIPAN, Ricardo, e TINELLI, Arthur Carlos (orgs.). *A controvérsia sobre distribuição de renda e desenvolvimento*. 2ª ed. Rio de Janeiro, Zahar, 1978. pp. 190-237.
WILHEIM, Jorge. *O substantivo e o adjetivo*. 2ª ed. São Paulo, Perspectiva, 1979.
WILL, João Manuel de Sousa. *Dualidade da política de crédito rural na modernização da pequena produção*. Dissertação (Mestrado em Administração Rural e Comunicação Rural). Universidade Federal de Pernambuco, 1994.
WOLKMER, Antonio Carlos. *Ideologia, Estado e direito*. São Paulo, Ed. RT, 1989.
_____. *Pluralismo jurídico*. São Paulo, Alfa-Omega, 1994.
WOODCOCK, George. "A ditadura do relógio", in *Os grandes escritos anarquistas*. 4ª ed. Porto Alegre, L&PM, 1990. pp. 120-124.

ZAFFARONI, Eugenio Raúl. *Poder Judiciário*. São Paulo, Ed. RT, 1995.
_____, e PIERANGELI, José Henrique. *Manual de direito penal brasileiro: Parte geral*. São Paulo, Ed. RT, 1997.
ZAKARIA, Fareed. "Sociedades com fins lucrativos. *Folha de S.Paulo*, 19.1.1997. p. 5-12.
ZAVALÍA, Fernando J. López de. "Reflexiones sobre el tiempo en el derecho". *Revista Jurídica*, v. 25, San Miguel de Tucumán (Argentina), pp. 15-45, 1974-1976.
ZAVASCKI, Teori Albino. *Antecipação da tutela*. São Paulo, Saraiva, 1997.
ZEYN, Mohamed Kheder. "Ganhos para a democracia. *Folha de S.Paulo*, 8.12.1997. p. 1-3.
ZHIDKOV, O.; CHIRKIN, V., e YUDIN, Yu. *Fundamentos de la teoría socialista del Estado y el derecho*. Moscou, Progreso, 1980.

Publicações oficiais ou institucionais

BANCO CENTRAL DO BRASIL. *Manual do crédito rural*. Brasília, Gecri, 1974.
BANCO NACIONAL DA HABITAÇÃO. *A construção habitacional no Brasil*. Rio de Janeiro, Ciphag, 1971.
_____. *BNH*: projetos sociais. Rio de Janeiro, BNH, 1979.
BRASIL. *I Plano Nacional de Desenvolvimento da Nova República*. Brasília, Itamarati, 1986.
_____. *I PND*. Rio de Janeiro, IBGE, 1971.
_____. *II PND*. Rio de Janeiro, IBGE, 1975.
_____. *III PND*. São Paulo, Sugestões Literárias, 1980.

COMPANHIA DE HABITAÇÃO POPULAR DE CURITIBA. *Cohab-CT*. Curitiba: Planograf, 1968.

ESCOLA SUPERIOR DE GUERRA. *Manual Básico*. Rio de Janeiro: Apex, 1975.

GABINETE DO MINISTRO EXTRAORDINÁRIO DE POLÍTICA FUNDIÁRIA. *Atlas fundiário brasileiro*. Brasília: Incra, 1996.

INSTITUTO PARANAENSE DE DESENVOLVIMENTO ECONÔMICO E SOCIAL. *Assentamentos rurais no Paraná*. Curitiba: Ipardes, 1992.
_____. *Contribuição ao estudo do crédito rural no Paraná*. Curitiba: Ipardes, 1978.
_____. *Encontro paranaense para a Habitat II*. Curitiba: Ipardes, 1995.
_____. *Mapa da pobreza no Paraná*. Curitiba: Secretaria de Estado da Criança e Assuntos da Família, 1997.
_____. *Situação social da população do Paraná nos anos 80*. Curitiba: Ipardes, 1992.

INSTITUTO DE PLANEJAMENTO ECONÔMICO E SOCIAL (Brasil). *Brasil: 14 anos de Revolução.* Rio de Janeiro: IBGE, 1978.

MINISTÉRIO DA AGRICULTURA (Brasil). *Anais do I Seminário de Modernização da Empresa Rural.* v. 1. Brasília: Binagri, 1979.

ORDEM DOS ADVOGADOS DO BRASIL. *IV Conferência Nacional da Ordem dos Advogados do Brasil.* São Paulo, OAB, 1970.

PARTIDO DA FRENTE LIBERAL. *Manifesto, programa e estatuto.* Brasília: s/n, 1985.

PARTIDO DA SOCIAL-DEMOCRACIA BRASILEIRA. *Manifesto, programa, diretrizes e estatuto.* Curitiba: s/n, [1988?].

PRESIDÊNCIA DA REPÚBLICA (Brasil). *Metas e Bases para a Ação de Governo.* Rio de Janeiro: s/n, 1970.

_____. *Plano diretor da reforma do aparelho do Estado.* Brasília: Presidência da República, 1995.

_____. *Plano Trienal de Desenvolvimento Econômico e Social.* Rio de Janeiro: Departamento de Imprensa, 1962.

SECRETARIA DE ESTADO DO ESPORTE E TURISMO. *Paraná Turismo.* Curitiba: Secretaria de Estado do Esporte e Turismo, s/d.

SENADO FEDERAL (Brasil). *Código de Processo Civil: histórico da lei.* Brasília, Subsecretaria de Edições Técnicas, 1974.

URSS. *Fundamentos de la legislación de la URSS y de las Repúblicas Federadas.* Moscou: Progreso, 1975.

* * *